金融产品
与服务创新设计

Innovative Design of Financial Products and Services

孙有发◎编著

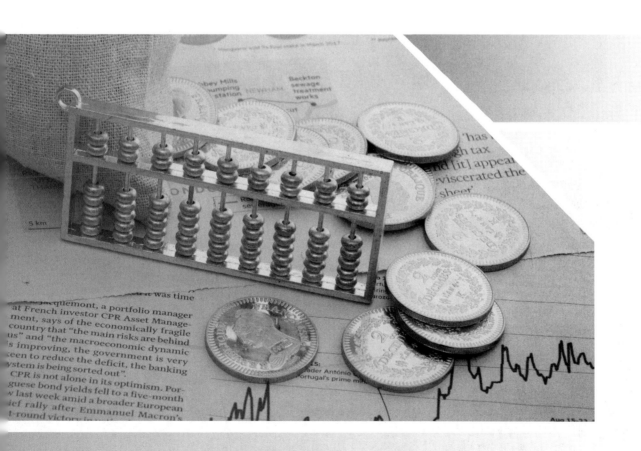

经济管理出版社

ECONOMY & MANAGEMENT PUBLISHING HOUSE

图书在版编目（CIP）数据

金融产品与服务创新设计／孙有发编著 . —北京：经济管理出版社，2023.8（2025.1 重印）
ISBN 978-7-5096-9184-7

Ⅰ.①金…　Ⅱ.①孙…　Ⅲ.①金融产品—商业服务—设计—教材　Ⅳ.①F830.95

中国国家版本馆 CIP 数据核字（2023）第 158521 号

责任编辑：高　娅　李光萌
责任印制：黄章平
责任校对：张晓燕

出版发行：经济管理出版社
　　　　　（北京市海淀区北蜂窝 8 号中雅大厦 A 座 11 层　100038）
网　　　址：www.E-mp.com.cn
电　　　话：(010) 51915602
印　　　刷：唐山玺诚印务有限公司
经　　　销：新华书店
开　　　本：880mm×1230mm/16
印　　　张：27
字　　　数：817 千字
版　　　次：2023 年 8 月第 1 版　　2025 年 1 月第 2 次印刷
书　　　号：ISBN 978-7-5096-9184-7
定　　　价：68.00 元

前 言

中国是一个发展中国家，金融业的发展也处于初级阶段，金融工具品种少、金融产品发展不规范、相关法律法规不完善等问题仍然存在。在这种情况下，照搬西方成熟市场的金融创新理论用来指导我国的金融创新，并不可取。目前，我国吸纳国外的金融创新基本占到了国内金融创新的 85% 以上，自主创新率不到 15%。如何在吸纳的过程中进行创造，如何将金融创新对我国金融发展的推动力效应发挥到最大，是我们需要探讨的重要课题。这就迫切地需要一本介绍金融产品与服务创新设计方面的基础教科书。

当前国家层面的金融战略、金融新业态发展态势以及粤港澳大湾区金融市场互联互通大政策等，对掌握金融产品创新原理、方法和技术方面的高水平应用型人才需求相当旺盛。遗憾的是，目前市面上有关金融产品创新设计方面的中文教科书并不多见，本教材是该方面内容的一个补充。在教材编写过程中，尽管编者参考了大量的文献资料，但是深知挂一漏万，若有遗漏之处，还请读者多多包涵。

本教材包括五个方面的内容：一是金融产品与服务创新的基础理论；二是金融产品与服务创新的应用示范；三是我国金融产品与服务创新现状；四是金融产品与服务创新的监管；五是金融产品与服务创新的行业专家经验分享。其中，第一篇详细阐述了金融产品设计原理、金融产品创新的方法与技术等（这部分主要参考了上海交通大学吴冲锋教授教学团队同类课程）；第二篇介绍了基础理论在几类代表性的金融产品或服务中的应用，如契约型私募股权基金合约、可转债券、资产证券化产品、雪球产品、国债期货合约，深度解读了 REITs、类 REITs、雪球产品、期货合约等的设计要点（需要说明的是，本教材较少涉及奇异期权产品的创新设计，因为关于这方面的内容有大量的国内外教材或专著可参考）；第三篇概述我国金融产品与服务创新现状，一是以丰富的案例展示我国金融创新取得的最新成果，二是回顾金融创新的方法和技术；第四篇深刻地阐述金融产品与服务创新的监管，并以资管产品为例，详尽解析各类型资管产品的监管内容；第五篇汇集了多位行业专家在典型金融产品创新设计过程中的心得体会。

本教材注重理论阐述与案例讨论并举。众多小案例、专题研讨、综合案例分析、综合产品设计等穿插在金融创新产品的设计原理、方法和技术应用等教学过程中。教材主体篇章均按照"以导读开篇，然后是理论知识阐述，小案例穿插其中，最后对重点难点内容安排专题研讨，或综合案例分析，或综合产品设计"的结构来组织材料。

本教材在编写过程中参阅了大量学术论文、行业研究报告、网络资料等。主要的参考文献已列于书后，借此机会对这些文献资料的贡献者表示衷心感谢！由于编者水平有限，书中可能存在不妥之处，敬请读者批评指正！

孙有发

2023 年 1 月 8 日

目 录

第一篇 金融产品与服务创新的基础理论

第二篇　金融产品与服务创新的应用示范

第一篇

金融产品与服务创新的
基础理论

第一章
金融创新的基础知识

 本章导读

本章从多个角度阐述了金融创新的含义，简要介绍了金融创新动因的几个主要流派，分析了金融创新对金融市场的影响。

学习本章，要求掌握金融创新的本质，了解金融创新动因各流派的核心观点，体会金融业发展与金融创新的关系等。

整个金融业的发展史就是一部不断创新的历史，金融业的每一次重大变革都离不开金融创新。表1-1列举了自20世纪60年代以来世界的主要金融创新，其中信用货币的出现、商业银行的诞生、支票制度的推广等是历史上重要的金融创新。20世纪六七十年代开始，西方金融领域出现了一系列重大而引人注目的新事物，如1966年美国出现大额存单；1970年出现浮动利率债券，这是债券市场的重大变革；1971年美国开始使用证券交易自动报价系统；1972年芝加哥交易所推出货币期货交易等。金融领域的新技术、新市场、新工具、新交易、新服务令人目不暇接，这场变革源于美国、加拿大、英国等发达国家。20世纪80年代中后期，伴随着金融开放和自由化程度的加深，发展中国家也纷纷踏上了创新之路。进入20世纪90年代，金融则出现了前所未有的新局面，各种金融创新风起云涌，已经或正在改变着金融业乃至整个经济的面貌。可以说，现代社会的一切重大经济价值、经济增长均与创新有关，金融创新推动了金融发展，并促进了整个经济进步。

表1-1　20世纪60年代以来的世界主要金融创新

创新时间	金融创新名称	目的	创新者
1934年	存款保险	规避风险	美国联邦存款保险公司
20世纪50年代末	外币掉期	转嫁风险	国际银行机构
1961年	欧洲债券	规避管制	葡萄牙SACOR公司
1959年	欧洲美元	规避管制	国际银行机构
20世纪60年代初	银团贷款	分散风险	国际银行机构
20世纪60年代初	出口信用	转嫁风险	国际银行机构
20世纪60年代初	平行贷款	突破管制	英国、美国
20世纪60年代初	可转换债券	转嫁风险	美国
20世纪60年代初	自动转账	突破管制	英国
1970年	浮动利率票据（FRN）	规避风险	英国
1970年	住房抵押贷款（MBS）	融资	美国联邦住房贷款抵押公司
1972年	金融期货（货币期货）	避险	芝加哥国际货币市场
1973年	大额可转让存单	避险	原纽约第一国民城市银行

创新时间	金融创新名称	目的	创新者
1975 年	利率期货	避险	美国
1977 年	国债期货	避险	芝加哥期货交易所
1980 年	附带债权人股权证的欧洲债券	突破管制	瑞典
1981 年	利率互换	避险	世界银行与国际货币基金组织
1985 年	可变期权债券	盈利	美国
1985 年	汽车贷款证券化	防范流动性风险	美国
1985 年	可变期限债券	创造信用	美国
1985 年	保证无损债券	避险	美国
1986 年	参与抵押债券	分散风险	美国
1991 年	保证回报率投资（GROI）	盈利	瑞士银行
1993 年	股权连接证券（ELKS）	盈利	美国
1993 年	自动可转换股权股份（ACEC）	盈利	美国
1993 年	信用衍生交易	创造信用	瑞士银行
1995 年	复合赎回累积优先股（PERCS）	盈利	美国
1996 年	用证券化为企业并购融资	避险	英国
1997 年	抵押担保证券	避险	荷兰
1999 年	欧元期货合同	避险	芝加哥商品交易所
1999 年	欧元期权合同	避险	费城证券交易所
2000 年	欧洲公司债券指数期货合同（ECI）	避险	巴黎证券交易所
2000 年	政府债券指数合同（ESI）	避险	巴黎证券交易所
2000 年	大宗交易便利	盈利	伦敦国际金融期货交易所
2001 年	10 年期互换期货	避险	芝加哥股票交易所
2002 年	欧元进入流通领域	—	欧盟中央银行
2003 年	移动支付（支付宝）	支付	阿里巴巴
2005 年	P2P	融资	英国 Lending Club

资料来源：国际清算银行（BIS）公布的金融创新工具；朱利安·沃姆斯利. 新金融工具［M］. 北京：中国人民大学出版社，2003；网络资料整理。

第一节　金融创新的含义

创新概念是由美籍奥地利著名经济学家熊彼特（Joseph Alois Schumpeter，1883～1950 年）提出的。熊彼特在其成名作《经济发展理论》（*Theory of Economic Development*）中定义"创新"为新的生产函数的建立，即把一种从来没有过的生产要素和生产条件的新组合引入生产体系。按照这个观点，创新包括技术创新（产品创新与工艺创新）与组织管理上的创新，因为两者均可导致生产函数或供应函数的变化。熊彼特的经济创新包括五种情形：新产品的出现、新工艺的应用、新资源的开发、新市场的开拓、新的生产组织与管理方式的确立（也称为组织创新）。

金融创新正是循着这一思路提出的。北京大学陈岱孙、厉以宁主编的《国际金融学说史》参照熊彼特经济创新的定义将金融创新定义为在金融领域内建立"新的生产函数",是各种金融要素的新的结合,是为了追求利润机会而形成的市场改革。它泛指金融体系和金融市场上出现的一系列新事物,包括新的金融工具、新的融资方式、新的金融市场、新的支付清算手段及新的金融组织形式与管理方法等。

金融创新有狭义和广义之分。狭义的金融创新特指 20 世纪 70 年代以来西方发达国家在放松金融管制(即放宽设立银行条件、取消或放松利率管制、取消或放松对银行资产负债管理、允许银行和非银行金融机构实行业务交叉等)以后引发的一系列金融工具和金融业务的创新。广义的金融创新则被认为是一个历史的范畴,其主要特点有:它是在传统业务的基础上,为适应现代经济发展需要对金融业务进行的一种革命;它是为适应现代经济理论发展对金融领域的新要求而产生的;它是为适应金融国际化、市场化、自由化的要求而产生的。实务界人士认为,金融创新是指金融企业在其经营活动中转换经营机制,提供差异化产品或服务的活动,即金融企业为了追求新的效率和利润而推出的一系列新的管理制度、操作方式和工具。也有学者将"金融创新"定义为金融内部通过各种要素的重新组合和创造性变革所创造或引进的新金融事物,并认为金融创新大致可归为以下七类:

第一,金融制度创新。国家或地区的金融制度总是随着金融环境(如政治、经济、信用制度、金融政策等)的变化而逐渐演变,这种演变不仅是结构性的变化,从某种意义上说,也是一种本质上的变化。金融制度创新包括金融组织体系、调控体系、市场体系的变革及发展。它影响和决定着金融产权、信用制度、各金融主体的行为及金融市场机制等方面的状况和运作质量。

第二,金融市场创新。金融市场创新主要是指银行经营者根据一定时期内经营环境所形成的机会开发出新的市场。现代金融市场大致可划分为三种:①差异性市场,如按不同的内容划分的货币市场、外汇市场、资本市场、黄金市场、证券市场、抵押市场、保险市场等。②按期限长短划分的时间性市场,如短期的有资金拆借市场、票据贴现市场、短期借贷市场、短期债券市场等;长期的有资本市场,如长期债券市场、股票市场等。③地区性市场,如国内金融市场、国际金融市场等。金融市场创新主要指的是微观经济主体开辟新的金融市场或宏观经济主体建立新型的金融市场。由于金融市场向更高级金融市场的过渡和转化,导致封闭型金融市场向开放金融市场进入和拓展。

第三,金融产品创新。金融产品的核心是满足需求,它包括金融工具和银行服务。金融产品的形式是客户所要求的产品种类、特色、方式、质量和信誉,使客户方便、安全、盈利。在国际金融市场上,金融创新大部分属于金融产品的创新。目前国际上流行的贷款类金融创新工具包括可调整利率的抵押贷款、浮动利率贷款、背对背贷款、可转让贷款合同等;债券类金融创新工具包括浮动利率债券、零息债券、垃圾债券、可转换债券等;资产管理类创新工具包括股权化资产、债务—股权互换、资产证券化、无追索权之资产销售等多种形式,以及期货、期权、互换、远期利率协定、信用证、各种票据发行工具、对各种证券增强信用的担保等名目繁多的表外业务创新工具。

第四,金融机构创新。金融机构创新是从金融创新经营的内容和特征出发,以创造出新型的经营机构为目的,建立完整的机构体系。

第五,金融资源创新。金融资源是指人才、资金、财务、信息等,它是保证银行正常经营的必要前提,金融资源创新主要包括三个方面的内容:①金融资源的来源创新。金融业的正常经营必须有专门的人才,人才来源包括自己培养、吸收其他机构高级人才和引进国外高级专业人才;必须有资金来源的充分保证,它要求金融机构经营者随时掌握资金供应市场的动态,挖掘和寻求新的资金供应渠道,开辟新的负债业务。②金融资源的结构创新。金融资源结构包括及时、准确地掌握各种信息,高级专业人才比重大,负债结构合理,财务管理先进,它能创造出比同行领先的经营效率和方法。③金融资源聚集方式创新。不同的金融资源有不同的吸引和聚集方式,银行经营者要不断创造新的手段,用最经济、最有效的方法聚集自己所需的金融经营资源,合理地配置这些资源,以求得经营上的最大效益。

第六,金融科技创新。20 世纪 70 年代以来,伴随着金融技术革新和金融自由化过程,科学技术在金融领域的应用对金融业务产生了划时代的影响;它一方面使金融市场缩小在时间和空间上的距离,另一方面又使金融服务多元化、国际化。

第七，金融管理创新。金融业管理创新包括两个方面：一方面是国家通过立法间接对金融业进行管理，目标是稳定通货和发展经济；另一方面是金融机构内部的管理，建立完善的内控机制，包括机构管理、信贷资金管理、投资风险管理、财务管理、劳动人事管理等。目前，金融机构管理的着眼点是通过资金来源制约资金运用，实现银行资产和负债双方总量和结构的动态平衡，不断创造新的管理方法。

尽管学者们对金融创新的定义差异较大，但是大致都认同如下观点：

首先，金融创新是变更现有的金融体制和增加新的金融工具，获取现有的金融体制和金融工具无法取得的潜在利润，它是一个为盈利动机推动、缓慢进行、持续不断的发展过程。

其次，广义的金融创新是指发生在金融领域的一切形式的创新活动，包括金融制度创新、机制创新、机构创新、管理创新、技术创新和业务创新。狭义的金融创新是指金融工具和金融服务等业务创新。通常所说的创新主要是指狭义的金融创新。

最后，金融创新的实质是改变现有金融体制对传统金融工具的约束，取得潜在利润。从产品设计思想角度来看，"创新"包括三种类型：一是原创性思想，从无到有，如期权合约的诞生，将金融工具的权利与义务相分离；二是整合已有观念，重新注入理解后运用，如期货合约；三是组合创新，将多种金融工具组合叠加，如结构化金融产品。

概括起来，当前学者对于金融创新的理解包括如下三个层面：

第一，宏观层面的内涵。宏观层面的金融创新将金融创新与金融史上的重大历史变革等同起来，认为整个金融业的发展史就是一部不断创新的历史，金融业的每项重大发展都离不开金融创新。从这个层面上理解金融创新，金融创新的时间跨度长，将整个货币信用的发展史视为金融创新史，金融发展史上的每一次重大突破都被视为金融创新；金融创新涉及的范围相当广泛，不仅包括金融技术的创新、金融市场的创新、金融服务与产品的创新、金融企业组织和管理方式的创新、金融服务业结构上的创新，而且还包括现代银行业产生以来有关银行业务、银行支付和清算体系、银行的资产负债管理乃至金融机构、金融市场、金融体系、国际货币制度等方面的历次变革。如此长的历史跨度和如此广的研究空间使得金融创新研究可望而不可即。

第二，中观层面的内涵。中观层面的金融创新是指20世纪60年代以后，金融机构特别是银行中介功能的变化，它可以分为技术创新、产品创新以及制度创新。技术创新是指制造新产品时采用新的生产要素或重新组合要素、生产方法、管理系统的过程。产品创新是指产品的供给方生产比传统产品性能更好、质量更优的新产品的过程。制度创新是指一个系统的形成和功能发生了变化，而使系统效率有所提高的过程。从这个层面上，可将金融创新定义为，是政府或金融当局和金融机构为适应经济环境的变化和在金融过程中的内部矛盾运动，防止或转移经营风险和降低成本，为更好地实现流动性、安全性和盈利性目标而逐步改变金融中介功能，创造和组合一个新的高效率的资金营运方式或营运体系的过程。中观层面的金融创新概念不仅把研究的时间限制在20世纪60年代以后，而且研究对象也有明确的内涵，因此，大多数关于金融创新理论的研究均采用此概念。

第三，微观层面的内涵。微观层面的金融创新指金融工具的创新。大致可分为四种类型：①信用创造型，如用短期信用来实现中期信用，以及分散投资者个体承担贷款风险的票据发行便利等。②风险交换创新型，主要指各风险偏好不同的金融机构之间就各自的风险需求交换手中的金融产品的创新，如货币互换、利率互换等。③流动增强创新型，包括可以使原有的金融工具提高可转换性和变现能力的新金融工具，如长期贷款的证券化等。④权属转换创新型，如使债权转换为股权的各种新金融工具。由于金融创新具有的不确定性，赫尔曼、默多克及斯蒂格利茨等国际学者主张发展中国家应该在保持低通胀的前提下，通过限制金融市场准入的方式稳定金融体系，应该实行信贷配给。例如，提高银行特许权价值，限制贷款额度和贷款对象；限制直接融资的行为，确保银行信贷的主导作用。金融约束观点在本质上是主张政府通过高强度的金融管制避免金融自由化的弊端，如结构性经济过热、资本急剧外流等现象。

第二节　金融创新动因理论流派

在世界金融发展史上，创新始终是金融发展的主要动力源，金融发展进程中的每一次高潮都是由创新驱动的，每一次阶跃式的金融发展也都是在金融创新的推动下实现的。当旧的金融体制不能适应社会经济发展的新要求时，便会产生新的矛盾和冲突，这些矛盾和冲突就会阻碍经济发展、制约社会进步，当单纯凭借原有层次上数量的扩张不能解决发展中的矛盾时，就只有通过金融创新使之发生质的变化，冲破旧制度的束缚，满足社会经济发展中新的需求，金融业也由此获得了一次大的发展机会和空间。

自货币和信用关系出现以来，伴随着经济的发展，金融发展从低级走向高级，从初始走向发达。在不同的历史阶段，金融发展都有明显的层次和级别差异，都有特定的条件和特定的因素，但是创新这条脉络始终贯穿于金融发展的全部历史过程之中。20 世纪 60 年代以来，人类社会的进步、体制转换和改革政策有力地推动了世界经济的增长，传统体制下被压迫的金融能量得到充分释放。对金融创新活动的判断不应孤立、静止地观察单个金融商品价格的变化，而应从金融创新的源泉和动力出发进行分析，西方经济学家在不同的时期、从不同的角度对金融创新的生成机理做出了种种解释，形成了众多理论流派，通过对这些理论流派进行分析和比较，对金融创新的生成机理归纳和总结，得出转嫁风险、技术进步和规避管制是促成金融创新最主要的原因。

自 1912 年著名经济学家熊彼特提出创新理论并用它来解释经济周期和社会过渡问题以后，从 20 世纪 50 年代开始，特别是在 70 年代以后，面对西方金融领域大规模和全方位创造或引进新事物并导致金融业巨变的现实，一些西方学者开始把创新理论引入金融研究中，对金融创新的成因、利弊和对策发表了各自的见解。例如，有人从交易成本的角度探讨了金融创新问题，认为金融创新的支配因素是降低交易成本，并且金融创新在实质上是对科技进步导致交易成本降低的反应，这种观点看到了技术进步对金融创新的有利影响，但是其缺陷是把技术进步当作交易成本降低的唯一因素。美国著名的经济和金融学家西尔柏则提出了著名的约束诱导型金融创新理论，他详述了金融创新的动因，并用直线程度模型加以说明，他认为金融创新是微观金融组织为了寻求最大的利润减轻外部对其产生的金融压制而采取的自卫行为。凯恩和米什金则提出了规避型金融创新理论，他们认为当外在市场力量和市场机制与机构的内在要求相结合，为了规避风险和既有的管理法规就产生了金融创新行为。还有一些经济学家从宏观角度研究了金融创新的效果，指出过度创新会增加社会成本以及会出现泡沫现象，提出金融创新能使风险转移但并不会消失，且未来可能造成金融危机。

西方金融创新理论流派繁多又各有见地，主要集中在分析金融创新的促成因素、探讨金融创新的动因方面，具有代表性的有技术推进理论、货币促成理论、财富增长理论、约束诱导理论、制度改革理论、规避管制理论和交易成本理论等。下面对国内外金融创新理论的流派进行简要的评述。

一、技术推进理论

这种理论认为新技术革命的兴起，特别是现代电子通信技术和设备在金融业的广泛应用是促成金融创新的主要原因。高科技在金融业的广泛应用出现了金融业务的电子计算机化和通讯设备现代化，为金融创新提供了物质和技术上的保证，如信息处理和通讯技术的新成果应用于金融业后，大大缩短了时间和空间的距离，加快了资金调拨的速度，降低了资金调拨的成本，使全球金融市场一体化、24 小时的全球性金融交易成为现实。又如，自动提款机和终端机极大地方便了客户，拓展了金融服务的时间和空间。这种把新技术，特别是电脑和电信设备工业日新月异的新发明应用于金融业作为促成金融创新的重大因素的理论得到了大多数学者的赞同。技术推进理论的代表人物是经济学家韩农（Hannon）和麦道威（Mc-Dowell），他们通过实证研究发现，20世纪70年代美国银行业新技术的采用和扩散与市场结构的变化密切相关，从而认为新技术的采用是导致金融创新的主要因素。但他们的研究对象过于集中，仅限于自动提款机对电脑与电信设备方面的技术革新与金融业创新的相关性研究，未能取得充分证据，因而他们对金融创新的研究是局部和不系统的。此外，促进金融创新的因素是多方面的，技术推进理论无法解释许多因竞争和政府放宽管制而出现的金融创新活动。

二、货币促成理论

这种理论认为20世纪70年代的通货膨胀和汇率利率反复无常的波动是金融创新的重要成因。金融创新是作为抵御通货膨胀和利率波动的产物而出现的，因此金融创新主要是由于货币方面因素的变化促成的。例如，20世纪70年代出现的可转让支付命令账户（1970年）、浮动利息票据（1974年）、浮动利息债券（1974年）、与物价指数挂钩的公债（20世纪70年代中期）、外汇期货（1972年）等对通货膨胀率、利率和汇率具有高度敏感性的金融创新工具的产生便是为了抵御通货膨胀对利率和汇率波动造成的冲击，是人们在不安定因素干扰的环境下获得相对稳定收益的金融创新的产物。货币促成理论的代表人物是货币学派经济学家弗里德曼（Friedman）。弗里德曼认为20世纪60年代美国通货膨胀的加剧导致了1971年布雷顿森林体系的崩溃，割断了美元与黄金的联系，使世界上所有货币都直接或间接地建立在不兑换纸币的基础上，这样就加剧了20世纪70年代的通货膨胀及其在世界各地的传播。频繁的利率变化引起经济的不稳定，促使人们进行金融创新。货币促成理论可以解释20世纪70年代布雷顿森林体系解体后出现的多种转嫁汇率利率通胀风险的创新工具和业务，但是对20世纪70年代以前规避管制的金融创新及20世纪80年代创造信用和股权的金融创新却无法解释。

三、财富增长理论

这种理论认为经济的高速发展所带来的财富迅速增长是金融创新的主要原因，其理由是财富的增长加大了人们对金融资产和金融交易的需求，激发了金融创新活动，以满足日益增长的金融交易需求。财富增长理论的代表人物是格林包姆（Greenbum）和海沃德（Haywood），这两位经济学家在研究美国金融业的发展历史时得出结论认为，财富的增长是决定金融资产和金融创新活动需求的主要因素。财富增长理论是从金融需求角度探讨金融创新的成因，所以有其局限性。单纯从金融资产需求的角度来分析金融创新的成因，需要以金融管制的放松为前提条件，而当政府和金融管理当局出于稳定的目的对金融业施加严格管理，特别是在经济困难时期实施严厉管制时，则会抑制因需求产生的创新动机。另外，该理论强调财富效应对金融创新的影响，而忽视了替代效应即高利率和汇率变动对金融创新的影响，因此这种理论对20世纪70年代以后转嫁利率汇率和通货膨胀各种风险的金融创新缺乏解释力。

四、约束诱导理论

这种理论认为金融机构之所以发明种种新的金融工具、交易方式、服务种类和管理方法，目的在于摆脱或规避其面临的种种内部和外部制约因素的影响。内部制约指的是金融机构内部传统的管理指标，外部制约指的是政府和金融管理当局的种种管制和约束以及金融市场上的一些法律法规约束。当经济形势的变化使这些内外制约因素严重阻碍了金融机构实现其利润最大化的终极目标时，势必迫使他们探索新的金融工具、服务品种和管理方法，寻求最大程度的金融创新。约束诱导理论的代表人物是西尔柏（Silber），他从金融机构的金融业务和工具创新中来分析金融创新的成因，特别是着眼于从供给方面、微观金融企业的角度探讨金融创新具有一定的创见性。另外，相对于前述几种理论而言，约束诱导理论是探讨金融创新成因的一般性理论，因而系统性更强。但是西尔柏的约束诱导理论也有其局限性：第一，虽然西尔柏从本质上指出了金融企业创新就是为了使利润最大化并且强调了逆境创新，但这样的成因解释同样适用于普通企业的创新，不能充分体现金融创新的特征和个性，因此该理论关于金融创新成因的探讨太过于一般化。第二，该理论过分强调逆境创新即强调金融企业主要是为了寻求利润最大化而摆脱限制和约束，在此过程中产生创新，这种过分强调逆境创新的理论使金融创新的内涵过窄。例如，20 世纪 70 年代转嫁风险的创新和 20 世纪七八十年代产生的信用创新就无法归纳进去。第三，该理论过分强调了金融企业在金融创新中的作用，而未涉及对与金融企业相关联的市场创新及宏观经济环境引发的金融创新，事实上金融创新并非金融企业的孤立行为，它是金融领域内各种要素的重新组合，因此该理论不能全面、完美地解释形式多样的金融创新活动。

五、制度改革理论

这种理论认为金融创新是一种与社会经济制度紧密相关、相互影响、互为因果的制度改革。金融体系中任何因制度改革而引起的变动都可以视为金融创新。政府为稳定金融体制和防止收入不均而采取的一些措施，如存款保险制度也是金融创新。该理论认为金融创新的成因是降低成本以增加收入或稳定金融体系以防止收入不均的恶化。制度改革理论的主要代表人物是制度学派的诺斯（North）、戴维斯（Davies）、塞拉（Scylla）、韦思特（Cwest）等，他们认为全方位的金融创新活动只能在受管制的市场经济中出现，当政府的干预和管理阻碍了金融活动时，市场上就会出现各种相应的回避或摆脱管制的金融创新活动，当这些金融创新对货币政策目标构成威胁时，政府又会采取新的管制和干预措施，于是又引发出一些有针对性的金融创新活动。这种自由市场势力和官方干预势力的较量和对抗，形成管制、创新、再管制、再创新的螺旋式发展过程。该学派将政府行为也视为金融创新的成因，实际上是将金融创新的内涵扩大到包括金融业务创新与制度创新两个方面。较之其他理论，该理论对金融创新研究的范围更广，但该学派的观点亦容易引起争议，将制度创新与金融创新紧密相连并视为金融创新的一个组成部分，特别是将带有金融管制色彩的规章制度也视为金融创新，这令人难以接受。因为金融管制本身就是金融创新的阻力和障碍，作为金融管制象征的规章制度应是金融革命的对象。

六、规避管制理论

这种理论认为金融创新主要是由于金融机构为了获取利润而回避政府的管制所引起的。该理论认为许多形式的政府管制与控制，实质上等于隐含的税收，阻碍了金融机构从事已有的盈利性活动和获取利润的机会，因此金融机构会通过创新来逃避政府的管制。然而当金融创新可能危及金融稳定与货币政策时，金融当局又会加强管制，新管制又会导致新的创新，两者不断交替，形成一个相互推动的过程。该理论的代表人物是凯恩斯，规避管制理论在某种程度上是西尔柏的约束诱导理论和制度改革理论的折中，该理论一方面同意西尔柏的观点即强加于金融企业的种种限制和管制实际上等于隐含的税收，因而金融企业进行金融产品服务和管理方面的创新来规避外来约束；另一方面也赞同制度改革理论的说法，认为政府当局在金融创新足以阻碍货币政策或危害金融稳定时也会做出反应加强金融管制，这种市场力量和政治势力的对抗构成金融创新活动的辩证发展过程。但是规避管制理论与西尔柏的约束诱导理论及诺斯等人的制度改革创新理论之间有很大的区别：第一，约束诱导理论主张从内外制约两方面探讨金融管制对金融创新的影响，至于金融企业创新对金融管制的反作用力未曾谈及。然而规避管制理论强调金融创新主要源自外部环境约束的影响，并且强调外部约束与金融企业规避这种约束的相互作用即外部约束与企业规避间的作用力与反作用力。第二，规避管制理论与制度改革理论的主要区别在于对金融管制的定位不同，前者将金融管制视为金融创新的外部压力，是金融创新的动因。后者则将金融管制视为规避创新的一个组成部分，在分析规避创新的同时也强调技术创新的重要性。

七、交易成本理论

这种理论认为金融创新的支配因素是降低交易成本，即交易成本的变化，交易成本的降低是金融创新的主要动因。其理由是交易成本是作用于货币需求的重要因素，降低交易成本是金融创新的首要动机。交易成本的高低决定了金融业务和金融工具的创新是否具有实际价值，金融创新实质上是对科技进步导致交易成本降低的反应，因此不断地降低交易成本就会刺激金融创新，改善金融服务。该理论把金融创新的动因归结为交易成本的降低，并侧重从微观经济结构的变化来研究金融创新，从另一个角度说明了金融创新的根本原因在于微观金融机构的逐利动机——降低成本的最终目的是为了增加收益，有一定的合理性。但该理论把金融创新的源泉完全归因于金融微观经济结构变化引起的交易成本下降，有一定的局限性。因为科技进步并非是交易成本下降的唯一决定因素，竞争也会使得交易成本下降，促使新创新工具产生。

第三节　金融创新对金融市场的影响

纵观金融创新历史，金融创新活动的结果，从其实质来看，或是能以更低的成本达到其他方式能达到的经营目标，或是能够实现已有的工具和技术无法实现的目标；前者使市场更有效率，后者使市场更加完全。例如，远期合约的出现实现了锁定资产价格、规避市场风险的目的，而在此之前，没有任何工具能够实现这个目标，远期合约的出现使市场更加完全。再如，指数基金、交易所交易基金等满足了投资者以较低的成本购买股票指数的目的。如果没有指数基金、交易所交易基金，那么投资者必须在市场中进行很多次交易才能购买到股票指数，时间成本和资金成本都很高。而指数基金、交易所交易基金的出现，极大地方便了投资者购买股票指数的需求，降低了交易成本，使市场更有效率。

一般来说，市场流动性的高低、交易成本以及信息成本的高低是影响金融市场完全性和有效性的重要因素。在金融市场上，有的投资者是风险偏好者，有的投资者是风险规避者，如果市场上的产品足够多，那么投资者面对的风险—收益选择就很多。投资者可以通过选择不同的金融产品转移不利风险，留下有利风险。通过对风险的重新分配，提高市场交易的参与量，也就提高了市场的流动性。金融产品的创新通过以下方式完善金融市场。

第一，提高流动性。流动性是指资产能以低成本甚至是无成本的变现能力。流动性高，往往意味着资金的使用效率也高。金融工程产品设计在提高流动性方面的一个显著的例子是资产证券化。所谓资产证券化，通俗地讲就是将缺乏流动性的资产通过组合打包出售转变为流动性很强的债券。资产证券化最早出现于20世纪70年代美国的住房抵押贷款市场。在传统的信贷管理方法下，银行短期存款负债与长期贷款资产期限不匹配，增加了银行的风险。如果将贷款证券化，银行就可以将原来流动性很差的资产转变为流动性很强的债券，可以使资金的流入流出时间相匹配并较快地收回资金，提高自身的经营效率。

除了资产证券化，还有许多金融创新产品的设计也体现了对市场流动性的提高，如期货市场的保证金制度等扩大了市场交易的参与量。除了直接提高市场的流动性外，有些金融衍生产品还可以通过重新分配风险来提高市场的交易量。例如，可转债对债权股权的转化，交易方式中附带的买权和卖权等。因为风险会使投资者对收益的预期产生影响，相同的风险对不同的投资者影响不同。如果投资者认为风险可以承受，就会加大投资量，这将间接地促进市场的流动性。

第二，降低交易成本。交易成本主要包括手续费、税收、达成交易的谈判费用等。金融衍生产品替代标的资产交易的一个突出优点就是交易成本的降低。例如，当一个希望买入股票市场组合的投资者真的买入市场指数组合的各种股票时，其交易成本会相当高，但是如果投资者选择股票指数期货，或者股票指数期权，那么就可以显著降低交易成本。再如，标准化的期货合约，其交易的品种、数量、期限、交割方式和地点都已经标准化，唯一变化的只是价格，因此双方的谈判成本基本不存在。

第三，减少信息不对称。信息不对称的现象在金融市场运行中广泛存在，也是市场不完全的重要原因。因为信息不对称会对投资者的选择产生很大影响，导致无效行为的发生，如投资者无法找到最适于投资的对象等。微观经济学中已经提出，解决信息不对称的方法之一为信号显示。因此，开发金融产品，促进各种信息的揭示，对减少信息不对称，减少市场无效行为具有积极意义。开发不同的金融产品本身代表着发行者的不同信息，可以帮助投资者了解其风险收益情况。例如，附带回购权的股票，可以使投资者了解公司内部人对未来股价的看法。再如，基金公司不同时期发行不同的基金产品，也有利于投资者对机构投资方向的掌握，有助于其对未来市场预期的判断。

金融创新在增加利润的同时，短期来看还会导致信贷规模的扩大，为经济繁荣提供融资手段，在投机需求存在的情况下，可能产生由于"过度交易"引发的投机泡沫。长期来看，金融创新还意味着对既有金融结构和监管制度的突破，它扩大了金融市场的范围，加剧了金融市场的竞争，提高了金融机构的杠杆率，使得金融系统既有的稳定结构被打破，金融系统变得更加脆弱。

 专题研讨

1. 关于金融创新的理解

某学者参照熊彼特提出的"经济创新"的定义，重新定义金融创新：金融创新是指新的风险函数的建立，即以增加利润或稳定利润预期为目的，通过降低风险、揭示风险、转移风险等手段（风险函数），在不增加金融市场系统性风险的基础上，对金融制度、金融组织、金融业务进行的优化及创造活动（如金融企业对各种金融要素的重新组合和创造性变革）。在金融创新活动中，以增加利润（降低成本）为上，以稳定利润预期为下；以降低风险为上，以转移风险为下；底线是绝不能增加整个金融市场系统性风险。以此为标准，该学者认为，依靠增加风险来提高利润的活动都不应该算金融创新。并进一步认为，金融监管部门只需搞清楚以下五个问题即可判断一项新的金融活动是否属于金融创新：

第一，金融创新活动增加了谁的收益？这是金融创新的初衷，从中可以看出金融创新是为了行业的发展还是为了一己私利。

第二，金融创新活动中的参与主体有哪些？明确所有参与主体，有利于金融监管部门在后期明确监管对象以及确保各参与主体利益。

第三，金融创新活动各主体间的风险关系（风险函数）。这是金融创新的手段与方法，是金融创新的主体内容。明晰各参与主体间的风险关系，有利于金融监管部门判断创新的程度，明确监管的具体范围。

第四，金融创新活动有没有系统性风险？这是防范金融风险的第一道防线。导致系统性风险的原因有很多种，也较为复杂。但有一点可以肯定的是，如果某项金融活动只是某个或某类企业通过向外转移风险来提高自身收益，并且这个风险仅停留在这个行业之内，那么当这个风险累积到一定程度时必然导致行业危机，行业危机足够大时就会导致金融市场的系统性风险。美国次贷危机就是一个很好的案例，风险在各金融机构内部转移，集聚到一定程度就必然导致金融危机，这种情况的系统性风险是在金融创新初期即可判定的。

第五，金融创新活动是否达到设计目的？如果金融创新活动得到许可，金融监管部门就要定期对创新结果进行跟踪验证，防止个别企业为了短期利益，脱离了金融创新设计的初衷。例如，打着现货金融创新的幌子，却对最能体现"现货性"的交割设置重重障碍，本质上是利用创新的幌子搞投机。

问题：

（1）如何评价该学者的上述观点？

（2）请运用该学者提出的金融创新定义以及判断金融创新是否属于"真创新"五步法，剖析期货的创新性质。

2. 关于我国商业银行的金融创新

金融创新是将金融领域内部的各种不同要素进行重新组合的创造性变革所创造和引进的新事物，主要包括金融制度创新、金融机构创新、金融市场创新、金融产品创新、金融监管创新等。这几种创新是一个整体，对完善提高金融体系的综合效能缺一不可。

在激烈的竞争中，创新是满足客户所看中的特殊需要的法宝。在商业银行面临全球金融一体化和国内银行激烈竞争的困境的时候，求变求新就成了商业银行的必然选择。

商业银行面临的困境迫使实施金融创新。一方面，据有关资料统计，国内商业银行收入的 70%~90% 来自于存贷利差，存贷利差日益缩小，银行业已步入微利时代。降息将使银行减少 300 多亿元的利息收入，这基本是纯利润（固定费用已扣除）。另一方面，外资银行进入和股份制商业银行的崛起，使各商业银行之间对外资企业、合资企业、效益好的国营企业和民营企业等 20% 的优质客户的争夺更加激烈，特别是对于 4% 的高端客户，竞争尤其激烈。因此，在传统业务竞争激烈，拓展困难的情况下，依靠创新吸引客户增加收入就是一条最佳途径。

金融创新能为商业银行带来丰厚利润。进行金融创新，提高组织效率和经营效率，增加收入降低成本，特别是增加收益率，是增加利润的好方法。金融创新为企业提供其所看中价值的量身定制的特殊服务，其价格没有可比性，不可能由中国人民银行统一定价，而只能由银企双方协商一致，特殊服务特殊价格是符合经济规律的，其利润空间必然较大。

金融创新能提高银行竞争力。迈克尔·波特说，取得竞争优势的方法有两个：其一是成本领先，其二是别具一格。只有超过竞争对手的那部分能力，才是现实的竞争力，才能以此取得竞争优势。开辟新的战场，行于无人之境，把对手远远抛在后面，这样的竞争当然能获全胜。金融创新，也就是区别于竞争对手，在特定的领域以自己的特色形成局部垄断，从而战胜对手。

科技进步为金融创新提供了条件。一方面，进行金融创新的手段更先进，创新更容易，风险也更能够控制；另一方面，正因为这些技术是近一二十年才发展起来的，无论是新老银行，对新技术的掌握程度都相距不远，因而用最新技术进行金融创新的起跑线也相距不远。

从自身具体特点的实际出发，抓住商业银行自己可以掌控的金融创新切入点，将会收到事半功倍的效果，否则必然会事倍功半。

问题：

（1）对于具体一家商业银行来说，其金融创新的着力点应该摆在哪个层面？请详细阐述理由。

（2）商业银行的创新对其他层面的创新有何影响？

（3）商业银行的创新要注意规避什么风险？

（4）结合我国商业银行创新现状，谈一谈当前我国商业银行金融创新存在的主要问题。

3. 关于金融创新对金融市场的影响

传统的货币定义认为货币是为广大公众所普遍接受的一般等价物的特殊商品。马克思和一些当代主流经济学家均认为"货币是一种社会关系"；弗里德曼和新凯恩斯主义的经济学家、哈佛大学的年轻教授曼昆却说"货币是经济中人们经常用于购买其他人的物品与劳务的一组资产"；社会学家齐美尔则把货币视作"一切价值的公分母""价值的现金化""货币是人与人之间交换活动的物化，是一种纯粹功能的具体化"。

在围绕着理解和把握货币到底是什么这一问题上，经济学家和社会学家们被长期困扰。金融创新的日新月异使得理论界对货币的定义变得日益困难。

问题： 金融创新对货币定义、货币划分以及货币流通会带来什么影响？

第二章
金融产品创新的基本原理

本章导读

本章从需求驱动创新角度阐述金融产品创新的动机，介绍了金融产品创新链模型及其运行机理，然后以股权和债券创新为例，详细分析了金融产品创新价值链的价值增值的过程。

学习本章，要求掌握金融产品创新的价值增值原理，理解金融产品创新链模型及其运行机理。

从概念上讲，金融产品创新就是创造不同流动性、收益性和安全性的金融产品的组合，满足企业和投资者需求，如降低代理成本和交易成本、提高交易效率和便捷性、增加金融产品流动性、重新配置风险等；投资者的各种偏好，如规避金融管制、合理避税等，也应得以满足。

金融创新的目标，就是满足企业和投资者的需求。例如，机构规避风险的需求：机构规避风险的目的是为了减少损失，使将来可能的损失限定在一定范围之内。再如，利用市场缺陷获利需求：现实资产价格并不总是能够保证市场不存在套利机会，因此人们开发交易手段和交易产品，利用市场缺陷获利。还有克服市场摩擦的需求：市场存在摩擦，通常是因为存在金融管制，或者交易成本很高，金融产品创新有望减少市场摩擦。

第一节　金融产品创新的驱动力

金融创新的驱动力类型有两种：需求驱动型以及供给推动型。

需求驱动型，常常是被动式创新，是零星的、随机的、案例型的创新，是倾向于经验性的创新实践活动。由金融产品需求方驱动的被动创新，一般针对特定的案例环境打造，倾向于经验性。因此，从创新的角度来讲，需求驱动型创新发生比较随机，如银行理财产品。

供给驱动型（方法和技术驱动），常常是主动式创新，是系统的、功能型的创新，是倾向于理论指导的创新实践活动。由金融产品供给方驱动的主动创新，一般为金融技术或方法的提升所带来的功能性创新，倾向于理论指导。故从创新的角度来讲，供给驱动型创新发生得比较循序渐进。例如，次级抵押贷款债券的信用违约互换（CDS）。在 2008 年次贷危机前，由于预测到房地产市场泡沫对整个金融市场的潜在危机，迈克尔·巴里想到了一种新的金融工具——次级抵押贷款债券的信用违约互换（CDS），利用其做空市场。CDS 实际上就是债券保险；购买相关债券的 CDS 合约，每年仅需支付一定的费用，就能得到 CDS 出售商提供的保障。如果债券真的出现违约，CDS 保险合约价值将上升以弥补债券持有人的损失；如果债券本息得到如期偿付，则最多损失的是购买 CDS 的费用。

下面从七个方面阐述金融产品创新的需求动机，并辅以丰富的金融产品与服务创新案例来佐证。

一、重新配置风险

金融风险促进了金融创新的发展，风险的存在使得人们必须进行金融创新来规避金融风险。金融活动的参与者可以通过转移、分散、抵消的方法减少风险发生的可能或减小损失的程度。

为了避免利率风险，银行金融机构在利率上涨时，可以利用互换交易将固定利率资产转换为浮动利率资产，将浮动利率债务转换成固定利率债务，从而达到转移风险的目的。

分散风险则是运用资产组合理论和有关模型对各种资产进行选择，并根据各自的风险收益特性及相互之间的相关性确定最有效的组合。

高流动性金融衍生工具的创新，如证券化资产、可转让存单等，以及交易方式的电子化创新，使投资者可随时调整自己的投资组合，实现自己满意的效率组合，在相同的预期收益下承担最小风险。

再如，同时做两笔以上风险相同但方向相反的交易，使可能遭受的损失和可能获得的额外收益相对应，这种抵消风险的方法被称为对冲。

20世纪70年代以来由于国际经济环境的剧烈震荡，特别是布雷顿森林体系解体以后引发的汇率变动无常和通货膨胀的加剧，这些变化给投资带来了巨大的风险，使投资回报率呈现很大的不确定性，市场投机现象严重。因此，金融市场上产生了规避风险、稳定收益的创新需求。

可变利率抵押贷款和期货就是在这样的市场条件下产生的。被国际金融市场称为四大发明的远期协议、期货、互换、期权的基本衍生工具，主要就是为了管理和规避利率、汇率等波动所带来的金融风险。

当然，基于这些基本衍生工具的许多创新，同样具有重新配置或（和）转移风险的功能，如基于利率期权基础上的利率上下限等。

浮动利率票据（FRN）是为防范利率风险而产生的金融创新产品之一，FRN的利率通常每半年调整一次，并规定了最低利率保障，即若市场利率低于此限，则按此限付息，若市场利率升高，则按市场利率付息，加之它可以利用短期市场利率浮动的筹资成本筹措长期资本，由此深受投资者和筹资者的欢迎。

二、合理避税

一般来说，纳税人可以利用某种法律上的漏洞或含糊之处的方式来安排自己的事务，以减少本应承担的纳税数额。虽然避税行为可能被认为是不道德的，但避税所使用的方式是合法的，而且不具有欺诈性质。合理避税不同于偷税、逃税，它不是对法律的违背和践踏，而是以尊重税法、遵守税法为前提，以对法律和税收的详尽理解、分析和研究为基础，是对现有税法不完善及其特有的缺陷的发现和利用。国际上将避税分为两大类，一类是可接受避税，另一类是不可接受避税，两者的划分是以是否违背法律意图为根据。

利用金融创新，可以实现适度避税。

（一）股权与债权互换

债权转股权就是将商业银行在企业中的债权转让给金融资产管理公司，金融资产管理公司再通过对企业的改制与重组，直接或间接持股，由债权人转变为企业的股东，是一种补充企业资本金和最大限度收回银行相关资产的阶段性持股行为。企业除贷款类债权外的应收、预付账款符合条款的，减除可收回金额后确认的无法收回的应收、预付款项，可以作为坏账损失在计算应纳税所得额时扣除，以此达到避税。

利用关联公司之间股权与债权的互换，在两个公司所在地的税收、政策优惠等方面寻找套利空间；

在具有不同公司所得税的关联企业之间，常常可以通过股权与债权互换等关联交易①达到一定程度的避税目的。这个操作的关键是纳税人在税法许可的范围内，通过不违法的手段对经营活动和财务活动精心安排，尽量满足税法条文所规定的条件，达到减轻税收负担的目的。

在许多国家，由一个公司支付给另一个公司的利息，在总体上，对接受方来说，是完全纳税的；对支付方来说，则是完全免税的。然而公司从拥有的普通股和优先股中得到的股息，对接受公司来说大部分是免税的，因为该公司得到的收入对支付公司来说已被征税。

现假设这个税收减免范围达到收入的80%。假定公司A支付40%的边际公司收入税率，并能以10%的成本借到资金。公司A借了1000万美元并用它来购买公司B收益率为8%的优先股，也就是说，优先股支付固定8%的股息（面值百分比），也就是每年80万美元股息。

初看起来，公司A参与这场交易似乎没有多大的意思，因为公司A能以10%的成本融资并投资到收益率为8%的资产中。但如果考虑税收的不对称性，这场交易就相当有意思了。在这个例子中，公司A的税后借款成本实际上是6%（因为所付的利息是完全免税的，并且公司的税率是40%）；公司A从股息中得到的税后利润达到7.36%，因为80%的股息是免税的，只剩下20%需征税，从而税后利润=8%×（1−20%×40%）=7.36%。换句话说，公司A每投资1美元可赚得0.0136[=1×（7.36%−6%）]美元。

进一步假定公司B享有一种12%的优惠税率，由于政府提供激励鼓励该行业的发展（例如，公司B从事可替代能源，而政府正在鼓励发展这种可替代能源）。那么公司A是否会从公司B以10%的年利率借入公司B的资金，然后把借到的贷款投资于公司B收益率为8%的优先股呢？答案是肯定的。首先，公司B借给公司A的每1美元会收到0.1美元利息，税后利息为0.088美元；其次，公司B要为公司A投资在公司B的每1美元支付0.08美元的股息；最后，公司B用这种互换每1美元可赚得0.008美元的收益。

很显然，这两个公司利用税率不对称性套利，即利用A公司债务和公司B股票之间的互换。两个公司都能赢利，尽管在程度上可能有不同。

当然，这种互换会给双方带来一定的风险。例如，公司B税率上升或者公司A税率下降，公司A对公司B的债务违约等。第一个问题可以通过在合约中增加一些特殊的条款来加以限制，如公司A回购（赎回）债务和公司B回购优先股。第二个问题可以利用公司A持有的公司B的优先股为公司A的债务担保等。

（二）转让定价

转让定价是指关联企业之间在销售货物、提供劳务、转让无形资产等时候制定的价格。在跨国经济活动中，利用关联企业之间的转让定价进行避税已成为一种常见的税收逃避方法，其一般做法是高税国企业向其低税国关联企业销售货物、提供劳务、转让无形资产时制定低价；低税国企业向其高税国关联企业销售货物、提供劳务、转让无形资产时制定高价。这样，利润就从高税国转移到低税国，从而达到最大限度减轻其税负的目的。

利用关联交易，采取转让定价的形式，即关联企业为共同获取更多的利润以高于或低于市场正常交易价格进行的产品或非产品转让，在这种转让中，产品的转让价格根据双方的意愿，以达到少纳税的目的。

---

① 关联交易就是企业关联方之间的交易，关联交易是公司运作中经常出现的而又易于发生不公平结果的交易。关联交易在市场经济条件下主为存在，从有利的方面讲，交易双方因存在关联关系，可以节约大量商业谈判等方面的交易成本，并可运用行政的力量保证商业合同的优先执行，从而提高交易效率。从不利的方面讲，由于关联交易方可以运用行政力量撮合交易的进行，从而有可能使交易的价格、方式等在非竞争的条件下出现不公正情况，形成对股东或部分股东权益的侵犯，也易导致债权人利益受到损害。在经济活动中，存在着各种各样的关联方关系，也经常发生多种多样的关联方交易。在会计准则中列举了11种常见的关联交易类型：购买或销售商品；购买其他资产；提供或接受劳务；担保；提供资金；租赁；代理；研究与开发转移；许可协议；代表企业或由企业代表另一方进行债务结算；关键管理人薪酬。

利用国际避税地、经济特区及税收优惠政策，通过转让定价法，将高税区公司的经营所得通过压低销售价的方式转入低税区的公司之中，避税效果更为明显，当前跨国公司避税主要采取这种方式。

从国家税务总局与联合国开发计划署联合举办的反避税专题研讨会上了解到，当前税务机关掌握的避税方式包括转让定价、利用避税地、资本弱化、利润结转、流转税征收环节以及利用法定税收优惠政策避税等，其中利用关联企业进行转让定价避税是最主要的方式。

（三）股票回购

股票回购是指上市公司利用现金等方式，从股票市场上购回本公司发行在外的一定数额的股票的行为。股票回购也可用于规避税收。现金股利要支付个人所得税，而转让股票的收益适用资本利得税。对大多数投资者而言，所得税税率高于资本利得税，且资本利得税只在资本利得实现时才需缴纳，对于不想马上变现的投资者，享受低税率的同时还获得了税收延迟的好处。

例如，1995~2000 年 IBM 花 400 亿美元回购 5 亿股。2006 年 IBM 声称，公司董事会批准用 40 亿美元的新资金进行股票回购。除了这 40 亿美元外，董事会在 4 月批准 4040 亿用于回购股票的资金中，还剩余约 2424 亿美元可用于股票回购。

又如，2013 年苹果举债回购股票，合理避税高达 92 亿美元。穆迪投资者服务公司估计，苹果利用发债而不是会被美国政府课税的海外资金为回购 550 亿美元股票提供部分资金，由此避免了多达 92 亿美元的税项支出。穆迪高级副总裁 Gerald Granovsky 表示，按照当时的利率计算，苹果 170 亿美元的债券发行每年需支付利息约 3.08 亿美元。如果资金来自苹果大约 1000 亿美元的海外资金储备，那么这家 iPhone 生产商在汇回资金时就必须按 35% 的税率缴税，也就是说，苹果避免了大约 92 亿美元的税项支出。鉴于利息支付是免税的，这样每年又省下了大约 1 亿美元。苹果公司表示，在 2012 财政年度，苹果缴纳了 60 亿美元联邦公司所得税，占美国政府收取的公司所得税收入的 1/40。

（四）可转换债券设计

可转换债券也称为可转换公司债券、可转债、转债，是指发行人依照法定程序发行，持有者可以在一定期间内按事先约定的条件转换为公司股票的债券，是一种介于债券和股票之间的混合金融衍生品，具有筹资和避险的双重功能。

在上市公司的可转换债券设计中经常设有可回售条款，债券持有人通过回售获得收益与通过利率获得收益的税收存在差别。因此，这个条款使得债券持有人在一定程度上达到税收规避的目的。具体操作：建立一个债券池，将心中满意的债券放在里面，通过两只相近债券的相互切换来实现避税。当一只债券快接近派息日时，卖掉它，然后买入债券池中另外一只债券，可以实现完全避税。或者，持有一只债券，当另外一只债券除息后，将手中债券抛掉换成除息债券；此时买入刚除息的债券后，相对收益较高（持有利息＝票面利息/全价，此时净价几乎等于全价）。或者，持有一只债券，当一只更高收益的新债上市时，将手中债券抛掉换成新债；此时新债净价几乎等于全价。

（五）金融控股公司

金融控股公司是金融业实现综合经营的一种组织形式，也是一种追求资本投资最优化、资本利润最大化的资本运作形式。在金控集团中，控股公司可视为集团公司，其他金融企业可视为成员企业。集团公司与成员企业间通过产权关系或管理关系相互联系。各成员企业虽受集团公司的控制和影响，但要承担独立的民事责任。金融控股公司这种金融组织创新，实际上也能达到合理避税的目的。

金融控股公司在税制上的一个显而易见的优势是合并报表，以达到合理避税的目的。一个金融控股公司内各子公司赢利状况不一，而且总公司在进行经营战略调整时，也会出现战略发展部门头几年不赢利，而准备退出的领域还有暂时赢利的情况。这种情况下在金融集团公司内实行合并报表，就可以用赢利部门的利润冲销一部分子公司的亏损,这样纳税额就比较少。例如,子公司 A 盈利,子公司 B 亏损,由控股公司合并报表后,可由子公司 B 的亏损平抑子公司 A 的盈利,从而形成避税效应。由于股权结构复杂,金融控股公司各子公司成本及收益差异显著,通过合并报表,一般能够产生避税效应。

(六)交易型开放式指数基金(ETF)在税收上拥有优势

ETF[①]虽然并不是完全为税收上的优惠而设计,但是它可以带来税收上的好处,减少基金管理人的税收支出。当传统的开放式基金被赎回时,基金必须卖掉股票来满足赎回者的要求,这必然引起大量的税收损失。这笔税金则由股票的持有者——基金管理人来支付。

ETF 在税收上拥有优势:基金底层资产的低换手率,由于大多数 ETF 都被动跟踪指数,因此其比主动管理基金拥有低资产换手率,也意味着更低的资本利得税。实物申赎模式,ETF 的实物申购、赎回的方式避免证券变现产生资本利得;一般 ETF 为更好控制跟踪误差会支付较少的资本利得收益。

为支持证券市场的发展,国家赋予了基金不同环节的税收优惠。就投资者而言,财政部、国家税务总局对投资者(包括个人和机构投资者)从基金分配中取得的收入,暂不征收个人所得税和企业所得税,而且买卖封闭式证券投资基金免征印花税。就基金管理人而言,财政部、国家税务总局对证券投资基金(封闭式证券投资基金、开放式证券投资基金)管理人运用基金买卖股票、债券的差价收入,继续免征营业税和企业所得税。"营改增"后,证券投资基金(封闭式证券投资基金、开放式证券投资基金)管理人运用基金买卖股票、债券,免征增值税。

结合上述政策特点,不少企业一边享受基金分红的免税优惠,同时又通过基金买卖的价差损失予以税前列支,从而获取最大的税收利益。例如,基金分红免税,分红后净值会降低,这就可以少交增值税和所得税;同时,利用分红日可以买入,除权完卖出,由于分红部分按规定不收税,卖出的账目亏损可以避一点税。

三、降低代理成本和交易成本

(一)可回售普通股

可回售普通股赋予投资者权利使其能够将股票在特定日期以特定价格回售给发行者,这种可回售的权利降低了由于信息不对称所引起的代理成本。

(二)股票指数期权

股票指数相关衍生产品主要包括股票指数期货、股票指数期权等。股票指数期权(股指期权)是在股指期货的基础上产生的,期权购买者付给期权的出售方一笔期权费,以取得在未来某个时间,以某种价格水平买进或卖出某种基于股票指数的标的物的权利。股指期货多采用现金交割,即当投资者判断股票指数走势后,可进入股票指数期权市场交易,而无须在股票现货市场对一篮子股票进行操作,可省去交易费用。

---

① 交易型开放式指数基金 ETF,亦称"交易所交易组合",属于开放式基金的一种特殊类型,它结合了封闭式基金和开放式基金的运作特点,投资者既可以向基金管理公司申购或赎回基金份额,同时,又可以像封闭式基金一样在二级市场上按市场价格买卖 ETF 份额,不过,申购赎回必须以一篮子股票换取基金份额或者以基金份额换回一篮子股票。由于同时存在二级市场交易和申购赎回机制,投资者可以在 ETF 市场价格与基金单位净值之间存在差价时进行套利交易。套利机制的存在,使得 ETF 避免了封闭式基金普遍存在的折价问题。ETF 从法律结构上说属于开放式基金,但主要是在二级市场上以竞价方式交易,通常不准许现金申购和赎回,而是以一篮子股票来创设和赎回基金单位。

（三）股票指数期货

股指期货全称是股票价格指数期货，也可称为股价指数期货、期指，是指以股价指数为标的物的标准化期货合约，双方约定在未来的某个特定日期，可以按照事先确定的股价指数的大小，进行标的指数的买卖，到期后通过现金结算差价来进行交割。同样，投资者判断股票指数走势后，无须对股票指数包括的一篮子股票进行买卖，进入股指期货市场，可同样获得股票指数涨跌带来的利得，而且省去股票交易过程中的交易成本。

（四）标准化期货合约

期货合约大致可分为两大类：商品期货和金融期货。期货合约的前身是远期合约，期货合约相比于远期合约，具有更高的标准化。标准化的期货合约，其交易的品种、数量、期限、交割方式和地点都已经标准化，唯一变化的只是价格。因此双方的谈判成本基本不存在。

四、提高交易效率和便捷性

所谓金融交易是指涉及机构单位金融资产所有权变化的所有交易，包括金融债权和负债的产生和清偿。金融交易中，一个机构单位一方面会形成或处置金融资产，抵消以后体现金融资产的净获得；另一方面会发生和清偿债务，抵消以后体现负债净发生。

以 IT 技术为代表的技术革命在金融行业得到迅速渗透和推广，出现了许多运用 IT 技术的新型交易手段和交易方式（如电子证券交易、银行转账清算系统、银行业同业票据交换所支付系统、自动出纳机、POS 终端等），极大地提高了交易效率和便捷性。

（一）全国电子交易系统（NET 系统）

NET 系统是由中国证券交易系统有限公司（简称中证交）开发设计，为证券市场提供证券的集中交易及报价、清算、交割、登记、托管、咨询等服务。NET 系统由交易系统、清算交割系统和证券商业务系统这三个子系统组成。

（二）银行转账清算系统

各国中央银行提供支付清算服务的方式与范围有所不同，但它们的业务运行原理基本一致。为利用中央银行的支付清算服务，金融机构需要在中央银行开立往来账户，中央银行通常要求金融机构在账户中保持一定的备付金，以保证清偿的顺利进行。金融机构之间的债权债务和应收应付款项，通过中央银行往账户的借贷记载进行划转清算。银行间清算需要通过行间支付系统进行，行间支付系统为银行自身和客户委托办理的结算事项提供资金清偿服务。

资金清算过程包括两个基本程序：一是付款行通过支付系统向收款行发出支付信息；二是付款行和收款行之间实现资金划转。按照对转账资金的不同处理方式，银行同业间清算可分为差额清算系统与全额清算系统两种。差额清算系统将在一定时点上收到的各金融机构的转账金额总数减去发出的转账金额总数得出净余额，即净结算头寸；然而全额清算系统对各金融机构的每笔转账业务进行对应结算，而不是在指定时点进行总的借贷方差额结算。目前多数发达国家中央银行经营的支付系统即属 RTGS 系统（实时全额清算系统）。

（三）实时全额支付系统

实时全额支付系统是按照国际标准建立的跨银行电子转账系统，专门处理付款人开户银行主动发起的跨银行转账业务，如自动转账/邮政转账服务。自动转账是中国工商银行按照客户指定的要求为客户划拨资金的服务。自动转账服务目前包括固定周期型、余额补足型和起点触发型。

（1）固定周期型自动转账：指银行按固定周期从客户账户转出固定金额的资金到客户本人或他人账户。

（2）余额补足型自动转账：在客户本人或他人账户余额低于客户指定标准时，银行自动从客户的其他账户转入一定金额予以补足，保持账户余额在指定标准之上。

（3）起点触发型自动转账：在客户的活期账户余额高于指定标准时，银行自动为客户转出一定金额（可为超出金额或固定金额）存为定期存款（或通知存款），提高客户的存款收益。

（四）凭金电子转账系统

凭金电子转账系统是将银行的计算机系统通过通信线路和设备与特约商户的 POS 相连接所构成的系统。由销售点终端（POS）、终端控制器、调制解调器及电话专线和银行电子计算机系统四部分组成。

（1）销售点终端（POS）是与电子货币的接口，接收电子资金信息。

（2）终端控制器有两个作用：一是接收来自所连接的各个 POS 终端的信息，综合这些信息并通过一条通信线路把信息传输给银行电子计算机系统；二是有选择地通过各条线路把有关信息传输给适当的 POS 终端。在电子资金转账系统中，采用终端控制器的根本目的是减少通信线路的租用费。

（3）调制解调器和通信线路的作用是将 POS 与银行的计算机系统连接起来，实现数据的传输。

（4）银行电子计算机系统是整个系统的核心，客户账数据以及扣款卡使用的信息全部由银行计算机系统处理。

（五）银行业同业票据交换所支付系统

参加这个系统的所有各个银行都可将有关同业拆借、外汇买卖、汇划款项的数据输入自动转账系统的终端机，收款银行可立即收到这些有关的信息，交换所通过自动转账系统同时完成借记付款银行账户、贷记收款银行账户的结算业务。这些一般的票据交换所又进一步地加快了结算速度，减少了支票及有关费用。

（六）网上支付跨行清算系统

网上支付跨行清算系统是中国人民银行建设的人民币跨行支付清算基础设施，主要支持网上跨行零售业务的处理，业务指令逐笔发送、实时轧差、定时清算。客户可通过在线方式提交支付业务，并可实时获取业务处理结果。系统支持商业银行以及经中国人民银行批准的非金融支付服务机构接入，并向客户提供 7×24 小时全天候服务。从业务管理方面来讲，网上支付跨行清算系统是小额支付系统在网上支付方面的延伸，从系统管理方面来讲，网上支付跨行清算系统是与大小额支付系统并行的人民币跨行清算系统。

（七）清算所同业支付系统（CHIPS）

CHIPS 是跨国美元交易的主要结算渠道之一，在大额的美元交易中发挥重要作用，其流动性和安全性为人称道，而随着时代的发展，其在美元交易中的影响也越来越大。CHIPS 于 1970 年建立，是跨国美元交易的主要结算渠道。通过 CHIPS 处理的美元交易额约占全球美元总交易额的 95%，因此该系统对维护美元的国际地位和国际资本流动的效率及安全显得十分重要。CHIPS 成员有纽约清算所协会会员、纽约市商业银行、外国银行在纽约的分支机构等。CHIPS 是一个净额支付清算系统，它租用了高速传输线路，有一个主处理中心和一个备份处理中心。每日营业终止后，进行收付差额清算，每日下午 6：00（纽约时间）完成资金转账。

(八) 美国电子支付霸主 PayPal

PayPal 于 1999 年在美国正式上线。资金从一个账号转向另一个账号，不能停留在 PayPal 平台的账户上，PayPal 只充当纯粹的桥梁作用，钱不能被截留。若截留了客户的资金就相当于储蓄机构，那么监管措施要全部按照监管银行的严格标准来执行，如必须有一定比例的存款准备金。PayPal 最新更新的标准收费是 4.4%+0.3 美元。用户享受何种优惠收费标准将根据每月的交易额而定。

(九) Fedwire 电子转账系统

Fedwire 是由美国联邦储备系统开发与维护的电子转账系统，是一个贷记支付系统。Fedwire 提供电子化的联储资金和债券转账服务，是一个实时大额清算系统，在美国的支付机构中发挥着重要的作用。Fedwire 系统自 1914 年 11 月开始运行，直到 20 世纪 70 年代早期，美国国内资金、债券的转移仍然主要来于此系统。1970 年美国开始建立自动化的电子通信系统。

(十) 自动出纳机

自动出纳机是银行计算机网络的终端机，具有自动办理存款、现金出纳和结转等业务的多功能设备。为了方便客户在营业时间外办理提款，银行于 20 世纪 70 年代中期开始开办自动出纳机服务。自动出纳机一般装设在银行办事机构，分为安装在营业厅及户外两种。存户若想利用自动出纳机，首先要在银行开立往来账户或储蓄账户，向银行申请一张身份证明卡，银行将客户的账号、指定显示器文字、密码等资料以磁带形式记录在该卡的背面。作为银行业务电子化的重要创新，自动出纳机自问世以来在许多地方和国家得到广泛运用。有些自动出纳机除办理存款收付、小额放款的回收及公共费用转账外，还可进行外币与本币换算、转账、接受贷款、旅行支票、可转让大额存单、信用证的支付转账等业务。

(十一) POS 终端

销售终端——POS 是一种多功能终端，把它安装在信用卡的特约商户和受理网点中与计算机联成网络，就能实现电子资金自动转账，它具有支持消费、预授权、余额查询和转账等功能，使用起来安全、快捷、可靠。信用卡和账户信息只需告诉支付中介，而不需告诉每一个收款人，大大减少了信用卡信息和账户信息的失密风险。

目前第三方支付平台的交易大部分都是免手续费的。支付成本低，线上平台集中了大量的小额交易，形成规模效应，还简化了交易过程，方便了消费者；对于商家而言，节省了运营成本；对于银行而言，不仅节省了网关开发成本，而且增加了交易收入。线上平台不仅支持各种银行卡通过网上进行支付，而且还支持手机、电话等多种终端操作，符合网上消费者追求个性化、多样化的需求。

五、规避金融管制

金融创新的出现与金融监管的变革，是社会经济和金融行业高度发展的结果。金融创新与金融监管的相互作用、相互促进，使金融系统更加安全、更有效率，从而更好地发挥其社会经济功能，服务于社会、服务于经济，同时也推动了金融工程的产生与发展。从政府和管理机构的角度看，管制的目的是为了稳定金融市场和规范金融交易。从金融市场的角度看，管制的存在有利于对资本流动实现有效的配置控制，减少市场失灵的风险。但是从某些市场交易者的角度看，管制因素限制了资本的自由流动，减少了投资者的资本收入，不利于利润最大化目标的实现。因而当某些管制影响到投资者的利益时，他们就会产生摆脱金融管制的需求。

金融管制的目标，一方面保护投资者的利益，防止金融机构违反投资者本人的意愿从事高风险操作；

另一方面，通过规范金融机构的行为，保护和鼓励公平竞争。1864 年《国民银行法》以及 1913 年《联邦储备法》授予了联邦政府一定的监管职责，但截至 20 世纪 20 年代后期美国金融制度基本上是自由竞争而不受管制，因此不存在规避监管的金融创新动机与实践。1929 年一直牛气冲天的华尔街股市转向暴跌，至 1933 年美国有 9000 家银行破产，整个金融业瘫痪。检讨经验教训，人们普遍认为华尔街应对这场灾难负责，于是以《1933 年银行法》[①]（The Bank Of 1933）为代表的限制银行经营法律相继出台，到 20 世纪 70 年代构成全面监管法律体系。1929～1933 年成为美国金融业从自由走向全面管制的分水岭。《1933 年银行法》授权美国联邦储备委员会理事会对其会员银行利息率制定最高限，并规定商业银行不准对活期存款支付利息，其后《联邦储备系统 Q 条例》进一步予以明确，1935 年立法将 Q 条例扩大到非会员银行机构，1966 年通过利率管制法进一步将该限制扩大到所有金融储蓄机构。由于 1933～1978 年利率较低，存款人的机会成本小，银行等存款机构仍保持较稳定资金来源。Q 条例规定了存款利率的上限，在当时对于规范金融市场，恢复公众对金融系统的信心起到了积极的作用。但 20 世纪 70 年代末名义利率大幅度上升，商业银行和储蓄机构存款大量流失，即"脱媒"现象，原有的法规已不适应新的情况，影响了商业性金融机构的市场适应与竞争能力。针对这些情况，金融机构进行了大量的创新活动。

例如，为了规避 Q 条例的限制，争取更多的存款，存款机构通过各种金融创新手段，合理规避金融管制。商业银行设计开发了可转让大面额存款单（CD）。由于这种大面额存款单可以在市场上流通，由此产生实际的高收益率，突破了对银行储蓄账户利率的限制，同时提高了银行吸收资金的能力。

例如，为了规避 D 条例的限制，D 条例规定银行存款的一定比例，必须用于非营利资产，银行通过开发新型金融产品——欧洲美元借款（在美国境外进行存放和借贷的美元）、小面额资本债券和由银行持股公司签发的商业票据（Commercial Paper, CP）来争取非存款资金。欧洲美元是为逃避金融管制而进行的融资手段的创新，它最终造就了金融市场的创新——欧洲货币市场。此外，一些投资银行设计了能提供安全和高收益的投资，以及享有开支票便利的货币市场共同基金（MMMFs）。储蓄机构开发一种创新工具——可转让支付命令（NOW）账户以及类似的超级可转让支付命令（Super NOWs）。存款机构在电话转账服务基础上开办将活期账户与储蓄账户相结合的，针对个人的自动转账制度（ATS）；此外还有与MMMFs 性质类似并与其直接竞争的货币市场存款账户（MMDAs）等。

例如，为规避《格拉斯-斯蒂格尔法案》，人们逐步认识到由政府支持的金融服务业市场分割协议的缺陷，而且金融自由化浪潮对银行业务发生显著影响以及来自外国银行从事综合经营的挑战。这促使美国金融业竞相采用创新手段规避管制，进行证券、保险、信托和银行的交叉经营，其内容包括投资银行通过 MMMFs 进入商业银行业务领域的金融工具创新，也有银行持股公司形式的金融机构创新[②]。后来，银行持股公司逐渐成为美国银行业主要组织形式，几乎所有大银行都归属于银行持股公司。1999 年美国国会通过《金融服务现代化法案》结束了《1933 年银行法》和 1956 年《银行持股公司法》关于分业经营的限制。

例如，为规避 1927 年《麦克菲登法》（Mcfadden Act）限制银行跨行设立分支机构的条款，美国货币监理署和法院先后判定自动柜员机（ATM）以及销售终端（POS）不是《麦克菲登法》第 36 条下的分支机构。于是银行业通过 ATM 的设立实质跨区域经营的分支机构，增强了银行竞争力，也削弱了限制设立分支机构的法律效果，并且利用 1956 年、1966 年《银行持股公司法》对银行的定义，设立多种经营形式

---

① 《1933 年银行法》第 16、第 20、第 21 和第 31 条确立商业银行和投资银行分业经营的原则，规定投资银行不再接受存款或设立收存款的分支机构，商业银行除可以进行政府债券投资以及用自有资金和盈余的 10%购买等级较高股票和债券外，不能经营长期的证券投资，不得代理证券发行、包销、分销和经纪等业务，这些条款被单独称为《格拉斯-斯蒂格尔法案》或称"格拉斯-斯蒂格尔法"（Glass-Steagall Wall）。

② 银行持股公司是指直接或间接拥有、控制一家或多家银行 25%以上的投票权或控制该银行董事会选举并对银行经营决策施加决定性影响，根据《银行持股公司法》银行持股公司获准在其他行业设立与银行业务有"密切联系"的子公司，如财务公司、信用卡公司、证券信托公司等。

的机构，如非银行持股公司的分支机构、货款洽谈处、非银行的银行、国际银行业务分支机构、信用卡业务、对失败机构的跨行业兼并和存款人代理等打破跨行设立分支机构，20 世纪 80 年代的立法尽管尚未明确解除跨州设立分支机构的限制，但实际上有关规定在执行中已经放弃，1994 年法律取消关于跨州设立分支行的限制。

当然，金融创新活动并不是扰乱金融秩序、牟取超额利润的违法违纪行为，而是在遵守法律、法规的前提下，针对情势变化和市场需求，不断创新以改进产品、完善服务来增加收益的正常的市场行为。因此，金融创新和以违法违纪为特征的金融诈骗有着本质的不同。

如果说 20 世纪 70 年代以前，金融创新主要目的在于逃避金融管制，那么进入 20 世纪 80 年代后，西方国家的金融监管机关则顺应金融创新和金融业的发展趋势，逐渐放松和取消了原有法规中不适应新情况的规定和限制，进入了一个"放松金融管制的时期"。与此同时，监管机关又根据新的情况制定了新的法规，以规范金融机构的行为。金融监管机构开始更多地利用经济手段（如中央银行的公开市场业务）对金融系统加以间接的宏观调控，而较少地依靠法律和行政手段等硬性规定，宏观调控变得更加柔性和灵活。所有的监管措施，都围绕着"保护公众利益"和"鼓励公平竞争"两大政策目标。金融监管体制的改革，使金融系统的运行更加有效率。

六、增加流动性

应收款项证券化是出于提高流动性需求而产生的金融创新的典型例子。对于发行者来说，原来的做法是要通过将企业的应收账款抵押给银行获得资金，这样做的资金成本较高。通过发行与这些应收账款相联系的证券获得了资金，降低了融资成本。对于投资者来说，购买的是应收款项组合的证券，投资者实现了投资的多样化，同时也减少了交易成本。

例如，资产证券化①。所谓资产证券化，通俗地讲就是将缺乏流动性的资产通过组合打包出售转变为流动性很强的债券。资产证券化最早出现于 20 世纪 70 年代美国的住宅抵押贷款市场。在传统的信贷管理方法下，银行短期存款负债与长期贷款资产期限不匹配，增加了银行的风险。如果将贷款证券化，银行就可以将原来流动性很差的资产转变为流动性很强的债券，可以使资金的流入流出时间相匹配并较快地收回资金，提高自身的经营效率。

例如，可转换债券②。如果持有人看好发债公司股票增值潜力，在宽限期之后可以行使转换权，按照预定转换价格将债券转换成为股票，发债公司不得拒绝；如果持有人不想转换为股票，则可以继续持有债券，直到偿还期满时收取本金和利息，或者在流通市场出售变现。此外，可转换债券持有人还享有在一定条件下将债券回售给发行人的权利，发行人在一定条件下拥有强制赎回债券的权利。可转债这种对债权股权的转化机制以及交易方式中附带的买权和卖权等，间接地促进了市场的流动性。

七、满足投资者偏好

例如，墨西哥最大的电视台特莱维萨电视公司发行了 1 亿下限浮动利率债券和 1 亿下限反转浮动利率

---

① 根据证券化的基础资产不同，可以将资产证券化分为不动产证券化、应收账款证券化、信贷资产证券化、未来收益证券化（如高速公路收费）、债券组合证券化等类别。根据资产证券化发起人、发行人和投资者所属地域不同，可将资产证券化分为境内资产证券化和离岸资产证券化。国内融资方通过在国外的特殊目的机构（Special Purpose Vehicles，SPV）或结构化投资机构（Structured Investment Vehicles，SIVs）在国际市场上以资产证券化的方式向国外投资者融资称为离岸资产证券化；融资方通过境内 SPV 在境内市场融资则称为境内资产证券化。根据证券化产品的金融属性不同，可以分为股权型证券化、债券型证券化和混合型证券化。

② 可转换债券是债券持有人可按照发行时约定的价格将债券转换成公司的普通股票的债券。该债券利率一般低于普通公司的债券利率，企业发行可转换债券可以降低筹资成本。

债券，前者支付 6 个月 LIBOR+3.125%的利率，后者支付 12.25%–6 个月 LIBOR 的利率，这两种债券的组合结果是一个固定利率债券，即（3.125%＋12.25%）/2＝7.6875%的利率，这两种债券在市场上都比同样利率水平的固定利率债券的售价高，因此将固定利率债券分解开来进行销售能为发行者增加价值。

实际上，金融创新也不一定只是由单一的因素驱动，它可能是多种因素综合驱动的结果，因此金融创新也可能用于解决多种因素引起的复杂的现实金融问题，可能是一个比较复杂的金融策略或方案。构造这些复杂的金融策略或方案，是金融工程师的职责。

第二节　金融产品创新链的价值增值过程

金融产品创新的结果，从实质来看，或是新产品能以更低的成本达到其他资产能够达到的目标，或是新产品能够实现已有的产品无法实现的目标，从这个意义上讲，这些产品都能真正创造价值。

一、金融产品创新链的内涵

金融产品创新链是以新的金融产品开发为中心，以市场需求为导向，从市场需求分析开始（甚至是以金融创新理论为起点），直至新产品销售与服务的全过程。在这个过程中，不同的企业协同参与到产品创新的不同的活动之中。根据创新链理论，金融服务产品创新链将整个金融产品创新过程划分为若干个节点，在链接键的作用下形成基本链接单元，构成了囊括实体企业、金融服务供应商、银行、证券等金融机构、客户、高校和科研机构在内的从创新源到市场的完整创新链条。

二、金融产品创新链模型及其阐释

金融产品创新是在金融理论等基础科学创新和市场需求的双重驱动下，集合各种创新主体的复杂创新过程，是一个集成化的创新系统。创新主体在拥有或部分拥有产品发明的条件下，在社会和市场需求的刺激下开展金融产品创新活动。据此，构建了金融产品创新链的创新系统模型，如图 2-1 所示。

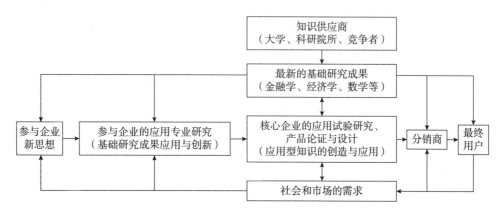

图 2-1　金融产品创新链的创新系统模型

资料来源：笔者整理。

在所构建的金融产品创新链的创新系统模型中，一项创新构思从最初的创新源到市场化要历经多条创新主体参与的创新链。不同的创新活动交换进行，相同组织节点并行参与到不同的创新活动之中，共同构成了包括金融产品开发与创新的整个流程的创新体系。

创新节点、金融产品创新流、金融产品创新流的通道和创新节点之间的知识差距是金融产品创新链模型的主要构成部分。创新节点是金融产品创新的主要力量，创新流则联系起不同创新节点；创新流的通道是实现不同节点企业之间协同创新的基础条件；节点之间的知识差距则是形成创新流的本质原因。

创新节点即参与创新的主体，包括知识供应商（大学、科研院所、竞争者等）、实体企业、参与性金融企业（证券、保险、银行、期货等）、核心金融企业、金融产品销售商（银行、证券公司等）及最终用户，各节点企业之间的业务合作基础和技术基础是金融产品创新链形成的基础。

金融产品创新流是指金融产品创新过程中，各节点围绕产品创新传递的资源和信息，如理论知识、产品知识、市场变化信息、人员和改进要求等实体或非实体对象。金融产品创新流是连接各节点企业协同创新的基础，是创新过程中技术创新流通畅的保证。

金融产品创新流的通道，在金融产品创新流传播过程中对产品创新流进行筛选、过滤、匹配和转化等多项操作，使产品创新流能够转化为节点企业可识别的形式。金融产品创新流传播通道可以是企业间业务交流、人员流动和学术会议等多种形式，其载体一般是技术合同、产品说明、文件和书籍等。由于金融产品创新是一种服务的创新，涉及实体流动活动较少，在组织创新时，要注意形成合理有效的产品创新流通道，保障金融产品创新的进行。

节点之间的知识差距是形成产品创新流和保障其正常流通的基础，也是不同金融机构合作进行产品创新的基础，适当拉开节点企业间的知识差距有助于促进金融产品创新的发展，尤其是对知识落后的一方，有利于其获得金融产品创新的动力。当前，不同金融机构专注于不同的服务领域是知识差距产生的天然背景。

三、金融产品创新链的特征

第一，开放性与动态性。金融产品创新链的运作具有显著的开放性，每一个参与企业都与知识供应商和市场需求者存在密切交流，不同参与主体之间也进行密集的信息、知识交换，并且始终以市场需求为导向，市场信息不断融入创新活动之中，运作过程十分开放。同时，金融产品创新链的参与主体也是动态变化的，核心企业根据创新需要和不同主体的创新能力剔除不适合需求的企业，不断吸收新的创新主体参与产品创新过程。

第二，系统性和整体性。金融产品创新链上的每一个创新活动和创新环节都不是孤立的，而是以整体的形式运行。创新主体之间相互分工，同时存在良好的沟通和合作，协作进行金融产品创新，共同构成相互衔接的有机创新整体。当前，随着金融服务业专业化程度的加深，越来越多的金融企业将自身资源集中于核心专长上，这种情况下，金融产品创新必须由创新链上的不同企业共同参与、共同推动。

第三，收益导向性。金融产品创新链的运行不是一般意义上的创新活动，而是创新链的预期创新收益逐步实现的过程，收益性是金融产品创新链得以运行的牵引力。在金融产品创新链上，下一节点对上一节点提供的创新投入是其愿意支付的报酬，是各个节点企业相互合作或交易的依据。

第四，创新的可持续性。金融产品创新链及其节点企业与供应商、客户等市场因素联系紧密，并在此基础上实现了创新要素的流通和反馈，不同创新主体之间、创新主体与供应商和客户之间存在密集的信息和知识交流，最终形成强健的创新网络，促进了新知识和信息的创造，这种状况使金融产品创新链具备了良好的可持续发展的特点。

四、金融产品创新链的运行机理

根据图 2-1，金融产品创新是由社会和市场的需求与科研创新共同推动的创新活动，但鉴于金融服务创新侧重于"软因素"，金融产品创新的主要动力来自市场需求。但是金融产品创新也同样重视科学技术知识的创新，金融科学的发展、信息技术的进步等都会推动金融服务产品的进一步创新。作为基础科学研究的金融科学的发展速度较慢，其商业化、产业化演变往往不能适应市场需要。但是，在信息经济时代，服务导向的金融产品创新却可能是由于信息技术的发展而推动的，任何新技术在金融产品上的应用可能会引起新的服务产品和服务方式，同样也能推动金融产品创新。从总体上看，在一个以速度取胜、追求创新成功率的市场经济条件下，金融产品创新的市场需求驱动力是主要的、主导的，金融领域应用技术（如信息技术）的推动也是重要的动力因素，而金融科学知识的自身推动力是必要的，但却是次要的。只有这样，才能产生合理的创新行为并提高创新绩效，加速科技知识经济化的成功率。

金融产品创新是多元主体参与的创新活动。这些创新主体是在金融产品创新活动中直接或间接发挥功能作用的上下游金融企业、实体企业、高校、科研院所等知识供应商，法律、会计、专利等中介机构，能源、物流、后勤等保障系统，以及政府机构，这些创新主体构成了金融产品创新链的节点。金融产品创新链的节点企业之间核心能力各异，通过交互作用最终实现一项或一系列创新并获得相应创新成果。核心能力的不同使得创新链不同节点企业之间存在互补的分工协作关系，各节点企业通过分工获得不同类型或片断的知识，同时分工的结果也导致节点企业之间的依赖程度日益提高，金融产品创新更依靠创新链上的不同创新主体的能力。

在创新链上的不同创新主体之中，存在一个主导性的核心创新企业，被称为核心主体，其他创新主体则为协作主体。特别是在当前的社会经济状况下，核心企业的存在是金融产品创新链得以运转的重要基础。金融产品创新链的核心企业根据自身条件和市场需求，自主确立产品创新的方向和目标，选择创新的方式和方法，监控金融产品创新的进程和进度，通过合作来实现创新链的优化和资源利用绩效的最大化。金融产品创新链上的核心企业能够通过影响产品创新方向，根据市场需要来确定创新链及其自身的创新行为，具有全局统筹能力，即以创新链的优化为目标，引领系列产品创新活动并主导部分创新环节。一般来说，金融产品创新链上的核心企业往往由银行或证券公司充当。核心企业是金融产品创新链的组织者、领导者和控制者，一旦离开了核心企业，金融产品创新链就失去了创新方向，难以达到创新系统的优化。

基于链的金融产品创新活动是交互作用的过程。由于创新链上创新能力、创新主体的差异性和互补性，核心主体与协作主体不再是孤立和简单线性的、序列式的，而是相互依赖、相互影响的交互过程，它们之间的协作良好与否直接决定创新链的衔接与整体高效运作。金融产品创新链上不同创新主体的协调机制使创新链出现共生效应。这种协作关系的形成是以创新为纽带的，因为各节点上的不同主体拥有共同目标，即独立的经济组织之间，通过同类资源共享或异类资源互补形成共生体，使得经济组织内部或外部、直接或间接资源配置效益得到改进，称为共生效应。共生效应既可以带来组织效益的增加，又可以带来社会福利的增长。在金融产品创新链上，只有从全局出发进行分工协作并保证资源的自由流动，才能缩短创新时间和成本，实现知识的经济化与创新系统的优化，从而提高产品创新速度。因此，这就要求创新主体具有正确的合作意识，加快资源和信息的自由流动，建立共享制度，促进金融产品创新。

金融产品创新链需要依赖一定的物质技术基础并受到外部环境的影响。创新链依赖的物质技术基础包括各类创新资源，如相关人力、财力、物力、科技和信息等资源。创新资源的数量、质量、结构及其配置和利用机制，都直接影响金融产品创新链的运行效率。在市场需求和创新激励政策引导下，创新链各节点尤其是核心主体更容易产生创新冲动。法律、体制、政策、教育、文化和社会等软环境及基础设施等硬环境，都会影响各节点的协作关系及创新链的运行效率。

为了促进金融产品创新链的运行，提高金融产品创新效率，金融企业、产业主管部门、政府等需要建立完善的金融产品创新的硬件支持系统与软件支持系统、技术支持系统与制度支持系统、横向支持系统与纵向支持系统、外部支持系统与内部支持系统、物理支持系统与虚拟支持系统、宏-中-微观支持系统等。对于当前我国的金融产品创新来说，企业要逐步将资源集中于核心能力的提升，打造独具特色的服务核心竞争力；产业主管部门则要致力于推动创新文化的建设、合作平台的搭建、利益机制的完善等工作，为金融产品创新营造支持环境；政府部门则需要不断完善相关法律制度、建立和完善市场机制、建立金融服务创新平台、推动金融科学的发展等，营造金融产品创新的宏观支持系统。

五、金融产品创新链的价值创造

下面从金融产品创新的价值变化（增值或减值）因素、常见金融产品与服务创新的价值来源两个方面来分析为什么要进行金融创新。

（一）创新的价值变化（增值或减值）因素

1. 流动性增加

一般认为金融产品的流动性是反映产品变现能力的标准，也就是金融产品能否以低交易成本、较短的时间、较小的价格水平和波动实现变现。流动性高体现在：在任意时刻，投资者进行买卖都可以得到一个"卖价"和"买价"，且不受管理当局的干预；买卖差价小；能够以预期的接近当前价位的价格完成大宗交易，溢价或折价的程度与交易量成正比。

2. 风险减少

金融产品风险是在人们从事金融产品的生产、流通、使用等过程中所面临的不确定性。金融产品风险可能有多种表现形式，如资本风险、收益风险、市场风险、价格风险和汇率风险等。在实践中常常根据产生这些风险的本质因素划分金融风险类别，最主要有四种类别。

第一，违约风险是与金融产品发行者相关的风险。违约风险主要表现为资本风险。对固定利率债券来讲，其收益风险基本上取决于发行者的经济和金融状况，因此主要表现为违约风险。违约风险的管理要点是选择品质优良的发行者，同时应当分散违约风险，尽量避免所有金融资产与单一发行者联系在一起。

第二，利率风险是指与利息率变动相联系的风险。利息率风险表现为收益风险，是指无法取得利息或无法按期足额得到利息的可能性。由于按照固定利息率所做的投资的价值与利息率水平变动之间存在反向关系，因此利息率上涨会导致金融资产价格下降，而利息率下降会导致金融资产价格上涨。避免由利息率水平上涨而引起金融资产贬值的办法是按照变动利息率进行投资，但这样可能遭受利息率下降的风险。进行利息率风险管理，一方面要选择好按固定利息率或变动利息率进行投资；另一方面要根据对利息率变动的预期控制好金融资产价格对利息率的敏感性。

第三，汇率风险是一种独立的风险形式。随着金融市场国际化和跨国经济的发展，汇率风险在各种风险中变得越来越重要。按本国货币计算，在国外投资的盈亏情况不但取决于国外金融市场的变化，还取决于两种货币的汇率变化。一个投资者即使只投资本国企业股票，也要承担汇率风险，因为本国企业在国外的收入和支出、进口和出口等国际业务活动都要通过汇率兑换成本国货币，汇率的变化直接影响企业的经营成果，因此，本国企业的股票价格和股息发放都要受汇率变动的影响。

第四，市场风险是指与金融市场的组织相联系的风险：①流通风险或转让风险，即想买金融产品时买不到，想卖金融产品时卖不出去，或者只能抬高价买入、压低价出手的可能性。这种风险可以用金融产品的买入价（Biding Price）和卖出价（Asking Price）的价差（Spread）来表示，显然，只有当价差很小时，金融产品才可以看作没有流通风险。②中介风险，如由于作为中介的证券公司倒闭产生的风险等。③操作风险，即由于具体操作（交易指令的发出、传递、执行等）失误引起的风险等。④价格风险，金融产品价格波动引起损失的可能性。对于买者来说，价格风险具体表现为价格下跌；对于卖者来说，价格风险表现为价格上涨。

3. 税收减少

通过金融产品创新的手段达到合法避税，减少税收的目的，从而使金融产品的价值增加。

4. 减少代理成本

金融产品创新的价值变化也会受到代理成本的影响。例如，可回售普通股。发行者授予投资者能够将股票在特定日期以特定价格回售给发行者的权利，从而减少了投资者由于信息不对称所引起的代理成本。

5. 降低交易成本

金融交易成本是指在金融交易活动中耗费的人力、物力、财力的价值表现。从狭义上看，金融交易成本是指金融交易过程中发生的费用；从广义上看，金融交易成本是整个金融制度运转的费用，包括信息成本、监督成本、产权界定和保护成本以及保险成本。

6. 规避管制

当外在市场力量和市场机制与机构内在要求相结合时，金融创新产品产生的对各种金融控制和规章制度的回避，会影响金融产品的价值变化。

7. 满足投资者偏好

金融产品的创新可以满足不同投资者的风险偏好[①]。例如，分级基金中，将一只母基金按照1∶1的比例拆分为A类和B类，并且约定A类享有固定年化收益，母基金取得的全部收益扣除需支付给A类的固定收益后，剩下的全部由B类获得。因此，无论是盈利或亏损，B类的波动都会比母基金大。所以，B类属于杠杆投资，风险和收益都相应放大，而A类则带有债券的特征，A类和B类基金的价值也因此发生相应的变化。

8. 提高交易方便性和便捷性

创新的产品提高了交易效率和便捷性或技术的突破使得交易效率提高，都会导致金融产品的价值变化。

(二) 常见金融产品与服务创新的价值来源

1. 复制基金

复制基金是英文"Clone Fund"的意译，又可直译为克隆基金。复制基金的价值在于，通过金融创新创造性地解决投资者的困难，满足其投资需求。复制基金的意义在于给投资者一个明确的预期——一个完全一样的已有成功运作经验的新发基金；同时复制基金也将加速基金产品的优胜劣汰，具有持续优良业绩回报的基金产品可以通过复制的途径来创造规模，有利于培育基金长期投资的理念。

复制基金在国外非常普遍，主要可分为两种形式：一种是通过衍生产品来复制目标基金的市场表现，另一种是投资策略复制。前者主要使用在由于监管等种种原因不能直接投资目标基金的情况下，如加拿大投资者的退休金有不能投资海外基金的限制，加拿大的投资者如想更多地拥有标普500指数基金，那么他可以通过投资标普500指数的复制基金而绕开限制。后者主要使用在对本公司成功基金产品的复制上，当一只基金相当成功——规模大、净值高时，为了更好地保护投资者的利益，便于基金管理人管理和运作，国外基金管理公司往往对该基金进行复制。这一类复制基金一般是由同一基金管理人管理，具有相同的投资方向、投资目标、投资政策、投资策略、风险偏好、运作方式等，具有相似的业绩表现。

[①] 投资者的风险偏好可分为三类：风险厌恶、风险爱好、风险中性。基于风险承受能力的不同，投资者可分为五类：第一，保守型投资者，保护本金不受损失和保持资产的流动性是首要目标。对投资的态度是希望投资收益极度稳定，不愿用高风险来换取收益，通常不太在意资金是否有较大增值。第二，中庸保守型投资者，稳定是重要考虑因素，希望投资在保证本金安全的基础上能有一些增值收入。希望投资有一定的收益，但常常因回避风险而最终不会采取任何行动。第三，中庸型投资者，渴望有较高的投资收益，但又不愿承受较大的风险；可以承受一定的投资波动，但是希望自己的投资风险小于市场的整体风险，因此希望投资收益长期、稳步地增长。第四，中庸进取型投资者，专注于投资的长期增值。常常会为提高投资收益而采取一些行动，并愿意为此承受较大的风险。第五，进取型投资者，高度追求资金的增值，愿意接受可能出现的大幅波动，以换取资金高成长的可能性。为了最大限度地获得资金增值，常常将大部分资金投入风险较高的品种。

2. 拆分基金

拆分基金是指在保持基金投资人资产总值不变的前提下，改变基金份额净值和基金总份额的对应关系，重新计算基金资产的一种方式。基金拆分后，原来的投资组合不变，基金经理不变，基金份额增加，而单位份额的净值减少。基金份额拆分通过直接调整基金份额数量，一方面不影响基金的已实现收益、未实现利得、实收基金等，另一方面降低基金份额净值，从而较好地规避了绩优老基金规模难以持续增长的困境。这是因为基金净值涨高了，投资者容易觉得贵，会导致很少有人申购，而赎回落袋为安的却不少。这就是拆分基金的价值所在。

假设某投资者持有 10000 份基金 A，当前的基金份额净值为 1.60 元，则其对应的基金资产为 1.60×10000＝16000 元。对该基金按 1：1.60 的比例进行拆分操作后，基金净值变为 1.00 元，而投资者持有的基金份额由原来的 10000 份变为 10000×1.6＝16000 份，其对应的基金资产仍为 1.00×16000＝16000 元，资产规模不发生变化。

在海外市场，基金份额拆分是一种非常普遍的营销方式。通常的做法是，当基金份额净值较高时，采用基金份额拆分的方法；当基金份额净值较低时，采用基金份额合并的方法。许多大基金管理公司对旗下基金进行多次拆分（合并）运作，如 Pilgrim Funds、Rydex Funds、Eaton Vance 等。在亚洲，新加坡市场上就出现过许多基金份额拆分（合并）的案例。

3. 分级基金

分级基金（Structured Fund）又叫"结构型基金"，是指在一个投资组合下，通过对基金收益或净资产的分解，形成两级（或多级）风险收益表现有一定差异化基金份额的基金品种，从而满足不同收益与风险偏好投资者的需求。这就是分级基金的价值所在。

分级基金各个子基金的净值与份额占比的乘积之和等于母基金的净值。例如，拆分成两类份额的母基金净值＝A 类子基金净值×A 份额占比（%）+B 类子基金净值×B 份额占比（%）。如果母基金不进行拆分，其本身是一个普通的基金。

股票（指数）分级基金的分级模式（见表 2-1）主要有融资分级模式、多空分级模式。

所谓融资型分级基金，通俗的解释就是，A 份额和 B 份额的资产作为一个整体投资，其中持有 B 份额的人每年向 A 份额的持有人支付约定利息，至于支付利息后的总体投资盈亏都由 B 份额承担。以某融资分级模式分级基金产品 X（X 为母基金）为例，分为 A 份额（约定收益份额）和 B 份额（杠杆份额），A 份额约定一定的收益率，基金 X 扣除 A 份额的本金及应计收益后的全部剩余资产归入 B 份额，亏损以 B 份额的资产净值为限由 B 份额持有人承担。当母基金的整体净值下跌时，B 份额的净值优先下跌；相对应地，当母基金的整体净值上升时，B 份额的净值在提供 A 份额收益后将获得更快的增值。B 份额通常以较大程度参与剩余收益分配或者承担损失而获得一定的杠杆，拥有更为复杂的内部资本结构，非线性收益特征使其隐含期权。

根据分级母基金的投资性质，母基金可分为分级股票型基金（其中多数为分级指数基金，国内首只分级指数基金是瑞和沪深 300 指数分级基金）、分级债券基金（目前市场共发行 2 只债券型分级基金，分别是富国汇利和大成景丰）。分级债券基金又可分为纯债分级基金、混合债分级基金、可转债分级基金，区别在于纯债基金不能投资于股票，混合债券基金可用不高于 20% 的资产投资股票，可转债分级基金投资于可转债。

根据分级子基金的性质，子基金中的 A 类份额可分为有期限 A 类约定收益份额基金、永续型 A 类约定收益份额基金；子基金中的 B 类份额又称为杠杆基金（是对冲基金的一种，国内的杠杆基金属于分级基金的杠杆份额，也叫进取份额）。杠杆基金可分为股票型 B 类杠杆份额基金（其中多数为杠杆指数基金）、债券型 B 类杠杆份额基金（杠杆债基）、反向杠杆基金等。

表 2-1　股票（指数）分级基金的分级模式

分级模式	子基金类型	子基金特点	分拆比例、初始份额杠杆
融资分级 （股债分级）	约定收益 A 类	有约定收益、定期折算分红	股票型一般 A：B 比例为 50：50（B 类 2 倍初始杠杆）或 40：60（B 类 1.67 倍初始杠杆），债券型 70：30（B 类 3.33 倍初始杠杆）
	杠杆份额 B 类	当净值小于或大于某数值有不定期折算，大部分没有定期折算	
多空分级 （蝶式分级）	杠杆份额 B 类	有定期折算（每 3 个月到 1 年），当净值小于或大于某数值有不定期折算	主要为指数型。B：C 比例为 2：1（B 类初始杠杆 2 倍，B≤0.3 或 B≥2 元不定期折算；C 类初始杠杆负 1 倍）或 3：1（B 类初始杠杆 2 倍，B≤0.3 或 B≥1.5 元不定期折算；C 类初始杠杆负 2 倍）
	反向杠杆 C 类	有定期折算（每 3 个月到 1 年）和不定期折算，与母基金涨跌成反比	

资料来源：笔者整理。

综合案例分析　国投瑞银瑞福分级基金产品

瑞福分级基金通过基金收益分配的安排，将基金份额分成预期收益与风险不同的两个级别，即优先级基金份额（以下简称瑞福优先）和普通级基金份额（以下简称瑞福进取）。

瑞福优先的年基准收益率是指每份瑞福优先每年优先获得分配的收益率。

计算公式为：年基准收益率＝1 年期银行定期存款利率＋3%

当前 1 年期银行定期存款利率为 3.06%，则瑞福优先的年基准收益率为 3.06%＋3%＝6.06%。

瑞福优先的年基准收益率（按基金份额面值计算）依据每年起始日中国人民银行公布并执行的同期银行存款利率进行调整，每年调整一次。

除了基准收益外，瑞福优先也可以参与超额收益的分配。超额收益是指基金的收益分配在满足瑞福优先基准收益（包括截至收益分配日瑞福优先以前各个会计年度内尚未弥补的基准收益差额）分配后的剩余部分。对于实现的超额收益，由瑞福优先和瑞福进取共同参与分配，每份瑞福优先与每份瑞福进取参与分配的比例为 1：9。

瑞福基金存续期间任一会计年度内，如果瑞福优先的实际基准收益分配与其该年应计的基准收益分配之间存在差额（以下简称"基准收益差额"），则瑞福优先未获足额分配的基准收益可累积在基金剩余存续期内得到优先弥补。

瑞福基金采取的分红策略：全年收益分配比例不得低于基金年度可供分配收益的 90%，且每次的基金分红率（分红率是指每次分红金额总额与该次分红除权日的基金资产净值超出基金份额总面值部分的比率）不得低于 60%，但出现强制分红的情形除外；在基金满足分红的条件下，基金每年的分红次数不得少于 1 次。

4. 开放式基金多次分红

开放式基金又称共同基金，是指基金发起人在设立基金时，基金单位或者股份总规模不固定，可视投资者的需求，随时向投资者出售基金单位或者股份，并可以应投资者的要求赎回发行在外的基金单位或者股份的一种基金运作方式。投资者既可以通过基金销售机构买基金使得基金资产和规模由此相应地增加，也可以将所持有的基金份额卖给基金并收回现金使得基金资产和规模相应地减少。

开放式基金的分红方式有两种，一种是现金红利，另一种为基金份额红利，也称红利再投资。红利再投资就是将应分得的现金收益直接转购基金单位。开放式基金现金红利类似封闭式基金分红，能起到提升基金投资价值的作用，在股市高位的时候，通过基金分红为基民锁定收益。红利再投资后，类似拆分基金，基金份额增加，单位份额的净值减少。基金份额拆分通过直接调整基金份额数量达到降低基金份额净值的目的。降低投资者对价格的敏感性，有利于基金持续营销，有利于改善基金份额持有人结构，有利于基金经理更为有效地运作资金。净值降低后，给基民1个价格低适合买进的错觉，说明该基金希望扩大。但不同于基金拆分，红利再投资难以精确地将基金份额净值正好调整为1元。

投资者选择现金分红，红利将于分红日从基金托管账户向投资者的指定银行存款账户划出。然而红利再投资则是基金管理公司向投资者提供的，直接将所获红利再投资于该基金的服务，相当于上市公司以股票股利形式分配收益。

例如，投资者持有9588.91份基金单位。如果每份额分0.50元、除息日净值1.50元，则：现金红利=9588.91×0.50=4794.46元；再投资份额=4794.46÷1.5=3196.31份。

如果投资者暂时不需要现金，而想直接再投资，就可以选择红利再投资方式。在这种情况下，分红资金将转成相应的基金份额并记入投资者的账户，一般免收再投资的费用。实际上，通过分红投资者拿到的还是自己账面上的资产，相当于从左手倒到右手，这也就是分红当天基金单位净值下跌的原因。

5. 封闭式基金多次分红

封闭式基金是相对于开放式基金而言的，属于信托基金，它是指基金发行总额和发行期在设立时已确定，在发行完毕后的规定期限内发行总额固定不变的证券投资基金。封闭式基金的投资者在基金存续期间内不能向发行机构赎回基金份额，基金份额的变现必须通过证券交易场所上市交易。基金单位的流通采取在证券交易所上市的办法，投资者日后买卖基金单位，都必须通过证券经纪商在二级市场上进行竞价交易。

开放式基金不上市交易，一般通过银行申购和赎回，基金规模不固定，基金单位可随时向投资者出售，也可应投资者要求买回的运作方式；封闭式基金就是在一段时间内不允许再接受新的入股以及提出股份，直到新一轮的开放，开放的时候可以决定投资者提出多少或者再投入多少，新人也可以在这个时候入股。一般开放时间是1周而封闭时间是1年。

封闭式基金份额保持不变，只能采用现金分红而无法以红利再投资的形式进行红利分配。对于长期处于折价交易的封闭式基金而言，分红能起到提升基金投资价值的作用。用N0表示分红前封闭式基金的单位净值，用D0表示单位份额分红额，假设该封闭式基金的正常折价率为P。与不分红相比，分红使得单位基金份额的价值上升了P×D0，基金分红提升了封闭式基金的投资价值，并且这种提升的幅度与折价率和分红额度呈正相关关系。事实上，因为封闭式基金分红对投资价值的提升作用，在大比例分红前，封闭式基金受到资金的青睐，折价率将大大缩减。但在实际操作中，投资者应注意封闭式基金折价缩减的程度是否提前透支了分红对其价值的提升程度。

在封闭式基金中，投资者只能选择现金红利方式分红，因为封闭式基金的规模是固定的，不可以增加或减少。对于长期处于折价交易的封闭式基金而言，分红能起到提升基金投资价值的作用。目前国内的封闭式基金规定必须将不低于90%的基金当期实现收益以现金形式分配给基金持有人。多次分红目的：对于有些规模很大的基金而言，可以通过基金分红降低仓位；在股市高位的时候，通过基金分红为基民锁定收益。

综合案例分析　基于封闭式基金收益凭证

封闭式基金如此大的折价，导致许多投资者对基金市场投资产生这样的感觉：买也不是，卖也不是。如何创新满足基金投资者的不同收益与风险偏好需求？

以基金科讯（500029）净值为基础发行收益凭证，共发行2亿份，其中1亿份优先收益信托凭证，1

亿份一般收益信托凭证，总共价值 1.76 亿元，期限为 3 年。优先收益人的收益在基金净值下跌时为固定的每年 3%；若基金净值上涨时，在每年 3% 的基础上再增加净值增长的 20%。优先收益人无权提前终止协议。一般收益人的收益为剩余的收益，并且有权提前终止协议。发行费为 5‰。投资者于 2004 年 11 月 26 日购买了基金科讯，当天基金市值为 0.88 元，净值为 1.1702 元。

优先收益人和一般收益人的收益率具体计算公式如下：

优先收益人的收益率 = 3 年 × 3%/年 + Max｛基金净值变化率 × 20%，0｝

一般收益人的收益 = 2 份 × 到期时基金净值/份 − 2 份 × 0.88 元/份 − 优先收益率 × 0.88 元 − 发行费

如果将来净值增加 30%，则优先收益人的收益率为 15%（= 3 × 3% + Max｛30% × 20%，0｝）；一般收益人的收益 = 2 × 1.1702 × (1+30%) − (2+15%) × 0.88 − 发行费 = 1.15052 − 发行费。

当然，如果将来净值下跌 30%，则优先收益人的收益率为 9%（= 3 × 3% + Max｛−30% × 20%，0｝），一般收益人的收益 = 2 × 1.1702 × (1−30%) − (2+9%) × 0.88 − 发行费 = −0.20092 − 发行费。

6. 股票送红股

送红股是指将上市公司未分配利润以股票红利的形式分配给股东的一种分配方式。意思是上市公司将净利润不以"现金股利"的形式、而以发放股票的形式分配给股东，结果是利润转化为了股本。

股票送红股目的：①扩张股本。股本扩张对于一个成长性好的公司的发展壮大可以起到立竿见影的效果，原来公司总股本是 1000 股通过 10 送 10 送股就变成了 2000 股，股价在市场炒作下涨起来后就完全复制出一个与当初同等规模的股本，这样就从 1 裂变成了 2。②降低公司的股价增加市场流通性。让市场上资金量小的投资者也能买得起公司的股票从而增加公司股票的流动性。③节约经营现金流。公司为了保证现金流不因该分红而减少，就采用送股来代替分红，这样既保证了公司的流转资金又可以顺应投资者所好。④向外界传递基本面良好的积极信号。证明看好公司、看好未来发展前景，也可以让投资者相信公司的盈利能力。⑤套利。有的公司会利用大众这种能送股就是好股的心理进行炒作套现，公司业绩平平甚至是亏损也搞高送转，刺激市场对其公司股价进行炒作拉高然后宣布减持。更甚的是连减持公告都不出就违规减持的也有很多。他们违规减持的想法就是"先趁高套了再说，大不了就是罚点款，罚款金额跟套现获利相比算不得什么"。

7. 股票送红利

红利是指上市公司在进行利润分配时，分配给股东的利润，一般是指派发现金红利，亦称派现，是股份公司以货币形式发放给股东的股利，如每 10 股，派发 X 元，股东在获得时，还要扣掉上交税额。

股票送红利，对投资者而言，股价在分红后被除权，分红后资产总额没变，且股票短期内利空。对企业而言，类似股票送红股，同样有扩张股本、降低公司的股价增加市场流通性、节约经营现金流、向外界传递基本面良好的积极信号等好处。

普通股股东所得红利没有固定数额，企业分派给股东多少红利，则取决于企业年度经营状况的好坏和企业今后经营发展战略决策的总体安排。股利的发放一般是在期末结算后，在股东大会通过结算方案和利润分配方案之后进行。有些公司的股利一年派发两次，但是中期派息与年终派息不同，中期派息是以上半年的盈利为基础，而且要考虑到下半年不至于出现亏损的情况。公司董事会必须决定是将可动用作为判断标准。从根本上讲，看股东们考虑的是眼前利益还是将来公司的发展，从而所带来的更大利益。

上市公司分红时，我国股民普遍都偏好送红股。其实对上市公司来说，在给股东分红时采取送红股的方式，与完全不分红、将利润滚存至下一年度等方式并没有什么区别。这几种方式，都是把应分给股东的利润留在企业作为下一年度发展生产所用的资金。它一方面增强了上市公司的经营实力，进一步扩大了企业的生产经营规模；另一方面它不像现金分红那样需要拿出较大额度的现金来应付派息工作，因为企业一般留存的现金都是不太多的。所以这几种形式对上市公司来说都是较为有利的。根据如下：①按照我国的现行规定，股票的红利的征税可根据同期储蓄利率实行扣减，即给予一定的优惠，具体税额就是每股红利减去同期储蓄利率后再征收 20% 的股票所得税，这样在每次分红时要征收的税额是：所得税＝（每股红利－本年度一年期定期储蓄利率）×20%。当上市公司在本年度不分配利润或将利润滚存至下一年时，下一年度的红利数额就势必增大，股民就减少了一次享受税收减免的优惠。②在股票供不应求阶段，送红股增加了股东的股票数量，在市场炒作下有利于股价的上涨，从而有助于提高股民的价差收入。③送红股以后，股票的数量增加了，同时由于除权降低了股票的价格，就降低了购买这种股票的门槛，在局部可改变股票的供求关系，提高股票的价格。

当上市公司不给股东分红或将利润滚存至下一年时，这部分利润就以资本公积金的形式记录在资产负债表中。然而给股东送红股时，这一部分利润就要作为追加的股本记录在股本金中，成为股东权益的一部分。但在送红股时，因为上市公司的股本发生了变化，一方面上市公司需到当地的工商管理机构进行重新注册登记，另一方面还需对外发布股本变动的公告。

但不管在上述几种方式中采取哪一种来处理上一年度的利润，上市公司的净资产总额并不发生任何变化，未来年度的经营实力也不会有任何形式上的变化。然而对于股东来说，采取送红股的形式分配利润将优于不分配利润。这两种方式虽都不会改变股东的持股比例，也不增减股票的含金量，因为送红股在将股票拆细的同时也将股票每股的净资产额同比例降低了，但送红股却能直接提高股民的经济效益。

送红股与派现金相比，两者都是上市公司对股东的回报，只不过是方式不同而已。只要上市公司在某年度内经营盈利，它就是对股民的回报。但送红股与派发现金红利有所不同，如果将这两者与银行存款相比较，现金红利有点类似于存本取息，即储户将资金存入银行后，每年取息一次。送红股却类似于计复利的存款，银行每过一定的时间间隔将储户应得利息转为本金，使利息再生利息，期满后一次付清。但送股这种回报方式又有其不确定性，因为将盈利转为股本而投入再生产是一种再投资行为，它同样面临着风险。若企业在未来年份中经营比较稳定、业务开拓较为顺利，且其净资产收益率能高于平均水平，则股东能得到预期的回报；若上市公司的净资产收益率低于平均水平或送股后上市公司经营管理不善，股东不但在未来年份里得不到预期回报，而且还将上一年度应得的红利化为固定资产沉淀。这样送红股就不如现金红利，因为股民取得现金后可选择投资其他利润率较高的股票或投资工具。

综合案例分析　　宝钢股改方案

初步方案：该方案为每 10 股送 1 股＋2 份认购权证＋5 份认沽权证，其中认购权证行权价为 4.18 元，即权证持有者可以 4.18 元/股的价格向宝钢集团认购 1 股股份；认沽权证行权价为 5.12 元，即如果股价低于 5.12 元，宝钢集团将支付其中的差价。权证存续期均为 12 个月。

静态计算，若以停牌前 4.89 元股价为基准，每 10 股流通股得到的对价：送股 1 股（即 1×4.89）＋认购权证 2 张 [即 2×(4.89-4.18)]＋认沽权证 5 张 [即 5×(5.12-4.89)] ＝4.89+1.42+1.15＝7.46，即每 10 股可得到 7.46 元的对价。动态需要加上 7 个期权的时间价值。

最终方案：10 送 2.2 股＋1 份欧式认购权证（执行价格 4.5 元，期限 378 天），送股、派现时执行价格要修正，减持价格不小于 4.63 元。

静态计算，若以停牌前 4.89 元股价为基准，每 10 股流通股得到的对价：送股 1 股 [即(2×4.89)]＋认购权证 1 张[即 1×(4.89-4.50)]＝11.148，即每 10 股可得到 11.148 元的对价。动态需要加上 1 个期权的时间价值。

人们认为最终方案与初步方案相比，宝钢大致多送了 0.5~0.6 股。

市场各分析人士以 G 宝钢股改方案公告之前一日收盘价 4.58 元计算的结果不尽相同，而这种差异的根源在于其所采用的估值模型以及模型中的参数设定不同。

隐含波动率采用动态估计，确定为 30%，并以一年期定期存款利率 2.25% 作为无风险利率。国都证券对于宝钢权证价值的计算结果为 0.6 元，光大证券计算出权证价值为 0.75 元，申银万国确定的权证价值为 0.7 元，联合证券金融工程分析师计算的权证理论价值为 0.622 元。

综合案例分析　　三一重工全流通方案

三一重工采用的是以超额市盈率倍数测算流通权对价的方案，其主要思路类似于在非股权分置条件下模拟新发一次股票。保荐机构华欧国际认为，可以将股票发行市盈率超出完全市场发行的市盈率倍数作为一个计算流通权价值的参考，其超额市盈率部分即可视为流通权价值。

流通权的价值计算公式为：

每股流通权的价值＝超额市盈率的倍数×公司每股税后利润

其中，超额市盈率的估算方法：如果参考完全市场经验数据，认为三一重工至少获得 10 倍发行市盈率的定价，在三一重工发行时，市场处于一个股权分置的状态，三一重工的实际发行市盈率为 13.5 倍。由此可估算出用来计算三一重工流通股流通权的超额市盈率的倍数约为 3.5 倍。从而，华欧国际认为理论上的流通权价值＝3.5×1.36×6000 万股＝28560 万元。

流通权的总价值所对应的三一重工流通股股数＝流通权的总价值/市价。以公司 2005 年 4 月 29 日为计算参考日，该日公司收盘价 16.95 元，静态计算，流通权的总价值所对应的三一重工流通股股数为 1684 万股。

根据上述分析，华欧国际认为，公司非流通股股东为取得所持股票流通权而支付的 1800 万股高于流通权的总价值所对应的三一重工流通股股数 1684 万股，加上三一重工非流通股股东同时支付的 4800 万元现金，因此，非流通股股东支付的对价合理，10 送 3 派 8 元。

三一重工全流通最终方案为 10 送 3.5 派 8 元。

专题研讨

1. 股权创新价值链中各环节创造了什么价值？请从下面材料中概述出来。此外，在这个链条上，还可以开展什么创新？

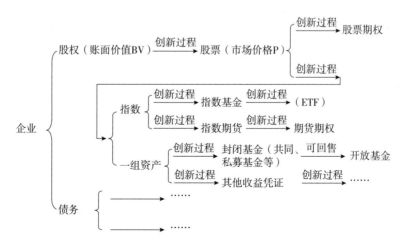

图 2-2　股权创新价值链

资料来源：笔者整理。

（1）由股权到股票的价值创新。

股权是有限责任公司或者股份有限公司的股东，通过履行出资义务而对公司享有的人身和财产权益的一种综合性权利，即股权是股东基于其履行出资义务而获得的股东资格，进而享有从公司获得经济利益、并参与公司经营管理的权利。股权财产权即股东基于自己的出资而享受利益的权利，如获得股息红利的权利，公司解散时分配财产的权利以及不同意其他股东转让出资额时的优先受让权。

股票是股份公司所有权的一部分，也是发行的所有权凭证，是股份公司为筹集资金而发行给各个股东作为持股凭证并借以取得股息和红利的一种有价证券。股票是资本市场的长期信用工具，可以转让、买卖，股东凭借它可以分享公司的利润，但也要承担公司运作失误所带来的风险。每股股票都代表股东对企业拥有一个基本单位的所有权。每个股东所拥有的公司所有权份额的大小，取决于其持有的股票数量占公司总股本的比重。普通股股东按其所持有股份比例享有的基本权利：①公司决策参与权。普通股股东有权参与股东大会，并有建议权、表决权和选举权，也可以委托他人代表其行使其股东权利。②利润分配权。普通股股东有权从公司利润分配中得到股息。普通股的股息是不固定的，由公司赢利状况及其分配政策决定。普通股股东必须在优先股股东取得固定股息之后才有权享受股息分配权。③优先认股权。如果公司需要扩张而增发普通股股票时，现有普通股股东有权按其持股比例，以低于市价的某一特定价格优先购买一定数量的新发行股票，从而保持其对企业所有权的原有比例。

股权和股票的区别：①数量的区别。股票数量很少，股权数量很多，只要是一个公司，就有股权。②价值不同。股权本身没有价值，也很难判断价值高低。但是，股票有价值，就是股票的价格。③流动性不同。股权的流动性不强，很难顺利地买卖，买入容易，卖出难。股票流动性很好，只要股市不发生暴跌，随时可以卖出。④升值空间不同。好的股权升值空间比股票更大。

相比股权而言，股票具有的优势特点，就是由股权到股票的价值创新之处。

（2）由股票到股票期权的价值创新。

由股票到股票期权的价值创新，可以从以下四个角度来理解：

第一，它是以股票为标的资产的期权，是指买方在交付了期权费后即取得在合约规定的到期日或到期日以前按协议价买入或卖出一定数量相关股票的权利。既然是一种权利，股票看涨期权合约的多方享有到期买入股票的权利（如果到期股票价格上涨至敲定价以上），但不承担必须买入股票的义务（如果到期股票价格跌至敲定价以下）；同理，股票看跌期权合约的多方享有到期卖出股票的权利（如果到期股票价格跌至敲定价以下），但不承担必须卖出股票的义务（如果到期股票价格上涨至敲定价以上）。股票期权持有人通过支付权利金，享有权利但不承担相应的义务，就是一种价值创新。

第二，它是一种激励机制，即企业向主要经营者提供的一种在一定期限内按照某一既定价格购买的一定数量本公司股份的权利，由企业的所有者向经营者提供激励的一种报酬制度。具体地，经公司股东大会同意，将预留或库存在公司中的已发行未公开上市的普通股股票（有些公司采取市场回购的方式买进公司股票）的认股权，授予公司高级管理人员、科技骨干或有重大贡献的普通员工，作为最大限度地调动他们的生产经营积极性和创新精神的一种激励制度。股票期权制规定，上述人员可以在规定的时期，按预先确定的价格购买本企业股票。上述人员购买股票时的购买价格与实施购买时股票的市价之间的差距，形成购买者即期权所有者的期权收入。股票期权制的产生，既是生产力和科学技术发展到一定阶段，资产所有权与经营权发生分离的产物，又是人力资本在生产经营过程中所处的地位发生革命性变革的结果①。在美国，股票期权制（Executive Stock Options, ESO）有两种：①法定型期权（Qualified Stock Option），或称激励型期权（Incentive Stock Option, ISO）；②非法定期权（Non-Qualified Stock Option, NQ-SO）。这两种期权授予的对象不同：激励性股票期权一般授予普通员工，用于激励员工努力工作，分享公司成长带来的成果。美国国内税法规定，个人持有的激励性股票期权最高限额为10万股。这种期权在税收方面有优惠。非法定股票期权主要授予公司高层管理人员和技术骨干，用于调动经营人员的积极性，在税收方面没有优惠，个人收益不可以从公司所得税税基中扣除，个人收益部分必须依法缴纳个人所得税。

实施股票期权虽然同股票的购买存在千丝万缕的联系和相同性，但是股票期权同股票的直接购买或无偿赠与又有许多不同：①对于行权人来说，股票期权所带来的收入是一种预期收入，它的价值取决于行权人经营企业的业绩，业绩好，行权人所获得的差价收益大，反之则小；然而直接购买股票或无偿赠与所获得的收益与企业高级管理人员经营企业的业绩无关，直接购买股票的收益取决于股市行情；无偿赠与就是赠与收益。②股票期权所追求的是对企业高级管理人员及业务骨干进行长期激励，同时对股票期权持有者来说，它也包含着一定的经营风险，而直接购买股票和无偿赠与均不具有这些功能和要求。这就是由股票到股票期权的价值创新之处。

第三，与经营者持股相比较，股票期权制在价值体现上具有较大自由度。在市场经济条件下，经营

---

① 推行股票期权制，需要解决四大问题：第一，企业对股票期权制度的内容及实施所需条件不了解，存在认识上的盲目性。例如，不知道可能带来的风险，不知道对股东（特别是小股东）可能产生的负面影响，不重视建立企业经营者包括考核、"薪酬包"等在内的基本制度，不了解这些基本制度对实行股票期权等股权激励制度的重要意义。第二，公司治理不完善，在"内部人控制"的情况下引入股票期权制度，必然出现经营者为自己定薪定股、损害公司和股东利益的情况。国有企业，包括国有控股（含相对控股）的上市公司，公司治理结构不健全的突出表现是国有企业老板不到位，没有一个机构承担国有资本经营责任，承担决定有关人事、考核的责权。上市公司经营者多为与控股机构关系密切的"内部人"，甚至与控股公司负责人是同一个人，只要控股机构同意，上市公司经营者很容易控制公司。这种结构，加上企业未建立严格的审计、考核体系，国有上市公司"内部人"不合理的自定薪酬股份的可能性很大。私人或非国有法人控制的上市公司，由于公司治理结构不健全，也有同样的问题。最近已引起各方关注的国有和非国有上市公司被掏空的事件，说明上述担心绝非空穴来风。第三，资本市场不健全，有可能因引入股票期权制度出现更多的黑箱操作、幕后交易。我国对幕后交易等违规行为的监管尚不健全、不严格。实行股票期权制度，甚至允许回购股票，诱发经营者搞违规的"内部交易"及和外部人结合操作市场的可能性加大。证券、会计、法律等中介服务机构职业道德和水准不高，甚至有严重的"做假账"问题，不利于公司治理水平的提升，不利于资本市场健全发展，也不利于股票期权制度有效发挥作用。第四，政府直接控制国有企业薪酬的管理体制，不利于企业制定合理的股票期权制度。股票期权形式的薪酬是经营者全面薪酬的一部分，公司只能根据自己的需要、财务承受力、人才市场价格等确定经营者的薪酬总水平和结构。经营者薪酬方案是公司人才战略和经营战略的重要组成部分，用国家审批的办法管理，很难与企业人才战略所要求的薪酬体系协调，会破坏包括长期和短期、股份形式与现金形式的薪酬体系内在的统一性，不利于合理真实地估计公司的完全的薪酬成本。

境外上市公司实施股票期权制需解决的主要问题：以国有企业为基础改组改制在境外上市的红筹股及H股公司，要遵守当地资本市场的法规及监管，因此不存在实行股票期权制度的法律方面的障碍。这类公司实行股票期权制度需要解决的主要问题有股票期权方案合理设计问题、股票期权方案的负责和决定权在谁的问题、与方案实行有关的用汇处理问题。方案设计中容易引起争论的问题是股票期权的授予对象和数量问题。授予对象是公司经营层和骨干，还是延伸到普通员工？对各层人授予量的多少及差距如何把握，如是否原行政级别高的人士就应授予较多股份？本质的问题是按什么原则设计股票期权方案。在我国香港注册的红筹股公司和其他海外上市公司一般都有由独立董事负责的薪酬委员会。薪酬委员会提出的方案经股东会认可后是否就可以执行，抑或还必须经国内有关部门批准？问题的实质是经营者薪酬到底由谁定，在公司治理结构健全的情况下，国家有关部门是否要直接管上市公司经营者薪酬的问题。另外，还有一个由于我国资本项目下的外汇自由兑换尚未放开带来的问题。这是一个技术性问题，可以用变通办法处理。不过靠个案审批的办法处理效率太低，需要国家明确有关政策和实施规则。

境内上市公司实施股票期权制需解决的主要问题：第一，上市公司实行股票期权制度的最大障碍是，由于公司治理不健全、证券资本市场监管不到位，一些公司的股份与公司内在价值严重脱节，有些公司经营者与庄家勾结，股价经常很不正常地大起大落。在这种情况下实行股票期权制度可能带来严重后果：股价不真实使经营者所得的收入远高于其应得收入；经营者为获得股票期权收益，人为炒作股市动机强化。第二，需要消除境内上市公司实行股票期权存在的法律障碍。《中华人民共和国公司法》《中华人民共和国证券法》都无公司实行股票期权制度的规定，还有些条款使股票期权方案根本无法实行。《中华人民共和国公司法》方面的突出问题：规定上市公司经营者在任职期间不能转让股票，使得股票期权方案基本上无法实施；我国法律规定实行实收资本制，使经营者或员工对股票期权机动行权困难，股东会也无法在经营者行权不确定的情况下决议公司增资和修改章程，经营者行权后立即到工商部门登记虽可行，但由于持有者行权期未必一致会很麻烦；我国法律禁止公司回购股票，使得公司只能用增资摊薄股本的办法实行股票期权方案。税法的有关规定也不十分明确，存在因按行权净收入一次纳税额很大而大幅降低激励作用的问题。《中华人民共和国证券法》及实施细则也无有关规定。

者股权激励的主要形式有经营者持股、期股和股票期权等。经营者持股有广义和狭义两种，广义持股是指经营者以种种形式持有本企业股票或购买本企业股票的权利；狭义持股是指经营者按照与资产所有者约定的价格出资购买一定数额的本企业股票，并享有股票的一切权利，股票收益可在当年足额兑现的一种激励方式。狭义的经营者持股的特点：①经营者要出资购买，出资方式可以是用现金，也可以是低息或贴息贷款；②经营者享有持股的各种权利，如分红、表决、交易、转让、变现、继承等；③股票收益可在短期内兑现；④风险较大，一旦经营失败，其投资将受损。

与股票期权（其价值取决于行权人经营企业的事后业绩，业绩好，行权人所获得的差价收益大；业绩不好，行权人可以不行权）相比，经营者必须事先按照与资产所有者约定的价格出资购买本企业股票后，才享有股票的权利，经营者持股的价值与企业经营好坏紧紧联系在一起。

第四，与其他变相股票奖励或模拟股票期权制度相比，股票期权制在制度设计上更为严谨、合规，产生问题较少。一些公司为规避现行法规的限制，实行变相股票奖励或模拟股票期权制度，主要有三种做法：①母公司对上市子公司的经营者实行根据业绩奖励股票、期股；②上市子公司经营者在大股东的同意下由公司决定给自己奖励股票或期股；③上市公司经营者通过对子公司持股、经营者组织公司间接持有上市股份或在子公司获得期股的办法获得股权激励。这些探索取得了一定成效，但是也有些公司由于治理结构不健全，存在"内部人"控制下的一股独大问题，采用多种变通形式自定薪酬，出现了一些问题：如当母公司或大股东与上市子公司经营者都是"内部人"时进行自我交易或内部利益交换；经营者间接持股或对下持股、领薪，使上市公司股权和治理状况不透明，经营者脱离股东、董事和监事监督；上市公司经营者可以通过关联交易、股市操作等获得隐性收入。此外，国有控股（含相对控股）的上市公司也有和红筹股公司类似的如何合理设计方案、是否要由国家有关部门审批薪酬方案等问题，还有可否利用国有大股东通过转让减持的国有股票给经营者解决股票期权行权股票来源的问题。

（3）由股票到指数的价值创新。

股票价格指数是由证券交易所或金融服务机构编制的表明股票行市变动的一种供参考的指示数字，用于反映整个股票市场上各种股票市场价格的总体水平及其变动情况的指标，简称为股票指数。

由于上市股票种类繁多，计算全部上市股票的价格平均数或指数的工作是艰巨而复杂的，因此人们常常从上市股票中选择若干种具有代表性的样本股票，并计算这些样本股票的价格平均数或指数，用于表示整个市场的股票价格总体趋势及涨跌幅度。由于股票指数的计算通常会考虑三个因素：一是抽样，即在众多股票中抽取少数具有代表性的成份股；二是加权，按单价或总值加权平均，或不加权平均；三是计算程序，计算算术平均数、几何平均数，或兼顾价格与总值，因此相对于具体的股票而言，股票指数更容易被投资者了解。投资者根据指数的升降，可以预测股票价格的变动趋势；而且为了能实时地向投资者反映股市的动向，几乎所有的股市都公布股票价格指数。股票指数为投资者提供的额外价值信息，就是一种价值创新。

（4）由指数到指数基金的价值创新。

指数基金是以特定的指数为标的指数，并以该指数的成份股为投资对象，通过购买该指数的全部或部分成份股构建投资组合，以追踪标的指数表现的基金产品。例如，上证综合指数基金的目标在于获取和上海证券交易所综合指数一样的收益，上证综合指数基金就按照上证综合指数的构成和权重购买指数里的股票，相应地，上证综合指数基金的表现就会像上证综合指数一样波动。

指数基金运作的核心是通过被动地跟踪指数，在充分分散个股风险的同时，获取市场的平均收益。对于广大的投资者来说，它具有四个优点。

第一，费用相对较低。这可以说是指数基金最突出的优势。由于指数基金采取的是跟踪指数的投资策略，基金管理人不需要花大量的时间和精力来选择股票、债券等投资工具的种类和买入与卖出的时机，这样就在一定程度上减少了基金的管理费用。此外，由于指数基金大致上采取的是一种买入并持有的策略，一般不会对投资组合进行频繁的调整，只有在所跟踪指数的成份股变化时才进行相应的调整，所以它的交易费用也会低于其他积极投资类型的基金。

第二，通过充分的分散投资来降低风险。由于指数基金通过跟踪指数进行广泛的分散投资，它的投资组合收益与相应指数的收益基本上一致，任何单只股票的波动都不会对指数基金的整体表现构成太大的威胁，这样就从整体上降低了投资者的投资风险。因此，指数基金投资者不必担心个别股票的大幅下跌对基金收益的影响。

第三，业绩透明度较高。投资者只要看到指数基金所跟踪的目标指数的涨跌就可以大体上判断出自己投资的那只指数基金净值的变动。对于某些擅长判断大势，但对个股把握不强的投资者，就特别适合投资于指数基金，从而免去"赚了指数不赚钱"的烦恼。

第四，管理过程受人为影响较小。指数基金的投资管理过程主要是对相应的目标指数进行被动跟踪的过程，而不是频繁地进行主动性的投资。这样在管理过程中就可以通过较为程序化的交易来减少人为因素的影响。

（5）由指数基金到ETF的价值创新。

交易型开放式指数基金（Exchange Traded Fund，ETF），是一种在交易所上市交易的、基金份额可变的开放式基金，属于开放式基金的一种特殊类型，它结合了封闭式基金和开放式基金的运作特点，投资者既可以向基金管理公司申购或赎回基金份额，同时又可以像封闭式基金一样在二级市场上按市场价格买卖ETF份额。不过，申购赎回必须以一篮子股票换取基金份额或者以基金份额换回一篮子股票。由于同时存在二级市场交易和申购赎回机制，投资者可以在ETF市场价格与基金单位净值之间存在差价时进行套利交易。套利机制的存在，使得ETF避免了封闭式基金普遍存在的折价问题。

根据投资方法的不同，ETF可以分为指数基金和积极管理型基金。国内推出的绝大多数ETF是指数基金。ETF指数基金代表一篮子股票的所有权，其交易价格、基金份额净值走势与所跟踪的指数基本一致。因此，投资者买卖一只ETF，就等同于买卖了它所跟踪的指数，可取得与该指数基本一致的收益。通常采用完全被动式的管理方法，以拟合某一指数为目标，兼具股票和指数基金的特色。

ETF指数基金的优点体现在以下七点：

第一，分散投资并降低投资风险。被动式投资组合通常较一般的主动式投资组合包含较多的标的数量，标的数量的增加可减少单一标的的波动对整体投资组合的影响，同时借由不同标的对市场风险的不同影响，得以降低投资组合的波动。

第二，兼具股票和指数基金的特色。对普通投资者而言，ETF也可以像普通股票一样，在被拆分成更小交易单位后，在交易所二级市场进行买卖。赚了指数就赚钱，投资者再也不用研究股票。

第三，结合了封闭式与开放式基金的优点。ETF与封闭式基金一样，可以小的"基金单位"形式在交易所买卖。与开放式基金类似，ETF允许投资者连续申购和赎回，但是ETF在赎回的时候，投资者拿到的不是现金，而是一篮子股票，同时要求达到一定规模后，才允许申购和赎回。

ETF与封闭式基金相比，相同点是都在交易所挂牌交易，就像股票一样挂牌上市，一天中可随时交易，但也有不同点：①ETF透明度更高。由于投资者可以连续申购/赎回，要求基金管理人公布净值和投资组合的频率相应加快。②由于有连续申购/赎回机制存在，ETF的净值与市价从理论上讲不会存在太大的折价/溢价。

ETF基金与开放式基金相比，优点有两个：一是ETF在交易所上市，一天中可以随时交易，具有交易的便利性。一般开放式基金每天只能开放一次，投资者每天只有一次交易机会（即申购赎回）。二是ETF赎回时是交付一篮子股票，无须保留现金，方便管理人操作，可以提高基金投资的管理效率。开放式基金往往需要保留一定的现金应付赎回，当开放式基金的投资者赎回基金份额时，常常迫使基金管理人不停调整投资组合，由此产生的税收和一些投资机会的损失都由那些没有要求赎回的长期投资者承担。这个机制，可以保证当有ETF部分投资者要求赎回的时候，对ETF的长期投资者并无多大影响（因为赎回的是股票）。

第四，交易成本低廉。指数化投资往往具有低管理费及低交易成本的特性。相对于其他基金而言，指数投资不以跑赢指数为目的，经理人只会根据指数成分变化来调整投资组合，无须支付投资研究分析费用，因此可收取较低的管理费用；指数投资倾向于长期持有购买的证券，而区别于主动式管理因积极买卖形成高周转率而必须支付较高的交易成本，指数投资不主动调整投资组合，周转率低，交易成本自然降低。

第五，投资者可以当天套利。例如，上证 50 在一个交易日内出现大幅波动，当日盘中涨幅一度超过 5%，收市却平收甚至下跌。对于普通的开放式指数基金的投资者而言，当日盘中涨幅再大都没有意义，赎回价只能根据收盘价来计算，ETF 的特点则可以帮助投资者抓住盘中上涨的机会。由于交易所每 15 秒钟显示一次净值估值（IOPV），这个 IOPV 即时反映了指数涨跌带来基金净值的变化，ETF 二级市场价格随 IOPV 的变化而变化，因此，投资者可以盘中指数上涨时在二级市场及时抛出 ETF，获取指数当日盘中上涨带来的收益。

第六，高透明性。ETF 采用被动式管理，完全复制指数的成份股作为基金投资组合及投资报酬率，基金持股相当透明，投资人较易明了投资组合特性并完全掌握投资组合状况，做出适当的预期。加上盘中每 15 秒更新指数值及估计基金净值供投资人参考，让投资人能随时掌握其价格变动，并随时以贴近基金净值的价格买卖。无论是封闭式基金还是开放式基金，都无法提供 ETF 交易的便利性与透明性。

第七，增加市场避险工具。由于 ETF 商品在概念上可以看作一档指数现货，配合 ETF 本身多空皆可操作的商品特性，若机构投资者手上有股票，但看坏股市表现的话，就可以利用融券方式卖出 ETF 来做反向操作，以减少手上现货损失的金额。对整体市场而言，ETF 的诞生使得金融投资渠道更加多样化，也增加了市场的做空通道。例如，过去机构投资者在操作基金时，只能通过减少仓位来避险，期货推出后虽然增加做空通道，但投资者使用期货做长期避险工具时，还须面临每月结仓、交易成本和价差问题，使用 ETF 作为避险工具，不但能降低股票仓位风险，也无须在现货市场卖股票，从而为投资者提供了更多样化的选择。

（6）由指数到指数期货的价值创新。

股指期货全称是股票价格指数期货，也可称为股价指数期货、期指，是指以股价指数为标的物的标准化期货合约，双方约定在未来的某个特定日期，可以按照事先确定的股价指数的大小，进行标的指数的买卖，到期后通过现金结算差价来进行交割。作为期货交易的一种类型，股指期货交易与普通商品期货交易具有基本相同的特征和流程。股指期货是期货的一种，期货可以大致分为两大类，商品期货与金融期货。

股指期货的主要作用：①规避投资风险。当投资者不看好股市时，可以通过股指期货的套期保值功能在期货上做空，锁定股票的账面盈利，从而不必将所持股票抛出，造成股市恐慌性下跌。②降低股市波动率。股指期货可以降低股市的日均振幅和月线平均振幅，抑制股市非理性波动，如股指期货推出之前的五年里沪深 300 指数日均振幅为 2.51%，月线平均振幅为 14.9%，推出之后的五年里日均振幅为 1.95%，月线平均振幅为 10.7%，双双出现显著下降。③丰富投资策略。股指期货等金融衍生品为投资者提供了风险对冲工具，可以丰富不同的投资策略，改变股市交易策略一致性的现状，为投资者提供多样化的财富管理工具，以实现长期稳定的收益目标。

股指期货合约具有如下性质：①跨期性。股指期货是交易双方通过对股票指数变动趋势的预测，约定在未来某一时间按照一定条件进行交易的合约。因此，股指期货的交易是建立在对未来预期的基础上，预期的准确与否直接决定了投资者的盈亏。②杠杆性。股指期货交易不需要全额支付合约价值的资金，只需要支付一定比例的保证金就可以签订较大价值的合约。例如，假设股指期货交易的保证金为 10%，投资者只需支付合约价值 10% 的资金就可以进行交易。这样，投资者就可以控制 10 倍于所投金额的合约资产。当然，在收益可能成倍放大的同时，投资者可能承担的损失也是成倍放大的。③联动性。股指期货的价格与其标的资产——股票指数的变动联系极为紧密。股票指数是股指期货的基础资产，对股指期货价格的变动具有很大影响。与此同时，股指期货是对未来价格的预期，因而对股票指数也有一定的引导作用。④高风险性和风险的多样性。股指期货的杠杆性决定了它具有比股票市场更高的风险性。此外，股指期货还存在着特定的市场风险、操作风险、现金流风险等。

股指期货交易具有如下特点：①期货合约有到期日，不能无限期持有。股票买入后可以一直持有，正常情况下股票数量不会减少。但股指期货都有固定的到期日，到期就要进行平仓或者交割。因此交易股指期货不能像买卖股票一样，交易后就不管了，必须注意合约到期日，以决定是平仓，还是等待合约到期进行现金结算交割。②期货合约是保证金交易，必须每日结算。股指期货合约采用保证金交易，一般只要付出合约面值10%～15%的资金就可以买卖一张合约，这一方面提高了盈利的空间，但另一方面也带来了风险，因此必须每日结算盈亏。买入股票后在卖出以前，账面盈亏都是不结算的。但股指期货不同，交易后每天要按照结算价对持有在手的合约进行结算，账面盈利可以提走，但账面亏损第二天开盘前必须补足（即追加保证金）。由于是保证金交易，亏损额甚至可能超过投资者的投资本金，这一点和股票交易不同。③期货合约可以卖空。股指期货合约可以十分方便地卖空，等价格回落后再买回。股票融券交易也可以卖空，但难度相对较大。当然一旦卖空后价格不跌反涨，投资者会面临损失。④市场的流动性较高。有研究表明，指数期货市场的流动性明显高于股票现货市场。例如，2014年，中国金融期货交易所沪深300股指期货的交易额达到163万亿元，同比增长16%，而2014年沪深300股票成交额为27.5万亿元（约占沪深两市股票交易总额的37%），由此可见股指期货的流动性显著高于现货。⑤股指期货实行现金交割方式。期指市场虽然是建立在股票市场基础之上的衍生市场，但期指交割以现金形式进行，即在交割时只计算盈亏而不转移实物，在期指合约的交割期投资者完全不必购买或者抛出相应的股票来履行合约义务，这就避免了在交割期股票市场出现"挤市"的现象。⑥股指期货关注宏观经济。一般来说，股指期货市场是专注于根据宏观经济资料进行的买卖，而现货市场则专注于根据个别公司状况进行的买卖。⑦股指期货实行T+0交易，而股票实行T+1交易。T+0即当日买进当日卖出，没有时间和次数限制，T+1即当日买进，次日卖出，买进的当日不能当日卖出，当前期货交易一律实行T+0交易，大部分国家的股票交易也是T+0，我国的股票市场由于历史原因而实行T+1交易制度。

股指期货的主要功能包括三点：①风险规避功能。股指期货的风险规避是通过套期保值来实现的，投资者可以通过在股票市场和股指期货市场反向操作达到规避风险的目的。股票市场的风险可分为非系统性风险和系统性风险两个部分，非系统性风险通常可以采取分散化投资的方式将这类风险的影响降低到最小程度，而系统性风险则难以通过分散投资的方法加以规避。股指期货具有做空机制，股指期货的引入，为市场提供了对冲风险的工具，担心股票市场会下跌的投资者可通过卖出股指期货合约对冲股票市场整体下跌的系统性风险，有利于减轻集体性抛售对股票市场造成的影响。②价格发现功能。股指期货具有发现价格的功能，通过在公开、高效的期货市场中众多投资者的竞价，有利于形成更能反映股票真实价值的股票价格。期货市场之所以具有发现价格的功能，一方面，股指期货交易的参与者众多，价格形成当中包含了来自各方的对价格预期的信息。另一方面，股指期货具有交易成本低、杠杆倍数高、指令执行速度快等优点，投资者更倾向于在收到市场新信息后，优先在期市调整持仓，也使得股指期货价格对信息的反应更快。③资产配置功能。股指期货交易采用保证金制度，交易成本很低，因此被机构投资者广泛用来作为资产配置的手段。例如，一个以债券为主要投资对象的机构投资者，认为近期股市可能出现大幅上涨，打算抓住这次投资机会，但由于投资于债券以外的品种有严格的比例限制，不可能将大部分资金投资于股市，此时该机构投资者可以利用很少的资金买入股指期货，就可以获得股市上涨的平均收益，提高资金总体的配置效率。

虽然股指期货与ETF都是基于指数的工具性产品，但两者之间有很大的不同，综合而言，主要体现在以下几个方面：①股指期货交易的是指数未来的价值，以保证金形式交易，具有重要的杠杆效应。按设计的规则，未来沪深300指数期货的杠杆率在10倍左右，资金应用效率较高，而ETF是以全额现金交易的指数现货，无杠杆效应。②最低交易金额不同。每张股指期货合约最低保证金至少在万元以上，ETF的最小交易单位为1手，对应的最低金额是100元左右。③买卖股指期货没有包含指数成份股的红利，而持有 ETF 期间，标的指数成份股的红利归投资者所有。④股指期货通常有确定的存续期，到期日还需跟踪指数，需要重新买入新股指期货合约，而 ETF 产品无存续期。⑤随着投资者对大盘的预期不同，股指期货走势不一定和指数完全一致，可能有一定范围的折价和溢价，折溢价程度取决于套利的资金量和套利的效率，而且被动跟踪指数的 ETF 净值走势和指数通常保持较高的一致性。

通过以上比较可以看出，虽然同为基于指数的工具性产品，股指期货与 ETF 不同的产品特性，适合不同类型的投资者的需求。同时，从国外成熟资本市场的发展经验来看，由于风险管理的需要，指数的现货产品和期货产品之间具有重要的互动和互补关系。

（7）由指数期货到期货期权的价值创新。

期货期权（Options on Futures）是继 20 世纪 70 年代金融期货之后在 80 年代的又一次期货革命，1982 年 10 月，美国芝加哥期货交易所首次成功地将期权交易方式应用于政府长期国库券期货合约的买卖，从此产生了期货期权。

期货期权是对期货合约买卖权的交易，包括商品期货期权和金融期货期权。一般所说的期权通常是指现货期权，而期货期权则是指"期货合约的期权"，期货期权合约表示在期权到期日或之前，以协议价格购买或卖出一定数量的特定商品或资产的期货合同。期货期权的基础是商品期货合同，期货期权合同实施时要求交易的不是期货合同所代表的商品，而是期货合同本身。如果执行的是一份期货看涨期权，持有者将获得该期货合约的多头头寸外加一笔数额等于当前期货结算价格减去执行价格的现金。

相对于商品期货为现货商提供了规避风险的工具而言，期权交易则为期货商提供了规避风险的工具，目前，国际期货市场上的大部分期货交易品种都引进了期权交易。

期货期权的主要内容：①权利金（Premium），即期货期权的价格，是期货期权的买方为获取期权合约所赋予的权利而必须支付给卖方的费用，又称为权价、期权费、保险费。对卖方来说，它是卖出期货期权的报酬，也就是期货期权的成交价。期权权利金对于期货期权的买方来说，是其买入期权可能遭受损失的最高限度。对于卖方而言，卖出期货期权立即可以获得一笔权利金收入，而不必马上进行期货合约的交割。当然，它同时使卖方面临一定的市场风险，即无论期货市场的价格如何变动，卖方都必须做好履约的准备。与期货交易相同，在期权交易中，期权权利金即期权成交价格是期权合约中唯一能在交易所内讨价还价的要素，其他合约要素均已标准化。权利金的最终确定，也必须经过期权买卖双方的经纪人在交易所大厅通过公开竞价才能形成。②执行价格（Exercise Price 或 Strike Price），是指期货期权的买方有权按此价买入或卖出一定数量的期货合约的价格，也是卖方在履行合约时卖出或买入一定数量的期货合约的价格，又称为履约价格、敲定价格（Strike Price）、约定价格。这一价格一经确定，在期权有效期内，无论期权之标的物的市场价格上涨或下跌到什么水平，只要期权买方要求执行该期权，期权卖方就必须以此执行价格履行其必须履行的义务。因此，如果期权买方买入了看涨期权，那么在期权合约的有效期限内，该期权标的物即相关期货合约的市场价格上涨，且高于该期权的执行价格，期权买方有权以较低的执行价格向期权卖方买入一定数量的相关期货合约，而期权卖方也必须无条件地以较低的执行价格卖出该期权所规定的标的物。同理，如果期权买方买入了看跌期权，则在期权有效期限内，即使期权合约标的物的市场价格下跌，并远低于该期权的执行价格，期权买方仍能以较高的执行价格向期权卖方卖出一定数量的相关期货合约，而期权卖方也必须无条件地以较高的执行价格买进该期权的标的物。执行价格通常由交易所按递增的形式给出一组来，投资者在进行期权交易时必须选择其中一个价格。每种期权有多少种执行价格取决于该种期权的标的物价格波动幅度。在合约挂盘时，交易所一般会先给出几个执行价格，然后根据价格波动适时增加。在交易开始时，公布一个平值期权和 5 个实值期权、5 个虚值期权。实值、平值和虚值是根据执行价格与标的物价格的关系界定的。执行价格随着标的物价格的波动会不断增加，如果价格波动区间很大，就可能衍生出很多的执行价格。标的物价格波动越大，执行价格个数也越多；合约运行时间越长，执行价格越多。离标的物价格太远的执行价格会因为没有人愿意卖出或买入而没有交易量。③合约到期日，是指期货期权合约必须履行的时间，是期货期权合约的终点，一般是在相关期货合约交割日期之前一个月的某一时间。这是为了让期权卖方在买方行使期权时为履行义务而必须买入或卖出相关期货合约时，还有一定的时间在期货市场上进行反向的期货合约交易来对冲平仓，使期权卖方有机会来避免他可能不愿或不准备进行实物交割局面的出现。欧式期权规定只有在合约到期日方能执行期权，美式期权规定在合约到期日之前的任何一个交易日（含合约到期日）均可执行期权。

如果执行的是一份期货看跌期权，持有者将获得该期货合约的空头头寸外加一笔数额等于执行价格减去期货当前价格的现金。鉴于此，期货期权在实施时也很少交割期货合同，不过是由期货期权交易双方收付期货合同与期权的协议价格之间的差额而引起的结算金额而已。

期货期权的优点：①资金使用效益高。由于交易商品是期货，因此在建立头寸时，是以差额支付保证金，在清算时是以差额结账，从这个意义上讲，期货期权可以较少的资金完成交易，因而也就提高了资金的使用效益。②交易方便。由于期货期权的交易商品已经标准化、统一化，具有较高的流动性，因此便于进行交易。③信用风险小。由于期货期权交易通常是在交易所进行的，交易的对方是交易所清算机构，因而信用风险小。但是，与现货期权相比，期货期权也有明显的缺点，其最大缺点是由于是在交易所进行交易，上市的商品种类有限，因而协议价格、期限等方面的交易条件不能自由决定。就优势而言，如果交易者在期货市场上做保值交易或投资交易时，配合使用期货期权交易，在降低期货市场的风险性的同时提高现货市场套期保值的成功率，而且还能增加盈利机会。

（8）由一揽子资产到封闭基金的价值创新。

封闭基金是指经核准的基金份额总额在基金合同期限内固定不变，基金份额可以在依法设立的证券交易场所交易，但基金份额持有人不得申请赎回的基金。基金的发起人在设立基金时，限定了基金单位的发行总额，筹足总额后，基金即宣告成立，并进行封闭，在一定时期内不再接受新的投资。基金单位的流通采取在证券交易所上市的办法，投资者日后买卖基金单位，都必须通过证券经纪商在二级市场上进行竞价交易。封闭式基金属于信托基金，是指基金规模在发行前已确定、在发行完毕后的规定期限内固定不变并在证券市场上交易的基金品种。

（9）由封闭基金到开放基金的价值创新。

开放式基金和封闭式基金共同构成了基金的两种基本运作方式。开放式基金，是指基金规模不是固定不变的，而是可以随时根据市场供求情况发行新份额或被投资人赎回的投资基金。封闭式基金，是相对于开放式基金而言的，是指基金规模在发行前已确定，在发行完毕后和规定的期限内，基金规模固定不变的投资基金。开放式基金不上市交易，一般通过银行申购和赎回，基金规模不固定，基金单位可随时向投资者出售，也可应投资者要求买回的运作方式；封闭式基金有固定的存续期，期间基金规模固定，一般在证券交易场所上市交易，投资者通过二级市场买卖基金单位。

封闭基金与开放基金的主要区别：①基金规模的可变性不同。封闭式基金有固定的存续期限，通常在5年以上，一般为10年或15年。一般在此期限内已发行的基金单位不能被赎回。虽然特殊情况下此类基金可进行扩募，但扩募应具备严格的法定条件。因此，在正常情况下，基金规模是固定不变的。然而开放式基金所发行的基金单位是可赎回的，而且投资者在基金的存续期间内可随时向基金管理人赎回基金份额，导致基金的资金总额每日均不断地变化，若大量赎回甚至会导致清盘。换言之，它始终处于"开放"的状态。这是封闭式基金与开放式基金的根本差别。②基金单位的交易方式不同。封闭式基金发起设立时，投资者可以向基金管理公司或销售机构认购；当封闭式基金上市交易时，投资者又可委托券商在证券交易所按市价买卖。然而投资者投资于开放式基金时，他们则可以随时向基金管理公司或销售机构申购或赎回。③基金单位的交易价格的形成方式不同。封闭式基金因在交易所上市，其交易价格受市场供求关系影响较大。当市场供小于求时，基金单位买卖价格可能高于每份基金单位资产净值，这时投资者拥有的基金资产就会增加；当市场供大于求时，基金价格则可能低于每份基金单位资产净值。然而开放式基金的买卖价格是以基金单位的资产净值为基础计算的，可直接反映基金单位资产净值的高低。

在基金的买卖费用方面，投资者在买卖封闭式基金时与买卖上市股票一样，也要在价格之外付出一定比例的证券交易税和手续费；开放式基金的投资者需缴纳的相关费用（如首次认购费、赎回费）则包含于基金价格之中。一般而言，买卖封闭式基金的费用要高于开放式基金。④基金的投资策略不同。由于封闭式基金不能随时被赎回，其募集得到的资金可全部用于投资，这样基金管理公司便可据此制定长期的投资策略，取得长期经营绩效。开放式基金则必须保留一部分现金，以便投资者随时赎回，而不能尽数地用于长期投资，一般投资于变现能力强的资产。这两者在回报上没有特别的区别。开放式基金和封闭式基金的主要区别是后者有一个较长的封闭期，发行数量固定，持有人在封闭期内不能赎回，只能在二级市场上买卖。开放式基金可以赎回，上市交易型开放式基金还可以买卖。因此，开放式基金得"时刻准备着"持有人可能赎回，投资风格相对比较稳健；封闭式基金在存续期内不用担心赎回问题。⑤基金份额资产净值公布的时间不同。封闭式基金一般每周或更长时间公布一次，开放式基金一般在每个交易日连续公布。凡事都有好坏两方面。正是因为封闭式基金不用担心赎回，类似于持有人将钱借给基金公司炒股，约定5年、10年或20年后还钱，有没有利息还不一定。在这几年中，持有人不能要求基金公司提前还钱。因此，基金公司对这些钱有很大的自主支配权，甚至能玩"利益输送"的把戏。当然，也有操作正规的基金公司、基金经理，他们管理的封闭式基金的回报不一定会比开放式基金差。

2. 债权创新价值链各环节创造了什么价值？请从下面材料中概述出来。此外，在这个链条上，还可以开展什么创新？

债权创新价值链如图2-3所示。

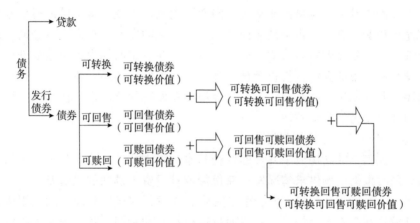

图2-3　债权创新价值链

资料来源：笔者整理。

（1）由债权到债券的价值创新。

债权是按照合同约定或者依照法律的规定，在当事人之间产生的特定的权利和义务关系，也称为债权关系或者债的关系。在债权关系中，享有权利的人为债权人，负有义务的人为债务人。债权人享有的权利为债权，债务人承担的义务为债务。债权就是在债的关系中，一方（债权人）请求另一方（债务人）为一定行为或者不为一定行为的权利。

债权内容：①请求权。债权请求权是债权的基本权能，因为债权本质上就是债权人请求债务人为一定行为或者不为一定行为的权利。从效力上看，债权人只能依据其债权向债务人提出请求，而不能直接依据债权取得相关的给付利益。②给付保有权。它是指债权人有权保有债务人所作的给付。债权的重要权能之一就是债权人有权保有债务人所作出的给付，因此，债务人在向债权人作出履行后，并不能基于不当得利向债权人请求返还。债权人所享有的债权即为其保有债务人给付的法律上的原因。③抵销权。它是指两人互负相同种类债务，各使双方债务在对等额内相互消灭的法律制度。除法律明确禁止抵销的情形（如人身损害赔偿之债原则上不得作为被动债权抵销）外，只要符合抵销条件，原则上也应当允许抵销。④保全权。它是指在债务人的行为可能影响债权人的债权实现时，债权人有权采取一定的行为，保障其债权的实现。债权人的债权保全权包括代位权和撤销权，这两种权利是确保债权实现的重要手段。⑤受领权。它是指债权人受领债务人给付的权利。债权的本质在于，债权人有权请求债务人给付，而且在债务人作出给付之后，债权人有权受领，从而接受债务人的给付。在债务人没有作出给付情形，债权人可以催告债务人履行。基于受领权，债权人原则上是适格的受领主体。当然，债权人受领债务人给付，也并非必须亲自进行。除非法律另有规定或合同另有约定，债权人可以指定第三人受领给付，该第三人被称为"受领辅助人"。

债券是政府、企业、银行等债务人为筹集资金，按照法定程序发行并向债权人承诺于指定日期还本付息的有价证券。债券是一种金融契约，是政府、金融机构、工商企业等直接向社会借债筹借资金时，向投资者发行，同时承诺按一定利率支付利息并按约定条件偿还本金的债权债务凭证。债券的本质是债的证明书，具有法律效力。债券购买者或投资者与发行者之间是一种债权债务关系，债券发行人即债务人，投资者（债券购买者）即债权人。由此，债券包含了以下三层含义：债券的发行人（政府、金融机构、企业等机构）是资金的借入者；购买债券的投资者是资金的借出者；发行人（借入者）需要在一定时期还本付息。

作为一种重要的融资手段和金融工具，债券具有如下优点：①资本成本低。债券的利息可以税前列支，具有抵税作用；另外债券投资人比股票投资人的投资风险低，因此其要求的报酬率也较低。故公司债券的资本成本要低于普通股。②具有财务杠杆作用。债券的利息是固定的费用，债券持有人除获取利息外，不能参与公司净利润的分配，因而具有财务杠杆作用，在息税前利润增加的情况下会使股东的收益以更快的速度增加。③所筹集资金属于长期资金。发行债券所筹集的资金一般属于长期资金，可供企业在1年以上的时间内使用，这为企业安排投资项目提供了有力的资金支持。④债券筹资的范围广、金额大。债券筹资的对象十分广泛，它既可以向各类银行或非银行金融机构筹资，又可以向其他法人单位、个人筹资，因此筹资比较容易并可筹集较大金额的资金。

但是债券融资也有缺点：①财务风险大。债券有固定的到期日和固定的利息支出，当企业资金周转出现困难时，易使企业陷入财务困境，甚至破产清算。因此筹资企业在发行债券来筹资时，必须考虑利用债券筹资方式所筹集的资金进行的投资项目的未来收益的稳定性和增长性的问题。②限制性条款多，资金使用缺乏灵活性。因为债权人没有参与企业管理的权利，为了保障债权人债权的安全，通常会在债券合同中包括各种限制性条款。这些限制性条款会影响企业资金使用的灵活性。

（2）由债券到可转换债券的价值创新。

可转换债券是债券持有人可按照发行时约定的价格将债券转换成公司的普通股票的债券。如果债券持有人不想转换，则可以继续持有债券，直到偿还期满时收取本金和利息，或者在流通市场出售变现。如果持有人看好发债公司股票增值潜力，在宽限期之后可以行使转换权，按照预定转换价格将债券转换成为股票，发债公司不得拒绝。该债券利率一般低于普通公司的债券利率，企业发行可转换债券可以降低筹资成本。可转换债券持有人还享有在一定条件下将债券回售给发行人的权利，发行人在一定条件下拥有强制赎回债券的权利。

可转换债券兼有债券和股票的特征，具有三个特点：①债权性。与其他债券一样，可转换债券也有规定的利率和期限，投资者可以选择持有债券到期，收取本息。②股权性。可转换债券在转换成股票之前是纯粹的债券，但转换成股票之后，原债券持有人就由债权人变成了公司的股东，可参与企业的经营决策和红利分配，这也在一定程度上会影响公司的股本结构。③可转换性。可转换性是可转换债券的重要标志，债券持有人可以按约定的条件将债券转换成股票。转股权是投资者享有的、一般债券所没有的选择权。可转换债券在发行时就明确约定，债券持有人可按照发行时约定的价格将债券转换成公司的普通股票。如果债券持有人不想转换，则可以继续持有债券，直到偿还期满时收取本金和利息，或者在流通市场出售变现。如果持有人看好发债公司股票增值潜力，在宽限期之后可以行使转换权，按照预定转换价格将债券转换成为股票，发债公司不得拒绝。正因为具有可转换性，可转换债券利率一般低于普通公司债券利率，企业发行可转换债券可以降低筹资成本。可转换债券持有人还享有在一定条件下将债券回售给发行人的权利，发行人在一定条件下拥有强制赎回债券的权利。

可转换债券兼有债券和股票双重特点，对企业和投资者都具有吸引力。一方面，投资者可自行选择是否转股，并为此承担转债利率较低的成本；另一方面，转债发行人拥有是否实施赎回条款的选择权，并为此要支付比没有赎回条款的转债更高的利率。双重选择权是可转换公司债券最主要的金融特征，它的存在使投资者和发行人的风险、收益限定在一定的范围以内，并可以利用这一特点对股票进行套期保值，获得更加确定的收益。

可转换债券的主要优势：由于可转换债券可转换成股票，它可弥补利率低的不足。如果股票的市价在转券的可转换期内超过其转换价格，债券的持有者可将债券转换成股票而获得较大的收益。影响可转换债券收益的除了转券的利率外，最为关键的就是可转换债券的换股条件，也就是通常所称的换股价格，即转换成一股股票所需的可转换债券的面值。例如，宝安转券，每张转券的面值为1元，每25张转券才能转换成一股股票，转券的换股价格为25元，而宝安股票的每股净资产最高也未超过4元，所以宝安转券的转股条件是相当高的。当要转换的股票市价达到或超过转券的换股价格后，可转换债券的价格就将与股票的价格联动，当股票的价格高于转券的换股价格后，由于转券的价格和股票的价格联动，在股票上涨时，购买转券与投资股票的收益率是一致的，但在股票价格下跌时，由于转券具有一般债券的保底性质，所以转券的风险性比股票又要小得多。由于其可转换性，当它所对标的股票价格上涨时，债券价格也会上涨，此外，债券价格和股价之间还存在套利可能性。因此，在牛市对标股价上扬时，债券的收益会更稳健。

可转换债券具有股票和债券的双重属性，对投资者来说是"有本金保证的股票"。可转换债券对投资者具有强大的市场吸引力，其有利之处在于：①可转换债券使投资者获得最低收益权。可转换债券与股票最大的不同就是它具有债券的特性，即便当它失去转换意义后，作为一种低息债券，它仍然会有固定的利息收入；这时投资者以债权人的身份，可以获得固定的本金与利息收益。如果实现转换，则会获得出售普通股的收入或获得股息收入。可转换债券对投资者具有"上不封顶，下可保底"的优点，当股价上涨时，投资者可将债券转为股票，享受股价上涨带来的盈利；当股价下跌时，则可不实施转换而享受每年的固定利息收入，待期满时偿还本金。②可转换债券当期收益较普通股红利高。投资者在持有可转换债券期间，可以取得定期的利息收入，通常情况下，可转换债券当期收益较普通股红利高，如果不是这样，可转换债券将很快被转换成股票。③可转换债券比股票有优先偿还的要求权。可转换债券属于次等信用债券，在清偿顺序上，同普通公司债券、长期负债（银行贷款）等具有同等追索权利，但排在一般公司债券之后，同可转换优先股①，优先股和普通股相比，可得到优先清偿的地位。

---

① 优先股的优先权有以下四点：第一，在分配公司利润时可先于普通股且以约定的比率进行分配。第二，当股份有限公司因解散、破产等原因进行清算时，优先股股东可先于普通股股东分取公司的剩余资产。第三，优先股股东一般不享有公司经营参与权，即优先股股票不包含表决权，优先股股东无权过问公司的经营管理，但在涉及优先股股票所保障的股东权益时，优先股股东可发表意见并享有相应的表决权。第四，优先股股票可由公司赎回。由于股份有限公司需向优先股股东支付固定的股息，优先股股票实际上是股份有限公司的一种举债集资的形式，但优先股股票又不同于公司和银行贷款，这是因为优先股股东分取收益和公司资产的权利只能在公司满足了债权人的要求之后才能行使。优先股股东不能要求退股，却可以依照优先股股票上所附的赎回条款，由股份有限公司予以赎回。大多数优先股股票都附有赎回条款。

如果将优先股股票细分，它有五类：第一，累积优先股股票和非累积优先股股票。累积优先股股票是指在上一营业年度内未支付的股息可以累积起来，由以后财会年度的盈利一起付清。非累积优先股股票是指只能按当年盈利分取股息的优先股股票，如果当年公司经营不善而不能分取股息，未分的股息不能予以累积，以后也不能补付。第二，参加分配优先股股票和不参加分配优先股股票。参加分配优先股股票是指其股票持有人不仅可按规定分取当年的定额股息，还有权与普通股股东一同参加利润分配的优先股股票。不参加分配优先股股票，就是只能按规定分取定额股息而不再参加其他形式分红的优先股股票。第三，可转换优先股股票和不可转换优先股股票。可转换优先股股票是指股票持有人可以在特定条件下按公司条款把优先股股票转换成普通股股票或公司的股票，而不可转换优先股股票是指不具有转换为其他金融工具功能的优先股股票。第四，可赎回优先股股票和不可赎回优先股股票。可赎回优先股股票是指股份有限公司可以一定价格收回的优先股股票，又称可收回优先股股票，而不附加有赎回条件的优先股股票就是不可赎回优先股股票。第五，股息可调整优先股股票。它是指股息率可以调整变化的优先股股票，其特点是优先股股票的股息率可随相应的条件进行变更而不再事先予以固定。

（3）由债券到可回售债券的价值创新。

可回售债券亦称"卖回债券"，它允许投资者以事先规定的价格将债券提前回售给发行人权利的债券。一般出现在利率上升、债券价格下降的时候。投资者持有的回售权是在标的价格下跌时出售标的资产的权利，所以它是看跌期权。在存在回售条款的情况下，投资者有权根据设定的价格出售债券，这将限制投资者因为利率上升而遭受的损失。

（4）由债券到可赎回债券的价值创新。

可赎回债券亦称"可买回债券"，是指发行人有权在特定的时间按照某个价格强制从债券持有人手中将其赎回的债券，可视为债券与看涨期权的结合体。在市场利率跌至比可赎回债券的票面利率低得多的时候，债务人如果认为将债券赎回并且按照较低的利率重新发行债券，比按现有的债券票面利率继续支付利息要合算，就会将其赎回。

可赎回条款通常在债券发行几年之后才开始生效。赎回价格一开始可能高于债券面值，随着时间推移，逐渐与债券面值重合，但也可以一开始就与面值相等。债券发行人有时会只赎回一部分发行在外的债券，在这种情况下，有两种方法决定哪些债券将被赎回：一是计算机随机抽取债券的编号，二是所有债券的面值按一定比例被赎回。

赎回动机：①发行人提前赎回债券通常是由于利率下调，新的低利率环境使得公司需要支付更多成本，所以发行人倾向于赎回老的债券，再以新利率为基准发行新的债券以减少利息支出。②通常可赎回债券是在预期未来利率有可能下调的情况下发行，一般其利息率会高于不可赎回债券以补偿持有人承担的提前赎回风险，但不管怎样，多数投资者都不大接受可赎回债券，除非有诱人的补偿条款。

（5）由可转换债券（或可回售债券、或可赎回债券）到可转换可回售可赎回债券的价值创新。

以流动收益期权票据（LYON）为例。

LYON是一种复杂的债券衍生品，是零息、可转换、可赎回、可回售的债券，本质上是零息债券和股票期权，赎回期权以及回售期权的复合衍生品。最早由美林证券于1985年设计并向市场推出。首次发行的两家公司是威斯特和史泰利。当时美林公司敏锐察觉到个人投资者在期权市场上的主要行为是购买短期看涨期权，并且到期往往未被执行，显然这种投资行为风险较大，交易成本也很大；美林还发现许多期权购买者在现金管理账户（CMAS）上保持相当大余额却极少直接投资于股票市场而主要投资于利率风险小且没有违约风险的短期国库券。据此美林公司大胆推测一种可转换且可回售的债券在零售市场应该具有吸引力，因为一张可转换性债券的出售相当于购买了一张长期的成本低的看涨期权；同时，一张可回售性债券的出售保证了投资者最低的收益率，这极大降低了投资者的利益风险及违约风险。LYON一经推出就获得了巨大的成功，市场反应之热烈证实了美林公司对投资需求的判断，20世纪90年代LYON可以说是华尔街最受投资者欢迎的产品，承销LYON也给承销商带来了滚滚利润，许多大型企业都开始采用LYON的融资模式。

LYON的特点：①到期时间一般为15年到20年，属于长期证券。②在到期或到期前被赎回时，才支付利息，是零息债券。发行价格和面值或赎回价格之间的差值是投资者获得的利息收入。③持有者可以在特定时间内按事先确定好的价格将其转换成发行公司的股票，是可转换债券。其转换价格同投资者的持有时间相对应，初始的转换升水在10%~20%浮动。有些在发行时就规定发行人可以支付相当于转换价值的现金来代替股票的交割。④发行人拥有赎回期权，即他们有权在到期前按事先确定好的价格将LYON从投资者手中赎回，可赎回债券随着时间的推移，赎回价格也相应呈上升趋势。赎回价格确定的原则是发行人必须因为在到期前就提前购回而对投资者进行一定的补偿，同时收益率必定会小于到期收益率。⑤持有者拥有回售期权，即他们有权在到期前按事先确定好的价格将LYON卖给发行人，是可回售债券。随着时间的推移，回售价格也相应呈上升趋势。发行人有义务回购债券，回售价格确定的原则保证了投资者按持有时间的长短获得相应的收益，同时收益率必定会小于到期收益率。

LYON本质上是一种混合债券衍生品，其定价的基本框架：没有违约风险的偿还期相同的无息票债券价格+销售给投资者的转换期权的价格−销售给发行人的赎回期权的价格+销售给投资者的回售期权的价格=流动收益期权票据的最终定价。从上面的定价基本框架，影响 LYON 定价的因素主要有：①发行价格。LYON 的发行价格是影响资产价值的重要因素，因为它相当于投资者的投资成本，一投资者买入 LYON 的价格越高，投资价值就越低，反之亦然。②转换价格和转换率。转换率与发行价格共同决定了 LYON 的转换价格，即转换价格=发行价格/转换率。LYON 的持有者可以在特定时间内按转换价格将其转换成发行公司的股票，而转换价格一般同投资者的持有时间相对应，持有时间越长，转换价格越高，投资者获得的转换升水就越高。但是当临近到期时，转换价格会在达到最高点后出现下降，这是因为到期日的临近降低了转换期权的价值。③标的股票价格的波动性。发行公司股票价格的波动性越大，LYON 的价格就越高。因为转换期权的价值会随着股价波动性的升高而升高。波动性越大，投资者从股价上升中获利的机会就越大，而股价下跌带来的损失却可以被控制在一定范围内。④赎回价格和保护期。赎回价格越低且赎回保护期越短，赎回期权的价格就越高，从而 LYON 的价格就越低，反之亦然。⑤回售价格和保护期。回售价格越高且回售保护期越长，回售期权的价格就越高，从而 LYON 的价格就越高，反之亦然。⑥利率水平。虽然由于回售期权所提供的保护作用，LYON 的价格对利率的敏感度很低，但在利率水平升高的情况下，LYON 的价格还是会有一定程度的降低。

对发行人来说的优点：①对发行人来说，LYON 的主要吸引力在于现金流量的一次性。这种债券的发行人不会面临支付现金息票的问题，因为零息票债券发行者在到期日之前无需支付任何利息，从而获得最大的现金流量好处。②税法规定了允许发行人获得由最初折价发行带来的收益，这些获得但没有支付的利息收入减少了应纳税资产的数量，因此带来了相当可观的现金收入。发行人在 LYON 发行后享受到一系列的税收优惠，直到投资者将其转换成股票为止。

对投资者来说的优点：①LYON 的收益稳定、投资风险较低，适合稳健型的投资者。LYON 有如同债券一样较稳定的收益率，没有再投资风险，同时通过回售期权对本金更高程度的保护，能够降低投资者面临的利率风险。②LYON 对那些想依靠组合投资降低风险的个人和机构投资者来说很有吸引力。例如，一个投资策略就是投资者在购买股票看涨期权的同时，再将部分现金管理账户中的现金投资于债券等低风险资产，这一策略既能够保证投资本金的收回和一定的收益率，又能获得股票上涨带来的好处。LYON 实质上就是模拟了这种投资策略，又能减少构造投资组合的成本。

LYON 的主要缺点：①LYON 转换为股票时，将对股权起到稀释作用。②对发行人的要求较高，由于这种债券发行对象主要是零售市场上的个人投资者，因此要求发行人必须具有较高的市场知名度和信用等级；同时可转换性要求发行公司股价具有较大的波动性，而满足这一标准或要求的公司规模往往不大，兼备这些要求的公司较少。③定价和估值复杂，对发行者、投资者和研究者的要求都比较高。

第三章
金融产品创新的方法与技术

本章导读

本章详细阐述了金融产品创新的基本方法与技术，以及可拓创新方法等。

学习本章，要求掌握金融产品创新的基本方法（合约基础要素的特征值更新、合约条款扩展和重组、产品合成与分解等）及具体技术。

金融资产的本质特性是其收益性、流动性和安全性的组合；不同的组合，代表了不同的资产。产品创新可以是从无到有的创新，也可以是对已经存在的金融产品进行适当的分解或组合，创造出新的金融产品。

传统意义上的金融产品创新是从时间角度、产品角度、条款角度或（和）技术的角度，改变现有产品的流动性、安全性和收益性的一个、两个或全部。创新方法包括金融产品合约基础要素的特征值更新、产品合同条款扩展和重组、产品合成与分解等基本方法，以及可拓创新等高级方法（如金融科技的发展给现代金融产品提供了新的创新手段——电子+网络+金融业务、电子货币、网上支付、网上银行、网上证券投资、网上保险、网上交易等）。金融科技的发展使得金融市场更加便捷、更加具有效率（交易成本降低）、更加完美（信息更加对称、摩擦更加小）、更加完全（产品更加丰富）。

第一节　合约基础要素的特征值更新

一、合约基础要素

金融产品合约一般包含如下基础要素：

第一，基础资产。基础资产可以是商品，也可以是金融产品，如银行存贷款单、企业债券、政府债券、外汇、利率、股票、股票指数等。基础资产还可以是衍生证券，如远期、期货、互换和期权，以及任何有价证券。

第二，执行价格。执行价格是按照事先规定的公式确定的价格。它可以是基础资产在某个时点价格的函数，也可以是基础资产在规定时间内的价格的函数，还可以是参考指数的函数。

第三，执行日期和交割日期。执行日期和交割日期可以是固定不变的，也可以是变化的。

第四，执行交易权利。交易权利可以是买入基础资产或衍生证券的权利，也可以是卖出基础资产或衍生证券的权利；权利可以必须行使，也可以不行使；权利可以转让，也可以不转让等。

第五，支付货币。合约双方支付的货币可以相同，也可以不同。甚至可以不支付货币，而是支付基础资产。

第六，支付利率。支付的利率可以是固定利率，也可以是浮动利率。并且，支付的参照利率可以与支付的货币之间没有联系。例如，支付利率是英镑的 LIBOR 6 个月期利率，但是支付的货币却可以是人民币，但不是按照人民币利率支付等。

第七，支付时间。支付的时间可以固定，也可以变化。合约双方支付的时间也可以不同。例如，在互换合约中，并不一定要求在每期双方一定支付，可能一方支付，另一方不支付等。

二、合约基础要素特征值的更新方法

一般来说，金融产品合约的基本要素有众多特征值可取；应用可拓变换理论，可知部分要素的具体特征值的选取，理论上甚至有无穷多可能。当然现实中，对金融产品要素取值的唯一的限制是合约双方是自愿签订这份合约，并且合约双方都认为该合约是公平的。

普通债券合约要素包括本金、利息和到期日，通过改变基本合约要素的规定，可以派生许多债券衍生品种。同样地，远期、期货、互换和期权等标准的衍生金融工具都包含有若干个基本要素，因而对这些基础要素的特征值进行更新，可以得到丰富的金融产品创新。

以期货合约为例，一般规定有标的基础资产、执行价格、交割日期等。在金融创新中可以根据实际需求，对基本合约要素进行修改和拓展，便可派生出许多新型的金融衍生产品。例如，如果基础资产是商品，称为商品期货；如果以国债、外汇、利率、股票指数等为基础资产，则可以设计国债期货、外汇期货、利率期货、股指期货等。同样地，变换远期合约的标的资产，可以得到远期汇率协议、远期利率协议等。

标准利率互换合约一般设定了本金固定、一方利率固定、另一方利率浮动、定期支付利息、立即起算及不附带特殊风险等条款，如果对这些条款进行修改，则可以派生出多种非标准互换和其他互换。例如，变动本金互换（Variable-Principal Swaps），包括三种形式：本金逐渐减少（递减型互换，Amortizing Swaps）或分期摊还互换；本金逐渐增加（递增型互换，Accreting or Step-Up Swaps）或增值互换；本金上下波动（起伏型互换，Roller-Coaster Swaps）。固定利率为可变的互换，包括三种常见形式：息票提高型互换（Step-Up Swaps）；息票降低型互换（Step-Down Swaps）；价差锁定型互换（Spread Lock Swaps），也叫延迟利率设定互换（Deferred-Rate-Setting Swaps）。前两种适用于息票依据预先拟定的方式提高或降低的债券，通常只有一个层次的提高或降低。利息支付不规则的互换包括：延迟付息的债券互换（Deferred-Coupon Swaps）；延迟付息的 FRN 债券互换（Deferred-Coupon FRN Swaps）；零息互换（Zero-Coupon Swaps）；溢价/折价互换（Premium/Discount Swaps），又称为远离市场互换（Off-Market Swaps）。非立即起算的互换包括延迟起算互换和远期互换。

标准期权合约的基本要素包括基础资产、执行价格、执行日期、交易性质（是看涨期权还是看跌期权）等，同样地，对期权合约的基本要素进行修改或重新定义可以得到门类繁多的（变异）派生期权产品。

三、创新案例

例1 债券合约基础要素的特征值更新的创新产品。

普通债券的基本变量是本金、利息、利息和本金支付日期。这些变量值的不同组合，产生不同的债券衍生产品。零息票债券、利率递升/递减息票、双重货币债券、可延长期限、可提前回售或赎回等。

从标准债券到非标准债券的过程如图 3-1 所示。

零息票债券是不支付利息的债券，通常在到期日按面值支付给债券持有人。投资者通过以债券面值的折扣价买入来获利。面值与零息票债券价格之差相当于投资者持有债券期间获得的利息。这类债券可

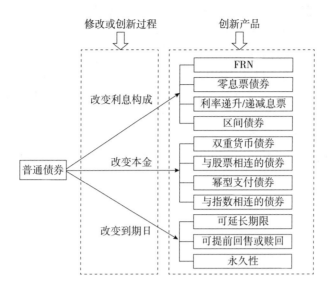

图 3-1　从标准债券到非标准债券的过程

资料来源：笔者整理。

以在发行时加入折扣，或由一家银行除去息票，然后包装成为零息票债券发行。常见的零息票债券如美国的短期国债，以及交易商将普通的长期债券的利息和本金进行拆分而得到的多个零息票债券。多个零息票债券也可以组合成与普通的长期债券相同的现金流。

利率递升/递减息票债券。累进利率债券亦称"利率递增债券"，以利率逐年累进方法计息的债券。债券利率按事先约定的累进利率的档次进行累进，随着时间的推移，后期利率将比前期利率更高。通常为可赎回债券。例如，第一年为5%，第二年为6%，第三年为7%等。累进利率债券的期限一般是浮动的，投资者可以自行选择，但须符合最短持有期和最长持有期的限制。假设某一累进利率债券的面额是100，持满一年的债券利率为2%，以后每年利率递增1%，最多持满7年，那么在国际贸易中进行资本性物资交易，如大型成套机械设备，当出口商以赊销方式出售商品后，需要经过预先选定的贴现行或大金融公司认可的担保行担保过的本票（汇票）卖断给贴现行或大金融公司，从而提前得到现款的一种资金融通的形式，这种形式叫作福费廷，也称包买、买单信贷或是无追索权的贴现。其特点是远期票据应产生于销售货物或提供技术服务的正当贸易；叙做包买票据业务后，出口商放弃对所出售债权凭证的一切权益，将收取债款的权利、风险和责任转嫁给包买商，而银行作为包买商也必须放弃对出口商的追索权；出口商在背书转让债权凭证的票据时均加注"无追索权"字样（Without Recourse），从而将收取债款的权利、风险和责任转嫁给包买商。

福费廷业务主要提供中长期贸易融资，利用这一融资方式的出口商应同意向进口商提供期限为6个月至5年甚至更长期限的贸易融资；同意进口商以分期付款的方式支付货款。福费廷业务是一项高风险、高收益的业务，对银行来说，可带来可观的收益，但风险也较大；对企业和生产厂家来说，货物一出手，可立即拿到货款，占用资金时间很短，无风险可言。因此，银行做这种业务时，关键是必须选择资信十分好的进口地银行。当出口地银行作为包买商时，债权凭证必须由包买商接受的银行或其他机构无条件地、不可撤销地进行保付或提供独立的担保。

双重货币债券就是以不同的货币计价发行、支付利息、偿还本金的债券，即用一种货币付利息，另一种货币偿还本金的债券，前者货币通常是债券投资人所在国家的货币，后者则通常是美元或发行人所在国家的货币。例如，某公司在1988年7月1日发行10年期，面额为5000瑞士法郎，息票利率6%的债券。利息以瑞士法郎支付，到期偿还本金2800美元。这种债券即二元货币债券。这种债券在发行时，可以把它看作是一般债券与远期外汇合约的结合件。相对于二元货币债券，一般债券称为单一货币债券。尽管其他货币的双重货币债券也在发展，但市场上真正有成长潜力的是日元/美元债券。日元/美元的双重货币债券主要面对日本机构，它们想锁定高利息收入并愿承担赎回时的汇率风险。多数这类交易的重要部分是日本银行向借款人提供的颇具吸引力的远期汇率。美国公司和多数欧洲公司能以极有利的汇率躲避日元负债相对其他货币（主要是美元）的风险。许多投资者根据长期远期外汇市场的汇率，认为利率相对其所暗含的赎回汇率太低，换言之，赎回汇率没有足够的日元对美元升水。其他市场参与者认为，由于许多这类债券预先卖给日本金融机构，这类债券不易流通。虽然许多这类业务由非日本投资银行安排，但日本银行对投资者影响很大。在某些情况下，安排业务的非日本银行承销商仅是名义上的牵头人，并不分销债券。日元/美元双重货币债券常在发行几天后，就从经纪人的屏幕上消失，因此，这种债券实际上没有二级市场交易。

可延长期限债券。续延债券：①发行人有权延期支付的债券；②发行人与购买者双方商定延期支付的债券；③投资人有权要求延期偿还的债券。例如，公司拟发行新债券时，购买者有权要求将持有债券延期，而替代新债券的发行。这样既可以减少发行人的发行费用，购买者又可以继续得到略高于普通公司的债券利率。

可回售债券亦称"卖回债券"。允许投资者以事先规定的价格将债券提前回售给发行人权利的债券。一般出现在利率上升、债券价格下降的时候。投资者持有的回售权是在标的价格下跌时出售标的资产的权利，所以它是看跌期权。在存在回售条款的情况下，投资者有权根据设定的价格出售债券，这将限制投资者因为利率上升而遭受的损失。可提前回售，对于投资者而言，相当于购买了债券+看跌期权多头。

可赎回债券亦称"可买回债券"。发行人有权在特定的时间按照某个价格强制从债券持有人手中将其赎回的债券，可视为债券与看涨期权的结合体。可赎回债券对于发行人而言，即相当于债券空头+看涨期权多头。

可赎回条款通常在债券发行几年之后才开始生效。赎回价格一开始可能高于债券面值，随着时间推移，逐渐与债券面值重合。但也可以一开始就与面值相等。债券发行人有时会只赎回一部分发行在外的债券。在这种情况下，有两种方法决定哪些债券将被赎回：一是计算机随机抽取债券的编号；二是所有的债券的面值按一定比例被赎回。

可赎回债券的动机：①发行人提前赎回债券通常是由于利率下调，新的低利率环境使得公司需要支付更多成本，所以发行人倾向于赎回老的债券，再以新利率为基准发行新的债券以减少利息支出。②通常可赎回债券是在预期未来利率有可能下调的情况下发行，一般其利息率会高于不可赎回债券以补偿持有人承担的提前赎回风险，但不管怎样，多数投资者都不大接受可赎回债券，除非有诱人的补偿条款。

可转换可回售债券为可转换公司债券投资者提供的一项安全性保障，当可转换公司债券的转换价值远低于债券面值时，投资人依据一定的条件可以要求发行人以面值加利息补偿的价格收回可转换公司债券。回售条款赋予了可转换公司债券投资者一种权力，投资者可以根据市场的变化而选择是否行使这种权利，这一条款在一定程度上保护了投资者的利益，相当于发行公司提前兑付本息。回售作为投资者的权力会增加转债的期权价值。

可回售可赎回债券为可回售公司债券投资者提供的一项安全性保证，当可回售公司债券的回售价值远低于债券面值时，投资人依据一定的条件可以要求发行人以面值加利息补偿的价格赎回可回售公司债券。差价锁定型互换：差价锁定型互换属于对固定利率进行创新的互换条约，也可以称为延迟利率设定互换。在现在的时刻买卖双方签订互换协议，马上进行债权债务的互换，但是互换的利率在未来的某个时刻才确定。

例 2 远期与期货合约标的资产更新的创新产品，如商品（黄金、大豆、铜、石油）期货、国债期货、外汇期货、利率期货、股票指数期货、远期汇率协议和远期利率协议。

商品期货是指标的物为实物商品的期货合约，是关于买卖双方在未来某个约定的日期以签约时约定的价格买卖某一数量的实物商品的标准化协议。商品期货历史悠久，种类繁多，主要包括农副产品、金属产品、能源产品等几大类。

商品期货有以下五个特点：①杠杆机制，以小博大。投资商品期货只需要交纳5%～20%的履约保证金，就可控制100%的虚拟资金。②交易便利。由于期货合约中主要因素如商品质量、交货地点等都已标准化，合约的互换性和流通性较高。③信息公开，交易效率高。期货交易通过公开竞价的方式使交易者在平等的条件下公平竞争。同时，期货交易有固定的场所、程序和规则，运作高效。④期货交易可以双向操作，简便、灵活。交纳保证金后即可买进或卖出期货合约，且只需用少数几个指令在数秒或数分钟内即可达成交易。⑤合约的履约有保证。期货交易达成后，须通过结算部门结算、确认，无须担心交易的履约问题。

国债期货是指通过有组织的交易场所预先确定买卖价格并于未来特定时间内进行钱券交割的国债派生交易方式。国债期货属于金融期货的一种，是一种高级的金融衍生工具。

国债期货交易是一种复杂的交易方式，它具有以下主要特点：①国债期货交易不牵涉债券所有权的转移，只是转移与这种所有权有关的价格变化的风险。②国债期货交易必须在指定的交易场所进行。期货交易市场以公开化和自由化为宗旨，禁止场外交易和私下对冲。③所有的国债期货合同都是标准化合同。国债期货交易实行保证金制度，是一种杠杆交易。④国债期货交易实行无负债的每日结算制度。⑤国债期货交易一般较少发生实物交割现象。

外汇期货是在期货交易所内，交易双方约定在未来某一时间，依据当前约定的比例，以一种货币交换另一种货币的标准化合约的交易。外汇期货是金融期货中最早出现的品种。自1972年5月芝加哥商品交易所的国际货币市场分部推出第一张外汇期货合约以来，随着国际贸易的发展和世界经济一体化进程的加快，外汇期货交易一直保持着旺盛的发展势头。它不仅为广大投资者和金融机构等经济主体提供了有效的套期保值工具，而且也为套利者和投机者提供了新的获利手段。目前，外汇期货交易的主要品种有美元、英镑、欧元、日元等。从世界范围看，外汇期货的主要市场在美国，其中又基本上集中在芝加哥商品交易所的国际货币市场（IMM）、中美洲商品交易所（MCE）和费城期货交易所（PBOT）。

外汇期货合约是以外汇作为交割内容的标准化期货合同，主要包括以下几个方面的内容：①外汇期货合约的交易单位，每一份外汇期货合约都由交易所规定标准交易单位。②交割月份，国际货币市场所有外汇期货合约的交割月份都是一样的，为每年的3月、6月、9月和12月。交割月的第二个星期三为该月的交割日。③通用代号，在具体操作中，交易所和期货佣金商以及期货行情表都是用代号来表示外汇期货。④最小价格波动幅度，国际货币市场对每一种外汇期货报价的最小波动幅度作了规定。在交易场内，经纪人所做的出价或叫价只能是最小波动幅度的倍数。⑤每日涨跌停板额，每日涨跌停板额是一项期货合约在一天之内比前一交易日的结算价格高出或低过的最大波动幅度。一旦报价超过停板额，则成交无效。

公债期货是公债市场的一种衍生工具，是以标准化的政府债券交易合约为标的的金融商品。1976年，美国芝加哥商品交易所首先推出了美国政府短期国库券的期货交易，1977年8月，又推出了中长期公债期货交易。

利率期货是指以债券类证券为标的物的期货合约，它可以回避银行利率波动所引起的证券价格变动的风险。短期利率期货是指期货合约标的的期限在一年以内的各种利率期货，即以货币市场的各类债务凭证为标的的利率期货均属短期利率期货，包括各种期限的商业票据期货、国库券期货及欧洲美元定期存款期货等。长期利率期货则是指期货合约标的的期限在一年以上的各种利率期货，即以资本市场的各类债务凭证为标的的利率期货均属长期利率期货，包括各种期限的中长期国库券期货和市政公债指数期货等。

利率期货交易的基本功能有三个方面：①价格发现。利率期货交易是以集中撮合竞价方式，产生未来不同到期月份的利率期货合约价格。同时，和绝大多数金融期货交易一样，利率期货价格一般领先于利率现贷市场价格的变动，并有助于提高债券现货市场价格的信息含量，并通过套利交易，促进价格合理波动。②规避风险。投资者可以用利率期货来达到如下保值目的：固定未来的贷款利率，利率期货合约可以用来固定从经营中所获得的现金流量的投资利率或预期债券利息收入的再投资率；固定未来的借款利率：债券期货合约可以用来锁定某一浮动借款合同的变动利息支付部分。③优化资产配置。利率期货交易具有优化资金配置的功能，具体表现在降低交易成本，利率期货的多空双向交易制可以使投资者在债券价格涨跌时都可以获得，避免资金在债券价格下跌时出现闲置；利率期货可以方便投资者进行组合投资，从而提高投资收益率；提高资金使用效率，方便进行现金流管理。由于期货交易的杠杆效应能极大地提高资金使用效率，使得投资者建立同样金额头寸的速度要比现货市场快得多。

股票指数期货是指以股票价格指数作为标的物的金融期货合约。在具体交易时，股票指数期货合约的价值是用指数的点数乘以事先规定的单位金额来加以计算的，如标普指数、恒生指数为行权品种的期货合约。交易时合约双方同意承担股票价格波动所引发的涨跌，把股票指数按点位换算成现金单位，以交易单位乘以股价指数计算出合约的标准价值。股票指数期货的最大特点为同时具备期货和股票的特色。首先是一份期货合约，即先期定价远期交货，仅付保证金；其次具有股票特征，因为指数代表着特定市场股票的价值。其交割形式与传统期货大相径庭，合约到期时，以结算指数与未平仓指数对比，投资者支付或收取两个指数折算的现金差额，即完成交割。股票指数期货交易的实质是投资者将其对整个股票市场价格指数的预期风险转移至期货市场的过程，其风险是通过对股市走势持不同判断的投资者的买卖操作来相互抵消的。它与股票期货交易一样都属于期货交易，只是股票指数期货交易的对象是股票指数，是以股票指数的变动为标准，以现金结算，交易双方都没有现实的股票，买卖的只是股票指数期货合约，而且在任何时候都可以买进卖出。

股指期货至少具有下列特点：①跨期性。股指期货是交易双方通过对股票指数变动趋势的预测，约定在未来某一时间按照一定条件进行交易的合约。因此，股指期货的交易是建立在对未来预期的基础上，预期的准确与否直接决定了投资者的盈亏。②杠杆性。股指期货交易不需要全额支付合约价值的资金，只需要支付一定比例的保证金就可以签订较大价值的合约。例如，假设股指期货交易的保证金为10%，投资者只需支付合约价值10%的资金就可以进行交易。这样，投资者就可以控制10倍于所投资金额的合约资产。当然，在收益可能成倍放大的同时，投资者可能承担的损失也是成倍放大的。③联动性。股指期货的价格与其标的资产——股票指数的变动联系极为紧密。股票指数是股指期货的基础资产，对股指期货价格的变动具有很大影响。与此同时，股指期货是对未来价格的预期，因而对股票指数也有一定的引导作用。④高风险性和风险的多样性。股指期货的杠杆性决定了它具有比股票市场更高的风险性。此外，股指期货还存在着特定的市场风险、操作风险、现金流风险等。

远期汇率协议是指按照约定的汇率，交易双方在约定未来日期买卖约定数量的某种外币的远期协议。

远期利率协议是一种远期合约，买卖双方（客户与银行或两个银行同业之间）商定将来一定时间点（指利息起算日）开始的一定期限的协议利率，并规定以何种利率为参照利率，在将来利息起算日，按规定的协议利率、期限和本金额，由当事人一方向另一方支付协议利率与参照利率利息差的贴现额。远期利率协议的买方就是名义借款人，如果市场利率上升的话，他按协议上确定的利率支付利息，就避免了利率风险。

外盘期货是交易所建立在中国（不包括港、澳、台地区）以外的期货交易。以美国、英国等交易所内的产品为常见交易期货合约。期货合约，就是指由期货交易所统一制定的、规定在将来某一特定的时间和地点交割一定数量标的物的标准化合约。有些美国期货合约品种如大豆、铜对国内期货价格变动会有影响，国内投资者可以参考外盘行情。大型生产商与贸易商也可根据外盘行情做好套期保值，对冲现货交易损失。

金属期货是当今世界期货市场中比较成熟的期货品种之一。目前，世界上的金属期货交易主要集中在伦敦金属交易所、纽约商业交易所和东京工业品交易所。一般以以下为标的：①贵金属。主要包括黄金、白银、白金，交易的主要场所在纽约商业交易所。②一般金属。包括铜、铝、铅、锌、锡、镍等，交易的主要场所在伦敦金属交易所。我国金属期货交易的场所有深圳有色金属交易所和上海金属交易所。

能源期货包括原油及其附属产品（燃油、汽油等），以及其他能源（如丙烷、天然气等）期货。原油是全世界使用率最高的能源，至少短期之内无任何能源可取代其地位。一般原油大部分的产量都集中在中东地区，所以原油价格波动易受到石油输出国组织（OPEC）对于石油产量决议的影响，但美国为原油的使用大国，故对原油价格波动仍具相当大的影响力。目前全世界最大的能源期货交易所为美国纽约商业交易所（NYMEX）。

指数期货是指以指数作为基础资产的期货合约，如股指期货。它是一种以股票价格指数为标的物的金融期货合约，即以股票市场的股价指数为交易标的物，由交易双方订立的、约定在未来某一特定时间按约定价格进行股价指数交易的一种标准化合约。除具有标准化合约、杠杆机制、集中交易、对冲机制、每日无负债结算等期货交易的一般特征外，还具有自身一些特点。例如，股指期货标的物为相应的股票价格指数、报价单位以指数点计、采用现金交割方式等。又如，沪深 300 股指期货、上证 50 股指期货等。

化工期货主要以塑料、PTA、PP、PVC、甲醇、沥青、（天然）橡胶等化工品作为标的的期货。

国债期货，如 2 年期国债期货、5 年期国债期货、10 年期国债期货。

例 3　互换合约基础要素的特征值更新的创新产品

差价锁定型互换、基差互换、混合指数股票互换、本金额波动互换、延迟付息的债券互换、零息票互换、远期互换、商品互换、股票互换、利差互换、利差上限/下限、利差、利率上限/下限、息票和本金用不同的货币。

差价锁定型互换是指互换的利率与任何期限的基准政府债券收益率之差，被看作是风险承受力的指标，代表享有溢价的投资者承受未来利率水平波动的风险。

基差互换又称"基点互换""基础互换"，是同种货币基于不同参考利率的浮动利率对浮动利率的利息互换，即以一种参考利率的浮动利率交换另一种参考利率的浮动利率，如一方为 LIBOR 浮动利率，另一方为国债基准利率。在基础利率互换交易中，交易双方分别支付和收取两种不同浮动利率的利息款项。两种浮动利率的利息额都以同等数额名义本金为基础计算。

混合指数股票互换是股票互换的一种产品。股票互换是股票指数带来的收益现金流与其他现金流如浮动、固定利息或者其他股票指数收益的交换。混合股票指数互换的标的资产范围要更广阔一些，包括股票指数和非股票指数的其他证券。混合指数股票互换是指交易双方签订互换协议，规定在一定期限内甲方周期性地向乙方支付以一定名义本金为基础的与某种股票指数挂钩的回报。乙方也周期性地向甲方支付基于同等名义本金的固定或浮动利率的回报，或与另一种股票指数挂钩的回报。

本金额波动互换也称为滑道型互换、起伏型互换，可以看作是多段本金增长型、本金减少型互换的组合。本金增长型互换的名义本金随着时间推移而逐渐增大，本金减少型互换则相反。本金额波动互换包括三种形式：本金逐渐减少（递减型互换）或分期互换；本金逐渐在增加（递增型互换）或增值型互换；本金上下波动（起伏型互换）。

延迟付息的债券互换指延迟支付固定利息的互换。延迟付息债权是一种债务工具，仅在到期时支付全部利息。与大多数债券不同，递延利息债券在其有效期内不会定期支付息票。

息票互换是利率互换的一种形式，固定利率浮动利率的互换。也就是交易一方的一连串固定利率换取一连串浮动利率支付，另一方则相反，用浮动利率换取固定利率，实现双方的互利。息票互换可分为有息票提高型互换、息票降低型互换、价差锁定型互换等。息票提高型互换是依据先拟定的方式提高的债券互换。息票降低型互换是依据先拟定的方式降低的债券互换。互换价差是指互换的利率与任何期限的基准政府债券收益率之差。互换价差被看作是风险承受力的指标，代表享有溢价的投资者承受未来利率水平波动的风险。互换价差越窄，甘冒风险的意愿就越高。价差锁定型互换是指利率和收益率之差即风险锁定的互换。

零息互换是指在互换期限内所产生的固定利息的多次支付流量被一次性支付所取代，该一次性支付可以在互换期初或者期末。零息互换合约规定，合约中固定利息的多次支付现金流实际上是一次性支付，而不是分期支付。具体支付的时间可以是在协议开始时，也可以在协议终止时。例如，A公司刚发行一笔5年期的公司债，票面利率以LIBOR计息，A公司可购买零息互换将原发行的浮动利率债券转换成到期日同时支付利息，并偿还本金的零息债券。

债券互换又称"债券掉换"，是通过对债券或债券组合在水平分析期中的收益率预测来主动地互换债券，从而主动地经营一组债券资产。

替代互换是将一种债券与另一种与其极其相似的理想替代品债券进行互换，目的是为了获取暂时的价格优势。这种价格优势可能是由于市场上货币供求条件相对不平衡造成的。

从标准利率互换到非标准互换的过程如图3-2所示。

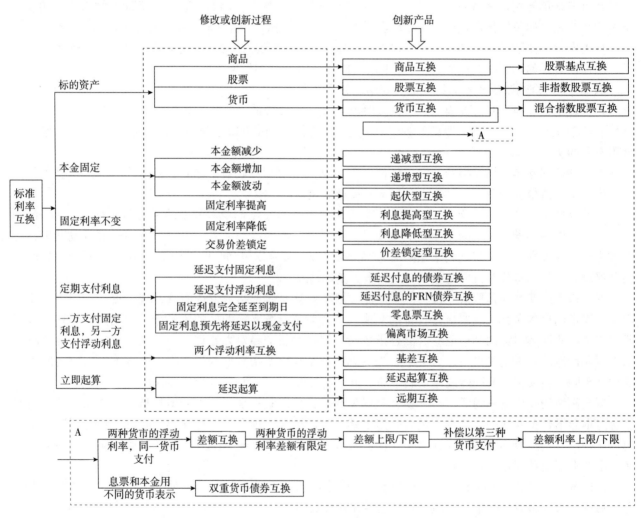

图3-2 从标准利率互换到非标准互换

资料来源：笔者整理。

市场内部价差互换。当市场上两种债券之间存在着一定的收益差幅，而且该差幅有可能发生变化，那么资产管理者就会进行市场内部价差互换，在卖出一种债券的同时买进另外一种债券，以期获得较高的持有期收益率。

利率预期互换是直接利用对整个市场利息率的预期变动来获取利润。比如说，在预期收益率整体上会提高的条件下，管理人员会用相应金额的短期债券来替换长期债券。这是因为长期债券在一定的收益率提高的幅度下，由于其存续期限较长，其价格下跌的幅度在总体上会较短期债券大。在预期收益率整体上会降低的条件下，管理人员则会用长期债券来替换短期债券，因为长期债券在收益率降低的条件下，其价格上升幅度在总体上也较短期债券大。

纯收益率互换着眼于长期的收益率变动，而不愿意对短时间内的未来收益率或收益率差幅做任何预测，用那些长期收益率高的债券来替换掉那些长期收益率较低的债券。

远期互换是指互换生效日是在未来某一确定时间的互换。一般而言，主要有两大类交易利用远期互换：①确定远期利率的交易；②进行资本市场交易，尤其是为高利息债券进行融资的交易。远期互换可同样被用来将现有的互换交易进行延期，或者将固定利率负债进行延期以满足不断变化的资产或负债需要。而运用反向远期互换可以将现有的固定利率负债在未来的某一时点转换为一个浮动利率负债。

远期互换的定价方法有以下两种：①将远期互换看作是两个独立但相互抵消的互换，但两种互换的期限不一致；②将远期互换视为一个延期起始的普通互换。反向互换交易的定价也与此类似。不过，当反向远期互换期限中的头几年出现现金流入时，互换的成本将通过在互换期限内固定利率收入的增加而减少。此时，该反向远期互换的价格对客户将具有吸引力。将远期互换视为一个延迟起始普通互换时，其定价是以预期避险成本为基础的。远期互换中，互换对手将通过出售债券来规避风险。避险价格反映的是所出售债券的投资收益与所选择的反映延迟起始互换的短期投资收益之间的差额。当收益曲线为正（负）时，相对于立即起始的普通互换而言，远期互换较低（较高）的投资回报将使远期互换利率也变得较高（较低）。在反向远期互换中，道理也是一样。但是，该互换的避险将通过购买债券得以实现，而远期互换利率将反映债券的持有成本大小。总之，前述的两种定价方法相类似，所产生的远期互换利率水平也差不多。不过，与互换收益曲线相比，证券的收益曲线及诸如融资成本的差异等证券的交易成本，以及证券交易对资产负债表所产生的影响，使得两种定价方法有一定的差别。

商品互换是指商品生产者和客户之间的一种合约安排，双方约定在一个规定的时间范围内，对一定数量的商品用按固定价格计算的货款来交换以浮动价格计算的货款的行为。商品互换大多用于具有较强的流动性，并且已形成国际公认的大宗市场的产品，如石油、天然气、有色金属、贵重金属等。商品互换交易通常不产生实际的商品交换，交易双方可以直接根据标的资产的价值变化支付损益，而不需要进行标的资产的实际交换。例如，一家每年消费 10000 桶石油的公司（客户）同意未来 10 年内以每年支付 20 万美元，并收取 $10000 \times S$ 美元的现金流签订一个互换合约，假设每桶石油当时的价格为 P，则 $S = P - 20$。如果石油生产商同意进行这项交换，则意味着双方共同锁定了在未来 10 年内石油的实际价格为 20 美元/桶。

股票互换是指交易双方签订互换协议，规定在一定期限内甲方周期性地向乙方支付以一定名义本金为基础的与某种股票指数挂钩的回报。乙方也周期性地向甲方支付基于同等名义本金的固定或浮动利率的回报，或与另一种股票指数挂钩的回报。股票互换同其他有名义本金的互换合约一样，也是两当事人之间达成的一种协议，协议规定双方同意在特定的时期内对一系列的现金支付进行交换。

市场间利差互换是不同市场之间债券的互换，如买入一种收益相对较高的债券，卖出当前持有的债券；卖出一种收益相对较低的债券，买入一种收益相对较高的债券。利差是指诸如债券或国库券等现货金融工具所带来的收益与该项投资的融资成本的差额。利差，顾名思义，就是利率之差。利差倒挂会使一些国际游资从原来利率低的国家流动到现在利率高的国家，如在美国联邦储备系统（美联储）两次降息后，狂泻近千点的中国股市马上有了积极反应。

利率上限是筹资者通过购买一份期权合约把其筹资利率锁定在一定范围的最高限度。筹资者得到一笔浮动利率债务的同时，支付一定的期权费购买一份利率期权合约，合约协定价格加相应的期权费支出为利率上限。当利率在协定价格之下波动时，则不进行利率互换，而由筹资者自行支付利息；当利率上升至协定价格时，筹资者行使期权，由期权合约的初始出售者为其支付浮动利率的利息支出，而筹资者只按协定价格的固定利率支付利息，实现了利率互换。

利率下限是指买方以向卖方支付一笔费用为代价，获得在一定期限内由卖方支付参考利率低于协定利率差额的合约。利率下限可以防范利率下降的风险。如果市场利率下降，固定利率债务的利息负担就会相对加重，浮动利率投资的利息收入减少。通过买入利率下限，一旦市场利率下降，固定利率借款人和浮动利率投资者就可以获得市场利率与协定利率的差额作为补偿。利率下限实质就是一系列欧式利率卖权。

息票和本金用不同的货币：这是双重货币债券互换。双重货币债券是欧洲债券的一种，以一种货币单位表示面值和支付利息，而以另一种货币单位偿还本金的债券，并且这两种货币之间的汇率已在票面上固定。那么双重货币债券互换就是双重货币债券与另一种货币债券或者另一种双重货币债券的现金流进行交换。双重货币债券就是以不同的货币计价发行、支付利息、偿还本金的债券，即用一种货币付利息，另一种货币偿还本金的债券，前者货币通常是债券投资人所在国家的货币，后者则通常是美元或发行人所在国家的货币。投资人通常可获得较市场水平高的票面利率，但也可能要承受一定的外汇风险。通常，这种债券的发行面额和利息支付用利率较低的外币，其利率一般高于外币的通行利率，但低于美元债券的利率。同时，其所暗含的赎回汇率，即用赎回所用美元额去除发行的外币额，也多表明外币对美元的升值。例如，1997年11月加拿大农业信用合作社发行为期5年，总额为150亿日元的债券，规定以日元购买，以日元计值并支付利息，但到期日以美元偿还。这种债券的优点在于，无论对筹资者还是投资者，都能得到汇率上的好处，而且双方都能避免汇率风险。这种债券是20世纪80年代国际债券市场上才创立的一种新型债券。20世纪80年代初期以来，由于国际债务危机影响，银团贷款因债权难以转让而受其制约，促使西方金融市场在改革中向证券化发展，逐渐产生了双重货币债券，如日元/美元双重货币债券，英镑/加元双重货币债券等。通过两种货币的组合，能比一种货币更有效地筹措资金。

例4 期权合约基础要素的特征值更新的产品创新

期权合约基础要素的特征值更新的产品创新包括复合期权、一揽子期权、彩虹期权、亚式期权、障碍期权、货币期权、利率期权、股票期权、期货期权、用外币执行的外国股票期权、用本币执行的外国股票期权、互换期权以及众多奇异期权等。

复合期权（Compounded Options）是写在期权上的期权，其研究起源于Black和Scholes在期权定价方面的开创性工作。他们将股票视为写在公司价值上的期权，若公司价值是写在公司债券上的期权，则股票便可表示为写在公司债券上的复合期权。之所以说复合期权是写在期权上的期权，是指可以在某一约定时期，以约定的价格买入或卖出另一份期权的权利，即买卖期权的权利。假如投资者到期，按照约定行使买卖期权的权利，结果是买入或卖出另一份期权。只不过第一次买卖的期权的标的资产是期权，第二次买卖期权的标的资产是实物或期货合约或其他金融资产。和常规期权相比，复合期权的杠杆更高，价格更便宜，但是影响因素更加复杂，后市价格走势更难判断。复合期权走势更难把握的主要原因是，复合期权有两个执行价格和两个到期日——复合期权的到期日和标的商品期权到期日。复合期权可分为简单复合期权和多重复合期权。按照被复合期权的类型，简单复合期权又分为写在看涨期权上的看涨期权、写在看跌期权上的看涨期权、写在看涨期权上的看跌期权、写在看跌期权上的看跌期权，以及写在其他奇异期权上的看涨期权或者看跌期权等。另外，按照标的资产性质的不同，复合期权还可分为金融复合期权和实物复合期权。复合期权作为期权上的期权，其定价方法非常复杂，这就需要投资者具备较深的专业知识。

一揽子期权又称一篮子期权（Basket Options），这里说的结构化金融衍生品，在国内翻译成篮子期权，这种期权的标的资产是一个资产组合。当行权时会用一个资产组合进行交割。对应的个股期权，行权时是一种股票进行交割。按教科书上的讲法，在持有一篮子资产时，持有这种期权比分别持有标的资产的资金效率更高。一篮子期权是一种期权，其收益与一个投资组合或"篮子"下资产挂钩。篮子可以是任何重量总和，只要重量为正。自 20 世纪 90 年代初以来，市场上出现了各种类型的篮子期权，并成为降低风险的关键工具。它们要么是单独场外发行，要么有时是作为复杂金融合同的一部分发行。一篮子期权的典型基础是一篮子期权，由若干股票、指数或货币组成。更不常见的是，利率也是可能的。篮子期权的主要优势在于，它们往往比相应的普通 Vanilla 期权组合更便宜：一方面，这是因为篮子中的基础资产通常不完全相关。另一方面，由于投资者只需购买一个期权而不是多个期权，一个篮子期权可以将投资成本降到最低。因此，篮子期权被认为是对冲由多个资产组成的风险头寸的更便宜的选择。此外，篮子期权也适用于对市场有特定看法的客户。他们可能对多元化风险感兴趣，或者对某个特定行业有看法，最好由单个股票组合来表达。因此，使用一篮子资产作为基础可以根据客户的需求定制产品。这就是为什么篮子期权最广泛的基础是代表特定经济部门、行业或地区的一篮子股票。

彩虹期权（Rainbow Option）是涉及两种或两种以上不确定性的衍生品，而一般的期权预测相对的是简单的、只涉及一种不确定性的期权，这个不确定性也一般是标的资产的价格。彩虹期权可以在 N 个标的资产中选择最好或最坏的买入或卖出。该期权中涉及的资产数目即彩虹颜色的数目。该期权的定价对不同篮子的相关系数非常敏感，因此需要特别考虑。彩虹期权常常被一些工业标准模型（如 BS 模型）对各自独立的篮子进行定价，并且需要有一个相关系数矩阵用来应用到不同模型的随机性驱动因素。较低等级的案例会有相对简单的测算办法，但一般的案例均需要使用蒙特卡洛模拟法。彩虹期权一般用于评估自然资源的储量，此时它接触到两个不确定性，即价格和数量。彩虹期权还具有如下两个特点：①彩虹期权内包括有正向相关性的资产比反向相关资产的期权价格更低，因为低相关性的资产会带来更高的波动性。②彩虹期权一般接触两个标的资产比较常见，但是这种期权接触超过两个资产的很少见，且一般来说在计算上并不具有操作性。

打包期权（Packages）是由常规欧式期权、远期合约、现金和标的资产等构成的证券组合，牛市价差期权、熊市价差期权、蝶式价差期权、跨式期权、宽跨式期权等都属于打包期权的范围。打包期权的经济意义在于可以利用这些金融工具之间的关系，组合成满足各种风险收益需要的投资产品。最常见的打包期权是具有零初始成本的期权组合。另一种可以实现零初始成本的期权是延迟支付期权（Deferred Payment Options），目前不支付权利金，到期支付权利金终值。打包期权本质上就是期权组合投资策略，这样既限定了风险，又限定了收益，比较适合风险中性的投资者。

亚式期权（Asian Option）又称为平均价格期权，是期权的衍生，是在总结真实期权、虚拟期权和优先认股权等期权实施的经验教训基础上最早由美国银行家信托公司（Bankers Trust）在日本东京推出的。它是当今金融衍生品市场上交易最为活跃的奇异期权之一，与通常意义上股票期权的差别是对执行价格的限制，其执行价格为执行日前半年二级市场股票价格的平均价格。与标准期权的区别：在到期日确定期权收益时，不是采用标的资产当时的市场价格，而是用期权合同期内某段时间标的资产价格的平均值，这段时间被称为平均期。在对价格进行平均时，采用算术平均或几何平均。按照结算方式的不同来划分，亚式期权又分为平均价格期权和平均执行价格期权两类。其中平均价格期权是以有效期内标的资产在某段时间的平均价格来代替欧式期权中到期日标的资产价格，又称为固定执行价的亚式期权。平均执行价格期权是以期权有效期内标的资产某段时间内的平均价格作为执行价格，又称为浮动执行价格的亚式期权。一般而言，平均价格期权比平均执行价格期权的使用更为普遍。由于标的资产平均价格的波动率总是小于标的资产单个价格的波动率，因此亚式期权的权利金一般而言，总是低于相应的标准期权的权利金。

平均资产价期权（AverAge Price Options）指用平均值 I 取代资产到期价格 St 后得到的期权。平均值的计算方法有算术平均和几何平均。算术平均法是规定时间内标的资产价格之和的均值，几何平均法是规定时间内标的资产价格之积的开方根。此外，还有一种是指数加权法，主要是每个价格赋予的权重不同。

障碍期权（Barrier Option）是指在其生效过程中受到一定限制的期权，其目的是把投资者的收益或损失控制在一定范围之内。此类期权是否有效取决于标的资产的市价是否触及确定的界限（Barrier）。简单来说就是在一个普通期权基础上加上一个触发点（Trigger），触发点是一个不同于 Strike 及 Spot 的一个可商议的汇率。界限期权可分触碰生效期权（Trigger/Knock-In Option）及触碰失效期权（Knock-Out Option）：触碰生效期权（KI Option）是指只有在标的资产的市价触及触发点时期权才生效，在该期权有效期内，真实汇率超出过或者达到过这个点，也就是触碰过该点，该期权才能生效，如果从未达到过触发点，则该期权自动失效；触碰失效期权（KO Option）在标的资产的市价触及触发点时即失效，此种期权有效期内，真实汇率达到过或超出过触发点，也就是触碰过该点，该期权自动失效，如未曾触及过，则该期权仍然有效。标的资产是指行使期权时可以买进或卖出的资产。有效的期权可视做普通期权处理，失效的期权则购买方亏损了买期权时支付的手续费（Premium），而卖方收取这部分利益，如果买方购买期权目的是对冲风险，失效期权则使得风险完全暴露。

障碍期权一般归为两类，即敲出期权和敲入期权。敲出期权是当标的资产价格达到一个特定障碍水平时，该期权作废；敲入期权当只有当标的资产价格达到一个特定障碍水平时，该期权才有效。障碍期权的收入不仅取决于资产在到期日的价格，而且取决于标的资产的价格是否超过了某个"障碍"。例如，一个下降出局期权（Down-And-Out Option）就是一种障碍期权，它在股票价格低于某个障碍价格时就自动到期无效。同样，一个下降入局期权（Down-And-In Option）在它的有效期内，股价必须至少有一次跌到了障碍价格之下，该期权才会有收入。这些期权也叫敲出期权（Knock-Out Option）与敲入期权（Knock-In Option）。敲出障碍期权（Knock-Out Options）：当标的资产价格达到一个特定的障碍水平时，该期权作废（被"敲出"）；如果在规定时间内标的资产价格没有触及障碍水平，则仍然是一个常规期权。敲入障碍期权（Knock-In Options）：敲入障碍期权恰恰与敲出障碍期权相反，只有标的资产价格在规定时间内达到障碍水平时，该期权才能存在（即"敲入"），其回报与相应的常规期权相同；反之，该期权作废。

一般关于障碍期权的讨论往往只涉及比较简单的情况，即期权障碍是恒定不变的。但期权障碍是会随时间而变化的，在此情况下的障碍期权的定价则是金融研究的关键问题，如考虑障碍水平的时间依赖性。所谓障碍水平的时间依赖性是指障碍水平不是一成不变的，而是随着时间的推移而变化。一般来说，障碍水平是一个时间的分段函数。在这类期权中，障碍是间断的，在一段特定的时间后障碍消失。其中又可以分为两种，一种是在障碍有效的时间内，只要标的资产价格处于障碍水平之外，障碍条件就被引发；另一种是只有标的资产价格在有效时间范围内越过障碍才被引发，如果标的资产价格已经位于障碍水平之外则不会被引发。

双重障碍（Double-Barrier）期权条款中包括障碍上限和障碍下限，其中障碍上限高于现价，下限低于现价。在一个双重敲出期权中，如果任何一个障碍水平被触及，则期权就会失效。在一个双重敲入期权中，在规定时间内标的资产价格至少达到其中一个障碍水平，期权才能生效。双重障碍也可以是一个障碍水平敲入，另一个则是敲出。

重设障碍期权（Reset Barrier）：当触及障碍水平的时候，合约变成另一个不同障碍水平的障碍期权。如果在规定时间内障碍水平被触及，就会得到一个新的障碍期权；如果在一定时间之后障碍水平被触及，则变为常规期权。和这类期权合约相关的一类期权是上卷期权（Roll-Up）和下卷期权（Roll-Down）。这类期权开始是常规期权，如果标的资产价格达到事先某一确定的水平，就演变成一个障碍期权。例如，一个上卷看跌期权，如果标的资产价格触及事先确定的某一水平，合约就变成一个向上敲出看跌期权，上卷价格就是障碍看跌期权的执行价格。

两值期权（Binary Option）是具有不连续收益的期权，是随合同条款变化而产生的新型期权。如果到期日条件满足，两值期权的到期收益为预先确定的一个固定金额，否则没有任何收益。和常规期权相比，两值期权的收益是固定的，0 或者一定数额。从另一个角度分析，这种期权有赌的性质，期权的买方要么获得全部收益，要么一无所获。两值期权分为两种类型：现金或无价值看涨期权（Cash-Or-Nothing Call）

和资产或无价值看涨期权（Asset-Or-Nothing Call）。期权到期时，标的资产价格等于或低于执行价格，则该期权没有价值，回报为0；标的资产价格高于执行价格，期权买方获得一定的数额的回报（现金或一定比例的资产）。相应地，看跌期权也类似，标的资产价格低于执行价格，期权合约才有价值。

货币期权也称为外汇期权（Foreign Exchange Options），指合约购买方在向出售方支付一定期权费后，所获得的在未来约定日期或一定时间内，按照规定汇率买进或者卖出一定数量外汇资产的选择权。外汇期权是期权的一种，相对于股票期权、指数期权等其他种类的期权来说，外汇期权买卖的是外汇，即期权买方在向期权卖方支付相应期权费后获得一项权利，即期权买方在支付一定数额的期权费后，有权在约定的到期日按照双方事先约定的协定汇率和金额同期权卖方买卖约定的货币，同时权利的买方也有权不执行上述买卖合约。

利率期权是一项规避短期利率风险的有效工具。借款人通过买入一项利率期权，可以在利率水平向不利方向变化时得到保护，而在利率水平向有利方向变化时获益。利率期权有多种形式，常见的主要有利率上限、利率下限、利率上下限。利率上限是筹资者通过购买一份期权合约把其筹资利率锁定在一定范围的最高限度，是一种有选择的利率互换形式。筹资者得到一笔浮动利率债务的同时，支付一定的期权费购买一份利率期权合约，合约协定价格加相应的期权费支出为利率上限。当利率在协定价格之下波动时，则不进行利率互换，而由筹资者自行支付利息；当利率上升至协定价格时，筹资者行使期权，由期权合约的初始出售者为其支付浮动利率的利息支出，而筹资者只按协定价格的固定利率支付利息，实现了利率互换。利率下限是指买方以向卖方支付一笔费用为代价，获得在一定期限内由卖方支付参考利率低于协定利率差额的合约。利率下限可以防范利率下降的风险。如果市场利率下降，固定利率债务的利息负担就会相对加重，浮动利率投资的利息收入减少。通过买入利率下限，一旦市场利率下降，固定利率借款人和浮动利率投资者就可以获得市场利率与协定利率的差额作为补偿。利率下限实质就是一系列欧式利率卖权。利率上下限（Interest Rate Facility）是指买入一个利率上限的同时，卖出一个利率下限，将利率上限与利率下限加以交易组合。假如某A公司，手头上现有金额为500万美元，期限为6个月，以LIBOR计息的浮动债务，那么从公司的角度出发，既希望在市场利率降低的时候能够享受到低利率的好处，又想避免市场利率上涨时利息成本增加的风险。这个时候企业就可以选择与银行利率期权交易，向银行买入6个月，协定利率为6%的利率上限期权。如果6个月之后，LIBOR利率上升到了7%（大于原来的合约利率），那么A公司就会选择行使该期权，那么作为期权卖方的银行就应当向其支付市场利率和协议利率的差价5万美元［500×(7%-6%)］，作为期权合约的买方，A公司由于判断正确有效地固定了其债务成本。如果LIBOR的走势出现了下跌，低于6%的话，那么A公司就可以选择放弃执行该期权，而以较低的市场利率支付债务利息，其损失掉就仅仅是一笔期权费。

股票期权一般是指经理股票期权（Employee Stock Owner，ESO），即企业在与经理人签订合同时，授予经理人未来以签订合同时约定的价格购买一定数量公司普通股的选择权，经理人有权在一定时期后出售这些股票，获得股票市价和行权价之间的差价，但在合同期内，期权不可转让，也不能得到股息。在这种情况下，经理人的个人利益就同公司股价表现紧密地联系起来。股票期权制度是上市公司的股东以股票期权方式来激励公司经理人员实现预定经营目标的一套制度。所谓股票期权计划，就是公司给予其经营者在一定的期限内按照某个既定的价格购买一定公司股票的权利。公司给予其经营者的既不是现金报酬，也不是股票本身，而是一种权利，经营者可以以某种优惠条件购买公司股票。股票期权是应用最广泛的前瞻性的激励机制，只有当公司的市场价值上升的时候，享有股票期权的人方能获益，股票期权使雇员认识到自己的工作表现直接影响到股票的价值，从而与自己的利益直接挂钩。这也是一种风险与机会并存的激励机制。对于准备上市的公司来说，这种方式最具激励作用，因为公司上市的那一天就是员工得到报偿的时候。例如，一家新公司创建的时候，某员工得到股票期权1000股，当时只是一张空头支票，但如果公司搞得好，在一两年内成功上市，假定原始股每股10美元，那位员工就得到1万美元的报偿。

　　期货期权是对期货合约买卖权的交易，包括商品期货期权和金融期货期权。一般所说的期权通常是指现货期权，而期货期权则是指"期货合约的期权"。期货期权合约表示在期权到期日或之前，以协议价格购买或卖出一定数量的特定商品或资产的期货合同。期货期权的基础是商品期货合同，期货期权合同实施时要求交易的不是期货合同所代表的商品，而是期货合同本身。如果执行的是一份期货看涨期权，持有者将获得该期货合约的多头头寸外加一笔数额等于当前期货结算价格减去执行价格的现金。

　　用外币执行的外国股票期权是股票期权中的一种，只不过标的物为以外币定价和结算的外国股票的期权产品。用本币执行的外国股票期权是股票期权中的一种，只不过标的物为以本国币种定价和结算的外国股票的期权产品。

　　互换期权是在公司股价下落条件下，为了保证股票期权预期目标的实现，避免员工的利益损失而采取的一种调整行权价格的方式。本质上它是期权而不是互换，该期权的标的物为互换，而该互换期权的买方要支付一笔现金，作为在未来某一个时期可以行使互换合约的成本。但互换期权差不多都是欧式期权，即期权合约只能在到期日行权，而不能在此之前，这样才能稳定住当前的股价。互换期权本身的种类较多，如可赎回互换、可延期互换、可卖出互换、可取消互换等。例如，当股票市价从 50 元/股下落到 25 元/股时，公司就收回已发行的旧期权而代之以新期权，新期权的授予价格为 25 元/股。在这种"互换期权"安排下，当股票市价下跌时，其他股东遭受损失，而员工却能避免损失。

　　多种期权贷款是在放款人预先允诺在一定期限内以 LIBOR 加一定利差的利率条件向借款人提供一定数量资金的前提下，贷款的形式、货币、期限都可由借款人自由选择，而且借款人还可随时要求取消这项贷款。采用这种贷款方式、不论借款人是否在允诺期限内使用贷款，均须向贷款银行支付一定费用。

　　通货期权指的是买卖双方按先商定的汇率和期限买卖数量标准化的通货的权利，并签订相应的合同。多通货期权贷款是以汇率、金属货币或大宗型商品等国际流通货为标的进行的期权贷款。价值变化：流动性增加，增加了借款人的可选择性。

　　回溯期权：合约的回报取决于资产价格在到期日之前的最高值或者最低值，该最值对多头是有利的。

　　完美交易员期权：（认证期权）投资期限结束时，若交易账户为正，则期权回报为该账户金额；若为负，则回报为零。

　　远期开始期权：在未来某个时刻，期权合约才生效。

　　呐喊期权：在任意时刻期权合约价格重设为当前资产价格。空方需要支付给多方补偿，补偿额为新旧执行价之差。

　　封顶期权：资产价格为实际资产价格与提前设定的某一价格中的最小值。

　　波动率期权：合约的回报不仅与资产价格有关，与波动率也有关。

　　阶梯期权：给定某一集合，资产价格最大值小于某一个数，则期末资产价格为该数退一位后的数。

　　气球期权：当特定条件满足时（如障碍被触发），期权合约数量会增加。

　　中断期权：远期合约，常用于外汇产品，持有人可在某些时间终止合约。

　　或有期权费期权：当特定条件满足时，需要支付期权费或额外支付期权费。

　　轿车期权：合约执行价为期末资产价格与上一期执行价中的较低值，与棘轮期权类似。

　　可展期期权：可延长期权的到期期限。

　　夏威夷期权：亚式期权和美式期权的混合。

　　喜马拉雅期权：多资产期权；将走势最好的资产剔除，最后剩下一个资产来计算回报。

　　高收益表现增强反转期权：与美式期权类似，但持有人可以重复执行。

　　棘轮期权：在事先预订的未来某个时间，对执行价进行调整的期权。

第二节　合约条款的扩展和重组

金融产品就是一份合约，规定了双方的权利和义务。适当地扩展（或重组）权利和义务，可以产生新的创新产品。常见的扩展条款有转换条款、回售条款、赎回条款、调整条款、延期/提前条款、浮动/固定条款、触发/触消条款、互换条款、封顶/保底条款、依赖条款等。

一、条款扩展方法

（一）转换条款

转换条款的核心在于赋予合约一方将一种类型资产转换成另外一种类型资产的权利，相当于对部分权利与义务进行重新划分，如增加发行者权利或者投资者权利。可转换条例会在资产发行合约中就明确约定，权利方有人可按照发行时约定的价格将标的转换成另一标的。具体转换主体以及转换条件需要合约具体规范。

例1　可转换债券。

可转换债券是债券持有人可按照发行时约定的价格将债券转换成公司的普通股票的债券。如果债券持有人不想转换，则可以继续持有债券，直到偿还期满时收取本金和利息，或者在流通市场出售变现。如果持有人看好发债公司股票增值潜力，在宽限期之后可以行使转换权，按照预定转换价格将债券转换成为股票，发债公司不得拒绝。该债券利率一般低于普通公司的债券利率，企业发行可转换债券可以降低筹资成本。可转换债券持有人还享有在一定条件下将债券回售给发行人的权利，发行人在一定条件下拥有强制赎回债券的权利。

可转债由债性向股性的转换是通过可转债所具有的期权性质体现的，可以说期权性质作为一种桥梁，嫁接了可转债的两种特性，使可转债具有较其他普通债券更为明显的收益性及抗风险性。所有者是否将该种债券转换为上市公司股票是一种权利而不是一种义务。当可转债到达认股期后（一般持续到债券到期日之前），所有者获得了一种自主选择权，这种选择权类似于美式看涨期权。当所有人放弃这种权利，其将维持债权人的身份；如果其行使这种权利，他将转变为公司的股东。这种期权性质的具体体现是通过可转债发行公告中的各项条款予以确认的。

例2　可转换权益。

可转换权益（保险业）合同转换条款，赋予团体定期寿险被保险人在脱离团体寿险保单保障后一定期间内（一般为31天），无须提供可保证明，向保险人投保个人寿险的权利。主要目的在于为处于弱势的被保险人提供一个重新获得保险保障的机会，防止投保人或者保险人滥用其优势地位侵害被保险人的合法权益。

（二）回售条款

回售条款赋予证券持有人以特定的价格将产品回售给发行人的权利。回售条款是对债券持有人有利，债券持有人有主动权。例如，当公司股票价格表现不佳时，投资者有权按照高于债券面值的价格将可转换债券出售给债券发行者。

（三）赎回条款

赎回条款赋予证券发行人在证券到期之前全部或部分地将证券以特定价格赎回的权利。赎回条款是上市公司所拥有的一项期权，对发行公司有利。例如，如果公司的股票价格在若干个交易日内满足赎回条件，公司有权按照赎回价格赎回公司剩余的可转换债券。

由于公司的赎回价格一般要远远小于转换价值，所以此条款最主要的作用就是实现强制性转股（Forced Conversion），缩短可转换债券的期限。

例3 三一可转债赎回条款。

有条件赎回条款（又称提前赎回条款）：当正股价格在若干个交易日内涨幅达到一定条件（一般是130%），发行人有权按照远低于转债市价的价格赎回转债（一般是面值+应计利息），从而迫使投资转股，完成转债摘牌。

（四）调整条款

调整条款规定某些变量（如利率、汇率、股息率等）可以在一定条件下重新商定。

在国际货物买卖中，随着许多国家通货膨胀的加剧，有的合同除规定具体价格外，还规定有各种不同的价格调整条款。价格调整条款又称价格修正条款，是指在定约时只规定初步价格，同时规定，如原材料价格和工资等发生变化，按原材料价格和工资等的变化来计算合同的最终价格。这种做法的目的是把价格变动的风险规定在一定范围之内，提高客户经营的信心。该条款主要适用于类似生产加工周期较长的机器设备等商品的合同。

估值调整条款作为一种新型的金融创新与财务工具，在缓和交易双方信息不对称、搁置企业价值争议、降低交易信息成本、化解投资风险、促进交易有效达成等方面发挥了积极的作用。市场中的公司收购兼并行为一般存在估值调整条款的存在，估值条款有利于避免短时间的市场波动问题。

（五）延期/提前条款

延期/提前条款指合同中关于交易结算时间的特殊条文规定，如遇特殊情况下延迟或提前行权的条款。延期对义务方有利，提前对权利方有利。

延期条款：例如，在外部经济环境恶化或保险公司面临经营困难时，投保人可能会"挤兑"（即争相退保），这会加剧保险公司的经营危机，甚至造成保险公司破产。为避免这种情况，保险公司可在保险合同中加入延迟条款以缓解危机。因此，人寿保险的延期条款通常规定，保险公司有权延迟现金价值的给付，或在收到请求后一定时间（如6个月）内进行保单贷款（以支付保险费为目的者除外）。虽然本条款极少采用且作用有限，但仍具有一定意义。

提前条款：指一旦债务人不偿还某一期债务，或存在其他不能履行的情形（如债务人破产），那么就应立即偿还合同项下的全部款项。提前条款主要存在于借贷市场以及债券市场，为了更好地保护投资者的利益，存在提前条款可吸引投资者顷迷或者提高借款人信用。

提前到期条款/加速到期条款：如果约定的特定事件发生，如未能支付分期付款的款项或未能及时缴付保费，则可以要求债务人在约定的到期日之前付清全部余额。该条款一般出现在贷款协议、抵押合同、本票、债券或信托契据中。根据美国《统一商法典》，如果所约定的提前到期是"任意"的，则须在根据"诚实信用"原则而相信将来偿付可能会受到损害时，才可以请求提前履行。

（六）浮动/固定条款

该条款指有效期内某些经济变量按照明确的方式进行变化或者固定的条款。例如，固定债券的票面利率①；或者允许债券利率在偿还期内可以进行变动和调整——这便是浮动利率债券。

（七）触发/触消条款

该条款主要存在于期权合约中，规定的某些权利在满足一定条件下可以被触发（使权利有效）或被触消（使权利无效）。

例 4 （触消）敲出障碍期权。

当标的资产价格达到一个特定障碍水平时，期权自动作废。下降出局期权（Down-And-Out Option）就是在股票价格低于某个障碍价格时就自动到期无效。上敲出局期权（Up-And-Out Option）就是在股票价格高于某个障碍价格时就自动到期无效。

（八）互换条款

金融产品合约规定两种不同金融产品可以相互转换的条款。利率互换和货币互换产品是典型的互换条款创新产品。

（九）封顶/保底条款

该条款指规定某个变量的变化范围的条款。例如，规定利率上限与利率下限。

（封顶条款）利率上限是指买卖双方就未来某一时期商定一个固定利率作为利率上限，如果协议规定的市场利率（通常为 LIBOR）超过上限利率，则由卖方将市场利率与上限利率的差额支付给买方，但买方在协议签订时，必须支付卖方一定费用。具有浮动利率负债的债务人，或具有固定利率存款的债权人，为防止利率风险，固定债务（权）的支出（或收入），常使用这一工具，以规避风险，核算成本。本质上，利率上限是一个期权，期限最常见的是 2~5 年，借款人买入利率上限期权，可以取得利率上升时的保障，同时又能保留利率下降时的利益，可以在市场利率高于上限时享受固定利率，在市场利率低于上限时享受浮动利率。因而，利率上限期权是一种灵活的保值工具。

（保底条款）利率下限出售者保证购买者可以在一定时期内获得一个最低利率，购买者支付合约费用。如果在结算日参考利率低于合约中最低利率，则合约出售者将利差付给购买者。利率下限期权对保底期权的买方来说，相当于支付了一定期权费后，不管市场利率如何下降，他都能以商定利率得到利息，消除利率大幅度下跌的风险；对保底期权的卖方来说，只要市场利率不跌到商定利率减期权费之差以下，他就有利可图；否则，他就亏损了，利率越跌，亏损越大。

（十）依赖条款

依赖条款规定某种产品的价格是另外一种产品价格或其他经济变量的函数。例如，股指期货合约里规定股指期货价格与股指直接挂钩的条款就是强依赖条款。

二、条款重组方法

现实中的可转换债券，通常是由债券加可转换权利、可回售权利、可赎回权利等条款组合而成的；可回售可延期短期债券包含可回售和可延长等条款；可转换可换股优先股的持有人可以选择将优先股转换为普通股，而发行者可以选择将它转换为可转换债券；流动收益期权票据包含可赎回、可回售、可转换三类条款。

---

① 债券票面利率的确定主要受到银行利率、发行者的资信状况、偿还期限和利息计算方法以及当时资金市场上资金供求情况等因素的影响。

组合前面单一条款，可得到多条款组合的创新产品，比如：

- 1+4：如可转换可调股息率优先股、利率可调整的可转换债务；
- 1+6：如固定/浮动利率可转换债券；
- 2+10：如赎回额上限固定的指数化货币期权票据、与某一利率区间挂钩的结构性存款；
- 3+5：如附加延期选择权的债券、可回售可续期短期债券；
- 4+6：如与某一利率指标挂钩型结构性存款；
- 5+6：如推迟确定浮动；
- 6+9：如上限/下限浮动利率债券、对称浮动；
- 1+2+3：如可转换债券（含可回售、可赎回条款）、流动收益期权票据；
- 5+6+9：如延迟上限浮动利率债券；
- 1+2+3+6：如目前许多公司可转换债券；
- 1+2+3+7：如可回售可赎回的可转换敲出债券（PARCKs）。

第三节 产品合成与分解

模块式的组合分解技术、结构化的组合分解技术以及整合技术是金融产品设计的核心技术，它把各种金融工具看作是零部件，采用各种不同的方式组装起来，创造具有符合特殊需求的流动性和收益与风险特性的新型金融产品来满足客户的需要。相反地，现有的金融产品或服务也可以通过"剥离"等分解技术，分解其收益与风险，从而在金融市场上实现收益与风险的转移以及重新配置金融资产的功效。

一、组合与整合

（一）组合技术

组合技术主要运用远期、金融期货、互换以及期权等衍生金融工具的组合体对金融风险暴露（或敞口风险）进行规避或对冲。组合技术的基本原理就是根据实际需要构成一个相反方向的头寸全部冲销或部分冲销原有的风险暴露。组合技术主导思想就是用数个原有金融衍生工具来合成理想的对冲头寸。

通过组合两种或两种以上金融产品形成一种新的金融产品的方法称为产品合成创新。在理想条件下，几乎可以合成出任何收益分布的金融产品。例如，看涨期权和基础资产可以静态复制看跌期权；期权可以用债券和基础资产动态复制；ETF是股票合成的创新产品、看跌期权是看涨期权和基础资产合成的创新产品；利率有上限的浮动利率票据是浮动利率票据和利率上限期权空头的合成产品；股票期权是债券和基础资产动态复制的合成产品。

下面举例阐述运用组合技术将互换与期权组合，构成具有上限、下限的交换合约过程。

为了让读者清晰地理解问题背景以及组合技术，下面分三个步骤详细阐述。

第一，回顾互换合约。

假设甲公司是信用评级为AAA的跨国公司，需要借入10年期1亿美元；乙公司是信用评级为BBB的公司，也需要借入10年期1亿美元。甲、乙两家公司的筹资成本如表3-1所示。

如果甲乙双方不签订互换合约，各自以自己的优势去融资，则甲公司以4.5%的固定利率成本获得资金；乙公司以LIBOR+0.85%的浮动利率成本获得资金。甲乙公司融资总成本为：5.35%+LIBOR。

由于在固定利率市场上，甲、乙公司的利率差是 1%；在浮动利率市场上，两公司的利率差是 0.5%，这样就形成了甲、乙公司分别在固定利率与浮动利率市场上的比较优势。这个比较优势差空间为 1%－0.5%＝0.5%。因此，甲、乙公司认为可以合作，以分享这个利差空间。

表 3-1 两家公司的资质差异

	甲公司	乙公司	利差
信用评级	AAA	BBB	
固定利率贷款成本	4.5%	5.5%	甲比乙优：1%
浮动利率贷款成本	LIBOR+0.35%	LIBOR+0.85%	甲比乙优：0.5%
比较优势	以固定利率融资，相对便宜	以浮动利率融资，相对便宜	比较优势差空间：0.5%

资料来源：笔者整理。

甲公司的意图：先以一个较低的固定利率从银行 A 借款，然后通过与乙公司签订利率互换合约，以此希望获得浮动利率的好处，以便利率差异最大化。

乙公司的打算：由于自身的信用评级较低，相对固定利率贷款而言，以浮动利率进行借款或发行高利率的债券，来得更容易。因此，先以浮动利率从银行 B 获得贷款，然后通过与甲公司签订利率互换合约，从而将浮动利率贷款转换为固定贷款利率，化解了贷款利率上涨的风险。

于是，甲公司与乙公司经过充分协商，签订如图 3-3 所示的互换合约。

图 3-3 互换合约现金流示意图

资料来源：笔者整理。

互换合约签订后，甲公司的筹资成本：

支付 4.5%+（支付 LIBOR+0.1%）－收入 4.5% = 支付 LIBOR+0.1%

即与不签订互换合约的情形相比，节约了融资成本：（LIBOR+0.35%）－（LIBOR+0.1%）= 0.25%。

乙公司的筹资成本：

（LIBOR+0.85%）+4.5%－（LIBOR+0.1%）= 支付 5.25%

即与不签订互换合约的情形相比，节约了融资成本：5.5%－5.25%=0.25%。

可见，通过签订互换合约，甲乙两公司共同占有了 0.5% 的利差空间，均节省了融资成本。

第二，在互换合约中，引入期权合约。

表面看来，通过签订互换合约，甲乙双方似乎都获得了好处。为什么说是表面看来？

假设未来的 LIBOR 利率增大，且持续保持在高位（如 LIBOR 高于 5%），且假设表中其他数据不变。对于甲公司来说，签订互换合约后，原本以 4.5% 的固定利率成本就可以获得长期贷款，现在实际支付贷款成本是 LIBOR+0.1%（＞5.1%）。可见，签订互换合约，甲公司的如意算盘落空：甲公司不仅没有降低融资成本，还承担了浮动利率上涨风险，这是因为互换合约让甲公司的负债性质发生了转换，由固定利率贷款转变为浮动利率贷款。

再假设未来的 LIBOR 利率减小，且持续保持在低位（如 LIBOR 低于 4%），且假设表中其他数据不变。对于乙公司来说，签订互换合约后，原本以 LIBOR+0.85%（＜4.85%）的浮动利率就可以获得长期贷款，现在实际支付贷款成本是 5.25%。可见，签订互换合约后，乙公司的预期虽然实现，但支付了更多的固定融资成本。

显然，甲乙公司的财务部门对于上述不利己方的假设情形均有预知。

于是，甲乙公司进一步友好协商：为了规避利率风险，甲公司希望在利率上升时节省支付成本，而在利率下降时愿意放弃一些潜在的收益。对等地，乙公司愿意在利率上升时放弃一些潜在的收益，当然希望在利率下降时节省支付成本。

因此，甲乙公司进一步达成一项协议：只要参考浮动利率 LIBOR 涨幅超过 200 个基点（一个基点是 1 个百分点的 1%，200 个基点是 2%），跌幅超过 100 个基点，甲与乙公司都支付固定利率且都收取固定利率，具体如图 3-4 所示。

期权合约的嵌入，相当于在遭遇基准浮动利率（如 LIBOR）发生较大的变化时，临时解除了甲乙双方履行互换合约的义务。这样甲乙均回归到自己的优势融资途径。

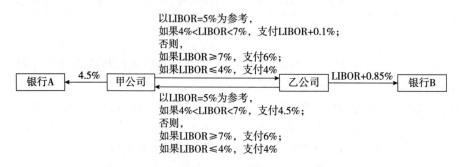

图 3-4 互换+期权合约

资料来源：笔者整理。

当然，在极端情形下，甲乙双方支付（或收取）的固定利率也可以不相同；如果这样，相当于其中一方让渡了自己利益，或者说支付了组合期权的成本。

第三，互换与期权组合过程的现金流结构。

图 3-5 和图 3-6 直观地展示了互换与期权组合合约的现金流结构变化。

互换协议与期权协议组合创新出具有上下限的互换合约协议：只要基础浮动利率涨幅不超过 200 个基点，跌幅不超过 100 个基点，组合产品退化为单纯的互换产品。一旦基础浮动利率越过约定的涨跌幅区间，双方均收取固定利率也支付固定利率；如果此时巧妙设计合约参数，组合产品中的期权合约的作用就相当于暂时解除了互换合约。

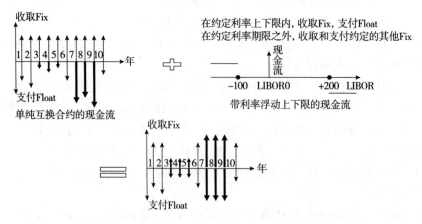

图 3-5 签订互换+期权组合合约后，甲公司的现金流结构

资料来源：笔者整理。

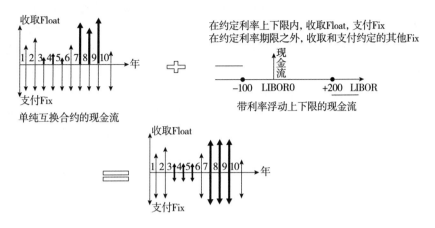

图 3-6　签订互换+期权组合合约后，乙公司的现金流结构

资料来源：笔者整理。

（二）整合技术

"整合"一词的英文 Integration 来自拉丁文 Integration，其本义是更新、修复，目前还有综合、集成、一体化等解释。按系统论的观点，整合是一个系统为实现系统目标将若干部分、要素联系在一起使之成为一个整体的、动态有序的行为过程。整合技术就是把两个或两个以上的不同种类的基本金融工具在结构上进行重新的组合或集成，其目的是获得一种新型的混合金融工具，使它一方面保留原基本金融工具的某些特征，另一方面创造新的特征适应投资人或发行人的实际需要。

假设有位投资人希望投资于按日元支付本金的 5 年期零息债券，而目前市场上没有这种债券的品种。利用整合技术将目前市场上有的以美元为支付本金的 5 年期零息债券、日元与美元零息债券的利息互换协议、日元与美元零息债券的货币互换协议进行组合，就构成了以日元支付本金的 5 年期零息债券，其现金流结构变化情况如图 3-7 所示。

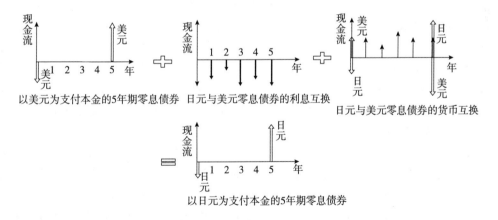

图 3-7　整合的日元零息债券现金流结构

资料来源：笔者整理。

二、分解技术

将金融产品中的风险——收益特性进行分解，改变金融产品的流动性、收益性和安全性，产生具有新的流动性、收益性和安全性组合的产品。将原有金融产品中的具有不同风险/收益特性的组成部分进行分解，根据客户的不同需求分别进行定价和交易。经过分解的证券满足不同投资者需要，增强了流动性或降低了交易成本，起到部分之和大于总体的效应，这也正是分解技术应用于金融产品创新的重要动因。

分解技术就是在原有金融工具或金融产品的基础上，将其构成因素中的某些高风险因子进行剥离（Stripping），使剥离后的各个部分独立地作为一种金融工具或产品参与市场交易，达到既消除原型金融工具与产品的风险，又适应不同偏好投资人的实际需要。具体分解技术的过程如图3-8所示，它包含以下三层含义：第一，分解技术是从单一原形金融工具或金融产品中进行风险因子分离，使分离后的因子成为一种新型工具或产品参与市场交易；第二，分解技术还包括从若干个原形金融工具或金融产品中进行风险因子分离；第三，对分解后的新成分进行优化组合，构成新型金融工具与产品。

图3-8 金融工具或金融产品分解过程

资料来源：笔者整理。

下面通过一个例子介绍分解技术的具体实现过程。

一个n年期限的债券，在到期日之前以及到期时，对债券持有人来说将定期收到一定数额的利息和本金；对债券发行人来说将定期支付一定数额的利息和酬金，在市场波动剧烈时，无论是债券发行人还是债券持有人都不可避免地遭受利率等一系列风险因素的干扰，蒙受不同程度的损失。

利用分解技术，拆开n年期限债券的风险，将其分解为若干个不同期限的单位工具（见图3-9、图3-10），使原来捆绑在一起的金融风险转化为若干无利率风险的零息债券。

例：本息分离债券

本息分离债券是根据利率期限结构理论，将原附息债券本息剥离出来，然后再加以债券化的一种债券业务创新。本息分离债券经常被称为零息债券[1]，但从严格意义上讲，它实际上是零息债券的衍生产品。本息分离债券是债券的一种形式，属于债券一级市场的范畴，进入二级市场的都是分离出来的零息债券。

本息分离债券设计原理：把原附息债券的每一利息支付的所有权及其到期本金的所有权分别剥离开来，实质就是依据原附息债券的每期息票收入和到期本金发行相应期限的零息债券。每只零息债券发行价格分别为对应的未来收入流根据一定的收益率（一般为该期限零息债券的理论收益率）折算出来的现值，到期日为原附息债券的付息日或偿还本金日。每只拆分出来的零息债券都具有单独的代码，可以作为独立的债券进行交易和持有。

第一份具有本息分离债券性质的产品名为"国债投资成长收据"（Treasury Investment Growth Receipts，TIGEs），是由全球最大的投资银行美林公司在1982年推出的。具体做法：①美林公司购买传统的附息国债，并将该附息国债的每期利息和到期偿还的本金进行重组，转换为数种不同期限只有一次现金流的债券即零息债券；②美林公司与一家保管银行就重组转换成的零息债券签订不可撤消的信托协议，这些零息债券存入该保管银行构成信托资产；③由该保管银行发行这些零息债券，经美林公司承销出售给投资者，就是国债投资成长收据。

---

① 零息债券（Zero-Coupon）是指以低于面值的折扣价出售，在债券存续期间不发生利息支付，到期一次性按面值进行偿还的债券。既然零息债券并不周期性地支付息票利息，那其收益体现在哪里？随着时间越来越接近到期，债券的价值越来越大；在到期日，债券价值等于面值；投资者按全部面值赎回，债券面值与发行价格之间的差额就是收益总额。折现型的债券是典型的零息债券，目前我国债券市场上存在的贴现债券就属于零息债券。

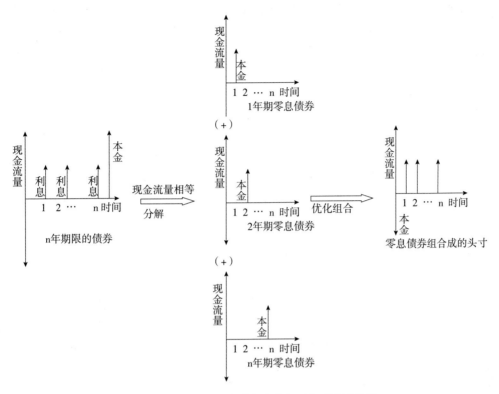

图 3-9 n 年期限债券持有人分解过程现金流结构

资料来源：笔者整理。

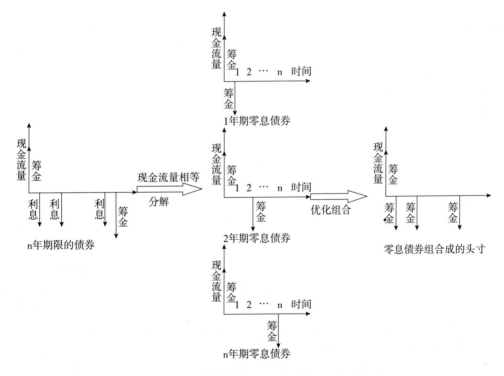

图 3-10 n 年期限债券发行人分解过程现金流结构

资料来源：笔者整理。

尽管 TIGEs 本身不是国债，但是完全由国债做抵押担保，其信用接近于国债。由于这种新产品的出现使得中长期附息债券通过本息分离具备了零息债券（Zero-Coupon）的性质，从而给投资者带来了风险管理和税收方面的好处，对投资者产生了很大的吸引力。所罗门兄弟公司随后也推出具有本息分离债券性质的"国债自然增值凭证"（Certificate of Accrual on Treasury Securities，CATS），后来相继出现的还有 LI-ONS、COLIGARs、DOGs 和 EAGLEs 等类似产品。

由于推出各产品的投资银行是它们唯一的交易商，这些产品的二级市场流动性很差。为了解决这个问题，并满足投资者对于零息债券的更大需求，1985 年美国财政部推出了本息分离债券（STRIPS）项目，它使一些特别指定的中长期国债的本息得以分离。这个项目很流行，以致后来扩展到允许剥离所有不可赎回的原始期限大于等于 10 年的附息债券。

为了进一步增加零息债券市场效率，在 1987 年，美国财政部推出零息债券重整规范，允许对本息已分离的零息债券进行重新整合使之成为附息债券在市场中交易。

三、分解、组合与整合技术的区别与联系

分解技术主要在既有金融工具的基础上，通过拆开风险对其进行结构分解，使那些风险因素与原工具分离，创造出若干新型金融工具，满足不同偏好投资人的需求；组合技术主要在同一类金融工具或产品之间进行搭配，通过构造对冲头寸规避或抑制风险暴露，满足不同风险管理者的需求；整合技术主要在不同种类的金融工具之间进行融合，使其形成具有特殊作用的新型混合金融工具，满足投资人或发行人的多样化需求。分解、组合和整合技术都是对金融工具的结构进行变化，其技术方法的共同优点就是灵活、多变和应用面广。

第四节　可拓工程方法在金融创新中的应用

一、可拓工程方法[①]

可拓学创始人蔡文教授建立了一批应用于解决矛盾问题的方法，统称为可拓工程方法。由于这些方法可用于创新活动，因此又被称为可拓创新方法。

可拓工程方法包括基本方法、创意生成的方法、可拓数据挖掘方法和可拓思维模式。可拓创新方法体系如图 3-11 所示。把可拓论与可拓创新方法应用到具体的领域，形成了一批可操作的方法，这些方法统称为可拓工程方法。

可拓工程方法已经在多个领域得到应用：①用形式化方法表述创造性思维的模式，研究设计领域中产品概念设计方法和生产领域中解决矛盾问题的操作方法。②在信息领域中，可拓信息的基本理论与方法的深入研究，将使可拓搜索方法、可拓诊断方法、可拓识别方法等进入多个领域，使可拓创新方法在信息领域得到较广泛的应用。③可拓控制的研究提出了解决控制领域中矛盾问题的新理论与方法。随着研究的深入，把不可控制问题转化为可控制问题的可拓控制将为控制领域提供新的控制方式。可拓检测技术的研究将为使不可检测的问题转化为可检测的问题提供可行的方法和工具。研究利用可拓控制和可拓检测的可拓机器人将成为新的生长点。④网络世界的矛盾问题不计其数，如信息的需要量和提供量过

---

① 本节内容来自：蔡文，杨春燕. 可拓学的基础理论与方法体系 [J]. 科学通报，2013（13）：1190-1199.

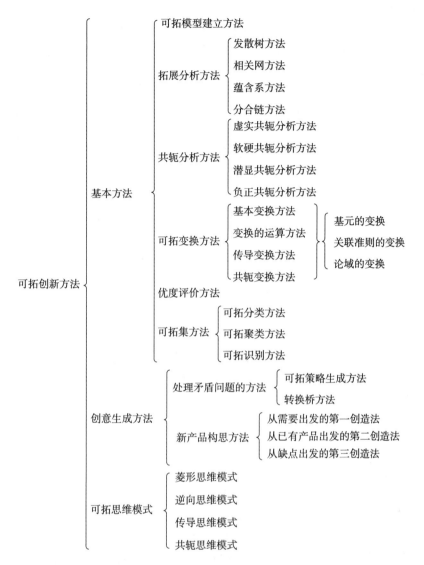

图 3-11　可拓创新方法体系

资料来源：蔡文，杨春燕. 可拓学的基础理论与方法体系［J］. 科学通报，2013（13）：1190-1199.

多的矛盾、大世界和小世界的矛盾等，这些矛盾问题可以利用网络方法和可拓创新方法相结合的技术去处理。未来，能处理矛盾问题的可拓搜索引擎和网站的研究将成为网络领域新的研究方向。⑤在管理领域中，以处理矛盾问题为核心的管理可拓工程理论与方法将逐步被管理者接受和广泛使用。

（一）基本方法

1. 建立可拓模型和可拓信息—知识—策略形式化体系

要解决矛盾问题，首先必须用基元表示矛盾问题，建立相应的可拓模型：

$$P=g×l \text{ 或 } P=(g_1 \wedge g_2)×l$$

把需要处理的问题通过可拓模型转化为计算机可以操作的形式，使计算机能生成处理矛盾问题的策略。同时，研究了用基元表示信息、知识和策略的可拓信息—知识—策略形式化体系，作为用计算机处理矛盾问题的工具。

2. 基元的拓展分析方法

用基元表述问题以后,问题的目标基元和条件基元具有可拓展性,从一个基元出发,可以根据不同的可拓展性拓展出很多基元,为解决矛盾问题提供多条途径。基元的拓展方法包括发散树方法、相关网方法、蕴含系方法和分合链方法。

3. 物的共轭分析方法

利用共轭分析理论,可以对物进行共轭分析,包括从物质性分析物的虚部和实部,并用基元表示的虚实共轭分析方法;从系统性分析物的软部和硬部,并用基元表示的软硬共轭分析方法;从动态性分析物的潜部和显部,并用基元表示的潜显共轭分析方法;从对立性分析物的负部和正部,并用基元表示的负正共轭分析方法。

4. 可拓变换方法

通过可拓变换方法,可以使不相容问题转化为相容问题,对立问题转化为共存问题、不可知问题变为可知问题,不可行问题转化为可行问题,假命题变为真命题,错误的推理转化为正确的推理。这些变换就是通常所说的点子、窍门和办法。可拓变换包括五种基本变换(置换、增删、扩缩、分解和复制)、四种运算方法(与、或、积、逆)、传导变换以及传导效应的计算方法等。

五种基本变换:

置换变换:$T\Gamma = \Gamma'$。

增删变换:增加变换 $T_1\Gamma = \Gamma \oplus \Gamma_1$,删减变换 $T_2\Gamma = \Gamma \tilde{\oplus} \Gamma_1$。

扩缩变换:$T\Gamma = a\Gamma$,当 a>1 时为扩大变换,当 0<a<1 时为缩小变换。

分解变换:$T\Gamma = \{\Gamma_1, \Gamma_2, \cdots, \Gamma_n\}$,其中 $\Gamma_1 \oplus \Gamma_2 \oplus \cdots \oplus \Gamma_n = \Gamma$。

复制变换:即 $T\Gamma^* = \{\Gamma, \Gamma^*\}$。复制变换可细分为多种类型。

变换的四种运算:

变换 T_1 与 T_2 之"积":$T = T_2 T_1$。

变换 T_1 与 T_2 之"与":$T = T_1 \wedge T_2$。

变换 T_1 与 T_2 之"或":$T = T_1 \vee T_2$。

变换 T 之"逆":T^{-1}。

可拓变换具有传导性:设 Γ_1,$\Gamma_2 \in \{B\}$,其中,$\{B\}$ 是基元的全体,若存在某变换 ϕ,当 $\phi\Gamma_1 = \Gamma_1'$ 时,必有另一变换 T,使 $T\Gamma_2 = \Gamma_2'$,称 T 为由变换 ϕ 引起的传导变换,记作 $\phi \Rightarrow T$。

与由 10 个阿拉伯数字和加、减、乘、除 4 种运算构成算术一样,由基本变换、变换的运算和传导变换可以得到处理矛盾问题的各种变换。

5. 优度评价方法

由于事物的可拓展性,因此,解决矛盾问题的方案有很多,必须进行评价,采用较优的方案去实施。优度评价方法是应用关联函数来确定待评对象关于某些衡量指标符合要求的程度。针对衡量指标的实际要求,可选择简单关联函数、最优点在正域区间中点的关联函数、最优点不在正域区间中点的关联函数、离散型关联函数、区间型关联函数等。

对多个衡量指标的情况,根据实际问题的要求计算各待评对象的综合优度,以判别待评对象的优劣或等级。其中权重系数的确定方法可根据具体问题选择合适的方法。

6. 可拓集方法

集合是描述人脑对客观事物的分类和识别的方法。可拓集方法是变换下事物的分类方法,包括可拓分类方法、可拓聚类方法和可拓识别方法。可拓集方法是可拓数据挖掘方法的基础,是利用计算机对数据库中的大量数据进行处理,以获取可拓知识的依据。

(二)创意生成方法

创意的生成方法包括处理矛盾问题的创意生成方法和新产品的构思方法。

1. 处理矛盾问题的创意生成方法

矛盾问题分为两类：不相容问题和对立问题。化不相容问题为相容问题的策略生成方法是可拓策略生成方法，化对立问题为共存问题的是转换桥方法。

（1）化不相容问题为相容问题的可拓策略生成方法。不相容问题是指在现有条件下无法实现给定的一个目标。其模型是 $P=g \times l$，表示在条件 l 下目标 g 不能实现的问题。

所谓可拓策略，就是使不相容问题的相容度从小于等于 0 变为大于 0 的可拓变换或可拓变换的运算式，称为不相容问题的解变换。生成可拓策略的过程，称为可拓策略生成。

策略生成是决策的难点。可拓策略生成方法是模仿人类的思维模式，以可拓学的基本理论为基础，用形式化和定性与定量相结合的方法生成解决不相容问题的策略。它通过建立不相容问题的可拓模型，利用关联函数计算问题的相容度判断问题的矛盾程度，对不相容问题进行拓展分析和共轭分析，得到一批可拓变换，再通过评价选优，选取解决不相容问题的较优可拓策略。

利用计算机帮助人类处理矛盾问题是研究可拓学的目标，从 1999 年开始，这项工作取得了初步的进展。用计算机进行可拓策略生成的基本步骤：①对实际问题界定目标和条件，然后以基元为基础的形式化体系建立问题的可拓模型。②根据实际问题确定造成不相容的特征，计算条件所提供的量值和要达到问题的目标所需要的相应量值（或取值范围），从而确定核心问题。③建立不相容问题的相容度函数，通过计算判断问题不相容的程度。④确定先对目标进行分析还是先对条件进行分析。a）若目标不变，首先对问题的条件进行分析，选择拓展分析中的相关分析，建立问题的相关网；b）若条件不变，首先对问题的目标进行分析，选择拓展分析中的蕴含分析，建立问题的蕴含树；c）若目标和条件都需进行分析，则先执行 a）再执行 b），合并建立问题的相关蕴含树。⑤对相关蕴含树的树叶进行发散分析或共轭分析，然后进行可拓变换，再根据传导变换，形成传导变换蕴含树；由可拓变换和传导变换形成的树，通常称为可拓策略生成树。⑥对变换后形成的问题，再计算其相容度函数的值，若其相容度由变换前的小于或等于 0 变为大于 0，则此可拓变换或变换的运算式即解决不相容问题的可拓策略。

（2）化不相容问题为相容问题的可拓策略生成方法是先发散后收敛的方法，它包括 4 个步骤：建立问题的可拓模型→拓展→变换→评价。

（3）化对立问题为共存问题的转换桥方法。对立问题是指在现有条件下无法同时实现两个或多个目标，其模型是 $P=(g_1 \wedge g_2) \times l$，表示在条件 l 下目标 g_1 和 g_2 不能同时实现。

处理对立问题有三种方法：①一边倒的方法，只满足一方；②折中调和的方法，您七成，我三成；③转换桥方法，各行其道，各得其所。

转换桥方法是通过设置转折部，使对立双方的目标在不同的对象、特征或量值得到满足。转折部有连接的转折部或隔离的转折部。例如，香港特别行政区的汽车靠左行驶，内地的汽车靠右行驶，深圳的皇岗桥即连接两个对立的交通系统成为共存系统的转换桥。

给定对立问题 $P=(g_1 \wedge g_2) \times l$，$(g_1 \wedge g_2) \uparrow l$，若存在变换 $T=(T_{g_1}, T_{g_2}, T_l)$，使 $(T_{g_1} \wedge T_{g_2}) \downarrow T_l$，则称 T 为问题 P 的解变换，它使 g_1 和 g_2 共存。解变换的变换对象，是使对立转化为共存的必不可少的构件，由于它们在解决对立问题的过程中起了转换的作用，所以化对立问题为共存问题的策略生成方法被形象地称为转换桥，记作 $B(g_1, g_2)$。转换桥一般是由转折部 Z 和转换通道 J 构成的，通常记作 $B(g_1, g_2)=Z \otimes J$，在有些情况下，可能不需要转换通道，此时转折部就是转换桥。

2. 新产品构思的三个创造法

新产品构思本质上也是寻求解决某个矛盾问题的创意。例如，要听千里之外的家人讲话，在电话发明以前，这是一个矛盾问题。贝尔提出了电话的构思，解决了这个矛盾问题。要看万里外的足球赛，在电视出现之前也是一个矛盾问题，电视的构思解决了它。构思新产品，可以利用可拓展性或共轭性提出各种各样的方案，包括从需要出发的第一创造法、从已有产品出发的第二创造法和从缺点出发的第三创造法。

（1）从需要出发的第一创造法：根据共轭性理论，需要可分为虚需要和实需要、软需要和硬需要、潜需要和显需要、负需要和正需要；利用基元的形式，从这八类需要出发可以得到大批满足需要的产品构思，再利用优度评价方法选取优度较高的方案进行设计。

（2）从已有产品出发的第二创造法：把现有产品利用基元表示以后，根据基元的拓展方法——发散树、相关网、蕴含系和分合链，可以构思出大批新的产品，再通过优度评价选择较优的构思。

（3）从缺点出发的第三创造法：把现有产品利用基元表示，特别是列出描述缺点的基元，根据基元拓展方法和可拓变换方法可以构思出一批克服缺点的新产品，再择其优者而用之。

（三）可拓思维模式

解决矛盾问题的思维模式是可拓思维模式，包括菱形思维模式、逆向思维模式、共轭思维模式和传导思维模式。

1. 菱形思维模式

应用菱形思维模式解决矛盾问题的过程：首先用基元来表示问题，从目标基元或条件基元出发，利用拓展分析方法，沿不同的途径，开拓出多个基元，从而获得大量解决矛盾问题的待用基元，这个过程是发散过程。对拓展得到的基元进行可拓变换，再通过评价，得到少量超乎寻常的新观点、新思想、新方案，这是收敛的过程。发散和收敛相结合的过程就是一级菱形思维过程。在解决矛盾问题时，有的需要采取"发散–收敛–再发散–再收敛……"的多次一级菱形思维过程，简称为多级菱形思维。

2. 逆向思维模式

逆向思维是有意识地从常规思维的反方向去思考问题的思维方式，逆向思维模式包括利用反物元和非物元的逆向思维模式、逆事元的逆向思维模式、逆变换的逆向思维模式、逆蕴含的逆向思维模式。

3. 共轭思维模式

共轭思维模式依据的是共轭分析原理和共轭变换原理。应用这种思维模式可以更全面地利用物的结构，分析其优缺点，并根据共轭部在一定条件下的相互转化性，采取相应的变换去达到预定的目标。

4. 传导思维模式

在解决矛盾问题时，如果实施某一变换不能直接解决矛盾，但由此产生的传导变换却可以使矛盾问题得以解决，这种利用传导变换解决矛盾问题的思维模式，称为传导思维模式（胡艳明，2022）。

二、可拓工程方法在金融创新中的重要应用：金融科技创新

金融科技英译为 Fintech，是 Financial Technology 的缩写，可以简单理解成为 Finance（金融）+Technology（科技），指通过利用各类科技手段创新传统金融行业所提供的产品和服务，提升效率并有效降低运营成本。根据金融稳定理事会（FSB）的定义，金融科技是基于大数据、云计算、人工智能、区块链等一系列技术创新，全面应用于支付清算、借贷融资、财富管理、零售银行、保险、交易结算六大金融领域，是金融业未来的主流趋势。

（一）金融科技组成

金融科技涉及的技术具有更新迭代快、跨界、混业等特点，是大数据、人工智能、区块链技术等前沿颠覆性科技与传统金融业务与场景的叠加融合。主要包括大数据金融、人工智能金融、区块链金融和量化金融四个核心部分。

大数据金融重点关注金融大数据的获取、储存、处理分析与可视化。一般而言，金融大数据的核心技术包括基础底层、数据存储与管理层、计算处理层、数据分析与可视化层。

数据分析与可视化层主要负责简单数据分析、高级数据分析（与人工智能有若干重合）以及对相应的分析结果的可视化展示。大数据金融往往还致力于利用互联网技术和信息通信技术，探索资金融通、支付、投资和信息中介的新型金融业务模式的研发。

人工智能金融主要借用人工智能技术处理金融领域的问题，包括股票价格预测、评估消费者行为和支付意愿、信用评分、智能投顾与聊天机器人、保险业的承保与理赔、风险管理与压力测试、金融监管与识别监测等。人工智能技术主要包括机器学习理论等前沿计算机科学知识，主要基于算法。机器学习理论是人工智能概念范畴下的一个子集，主要覆盖三大理论：监督学习、无监督学习和强化学习。

区块链技术是一种去中心化的大数据系统，是数字世界里一切有价物的公共总账本，是分布式云计算网络的一种具体应用。一旦区块链技术成为未来互联网的底层组织结构，将直接改变互联网的治理机制，最终彻底颠覆现有底层协议，导致互联网金融的智能化、去中心化，并产生基于算法驱动的金融新业态，一旦成熟的区块链技术落地金融业，形成生态业务闭环，则金融交易可能会出现接近零成本的金融交易环境。

值得注意的是，由于共识机制、私钥管理和智能合约等存在技术局限性和面临安全问题，区块链技术整合和应用落地将是一个长期的过程。

量化金融以金融工程、金融数学、金融计量和金融统计为抓手开展金融业务，它和传统金融最大的区别在于其始终强调利用数理手段和计量统计知识，定量而非定性地开展工作，其主要金融场景有高频交易、算法交易、金融衍生品定价以及基于数理视角下的金融风险管理等。

量化金融一直被视为金融业高端资本与智力密集型领域，科技含量极高，但近几年，高频与算法交易、金融风险管理、保险精算越来越依靠工业级大数据（如实时、海量、高维和非结构化数据）、人工智能前沿技术以及区块链技术来解决问题或重构原有金融业务逻辑、产品设计流程、监管监测控制环节。

金融的科技化是基本趋势，金融科技将会在以下四个维度促进我国金融行业发展进入一个全新的时代：①维护国家金融安全。习近平总书记在2017年7月的全国金融工作会议上反复强调维护国家金融安全的重要性，并指出金融安全是国家安全的重要组成部分。随着金融科技的快速发展，金融市场中收集和分析数据将更加容易，并更多地减少信息不对称，基于人工智能与大数据的交易和投资策略可以重新定义金融市场的价格发现机制，提升交易速度，促进金融市场的流动性，提升金融市场的效率和稳定性，监管机构可以更高效地分析、预警和防范金融市场的系统性风险。②助力我国金融业"弯道超车"。金融科技中的智能金融技术，利用大数据及人工智能技术来帮助传统金融行业节省人力成本，减少员工重复劳动。我国人工智能技术研究中的一些领域，如算法研究，已处于国际前列，借助这一力量发展金融科技，更有利于与实际问题相结合，最终提升金融机构生产效率。③实现民生普惠。随着大数据金融、互联网金融以及区块链技术的普及，金融科技的应用和发展可以让更多的人尤其是贫困人口以更低成本、更为便捷地获得金融服务，分享更多实实在在的改革成果。④助推"一带一路"建设。可以借助金融基础设施和科学信息技术管理，让"一带一路"沿线国家分享我国金融科技成果。例如，我国的移动支付已开始助力"一带一路"沿线国家经济与金融发展。不同国家文化及政治经济的差异，使得大数据的互联互通、金融与经济数据信息共享备受挑战，而解决这些难题的抓手将是利用金融科技手段。

（二）金融科技创新

1. 金融科技当前已深化发展进入3.0阶段

物竞天择，金融科技市场竞争将会越来越激烈，科技实力、市场化产品打造能力、对市场需求的反应速度等，都将成为在竞争中胜出的关键。只有向互联网公司学习，理解了天下武功唯快不破，才能真正立于不败之地。

金融科技1.0：主要以IT软硬件应用为特征，以银行、证券等金融业务实现电子化和自动化为代表作。

金融科技 2.0：第三方在线支付平台、互联网金融、P2P 借贷等产品相继面世，这个阶段的特征可以概括为移动互联网应用，简单来说就是"互联网+金融"时代。在这一阶段中，一批非传统金融机构的金融企业以迅雷不及掩耳之势兴起，搭建在线业务平台，从线下走向线上，通过线上收集用户及其信息，实现金融资产交易以及支付的互联互通。

金融科技 3.0：以大数据、区块链、人工智能、云计算等为代表的创新技术能够对金融信息采集来源、风险定价模型、投资决策过程与信用中介角色等方面进行变革，如大数据征信与欺诈、智能投顾、智慧金融、普惠金融等。

2. 金融数据智能中心

跨界竞争是近些年最火的词汇，以腾讯金融等为代表的科技公司就这样毫无征兆地切入了金融领域，而且发展非常迅速。

"数据是业务的血液"，一个公司如果只有数据技术，缺乏深度的业务理解，缺少不断的业务对数据的应用和反哺，是无法帮助银行来实现金融智能化突破的。最终还是建立了大量的单点数据系统，建立多个数据烟囱而已，银行也因此走了很多数据弯路、浪费了宝贵的时间窗口。所以我们普遍看到，几乎没有哪家银行的大数据平台是非常成功的。数据仓库、ODS、数据集市、大数据平台、实时数据平台等这些不同名字的数据平台几乎成了所有银行的标配，但没有一个银行的业务方认为数据是好用的、易用的。

真正的金融智能只能诞生于既有数据技术，又有业务土壤的环境，形成一个业务—数据—技术—价值的闭环，通过金融智能工厂不断地让数据更加标准化、实时化、智能化地在业务中循环。

金融数据智能中心打破了不同业务部门之间的烟囱式 IT 架构，从而打通了数据孤岛，让数据给业务赋能，实现了"一切业务数据化"的目标。数据智能中心的核心思想：①统一数据入口，形成统一数据集成数据湖，把不同结构的数据统一存储，使不同数据有一致的存储方式，在使用时方便连接，真正解决数据集成问题。②统一数据过程，形成在线、离线一体化的数据研发体系。③统一数据出口，形成标准化数据资产管理。④智能应用中心，形成数据智能分析、智能营销等智能应用。利用智能化技术形成一系列的产品和解决方案逐步渗入业务场景。

3. 数据、架构、流程、体验、生态、安全，共同构筑未来金融的"核心"

金融行业的数据中台是以数据为中心，智能化、全链路地开展管理、应用和服务的平台化体系。数据中台使得金融机构的产品、客户、渠道、流程、风险不再割裂。它以数据为生产要素，建立了新型的生产力和生产关系。《IBM 商业价值报告》总结了金融机构建设好数据中台的五大关键成功要素，将这五大要素归纳为四个现代化（治理标准化、数据资产化、资产服务化、数据业务化）加一个平台化（运营平台化）。IBM 认为，数据、架构、流程、体验、生态、安全，共同构筑未来金融的"核心"：①极致数字化是未来金融的核心。在未来 2~3 年，增强运营的敏捷性和灵活性，将是银行和金融机构最优先级任务。重塑业务模式、推动运营转型，让"极致数字化"成为未来金融的核心。②用金融科技创新，实现金融服务"锐变"。在数字化浪潮的冲击下，金融行业从金融信息化、互联网金融进化到全面的深度融合的金融科技时代。金融行业需要以企业级的视角，重新规划和塑造业务架构。③部署数字化战略，也即融合推动金融创新。人类正在进行有史以来第二次重要的迁移——从物理世界"移民"至数字世界。作为人类最重要的经济协作体系，银行急需跳出银行做银行，开辟金融科技赋能业务转型新赛道。④开启云端金融之旅。十几年来，金融服务的范围和方式发生了翻天覆地的变化。探秘"意大利面银行"如何转型成"乐高银行"，提高业务的敏捷性。⑤实现数据资产的共享流通。开放共享、流通保护、价值创造，实现数据战略愿景。⑥智慧运营推动零售银行业务转型。现在的世界，银行面临巨大挑战。零售银行运营转型，需紧跟"一二三"箴言，即"一把手工程""两个问题""三个条件"。⑦围绕"数据+场景+生态"打造综合服务体验。洞察有价值场景，打造特色生态圈，设计创新的数字化触点链接和服务方式。

4. 数字化银行的终局

银行正在从一个"物理的地方"（数字化银行 1.0），变成一种"永远在线"的服务（数字化银行

3.0）。银行已经开启了数字化转型进程，提升客户体验、提升业务敏捷能力、提升开放合作能力：建立以客户体验为中心的数字化改造，建立线上端到端数字化客户旅程改造，逐渐改善客户体验、优化流程和提升效率；建立以敏捷为核心的能力中心，形成技术敏捷能力、业务敏捷能力、金融数据智能，形成科技与业务的双轮驱动模式。改变银行原有的业务与技术、各个系统分离的状态；建立以开放和生态合作为核心的开放银行，金融能力作为赋能输出、聚合服务与极简化场景嵌入能力。开放银行将金融服务无缝嵌入实体经济各领域，打破了银行服务门槛和壁垒，拓宽生态边界，重塑价值链，让银行服务无处不在，有助于推动银行业转型升级。

银行的新生将是"无银行"。金融科技打破银行原有的运行模式，重构新的金融模式。移动互联网为股份制银行、互联网金融带来机会，随之而来的是银行在用户习惯大变革之下，金融服务的模式深度转变，而不仅仅是把服务从线下服务平移到线上这样的技术转变，而是服务模式的重构。金融服务模式的重构包括了银行从"产品为中心"转向"客户为中心"，要重新获得客户的信任，就要从提升客户体验价值开始。银行从金融服务延伸到非金融服务，金融成了真正的服务，隐藏在场景之后。银行运营模式重构的背后支撑是内部 IT 系统的重构。无论是核心系统还是大数据系统，抑或是新型的业务系统，重构的核心是自主安全、敏捷快速响应市场需求、重复可用性、无线扩容、持续稳定等。数据成为银行运营的核心资产，大数据技术加人工智能等技术的应用，正在让银行的数据变成银行高价值资产。服务于新的数字化的变革也需要企业文化变革来支撑，市场需求在变、技术在变、银行组织架构在变，企业文化、人才的组织形式以及体制机制都在发生变化。

金融科技的重构是一个不断循环的过程：市场竞争推动银行内部运营模式变革，运营模式变革引发银行科技变革，科技变革推进组织架构转型，银行组织架构转型则推动企业文化、体制机制的变革，而银行内部文化的变革催生银行金融服务的创新。

如此彻底的"重构"或许能带来银行的新生。银行的"新生"又是什么呢？重视客户价值放弃不断扩张门店规模，这是金融科技时代下银行的"新生"。银行通过运营数据探索客户价值的增加，银行运营的是存款和贷款的客户数据匹配，产品的边际成本可以无限接近于 0，如果建立了数字化的支撑是可以转变为指数型组织从而让企业获得指数级的增长，因为银行天生就是一个优质的大数据场景！

大音希声，大象无形，很多专家对未来银行做出了各种各样的描述及畅想，金融服务将无处不在，银行作为服务将隐匿在客户背后，银行将消失。

专题研讨

（1）通过整合"以美元为支付本金的 5 年期零息债券"以及"日元与美元货币互换协议"，是否能够成功复制出"以日元为支付本金的 5 年期零息债券"？

（2）试应用可拓创新方法于金融产品创新，看能否设计出具有特别创意的金融产品或服务？

综合案例分析　　互联网金融创新

材料一：中国的互联网金融发展

中国的互联网金融产业在过去几年间以惊人的速度迅猛发展，用户人数、市场规模等多项指标均处于世界领先地位，金融科技创业公司、创新的业务模式与解决方案不断涌现。同时，中国互联网金融产业深受资本市场青睐，相关企业的估值远超其他行业。除了市场面的欣欣向荣，互联网金融对人们的生活方式也产生了颠覆性影响。

中国的互联网金融之所以能够异军突起，离不开四大外部有利条件：开放包容的监管环境；发达的互联网电商业务；未得到有效满足的庞大的普惠金融需求；传统银行业长期的高利润奠定的试错实力。

在巨大的市场机会面前，来自不同产业的市场参与者竞相涌入，在相对宽松的环境下迎来爆炸式增长。在这之中，出现了三类具备独特的定位及成功要素的领航者。

第一，来自互联网的进攻者：产品创意本土化；快速获客扩张；多重场景提升客户体验；大数据产生客户洞察；以企业家精神管理人才。

第二，传统金融机构：多方战略合作；全面的产品供应；专业的风险把控能力；实体网店成为体验店。

第三，非金融核心企业：线下引流进行低成本获客；行业优势垄断地位；全产业链数据挖掘；线下网络提升客户体验。

未来几年，随着市场的动态发展和趋于成熟，六大机遇的巨大潜能将逐渐释放：移动支付与理财；线上消费金融与小微信贷；B2B互联网金融；金融云和基础设施；大数据应用；区块链等颠覆式技术。

与此同时，一些尚未暴露的风险（隐含的信用风险和流动性风险等）和不确定性须引起关注，包括消费者不够理性，创新产品存在设计缺陷，甚至蓄意欺诈，监管政策强度较低等。

材料二：什么是颠覆性创新

第一，概念内涵。关于颠覆性创新概念内涵的现有研究可分为两种：技术与产品视角、产业与市场视角。技术与产品视角方面，早期研究主要以颠覆性技术为基础，强调颠覆性创新的主要表现形式为技术驱动，通过提供价格更优、操作简单或使用便捷的技术产品，改变原有竞争所遵循的技术发展轨迹；随着研究的不断深入，颠覆性创新的内涵得到进一步拓展，创新业务组合的商业模式创新也被视作颠覆性创新的表现形式之一。

产业与市场视角方面，颠覆性创新是一种发起于非主流市场并以取代在位企业为目的的创新方式，通过破坏价值网络为后发企业创造价值空间，能够导致产业重新洗牌、诞生新市场并重构市场秩序。两种视角对颠覆性创新内涵界定的切入点不同，但存在共性之处：①颠覆性创新是相对于维持性创新而言的，主要区别在于创新程度与影响效应的大小；②颠覆性创新基于全新的技术轨道，能够重构市场规则与竞争态势；③颠覆性创新是一个发展的过程，从边缘侵蚀到实现市场颠覆的过程伴随着技术与产品的不断完善。

第二，类型特征。现有研究对颠覆性创新的分类主要基于以下三个维度：①基于创新价值的传递方式划分为颠覆性技术创新与颠覆性商业模式创新（前者强调通过技术轨道跃迁来满足不同细分市场用户需求的创新发展路径，后者通过对创新资源的优化配置，运用商业化手段促进新爆发式创新业态形成）。②基于市场侵蚀的入侵方式划分为低端颠覆性创新、高端颠覆性创新与新市场颠覆性创新（低端颠覆性创新是针对主流产品"性能过剩"而定价过高的痛点，通过向价格敏感性用户提供低价、简单的产品并逐步改善性能侵蚀主流市场；高端颠覆性创新在主流市场所重视的性能以及产品新属性性能上均有所突破，并依托这种优势从高端边缘市场、高端市场逐步向主流市场扩散；新市场颠覆性创新挖掘潜在用户价值并在原有市场空间之外通过创造新价值网络来开辟新市场）。③基于创新范围的行业界限划分为单一行业颠覆性创新与跨界整合式颠覆性创新（前者局限于同一行业领域的内部空间，后者通过获取外部知识将界外产品功能整合到行业内主营产品之中形成多功能整合式产品以此实现颠覆性创新）。

现有研究将颠覆性创新的特征归纳为五种类型：①异轨性（偏离现有技术轨道或者对现有技术进行重新组合后应用到新领域开辟"第二战场"的新技术范式）；②非竞争性（初期主要面向低端市场客户与新市场客户，较少受到主流市场的在位企业压力以及制度规则阻碍）；③创造性（向消费者传递全新的技术产品、价值观念或者提供价格便宜、操作简单或性能更优的消费体验）；④迭代性（表现出更加积极的性能改善速度且不断缩小与主流技术的差距）；⑤替代性［技术性能达到或超过主流市场所要求的水平便会取代主流产品（在位企业）的市场地位进而实现颠覆］。

第三，识别方法。已有文献编码结果显示，颠覆性创新技术识别方法主要包括主观判断、客观测度以及两者结合的三个角度（见表3-2）：①主观判断类识别方法包括德尔菲法、技术路线图与情景分析法，是国家和科研机构进行颠覆性技术识别与遴选的主流方式；②客观测度类的识别方法主要包括对专利的数据分析与文献的科学计量，是创新管理领域学者进行技术判断的主要手段；③主观判断与客观测度的结合是颠覆性技术识别方法的主流趋势，适用于对某种具体技术的识别与预测，主要包括技术轨道预测、模型预测与指标分析。

表3-2　国内颠覆性创新技术识别的主要方法

识别角度	识别方法	核心思想	使用范围
主观判断	德尔菲法	以专家集体判断结果为基础的技术识别和预测	国家层面
	技术路线图	利用结构化、图形化的时间序列方式刻画技术演进的潜在趋势	国家、机构层面
	情景分析法	根据主体发展情况搭建未来场景，分析主要障碍与实践路径	国家、机构层面
客观测度	专利分析	利用专利申请数量、专利引用量及引用率来计算专利影响因子	学术层面
	文献计量	利用词频网络贡献评判技术领域的热点主题	学术层面
主观+客观测度	指标分析	从技术、市场、环境等构建特征指标并进行水平测度	具体技术识别
	技术轨道预测	技术成熟度曲线、技术生命周期、技术属性预测	具体技术识别
	模型预测	利用数学模型预测新产品在市场的扩散顺序与速度	具体技术识别

资料来源：笔者整理。

问题： 请结合上述材料和教材相关内容，研判中国互联网金融创新是否属于颠覆性创新？分析总结中国互联网金融创新应用了哪些创新方法和技术？

综合案例分析　多条款组合创新

一、结构性产品

一般来说，结构性产品是一种合成的投资工具，由两种或两种以上的金融工具打包形成，且其中至少有一种为衍生金融工具，它的本质也是一种衍生的有价证券。结构性产品由固定收益部分（通常以债券形式）和浮动收益部分（通常以期权形式）构成，发行方可根据市场状况和投资者需求来对固定收益、浮动收益部分进行设计，通过基础资产、挂钩标的和收益特性的不同组合而呈现多种形式，所以结构化产品种类繁多，其中，衍生工具包括远期合约、期权合约和掉期合约。衍生工具的基础资产包括外汇、利率、股票价格（股票指数）、商品（指数）、信贷等。

结构性存款是结构性产品的一种，是指在金融基础上嵌入金融衍生产品，实现产品收益与利率、汇率、指数等的波动或实体的信用状况相关，使得存款人可以承受某些风险而获取更高回报。根据定义，结构性存款实际上是由普通存款和几种金融衍生工具组成，这些衍生工具被嵌入存款中，其收益和风险通过存款基本要素的变化反映出来。因此，结构化存款设计包含三个基本要素：存款连接部分、连接标的、衍生工具。

第一，存款连接部分。存款连接部分指的是存款中的承担金融衍生品风险的部分。存款可分为零息存款和附息存款，若是零息存款，则连接者是本金；若是附息存款，则连接者可能是利息、本金或债券全体。存款连接成分及其形态决定结构性存款的现金流结构以反映特定的风险收益结构。

第二，连接标的。结构性存款产品金融衍生品部分挂钩的标的可能是（一篮子）股票价格、股票指数、商品指数、期货、汇率、商品（如黄金）等，标的选择决定了影响该浮动收益部分的风险因素。

第三，衍生工具。挂钩型结构化产品的核心在于浮动收益部分的设计，它是决定结构性产品最终的风险收益特征的关键。目前市场上主流结构性存款产品的衍生工具选择大多数为期权，其次是互换和远期，其中常见的期权结构有看涨期权、看跌期权、（双向）鲨鱼鳍期权、二元期权、价差期权、利率上限/下限期权、利率双限期权等，其中每类期权又因具体产品设计条款不同而具有不同形态。

根据客户获取本金和收入的方式，结构性存款产品可分为三种类型，即资本保证固定收益类型、资本保证浮动收入类型、非资本保证浮动收入类型。其中，以资本保证的浮动收益类型已经成为当前市场上的主流品种，其特点是使投资者能够获得比传统存款更高的收益率，同时又保证了本金的安全性，如广发银行的"广银创富"、中国农业银行的"汇利丰"系列和汇丰银行的"汇聚广财"系列等。

荷兰银行梵高贵宾理财产品，是典型的结构性存款产品。其挂钩标的物为可再生能源①股票篮子。该产品的投资收益=投资本金×参与率×篮子中表现最弱的股票的收益率，最低为0。其中，参与率暂定为180%。每只股票的收益率＝（期末股票价格–期初股票价格）/期初股票价格。表现最弱的股票指的是收益率最小的那个。产品的投资收益主要取决于5只股票中表现最弱的股票。因此，挂钩的5只股票应该具有很强的正相关关系，同涨同跌。如果4只涨1只跌，那么投资者将没有收益；如果3只跌2只涨，投资者同样没有收益。因此，该产品隐含的预期是挂钩的5只股票在未来的投资期间都将处于上行趋势。一旦其中有1只股票走势出现下跌，那么投资者就很可能投资1.5年而没有任何收益。当然，如果5只股票均上涨，那么投资者有望分享上涨收益，而参与率180%的设计，又放大了获利空间。

问题： 结构性金融产品对于发行方和投资方来说，各自收益和风险在哪里？

二、信托计划中的创新

在图3-12中，当投资对象是股权时，这种融资具有债权和股权双重性质，类似于发行可回售（优先）股票和可回售普通股票；并且可以附加可回售和可赎回条款。如果红利（收益率）不够，可以加上回售时补偿条款。

在图3-13所示的改进后的信托计划融资与结构中，同样也可以规定可赎回（从战略投资者手中赎回，赎回时签订补偿条款）和可回售条款（如果是股权融资，可以预定三年到期后将股份都回售给战略投资者）。

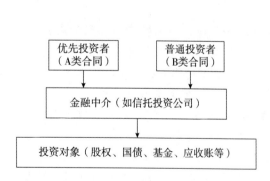

图3-12　信托计划融资与结构

资料来源：笔者整理。

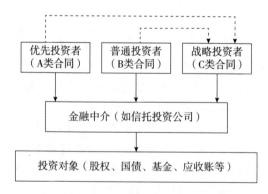

图3-13　改进后的信托计划融资与结构

资料来源：笔者整理。

问题： 请分析两种信托计划融资与结构图中的各类型投资者的收益与风险分配逻辑。

---

① 可再生能源又被称为"绿色能源"，主要包括太阳能、风能、水能、生物质能、地热能和海洋能等。

三、雅芳公司优先赎回权益累积股本（PERCS）

由于化妆品业务下滑和公司的收购业务，雅芳公司现金流量锐减。雅芳公司为保持现金流量，决定将每股股利从 2 美元降低到 1 美元，但是公司管理层担心这样简单地削减股利会引起雅芳公司股票下跌，因为相当一部分投资者之所以持有雅芳公司股票，在很大程度上是因为该公司一直有较高的股利。

当时雅芳公司的财务顾问摩根·斯坦利建议雅芳将其发行在外的 7170 万股普通股中的 1800 万股转换成优先赎回权益累积股本（PERCS）。为确保 2 美元的股利，PERCS 的持有人接受一个三年期限的价格上涨上限，三年到期时，如果普通股股价不超过 31.5 美元，其持有人可以将每份 PERCS 转换为一股普通股，如果普通股股价超过 31.5 美元，每份 PERCS 将转换为价值为 31.5 美元。

问题： PERCS 发行成功的原因是什么？

四、国有股权退出

法国政府对一个化工公司实施国有股权退出改革时遇到困难。按照政府的构想，在出售公司股份的同时，应将一部分股权出售给公司员工，保持他们工作的积极性。但员工对这一持股计划非常冷淡，在政府决定对员工提供 10% 的折扣后，仍仅有 20% 的员工愿意购买公司的股票。这无疑使该化工公司的管理层对员工未来的努力程度和人力资源状况深表忧虑，而他们又不愿提供更多的折扣、承担更大的成本来吸引员工购股。

银行家投资信托公司的建议：①由化工公司出面保证员工持有的股票能在 4 年内获得 25% 的收益率；②其股权所代表的表决权不受影响；③员工可以获得未来股票二级市场上价格上涨所带来的资本利得的 2/3，另外 1/3 作为该化工公司所提供保证收益率的补偿。此建议方案的结果是员工持股不影响股票表决权，还可以获得最低收益保证。在公司层面，用较低收益就解决了公司的激励问题和信息问题。如果二级市场价格上涨，公司可以获得员工持股部分 1/3 的溢价；如果二级市场境况不好，则不需要承担价格下降的风险。

信孚银行提供的解决方案：信孚银行负责向员工安排购股资金；银行按 1∶9 给予贷款。至少持股 5 年，5 年后如果股价下跌到原购股价以下，信孚银行保证将以原价购入，如果上涨 2/3 归持股人，1/3 归信孚银行所有。信孚银行以员工的股票做抵押，向银行申请贷款。信孚银行保证 5 年后如果股价下跌，补偿跌价部分。信孚银行如何规避风险？信孚银行卖出"合成股票"来规避风险，它的价值与原股票价格挂钩（相当于指数）。这样与原股票无关，但达到规避风险的目的。

问题： 是否有更好的方案来解决这个两难问题？

第四章
金融产品创新的机制

 本章导读

本章阐述了金融产品创新的机制，着重介绍了创新的主体、创新的过程以及创新的形式。

学习本章，要求了解金融创新的机理机制，以便在今后工作中善于推动金融产品与服务创新的进展。

在国内，关于金融产品开发方面的研究，大多针对某种具体金融产品的设计和定价，金融产品定价理论以引用国外研究成果并对其进行改进较多，而金融创新产品开发流程的研究较少。金融创新形成机制认为，当环境状况发生改变，产生了对金融创新的激励，通过研究人员、金融从业人员、政府工作人员等相关人士的研究，最后生成金融创新的整个过程。金融创新的扩散过程即除金融创新源以外的企业采纳金融创新的过程和企业采纳金融创新后产生的结果。金融创新的扩散是金融创新过程中重要的一环。

第一节 金融产品创新的主体

金融产品创新是金融机构的研发设计管理人员在高层管理者的支持与领导下，在市场研究的基础上基于用户需要的某些特征对金融产品做的创造性活动。金融机构设计研发管理人员负责业务创新，对产品创新流程进行整体设计，对产品功能进行开发与改进，同时负责产品移交后的内部运作与管理。金融机构营销人员面向用户提供销售服务，展开产品的功能、价格、促销、渠道等营销活动服务。其他创新支持人员提供产品创新的资源支撑、数据服务、技术跟踪、法律规范、品牌维护等。可以发现，金融产品创新的直接主体是金融机构的研发设计管理人员，也离不开其他人员的业务支持与配合（见图4-1）。

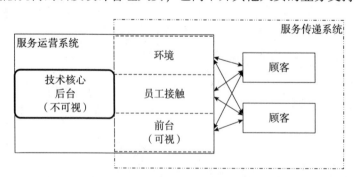

图4-1 金融创新产品生产系统

资料来源：笔者整理。

金融机构类型较多，主要有银行业、证券、保险等，还包括其他非金融机构如第三方支付等。按照金融机构管理部分可分为中国人民银行、国家金融监督管理总局、证监会及其他金融管理机构。表4-1

显示了金融机构的主要类型，可以发现，金融机构种类繁多，而金融创新产品是金融机构研发设计管理人员的创新性活动，其种类更是复杂多样。

表 4-1　金融机构类型

领域	单位	主要业务	牌照
银行业	商业银行、政策性银行、农村合作银行、农村信用合作社、村镇银行	储蓄、信贷	银行
	信托	各类信托	信托
	金融租赁公司	融资租赁	金融租赁
证券	银行、基金、证券、第三方理财公司	发售基金份额	基金销售
	第三方支付机构	基金销售支付结算	基金销售支付
	证券公司	证券承销与保荐、经纪券投资活动	券商
	基金管理公司	公募基金、机构业务	公募基金
	基金子公司	类信托业务	基金子公司
	期货公司	期货交易	期货
保险	保险公司	财险、寿险、万能险	保险
其他	非金融机构	网络支付、预付卡发行与受理、银行卡收单	第三方支付
	典当公司	典当业务	典当
	融资租赁公司	外商、内资融资租赁	融资租赁
	小额贷款公司	无抵押贷款、抵押贷款受贷款	小额贷款
	融资性担保公司	贷款担保、信用证担保	融资担保

资料来源：笔者整理。

第二节　金融产品创新的过程

　　金融机构的产品创新一方面是在利润驱使下，另一方面是在风险规避下进行的市场商业活动，从基于用户特征分析开始，提出新的概念，将产品要素进行合理组合，提供市场上没有或比过去产品更好的新产品。斯科特·J. 埃杰特（Scott J. Edgett）定义金融创新产品开发过程如下：

- ● 方案蓝图：最初的决定——为期望的新产品筹集基金；
- ● 初期市场评估：对市场进行初始快速的观望；
- ● 初期技术评估：对技术优势及工程中可能出现的困难进行快速评估；
- ● 市场调查：行销调查，涉及合理的调查样本、调查表格的设计和收集程序中相容的数据；
- ● 商业/财务分析：先于产品开发引致决策者做出决定的分析；
- ● 产品开发活动：实质性的设计与开发活动以创造最终产品；
- ● 过程设计与测试：对产品开发的各程序进行设计并给予测试；
- ● 系统设计与测试：对系统进行合理调试；

金融产品与服务创新设计

- 人员培训：所有与该产品开发有关的人员都要经过一定的培训；
- 销售试验：用于限定或测试顾客群，为产品的全面推广做出计划；
- 商业化预分析：于产品的开发之后全面推广之前进行的金融或商业性分析；
- 全面推广：在全面商业化的基础上对产品的推广以及一系列可鉴定的行销行为；
- 事后检验与分析：对新产品全面推广后进行效果检验和分析。

可见，金融产品创新活动是产品设计、开发、销售、服务活动的总和。国内金融机构的产品创新流程通常包括环境分析与评估、产品计划、产品设计与开发、市场试点与产品修改、市场实施、产品评价与优化六个环节，如图4-2所示。

从分析企业市场环境出发，确定企业战略、竞争战略，了解市场消费者需求特点，对企业自身产品进行准确定位，做好产品计划，从人员、财务、市场、时间、效果等方面做好规划，进而开展市场营销活动，在产品、价格、渠道、促销等方面不断扩大市场占有率及利润增长率，不断发现和解决市场上出现的各种问题。可以说，金融产品创新的过程就是不断发现新问题、解决新问题的创造性活动。中间伴随着各个部门的参与和配合，任何环节出现问题都有可能会影响金融创新产品的质量，从而影响金融产品创新的效果。

金融产品创新活动，是金融机构研发设计管理人员的探索性活动，有探索就有风险。因此，不能确保每一次创新活动都会取得成功。科学把握金融产品创新的流程及其问题，对于金融机构市场投入活动转化为经济社会效益具有重要意义。以下从过程视角分析把握金融产品创新的流程问题。

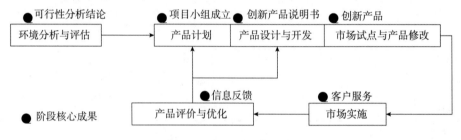

图4-2　金融产品创新流程

资料来源：笔者整理。

一、环境分析与评估

当前金融产品创新还面临着外部环境、内部机制等诸多问题的影响，科学分析各类影响是制定产品创新计划的开始。金融产品创新从环境分析与评估开始，收集个人用户、企业用户、竞争对手等信息资料，主要对市场环境、企业内部环境与竞争对手进行分析与评估。

（一）市场调查与分析

市场调查活动指金融机构进行产品开发之前进行市场调研，了解宏观政治法律、经济、技术、社会、文化等方面的政策，把握顾客的潜在需要，根据市场需求进行产品设计与开发。金融机构需要选择合适的市场范围，选取合理的调查样本收集数据，从而确定市场上用户对金融产品的需要。市场调查是企业制定产品战略及产品定位的基础，只有做好市场调查，才能准确把握用户需求，制定科学的产品开发计划，确定创新需求是否合理、创新难度大小等，提高产品开发成功率。建立在充分调查基础上的需求分析，通过界定用户规模及特点，为产品设计与开发奠定坚实的基础。

(二) 企业内部环境分析

市场环境分析之后还要做企业内部环境分析，对企业要达到的市场目标，根据自身是否具备人才、技术、资金、管理等方面的特征进行考察。企业的竞争优势是建立在资源、能力基础上的。金融机构选择要服务的目标市场，科学表达企业市场定位，必须基于企业的各种资源和能力。金融机构要基于自身的资源能力状况选择要服务的目标细分市场；对选择的目标细分市场进行详细表述，从市场规模、财务状况等方面进行量化分析；对市场、技术进行评估，预测可能遇到的困难，考察企业在各个阶段遇到的市场、技术问题如何解决。

(三) 竞争者分析

环境分析不仅要分析市场上顾客的需要，细分用户市场，分析企业内部资源能力状况，还要考察竞争对手的情况，确立自身的优势和劣势，最终确立自己的市场定位。在市场经营的各个环境，企业无法忽略竞争对手独自开展经营活动，金融企业也是如此。通过 SWOT 分析确立自身的竞争优势、劣势、危机、转机。由于国内金融产品创新存在很大模仿性，因此，金融机构必须考虑竞争对手的状况，做好技术研发和服务，做好差异化经营，建立自身的持续竞争优势。

企业市场定位战略如图 4-3 所示。

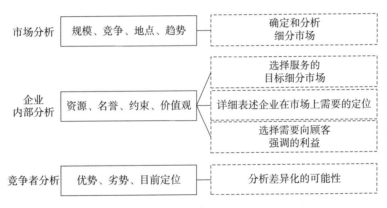

图 4-3　企业市场定位战略

资料来源：笔者整理。

二、产品计划

任何好的研发创新都从计划开始，只有计划好了，事情才是容易实现、容易考察的。研究发现，影响金融创新产品开发成败的关键因素有科学的产品开发流程、有效的资源配置、关注计划执行质量、做好计划准备工作、做好客户意见反馈、利用协同提高资源利用率、客户导向做好服务推广。由此可见，金融创新产品计划是产品设计开发的基础。金融创新机构管理人员需要在前期市场调查分析的基础上，界定创新范围、组建创新项目团队、梳理创新流程及做好相关流程中的风险防范问题，在研发、生产、运营、财务、服务等环节做好人、财、物等方面的设计与配置。产品创新计划主要做好三项工作：

(一) 设计科学的创新流程

流程是企业开展创新工作时对工作内容的先后顺序进行的布置与安排。科学的流程是创新成功的基础。金融机构需要在市场充分调研的基础上确立经过市场检验和科学论证的规则，然后依据规则逐步展开。同时，金融机构流程设计人员需要明白对流程中的工作关键影响因素进行预测，并做出合理的对策。

（二）确保创新流程的实施

规范的创新流程还需要科学的执行与实施，准确执行创新流程是创新产品计划成功的保证。实践中，金融机构高层制定科学的创新流程与规范，下属机构在执行过程中往往走样而影响金融创新产品的质量。有些金融机构创新流程设计得很好，但由于缺少流程执行的监督管理部门或人员，致使金融创新的结果不尽如人意。因此，科学的流程需要准确的执行与实施工作来保证。

（三）对风险进行合理控制

有创新就一定会有风险。创新流程设计必须考虑其中的风险问题。调研发现，实践中金融机构管理人员在流程设计中考虑到风险控制问题，但对于风险的防范控制及可行性建议考虑不足，加大了金融创新的风险。

总之，产品开发流程设计、流程执行与风险防范计划，很大程度上决定了金融产品创新的成功率，金融机构管理设计人员不得不重视。

三、产品设计与开发

产品设计与开发是将企业创意、理念付诸实践的行为，包括对产品在功能、包装、使用方法、价格等方面进行操作性处理。产品设计需要考虑产品总体状况、流程、运行、技术及实物等方面，对企业要满足的客户需求特征进行规范化操作，中心环节是定价。企业在考虑用户需求特点的基础上，对产品可以采取成本定价、需求定价、竞争定价等多种策略。由于我国金融机构的产品创新很大程度上受到政策规定的限制，因此金融机构的产品创新设计与开发一方面需要考虑政府政策的要求，另一方面还需要考虑到竞争、消费需求的需要。

产品设计与开发以用户需求为依据，将需求通过编码转化为具体创新产品和服务。产品设计与开发过程依赖于设计开发人员对创新产品需求的理解。此外，实践表明，产品开发过程中若组织不太规范，各个职能部门缺少沟通，间接影响了金融创新产品的顺利进行。因此，产品设计与开发还需要相关人员增进沟通、相互配合。

四、市场试点与产品修改

企业规划设计好的产品或服务形式，在实践中不一定能像预期一样取得成功，因此，金融创新产品的试点与测试就是一个检验产品设计和开发的过程。金融机构通过制作产品实物、配置设施设备，实施模拟测试，并对测试中出现的问题，结合前期的产品计划与设计给予调试。产品试点的过程是在产品全面推广之前对部分顾客群体进行试验，从而检验产品计划和产品设计是否科学合理，为全面推广产品奠定基础。产品开发的试点与修改包括过程设计测试与系统设计测试，即对产品开发过程中的各个环节进行测试和对系统进行测试。产品试点是创新产品投向市场前的紧前作业，对市场实施环节的决策有重要影响。产品试验人员需要了解业务创新内容，以及试验目的与注意细节，对创新产品各类内容对照预期标准进行检验。对于出现的与产品计划出入较大的地方进行记录并科学分析，做出是否修正的决策。最终一旦完成产品试验与修正，决定投放市场前，还要做好财务和商业性分析，进入产品推广实施阶段。

五、市场实施

在创新产品市场试点之后，就是产品市场实施阶段，即企业将产品推广到更广泛的市场的过程。企业全面执行产品计划，通过制定和实施市场营销战略和策略，培训企业市场产品实施人员，做好信息收集工作。

（一）制定营销策略，使得产品实施有章可循

科学的营销策略是企业市场产品营销活动成功的保证。企业在设计差异化产品并试验成功的基础上，通过科学地制定价格、选择渠道与促销方式，不断实现企业的经营目标。在价格上可以选择成本导向、需求导向或竞争导向等方法，在渠道上有网络、实体等方式，在促销策略上有广告、人员、销售促进及公共关系等。在金融创新领域，没有固定的方式可以遵守，企业应该探索自己的营销方式，不断创新。

（二）做好人员培训，确保产品计划贯彻落实

企业所有的创新与实践都需要员工来实施，企业竞争的本质是人才竞争。在研发设计领域需要人才，在经营管理领域照样需要各类人才。企业应该对开展市场营销活动的人员尽心培训，充分了解产品性能，增强沟通技巧和服务意识，不断提高服务水平。

（三）收集市场信息，为产品质量评估做准备

企业在经营的过程中，一线工作人员及市场跟踪人员应不断收集和分析市场产品与顾客信息，通过分析客户满意度等指标，不断提高服务水平。此外，收集市场信息也是产品质量评价的基础。

六、产品评价及优化

产品或服务销售出去并不是营销的结束，而是营销的开始。产品或服务表现如何，企业并不一定清楚。因此，企业需要收集客户使用信息，分析客户满意程度，不断提升产品质量，对产品质量存在的问题不断优化和改进，提升企业产品竞争力。实践中，由于金融机构对创新的重视程度不够，对创新投入后的数据收集、服务跟踪工作做得也很不足。金融机构应该加大资金投入，应用信息技术，建立用户各类信息数据库，及时发现问题，改进产品质量，提升企业竞争力。

第三节　金融产品创新的形式

金融机构创新的结果就是其向市场提供的金融产品及服务。由于金融创新产品包含的内容多种多样。按照金融创新产品满足用户需要的形式来分，金融机构向市场提供的创新产品（服务）主要包含三个层次，如图4-4所示。

一、核心产品

核心产品是金融创新产品整体概念中最基本、最主要的部分。由于金融产品满足的客户需要主要有

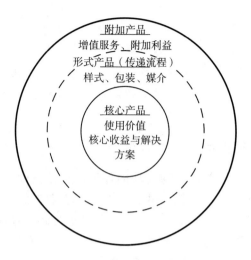

图 4-4　金融创新产品层次

资料来源：笔者整理。

支付需要、理财需要、融资需要及安全需要，因此金融创新产品的核心内容是传递顾客寻求的核心收益与解决方案，即金融创新产品给用户带来的基本利益和效用，也即产品的使用价值，这是用户真正需要购买的东西。然而，现实中核心产品基本上都商品化了，即核心产品往往需要连接在形式产品上面，所以，各类金融机构或非金融机构所提供的产品差异主要体现在形式产品（服务传递流程）或附加服务上。

二、形式产品（传递流程）

金融机构创新的形式产品是指金融机构如何将核心产品和附加服务要素传递给顾客。形式产品是核心产品的支撑性内容，形式产品对于核心产品的使用、服务传递过程有所帮助，一般包括产品包装服务、信息服务、订单处理服务、账单服务、付款服务及其他服务等。

三、附加产品

附加产品用来支持和增强核心产品，是顾客购买产品时所能得到的附加服务和利益，又叫增强型附加服务。附加产品可以增加客户价值，一般包含咨询服务、接待服务、保管服务、特殊服务及其他服务等。

可以发现，如果要提升金融创新产品质量，所有的产品形式及附加要素都需要表现良好，任何一个要素的缺陷都会影响产品的整体质量。

第四节　金融产品创新的扩散机理

金融产品创新扩散是指金融创新成果从扩散源出发，通过一定渠道，在潜在使用者之间传播使用的过程。从某种意义上说，金融产品创新扩散比金融产品创新活动本身更为重要。两者之间的关系主要体现在两个方面：①金融创新扩散既是一个相对独立的过程，又包含在金融创新大过程之中。如果从广义的金融创新含义出发，金融创新扩散应包含在金融创新过程之中。如果从狭义的金融创新含义出发，则金融创新扩散是金融创新活动的一个后续阶段，它是与金融创新并列的完整过程。②金融创新与金融创新扩散对社会资源的需求与消耗不同。金融创新对社会资源的消耗是局部的，数量也是有限的。然而金融创新扩散过程所消耗的社会资源比前者要大得多。

一、金融创新扩散系统

（一）系统结构

金融创新的扩散过程是一个系统，它由扩散源、金融创新成果、潜在使用者和扩散媒介四项要素构成。这四项要素按一定规则排列组合成一个相互联系、相互制约和相互协调的有机整体。该系统是一个开放系统，它与外部环境之间存在着物质和信息的交换。金融创新扩散系统如图4-5所示。

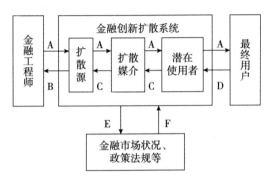

图4-5　金融创新扩散系统示意图

注：A是金融创新成果；B是对金融创新成果的需求和反馈；C是反馈；D是需求、反馈及费用；E是对金融创新扩散的配套要求；F是鼓励或约束金融创新扩散的外力。

资料来源：笔者整理。

（二）系统要素

金融创新的扩散源是指拥有金融创新成果并有能力将其向外扩散的主体；金融创新成果是指金融创新的具体表现形式，即具有突破性和变革性的新工具、新市场、新组织和新制度，它同时也是金融创新扩散的客体；潜在使用者是指可能采用金融创新成果的金融市场参与者；扩散媒介是指为金融创新成果提供扩散信息、渠道和便利条件的市场、中介机构和信息媒体等。以上四项要素通过相互作用形成了特定的结构，并共同完成一项功能，即实现金融创新扩散的过程。

（三）系统的外部环境

金融创新扩散系统的环境是指影响扩散过程但不属于扩散系统要素范畴的外部因素的总和，包括政府行为和政策、金融市场状况、金融创新的最终用户以及相关法律条文等。一方面，系统的环境向系统提出扩散金融创新成果的需求，对系统施加鼓励或约束金融创新扩散的外力，为所得到的新的金融产品或服务向系统支付一定费用并进行反馈；另一方面，金融创新扩散系统通过向环境提供新的金融产品和服务而得到一定收益，并且在一定程度上改变了环境。

二、金融创新扩散机制

在金融创新扩散过程中，金融创新产品的创始者、金融创新成果的采纳者和金融创新产品最终使用者之间会通过信息与物质的流动产生必然的某种联系和相互作用方式，从而建立金融创新的扩散机制，如图4-6所示。

首先，通过中介机构的传媒作用，金融机构（初始扩散源）与最终用户之间进行交流，金融机构在立足于自身的物质基础上，开发新产品。其次，金融机构成为拥有新产品的初始扩散源。其他金融机构（潜在的采纳者）也会通过市场的信息传导作用，对创新产品产生扩散需求。最后，该金融机构在采纳创新产品之后也构成了初始扩散源。其他的潜在采纳者也会通过市场的信息传导作用，对金融创新产品产生扩散需求。

新产品供给、采纳双方会有一个衡量利弊的过程，即图中成本与收益分析部分。在满足前文所述扩散条件的基础上，就会产生扩散。如果不满足扩散条件，扩散行为便不会发生，扩散源会直接向最终用户提供该金融产品或服务，并获得一段时间的垄断利润。

随着时间的推移，金融创新产品和由此产生的金融创新市场逐步成熟，扩散条件由不满足到满足。当然在这期间，采纳者会通过各种渠道与用户产生信息交流，这种信息交流对采纳者尤为重要。采纳者在吸收创新后，有可能根据用户的信息与自身的特点对初始创新产品进行再创新。此时，该采纳者与初始扩散源同时组成扩散源，也可以作为新的创新产品的扩散源。它们会在利益的比较之下，在直接向用户提供服务和向另一个采纳者进行扩散之间做出选择，即又重新回到初始状态，如此不断地循环。

我们将金融创新扩散过程中所涉及各主要要素间的联系方式以及它们之间所遵循的特定规则的总和称为金融创新扩散机制。从这个意义上说，金融创新扩散是一个动态过程，它包括供需双方通过媒介进行不断的信息沟通与反馈，对金融创新产品的成本-收益进行比较分析以及对扩散时机、方式进行选择。当然，整个扩散过程也是一个反馈系统，在反馈过程中，供需双方没有绝对的界限。

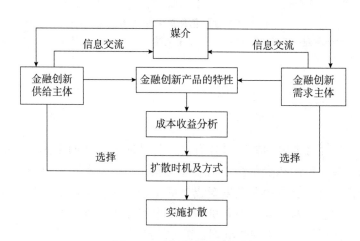

图4-6 金融创新扩散机制

资料来源：笔者整理。

三、金融创新扩散的动因及影响因素

（一）动因

1. 微观动因

从微观角度来看，通过金融创新扩散，扩散源可以从金融创新成果的受让者处得到一定收益，回收金融创新开发和扩散的部分甚至全部费用，有利于其尽快进入下一轮的创新和扩散。另外，对于金融创新成果的受让者来说，其以低于自己进行金融创新的费用引进了金融创新成果，从而缩小了与金融创新成果拥有者之间的差距，既节约了开发费用，又节省了开发时间。因此，通过进行金融创新扩散，在金融创新扩散源和金融创新成果的受让者之间形成了双赢的局面。

2. 宏观动因

从宏观角度来看，对同一种金融创新成果而言，交易量越大，市场参与者越多，其交易成本就越低，使用该种成果进行交易的潜在收益就越大；反之亦然。因此，通过金融创新扩散，可以扩大金融创新成果的应用范围，进而形成规模效应，有利于包括金融创新扩散源和金融创新成果受让者在内的市场参与者对其交易成本进行控制；通过金融创新扩散，金融创新成果这项要素得到了更广泛和更合理的利用，这将有利于金融市场中资源配置的进一步优化，从而提高金融市场的效率。

（二）影响因素

影响金融创新扩散速度和扩散范围的因素主要包括微观因素和宏观因素两大类。

1. 微观因素

影响金融创新扩散的微观因素：①金融创新成果拥有者维持竞争优势的难易程度。如果维持某项金融创新成果所带来竞争优势的成本过高的话，其拥有者会考虑将其扩散。②采用金融创新成果的机会利润率，即相对于其他投资机会而言的利润率。机会利润率越高，扩散速度就越快。③潜在使用者中采用某项金融创新成果的比例。该比例越大，采用该项成果的风险就越小，不采用该项成果的市场参与者受到的市场压力就越大，扩散的推动力就越大。

2. 宏观因素

影响金融创新扩散的宏观因素：①金融市场状况。在市场不完善的条件下，市场参与者或用不正当手段牟利，或不采用金融创新成果也平安无事，不存在扩散动力。②社会物质动因。经济社会对金融创新的需求规模越大，承受能力越强，扩散速度就越快，扩散范围就越广。③政策环境因素。对金融创新扩散源的利益予以适度保护的政策有助于扩散顺利进行。

综合案例分析　固定收益产品创新

材料一：固定收益产品创新史

一、基础固定收益产品的创新

垃圾债券当属基础固定收益产品创新的一个主要品种，因为它在证券本身并没有发生实质性的变化。但是垃圾债券作为一个主要的投资银行承销品种以及其在并购中的应用，使其毫无疑问地成为美国20世纪80年代的一个主要创新品种。正是由于一系列基于垃圾债券的创新，米尔肯被业界称为"垃圾债券之王"，米尔肯所在的德雷克斯证券公司也因而成了这一领域毫无疑问的领头羊，占有垃圾债券市场上绝大部分的业务收益。

零息债券是另外一种基础固定收益产品的创新。在20世纪80年代中期之前，美国并没有零息债券这样的品种。1982年，美林和所罗门兄弟公司同时创立了复合性的零息国库券收据，美林把它作为"国库收入增长收据（TIGRs）"来销售，而所罗门兄弟公司把它作为"政府证券自然增值凭证（CATS）"来销售。也就是说公司先购买国债，然后把它们存入银行信托账户，再由公司发行一种代表以账户上这种标的政府债券为依据的每次利息支付所有权的收据，同时也发行以这种标的政府债券到期价值为依据的收据，也就是本息拆离。其他投资银行随后也创立了它们自己的收据，一般被称为商标零息国债，但这种证券由于发行商的不同而不具有流动性。后来，为了拓展市场，增进这些收据的流动性，政府债券市场的初级交易商集团同意发行不与任何参与的交易商相联系的普通收据，这些变通的收据称为"国债收据（TRs）"。1985 年，美国财政部才宣布了离拆单售本息证券（STRIPS）方案。STRIPS 项目的创立结束了商标和一般收据的创新。

二、固定收益衍生产品

如果按时间顺序来排列，最早的固定收益衍生产品应该是可转换债券，产生于 1843 年。当时美国正处于 19 世纪中叶和 20 世纪初铁道业的狂热发展时期，但由于铁路修筑在当时还没有纳入联邦财政支出，于是大多采用私营、联营和公众公司的形式。铁路运营投资有两个显著的特点：一是铁路建设周期长，这要求投资人给予发行人较长的宽限期；二是铁路运营收益的差异性较大，好的铁路线会带来较高的收益，差的铁路线则可能会导致较差的收益。为了筹集到铁路建设所需的巨额长期资金，极富创新精神的美国投资银行想出了可转换债券这种既有股票性质又有债券性质的衍生产品。纽约的 Erie Railway 发行了第一例可转换债券。此后，在可转换债券上又增加了其他期权性质，20 世纪 50 年代第一次出现了具有赎回条款的可转换债券，1975 年日本东芝公司又发行了世界上第一例附有回售条款的可转换债券。

第一次世界大战期间及以后的一段时间内，通货膨胀率很高且不稳定。1925 年，由 Rand-Kardex 公司发行的"稳定化"（通货膨胀指数化）债券把利息和本金的支付与物价指数联系起来，从而出现了第一个物价指数债券。

第一次世界大战后，美国显示了新的生机，涌现了大量的小额投资者，他们对美国未来的经济抱乐观态度。在此种情况下，出现了一些新的投资品种，认股权证就是其中一种。1925 年以前，只有两家美国公司发行此类认股权证，到了 1926 年，即出现了附有认股权证的债券，到 2000 年初有超过 2% 的债券附有认股权证。互换市场是在 20 世纪 80 年代才出现的，不过早在 70 年代中期，就已经出现了互换交易。20 世纪 70 年代初，英国开始进行外汇管制，促使平行贷款和背对背贷款发展为英国公司逃避境外投资中额外费用的一种工具，这种经过特殊结构安排的融资协定的发展最终引致了 1976 年荷兰的 BoskalisWestminster 银行和英国的 ICI 金融公司之间第一笔货币互换交易的产生。这笔交易由大陆伊利诺斯银行信托公司和高盛公司来安排，是一笔荷兰盾和英镑之间的互换。尽管也达成了不少交易，但货币互换在国际资本市场上并没有引起太多关注。直到 1980 年，美国所罗门兄弟公司（Solomon Brothers Co.）成功地为美国商用机器公司（IBM）和世界银行进行了 2.9 亿美元与西德马克及瑞士法郎之间的互换，标志着货币互换的诞生。1981 年，花旗银行（City Bank）和大陆伊利诺斯银行信托公司又创造了第一笔利率互换交易。

1982~1984 年的创新则属于浮动股息率优先股（FRP），其中，可调整股息率的永久性优先股（ARPPS）是 FRP 家族的第一个成员，到 1984 年夏季为止，大约发行了 100 多亿美元的 ARPPS，并且形成了一个规模庞大、具有很强流动性的二级市场。但 ARPPS 的价格波动性太大，于是一种价格更稳定的证券可转换可调整的优先股（CAPS）作为创新产品受到了投资者的欢迎。尽管 ARPPS 和 CAPS 在市场上都取得了成功，但人们希望寻求一种总是以面值交易的 FRP，于是根据价格调整股息率的优先股（PARP）应运而生。尽管 PARP 的发明人——第一波士顿公司对其充满信心，但 PARP 仅发行了 1 亿美元，其二级市场的流动性也不是很好。跟随其后的又一 FRP 家族成员是货币市场优先股（MMP），它是由雷曼兄弟公司在 1984 年 8 月推向市场的，为其母公司运通公司发行。

表 4-2　主要固定收益创新产品及其产生年代

时间	固定收益创新品种
1843 年	可转换债券
1925 年	物价指数债券
1926 年	附认股权证债券

时间	固定收益创新品种
1960 年	可赎回债券
1970 年	浮动利率票据（FRN）
1972 年	货币期货
1974 年	浮动利率债券
1975 年	物价指数债券
1975 年	利率期货
1977 年	长期政府债券期货
1979 年	场外货币期权
20 世纪 70 年代后期	垃圾债券
1980 年	货币互换、债务保证债券
1981 年	利率互换、零息债券
1982 年	浮动股息率优先股（FRP）、可调整股息率的永久性优先股（ARPPS）
1983 年	可转换可调整债券
1985 年	既可赎回又可回售的可转换零息债券——LYON（Liquid Yield Option Note）

资料来源：笔者整理。

　　LYON 一经产生，就受到发行公司和投资者的欢迎。1985 年春天，威时特管理公司（Waste Management）和斯坦利利大陆公司（Stanley Continental）发行了头两例 LYON，均由美林公司承销。

　　到今天，一些原来的投资银行创新产品萎缩了，甚至已经从市场上消失，或者创新当初也仅是发行了一例、两例，但更多的创新产品则生存了下来，交易量逐年增加，并已经成为证券市场上不可或缺的投资和避险品种。

材料二：固定收益产品创新的动因

　　从创新的主体投资银行来看，其创新有内部动力和外部动力两种。从内因上讲，创新的动力是赢利性需求；从外因上讲，创新的动力则是竞争的压力和回避各种市场风险。只有更好地服务客户，才能更好地赢利，因而近代固定收益产品创新主要是投资银行根据客户的不同需求费尽心思设计出来的。

　　从固定收益产品创新的历史看，其动因主要有五个方面。

一、回避各种利率和汇率风险，增加驾驭经济不稳定性和控制风险的手段

　　20 世纪七八十年代，固定收益产品创新的一个主要动力是更好地回避利率和汇率的风险。第二次世界大战后，与布雷顿森林会议召开时各参加国普遍担心的通货紧缩相反，20 世纪 50 年代和 60 年代出现了世界范围的通货膨胀，控制通货膨胀成了主要工业国政府一项十分重要的政策。由于多数政府发现很难减少公共开支，因此，主要是使用货币政策来控制通货膨胀。政府的目标是控制货币供应量，而不太关心利率水平，最终导致利率大幅波动。20 世纪 80 年代以后，以美国为首的工业化国家先后进行了金融自由化的改革，取消对存款利率的最高限额，逐步实现利率自由化，并允许各金融机构业务交叉，放宽对资本流动的限制等。这样，在利率自由化和金融业竞争日趋激烈的影响下，利率波动幅度较 20 世纪 80 年代以前更大，利率和汇率不仅仅像过去那样随着整个经济周期的变化而波动，而是在短期内，一天或者几天都会出现令人意想不到的情况。短期资本为追求最高的收益随利率变动而流动，从而又导致外汇市场的汇率变动。这些波动使借款人和投资者都面临前所未有的风险，于是包括期货与期权交易、货币

互换、利率互换等基于回避利率和汇率风险的固定收益创新产品应运而生。

二、满足融资者的需求，同时获取超额收益

应该说，投资银行业务创新的原动力就在于客户的需求。只有客户根据自己特有的现金流情况，对筹资和投资有了不同的需求，才会有投资银行根据不同情况设计出来的创新产品。

当然，在以上这些产品的创新中，投资银行不会毫无所图地介入进去。例如，在互换中，作为中介银行收取的费用，或者在名义本金数额基础上计算，或者是互换支付双方价格之间的差异——互换率，或者两者都有。

又如，垃圾债券这一固定收益创新产品，由于其自身较低的信用等级和较高的信用风险，其承销费用水平比高品质债券市场上要高得多，大多数情况下，其承销费用相当于承销同类投资级债券费用的两倍。1977~1987年，米尔肯所在的德雷克斯证券公司在垃圾债券市场上的份额增长到了2000亿美元。这时，德雷克斯证券公司债券买卖部成了完全意义上的美国低级债券市场。在整个20世纪80年代，美国各公司发行垃圾债券1700多亿美元，其中德雷克斯证券公司就发行了800亿美元，占47%。1983年德雷克斯证券公司收益仅为10多亿美元，是华尔街一个很不起眼的小证券公司，但到了1987年该公司已成为华尔街盈利最高的公司，收益超过40亿美元，并且在20世纪80年代的大部分年头里跻身于全美前十位主承销商行列。

三、规避制度管制

金融管制既可能是金融创新的障碍，又可能是金融创新发生的驱动力。一般来说，较宽松的制度管制和较少的制度保护会促进技术提高，加剧金融机构之间的竞争，进而迫使那些改善服务、降低成本的创新产生，并且管制放松还可以使创新者更容易地进入这一市场；较严格的制度管理又可能导致规避制度管制的创新产生。

四、技术进步的推动

技术进步应该说是金融发展的一个主要动力和基本前提，只有技术的进步才有可能产生新的金融产品和新的交易方式。19世纪40年代，电报机的发展很快就导致了资金流动的电信传输以及黄金和证券在不同交易所、不同地区之间报价的信息；其后，1876年电话发明之后的第二年就被应用到了银行的业务运用之中。20世纪60年代以来，固定收益产品创新层出不穷，这和其潜在的技术支撑密不可分，数据处理和无线电通信技术日新月异的发展在降低使用成本的基础上大大提高了其数据处理能力和传输能力。这些技术的进步使得金融工程师们可以更好地积累数据、评估风险，对固定收益产品的功能进行重新分解或综合，并进而设计出可以更好地满足企业和个人需求的新产品，也使得投资银行可以为客户提供更多量体裁衣式的筹资、投资服务。资产证券化和互换就是这一发展的最好证明。

五、降低税负

从一定程度上来说，如果一些机构或者交易所承担的税负高于其他的机构或交易，那么就会有一个强烈的动机来试图重新安排这些承担高税负的交易，从而使它们适用于更有利的税收环境。例如，如果资本利得比其他形式的收益要享受较轻的税负，或者公司是根据收付实现制而不是根据权责发生制来缴税，那么就有一种动力来进行创新，即如何把股息或者利息支付转换成资本收益；同样，如果利息支付可以作为公司缴税的可抵扣部分，而股息支付则不能，创新就会集中在如何把后者转换为前者。又如，美林证券的本息拆离债券就是基于税法中对无息票债券利息收入征税延迟的规定；欧洲债券市场的产生一定程度上就是为了规避美国的利息平衡税和外国投资者持有税而产生的。

问题：

（1）请结合本篇内容以及网络调研，从多个角度详细阐述我国缺乏固定收益产品创新的原因。

（2）请结合本篇内容以及现状，试阐述我国未来在固定收益产品方面可能的创新。

第二篇

金融产品与服务创新的
应用示范

第五章
契约型私募股权基金合约

本章导读

本章首先介绍了私募股权基金的三种组织形式，然后转摘了一份私募股权基金合约文本，目的是给读者提供一份完整的金融产品合约示范文本。

学习本章，要求了解私募股权基金，并能够应用金融产品与服务创新的基础理论与方法，在合约蓝本基础上创新设计出新款私募股权基金合约。

第一节 私募股权基金

私募股权基金有三种常见组织形式：合伙型、契约型以及公司型。其中合伙型出现的次数最多，使用的范围最广，而契约型则最为少见。对于私募基金的投资者和管理人自身而言，选择不同的组织形式对于双方的权利义务及最终的税收缴纳等都会存在差异。

一、公司型私募股权基金

公司型私募股权基金大多数会以有限责任公司类型发起设立。私募基金的投资人将作为股东出资，享有管理公司及参与收益分配等公司法所赋予其的权利。同时也应承担义务，以其出资额为限，对公司债务承担有限责任。

公司型私募股权基金在重大事项的决定上需要依据公司章程规定，通过董事会或股东会进行决策，因此其有着项目决策效率较低的缺点。同时，由于该类基金的设立形式为公司型，在基金获得投资收益后需要首先按规定缴纳企业所得税，其次在投资人层面上亦要缴纳个人所得税，大大增加了基金运营成本，也降低了投资人的利润空间，因此青睐该种形式设立基金的管理人及投资者不多。

二、合伙型私募股权基金

合伙型私募股权基金通常指有限合伙型私募股权基金，投资人作为有限合伙人（Limited Partner，LP）参与投资，以其认缴的出资额为限对基金承担有限责任。在实务中，私募管理人与普通合伙人（General Partner，GP）通常为同一人，对基金承担无限连带责任，偶尔也有委托外部管理人的情况。合伙型私募股权基金通常有固定的存续期间，存续期截止后，除全体投资人一致同意延长期限外，合伙型私募股权基金必须清算，并将获利分配给投资人。合伙型私募股权基金投资者的权利与义务主要来自于基金合同的约定，在将资金缴纳给管理人后，普通投资者基本无须参与基金的投资与运营，而是由普通合伙人全权负责。

根据合伙企业法第六条的规定：合伙企业的生产经营所得和其他所得，按照国家有关税收规定，由合伙人分别缴纳所得税。因此，合伙型私募股权基金的税收由合伙人各自承担，从而避免了公司型的双重征税问题，受市场主流管理人与投资者偏爱。

综上所述，管理人在发起及投资者在选择私募股权基金时，应首先考虑税收及自己需要哪些权利义务，其次也需要关注各地政府出台的私募基金优惠政策，提高私募基金的综合收益。

三、契约型私募股权基金

下面通过与公司型、合伙型私募股权基金进行要点对比分析，重点介绍契约型私募股权基金。

（一）契约型基金的基础要点

1. 基金募集人数要求

单只契约型基金的投资者人数累计不得超过 200 人，相比之下，有限合伙企业和有限责任公司不能超过 50 人。

2. 基金成立流程

契约型基金无须进行工商设立，仅需通过基金合同约定各种法律关系，成立流程更为简捷。然而合伙型和公司型企业都需进行工商设立，后续变更也需要完成工商变更等手续。

因契约型基金不具备民事主体资格，故在进行对外股权投资时，基金管理人通常会代契约型基金作为被投资企业的股东完成工商登记，造成基金财产被基金管理人代持的客观事实，存在一定风险。

3. 基金募集完毕的认定

根据《私募投资基金备案须知》（2019 年版）（以下简称《新备案须知》），契约型基金募集完毕指"投资者均签署基金合同，且相应认购款已进入基金托管账户（基金财产账户）"，故契约型基金需在全体投资人均完成出资义务后才认定为募集完毕，方能申请基金产品备案。

公司型和合伙型基金募集完毕的认定：已认缴公司型或合伙型私募投资基金的投资者均签署公司章程或合伙协议并进行工商确权登记，均已完成不低于 100 万元的首轮实缴出资且实缴资金已进入基金财产账户。

4. 基金的扩募

中国证券投资基金业协会的《新备案须知》对于契约型股权投资基金扩募的要求并未明确，经向该协会电话咨询，一旦基金完成备案，则不能扩募。

已备案的合伙型和公司型私募基金，若同时满足以下条件，可以新增投资者或增加既存投资者的认缴出资，但增加的认缴出资额不得超过备案时认缴出资额的 3 倍：基金由依法设立并取得基金托管资格的托管人托管；基金处在合同约定的投资期内；基金进行组合投资，投资于单一标的的资金不超过基金终认缴出资总额的 50%；经全体投资者一致同意或经全体投资者认可的决策机制决策通过。

5. 基金的托管

《新备案须知》规定，契约型私募投资基金应当由依法设立并取得基金托管资格的托管人托管，基金合同约定设置能够切实履行安全保管基金财产职责的基金份额持有人大会日常机构或基金受托人委员会等制度安排的除外。但经向中国证券投资基金业协会电话咨询，协会要求契约型基金必须进行托管。

此外，据了解，目前绝大部分商业银行在开展私募基金托管业务时都非常谨慎，并且提出了"存在自然人投资者即不接受托管""基金管理机构为民营企业即不接受托管"等限制要求。根据中国证券投资基金业协会查到的已备案的契约型私募股权基金托管机构情况，绝大部分契约型基金的托管机构为券商，因此可选择券商作为托管人。

6. 基金的存续期

《新备案须知》规定，私募投资基金应当约定明确的存续期。私募股权投资基金和私募资产配置基金约定的存续期不得少于 5 年，鼓励管理人设立存续期在 7 年及以上的私募股权投资基金。

经与中国证券投资基金业协会电话咨询确认，契约型、合伙型、公司型股权基金均应符合该条对投资期限的要求。

（二）契约型基金的税收

对于私募股权投资基金而言，主要有两个税种：一是所得税，包括企业所得税和个人所得税；二是增值税，即原来的营业税，"营改增"之后统称增值税。针对不同组织形式的基金（公司型、有限合伙型、契约型），在基金设立、投资及退出三个环节，涉及私募股权基金、基金管理人以及投资人的税务安排均有不同。

1. 契约型基金所得税

（1）基金层面：契约型基金非法人主体，因此不适用于《中华人民共和国企业所得税法》，基金本身也不是纳税义务主体，同样也不存在代扣代缴的问题。基金进行对外投资时，以管理人的名义进行，实质是由基金进行投资，因此投资取得的投资收益，管理人也无须承担纳税义务。

（2）投资者层面：由于契约型基金本身不存在纳税义务与代扣代缴义务，因此，由投资者对各自取得的投资收益自行申报纳税。投资者为自然人的，按照股息、红利所得或财产转让所得的 20% 税率缴纳个人所得税；投资者为机构的，按照 25% 的税率缴纳企业所得税。通过以上对比可发现，契约型基金与合伙型基金在税务处理上大致相似，都在一定情况下可避免双重征税。但区别在于，合伙型基金主体虽然没有纳税义务，但一般由管理人进行代扣代缴，所以投资者终到手的收益即税后收入。然而契约型基金主体本身没有纳税义务，且管理人不进行代扣代缴，因此，投资人取得的投资收益为税前收入。

2. 契约型基金的增值税

契约型基金主要需要解决三个层面的增值税问题：①投资环节包括法人投资者、自然人投资者以及资产支持计划等资管产品等；②运营环节，契约型基金对外的投资运营；③管理环节，基金管理人受人之托，代为提供资产管理服务，并获得管理报酬。

《财政部 税务总局关于资管产品增值税有关问题的通知》（财税〔2017〕56 号）第二条明确规定，"管理人接受投资者委托或信托对受托资产提供的管理服务以及管理人发生的除本通知第一条规定的其他增值税应税行为（以下简称其他业务），按照现行规定缴纳增值税。" 2016～2018 年出台的资管产品增值税政策，主要着眼于第二个层面"运营环节"。

契约型基金严格来讲是根据合同法设立的主体，而不是公司法、合伙企业法等设立的，不具备民事主体资格，虽然是一个独立的会计主体，但不具备增值税纳税主体身份。

契约型基金增值税缴纳的主要问题：纳税主体是谁。

自《财政部 国家税务总局关于明确金融房地产开发教育辅助服务等增值税政策的通知》（财税〔2016〕140 号）出台以来，《财政部 国家税务总局关于资管产品增值税政策有关问题的补充通知》（财税〔2017〕2 号、《财政部 国家税务总局关于资管产品增值税有关问题的通知》（财税〔2017〕56 号）等均明确规定，资管产品运营过程中发生的增值税应税行为，以资管产品管理人，而不是扣缴义务人，为增值税纳税人。

虽然此规定有效弥补了营业税税制下因纳税人规定不明而造成的纳税人缺失问题，但同时也与其他的法律法规有一定的冲突。例如，《中华人民共和国证券投资基金法》第八条规定："基金财产投资的相关税收，由基金份额持有人承担，基金管理人或者其他扣缴义务人按照国家有关税收征收的规定代扣代缴。"

此外，管理人作为纳税人的身份认定，违反了资管业务的交易逻辑，投资人与管理人之间本质上是"委托—代理"关系，管理人并不享受资管产品的财产权益。

与契约型基金所得税按"穿透"原则征税不同,自《财政部 国家税务总局关于明确金融房地产开发教育辅助服务等增值税政策的通知》(财税〔2016〕140号)施行之日起,将契约型基金运营层面和投资分配层面均作为增值税征税环节,并规定管理人为运营环节的纳税人,与《中华人民共和国增值税暂行条例》中纳税人的身份认定相违背,并可能导致重复征税(《财政部 税务总局关于资管产品增值税有关问题的通知》(财税〔2017〕56号规定,运营环节增值税按简易计税方法、3%征收率征收,能够适当缓解重复征税)。

此外,契约型基金运营环节的增值税终不是由管理人承担,管理人一般会通过在基金损益中列支或者提高服务费收入等方式将税负转嫁给投资者。

(三) 契约型基金需关注的问题

"三类股东"(包括契约型私募基金、资产管理计划和信托计划)因其组织形式特殊,可能存在层层嵌套、高杠杆以及背后出资人身份不透明等问题而导致其在IPO审核时一直被中国证券监督管理委员会发行审核委员会重点关注。

自2018年1月12日中国证券监督管理委员会(以下简称"证监会")以"新闻发布会问答环节"的形式公布了新三板挂牌企业申请IPO过程中遇到的"三类股东"问题审核政策以来,证监会在2018年6月向各家券商发布的《首发审核财务与会计知识问答》与《首发审核非财务知识问答》(以下合称为"IPO审核51条")中再次细化了"三类股东"的审核标准:①发行人控股股东、实际控制人、第一大股东不得为"三类股东"。②该"三类股东"已纳入金融监管部门有效监管,"三类股东"应按规定履行审批、备案或报告程序,其管理人已依法注册。此外,"三类股东"还应符合《中国人民银行 中国银行保险监督管理委员会 中国证券监督管理委员会 国家外汇管理局关于规范金融机构资产管理业务的指导意见》(银发〔2018〕106号)(以下合称为"资管新规")等文件的规定,尤其是关注关于资管产品杠杆、分级和嵌套的要求。③需对"三类股东"进行穿透核查、层层披露根据IPO审核51条的规定,原则上中介机构应对发行人的"三类股东"进行穿透核查,并应对发行人控股股东、实际控制人、董事、监事、管理人员及其亲属、本次发行的中介机构及其签字人员是否直接或间接在"三类股东"中持有权益发表明确意见。

对于实践中因客观原因确实无法完成穿透披露或核查的,则在中介机构有明确的肯定性意见的情况下,本着重要性原则个案处理。

"三类股东"存续期应符合现行锁定期和减持规则:鉴于"三类股东"一般存续期较短,如存在不满足现行锁定期和减持规则规定的,证监会要求需对该"三类股东"的存续期及续期做出合理安排,建议由相关方签署产品延期的补充协议并办理延期备案(可参考文灿股份)。

"三类股东"规则目前仅适用于新三板挂牌公司:证监会在2018年1月12日"新闻发布会问答环节"中的原文为"经反复研究论证,近期明确了新三板挂牌企业申请IPO时存在三类股东的监管政策",而IPO审核51条中亦明确对于拟上市公司尚未在新三板挂牌的,建议在政策执行初期,暂不允许其股东中存在"三类股东"。故谨慎起见,如果存在"三类股东"的非新三板企业,可能需要整改、清理所有"三类股东"问题,或者先申请挂牌新三板,再进行IPO转板。

第二节　契约型私募股权基金合同文本

本节转摘一份契约型私募股权基金合约文本,目的是给读者提供一份完整的金融产品合约示范,同时也方便读者创新设计出新版本私募股权基金合约。

一、前言

第一，订立本合同的目的、依据和原则。

订立本合同的目的是为了明确基金份额持有人、基金管理人和基金托管人作为本合同当事人的权利、义务及职责，确保基金规范运作，保护当事人各方的合法权益。

订立本合同的依据是《中华人民共和国合同法》（以下简称《合同法》）、《中华人民共和国证券投资基金法》（以下简称《基金法》）、《私募投资基金监督管理暂行办法》（以下简称《私募办法》）、《私募投资基金管理人登记和基金备案办法（试行）》（以下简称《登记备案办法》）、《私募投资基金合同指引1号（契约型私募基金合同内容与格式指引)》（以下简称《合同指引》）、《私募投资基金募集行为管理办法》（以下简称《募集行为办法》）、《私募投资基金信息披露管理办法》等有关机关颁布的有关法律、法规、部门规章、自律规则等规范性文件。若因法律法规的制定或修改导致本合同的内容与届时有效的法律法规的规定存在冲突的，应当以届时有效的法律法规的规定为准，各方当事人应及时对本合同进行相应变更和调整。

订立本合同的原则是平等自愿、诚实信用、充分保护本合同当事人的合法权益。

第二，本合同是约定本合同当事人之间基本权利义务的法律文件，其他与本基金相关的涉及本合同当事人之间权利义务关系的任何文件或表述，如与本合同不一致或有冲突的，均以本合同为准。本合同的当事人包括基金份额持有人、基金管理人和基金托管人。基金份额持有人自签订本合同之日起即成为本合同的当事人。在本合同存续期间，基金份额持有人自全部赎回本基金之日起，不再是本基金的份额持有人和本合同的当事人。除本合同另有约定外，每份基金份额具有同等的合法权益。

第三，中国证券投资基金业协会接受本合同的备案并不构成对私募基金管理人投资能力、持续合规情况的认可；不作为对基金财产安全的保证；不表明其对基金的价值和收益做出实质性判断或保证，也不表明投资于基金没有风险。

二、释义

在本合同中，除上下文另有规定外，下列用语应当具有如下含义：

本合同/基金合同/本协议：指《××基金基金合同》及其附件，以及任何对其有效的变更和补充。

本基金：指××基金。

本合同当事人：指受本合同约束，根据本合同享有权利并承担义务的基金管理人、基金托管人和基金份额持有人。

私募基金：指在中华人民共和国境内，以非公开方式向合格投资者募集资金设立，并通过投资获取收益的投资基金。

基金投资者/私募基金投资者：指依法可以投资私募基金，具备相应风险识别能力和承担与投资本基金相关风险能力的个人投资者、机构投资者以及法律法规或证监会允许购买私募基金的其他合格投资者。

基金管理人：指××管理有限公司。

基金托管人：指××证券股份有限公司。

基金份额持有人：指签署本合同，履行出资义务并且取得基金份额的基金投资者。

外包服务机构：指接受基金管理人委托，根据与其签订的外包服务协议中约定的服务范围，为本基金提供份额注册登记、基金估值等服务的机构，本基金的外包服务机构为××证券股份有限公司。

销售机构：指符合证监会规定的条件，取得基金销售业务资格并与基金管理人签署本基金销售服务协议，代为办理本基金销售业务的机构。

中国证券投资基金业协会或基金业协会：指由证券投资基金行业相关机构自愿结成的全国性、行业性、非营利性社会组织。

证监会：指中国证券监督管理委员会。

中登公司：指中国证券登记结算有限责任公司，包括其上海分公司和深圳分公司。

全国中小企业股份转让系统：指经国务院批准设立的全国性证券交易场所，全国中小企业股份转让系统有限责任公司为其运营管理机构（俗称"新三板"）。

交易日：指上海证券交易所、深圳证券交易所和全国中小企业股份转让系统等交易所的正常交易日。

工作日：指基金管理人和基金托管人办理日常业务的营业日。

开放日（如有）：指基金管理人办理基金申购、赎回业务的工作日。

开放期（如有）：指基金管理人办理基金申购、赎回业务的所有工作日。

T 日：指本基金的认购、申购、赎回、分红、投资交易等特定行为发生日。

T+n 日：指 T 日后的第 n 个工作日，当 n 为负数时表示 T 日前的第 n 个工作日。

基金财产、基金资产：指基金份额持有人拥有合法所有权或处分权、委托基金管理人管理并由基金托管人托管的作为本合同标的的财产。

托管资金账户、托管账户：指基金托管人为基金财产在具有基金托管资格的商业银行开立的银行结算账户，用于基金财产中现金资产的归集、存放与支付，该账户不得存放其他性质的资金。

证券账户：指根据证监会有关规定和中登公司等相关机构的有关业务规则，由基金管理人或基金托管人为基金财产在中登公司上海分公司、深圳分公司开设的专用证券账户，以及在中央国债登记结算有限责任公司及银行间市场清算所股份有限公司开立的有关账户。

证券交易资金账户、证券资金账户：指基金管理人为基金财产在证券经纪机构下属的证券营业部开立的证券交易资金账户，用于基金财产证券交易结算资金的存管、记载交易结算资金的变动明细以及场内证券交易清算。证券交易资金账户按照"第三方存管"模式与托管账户建立一一对应关系，由基金托管人通过银证转账的方式完成资金划付。

募集结算专用账户：指由外包服务机构接受基金管理人委托代为提供基金服务的专用账户，用于统一归集本基金募集结算资金、向投资者分配收益、给付赎回款项以及分配基金清算后的剩余基金财产等。

募集结算资金：指由募集机构归集的，在投资者资金账户与本基金托管资金账户之间划转的往来资金。

基金资产总值：指本基金拥有的各类有价证券、银行存款本息及其他资产的价值总和。

基金资产净值：指本基金资产总值减去负债后的价值。

基金单位净值、基金份额净值：指计算日基金资产净值除以计算日基金份额总数所得的数值。

基金资产估值：指计算、评估基金资产和负债的价值，以确定本基金资产净值和基金份额净值的过程。

募集期：指本基金的募集期限。

存续期：指本基金成立至清算完毕之间的期间。

认购：指在募集期间，基金投资者按照本合同的约定购买本基金份额的行为。

申购：指在基金开放日，基金投资者按照本合同的规定购买本基金份额的行为。

赎回：指在基金开放日，基金份额持有人按照本合同的规定将本基金份额兑换为现金的行为。

不可抗力：指本合同当事人不能预见、不能避免并不能克服的客观情况。

财务顾问：指××有限公司。

三、声明与承诺

（一）基金管理人声明与承诺

基金管理人保证在募集资金前已在中国证券投资基金业协会登记为私募基金管理人（私募基金管理人登记编码）。基金管理人向投资者特别声明：中国证券投资基金业协会为私募基金管理人和私募基金办理登记备案不构成对私募基金管理人投资能力、持续合规情况的认可，不作为对基金财产安全的保证。

基金管理人保证已在签署本合同前充分地向基金投资者说明了有关法律法规和相关投资工具的运作市场及方式，同时揭示了相关风险；已经了解基金投资者的风险偏好、风险认知能力和承受能力，对基金投资者的财务状况进行了充分评估。基金管理人承诺依照恪尽职守、诚实信用、谨慎勤勉的原则管理和运用基金财产，但不保证基金财产一定盈利，也不保证投资者的投资本金不受损失或者取得最低收益。

（二）基金托管人声明与承诺

基金托管人承诺依照恪尽职守、诚实信用、谨慎勤勉的原则，按照本合同的规定安全保管基金财产，并履行本合同约定的其他义务。基金托管人对基金财产的保管，并非对基金财产本金或收益的保证或承诺，基金托管人不承担基金财产的投资风险；对于基金份额持有人和基金管理人规定的收益分配等内容，基金托管人不承担任何责任。由于本基金的设计安排、管理、运作模式而产生的经济责任和法律责任，基金托管人不予承担。

（三）基金投资者的声明与承诺

基金投资者承诺已按《私募办法》的要求向基金管理人（或基金销售机构）披露其最终投资者并声明其符合《私募办法》、相关法律法规、证监会及本合同规定的关于私募投资基金合格投资者的相关标准，其投资本基金的财产为其拥有合法所有权或处分权的资产。基金投资者保证财产的来源及用途符合国家有关规定，不存在非法汇集他人资金投资的情形，保证有完全及合法的授权委托基金管理人和基金托管人进行该财产的投资管理和托管业务，保证没有任何其他限制性条件妨碍基金管理人和基金托管人对该财产行使相关权利且该权利不会被任何其他第三方质疑。

基金投资者保证已充分理解本合同条款，了解相关权利义务，了解有关法律法规及所投资基金的风险收益特征，愿意承担相应的投资风险，且投资事项符合其业务决策程序的要求。

基金投资者承诺其向基金管理人提供的有关投资目的、投资偏好、投资限制、财产收入情况和风险承受能力等基本情况真实、完整、准确、合法，不存在任何重大遗漏或误导。前述信息资料如发生任何实质性变更，应当及时告知基金管理人或募集机构。基金投资者知晓并认可，基金管理人、基金托管人及相关机构不对基金财产的收益状况做出任何承诺或担保。

四、私募基金的基本情况

（1）基金的名称：××基金。

（2）基金的运作方式：封闭式运作。

（3）基金的计划募集总额：本基金初始募集总额不低于 2100 万元。

（4）基金的投资目标：在严格控制投资风险的前提下，力争为基金投资者创造稳健的收益和回报。

（5）基金的投资范围：

本基金的投资范围包括：＿＿＿＿＿＿＿＿。

在满足法律法规和监管部门要求的前提下，经全体基金份额持有人和基金托管人书面同意后，基金管理人可以相应调整本基金的投资范围，基金托管人自收到管理人执行投资范围变更程序的书面通知后履行对调整后投资范围的监督职责。

（6）基金的存续期限：1+1 年，自本基金成立之日起至届满 1 年对应日止为基金投资和退出期（不含本日），如对应日为非工作日，则顺延至下一工作日，如本基金存续期满 1 年，基金所持有的股权或股票无法及时变现，管理人有权决定展期 1 年。在展期结束后，如本基金所持有股权或股票未全部变现，在符合法律法规且满足一定条件下，本基金管理人有权将本基金未变现资产原状分配给基金投资者。如发生本合同约定的终止情形，导致基金提前终止的，基金的存续期为自本基金成立之日（含）起至本基金提前终止日（不含本日）止的期限。以上存续期统称为"基金的存续期"。

（7）本基金的封闭期：自基金成立之日起至本基金终止之日封闭运作。

（8）本基金的开放日：本基金封闭式运作，存续期间不设开放日办理申购和赎回业务。

（9）基金份额的初始募集面值：人民币 1.00 元。

（10）基金的结构化安排：本基金存续期间不设置结构化安排。

（11）基金的托管：本基金的托管人为××证券股份有限公司，基金托管人的权利和义务以本基金合同的约定为准。

（12）基金的外包服务机构：基金管理人有权聘任外包服务机构承担本基金募集资金清算、份额登记、估值核算等后台运营支持外包服务，但基金管理人将相关基金运营事项委托外包服务机构代为办理并不意味着基金管理人放弃相应事项的管理职责，外包服务机构不是本基金合同的当事人，对基金的投资运作不承担任何责任。外包服务机构的权利义务由基金管理人与其签订的相关《外包服务协议》另行约定。基金管理人就外包服务机构的服务质量对基金投资者负责。本基金的外包服务机构为××证券股份有限公司（外包业务登记编码：＿＿＿＿）。

（13）本基金的财务顾问。

基金管理人为本基金聘请财务顾问。本基金的财务顾问为××有限公司。无论本合同其他条款如何约定，为履行财务顾问业务之目的，基金管理人可以向财务顾问披露本基金合同及/或其他相关文件，但应促使财务顾问对所获信息保密。

（14）其他。

除本合同另有约定外，基金应当设定为均等份额，每份基金份额具有同等的合法权益。

五、私募基金的结构化安排

本基金存续期间不设置结构化安排。

六、私募基金的募集

（一）基金份额的募集期限、募集机构和募集方式、募集对象

1. 募集期限

本基金募集期限自基金发售之日起原则上不超过 1 个月，具体募集期（或称认购期、发行期）由基金管理人根据相关法律法规以及本合同的规定确定并告知基金合同各方当事人。同时，基金管理人有权根据本基金销售的实际情况延长或缩短募集期，此类变更适用于所有销售机构。延长或缩短募集期的相关信息通过约定方式告知基金份额持有人，即视为履行完毕延长或缩短募集期的程序。基金管理人发布通知提前结束募集的，本基金自通知之时起不再接受认购申请。

2. 募集机构和募集方式

本基金的募集机构为直销机构（基金管理人）和基金管理人委托的销售机构（以下简称"代销机构"）。基金管理人可以根据需要增加、变更基金销售机构。

基金管理人及其委托的代销机构不得向合格投资者之外的单位和个人募集资金，不得通过报刊、电台、电视、互联网等公众传播媒体或者讲座、报告会、分析会和布告、传单、手机短信、微信、博客和电子邮件等方式，向不特定对象宣传推介。基金管理人及其委托的代销机构的募集行为应当持续符合《私募投资基金募集行为管理办法》的规定。

基金管理人委托代销机构销售本基金的，应当以书面形式签订基金销售协议，并将协议中关于基金管理人与代销机构权利义务划分以及其他涉及投资者利益的部分在投资者签署本基金合同时一并提供给基金投资者。基金代销机构负责向投资者说明相关内容。如果基金销售协议与投资者在签署本基金合同时所接收的材料中关于基金销售的内容不一致的，以投资者签署本基金合同时所接收到的材料为准。

3. 基金份额的募集对象

（1）具备相应风险识别能力和风险承担能力，投资于单只私募基金的金额不低于100万元且符合下列相关标准的单位和个人：①净资产不低于1000万元的单位；②金融资产不低于300万元或者最近三年个人年均收入不低于50万元的个人。

前款所称金融资产包括银行存款、股票、债券、基金份额、资产管理计划、银行理财产品、信托计划、保险产品、期货权益等。

（2）社会保障基金、企业年金等养老基金、慈善基金等社会公益基金、依法设立并在中国证券投资基金业协会备案的投资计划、投资于所管理私募基金的私募基金管理人及其从业人员，以及证监会规定的其他合格投资者。

基金管理人及其委托的代销机构应当在完成合格投资者确认程序后签署本基金合同。

（二）基金的认购事项

1. 合格投资者人数上限

本基金的份额持有人人数规模上限为200人。基金管理人在募集期限每个工作日可接受的人数限制内，按照"时间优先、金额优先"的原则确认有效认购申请。超出基金人数规模上限的认购申请为无效申请。

通过代销机构进行认购的，人数规模控制以基金管理人和代销机构约定的方式为准。

2. 认购费用

本基金不收取认购费。

3. 认购申请的确认

认购申请确认后不得撤销。销售机构受理认购申请并不表示对该申请成功的确认，而仅代表销售机构确实收到了认购申请。认购的确认以基金份额登记机构的确认结果为准。

4. 认购份额的计算方式

认购份额=认购金额÷面值

认购份额保留到小数点后2位，小数点后第3位四舍五入，由此产生的误差计入基金财产。

5. 募集期限内投资者资金的管理

募集期限内，投资者的认购资金应存入本基金募集结算专用账户，在基金初始销售行为结束前，任何机构和个人不得动用，投资者认购资金所产生的利息（以同期中国人民银行公布的活期利率计算）计入基金财产。

（三）基金份额认购金额、付款期限

1. 认购和持有限额

基金投资者认购本基金，以人民币转账形式交付。基金不接受现金方式认购，在直销机构认购的投资者须将认购资金从在中国境内开立的自有银行账户一次性全额划款至募集结算专用账户，在代销机构认购的投资者按代销机构的规定缴付资金。

投资者在募集期限的认购金额不得低于 100 万元人民币，并可多次认购，募集期限追加认购金额应为 10 万元人民币的整数倍。

2. 认购申请的款项支付

认购采用全额交款方式，若资金在规定时间内未全额到账则认购不成功，即为无效申请，已交付的委托款项将退回基金投资者指定的资金账户，不计利息。

（四）投资者冷静期及投资者回访确认

1. 投资冷静期的设置

（1）本基金为基金投资者设置不少于 24 小时的投资冷静期，募集机构在投资冷静期内不得主动联系投资者。

（2）投资冷静期自基金合同签署完毕且投资者交纳认购基金的款项后起算。

2. 回访确认

（1）募集机构应当在投资冷静期满后，指令本机构从事基金销售推介业务以外的人员以录音电话、电邮、信函等适当方式进行投资回访。回访过程不得出现诱导性陈述。

（2）募集机构在投资冷静期内进行的回访确认无效。

（3）回访应当包括但不限于以下内容：确认受访人是否为投资者本人或机构；确认投资者是否为自己购买了本基金以及投资者是否按照要求亲笔签名或盖章；确认投资者是否已经阅读并理解基金合同和风险揭示的内容；确认投资者的风险识别能力及风险承担能力是否与本基金风险等级相匹配；确认投资者是否知悉投资者承担的主要费用及费率，投资者的重要权利、本基金信息披露的内容、方式及频率；确认投资者是否知悉未来可能承担投资损失；确认投资者是否知悉投资冷静期的起算时间、期间以及享有的权利；确认投资者是否知悉纠纷解决安排。

（4）基金投资者在募集机构回访确认成功前有权解除基金合同。出现前述情形时，募集机构应当按合同约定及时退还基金投资者的全部认购款项。

（5）未经回访确认成功，投资者交纳的认购基金款项不得由募集账户划转到基金托管账户，基金管理人不得投资运作投资者交纳的认购基金款项。

3. 基金投资者属于以下情形的，募集机构可以不设置投资冷静期和不进行回访确认

（1）社会保障基金、企业年金等养老基金，慈善基金等社会公益基金。

（2）依法设立并在中国证券投资基金业协会备案的私募基金产品。

（3）受国务院金融监督管理机构监管的金融产品。

（4）投资于所管理私募基金的私募基金管理人及其从业人员。

（5）投资者为专业投资机构的。

（6）法律法规、证监会和中国证券投资基金业协会规定的其他投资者。

（五）募集结算专用账户

第一，基金管理人委托基金外包服务机构开立基金募集结算专用账户，用于统一归集私募基金募集结算资金、向投资者分配收益、给付赎回款项以及分配基金清算后的剩余基金财产等。

第二，募集结算资金从投资者资金账户划出，到达本基金托管资金账户之前，属于投资者的合法财产。

第三，募集结算专用账户是外包服务机构接受基金管理人委托代为提供基金服务的专用账户，并不代表外包服务机构接受投资者的认购或申购资金，也不表明外包服务机构对本基金的价值和收益做出实质性判断或保证，也不表明投资于本基金没有风险。在募集结算专用账户的使用过程中，基金管理人应就其自身操作不当等原因所造成的损失承担相关责任，外包服务机构对于基金管理人的投资运作不承担任何责任。

第四，募集结算专用账户信息如下：

账户名：××证券基金外包募集专户（××基金）

账号：

开户行：

大额支付号：

第五，募集结算专用账户监督机构。××证券股份有限公司作为外包服务机构，为本基金募集结算专用账户提供管理服务，对募集结算资金专用账户实施监督。基金管理人与外包服务机构不再另行订立账户监督协议，账户监督事项以双方签订的外包服务协议的约定为准。

七、私募基金的成立与备案

（一）基金合同签署的方式

本基金采用纸质方式签署相关合同。

（二）基金成立的条件

本基金募集期结束后，符合下列条件的，基金管理人将全部募集资金划入托管账户，基金托管人核实资金到账情况后，出具募集资金到账确认函，基金成立：基金份额持有人人数不超过 200 人；基金的初始资产合计不低于＿＿＿＿＿万元人民币，证监会另有规定的除外。

基金托管人的职责自基金成立后开始。

（三）基金的备案

基金管理人在募集完成后 20 个工作日内，向基金业协会办理基金备案手续。若基金备案失败，按照募集失败的方式处理。

基金备案完成前，不得进行投资运作。

（四）募集失败的处理方式

基金募集期限届满，不能满足基金设立条件的，基金管理人应当承担下列责任：以其固有财产承担因募集行为而产生的债务和费用；在募集期限届满后 30 个工作日内返还基金投资者已缴纳的款项，并加计银行同期活期存款利息。

八、私募基金的申购、赎回和转让

（一）申购和赎回概述

本基金存续期间封闭式运作，不开放申购和赎回业务。

（二）基金份额的非交易过户

非交易过户是指不采用申购、赎回等交易方式，将一定数量的基金份额按照一定的规则从某一基金份额持有人账户转移到另一基金份额持有人账户的行为。非交易过户包括继承、捐赠、司法强制执行以及基金份额登记机构认可、符合法律法规的其他类型。办理非交易过户必须提供基金份额登记机构要求提供的相关资料，接收划转的主体必须是依法可以持有本基金份额的合格投资者。

继承是指基金份额持有人死亡，其持有的基金份额由其合法的继承人继承；捐赠指基金份额持有人将其合法持有的基金份额捐赠给福利性质的基金会或社会团体；司法强制执行是指司法机关依据生效司法文书将基金份额持有人持有的基金份额强制划转给其他自然人、法人或其他组织。办理非交易过户必须提供基金份额登记机构要求提供的相关资料，对于符合条件的非交易过户申请按基金份额登记机构的规定办理，并按基金份额登记机构规定的标准收费。

（三）基金份额的冻结与解冻

本基金的基金份额冻结与解冻包括但仅限于人民法院、人民检察院、公安机关及其他国家机关依法要求的基金份额冻结与解冻事项，以及基金份额登记机构认可、符合法律法规的其他情况下的冻结与解冻事项。基金注册登记账户或基金份额被冻结的，被冻结基金份额所产生的权益一并冻结，法律法规、证监会或法院判决、裁定另有规定的除外。

（四）基金的质押

在不违反届时有效的法律法规的条件下，基金份额登记机构可以办理基金份额的质押业务或其他业务，公布并实施相应的业务规则。

（五）基金份额的转让

本基金份额持有人可以通过以下两种方式办理基金份额转让业务，但均应满足在转让期间及转让后，持有基金份额的合格投资者数量合计不得超过200人。

第一，基金份额持有人可通过现时或将来法律、法规或监管机构允许的方式办理基金份额转让业务，其转让地点、时间、规则、费用等按照相关办理机构的规则执行。

第二，以基金份额持有人与基金管理人约定的方式进行基金份额转让。

转让程序：

转让方、受让方、管理人签订基金份额转让协议；

受让方如是本基金的新进投资者，还需符合合格投资者等相关规定，并签订本基金合同，受让方是否为合格投资者的资格审核职责由基金管理人承担；

管理人将基金份额转让协议交由份额登记机构，并同时抄送本基金托管人；

受让方将基金份额转让款划转至本产品募集结算专用账户；

份额登记机构根据转让协议办理转让份额的过户，并同时将转让款划转至转让方指定收款账户。

基金份额转让协议至少要包含的内容：

转让方名称、身份信息、联系信息，购买基金的时间、份额数量；

受让方名称、身份信息、联系信息；

双方的银行结算账户信息；

转让标的（要注明协会备案编码）、价格（管理人、转让方、受让方三方共同协商确定）、份额数量、转让款总额；

交收方式（受让方将受让款全额划款至产品募集结算专用账户，由份额登记机构依据转让协议核实资金到账情况，并根据管理人确认的转让信息办理转让款、份额的交割）；

转让方、受让方、管理人三方签字盖章确认，转让协议方可生效。

采取第二种转让方式进行基金份额转让所引起的纠纷由基金管理人、基金份额转让方、基金份额受让方负责解决。基金托管人和份额登记机构不负责监督本基金的份额转让也不承担因份额转让而引起的任何责任。

九、当事人的权利和义务

（一）基金份额持有人

1. 基金份额持有人的基本信息

基金投资者签署本合同，履行出资义务并取得基金份额，即成为本基金份额持有人。基金份额持有人的详细情况在合同签署页列示。

2. 基金份额持有人的权利

（1）取得基金财产收益；

（2）取得清算后的剩余基金财产；

（3）按照基金合同的约定申购、赎回和转让基金；

（4）根据基金合同的规定，参加或申请召集基金份额持有人大会，行使相关职权；

（5）监督私募基金管理人、私募基金托管人履行投资管理及托管义务的情况；

（6）按照基金合同约定的时间和方式获得基金信息披露资料；

（7）因私募基金管理人、私募基金托管人违反法律法规或基金合同的约定导致合法权益受到损害的，有权得到赔偿；

（8）法律法规、证监会及中国证券投资基金业协会规定的和基金合同约定的其他权利。

3. 基金份额持有人的义务

（1）认真阅读基金合同，保证投资资金的来源及用途合法；

（2）接受合格投资者认定程序，如实填写风险识别能力和承担能力问卷，如实承诺资产或者收入情况，如实提供必要的资产证明文件或收入证明并对其真实性、准确性和完整性负责，承诺为合格投资者并签署《合格投资者承诺书》；

（3）以合伙企业、契约等非法人形式汇集多数投资者资金直接或者间接投资于本基金的，应向基金管理人充分披露上述情况及最终投资者的信息，但符合《私募办法》第十三条规定的除外；

（4）认真阅读并签署风险揭示书；

（5）按照基金合同约定缴纳基金份额的认购、申购款项及规定的费用，承担基金合同约定的管理费、托管费及其他相关费用；

（6）按照基金合同约定承担基金的投资损失；

（7）向基金管理人或基金募集机构提供法律法规规定的信息资料及身份证明文件，配合基金管理人或其募集机构的尽职调查与反洗钱工作；

（8）保守商业秘密，不得泄露基金的投资计划或意向等；

（9）不得违反基金合同的约定干涉基金管理人的投资行为；

（10）不得从事任何有损基金及其投资者、基金管理人管理的其他基金及基金托管人托管的其他基金合法权益的活动；

（11）保证其享有签署包括本合同在内的基金相关文件的权利，并就签署行为已履行必要的批准或授权手续，且履行上述文件不会违反任何对其有约束力的法律法规、公司章程、合同协议的约定；

（12）法律法规、证监会及中国证券投资基金业协会规定和基金合同约定的其他义务。

（二）基金管理人

1. 基金管理人的基本信息

名称：××管理有限公司

住所：

法定代表人/负责人：

联系人：

通讯地址：

联系电话：

2. 基金管理人的权利

（1）按照基金合同约定，独立管理和运用基金财产。

（2）按照基金合同约定，及时、足额获得私募基金管理人管理费用及业绩报酬（如有）。

（3）按照有关规定和基金合同约定行使因基金财产投资所产生的权利。

（4）根据基金合同及其他有关规定，监督基金托管人，对于基金托管人违反基金合同或有关法律法规规定、对基金财产及其他当事人的利益造成重大损失的，应当及时采取措施制止。

（5）基金管理人为保护投资者权益，可以在法律法规规定范围内，根据市场情况对本基金的认购、申购业务规则（包括但不限于基金总规模、单个基金投资者首次认购、申购金额、每次申购金额及持有的本基金总金额限制等）进行调整。

（6）以基金管理人的名义，代表本基金与其他第三方签署基金投资相关协议文件、行使诉讼权利或者实施其他法律行为。

（7）自行销售或者委托有基金销售资格的机构销售基金，制定和调整有关基金销售的业务规则，并对销售机构的销售行为进行必要的监督。

（8）自行担任或者委托第三方机构进行注册登记、估值核算及信息披露等业务，并对第三方机构的代理行为进行监督和检查，但基金管理人依法应当承担的责任不因委托而免除。

（9）基金管理人有权减免投资人的认购费、申购费。

（10）依据本合同及有关法律规定决定基金收益的分配方案。

（11）对基金份额持有人进行尽职调查或委托代理销售机构对基金份额持有人进行尽职调查，要求基金份额持有人提供相关证明文件、资料，并在上述文件和资料发生变更时，及时提交变更后的相关文件与资料。

（12）基金管理人有权代表基金与财务顾问另行签署相关财务顾问协议（"财务顾问协议"）或其他协议，对相关权利、义务进行约定，包括但不限于下列内容：

1）财务顾问的权利：

Ⅰ. 按照本合同的约定，及时、足额获得财务顾问费用；

Ⅱ. 国家有关法律法规、监管机构及本合同、财务顾问协议规定的其他权利。

2）财务顾问的义务：

Ⅰ. 自财务顾问协议及本合同生效之日起，按照诚实信用、勤勉尽责的原则为基金提供相关服务；

Ⅱ. 在履行财务顾问职责过程中，禁止从事内幕交易、操纵市场等违规行为；

Ⅲ. 保守商业秘密，除法律法规、本合同及其他有关规定另有规定外，不得向他人泄露；

Ⅳ. 不得提供任何恶意损害基金财产及其他当事人利益的投资建议；

Ⅴ. 投资建议不得违反本合同的投资限制及禁止行为；

Ⅵ. 国家有关法律法规、监管机构及本合同、财务顾问协议规定的其他义务。

（13）法律法规、证监会及中国证券投资基金业协会规定的和基金合同约定的其他权利。

3. 基金管理人的义务

（1）履行基金管理人登记和私募基金备案手续；

（2）按照诚实信用、勤勉尽责的原则履行受托人义务，管理和运用基金财产；

（3）制作调查问卷，对投资者的风险识别能力和风险承担能力进行评估，向符合法律法规规定的合格投资者非公开募集资金；

（4）制作风险揭示书，向投资者充分揭示相关风险；

（5）配备足够的具有专业能力的人员进行投资分析、决策，以专业化的经营方式管理和运作基金财产；

（6）建立健全内部制度，保证所管理的基金财产与其管理的其他基金财产和基金管理人的固有财产相互独立，对所管理的不同财产分别管理，分别记账、分别投资；

（7）不得利用基金财产或者职务之便，为本人或者投资者以外的人牟取利益，进行利益输送；

（8）自行担任或者委托其他机构担任基金的基金份额登记机构，委托其他基金份额登记机构办理注册登记业务时，对基金份额登记机构的行为进行必要的监督；

（9）按照基金合同约定接受投资者和基金托管人的监督；

（10）按照基金合同约定及时向托管人提供非证券类资产凭证或股权证明（包括股东名册和工商部门出具并加盖公章的权利证明文件）等重要文件扫描件（或复印件）（如有）；

（11）按照基金合同约定负责基金会计核算并编制基金财务会计报告；

（12）按照基金合同约定计算并向投资者报告基金份额净值；

（13）根据法律法规与基金合同的规定，对投资者进行必要的信息披露，揭示基金资产运作情况，包括编制和向投资者提供基金定期报告；

（14）确定基金份额申购、赎回价格，采取适当、合理的措施确定基金份额交易价格的计算方法符合法律法规的规定和合同的约定；

（15）保守商业秘密，不得泄露基金的投资计划或意向等，法律法规另有规定的除外；

（16）保存基金投资业务活动的全部会计资料，并妥善保存有关的合同、交易记录及其他相关资料，保存期限自基金清算终止之日起不得少于10年；

（17）公平对待所管理的不同基金财产，不得从事任何有损基金财产及其他当事人利益的活动；

（18）按照基金合同的约定确定私募基金收益分配方案，及时向投资者分配收益；

（19）组织并参加基金财产清算小组，参与基金财产的保管、清理、估价、变现和分配；

（20）建立并保存投资者名册；

（21）面临解散、依法被撤销或者被依法宣告破产时，及时报告中国证券投资基金业协会并通知基金托管人和基金投资者；

（22）确保证券/期货经纪服务机构及时向基金托管人、外包服务机构发送结算数据、对账单等估值所需的资料；

（23）妥善保管并按基金托管人要求及时向基金托管人移交基金投资者签署的基金合同原件，因基金管理人未妥善保管或未及时向基金托管人移交基金合同原件导致基金托管人损失的，基金管理人应予以赔偿；

（24）确保本基金的募集行为、运作行为符合相关法律法规规定；

（25）因违反本合同导致基金财产的损失或损害基金份额持有人的合法权益时，应承担赔偿责任，其赔偿责任不因其退出而免除；

（26）当基金管理人将其义务委托第三方处理时，应当对第三方处理有关基金事务的行为承担责任；

（27）如本基金由两个以上（含两个）管理人共同管理的，所有管理人对基金份额持有人承担连带责任；

（28）法律法规、证监会及中国证券投资基金业协会规定的和基金合同约定的其他义务。

（三）基金托管人

1. 基金托管人概况

名称：××证券股份有限公司

住所：

法定代表人：

通讯地址：

联系人：

联系电话：

2. 基金托管人的权利

（1）按照合同的约定，及时、足额获得基金托管费用；

（2）依据法律法规规定和合同约定，监督私募基金管理人对基金财产的投资运作，对于私募基金管理人违反法律法规规定和合同约定、对基金财产及其他当事人的利益造成重大损失的情形，有权报告中国基金业协会并采取必要措施；

（3）按照基金合同约定，依法保管基金财产；

（4）除法律法规另有规定的情况外，基金托管人对因基金管理人过错造成的基金财产损失不承担责任；

（5）因基金管理人的违规失信行为给基金财产或者基金份额持有人造成损害的，托管人有权督促基金管理人及时予以赔偿；

（6）国家有关法律法规、监管机构及本合同规定的其他权利。

3. 基金托管人的义务

（1）安全保管基金财产，但对于已划转出托管账户的基金资产，以及处于托管人实际控制之外的基金资产不承担保管责任。

（2）具有符合要求的营业场所，配备足够的、合格专职人员，负责基金财产托管事宜。

（3）对所托管的不同基金财产分别设置账户，确保基金财产的完整与独立。

（4）除依据法律法规规定和基金合同的约定外，不得为基金托管人及任何第三人谋取利益，不得委托第三人托管基金财产。

（5）按规定开立和注销基金财产的托管资金账户、证券账户、期货账户等投资所需账户。

（6）复核基金份额净值。

（7）办理与基金托管业务有关的信息披露事项。

（8）根据相关法律法规和基金合同约定复核基金管理人编制的基金定期报告，并定期出具书面意见。

（9）按照基金合同约定，根据基金管理人或其授权人的资金划拨指令，及时办理清算、交割事宜。

（10）根据法律法规规定，妥善保存基金管理业务活动有关合同、协议、凭证等文件资料，因基金管理人未能按照法律规定及本合同约定及时向基金托管人移交上述文件资料导致的法律责任，由基金管理人自行承担。

（11）公平对待所托管的不同基金财产，不得从事任何有损基金财产及其他当事人利益的活动。

（12）保守商业秘密，除法律法规规定和基金合同约定外，不得向他人泄露本基金的有关信息。

（13）根据相关法律法规要求的保存期限，保存基金投资业务活动的全部会计资料，并妥善保存有关的合同、交易记录及其他相关资料。

（14）监督基金管理人的投资运作，发现基金管理人的投资指令违反法律法规的规定及基金合同约定的，应当拒绝执行，立即通知基金管理人；发现基金管理人依据交易程序已经生效的投资指令违反法律法规的规定及基金合同约定的，应当立即通知基金管理人。

（15）按照基金合同约定制作相关账册并与基金管理人核对。

（16）国家有关法律法规、监管机构及本合同规定的其他义务。

十、基金份额持有人大会及日常机构

（1）基金份额持有人大会由基金份额持有人组成，基金份额持有人的合法授权代表有权代表基金份额持有人出席会议并表决。基金份额持有人持有的每一基金份额（不区分优先、普通、进取、劣后份额）具有同等的投票权。

1）除法律法规、证监会和基金合同另有规定外，当本基金出现对基金份额持有人权利义务产生重大影响的情形（包括但不限于以下情形）的，应当召开基金份额持有人大会：

①决定延长基金合同期限；

②决定修改基金合同的重要内容或者提前终止基金合同；

③决定更换基金管理人、基金托管人和财务顾问；

④决定调整基金管理人、基金托管人和财务顾问的报酬标准；

⑤转换基金运作方式；

⑥变更基金类别；

⑦本基金与其他基金的合并；

⑧变更基金份额持有人大会程序；

⑨基金管理人或基金托管人要求召开基金份额持有人大会；

⑩单独或合计持有50%以上（含50%）基金份额的基金份额持有人（以基金管理人收到提议当日的基金份额计算，下同）要求召开基金份额持有人大会；

⑪选举基金份额持有人代表；

⑫对基金当事人权利和义务产生重大影响的其他事项；

⑬法律法规和基金合同约定的其他情形。

针对前款所列事项，基金份额持有人以书面形式一致表示同意的，可以不召开基金份额持有人大会直接作出决议，并由全体基金份额持有人在决议文件上签名、盖章。

2）以下情况可由基金管理人和基金托管人协商后修改，不需召开基金份额持有人大会：

①调低基金管理费、基金托管费；

②法律法规要求增加的基金费用的收取；

③在法律法规和《基金合同》规定的范围内调整本基金的申购费率或在对现有基金份额持有人利益无实质性不利影响的前提下变更收费方式；

④因相应的法律法规发生变动而应当对《基金合同》进行修改；

⑤《基金合同》的修改对基金份额持有人利益无实质性不利影响或修改不涉及《基金合同》当事人权利义务关系发生重大变化；

⑥按照法律法规和《基金合同》规定不需召开基金份额持有人大会的以外的其他情形。

（2）按照基金合同的约定，基金份额持有人大会可以设立日常机构，行使下列职权：

1）召集基金份额持有人大会；

2）提请更换基金管理人、基金托管人；

3）监督基金管理人和财务顾问的投资运作、基金托管人的托管活动；

4）提请调整基金管理人、基金托管人和财务顾问的报酬标准；

5）按照合同约定或基金份额持有人大会授权行使本章第一节所列举的部分或全部职责；

6）基金合同约定的其他职权。

（3）基金份额持有人大会日常机构应当由基金份额持有人大会选举产生。

（4）基金份额持有人大会及其日常机构不得直接参与或者干涉基金的投资管理活动。

（5）基金份额持有人大会及/或日常机构的运作事项。

1）会议召集人和召集方式。

①除法律法规规定或《基金合同》另有约定外，基金份额持有人大会由基金管理人召集。

②基金管理人未按规定召集或不能召集或不愿召集时，由基金托管人召集。

③基金托管人认为有必要召开基金份额持有人大会的，应当向基金管理人提出书面提议。基金管理人应当自收到书面提议之日起 5 日内决定是否召集，并书面告知基金托管人。基金管理人决定召集的，应当自出具书面决定之日起 30 日内召开；基金管理人决定不召集，基金托管人仍认为有必要召开的，应当由基金托管人自行召集，并自出具书面决定之日起 30 日内召开并告知基金管理人，基金管理人应当配合。

④单独或合计持有 50%以上（含 50%）基金份额的基金份额持有人就同一事项书面要求召开基金份额持有人大会，应当向基金管理人提出书面提议。基金管理人应当自收到书面提议之日起 5 日内决定是否召集，并书面告知提出提议的基金份额持有人代表和基金托管人。基金管理人决定召集的，应当自出具书面决定之日起 30 日内召开；基金管理人决定不召集，单独或合计持有 50%以上（含 50%）基金份额的基金份额持有人仍认为有必要召开的，应当向基金托管人提出书面提议。基金托管人应当自收到书面提议之日起 5 日内决定是否召集，并书面告知提出提议的基金份额持有人代表和基金管理人；基金托管人决定召集的，应当自出具书面决定之日起 30 日内召开并告知基金管理人，基金管理人应当配合。

⑤单独或合计持有 50%以上（含 50%）基金份额的基金份额持有人就同一事项要求召开基金份额持有人大会，而基金管理人、基金托管人都不召集的，单独或合计持有 50%以上（含 50%）基金份额的基金份额持有人有权自行召集，并报中国证券投资基金业协会备案。基金份额持有人依法自行召集基金份额持有人大会的，基金管理人、基金托管人应当配合，不得阻碍、干扰。

⑥基金份额持有人会议的召集人负责选择确定开会时间、地点、方式和权益登记日。

2）召开会议的通知时间、通知内容、通知方式。

①召开基金份额持有人大会，召集人应于会议召开前 10 日告知本合同各方当事人。基金份额持有人大会通知应至少载明以下内容：会议召开的时间、地点和会议形式；会议拟审议的事项、议事程序和表决方式；有权出席基金份额持有人大会的基金份额持有人的权益登记日；授权委托证明的内容要求（包括但不限于代理人身份、代理权限和代理有效期限等）、送达时间和地点；会务常设联系人姓名及联系电话；出席会议者必须准备的文件和必须履行的手续；召集人需要通知的其他事项。

②采取通信开会方式并进行表决的情况下，由会议召集人决定在会议通知中说明本次基金份额持有人大会所采取的具体通信方式、委托的公证机关及其联系方式和联系人、书面表决意见寄交的截止时间和收取方式。

③如果召集人为基金管理人，还应另行书面通知基金托管人到指定地点对表决意见的计票进行监督；如果召集人为基金托管人，则应另行书面通知基金管理人到指定地点对表决意见的计票进行监督；如果召集人为基金份额持有人，则应另行书面通知基金管理人和基金托管人到指定地点对表决意见的计票进行监督。基金管理人或基金托管人拒不派代表对表决意见的计票进行监督的，不影响表决意见的计票效力。

3）基金份额持有人出席会议的方式（包括但不限于现场会议、视频会议、电话会议等）。

基金份额持有人大会可通过现场开会方式、通信开会方式（视频会议、电话会议等）或法律法规或监管机构允许的其他方式召开，会议的召开方式由会议召集人确定。

现场开会。由基金份额持有人本人出席或以代理投票授权委托证明委派代表出席，现场开会时基金管理人和基金托管人的授权代表应当列席基金份额持有人大会，基金管理人或基金托管人不派代表列席的，不影响表决效力。现场开会同时符合以下条件时，可以进行基金份额持有人大会议程。

第一，亲自出席会议者持有基金份额的凭证、受托出席会议者出具的委托人持有基金份额的凭证及委托人的代理投票授权委托证明符合法律法规、《基金合同》和会议通知的规定，并且持有基金份额的凭证与基金管理人（或注册登记机构）持有的登记资料相符。

第二，经核对，汇总到会者出示的在权益登记日持有基金份额的凭证显示，有效的基金份额不少于本基金在权益登记日基金总份额的 2/3（含 2/3）。若到会者在权益登记日代表的有效的基金份额少于本基金在权益登记日基金总份额的 2/3，召集人可以在原公告的基金份额持有人大会召开时间的 1 个月以后、3 个月以内，就原定审议事项重新召集基金份额持有人大会。重新召集的基金份额持有人大会到会者在权益登记日代表的有效基金份额应不少于本基金在权益登记日基金总份额的 2/3（含 2/3）。

第三，通信开会。通信开会系指基金份额持有人将其对表决事项的投票以书面形式或大会公告载明的其他方式在表决截止日以前送达召集人指定的地址。通信开会应以书面方式或大会公告载明的其他方式进行表决。

在同时符合以下条件时，通信开会的方式视为有效：①会议召集人按基金合同约定通知基金托管人（如果基金托管人为召集人，则为基金管理人）到指定地点对书面表决意见的计票进行监督。会议召集人在基金托管人（如果基金托管人为召集人，则为基金管理人）和公证机关的监督下按照会议通知规定的方式收取基金份额持有人的书面表决意见；基金托管人或基金管理人经通知不参加收取书面表决意见的，不影响表决效力。②本人直接出具书面意见或授权他人代表出具书面意见的，基金份额持有人所持有的基金份额不小于在权益登记日基金总份额的 2/3（含 2/3）；若本人直接出具书面意见或授权他人代表出具书面意见基金份额持有人所持有基金份额小于在权益登记日基金总份额的 2/3，召集人可以在原公告的基金份额持有人大会召开时间的 1 个月以后、3 个月以内，就原定审议事项重新召集基金份额持有人大会。重新召集的基金份额持有人大会应当有代表 2/3 以上（含 2/3）基金份额的基金份额持有人直接出具书面意见或授权他人代表出具书面意见。③直接出具书面意见的基金份额持有人或受托代表他人出具书面意见的代理人，同时提交的持有基金份额的凭证、受托出具书面意见的代理人出具的委托人持有基金份额的凭证及委托人的代理投票授权委托证明符合法律法规、《基金合同》和会议通知的规定，并与基金注册登记机构记录相符。

第四，在法律法规和监管机关允许的情况下，本基金的基金份额持有人亦可采用其他非书面方式授权其代理人出席基金份额持有人大会并行使表决权；在会议召开方式上，本基金亦可采用其他非现场方式或者以现场与非现场相结合的方式召开基金份额持有人大会，会议程序比照现场开会和通信方式开会的程序进行。基金份额持有人可以采用书面、网络、电话或其他方式进行表决，具体方式由会议召集人确定并在会议通知中列明。

4）议事内容与程序。

①议事内容及提案权。议事内容为关系基金份额持有人利益的重大事项，如《基金合同》的重大修改、决定终止《基金合同》、更换基金管理人、更换基金托管人、与其他基金合并、法律法规及《基金合同》规定的其他事项以及会议召集人认为需提交基金份额持有人大会讨论的其他事项。

基金份额持有人大会的召集人发出召集会议的通知后，应当在基金份额持有人大会召开前及时告知基金合同各方当事人本次持有人大会的议事内容。基金份额持有人大会不得对未事先告知基金合同各方当事人的议事内容进行表决。

②议事程序。a. 现场开会。在现场开会的方式下，首先由大会主持人确定和公布监票人，然后由大会主持人宣读提案，经讨论后进行表决，并形成大会决议。大会主持人为基金管理人授权出席会议的代表，在基金管理人授权代表未能主持大会的情况下，由基金托管人授权其出席会议的代表主持；如果基

金管理人授权代表和基金托管人授权代表均未能主持大会，则由出席大会的基金份额持有人和代理人所持表决权的 2/3 以上（含 2/3）选举产生一名基金份额持有人作为该次基金份额持有人大会的主持人。基金管理人和基金托管人拒不出席或主持基金份额持有人大会，不影响基金份额持有人大会作出的决议的效力。会议召集人应当制作出席会议人员的签名册。签名册载明参加会议人员姓名（或单位名称）、身份证明文件号码、持有或代表有表决权的基金份额、委托人姓名（或单位名称）和联系方式等事项。b. 通信开会。在通信开会的情况下，首先由召集人提前 10 日公布本次持有人大会的议事内容，在所通知的表决截止日期后 2 个工作日内在公证机关（或托管人）监督下由召集人统计全部有效表决，在公证机关监督下形成决议。

5）表决。本基金份额持有人持有的每一份基金份额（不区分优先、进取、普通、劣后份额）拥有同等的投票权。

基金份额持有人大会决议应当经参加大会的基金份额持有人或其代理人所持基金份额的表决权的 2/3 以上（含 2/3）通过方可做出。

基金份额持有人大会采取记名方式进行投票表决。

采取通信方式进行表决时，除非在计票时有充分的相反证据证明，否则提交符合会议通知中规定的确认投资者身份文件的表决视为有效出席的投资者，表面符合会议通知规定的书面表决意见视为有效表决，表决意见模糊不清或相互矛盾的视为弃权表决，但应当计入出具书面意见的基金份额持有人所代表的基金份额总数。

基金份额持有人大会的各项提案或同一项提案内并列的各项议题应当分开审议、逐项表决。

6）计票。

①现场开会。a. 如果大会由基金管理人或基金托管人召集，基金份额持有人大会的主持人应当在会议开始后宣布在出席会议的基金份额持有人和代理人中选举两名基金份额持有人代表与大会召集人授权的一名监督员共同担任监票人；如果大会由基金份额持有人自行召集或大会虽然由基金管理人或基金托管人召集，但是基金管理人或基金托管人未出席大会的，基金份额持有人大会的主持人应当在会议开始后宣布在出席会议的基金份额持有人中选举三名基金份额持有人代表担任监票人（如出席会议的基金份额持有人人数少于三人，则全部作为监票人）。基金管理人或基金托管人不出席大会的，不影响计票的效力。b. 监票人应当在基金份额持有人表决后立即进行清点并由大会主持人当场公布计票结果。c. 如果会议主持人或基金份额持有人或代理人对于提交的表决结果有怀疑，可以在宣布表决结果后立即对所投票数要求进行重新清点。监票人应当进行重新清点，重新清点以一次为限。重新清点后，大会主持人应当当场公布重新清点结果。d. 基金管理人或基金托管人拒不出席大会的，不影响计票的效力。

②通信开会。在通信开会的情况下，计票方式为由大会召集人授权的两名监督员在基金托管人授权代表（若由基金托管人召集，则为基金管理人授权代表）或公证机关的监督下进行计票。基金管理人或基金托管人拒派代表对书面表决意见的计票进行监督的，不影响计票和表决结果。

7）生效与公告。基金份额持有人大会的决议，召集人应当自通过之日起 5 日内告知基金合同各方当事人并报中国基金业协会备案。

基金份额持有人大会的决议自表决通过之日起生效。

基金管理人、基金托管人和基金份额持有人应当执行生效的基金份额持有人大会的决议。生效的基金份额持有人大会决议对全体基金份额持有人、基金管理人、基金托管人均有约束力。

8）基金管理人或基金托管人拒不执行生效的基金份额持有人大会的决议的，可由基金份额持有人代表代为履行。

9）本章关于基金份额持有人大会召开事由、召开条件、议事程序、表决条件等规定，凡是直接引用法律法规的部分，如将来法律法规修改导致相关内容被取消或变更的，基金管理人与基金托管人协商一致并提前公告后，可直接对本章内容进行修改和调整，无须召开基金份额持有人大会审议。

十一、私募基金份额的登记

（1）基金注册登记业务。

本基金的注册登记业务指基金的登记、存管、清算和结算业务，具体内容包括基金注册登记账户建立和管理、基金份额登记、基金交易确认、资金清算、权益分配、保管基金持有人名册等。

（2）基金注册登记办理机构。

本基金的注册登记业务由基金管理人自行或其委托的外包服务机构办理。基金管理人委托××证券股份有限公司（外包业务登记编码：_____）代为办理本基金注册登记业务，基金管理人已与××证券股份有限公司签订相关协议，并已在协议中列明××证券股份有限公司代为办理基金份额登记的权限和职责。

注册登记机构仅根据基金管理人的委托对基金管理人确认的金额进行划付，对基金的投资运作不承担任何责任，不保证基金财产一定盈利，也不保证最低收益。

（3）注册登记机构的权利。

建立和管理基金份额持有人的基金注册登记账户；

取得注册登记费用和其他相关费用；

保管基金份额持有人的开户资料、交易资料、基金持有人名册等；

在法律法规允许的范围内，制定和调整注册登记业务的业务规则；

法律法规规定的其他权利。

（4）注册登记机构的义务。

建立和保管基金份额持有人账户资料、交易资料、基金客户资料表等；

配备足够的专业人员办理本基金份额的登记业务；

严格按照法律法规和本合同规定的条件办理本基金份额的登记业务；

严格按照法律法规和本基金合同规定计算业绩报酬，并提供交易信息和计算过程明细给基金管理人；

保持基金份额持有人名册及相关的认购、申购与赎回等业务记录10年以上；

对基金份额持有人的基金账户信息负有保密义务，因违反该保密义务对投资者或基金带来的损失，须承担相应的赔偿责任，但司法强制检查情形及法律法规及证监会规定的和本合同约定的其他情形除外；

按照本基金合同的规定，为基金份额持有人办理非交易过户等业务，提供基金收益分配等其他必要的服务；

在法律法规允许的范围内，制定和调整注册登记业务的相关规则；

法律法规规定及本合同约定的其他职责。

（5）基金管理人依法应承担的注册登记职责，不因委托其他可办理股权投资基金份额注册登记业务的其他机构提供注册登记服务而免除。

（6）本基金全体基金份额持有人同意基金管理人、份额登记机构或其他份额登记义务人按照中国证券投资基金业协会的规定办理基金份额登记数据的备份。

十二、私募基金的投资

（1）投资经理：本基金的投资经理由基金管理人指定。

本基金的投资经理：_____。

基金经理简介：_____。

基金管理人可根据业务需要变更投资经理，并在变更后三个工作日通过双方认可的方式告知基金份额持有人。

（2）投资目标：在严格控制投资风险的前提下，力争为基金投资者创造稳健的收益和回报。

（3）投资范围。

本基金的投资范围包括：在满足法律法规和监管部门要求的前提下，经全体基金份额持有人和基金托管人书面同意后，基金管理人可以相应调整本基金的投资范围，基金托管人自收到管理人执行投资范围变更程序的书面通知后履行对调整后投资范围的监督职责。

如果本基金投资货币市场基金，基金管理人应负责及时将货币市场基金的份额确认单、基金账户对账单及红利再投数据等估值核算资料及时提供给基金托管人和外包服务机构；对于基金管理人未及时提供确认单等相关估值核算资料，导致本基金无法及时进行估值或导致估值不公允而引起的任何经济或法律责任由基金管理人承担。

全体基金投资者在此授权并同意：本基金投资非二级市场标的时，基金管理人有权代表本基金与相关方签署基金投资相关文件及协议，并以管理人的名义办理相关权属登记及变更手续。但管理人应确保向投资相对方说明真实的资金来源为本基金，并保证将投资本金及收益及时返回至本基金托管账户。

特别风险提示：本基金投资非二级市场标的时，投资所形成的基金资产不在本基金托管人控制和保管下，托管人对上述基金资产不承担保管义务，如基金管理人对上述基金资产进行不正当行为运作或违反合同约定进行运作，将会对本基金投资收益产生严重不利影响，甚至导致投资者本金发生全部损失。本基金合同的签署，即表明基金投资者已充分知悉和认可该种操作模式可能存在的潜在风险，并愿意承担此项风险。

（4）本基金直接投资股权资产时，基金管理人完成上述投资之日（以基金财产划入对方账户之日为准）起 90 个工作日内，基金管理人应向托管人提供股权证明（包括股东名册和工商部门出具并加盖公章的权利证明文件）等重要文件扫描件（或复印件）（如有）及其他股权确认凭证（如有）扫描件（或复印件）。对于上述投资，基金托管人仅对基金管理人依照本合同约定的时间提供的股权证明（包括股东名册和工商部门出具并加盖公章的权利证明文件）等重要文件扫描件（或复印件）（如有）及其他股权确认凭证（如有）扫描件（或复印件）履行保管义务，不负责审查上述文件资料的合法性、真实性、完整性和有效性，基金管理人应保证上述文件资料合法、真实、完整和有效。如因基金管理人提供的上述文件不合法、不真实、不完整或失去效力，或基金管理人未向或未能按照法律规定及本合同约定及时向基金托管人移交上述文件资料导致的任何法律责任，由基金管理人自行承担。

（5）投资策略。

1）权益类资产投资策略。本基金根据中国经济社会的结构性变化和趋势性规律，采取自上而下的方式投资拟挂牌公司股权或未上市股权（含间接方式）等。

2）货币市场工具投资策略。本基金将在深入研究国内外的宏观经济走势、货币政策变化趋势、市场资金供求状况的基础上，分析和判断利率走势并综合考虑各类投资品种的收益性、流动性和风险特征，对基金资产组合进行积极管理。

3）其他策略。本基金将根据市场变化，参与本基金投资范围内约定的其他金融产品交易。

（6）投资限制。本基金财产的投资组合应遵循以下限制：

不得投资于法律法规、证监会规定的禁止或限制的投资事项。

由于包括但不限于证券市场波动、上市公司合并、组合规模变动等基金管理人之外的原因导致的投资比例不符合法律法规规定及本合同约定的投资限制，为被动超标。发生上述情形时，基金管理人应在发生不符合法律法规或投资政策之日起的 10 个工作日内调整完毕，如遇股票停牌等限制流通的情况，调整时间顺延，以满足法律法规及投资政策的要求。法律法规另有规定的从其规定。

（7）投资禁止行为。本基金财产禁止从事下列行为：承销证券；违反规定向他人贷款或提供担保；从事承担无限责任的投资；从事内幕交易、操纵证券价格及其他不正当的证券交易活动；向基金管理人、基金托管人出资；利用基金资产为基金份额持有人之外的任何第三方谋取不正当利益或者进行利益输送；

法律法规、证监会以及本合同规定禁止从事的其他行为。

（8）关联交易及利益冲突的情形及处理方式。基金管理人可运用基金财产买卖基金管理人、基金托管人及其控股股东、实际控制人或者与其有其他重大利害关系的公司发行的证券或承销期内承销的证券，但需要遵循基金份额持有人利益优先的原则、防范利益冲突，在符合法律法规和监管政策的前提下，建立健全内部审批机制和评估机制，按照市场公平合理价格执行，并履行信息披露义务。

基金管理人可运用基金财产买卖基金管理人、基金托管人及其关联方或者与上述主体有其他重大利害关系的主体直接或间接管理或代理销售的、或提供客户服务的、或该等主体持有的符合本投资范围规定的投资产品。但需要遵循基金份额持有人利益优先的原则、防范利益冲突，在符合法律法规和监管政策的前提下，建立健全内部审批机制和评估机制，按照市场公平合理价格执行，并履行信息披露义务。

基金管理人负责关联交易的报告和披露，基金投资者签署本合同即表明其已经知晓本基金将可能进行上述关联交易及利益冲突的情形。基金份额持有人不得因本基金投资收益劣于基金管理人、基金托管人及其关联方管理的其他类似投资产品，而向基金管理人或基金托管人提出任何损失或损害补偿的要求。

（9）风险收益特征。本基金属于高风险投资品种，适合风险识别、评估、承受能力高的合格投资者。

（10）业绩比较基准。本基金无业绩比较基准。

（11）预警止损机制。本基金不设置预警止损机制。

（12）财务顾问的聘任。

财务顾问的基本信息：

名称：××有限公司

住所：

法定代表人/负责人：

营业执照号码（或统一社会信用代码）：

联系人：

通讯地址：

联系电话：

基金管理人为本基金聘请财务顾问。本基金的财务顾问为××有限公司，由其在基金管理人授权的范围内根据本基金的投资范围、策略及限制为本基金提供财务顾问服务。无论本合同其他条款如何约定，为履行财务顾问业务之目的，基金管理人可以向财务顾问披露本基金合同及/或其他相关文件，但应促使财务顾问对所获信息保密。财务顾问向基金管理人发送投资建议书或投资策略建议，应保证投资建议合法合规，不得违反法律法规、本基金合同及基金管理人内部的投资管理规定等。

除法规另行规定外，基金管理人与财务顾问之间互相不对本基金的管理及投资建议事项承担连带责任。若财务顾问违反法律法规规定及本基金产品相关法律文件的约定，对本基金合同各方当事人权利义务产生影响时，基金管理人应及时告知本基金合同各方当事人，对于与财务顾问产生的纠纷，由基金管理人依据与财务顾问签署的《财务顾问协议》或其他相关协议进行协商解决或诉讼解决，基金管理人应及时将纠纷解决进程通知合同各方当事人。

十三、私募基金的财产

（一）基金财产的保管和处分

基金财产独立于基金管理人、基金托管人的固有财产，并由基金托管人保管。基金管理人、基金托管人不得将基金财产归入其固有财产。基金托管人对实际交付并控制下的基金财产承担保管职责，但对于已划转出托管账户的基金资产以及处于托管人实际控制之外的基金资产，托管人不承担责任。

除本款规定的情形外，基金管理人、基金托管人因基金财产的管理、运用或者其他情形而取得的财产和收益，归基金财产。

基金管理人、基金托管人可以按照本合同的约定收取管理费、托管费以及本合同约定的其他费用。基金管理人、基金托管人以其固有财产承担法律责任，其债权人不得对基金财产行使请求冻结、扣押和其他权利。基金管理人、基金托管人因依法解散、被依法撤销或者被依法宣告破产等原因进行清算的，基金财产不属于其清算财产。

基金管理人、基金托管人不得违反法律法规的规定和基金合同约定擅自将基金资产用于抵押、质押、担保或设定任何形式的优先权或其他第三方权利。

基金财产产生的债权，不得与基金管理人、基金托管人固有财产的债务相互抵消，不得与不属于私募基金财产本身的债务相互抵消。非因基金财产本身承担的债务，基金管理人、基金托管人不得主张其债权人对基金财产强制执行。上述债权人对基金财产主张权利时，基金管理人、基金托管人应明确告知基金财产的独立性。

(二) 基金财产相关账户的开立和管理

基金托管人按照规定开立基金财产的托管账户，基金管理人应给予必要的配合；证券账户等投资所需账户由基金管理人或基金托管人开立，另一方应给予必要的配合，并提供所需资料，证券账户等投资所需账户的持有人名称应当符合证券登记结算机构等相关机构的有关规定。开立的上述基金财产账户与基金管理人、基金托管人、基金销售机构和基金份额注册登记机构自有的财产账户以及其他基金财产账户相互独立。

基金托管人在具有基金托管资格的商业银行为本基金开立托管账户，账户名称以实际开立为准，并根据中国人民银行规定计息。托管账户的银行预留印鉴为"基金管理人财务专用章或基金托管人财务专用章"加基金托管人有权人名章，预留印鉴由基金托管人保管和使用。本基金的一切货币收支活动，包括但不限于投资、支付赎回金额、支付基金收益，均需通过本基金的托管账户进行。本托管账户仅限于本基金使用，并仅限于满足开展本基金业务的需要。

基金证券账户和证券资金账户的开立和管理

基金管理人或基金托管人在中国证券登记结算有限责任公司上海分公司、深圳分公司或北京分公司为基金开立证券账户，账户名称以实际开立为准。基金证券账户的开立和使用，仅限于满足开展本基金业务的需要。基金托管人和基金管理人不得出借或转让基金证券账户，亦不得使用基金证券账户进行本基金业务以外的活动。

基金证券账户卡的保管由基金管理人负责。账户资产的管理和运作由基金管理人负责。

本基金采用"第三方存管+托管"模式存管证券交易结算资金，基金管理人负责在证券公司开设基金证券交易资金账户，并通知基金托管人与开立的基金托管账户建立第三方存管关系，同时三方存管的银证转账密码应及时通知基金托管人并由其掌握。在基金运作期间，不得变更基金证券交易资金账户与托管账户之间的第三方存管关系，未经托管人同意，不得对该资金账户项下的证券资产进行转托管和撤指定。

与基金投资运作有关的其他账户由基金管理人与基金托管人协商后办理。

十四、资金清算交收安排

(一) 选择证券经纪机构的程序

基金管理人负责选择代理本基金财产证券买卖的证券经纪机构，并与其签订相关合同，基金管理人、基金托管人和证券经纪机构可就基金参与证券交易的具体事项另行签订协议。

(二) 投资证券后的清算交收安排

本基金通过证券经纪机构进行的交易由证券经纪机构作为结算参与人代理本基金进行结算；本基金其他证券交易由基金托管人或相关机构负责结算。基金托管人对存放在证券经纪公司的资金不行使保管职责，基金管理人应在证券经纪服务协议或其他协议中约定由选定的证券经纪公司承担资金安全保管责任。

证券交易所证券资金结算：基金托管人、基金管理人应共同遵守中登公司制定的相关业务规则和规定，该等规则和规定自动成为本条款约定的内容。

基金管理人在投资前，应充分知晓与理解中登公司针对各类交易品种制定结算业务规则和规定。

证券经纪机构代理本基金财产与中登公司完成证券交易及非交易涉及的证券资金结算业务，并承担由证券经纪机构原因造成的正常结算、交收业务无法完成的责任；若由于基金管理人原因造成的正常结算业务无法完成，责任由基金管理人承担。

对于任何原因发生的证券资金交收违约事件，相关各方应当及时协商解决。

(三) 资金、证券账目及交易记录的核对

基金管理人和基金托管人定期对资产的资金、证券账目、实物券账目、交易记录进行核对。

(四) 非证券交易所交易资金清算与交收

场外资金汇划由基金托管人凭基金管理人符合本合同约定的有效投资指令和相关投资合同（如有）进行资金划拨。

十五、投资指令的发送、确认和执行

(一) 交易清算授权

基金管理人应在首次资金划拨前向基金托管人提供书面授权书（以下简称"授权书"）。授权书中应包括被授权人的名单、权限、预留印鉴或签字样本，规定基金管理人向基金托管人发送投资指令时基金托管人确认有权发送指令人员（以下简称"被授权人"）身份的方法。授权书应注明被授权人的权限并由基金管理人加盖公章。基金托管人在收到授权书当日向基金管理人确认。授权书须载明授权生效日期，授权书自载明的生效日期开始生效。基金托管人收到授权书的日期晚于载明生效日期的，则授权书自基金托管人收到时生效。基金管理人和基金托管人对授权书负有保密义务，其内容不得向相关操作人员以外的任何人泄露。

(二) 投资指令的内容

投资指令是指基金管理人在管理基金财产时向基金托管人发出的资金划拨及其他款项支付的指令。基金管理人发给基金托管人的投资指令应写明款项事由、指令的执行时间、金额、收款账户信息等，加盖预留印鉴并由被授权人签字或签章（以上内容统称为"指令的书面要素"）。

本基金资金账户发生的银行结算费用等银行费用，由基金托管人直接从资金账户中扣划，无须基金管理人另行出具指令。

(三) 投资指令的发送、确认及执行时间与程序

投资指令由授权书确定的被授权人代表基金管理人用传真方式或其他基金管理人和基金托管人认可的方式向基金托管人发送。基金管理人有义务在发送指令后与托管人以电话的方式进行确认。发送的指

令以获得收件人（基金托管人）电话确认该指令已成功接收之时视为送达。因基金管理人未能及时与基金托管人进行指令确认，致使资金未能及时到账所造成的损失，基金托管人不承担责任。基金托管人依照授权书规定的方法确认指令有效后，方可执行指令。

对于被授权人依照授权书发出的投资指令，基金管理人不得否认其效力。基金管理人应按照相关法律法规以及本合同的规定，在其合法的经营权限和交易权限内发送投资指令，发送人应按照其授权权限发送投资指令。基金管理人在发送指令时，应为基金托管人留出执行指令所必需的时间。由于基金管理人的原因造成的指令传输不及时、未能留出足够划款所需时间，致使资金未能及时到账所造成的损失由基金管理人承担。除需考虑资金在途时间外，基金管理人还需为基金托管人留有 2 小时的复核和审批时间。在每个工作日的 13：00 以后接收基金管理人发出的银证转账、银期转账划款指令的，基金托管人不保证当日完成划转流程；在每个工作日的 14：30 以后接收基金管理人发出的其他投资指令，基金托管人不保证当日完成在银行的划付流程。

基金托管人仅对基金管理人提交的按照前述约定已经生效的指令按照前述指令的书面要素进行表面一致性的形式审查，形式审查的方式限于验证指令的前述书面要素是否齐全、审核指令用章和签发人的签名或名章是否与预留印鉴样本、被授权人的签字样本或名章样本相符、操作权限是否与授权文件一致，当托管人验证相符后，应开始执行指令；基金托管人不负责审查基金管理人发送指令同时提交的其他文件资料的合法性、真实性、完整性和有效性或与指令的一致性，基金管理人应保证上述文件资料合法、真实、完整和有效以及指令的一致性。如因基金管理人提供的上述文件不合法、不真实、不完整或失去效力或与指令不一致而影响基金托管人的审核或给任何第三人带来损失，基金托管人不承担任何形式的责任。若指令存在与授权文件中预留印鉴样本、签字样本、名章样本、权限等要素不符的，基金托管人无义务执行指令。在该等情况下，基金托管人立即与基金管理人指定人员进行电话联系和沟通，并要求基金管理人重新发送经修改的指令，就基金管理人修改后重新发送的指令，基金托管人将按照前述指令确认、审查程序重新进行表面一致性形式审查，基金托管人认为审查无误的，才开始执行指令，对于前述情形因此造成的任何延误或后果，基金托管人不承担任何责任。

基金管理人向基金托管人下达投资指令时，应确保托管账户及其他账户有足够的资金余额，对基金管理人在没有充足资金的情况下向基金托管人发出的指令，基金托管人有权拒绝执行，并立即通知基金管理人，基金托管人不承担因为不执行该指令而造成的损失。

（四）基金托管人依法暂缓、拒绝执行指令的情形和处理程序

基金托管人发现基金管理人发送的投资指令违反《中华人民共和国证券投资基金法》、本合同或其他有关法律法规的规定时，不予执行，并应及时以书面形式通知基金管理人纠正，基金管理人收到通知后应及时核对，并以书面形式对基金托管人发出回函确认，由此造成的损失由基金管理人承担。

（五）基金管理人发送错误指令的情形和处理程序

基金管理人发送错误指令的情形包括指令发送人员无权或超越权限发送投资指令、交割信息错误、指令中重要信息模糊不清或不全等。基金托管人在履行监督职能时，以通常合理的注意义务，发现基金管理人的指令错误时，有权拒绝执行，并及时通知基金管理人改正。

（六）更换被授权人的程序

基金管理人撤换被授权人员或改变被授权人员的权限时，必须提前至少一个工作日，使用传真方式或其他基金管理人和基金托管人认可的方式向基金托管人发出由基金管理人加盖公章的变更授权书，同时电话通知基金托管人，基金托管人收到变更授权书当日通过电话向基金管理人确认。被授权人变更授权书须载明新授权的生效日期。被授权人变更授权书自载明的生效时间开始生效。基金托管人收到变更

授权书的日期晚于载明的生效日期的，则被授权人变更授权书自基金托管人收到时生效。基金管理人在电话告知后三日内将被授权人变更通知的正本送交基金托管人。被授权人变更授权书生效后，对于已被撤换的人员无权发送的指令，或新被授权人员超权限发送的指令，基金管理人不承担责任。

（七）投资指令的保管

投资指令若以传真或扫描件形式发出，则正本由基金管理人保管，基金托管人保管指令传真件或扫描件。当两者不一致时，以基金托管人收到的投资指令传真件或扫描件为准。

（八）相关的责任

基金托管人正确执行基金管理人符合本合同规定、合法合规的投资指令，基金财产发生损失的，基金托管人不承担任何形式的责任。在正常业务受理渠道和指令规定的时间内，因基金托管人过错导致未能及时或正确执行符合本合同规定、合法合规的投资指令而导致基金财产受损的，基金托管人应承担相应的责任，但托管账户及其他账户余额不足或基金托管人遇到不可抗力等非可归责于托管人过错的情况除外。

如果基金管理人的投资指令存在事实上未经授权、欺诈、伪造或未能按时提供投资指令人员的预留印鉴和签字样本等非基金托管人原因造成的情形，只要基金托管人根据本合同相关规定验证有关印鉴与签名无误，基金托管人不承担因正确执行有关指令而给基金管理人或基金财产或任何第三人带来的损失，全部责任由基金管理人承担。

十六、越权交易

（1）越权交易的界定。越权交易是指基金管理人违反有关法律法规及本合同的规定而进行的投资交易行为；违反本合同约定的投资范围和投资限制等进行的投资交易行为；法律法规禁止的超买、超卖行为。

基金管理人应在本合同约定的权限内运用基金财产进行投资管理，不得违反本合同的约定，超越权限从事投资。

（2）越权交易的处理程序。

1）违反法律、行政法规或本合同约定的投资交易行为。

基金托管人发现基金管理人的投资指令违反法律、行政法规有关规定或本合同约定的，有权拒绝执行，立即通知基金管理人。

基金托管人发现基金管理人依据交易程序已经生效的投资指令违反法律、行政法规有关规定或本合同约定的，有权立即通知基金管理人。对因执行该指令造成的损失，基金托管人不承担任何责任。

基金管理人应向基金份额持有人和基金托管人主动报告越权交易。在限期内，基金托管人有权随时对通知事项进行复查，督促基金管理人改正。基金管理人对基金托管人通知的越权事项未能在限期内纠正的，基金托管人有权依据相关法律法规的要求报告证监会或中国证券投资基金业协会。

2）法律、行政法规禁止的超买、超卖行为。

基金托管人在行使监督职能时，如果发现基金财产在投资证券过程中出现超买或超卖现象，应立即提醒基金管理人，由基金管理人负责解决，因此给基金财产造成的损失由基金管理人承担。如果因基金管理人原因发生超买行为，基金管理人必须于证券交易资金交收日的上午10：00前完成融资，确保完成清算交收。

3）越权交易所发生的损失及相关交易费用由基金管理人负担，所发生的收益归本基金财产所有。

（3）基金托管人对基金管理人投资运作的监督。

基金托管人对基金管理人的投资行为行使监督权。基金托管人根据基金合同第十二章"私募基金的投资"中对投资范围、投资限制的有关约定进行事后监督。

基金托管人对基金财产的监督和检查自本基金建账估值之日起开始。

经基金份额持有人及基金管理人协商一致可变更本基金的投资范围和投资限制等投资政策，基金管理人应以书面形式通知基金托管人，并应与基金托管人重新协商调整投资监督事项，相关变更应为投资监督流程调整留出充足的时间。

基金托管人发现基金管理人的投资运作违反法律、行政法规和其他有关规定，或者违反本合同时，有权拒绝执行，通知基金管理人限期纠正，基金管理人收到通知后应及时核对，并以书面形式向基金托管人进行解释或举证。

在限期内，基金托管人有权随时对通知事项进行复查，督促基金管理人改正。基金管理人对基金托管人通知的违规事项未能在限期内纠正的，或者对基金财产及其他当事人的利益造成重大损失的，基金托管人有权报告证监会或中国证券投资基金业协会。

托管人发现管理人可能存在违反法律、行政法规和其他有关规定，或者违反本合同约定，但难以明确界定时，有权报告管理人。管理人应在三个工作日内予以答复，管理人在三个工作日内未予以答复的，托管人有权报告证监会或中国证券投资基金业协会。

（4）越权交易的例外。

下列情形不构成越权交易：

由于基金管理人之外的原因导致的投资比例出现不符合本合同约定的投资政策的情形为被动超标，不属于越权交易，包括但不限于证券市场波动、上市公司合并、已投资持有的证券在持有期间信用评级下降、上市公司受到金融监管部门处罚或谴责、上市公司股票被特别处理、上市公司年度财务审计报告未被出具标准无保留意见等。前款情形视投资政策的具体约定而确定。发生被动超标时，基金管理人应在相关证券可交易之日起 10 个交易日内进行调整，以达到投资政策的要求，因证券停牌或其他非基金管理人可以控制的原因除外。

本合同终止前 10 个交易日内，基金管理人有权对基金财产所投资证券进行变现，由此造成投资比例、投资范围不符合投资政策规定的，视为被动超标，不属于越权交易。

法律、行政法规对被动超标另有规定的，从其规定。

因被动超标而对基金财产造成的损失由基金财产承担责任。

（5）基金份额持有人确认，基金托管人投资监督的真实性、准确性和完整性受限于基金管理人、证券经纪商、期货经纪商及其他中介机构提供的数据和信息，合规投资的责任在基金管理人。基金托管人对这些机构的信息的真实性、准确性和完整性不做任何担保、暗示或表示，并对上述机构提供的信息的错误和遗漏所引起的损失不承担任何责任。

（6）由于基金产品设计缺陷或越权交易造成的任何损失，基金托管人不承担任何责任。

（7）基金托管人无投资责任，对任何基金管理人的投资行为（包括但不限于其投资策略及决定）或其投资回报不承担任何责任。基金托管人不因其提供投资监督报告而承担任何因基金管理人违规投资所产生的有关责任，亦没有义务采取任何行为或者不行为以回应任何与投资监督报告有关的信息和报道。但如果收到基金委托人的书面指示，基金托管人将对投资监督报告所述的违规行为提供有关资料。

十七、私募基金资产的估值和会计核算

基金管理人（或其委托的外包服务机构）、基金托管人双方对本基金财产分别建账、独立核算，并指定专门人员负责基金财产的会计核算、资产估值与账册保管。

（一）基金财产的估值

1. 基金资产总值

基金资产总值是指本基金拥有的各类有价证券、银行存款本息及其他资产的价值总和。

2. 基金资产净值

基金资产净值是指基金资产总值减去负债后的净额。本基金的基金资产净值保留到小数点后 2 位，小数点后第 3 位四舍五入。

3. 基金份额净值

基金份额净值是指计算日基金资产净值除以计算日基金份额后的价值。本基金的基金份额净值保留到小数点后 3 位，小数点后第 4 位四舍五入。本基金的份额净值以基金存续期内经基金管理人（或其委托的外包服务机构）和基金托管人核对完毕的估值结果进行确认。

基金资产净值和基金份额净值的计算和会计核算义务由基金管理人承担。如经相关各方在平等基础上充分讨论后，仍无法达成一致意见的，以基金管理人的计算结果为准。

4. 估值目的

基金财产估值目的是客观、准确地反映基金财产的价值。

5. 估值时间

本基金于基金存续期内的每周第一个工作日核对上周最后一个工作日的估值结果。

6. 估值依据

估值应符合本合同、《证券投资基金会计核算业务指引》及其他法律法规的规定，如法律法规未做明确规定的，参照证券投资基金的行业通行做法处理。

7. 估值对象

基金所拥有的股票、债券、基金、可转债、回购和银行存款本息、应收款项、其他投资等资产及负债。

8. 估值方法

本基金按以下九种方式进行估值：

（1）证券交易所上市的有价证券的估值。①交易所上市的有价证券（包括股票、权证等），以其估值日在证券交易所挂牌的市价（收盘价）估值；估值日无交易的，但最近交易日后经济环境未发生重大变化且证券发行机构未发生影响证券价格的重大事件的，以最近交易日的市价（收盘价）估值；估值日无交易的，且最近交易日后经济环境发生了重大变化的，可参考监管机构和行业协会估值意见，或者参考类似投资品种的现行市价及重大变化因素，调整最近交易市价，确定公允价格。②交易所上市不存在活跃市场的有价证券，采用估值技术确定公允价值。交易所上市的资产支持证券，采用估值技术确定公允价值，在估值技术难以可靠计量公允价值的情况下，按成本估值。

（2）处于未上市期间的有价证券的估值：①送股、转增股、配股和公开增发的新股，按估值日在证券交易所挂牌的同一股票的收盘价估值；该日无交易的，以最近一日的收盘价估值。②首次公开发行未上市的股票、债券和权证，采用估值技术确定公允价值，在估值技术难以可靠计量公允价值的情况下，按成本估值。③首次公开发行有明确锁定期的股票，同一股票在交易所上市后，按交易所上市的同一股票的收盘价估值；非公开发行有明确锁定期的股票，按监管机构或行业协会有关规定确定公允价值。④非公开发行有明确锁定期的股票，如果估值日在证券交易所上市交易的同一股票的收盘价低于非公开发行股票的初始取得成本时，可采用在证券交易所上市交易的同一股票的收盘价作为估值日该非公开发行股票的价值；如果估值日在证券交易所上市交易的同一股票的收盘价高于非公开发行股票的初始取得成本时，可按下列公式确定估值日该非公开发行股票的价值：

$$FV = C + (P - C) \times \frac{D_1 - D_r}{D_1}$$

其中：FV 为估值日该非公开发行有明确锁定期的股票的价值；C 为该非公开发行有明确锁定期的股票的初始取得成本（因权益业务导致市场价格除权时，应于除权日对其初始取得成本做相应调整）；P 为估值日在证券交易所上市交易的同一股票的收盘价；D_r 为该非公开发行有明确锁定期的股票锁定期所含的交易所的交易天数；D_1 为估值日剩余锁定期，即估值日至锁定期结束所含的交易所的交易天数（不含估值日当天）。

（3）全国中小企业股份转让系统转让或交易的股票的估值：①对于在全国中小企业股份转让系统挂牌或拟挂牌但不通过竞价方式转让的，按成本估值。②对于在全国中小企业股份转让系统挂牌且通过竞价方式转让的，按估值日在全国中小企业股份转让系统挂牌的市价（收盘价）估值，当日无市价（收盘价）的，以最近交易日的市价（收盘价）估值。③如果未来监管机构或行业协会等出台关于新三板股票统一的估值标准或方法，则参照新的标准或方法执行。

（4）持有的货币市场基金以成本列示，按估值日前一交易日的万份收益计提红利，估值日前一交易日没有每万份收益的，且最近交易日后经济环境未发生重大变化，按最近公告的基金每万份收益估值。红利日结型货币基金与红利月结型货币基金则均于实际收到红利时，根据确认数量或金额调整并确认损益。

（5）债券、回购等计息资产按照约定利率在持有期内逐日计提应收利息，在利息到账日以实收利息入账。

（6）银行存款及证券资金账户内资金按照商定利率在持有期内逐日计提应收利息，在利息到账日以实收利息入账，并冲减已计提部分。

（7）未上市公司股权、债权、债权收益权按成本法估值。

（8）如存在上述估值约定未覆盖的投资品种，基金管理人可根据具体情况，在与基金托管人商议后，按最能反映该投资品种公允价值的方法估值。如有确凿证据表明按上述方法进行估值不能客观反映其公允价值的，基金管理人可根据具体情况与基金托管人商定后，按最能反映公允价值的价格估值。

（9）相关法律法规以及监管部门有强制规定的，从其规定。如有新增事项，按国家最新规定估值。如基金管理人或基金托管人发现基金估值违反本合同订明的估值方法、程序及相关法律法规的规定或者未能充分维护基金份额持有人利益时，应立即通知对方，共同查明原因，协商解决。根据有关法律法规，基金份额净值计算和会计核算的义务由基金管理人承担。本基金的会计责任方由基金管理人担任。因此，就与本基金有关的会计问题，如经相关各方在平等基础上充分讨论后，仍无法达成一致意见，以基金管理人出具的书面意见为准，基金托管人不承担由此导致的损失。

9. 特殊估值方法

基金对外投资中，对投资于无法从公开或客观渠道（包括上海证券交易所、深圳证券交易所、中央国债登记结算有限责任公司及中证指数有限公司及标的发行方公开网站等）获取投资标的公允价格或权益份额确认等估值核算所需的客观资料时，则管理人须及时向托管人提供。若管理人无法按合同协议中约定的披露时间或投资发生后7个交易日内提供估值核算所需的客观资料，包括但不仅限于估值价格、权益份额确认书、账户对账单、红利再投或现金分红等，则托管人有权按如下原则进行会计处理：

（1）投资标的为首次发行的，权益确认时间默认为投资款项划出的下一工作日，确认当天以成本入账，并自确认日起按成本估值。当后续管理人提供了权益（或份额）确认凭据、对账单或最新的公允价格等估值核算所需的客观资料，托管人及估值外包方不再对以往账务进行调整，仅在提供凭据当天，以当天日期为准按提供的凭据资料一次性调整或确认相关权益及损益。

（2）投资标的为已经发行在运作的，权益确认时间默认为投资款项划出的下一工作日，确认当天以成本或当天已获取到的成本入账，并自确认日起按成本或已获取到的最新公允价格估值。当后续管理人提供了权益（或份额）确认凭据、对账单或最新的公允价格等估值核算所需的客观资料，托管人不再对以往账务进行调整，仅在提供凭据当天，以当天日期为准按提供的凭据资料一次性调整或确认相关权益及损益。

托管人不对管理人及其指定的估值核算资料提供方的数据结果进行验证，如因数据提供错误或不及时造成估值结果有误或延误，管理人自行承担由此产生的后果和影响。当采用上述会计原则进行估值核算处理后，托管人视为完全履行了基金合同约定的估值核算相关义务，并对由此造成的基金财产和基金持有人的相关损益不承担责任。

10. 估值程序

基金日常估值由基金管理人（或其委托的外包服务机构）进行。基金管理人（或其委托的外包服务机构）完成估值后，将估值结果加盖业务章以书面形式或者双方认可的其他形式（如电子对账、录音电话、传真、邮件等）与基金托管人核对，基金托管人按法律法规、本合同规定的估值方法、时间、程序进行复核，复核无误后在基金管理人（或其委托的外包服务机构）的书面估值结果上加盖业务章或者双方认可的其他形式（如电子对账、录音电话、传真、邮件等）告知基金管理人（或其委托的外包服务机构）；月末、年中和年末估值复核与基金会计账目的核对同时进行。

在法律法规和证监会允许的情况下，基金管理人与基金托管人可以各自委托第三方机构进行基金资产估值，但不改变基金管理人与基金托管人对基金资产估值各自承担的责任。

基金管理人委托××证券股份有限公司为本基金提供资产估值服务，双方的权利义务以双方签订有关协议的约定为准。

11. 估值错误的处理

如基金管理人或基金托管人发现基金估值违反本合同订明的估值方法、程序及相关法律法规的规定或者未能充分维护基金份额持有人利益时，应立即通知对方，共同查明原因，协商解决。

根据有关法律法规，基金资产净值计算和会计核算的义务由基金管理人承担。本基金的会计责任方由基金管理人担任。因此，就与本基金有关的会计问题，如经相关各方在平等基础上充分讨论后仍无法达成一致意见，以基金管理人的意见为准，基金托管人不承担由此导致的损失。

当基金估值出现错误时，基金管理人和基金托管人应该立即协商采取更正措施，并由基金管理人以临时报告方式向基金份额持有人及时披露。

12. 暂停估值的情形

（1）基金投资所涉及的证券交易场所遇法定节假日或因其他原因暂停营业时。

（2）证券/期货经纪服务机构未能提供估值所需资料，导致基金管理人和基金托管人无法对基金资产进行正常估值时。

（3）因不可抗力或其他情形致使基金管理人、基金托管人无法准确评估基金财产价值时。

（4）占基金相当比例的投资品种的估值出现重大转变，而基金管理人为保障基金投资者的利益，决定延迟估值的情形。

（5）证监会认定的其他情形。

13. 资金账册的建立

基金管理人（或其委托的外包服务机构）和基金托管人应各自独立建立资金账册，定期核对。

14. 特殊情况的处理

（1）基金管理人或基金托管人按本合同估值方法进行估值时，所造成的误差不作为基金财产估值错误处理。

（2）基金管理人和基金托管人由于各自技术系统设置而产生的净值计算尾差，以基金管理人计算结果为准。

（3）由于不可抗力原因，或由于证券交易所及登记结算公司发送的数据错误，或国家会计政策变更、市场规则变更等，基金管理人和基金托管人虽然已经采取必要、适当、合理的措施进行检查，但未能发现该错误的，由此造成的基金财产估值错误，基金管理人和基金托管人可以免除赔偿责任。但基金管理人、基金托管人应当积极采取必要的措施消除由此造成的影响。

（二）基金的会计政策

本基金的主会计责任方是基金管理人。

本基金财产的会计年度为每年1月1日至12月31日。

计账本位币为人民币，计账单位为元。

基金财产的会计核算按《证券投资基金会计核算业务指引》执行。

本基金应独立建账、独立核算；基金管理人或其委托的外包服务机构应保留完整的会计账目、凭证并进行日常的会计核算，编制会计报表。

基金管理人（或其委托的外包服务机构）应定期与基金托管人就基金的会计核算、报表编制等进行核对。因基金管理人（或其委托的外包服务机构）未按合同约定履行会计核算和报表编制义务等客观因素，导致基金管理人（或其委托的外包服务机构）未按时与基金托管人进行核对或基金托管人无法按时进行相应复核的，托管人不承担由此产生的后果和影响。

基金管理人委托外包服务机构办理前述会计核算、估值核对等事项的，由基金管理人就外包服务机构履行该等事项的情况向基金投资者和基金托管人承担责任，基金管理人依法应承担的职责不因委托其他机构办理而免除。

十八、私募基金的费用与税收

（一）基金费用的种类

基金费用的种类：管理费；托管费；外包服务费；财务顾问费；基金销售服务费；业绩报酬；基金的证券交易费用及开户费用；基金的银行汇划费用；与基金相关的资产评估师费、会计师费、审计费、律师费、基金合同等相关合同制作费及其他费用；按照国家有关规定和本合同约定，可以在基金资产中列支的其他费用。

（二）费用计提方法、计提标准和支付方式

1. 管理费

本基金的基金年管理费率为____%，以基金初始规模为基础计提。计算方法如下：$H = E \times$ ____%，其中 H 为本基金应计提的年管理费，E 为基金成立之日的基金初始规模。

本基金第 1 年管理费自本基金成立之日起一次性计提，并于基金备案完成之日起 10 个工作日内由基金管理人向基金托管人发出管理费划款指令进行支付。基金管理人在本基金成立满 1 年后 10 个工作日内向基金托管人发出第 2 年（顺延年）管理费划款指令进行支付。

本基金如提前结束，已收取的管理费将不再返还。

基金管理人收取管理费的银行账户为：

户名：××管理有限公司

开户行：

账号：

2. 托管费

基金的年托管费率为 0.10%，以前一日基金资产净值为基础计提。计算方法如下：$H = E \times 0.10\% \div 365$，其中 H 为每日应计提的托管费，E 为前一日的基金资产净值。

本基金的托管费自本基金合同生效日起，每日计提，按季（自然季）支付。基金管理人于次季度首月前五个工作日内向基金托管人发送托管费划付指令，由基金托管人根据指令从基金财产中一次性支付给基金托管人。

3. 外包服务费

本基金份额注册登记、基金估值等外包服务费用，年费率为 0.1%，以前一日基金资产净值为基础计提。计算方法如下：$H = E \times 0.1\% \div 365$，其中 H 为每日应计提的外包服务费，E 为前一日基金资产净值。

本基金的外包服务费自本基金合同生效日起，每日计提，按季（自然季）支付。基金管理人于次季度首月前五个工作日内向基金托管人发送外包服务费划付指令，由基金托管人根据指令从基金财产中一次性支付给外包服务机构。

4. 财务顾问费

5. 业绩报酬

(三) 不列入基金业务费用的项目

基金管理人和基金托管人因未履行或未完全履行义务导致的费用支出或基金财产的损失。

基金管理人和基金托管人处理与基金运作无关的事项发生的费用。

其他根据相关法律法规及证监会的有关规定不得列入基金费用的项目。

(四) 费用调整

基金管理人、基金托管人与基金份额持有人协商一致，可根据市场发展情况调整管理费率和托管费率。

(五) 基金的税收

本合同项下应由基金财产承担的费用均为包含增值税的含税价，但当事人另有约定的除外。

本合同项下应由基金财产承担的费用，相关发票开具事宜，以届时有效的法律、法规、规章或者相关部门的有关规定处理。本基金运作过程中涉及的各纳税主体，其纳税义务按国家税收法律、法规执行。

基金投资者必须自行缴纳的税收由基金投资者负责，基金管理人不承担代扣代缴或纳税的义务。如依据相关法律法规或税务机关的规定，基金管理人在向基金投资者交付利益或资产前须代扣代缴任何税费的，基金管理人按照相关规定予以代扣代缴，无须事先征得基金投资者的同意，且基金投资者不得要求基金管理人以任何方式向其返还或补偿该等税费。

十九、私募基金的收益分配

除合同另有约定外，本基金存续期内及产品结束时可进行收益分配。

(一) 可供分配收益的构成

可供分配收益的构成为本基金收入减去全部应由本基金财产承担的税赋和费用后，可向委托人分配的现金。

(二) 收益分配原则

第一，产品存续期间，若本基金持有投资项目兑现全部或部分退出所产生的现金资产，管理人可将其以现金分红形式期间分配给本基金份额持有人。

第二，本基金收益分配方案由管理人拟定，按法律法规和合同约定告知本基金份额持有人。基金收益分配方案中应载明截至收益分配基准日的可供分配利润、基金收益分配对象、分配时间、分配数额及比例、分配方式等内容，届时具体以管理人通知为准。

第三，本基金份额净值高于1.08元时方可进行收益分配，基金收益分配基准日（即可供分配收益计算截止日）的基金份额净值减去每单位基金份额收益分配金额后不能低于面值。每年的分红次数原则上不超过2次。

二十、信息披露义务

（1）本基金的信息披露应符合法律法规的有关规定及本合同的约定。相关法律法规关于信息披露的规定发生变化时，本基金从其最新规定。

（2）本基金信息披露义务人为基金管理人。

基金管理人委托第三方机构代为披露信息的，其作为信息披露义务人依法应当承担的责任和信息披露义务不因委托而免除。

基金管理人应当保证所披露信息的真实性、准确性和完整性。

（3）基金管理人披露基金信息，不得有下列行为：

公开披露或者变相公开披露；

虚假记载、误导性陈述或者重大遗漏；

对投资业绩进行预测；

违规承诺收益或者承担损失；

诋毁其他基金管理人、基金托管人或者基金销售机构；

登载任何自然人、法人或者其他组织的祝贺性、恭维性或推荐性的文字；

采用不具有可比性、公平性、准确性、权威性的数据来源和方法进行行业比较，任意使用"业绩最佳""规模最大"等相关措辞；

法律、行政法规、证监会、中国证券投资基金业协会禁止的其他行为。

（4）基金募集期间的信息披露。

本基金募集期间，基金管理人应在宣传推介材料中向投资者披露如下信息：

基金的基本信息：基金名称、基金架构、基金类型、基金注册地（如有）、基金募集规模、最低认缴出资额（如有）、基金运作方式、基金的存续期限、基金联系人和联系信息、基金托管人；

基金管理人基本信息：基金管理人名称、私募基金管理人登记编码、注册地/主要经营地址、成立时间、组织形式、基金管理人在中国证券投资基金业协会的登记备案情况；

基金的投资信息：基金的投资目标、投资策略、投资方向、业绩比较基准（如有）、风险收益特征等；

基金的募集期限；

基金估值政策、程序和定价模式。

基金合同的主要条款：出资方式、收益分配和亏损分担方式、管理费标准及计提方式、基金费用的承担方式、基金业务报告和财务报告提交制度等；

基金的申购和赎回安排；

基金管理人最近三年的诚信情况说明；

私募基金收益与风险的匹配情况；

私募基金的风险揭示；

私募基金募集结算资金专用账户及其监督机构信息；

投资者承担的主要费用及费率，投资者的重要权利（如认购、赎回、转让等限制、时间和要求等）；

私募基金承担的主要费用及费率；

私募基金信息披露的内容、方式及频率；

明确指出该文件不得转载或给第三方传阅；

其他事项。

（5）运作期报告。

1）基金管理人向基金份额持有人提供的报告种类、内容和提供时间。

①季度报告。基金管理人应当在每季度结束之日起 10 个工作日内，编制完成基金季度报告并经基金托管人复核（托管人仅复核财务数据），向基金份额持有人披露基金净值、主要财务指标、投资组合情况以及其他法律法规规定和本合同约定的信息。

②年度报告。基金管理人应当在每个会计年度结束之日起 4 个月内，编制完成基金年度报告并经基金托管人复核（托管人仅复核财务数据），向基金份额持有人披露报告期末基金净值和基金份额总额、基金

的财务情况、基金投资运作情况和运用杠杆情况、投资者账户信息（包括实缴出资额、未缴出资额以及报告期末所持有基金份额总额）、投资收益分配和损失承担情况、基金管理人取得的管理费和业绩报酬（包括计提基准、计提方式和支付方式）以及其他法律法规规定和本合同约定的信息。

③临时报告。发生法律法规规定及本合同约定的、可能影响基金份额持有人利益的重大事项时，基金管理人应按照法律法规和证监会的有关规定，及时向投资者进行披露，如涉及基金托管人的，基金托管人应予以协助。

重大事项包括但不限于：

基金名称、注册地址、组织形式发生变更的；

投资范围和投资策略发生重大变化的；

变更基金管理人和托管人的；

管理人的法定代表人、执行事务合伙人（委派代表）、实际控制人发生变更的；

触及基金止损线或预警线的；

管理费率、托管费率发生变化的；

基金收益分配事项发生变更的；

基金触发巨额赎回的；

基金存续期变更或展期的；

基金发生清盘或清算的；

发生重大关联交易或交易可能存在利益冲突的；

基金管理人、实际控制人、高管人员涉嫌重大违法违规行为或正在接受监管部门或自律管理部门调查的；

涉及私募基金管理业务、基金财产、基金托管业务的重大诉讼、仲裁；

本合同约定的影响投资者利益的其他重大事件。

2）向基金份额持有人提供报告及基金份额持有人信息查询的方式。

基金管理人有权采用下列一种或多种方式向基金份额持有人提供报告或进行相关通知。

①传真、电子邮件或短信。例如，基金份额持有人留有传真号、电子邮箱或手机号等联系方式，基金管理人可通过传真、电子邮件或短信等方式将报告信息告知基金份额持有人。

②邮寄服务。基金管理人可向基金份额持有人邮寄年度报告等有关本基金的信息。基金份额持有人在销售机构留存的通信地址为送达地址。通信地址如有变更，基金份额持有人应当及时以书面方式或以基金管理人规定的其他方式通知基金管理人。

③基金业协会指定的信息披露平台。基金份额持有人可以在相关条件具备时，登录中国证券投资基金业协会指定的私募基金信息披露备份平台进行信息查询。

3）基金托管人依照相关法律法规、证监会以及中国证券投资基金业协会的规定和本合同约定对基金管理人编制的基金资产净值、基金份额净值、基金份额申购赎回价格、基金定期报告中的财务数据和定期更新的招募说明书（如有）等信息进行复核确认。

4）基金托管人对基于基金管理人提供的信息形成的报告、意见、公告等材料，对该管理人提供的信息不承担真实性、有效性、合法性的审查责任。因基金产品设计、运营以及基金管理人提供的信息不真实、不准确、不完整而产生的责任由基金管理人自行承担，基金托管人不承担任何担保责任。因基金管理人未提供基金份额净值、季度报告、年度报告等客观因素导致基金托管人无法进行相应复核的，基金托管人将不承担复核责任。

（6）向中国证券投资基金业协会提供的报告。

基金管理人、基金托管人应当根据法律法规、证监会和中国证券投资基金业协会的要求各自履行报告义务。

基金管理人应在相关条件具备时，按照规定通过中国证券投资基金业协会指定的私募基金信息披露备份平台报送信息。

（7）本基金全体份额持有人同意基金管理人或其他信息披露义务人按照中国证券投资基金业协会的规定对基金信息披露信息进行备份。

二十一、风险揭示

基金管理人依据基金合同约定管理和运用基金财产所产生的风险，由基金财产承担。

本基金主要风险包括市场风险、信用风险、流动性风险、基金相关当事人在业务各环节的操作或技术风险、外包事项所涉风险、未在中国证券投资基金业协会备案风险、基金产品提前结束风险、特定的投资方法及基金财产所投资的特定投资对象可能引起的特定风险及不可抗力风险等。

二十二、私募基金合同的效力、变更、解除和终止

（一）基金合同的效力

第一，本合同是约定基金合同当事人之间权利义务关系的法律文件，基金投资者为法人或其他组织的，本合同自当事人各方法定代表人或授权代表签字（或盖章）并加盖公章或合同专用章之日起成立；基金投资者为自然人的，本合同自基金投资者本人签字或授权代表签字、其他当事人加盖公章或合同专用章以及法定代表人或授权代表签字（或盖章）之日起成立。

第二，本合同生效应当同时满足如下条件：本合同经基金投资者、基金管理人和基金托管人合法签署；基金投资者认购或申购资金实际交付并经份额登记确认成功，基金投资者获得基金份额；本基金依法有效成立。

本合同生效后，任何一方都不得单方解除。

第三，本合同一式三份，当事人各执一份。每份合同均具有同等的法律效力。

第四，本合同自生效之日起对当事人各方具有同等的法律约束力。

第五，在本合同存续期间，基金投资者自全部赎回基金之日起不再是本基金的份额持有人和本合同的当事人。

（二）基金合同的期限

本合同有效期为基金合同生效日起至基金终止日止。

（三）基金合同的变更

（1）因法律法规或证监会、中国证券投资基金业协会的相关规定发生变化需要变更基金合同的，基金管理人可以与托管人协商后修改基金合同，并由基金管理人按照合同约定及时向投资者披露变更的具体内容。

（2）非因法律、法规及有关政策发生变化的原因而导致合同变更时，可采用以下三种方式中的一种进行基金合同变更。

1）全体基金份额持有人、基金管理人和基金托管人协商一致后，可对本合同内容进行变更。

2）按照基金合同的约定召开基金份额持有人大会决议通过。

3）有下列情形之一的，基金管理人有权单方变更合同的相关内容：①本基金认购、申购、赎回的受理时间和业务规则的变更；②调低从本基金资产列支的费用标准，其中调低托管费率需经托管人同意；

③对本合同的修改不对本合同当事人权利义务关系产生重大影响或对基金份额持有人利益无实质性不利影响；④基金管理人与基金托管人之间就资金划拨指令、清算交收业务规则等约定的变更；⑤因相关的法律法规和金融监管部门的规定发生变动时，对本合同进行相应的变更；⑥按照法律法规的规定或本合同的约定，基金管理人有权变更本合同的其他情形。

4）对本合同任何形式的变更、补充，基金管理人应当在变更或补充发生之日起5个工作日内按照中国证券投资基金业协会要求及时向中国证券投资基金业协会报告。

（四）基金合同的解除

基金投资者在募集机构回访确认成功前有权解除基金合同。出现前述情形时，募集机构应当按合同约定及时退还基金投资者的全部认购款项。

（五）基金合同终止的情形

基金存续期限届满且未延期的；

基金份额持有人大会决定终止；

基金管理人依法解散、被依法撤销或被依法宣告破产的；

基金管理人被依法取消私募投资基金管理人相关资质的；

基金托管人依法解散、被依法撤销或被依法宣告破产的；

基金托管人被依法取消基金托管资格的；

经全体份额持有人、基金管理人和基金托管人协商一致决定终止的；

基金管理人根据基金运作、市场行情等情况决定终止的；

本基金在中国证券投资基金业协会备案失败，基金取消的；

基金管理人被中国证券投资基金业协会宣告失联、被监管机构处罚或被采取其他强制措施等基金管理人丧失基金管理能力的；

基金管理人、基金托管人职责终止，在六个月内没有新基金管理人、新基金托管人承接；

基金合同约定的其他情形。

（六）套印合同

第一，本基金合同可依据基金管理人与基金托管人双方签署的《关于××基金合同套印的联合声明》采用套印形式进行印刷，按照基金管理人和基金托管人最终签署的基金合同样板的内容及印模印刷的合同视为经基金管理人和基金托管人有效签署的合同。

第二，基金投资者签署套印版的基金合同与直接签署基金管理人与基金托管人实际盖章版的基金合同具有同等的法律效力，在符合本基金合同约定的情况下合法成立并生效。

第三，基金管理人负责保证基金投资者签署的基金合同与样板合同的内容一致，如因基金管理人原因导致基金投资者签署的合同与样板合同不一致的，由基金管理人承担全部责任并赔偿由此给基金投资者以及基金托管人所造成的任何损失。

第四，套印合同的回收与销毁。

基金管理人保证基金投资者签署基金合同的行为、所签署的内容及结果的真实性，并负责将应由基金托管人保管的基金合同及时寄回基金托管人。基金管理人保证将未签署的基金合同及时寄回基金托管人。

因基金管理人导致其提供给基金托管人的基金合同内容或基金投资者签署行为、内容、结果不真实，或基金管理人未及时或未将投资者签署的基金合同或未签署的基金合同及时寄送至基金托管人的，基金管理人应承担全部责任并赔偿由此给基金托管人造成的损失，基金管理人有义务就上述情况向基金托管人出具相关说明。

二十三、私募基金的清算

（一）清算小组

自基金合同终止之日起 30 个工作日内成立清算小组。

清算小组成员由基金管理人、基金托管人等相关人员组成。清算小组可以聘用必要的工作人员。

清算小组负责基金清算资产的保管、清理、估价、变现和分配。清算小组可以依法以基金的名义进行必要的民事活动。

（二）清算程序

基金合同终止后，由清算小组统一接管基金财产；

对基金财产和债权债务进行清理和确认；

对基金财产进行估值和变现；

制作清算报告；

对基金剩余财产进行分配。

（三）清算费用

清算费用是指清算小组在进行基金财产清算过程中发生的所有合理费用，清算费用由清算小组优先从基金资产中支付。

（四）基金财产清算过程中剩余资产的分配

基金财产清算后的剩余资产按如下顺序进行分配：

支付基金财产清算费用；

缴纳基金所欠税款；

清偿基金债务（含托管费和管理费）；

支付上述费用、税款和债务后，如有余额，按照本合同约定的收益分配原则分配给基金份额持有人。

（五）未能流通变现证券的处理

如本基金终止时有未能流通变现的证券，基金管理人与基金托管人继续按规定计提管理费、托管费等费用，其估值方法继续按本合同的规定计算。清算小组在该证券可流通变现时应及时变现，在支付相关费用后按基金的投资人持有的基金份额比例进行再次分配并履行相应的告知义务，直至所有未能流通变现的证券全部清算完毕。

在基金财产移交前，上述未能流通变现的证券由基金管理人负责保管。清算期间，任何当事人均不得运用该财产。清算期间的收益归属于基金财产，发生的保管费用由被保管的基金财产承担。因基金份额持有人原因导致基金无法转移的，基金托管人和基金管理人可以在协商一致后按照有关法律法规进行处理。

资产委托到期日（含提前到期日），非现金类资产的保管和转移由基金管理人及基金份额持有人自行负责，基金托管人不承担责任。

（六）基金财产清算报告的告知安排

清算过程中的有关重大事项须及时报告基金份额持有人。清算小组在本基金终止后 20 个工作日内编制基金清算报告，经基金托管人审核无误后报告基金份额持有人，基金管理人按照基金投资者提供的联系方式或由基金管理人通过其他约定方式告知基金投资者，即视为履行了告知义务。基金份额持有人在此同意，上述报告不再另行审计，除非法律法规或监管部门要求必须进行审计。

（七）基金财产清算账册及文件的保存

基金财产清算账册及文件由基金管理人保存 10 年以上。

（八）基金财产相关账户的注销

基金财产清算完毕后，基金托管人按照规定注销基金的资金账户、证券账户和期货账户等相关账户，基金管理人应给予必要的配合。

（九）清算未尽事宜

本合同中关于基金清算的未尽事宜以清算报告或基金管理人公告为准。

（十）其他

如基金管理人因失联等原因无法参与清算小组的，其在清算小组中的相关权利和义务可由基金份额持有人代表代为履行。基金份额持有人代表由基金份额持有人大会选举产生。

二十四、违约责任

（1）基金份额持有人、基金管理人和基金托管人在实现各自权利、履行各自义务的过程中，违反法律法规规定或者本合同约定，应当承担相应的责任；如给基金财产或者基金合同其他当事人造成的损失，应当分别对各自的行为依法承担赔偿责任。本合同能够继续履行的应当继续履行。

（2）发生下列情况的，当事人可以免除相应的责任：

不可抗力；

基金管理人和/或基金托管人按照有效的法律法规或金融监管部门的规定作为或不作为而造成的损失；

基金管理人由于按照本合同约定的投资原则行使或不行使其投资权而造成的损失；

基金份额持有人未能事前就其关联证券或其他禁止交易证券明确告知基金管理人，致使基金财产发生违规投资行为的，基金管理人均不承担任何责任。

基金托管人由于按照基金管理人符合本合同约定的有效指令执行而造成的损失等。

基金托管人对存放或存管在基金托管人以外机构的基金资产（包括投资其他证券投资基金、信托计划、证券公司资产管理计划、保险资产管理计划、期货资产管理计划、基金公司/基金子公司资产管理计划等形成的基金资产），或交由商业银行、证券经纪机构、期货经纪机构等其他机构负责清算交收的委托资产（包括但不限于期货保证金账户内的资金、期货合约等）及其收益，因该等机构欺诈、疏忽、过失、破产等原因给委托资产带来的损失等。

基金管理人、基金托管人对由于第三方（包括但不限于交易所、中登公司等）发送或提供的数据错误给本基金资产造成的损失等。

（3）本合同当事一方造成违约后，其他当事方应当采取适当措施防止损失的扩大；没有采取适当措施致使损失扩大的，不得就扩大的损失要求赔偿。守约方因防止损失扩大而支出的合理费用由违约方承担。

（4）一方依据本合同向另一方赔偿的损失，仅限于直接经济损失。

（5）基金托管人及基金外包服务机构仅分别依据本合同和与基金管理人签订的《外包服务协议》承担相关责任及义务，基金管理人不得对基金托管人及基金外包服务机构所承担的责任进行虚假宣传，更不得以基金托管人及基金外包服务机构名义或利用基金托管人及基金外包服务机构商誉进行非法募集资金、承诺投资收益等违规活动。

二十五、争议的处理

（1）有关本合同的签署和履行而产生的任何争议及对本合同项下条款的解释，均适用中华人民共和国法律法规（为本合同之目的，在此不包括香港、澳门、台湾的法律法规），并按其解释。

（2）各方当事人同意，因本合同而产生的或与本合同有关的一切争议，合同当事人应尽量通过协商、调解途径解决。经友好协商未能解决的，任何一方均有权向基金托管人所在地有管辖权的人民法院提起诉讼。

（3）争议处理期间，合同当事人应恪守各自的职责，继续忠实、勤勉、尽责地履行基金合同规定的义务，维护基金份额持有人的合法权益。

二十六、其他事项

（1）除本合同另有约定外，本合同的通知在下列日期视为送达被通知方：

专人送达：通知方取得的被通知方签收单所示日；

快递：被通知方在签收单上签收所示日；

传真：被通知方收到成功发送的传真并电话确认之日。

通讯地址或联络方式发生变化的一方（以下简称"变动方"），应提前 5 个工作日以书面形式通知其他各方。如果变动方未将有关变化及时通知其他各方，变动方应对由此而造成的影响和损失承担责任。

（2）金融监管部门对非公开募集投资基金合同的内容与格式的要求有所变更并适用于本合同的，本合同当事人应立即协商，根据金融监管部门的相关要求修改本合同的内容和格式。

（3）本合同各方当事人应对签署和履行本合同过程中所接触和获取的其他方当事人的数据、信息和其他涉密信息承担保密义务，非经其他方当事人同意，不得以任何方式向第三人泄露或用于非本合同之目的（法律法规或司法、监管部门要求的除外）。本保密义务不因本合同终止而终止。

（4）本合同如有未尽事宜，由合同当事人按有关法律法规的规定协商解决。

（以下无正文）

基金投资者请填写：

（请基金投资者务必确保填写的资料正确有效，如因填写错误导致的任何损失，基金管理人和基金托管人不承担任何责任）

（一）基金投资者

1. 自然人

姓名：

证件名称：身份证□、军官证□、护照□

证件号码：

联系电话：

联系地址：

2. 法人或其他组织

名称：

营业执照号码：

组织机构代码证号码：

法定代表人或负责人：

联系电话：

联系地址：

（二）基金投资者账户

基金投资者认购、申购基金的划出账户与赎回基金的划入账户，必须为以基金投资者名义开立的同一个账户。特殊情况导致认购、申购和赎回基金的账户名称不一致时，基金份额持有人应出具符合相关法律法规规定的书面说明并提供相关证明。账户信息如下：

账户名称：

账号：

开户银行名称：

（三）认购/申购金额

签署本合同之基金投资者，承诺将合法可支配的资金人民币__元，大写人民币元__整（含认购/申购费）认购/申购本基金。

（四）认购/申购的份额类别（如基金为分级产品时填写）

认购/申购的份额类别：□优先级□进取级

基金投资者：法人或其他组织（盖章）：

自然人（签字）：或法定代表人或授权代表（签章）：

签署日期： 年 月 日

基金管理人：××管理有限公司（盖章）

法定代表人或授权代理人（签章）：

签署日期： 年 月 日

基金托管人：××证券股份有限公司（盖章）

法定代表人或授权代理人（签章）：

签署日期： 年 月 日

备注：基金投资者通过基金管理人直销渠道认购、申购、赎回基金时，投资者必须填写《基金账户申请与交易表》，并签字确认。

附：私募投资基金风险揭示书

尊敬的投资者：

投资有风险。当您/贵机构认购或申购私募基金时，可能获得投资收益，但同时也面临着投资风险。您/贵机构在做出投资决策之前，请仔细阅读本风险揭示书和基金合同，充分认识本基金的风险收益特征和产品特性，认真考虑基金存在的各项风险因素，并充分考虑自身的风险承受能力，理性判断并谨慎做出投资决策。

根据有关法律法规，基金管理人××管理有限公司及投资者分别做出如下承诺、风险揭示及声明：

一、基金管理人承诺

（1）私募基金管理人保证在募集资金前已在中国证券投资基金业协会（以下简称中国基金业协会）登记为私募基金管理人，并取得管理人登记编码。

（2）私募基金管理人向投资者声明，中国基金业协会为私募基金管理人和私募基金办理登记备案不构成对私募基金管理人投资能力、持续合规情况的认可；不作为对基金财产安全的保证。

（3）私募基金管理人保证在投资者签署基金合同前已（或已委托基金销售机构）向投资者揭示了相关风险；已经了解私募基金投资者的风险偏好、风险认知能力和承受能力；已向私募基金投资者说明有关法律法规，说明投资冷静期、回访确认的制度安排以及投资者的权利。

（4）私募基金管理人承诺按照恪尽职守、诚实信用、谨慎勤勉的原则管理运用本基金财产，不保证基金财产一定盈利，也不保证最低收益。

二、风险揭示

（一）特殊风险揭示

具体风险应由管理人根据私募基金的特殊性阐明。

若存在以下事项，应特别揭示风险：

（1）基金合同与中国基金业协会合同指引不一致所涉风险。

（2）私募基金委托募集所涉风险。

基金管理人可委托已在证监会注册取得基金销售资格业务并已成为中国基金业协会会员的基金销售机构为本基金提供募集服务，由于销售机构专业能力不足、操作失误等均可能导致本基金财产受到损失。

（3）私募基金外包事项所涉风险。

基金管理人委托××证券股份有限公司（外包业务登记编码：A00016）作为外包服务机构为本基金提供募集资金清算、估值核算、份额注册登记等服务，外包服务机构专业能力不足、操作失误等均可能导致本基金财产受到损失。

（4）私募基金聘请财务顾问所涉风险。

本基金由基金管理人参考财务顾问的"投资建议"自主进行投资交易。财务顾问和基金管理人的投资服务能力、服务水平将直接影响本基金的收益水平。在本基金投资管理运作过程中，可能因财务顾问或基金管理人对经济形势和证券市场等判断有误、获取的信息不完整等因素影响本基金的收益水平。

本基金由基金管理人聘请财务顾问，财务顾问也可能存在违法违规风险，如财务顾问存在泄露客户投资决策计划、传播虚假信息、进行关联交易等违法违规行为或利益冲突情形时，会对本基金的收益造成影响。

财务顾问依据与基金管理人签署的《财务顾问协议》或其他相关协议为本基金提供财务顾问服务，因为相关协议的约定不明或者财务顾问与基金管理人存在法律或经济纠纷时，会对本基金的收益造成影响。

（5）私募基金未在中国基金业协会履行登记备案手续所涉风险。

本基金在中国基金业协会备案完成前无法进行投资操作，因备案所需时间无法准确预估且投资者在此期间无法及时赎回其投资本金，本基金及投资者均存在在备案期间错失投资机会的风险。

如本基金因未成功在中国基金业协会备案而清算终止，募集、备案及清算期间发生的费用由基金管理人以自有财产承担，但仍存在对基金财产造成损失的潜在风险。

（二）一般风险揭示

（1）资金损失风险。

基金管理人依照恪尽职守、诚实信用、谨慎勤勉的原则管理和运用基金财产，但不保证基金财产中的认购资金本金不受损失，也不保证一定盈利及最低收益。

本基金属于高风险投资品种，适合风险识别、评估、承受能力高的合格投资者。

（2）基金运营风险。

基金管理人依据基金合同约定管理和运用基金财产所产生的风险，由基金财产及投资者承担。投资者应充分知晓投资运营的相关风险，其风险应由投资者自担。

（3）流动性风险。

本基金预计存续期限为基金成立之日起至本基金［包括延长期（如有）］结束并清算完毕为止，在本基金存续期内，投资者可能面临资金不能退出带来的流动性风险。

根据实际投资运作情况以及证券市场流动性不足等因素，投资者可能因此面临委托资金不能按期退出等风险。

（4）募集失败风险。

本基金的成立需符合相关法律法规的规定，本基金可能存在不能满足成立条件从而无法成立的风险。

基金管理人的责任承担方式：以其固有财产承担因募集行为而产生的债务和费用；在基金募集期限届满（确认基金无法成立）后三十日内返还投资人已交纳的款项，并加计银行同期存款利息。

（5）投资标的风险。

本基金投资标的的价值取决于投资对象的经营状况，原股东对所投资企业的管理和运营，相关市场宏观调控政策、财政税收政策、产业政策、法律法规、经济周期的变化以及区域市场竞争格局的变化等都可能影响所投资企业经营状况，进而影响本基金投资标的的价值。

（6）税收风险。

契约型基金所适用的税收征管法律法规可能会由于国家相关税收政策调整而发生变化，投资者收益也可能因相关税收政策调整而受到影响。

（7）其他风险。

包括但不限于法律与政策风险、发生不可抗力事件的风险、技术风险和操作风险等。

（三）本基金特定投资方法以及特定投资对象的风险揭示

1. 未设预警止损线风险

本基金未设预警止损线，在极端情况下，基金投资者投入的本金有可能出现全部损失的风险。

2. 关联交易风险

本基金可能投资于基金管理人、基金托管人或其关联方发行、管理的产品或者与基金管理人、基金托管人或其关联方进行交易，此种投资、交易行为构成关联交易，存在被监管层否定的政策风险和相应的关联交易风险。若本基金投资运作中发生此类关联交易，基金管理人将及时向投资者进行披露。

3. 投资非公开发行股票风险

本基金可直接或间接投资定向增发股票，因为所直接投资或间接投资的非公开发行股票自其发行结束之日起，在约定的时间内不得转让，这段时间内市场情况或上市公司运作状况的变化，将加剧投资非公开发行股票所面临的风险，从而导致本基金财产面临损失。

4. 未上市/未挂牌企业股权的投资风险

（1）本基金通过直接或间接方式投资于未上市/未挂牌企业股权并通过所投资企业的上市/挂牌、协议转让等方式实现退出并获得投资收益。所选择的投资标的企业的经营情况和上市/挂牌情况均存在不确定性，基金份额持有人将面临委托财产的实际投资收益与理想预期不同，甚至本金损失的风险。

（2）本基金直接或间接投资的企业由于其市场预测的不准确、管理责任的不到位、法律监控的不规范、合作伙伴的违约等导致其经营风险、未成功挂牌或上市，进而导致基金本金遭受损失，基金份额持有人投资本金遭受亏损的风险。

（3）信息披露的风险：非上市/挂牌企业的信息披露程度较低，虽然管理人不应完全依赖该公司所披露的信息做出投资决策，但该公司的信息披露可能影响管理人的投资决策，从而导致基金财产损失的风险。

（4）本基金到期后，直接或间接投资的优质股权在变现过程中可能存在无法找到合适的交易对手，致使优质股权卖出价格较低，导致基金财产本金遭受较大幅度的损失，进而基金份额持有人投资本金遭受较大亏损的风险。

（5）流动性风险：虽然本基金所持股权可通过企业上市/挂牌后，以交易所交易、全国中小企业股份转让系统转让、协议转让、证券公司柜台做市转让等方式实现退出，但存在一定期间内无法转让的风险。

（6）估值风险：本基金投资企业的股权，在企业上市之前期采取成本法估值，可能不能正确反映公司的实际价值。

（7）本基金受基金管理人研究水平、投资管理水平的直接影响，在直接或间接参与企业股权投资时，投资经理的判断可能与公司的实际表现有一定偏离，从而对投资收益产生不利影响，甚至本金发生损失。

特别风险提示：本基金可能投资于未上市/挂牌公司股权，但因本基金为契约性基金，本身不具备法人主体地位，本基金投资所应获股权无法过户到本基金名下，只能采取基金管理人代为持有方式处理，基金管理人如进行不正当行为运作或违反合同约定进行运作，会对本基金投资收益产生严重不利影响，甚至本金全部发生损失。本基金合同的签署，即表明基金投资者已充分知悉并认可此种操作模式可能存在的潜在风险，并愿意承担此项风险。

5. 变现期间继续计提费用风险

如本基金终止时有未能流通变现的证券，基金管理人与基金托管人继续按规定计提管理费、托管费等费用，其估值方法继续按本合同的规定计算。清算小组在该证券可流通变现时应及时变现，在支付相关费用后按基金的投资人持有的基金份额比例进行再次分配并履行相应的告知义务，直至所有未能流通变现的证券全部清算完毕。

6. 基金发生亏损时已收取的业绩报酬不予退还的风险

在满足合同约定条件时，基金管理人将计提业绩报酬，基金管理人计提业绩报酬后，如果后续基金运作中产生亏损的情况，已计提的业绩报酬将不会退还。

本风险揭示书的揭示事项仅为列举性质，未能详尽列明投资者参与私募基金投资所面临的全部风险和可能导致投资者资产损失的所有因素。

三、投资者声明

作为××基金的投资者，本人/机构已充分了解并谨慎评估自身风险承受能力，自愿自行承担投资该私募基金所面临的风险。本人/机构做出以下陈述和声明，并确认（自然人投资者在每段段尾"【_____】"内签名，机构投资者在本页、尾页盖章，加盖骑缝章）其内容的真实和正确：

（1）本人/机构已仔细阅读私募基金法律文件和其他文件，充分理解相关权利、义务、本私募基金运作方式及风险收益特征，愿意承担由上述风险引致的全部后果。【_____】

（2）本人/机构知晓，基金管理人、基金销售机构、基金托管人及相关机构不应当对基金财产的收益状况做出任何承诺或担保。【_____】

（3）本人/机构已通过中国证券投资基金业协会的官方网站（https://www.amac.org.cn）查询了私募基金管理人的基本信息，并将于本私募基金完成备案后查实其募集结算资金专用账户的相关信息与打款账户信息的一致性。【_____】

（4）在购买本私募基金前，本人/机构已符合《私募投资基金监督管理暂行办法》有关合格投资者的要求并已按照募集机构的要求提供相关证明文件。【_____】

（5）本人/机构已认真阅读并完全理解基金合同的所有内容，并愿意自行承担购买私募基金的法律责任。【_____】

（6）本人/机构已认真阅读并完全理解基金合同第九章"私募基金当事人的权利与义务"的所有内容，并愿意自行承担购买私募基金的法律责任。【_____】

（7）本人/机构知晓，投资冷静期及回访确认的制度安排以及在此期间的权利。【_____】

（8）本人/机构已认真阅读并完全理解基金合同第十二章"私募基金的投资"的所有内容，并愿意自行承担购买私募基金的法律责任。【_____】

（9）本人/机构已认真阅读并完全理解基金合同第十八章"私募基金的费用与税收"中的所有内容。【_____】

（10）本人/机构已认真阅读并完全理解基金合同第二十五章"争议的处理"中的所有内容。【_____】

（11）本人/机构知晓，中国证券投资基金业协会为私募基金管理人和私募基金办理登记备案不构成对私募基金管理人投资能力、持续合规情况的认可；不作为对基金财产安全的保证。【_____】

（12）本人/机构承诺本次投资行为是为本人/机构购买私募投资基金。【_____】

（13）本人/机构承诺不以非法拆分转让为目的购买私募基金，不会突破合格投资者标准，将私募基金份额或其收益权进行非法拆分转让。【_____】

（14）本人/机构承诺用于认购/申购基金份额的财产为投资者拥有合法所有权或处分权的资产，保证该等财产的来源及用途符合法律法规和相关政策规定，不存在非法汇集他人资金投资的情形，不存在不合理的利益输送、关联交易及洗钱等情况，并知晓基金管理人有权要求本人/本单位提供资产来源及用途合法性证明，对资产来源、用途及合法性进行调查，本人/本单位愿意配合。【＿＿＿＿】

本风险揭示书的揭示事项仅为列举性质，未能详尽列明投资者参与私募基金投资所面临的全部风险和可能导致投资者损失的所有因素。

投资者在参与私募基金投资前，应认真阅读并理解相关业务规则、基金合同及本风险揭示书的全部内容，并确信自身已做好足够的风险评估与财务安排，避免因参与私募基金投资而遭受难以承受的损失。

基金投资者（自然人）（签字）

或：基金投资者（机构）（加盖公章）

法定代表人/负责人或授权代表签字：

　　日期：　年　月　日

　　募集机构经办员（签字）：

　　日期：

　　募集机构（盖章）：

　　日期：

 专题研讨

请以契约型私募股权基金合同书为蓝本，应用金融产品与服务创新的方法和技术，谈一谈私募股权基金的可能创新。

第六章
可转债券

 本章导读

本章以中矿资源集团股份有限公司为例,详细介绍可转债券的重要条款以及与发行相关的知识。

学习本章,要求能够应用前面关于金融产品与服务创新的基础理论与方法,在中矿资源集团股份有限公司可转债合约基础上,创新设计出新款可转债产品。

一家公司发行可转债券往往是由下述原因所致:①普通股发行的市场状况不佳;②通过其他途径的融资成本比较高(由于债券的可转股性,可转债券的利率一般要低于相同品级、相等到期日的普通债券利率);③当公司购买其他公司债券时,提出可转债券来交换被购买公司的普通股;④作为延时的股本融资手段。

本章以中矿资源集团股份有限公司为例,详细介绍可转债券的重要条款以及发行相关的内容。

第一节 债券概况

中矿资源集团股份有限公司(以下简称"中矿资源")拟收购 Cabot 特殊流体事业部,计划投入资金926260300 元,综合当时各种因素,公司决定采取可转债方式,募集资金 800000000 元。债券基本信息如表 6-1 所示。

表 6-1 债券基本信息

债券代码	128111	债券简称	中矿转债
债券全称	中矿资源集团股份有限公司公开发行可转换公司债券		
发行人	中矿资源集团股份有限公司		
债券类型	可转债	交易市场	深圳证券交易所
发行规模(亿元)	8.00	期限(年)	6
发行价格(元)	100	最新规模(亿元)	1.15
发行方式	网上发行、老股东优先配售	承销方式	余额包销
计息方式	累进利率	首期利率(%)	0.5
最新转股价(元)	10.96	最新利率(%)	1.2
债券信用级别	AA-	主体信用级别	AA-
起息日	2020-6-11	止息日	2026-6-10

债券代码	128111		债券简称	中矿转债
发行日期	2020-6-11		上市日期	2020-7-7
转股起始日	2020-12-17		转股截止日	2026-6-10
兑付日期	2026-6-11		摘牌日期	—
兑付方式	一次还本		是否含权	是
是否有偿债计划	否		是否担保	否
利率条款描述	第一年0.50%、第二年0.70%、第三年1.20%、第四年1.80%、第五年2.50%、第六年3.00%			
主承销商	中信建投证券股份有限公司			
信用评级机构	联合信用评级有限公司			

资料来源：笔者整理。

第二节　发行人基本信息

中矿资源集团股份有限公司是一家按照现代企业制度设立的股份制综合地质勘查型矿业公司。公司主要致力于地质工程技术服务，具体包括固体矿产勘查工程技术服务和地基基础工程施工服务。公司主要为国有大型矿业公司境外找矿和生产性探矿项目提供地质勘查工程技术服务；业务领域以海外市场为主，国内市场为辅。公司为国家级高新技术企业、北京市守信用重合同企业，拥有自然资源部颁发的多项甲级资质。目前，公司已确立了海外商业性地质勘查技术服务领域的领先地位，是我国商业性地质勘查行业开拓海外的"尖兵"和中国企业开拓海外地勘市场的一面"旗帜"。被原国土资源部评为"全国模范地勘单位"，第一届全国地勘钻探职业技能大赛北京赛区获奖企业，多次获北京市丰台区人民政府颁发的丰台区经济发展贡献奖。

近年来，公司基本财务情况如表6-2至表6-6所示。

表6-2　主要财务指标

财务指标	2022-9-30	2021-12-31	2020-12-31	2019-12-31
审计意见	未经审计	标准无保留意见	标准无保留意见	标准无保留意见
净利润（万元）	205128.45	55822.08	17426.27	14004.02
净利润增长率（%）	578.53	220.33	24.44	26.32
加权净资产收益率（%）	39.93	15.45	6.31	5.60
资产负债比率（%）	37.99	33.76	35.51	33.83
净利润现金含量（%）	55.14	117.18	133.28	178.58
基本每股收益（元）	4.49	1.77	0.63	0.52
每股收益-扣除（元）	—	1.71	—	—
稀释每股收益（元）	4.31	1.54	0.63	0.52

续表

财务指标	2022-9-30	2021-12-31	2020-12-31	2019-12-31
每股资本公积金（元）	5.69	8.27	7.74	7.10
每股未分配利润（元）	7.23	3.98	2.45	2.26
每股净资产（元）	13.48	12.45	10.15	9.72
每股经营现金流量（元）	2.47	2.01	0.76	0.90
经营活动现金净流量增长率（%）	534.63	181.64	-7.13	1613.74

注：以上指标 P 为扭亏为盈，L 为持续亏损。
资料来源：笔者整理。

表 6-3　偿债能力指标

财务指标（%）	2022-9-30	2021-12-31	2020-12-31	2019-12-31
流动比率	2.20	2.73	3.52	2.03
速动比率	1.67	2.10	2.76	1.37
资产负债比率	37.99	33.76	35.51	33.83
产权比率	61.25	50.96	55.07	51.14

资料来源：笔者整理。

表 6-4　运营能力指标

财务指标（%）	2022-9-30	2021-12-31	2020-12-31	2019-12-31
应收账款周转率	15.38	7.33	3.16	2.57
存货周转率	2.80	2.04	1.41	1.80
流动资产周转率	1.32	0.89	0.64	0.70
固定资产周转率	6.26	3.98	3.94	4.20
总资产周转率	0.68	0.43	0.28	0.32
每股现金流量增长率	347.36	165.37	-15.75	1448.46

注：以上指标 P 为扭亏为盈，L 为持续亏损。
资料来源：笔者整理。

表 6-5　盈利能力指标

财务指标（%）	2022-9-30	2021-12-31	2020-12-31	2019-12-31
营业利润率	43.52	29.02	14.91	13.81
营业净利率	37.37	23.23	13.42	11.92
营业毛利率	49.52	48.52	42.06	35.58
成本费用利润率	78.36	44.87	18.70	17.69
总资产报酬率	23.95	11.31	3.90	4.10
加权净资产收益率	39.93	15.45	6.31	5.60

资料来源：笔者整理。

表 6-6　发展能力指标

财务指标（%）	2022-9-30	2021-12-31	2020-12-31	2019-12-31
营业收入增长率	293.51	87.67	9.51	34.34
总资产增长率	77.52	24.91	20.13	25.10
营业利润增长率	511.61	265.30	18.18	17.94
净利润增长率	578.53	220.33	24.44	26.32
净资产增长率	65.79	28.56	17.15	25.05

注：以上指标 P 为扭亏为盈，L 为持续亏损。

资料来源：笔者整理。

第三节　标的公司及收购操作介绍

一、标的公司基本情况

1. 收购前标的公司基本信息

（1）Tanco。

（2）CSF Inc。

（3）CSF Ltd。

2. 产权及控制关系

在本次收购完成前，Cabot 特殊流体事业部的控股股东为 Cabot（股票代码 CBT.N），本次收购完成后，Cabot 特殊流体事业部将成为公司 100% 控股的子公司。

3. 子公司情况

（1）Tanco 的子公司情况。

Tanco 共设立有一家控股公司，其基本情况如表 6-7 所示。

表 6-7　Tanco 的子公司情况

公司名称	Coltan Mines Limited
公司编号	000210144
公司类型	有限公司
注册地	安大略省
已发行股本	750000 美元（750000 股）
成立日期	1968 年 2 月 28 日
股东及持股比例	Tanco（73%）；The Estate of John Donner（27%）

（2）CSF Inc. 的子公司情况。

CSF Inc. 共设立有一家控股公司，其基本情况如表 6-8 所示。

表 6-8　CSFInc 的子公司情况

公司名称	Cabot Specialty Fluids Mexico S. de R. L. de C. V.
注册号	431195-1
公司类型	有限公司
注册地	墨西哥城
注册资本	墨西哥比索 3000.00
成立日期	2010 年 11 月 23 日
股东及持股比例	CSF Inc.（99%）；CSF Ltd.（1%）

该公司原为 Cabot 在墨西哥设立的油气业务项目公司，成立至今尚未取得相关项目机会，因此报告期内该公司未开展业务。

（3）CSF Ltd. 的子公司情况。

CSF Ltd. 共设立有一家全资子公司，其基本情况如表 6-9 所示。

表 6-9　CSF Ltd. 的子公司情况

公司名称	Cabot Specialty Fluids (Singapore) Pte. Ltd.
公司性质	股份有限公司
注册号	200618564C
注册时间	2006 年 12 月 12 日
注册地址	50 Raffles Place #32-01, Singapore Land Tower, Singapore 048623
注册资本	新加坡币 100,000 元，分为 100,000 普通股，每股新加坡币 1 元。
股东及持股比例	CSF Ltd.（100%）

报告期内，上述公司主要业务为油气业务。

4. 主营业务情况

标的公司包括 Tanco、CSF Inc.、CSF Ltd. 及各自的下属公司，业务涵盖了铯矿开采、铯盐生产、产品销售和回收加工的整个产业链。

其中 Tanco 位于加拿大温尼伯，主要从事铯榴石的采矿、选矿，以及铯盐生产；CSF Inc. 位于美国波士顿，主要从事硫酸铯、碳酸铯、氢氧化铯等铯盐的销售；CSF Ltd. 位于苏格兰阿伯丁，主要业务是将甲酸铯调制成满足不同客户要求的石油钻井所需钻井液和完井液，以及后续甲酸铯溶液的回收；此外，CSF Ltd. 的分支机构还遍及挪威卑尔根、新加坡及意大利等国家或地区。欧洲、亚洲、北非地区和北美地区为标的公司的主要业务市场。

标的公司直接客户或最终客户主要为哈利伯顿、斯伦贝谢等全球知名油服企业，壳牌公司、英国石油公司等全球知名油气公司，以及德国巴斯夫、美国杜邦等全球知名化工企业提供服务，在石油服务行业以及化工行业具备较强的竞争实力和市场知名度。

标的公司主营业务为油气业务以及精细化工产品销售业务。其中，油气业务基于"租赁/回收"模式，即标的公司向客户出租甲酸铯溶液，每日租金比率取决于流体的比重，油气业务的总收入包括甲酸铯溶液的租赁收入以及在该工作中消耗/损失的损耗收入。精细化工产品销售业务即标的公司根据下游客户需求，直接向下游客户销售硫酸铯、碳酸铯、氢氧化铯、碘化铯等铯盐产品。

5. 最近一年一期财务报表

大信会计师事务所（特殊普通合伙）对 Cabot 特殊流体事业部 2018 年以及 2019 年 1~6 月的财务报表进行了审计，并出具了标准无保留意见的《审计报告》（大信审字〔2019〕第 1-03860 号）。Cabot 特殊流体事业部最近一年一期经审计的合并资产负债表和合并利润表如表 6-10、表 6-11 所示。

（1）合并资产负债表。

表 6-10　合并资产负债表　　　　　　　　　　　　　　　　　　　　单位：万元

项目	2019 年 6 月 30 日	2018 年 12 月 31 日
流动资产：		
货币资金	1583.58	1008.03
应收账款	14149.52	21356.20
预付款项	3319.89	3833.70
其他应收款	470.65	55694.79
存货	18740.83	11907.77
其他流动资产	155.54	6454.53
流动资产合计	38420.02	100255.01
非流动资产：		
固定资产	5076.47	5542.30
在建工程	715.83	622.53
无形资产	34.80	42.47
其他非流动资产	64023.04	77906.58
非流动资产合计	69850.14	84113.88
资产总计	108270.16	184368.88
流动负债：		
应付账款	1495.24	2119.22
预收款项	130.78	145.19
应付职工薪酬	1031.03	528.15
应交税费	3088.33	4619.43
其他应付款	790.75	31144.77
流动负债合计	6536.13	38556.76
非流动负债：		
长期应付职工薪酬	2644.89	1991.68
预计负债	2815.47	2811.98
递延所得税负债	4937.81	4944.22
非流动负债合计	10398.17	9747.88
负债合计	16934.30	48304.64

续表

项目	2019 年 6 月 30 日	2018 年 12 月 31 日
股东权益：		
股本	15862.23	15862.23
资本公积	15166.05	13465.29
其他综合收益	4897.37	5534.06
未分配利润	55410.20	101202.66
归属于母公司股东权益合计	91335.86	136064.25
少数股东权益	—	—
股东权益合计	91335.86	136064.25
负债和股东权益总计	108270.16	184368.88

（2）合并利润表。

表 6-11　合并利润表　　　　　　　　　单位：万元

项目	2019 年 1~6 月	2018 年
一、营业收入	25181.45	38656.85
减：营业成本	10347.58	16856.01
税金及附加	35.29	65.65
销售费用	1201.34	2737.24
管理费用	3202.81	5340.86
研发费用	427.36	811.98
财务费用	−355.76	−891.46
加：信用减值损失（损失以"−"号填列）	212.62	—
资产减值损失（损失以"−"号填列）	−15794.17	−860.66
资产处置收益（损失以"−"号填列）	—	—
二、营业利润（亏损以"−"号填列）	−5258.74	12875.92
加：营业外收入	—	—
减：营业外支出	1.45	0.04
三、利润总额（亏损总额以"−"号填列）	−5260.19	12875.88
减：所得税费用	2337.29	4938.15
四、净利润（净亏损以"−"号填列）	−7597.49	7937.73

6. 主要资产情况

最近一年一期，Cabot 特殊流体事业部资产情况如表 6-12 所示。

表 6-12 Cabot 特殊流体事业部资产情况 单位：万元

项目	2019 年 6 月 30 日		2018 年 12 月 31 日	
	金额	比例	金额	比例
货币资金	1583.58	1.46%	1008.03	0.55%
应收账款	14149.52	13.07%	21356.20	11.58%
预付款项	3319.89	3.07%	3833.70	2.08%
其他应收款	470.65	0.43%	55694.79	30.21%
存货	18740.83	17.31%	11907.77	6.46%
其他流动资产	155.54	0.14%	6454.53	3.50%
流动资产合计	38420.02	35.49%	100255.01	54.38%
固定资产	5076.47	4.69%	5542.30	3.01%
在建工程	715.83	0.66%	622.53	0.34%
无形资产	34.80	0.03%	42.47	0.02%
其他非流动资产	64023.04	59.13%	77906.58	42.26%
非流动资产合计	69850.14	64.51%	84113.88	45.62%
资产总计	108270.16	100.00%	184368.88	100.00%

注：以上财务数据已经大信会计师事务所审计。

报告期内，标的公司资产主要由应收账款、其他应收款、存货、其他非流动资产等构成，上述资产合计占总资产比重超过 90%。具体分析如下：

（1）应收账款。

最近一年一期，标的公司应收账款的账面价值分别为 22480.21 万元及 14894.24 万元，占总资产的比重分别为 11.58% 以及 13.07%，应收账款账面余额占收入的比重分别为 58.15% 以及 59.15%，基本保持稳定（见表 6-13）。

表 6-13 应收账款 单位：万元

项目	2019 年 6 月 30 日	2018 年 12 月 31 日
应收账款余额	14894.24	22480.21
营业收入	25181.45	38656.85
占比	59.15%	58.15%

截至 2019 年 6 月 30 日，标的公司前五名应收账款情况如表 6-14 所示。

表 6-14 标的公司前五名应收账款情况 单位：万元

序号	客户名称	金额	占比
2019 年 6 月 30 日			
1	斯伦贝谢（股票代码：SLB.N）	13836.54	92.90%

序号	客户名称	金额	占比
2	SIGMA-ALDRICH	440.94	2.96%
3	CHEMOURS（股票代码：CC.N）	226.60	1.52%
4	SENTES-BIR A.S.-IZMIR，-X	71.22	0.48%
5	CLARIANT（股票代码：CLZNY.OO）	54.45	0.37%
	合计	14629.75	98.22%

截至 2019 年 6 月 30 日，标的公司应收账款主要来自斯伦贝谢（股票代码 SLB.N），斯伦贝谢系世界 500 强企业，实力强劲，标的公司与斯伦贝谢合作多年，客户关系良好，未来应收账款收回不存在较大不确定性。

（2）其他应收款。

最近一年一期，标的公司其他应收款账面价值分别为 55694.79 万元及 470.65 万元（见表 6-15），占总资产比重分别为 30.21% 以及 0.43%，标的公司其他应收款主要系关联方往来款、应收退税款以及押金及代垫款。

2019 年 6 月 30 日，其他应收款大幅减少 55224.14 万元，主要系 Cabot 特殊流体事业部交割前清理相应关联方往来款所致。

表 6-15　其他应收款　　　　单位：万元

款项性质	2019 年 6 月 30 日	2018 年 12 月 31 日
关联方往来款	—	55195.72
应收退税款	187.41	188.10
押金及代垫款	283.25	310.97
合计	470.65	55694.79

（3）存货。

最近一年一期，标的公司存货账面价值分别为 11907.77 万元以及 18740.83 万元，占总资产比重分别为 6.46% 以及 17.31%，标的公司存货主要系生产所需的铯榴石等原材料以及各类精细化工产品。标的公司存货情况如表 6-16 所示。

表 6-16　标的公司存货情况　　　　单位：万元

项目	2019 年 6 月 30 日	2018 年 12 月 31 日
原材料	16159.55	9021.31
库存商品	3375.00	2886.46
减：存货跌价准备	793.72	—
合计	18740.83	11907.77

2019 年 6 月 30 日，标的公司存货增加主要系 2019 年上半年通过开采冒顶区域以及向先锋公司采购铯

榴石矿等方式增加了铯榴石储备所致。

（4）其他非流动资产。

最近一年一期，标的公司其他非流动资产账面价值分别为 77906.58 万元及 64023.04 万元，占总资产比重分别为 42.26% 以及 59.13%，为标的公司用于开展油气业务的甲酸铯溶液。具体情况如表 6-17 所示。

表 6-17　标的公司用于开展油气业务的甲酸铯溶液具体情况　　　　单位：万元

项目	2019 年 6 月 30 日	2018 年 12 月 31 日
一、账面原值	79242.83	77906.58
二、减值准备	15219.79	—
三、账面价值	64023.04	77906.58

2019 年 1 月，Cabot 与中矿资源签订 SPA；随后 Cabot 将标的公司所有资产及负债按照美国会计准则重新认定为持有待售资产组；又因标的公司基准交易对价低于账面价值，Cabot 按照美国会计准则要求在其财务报告中为该项持有待售资产组计提了 2000 万美元资产减值准备，但并未分摊至标的公司财务报表的具体科目。

2019 年 7 月，本次交易交割完成后，中矿资源根据我国监管要求，分别委派大信事务所和中联评估对标的资产展开审计、评估工作，在综合考虑交易对价与标的公司资产组账面价值的显著差额、标的公司油气业务模式、资产周转周期等各方面因素之后，为标的公司资产组计提了 1.58 亿元人民币资产减值准备，其中非流动资产分摊资产减值准备 1.52 亿元。

7. 主要负债情况

最近一年一期，标的公司负债情况如表 6-18 所示。

表 6-18　标的公司负债情况　　　　单位：万元

项目	2019 年 6 月 30 日		2018 年 12 月 31 日	
金额	金额	比例	金额	比例
应付账款	1495.24	8.83%	2119.22	4.39%
预收款项	130.78	0.77%	145.19	0.30%
应付职工薪酬	1031.03	6.09%	528.15	1.09%
应交税费	3088.33	18.24%	4619.43	9.56%
其他应付款	790.75	4.67%	31144.77	64.48%
流动负债合计	6536.13	38.60%	38556.76	79.82%
长期应付职工薪酬	2644.89	15.62%	1991.68	4.12%
预计负债	2815.47	16.63%	2811.98	5.82%
递延所得税负债	4937.81	29.16%	4944.22	10.24%
非流动负债合计	10398.17	61.40%	9747.88	20.18%
负债合计	16934.30	100.00%	48304.64	100.00%

注：以上财务数据已经大信会计师事务所审计。

最近一年一期，标的公司负债分别为 48304.64 万元以及 16934.30 万元，2019 年 6 月 30 日，标的公司负债大幅减少 31370.34 万元，主要系根据公司与 Cabot 签署的《股份购买协议》，双方约定在交割前要清理关联方往来所形成的其他应付款所致。

8. 对外担保情况

截至本募集说明书签署日，Cabot 特殊流体事业部不存在对外担保情形。

9. 本次收购前标的公司的关联交易情况

标的公司发生的关联交易均系与 Cabot 集团内同一控制下的企业发生，不存在与 Cabot 集团外部的关联方发生交易的情形。

（1）购销商品、提供劳务的关联交易。

2018 年以及 2019 年 1 月至 6 月，标的公司与 Cabot 集团内其他子公司发生的购销商品、提供劳务的关联交易总额合计为 1084.80 万元以及 296.37 万元，占营业收入的比重分别为 2.81% 和 1.18%，主要系零星发生的精细化工产品以及甲酸钾辅料的销售，对标的公司生产经营和财务状况不构成重大影响。

（2）采购商品、接受劳务的关联交易。

2018 年以及 2019 年 1 月至 6 月，标的公司与 Cabot 集团内其他子公司发生的采购商品、接受劳务的关联交易总额合计为 979.81 万元以及 549.23 万元，占营业成本的比重分别为 5.81% 和 5.31%，主要系 Cabot 总部为标的公司提供的人力资源服务、IT 服务、团队支持等总部费用，对标的公司生产经营和财务状况不构成重大影响。

（3）关联方往来。

其他应收款以及其他应付款在 2018 年 12 月 31 日账面金额较大，产生原因是标的公司原系 Cabot 子公司，Cabot 为更好进行集团内部资金调配，提高资金使用效率，成立了专门财务公司来负责除与职工薪酬以外的所有收付款事项，造成标的公司各子公司与财务公司之间往来款项金额较大的情况。

在本次交割完成前，Cabot 已按照合同约定，将所有往来款项进行清理。

10. 经营情况分析

标的公司 2018 年净利润为 7937.73 万元，2019 年 1 月至 6 月净利润为 -7597.49 万元，2019 年 1 月至 6 月相比 2018 年度存在亏损情况，主要原因是 2019 年 1 月至 6 月计提 15794.17 万元的资产减值损失。

如不考虑资产减值损失影响，标的公司净利润为 8196.68 万元，标的公司在 2019 年上半年整体经营情况良好。

11. 本次交易不会导致同业竞争或关联交易情况

本次交易前，上市公司与控股股东、实际控制人及其控制的其他企业不存在相同或相近的业务，不存在同业竞争。本次交易完成后，上市公司主营业务未发生变化，公司控股股东、实际控制人对本公司的控制权及实际控制关系均没有发生变更，本次交易不会导致公司产生同业竞争。

交易对方美国上市公司 Cabot（上市代码 CBT. N），与上市公司及其关联方之间不存在关联关系。交易完成后，上市公司控制权不发生变更，不增加上市公司与控股股东、实际控制人及其关联方之间的关联交易。

二、本次收购行为与发行人业务发展规划的关系

2018 年 8 月，公司收购江西东鹏新材料有限责任公司（以下简称"东鹏新材"）以后，进入轻稀金属原料加工及研发行业，成为全球三大铯铷盐生产厂商之一。结合公司的实际经营情况，公司就轻稀金属原料加工及研发行业制定了"围绕东鹏新材轻稀金属原料产品有效控制资源、打通上下游产业链，使铯铷盐化合物资源供应处于世界领先地位，锂盐进入国内第一梯队"的业务发展规划。

本次收购为公司按照既定业务发展规划不断完善产业布局的结果，将进一步促进铯铷盐行业整合，并拥有高品质的铯资源，构筑竞争壁垒，增强铯铷盐在全球的领先地位。

标的公司与公司在资源禀赋、客户结构、产能、地理区位等多方面均具备较强的业务协同效应，具体如下：

资源禀赋方面，标的公司拥有全世界储量巨大的铯榴石矿山，拥有丰富的铯矿石资源/储量，截至2019年6月30日，矿山保有可利用铯榴石矿石储量折合氧化铯（Cs_2O）含量约3.18万吨（含堆存矿石、外购矿及尾矿），且开发成熟、稳定在产。本次收购将使得上市公司得以控制稀缺的铯矿资源，打破国外对高品质铯原料的主导地位，降低经营的风险。

客户结构方面，标的公司与哈利伯顿、斯伦贝谢等全球知名油服企业，壳牌、BP等全球知名油气公司，以及巴斯夫、杜邦等全球知名化工企业均有良好的合作关系，本次收购将有效扩大公司在铯铷盐市场的市场份额，巩固铯铷盐市场的行业领先地位，并获取标的公司优质的客户资源，持续竞争能力将得到显著提升。

产能方面，在本次收购以前，全球铯铷盐几乎全部产能都集中在本公司、美国Cabot公司以及美国雅保，本次收购完成以后，公司将成为全球铯铷盐产能和产量最大的企业之一，进一步实现规模效应。

地理区位方面，在本次收购以前，公司除国内业务外，海外业务主要集中于亚非地区，而标的公司在美国、加拿大、英国、新加坡等地均设有子公司，业务遍布欧洲、美洲、亚洲、非洲，并在全球范围内具有一定影响力，本次收购将是公司全球化战略的重要补充，有助于公司迅速拓展全球市场，为公司的长远布局奠定基础。

三、本次收购的评估、定价情况

1. 本次收购的定价情况

本次交易为市场化收购，上市公司综合考虑资源稀缺性、业务协同效应等多种因素，经过了多轮竞标，最终在公平合理原则基础上与交易对方协商确定本次交易基准价格为13000万美元，同时在资产交割时根据标的公司在交割日的净营运资本、铯榴石库存量、甲酸铯库存量等因素等进行调整后，最终确定本次交易的价款为13473万美元，合人民币92626.03万元。

为保证本次交易定价的公平合理性，公司聘请中联资产评估集团为标的公司出具了《中矿资源集团股份有限公司拟发行可转换公司债券了解所涉及的原Cabot公司特殊流体事业部全部股权价值资产评估报告》（中联评报字〔2019〕第240号），评估方法采用收益法以及市场法，并最终采用收益法评估结果作为最终评估结果，截至评估基准日2019年6月30日，采用收益法得出在评估基准日2019年6月30日的归属于母公司所有者权益账面值为91335.86万元，测算的所有者权益（净资产）价值为92700.00元，估值增值1364.14万元，增值率1.49%；与本次交易价款相比溢价0.08%，交易对价合理。

2. 本次收购的评估情况

（1）评估假设。

（2）收益法评估情况。

（3）市场法评估情况。

经市场法评估，评估对象价值为96500.00万元（百万位取整）。

3. 评估结论

采用收益法，得出被评估单位在评估基准日2019年6月30日的归属于母公司股东权益账面值为91335.86万元，测算的股东全部权益（净资产）价值为92700.00万元，评估增值1364.14万元，增值率1.49%。

采用可比上市公司法，被评估单位在评估基准日 2019 年 6 月 30 日的归属于母公司股东权益账面值为 91335.86 万元，测算的股东全部权益（净资产）价值为 96500.00 万元，评估增值 5164.14 万元，增值率 5.65%。

本次评估采用市场法及收益法对被评估单位进行评估，评估结果的选取，主要考虑由于被评估单位受到其铯资源总量的影响，无法永续经营，而可比上市公司的未来经营年限未知，市场法无法调整该种影响。相对而言，收益法可完整核算被评估单位全生命周期的未来收益，因此本次评估选择收益法评估结果 92700.00 万元作为最终评估结果。

第四节　债券条款

本次发行的可转债转股期自发行结束之日 2020 年 6 月 17 日（T+4 日）起满六个月后的第一个交易日（2020 年 12 月 17 日）起至可转债到期日（2026 年 6 月 10 日）止。

一、转股价格确定和调整条款

1. 初始转股价格

本次发行的可转债的初始转股价格为 15.53 元/股，不低于募集说明书公告日前 20 个交易日公司 A 股股票交易均价（若在该 20 个交易日内发生过因除权、除息引起股价调整的情形，则对调整前交易日的交易价格按经过相应除权、除息调整后的价格计算）和前 1 个交易日公司 A 股股票交易均价。

前 20 个交易日公司股票交易均价 = 前 20 个交易日公司股票交易总额/该 20 个交易日公司股票交易总量。

前 1 个交易日公司股票交易均价 = 前 1 个交易日公司股票交易额/该日公司股票交易量。

2. 转股价格的调整方式及计算公式

在本次发行之后，当公司因派送股票股利、转增股本、增发新股或配股、派送现金股利等情况（不包括因本次发行的可转债转股而增加的股本）使公司股份发生变化时，将按下述公式进行转股价格的调整（保留小数点后两位，最后一位四舍五入）：派送股票股利或转增股本，$P_1 = P_0/(1+n)$；增发新股或配股，$P_1 = (P_0 + A \times k)/(1+k)$；若两项同时进行，则 $P_1 = (P_0 + A \times k)/(1+n+k)$；派送现金股利：$P_1 = P_0 - D$；若三项同时进行，则 $P_1 = (P_0 - D + A \times k)/(1+n+k)$。其中：$P_0$ 为调整前转股价，n 为派送股票股利或转增股本率，k 为增发新股或配股率，A 为增发新股价或配股价，D 为每股派送现金股利，P_1 为调整后转股价。

当公司出现上述股份和/或股东权益变化情况时，将依次进行转股价格调整，并在深圳证券交易所网站和证监会指定的上市公司信息披露媒体上刊登董事会决议公告，并于公告中载明转股价格调整日、调整办法及暂停转股时期（如需）。当转股价格调整日为本次发行的可转债持有人转股申请日或之后，转换股份登记日之前，则该持有人的转股申请按公司调整后的转股价格执行。

当公司可能发生股份回购、合并、分立或任何其他情形使公司股份类别、数量和/或股东权益发生变化从而可能影响本次发行的可转债持有人的债权利益或转股衍生权益时，公司将视具体情况按照公平、公正、公允的原则以及充分保护本次发行的可转债持有人权益的原则调整转股价格。有关转股价格调整内容及操作办法将依据届时国家有关法律法规及证券监管部门的相关规定来制订。

二、转股价格特别修正条款

1. 修正权限与修正幅度

在本次可转债存续期间，当公司 A 股股票在任意连续三十个交易日中有十五个交易日的收盘价低于当期转股价格的 90% 时，公司董事会有权提出转股价格向下修正方案并提交公司股东大会审议表决。若在前述三十个交易日内发生过转股价格调整的情形，则在转股价格调整日前的交易日按调整前的转股价格和收盘价计算，在转股价格调整日及之后的交易日按调整后的转股价格和收盘价计算。

上述方案须经出席会议的股东所持表决权的 2/3 以上通过方可实施。股东大会进行表决时，持有本次可转债的股东应当回避。修正后的转股价格应不低于前项规定的股东大会召开日前二十个交易日公司 A 股股票交易均价和前一交易日公司股票交易均价，且修正后的价格不低于最近一期经审计的每股净资产值和股票面值。

2. 修正程序

如公司股东大会审议通过向下修正转股价格，公司将在证监会指定的上市公司信息披露媒体上刊登股东大会决议公告，公告修正幅度和股权登记日及暂停转股期间（如需）。从股权登记日后的第一个交易日（即转股价格修正日）起，开始恢复转股申请并执行修正后的转股价格。若转股价格修正日为转股申请日或之后，转换股票登记日之前，该类转股申请应按修正后的转股价格执行。

3. 转股数确定方式以及转股时不足一股金额的处理方法

本次发行的可转债持有人在转股期内申请转股时，转股数量的计算方式为：$Q = V/P$，并以去尾法取一股的整数倍。其中：Q 为转股数量，并以去尾法取一股的整数倍；V 为可转债持有人申请转股的可转债票面总金额；P 为申请转股当日有效的转股价。

可转债持有人申请转换成的股份须是整数股。转股时不足转换为一股的可转债余额，发行人将按照深圳证券交易所等部门的有关规定，在可转债持有人转股当日后的五个交易日内以现金兑付该可转债余额及该余额所对应的当期应计利息。

在上述规则下，中矿转债的转股价格变动情况如表 6-19 所示。

表 6-19　中矿转债的转股价格变动

调整日	转股价格（元）	转股比例（%）	生效日期	变更原因说明
2022-6-1	10.96	9.12	2022-6-1	关于可转债转股价格调整的提示性公告，根据规定，上述 2021 年年度权益分派完成后，中矿转债的转股价格将做相应调整，由原来的 15.45 元/股调整为 10.96 元/股[注：$P0 = 15.45$ 元/股，$D = 0.1$ 元/股，$n = 0.4$，$P1 = (P0-D)/(1+n) = 10.96$ 元/股。]
2022-1-6	15.45	6.47	2022-1-6	关于可转换公司债券转股价格调整的提示性公告。根据《募集说明书》以及证监会关于可转换公司债券发行的有关规定，"中矿转债"的转股价格将做相应调整，由原来的 15.42 元/股调整为 15.45 元/股[注：$P0 = 15.42$ 元/股，$A = 19.92$ 元/股，$k = 1930500/(325175572-1930500) = 0.5972\%$（截至 2021 年 12 月 31 日收盘后的公司总股本为 325175572 股）；$P1 = (P0+A×k)/(1+k) = 15.45$ 元/股。]
2021-6-23	15.42	6.49	2021-6-23	关于可转债转股价格调整的提示性公告。根据规定，上述 2020 年年度权益分派完成后，中矿转债的转股价格将做相应调整，由原来的 15.47 元/股调整为 15.42 元/股[注：$P0 = 15.47$ 元/股，$D = 0.05$ 元/股；$P1 = P0-D = 15.42$ 元/股。]

调整日	转股价格（元）	转股比例（%）	生效日期	变更原因说明
2021-1-22	15.47	6.46	2021-1-22	关于"中矿转债"转股价格调整的提示性公告。根据规定，上述股份变动完成后，中矿转债的转股价格将做相应调整，由原来的15.48元/股调整为15.47元/股〔注：P0=15.48元/股，A=9.99元/股，k=0.2002%；P1=（P0+A×k）/（1+k）=15.47元/股〕
2020-12-10	15.48	6.46	2020-12-10	关于"中矿转债"转股价格调整的提示性公告。根据规定，上述股份变动完成后，中矿转债的转股价格将做相应调整，由原来的15.53元/股调整为15.48元/股〔注：P0=15.53元/股，A=9.99元/股，k=0.9103%；P1=（P0+A×k）/（1+k）=15.48元/股。〕
2020-6-9	15.53	6.44	2020-6-9	募集说明书，本次发行的可转债的初始转股价格为15.53元/股，不低于募集说明书公告日前20个交易日公司A股股票交易均价（若在该20个交易日内发生过因除权、除息引起股价调整的情形，则对调整前交易日的交易价格按经过相应除权、除息调整后的价格计算）和前1个交易日公司A股股票交易均价。前20个交易日公司股票交易均价=前20个交易日公司股票交易总额/该20个交易日公司股票交易总量。前1个交易日公司股票交易均价=前1个交易日公司股票交易额/该日公司股票交易量

资料来源：笔者整理。

三、持有人回售条款

1. 有条件回售条款

在本次可转债最后两个计息年度内，如果公司A股股票收盘价在任何连续三十个交易日低于当期转股价格的70%时，本次可转债持有人有权将其持有的本次可转债全部或部分以面值加上当期应计利息回售给公司。若在上述交易日内发生过转股价格因发生派送股票股利、转增股本、增发新股（不包括因本次发行的可转债转股而增加的股本）、配股以及派发现金股利等情况而调整的情形，则在调整日前的交易日按调整前的转股价格和收盘价格计算，在调整日及之后的交易日按调整后的转股价格和收盘价格计算。如果出现转股价格向下修正的情况，则上述"连续三十个交易日"须从转股价格调整之后的第一个交易日起按修正后的转股价格重新计算。

最后两个计息年度可转债持有人在每年回售条件首次满足后可按上述约定条件行使回售权一次，若在首次满足回售条件而可转债持有人未在公司届时公告的回售申报期内申报并实施回售的，该计息年度不能再行使回售权。可转债持有人不能多次行使部分回售权。

2. 附加回售条款

若本次可转债募集资金运用的实施情况与公司在募集说明书中的承诺相比出现重大变化，且该变化被证监会认定为改变募集资金用途的，本次可转债持有人享有一次以面值加上当期应计利息的价格向公司回售其持有的部分或者全部本次可转债的权利。在上述情形下，本次可转债持有人可以在公司公告后的回售申报期内进行回售，本次回售申报期内不实施回售的，自动丧失该回售权。

四、发行人到期赎回及利息补偿条款

在本次可转债期满后五个交易日内，发行人将按债券面值的118%（含最后一期利息）的价格向投资者赎回全部未转股的可转债。

五、发行人提前赎回条款

在本次发行的可转换公司债券转股期内，当下述两种情形的任意一种出现时，公司董事会有权决定按照债券面值加当期应计利息的价格赎回全部或部分未转股的本次可转债：

第一，在本次发行的可转换公司债券转股期内，如果公司 A 股股票连续三十个交易日中至少有十五个交易日的收盘价格不低于当期转股价格的 130%（含 130%）。

第二，当本次发行的可转债未转股余额不足 3000 万元时，当期应计利息的计算公式为：$IA = B \times i \times t / 365$，其中：IA 指当期应计利息；B 指本次可转债持有人持有的将赎回的本次可转债票面总金额；i 指本次可转债当年票面利率；t 指计息天数，首个付息日前，指从计息起始日起至本计息年度赎回日止的实际日历天数（算头不算尾）；首个付息日后，指从上一个付息日起至本计息年度赎回日止的实际日历天数（算头不算尾）。

本次可转债的赎回期与转股期相同，即发行结束之日满六个月后的第一个交易日起至本次可转债到期日止。若在前述三十个交易日内发生过转股价格调整的情形，则在调整日前的交易日按调整前的转股价格和收盘价格计算，调整日及之后的交易日按调整后的转股价格和收盘价格计算。

六、转换年度股利归属条款

转股后的股利分配：本次可转债转股而增加的公司股票享有与原股票同等的权益，在股利分配股权登记日当日登记在册的所有股东（含因本次可转债转股形成的股东）均享受当期股利。

七、利率及付息兑付条款

第一，债券期限：本次发行的可转债存续期限为发行之日起 6 年，即自 2020 年 6 月 11 日至 2026 年 6 月 10 日。

第二，票面利率：第一年 0.50%、第二年 0.70%、第三年 1.20%、第四年 1.80%、第五年 2.50%、第六年 3.00%。

第三，债券到期偿还：在本次发行的可转债期满后五个交易日内，发行人将以本次发行的可转债的债券面值的 118%（含最后一期年度利息）的价格向投资者兑付全部未转股的可转债。

第四，付息的期限和方式：本次发行的可转债采用每年付息一次的付息方式，到期归还本金和最后一年利息。计息年度的利息（以下简称"年利息"）指可转债持有人按持有的可转债票面总金额自可转债发行首日起每满一年可享受的当期利息。年利息的计算公式为：$I = B \times i$，其中 I 指年利息额；B 指本次发行的可转债持有人在计息年度（以下简称"当年"或"每年"）付息债权登记日持有的可转债票面总金额；i 指可转债当年票面利率。付息方式：①本次发行的可转债采用每年付息一次的付息方式，计息起始日为可转债发行首日。②每年的付息日为本次发行的可转债发行首日起每满一年的当日，如该日为法定节假日或休息日，则顺延至下一个交易日，顺延期间不另付息。每相邻的两个付息日之间为一个计息年度。③每年的付息债权登记日为每年付息日的前一个交易日，公司将在每年付息日之后的五个交易日内支付当年利息。在付息债权登记日前（包括付息债权登记日）申请转换成公司 A 股股票的可转债，公司不再向其持有人支付本计息年度及以后计息年度的利息。④可转债持有人所获得利息收入的应付税项由持有人承担。

在上述规则下，中矿转债的付息情况如表 6-20 所示。

表 6-20　中矿转债的付息情况

现金流发生日	现金流类型	现金流（元/张）	派息现金流（元/张）	票面利率（元/张）	兑付现金流
2026-6-11	债券兑付	118.0	18.0	3.0	100.0
2025-6-11	债券付息	2.5	2.5	2.5	—
2024-6-11	债券付息	1.8	1.8	1.8	—
2023-6-11	债券付息	1.2	1.2	1.2	—
2022-6-13	债券付息	0.7	0.7	0.7	—
2021-6-11	债券付息	0.5	0.5	0.5	—

资料来源：笔者整理。

第五节　机构评级

中矿资源（002738）关于可转换公司债券 2022 年跟踪评级结果的公告（2022-072 号）内容如下：

中矿资源集团股份有限公司（以下简称"公司"或"本公司"）根据中国证券监督管理委员会《公司债券发行与交易管理办法》《上市公司证券发行管理办法》等有关规定，委托信用评级机构联合资信评估股份有限公司（以下简称"联合资信"）对公司 2020 年 6 月公开发行的可转换公司债券进行了跟踪评级。

联合资信通过对公司主体长期信用状况及公司公开发行的可转换公司债券的信用状况进行跟踪分析和评估，于 2022 年 6 月 22 日出具了《中矿资源集团股份有限公司公开发行可转换公司债券 2022 年跟踪评级报告》（联合〔2022〕4870 号），确定维持公司主体长期信用等级为 AA-，"中矿转债"的信用等级为 AA-，评级展望为"稳定"。

中矿资源集团股份有限公司董事会
2022 年 6 月 22 日

其余各时期的评级结果（见表 6-21），均为公司主体长期信用等级为 AA-，"中矿转债"的信用等级为 AA-，评级展望为"稳定"。

表 6-21　评级统计

评级日期	评级对象	信用级别	评级展望	评级机构
2022-6-22	债券	AA-	—	联合资信评估股份有限公司
2022-6-22	发行主体	AA-	稳定	联合资信评估股份有限公司
2021-6-25	债券	AA-	—	联合资信评估股份有限公司
2021-6-25	发行主体	AA-	稳定	联合资信评估股份有限公司
2020-9-2	债券	AA-	—	联合信用评级有限公司
2020-9-2	发行主体	AA-	稳定	联合信用评级有限公司
2019-10-8	债券	AA-	—	联合信用评级有限公司
2019-10-8	发行主体	AA-	稳定	联合信用评级有限公司

资料来源：笔者整理。

第六节　债券评述

一、公司经营情况 2022 年半年报

1. 报告期内公司从事的主要业务

报告期内，公司的主要业务为锂电新能源原料开发与利用业务、稀有轻金属（铯、铷）资源开发与利用业务、固体矿产勘查和矿权开发业务。

公司在全球范围内从事锂矿的开采，锂盐的研发、生产和销售；铯铷矿的开采，铯铷盐的研发、生产和销售；地质勘查并获取优质锂、铯矿资源，保障原材料自给自足；勘查自有矿权、增加资源量/储量，实现价值转化；开展地质勘查技术服务，为业主提供专业服务。

2. 行业发展情况及业绩驱动因素

（1）锂电新能源原料——锂盐。锂是最轻的碱金属元素，锂在地壳中的丰度居第二十七位，自然界中已知含锂的矿物有 150 多种，主要的锂矿物为锂辉石、锂云母、透锂长石等。锂是已知元素（包括放射性元素）中金属活动性最强的，常用于工业领域，被誉为"工业味精"，因其拥有化学元素中最高的标准氧化电势，适用于电池和储能领域，又被称为"21 世纪的能源金属"和"白色石油"。目前，锂被我国列为战略性新兴产业矿产，被欧盟列为关键原材料，被美国列为关键矿种。锂资源主要应用于锂电池行业，是新能源汽车、能源储能和消费电子应用中的最佳选择。

（2）报告期内，欧美各国新能源汽车政策加码，刺激销售量同比上升。我国也就新能源汽车的发展陆续出台了鼓励政策。工业和信息化部等四部门发布《关于开展 2022 新能源汽车下乡活动的通知》，鼓励各地出台更多新能源汽车下乡支持政策，改善新能源汽车使用环境，推动农村充换电基础设施建设。北京市商务局等七部门共同制定了《北京市关于鼓励汽车更新换代消费的方案》，该消费方案的发布进一步推动了新能源汽车市场放量，刺激汽车市场消费。新能源汽车回补需求释放，叠加购置税减征政策、地方限时限量补贴，市场呈现超强反弹态势。

根据欧洲汽车制造商协会（ACEA）公布的数据：2022 年第一季度，欧洲市场共销售电动汽车326081 辆，同比增长 61%；2022 年第二季度，纯电动汽车在欧盟的销量继续扩大，同比增长了 11.1%。根据中国汽车工业协会公布的数据：2022 年上半年，新能源汽车产销分别完成 266.1 万辆和 260 万辆，同比增长 1.2 倍，市场渗透率达到 21.6%。其中，新能源乘用车销量占乘用车总销量比重达到 24.0%，中国品牌乘用车中新能源汽车占比已达到 39.8%。上半年新能源汽车产销尽管受疫情影响，但各企业高度重视新能源汽车产品，供应链资源优先向新能源汽车集中，从目前发展态势来看，整体产销完成情况超出预期。综合对全年汽车市场判断，财信证券股份有限公司预计 2022 年全球新能源汽车销量达 967.2万辆，对应动力电池装车量 911.4GWh，锂的需求量约 34.6 万吨 LCE。乘联会预计：2022 年我国新能源汽车销量有望达到 600 万~650 万辆，同比增长 70%~84%。

（3）随着国内疫情缓解，下游企业复工复产，下游需求复苏增强且超预期，国内电池级碳酸锂、电池级氢氧化锂的销售价格企稳回升。在下游景气度需求旺盛及价格企稳回升的双驱动下，产业链供需依然抽紧，促使中游环节的加速扩产，上游锂矿产资源战略地位愈发凸显。根据美国地质勘探局（USGS）数据，全球锂资源产量增速在 2018 年创出高点后，2019 年因供需关系恶化导致负增长；此后随着锂需求景气度持续上升，供应重回增长。基于此，广发证券预计从 2022 年到 2025 年，锂供应增速每年都有望维持在 20%以上，全球锂资源新一轮扩张正在开启。

电池级碳酸锂、电池级氢氧化锂和电池级氟化锂是制造锂离子电池的重要原材料。公司是国内第一批生产电池级氟化锂及高纯碳酸锂的企业，目前是国内离子电解质六氟磷酸锂关键原料电池级氟化锂的主要供应商，是锂离子电池正极材料原料电池级碳酸锂、电池级氢氧化锂的供应商之一。锂离子电池需求量的增加，将会带动公司碳酸锂、氢氧化锂和氟化锂业务的高速发展。

二、2021 年年报

1. 主营业务分析

2021 年，随着世界主要经济体碳达峰、碳中和目标的明确，能源消费结构发生了深刻变革，新材料、新技术的推广和应用，进一步带动了公司铯盐和锂盐业务持续向好。公司主动抓住发展机遇，实现了营业收入和净利润的大幅增长。

报告期内，公司实现营业收入 239408.58 万元，比上年同期增长 87.67%；实现归属于上市公司股东的净利润 55822.08 万元，比上年同期增长 220.33%；实现归属于上市公司股东的扣除非经常性损益的净利润 53960.28 万元，比上年同期增长 255.05%；实现基本每股收益 1.77 元，比上年同期增长 182.52%。截至 2021 年 12 月 31 日，公司总资产 614536.86 万元，比上年度末增长 24.91%；归属于上市公司股东的净资产 407046.82 万元，比上年度末增长 28.56%。公司围绕主营业务，主要开展了以下工作：

（1）产能如期达产，锂电新能源原料板块进入新时代。报告期内，公司年产 2.5 万吨电池级氢氧化锂和电池级碳酸锂生产线项目于 2021 年 8 月 19 日点火投料试生产运营，11 月完成爬坡并达产，12 月完成下游优质客户的产品认证并形成产品销售，产品得到了业内下游优质客户的认可。公司所属加拿大曼尼托巴省 Tanco 矿区 12 万吨/年处理能力锂辉石采选系统技改恢复项目于 2021 年 10 月 15 日正式投产，年底完成了 2000 吨锂辉石精矿的生产和发运工作。年底完成了电池级氟化锂产能由 3000 吨/年提升到 6000 吨/年生产线的技改扩建项目。以上项目的顺利实施和如期达产，使公司锂电新能源原料板块在原来仅有 3000 吨/年电池级氟化锂产能的基础上产能大幅度提升。2022 年 3 月，公司公告拟投资建设年产 3.5 万吨高纯锂盐项目，快速打开公司锂电新能源板块的成长空间。

（2）资源储备增加，锂盐原料保障实现新突破。报告期内，公司于 2021 年 12 月与加拿大上市公司动力金属公司签署《股权融资协议》，入股完成后公司成为其单体第一大股东，并提前锁定加拿大动力金属公司 Case 湖项目的全部锂、铯、钽产品的包销权。报告期内，公司积极推进锂电新能源原料布局，于 2022 年 1 月与 African Metals Management Services Ltd. 和 Southern African Metals & Minerals Ltd. 签署《股份和债权出售协议》，收购津巴布韦 Bikita 矿山。Bikita 矿山是一座成熟且在产的矿山，探获的保有锂矿产资源量折合 84.96 万吨 LCE，为公司锂电新能源原料业务提供了稳定的资源保障。

（3）铯盐销售增量明显，铯盐板块业绩达到新高度。报告期内，公司铯盐板块实现收入 8.01 亿元，毛利 5.27 亿元，同比增长 86.35%，是历年来公司铯盐业务收入最高、效益最好的一年。随着全球绿色经济转型达成共识，铯盐行业应用领域逐步打开，公司在铯铷盐行业的优势更加明显。

（4）固体矿产勘查业务赋予新职能。报告期内，随着公司的稀有轻金属（铯、铷）资源开发与利用板块和锂电新能源原料开发与利用板块成为公司主要收入和利润的来源，固体矿产勘查业务赋予了新的职能。公司固体矿产勘查业务板块明确了三个职能：一是对自有矿山提供技术支持，保障采矿的顺利实施。二是对自有矿区外围区域进行勘查和寻找潜在并购资源，提高公司资源储量。三是做优做精固体矿产勘查技术服务业务。固体矿产勘查业务板块在新的战略定位的指引下，焕发出新的生机。

（5）科研创新增加新活力。报告期内，公司主持了氢氧化铯产品的行业标准制定工作，申报了硝酸铯标准的修订，参加了电池级碳酸锂、电池级无水氢氧化锂等多项锂的国家标准和行业标准的制定工作，获得了"碳酸氢锂溶液分解方法"的发明专利，"一种氟铝酸铷铯铝钎剂及其制备方法"的发明专利已经进入实质性审查阶段。公司稀有金属研究院与中国地质大学材料学院共同开展了铯盐产品在锂电池领域开发应用研究，对公司产品的应用升级和应用领域进行了前瞻性探索。公司加入中国有色金属工业协会稀散金属分会，成为副会长单位和铯铷专家人才库单位。

报告期内，公司所属江西东鹏新材料有限责任公司被授予国家级专精特新"小巨人"企业称号。公司所属中矿特殊流体有限公司（英国）被联合国工业发展组织（UNIDO）授予"化学品租赁奖"研发金奖。

2. 公司未来发展的展望

（1）公司发展战略。公司将积极储备稀有轻金属矿产资源，着力布局锂电新能源材料和铯铷等新兴材料产业，完善上下游产业链，持续发展海外固体矿产勘查和矿权开发。打造以稀有轻金属资源开发与利用、锂电新能源材料生产与供应、固体矿产勘查和矿权开发为核心业务的国际化矿业集团公司。

在稀有轻金属资源（铯、铷、铍等）开发与利用方面，加大市场开拓力度，开发高附加值产品，继续完善上下游产业链，保持铯资源占有率世界第一、铯铷产品市场占有率世界领先。

在锂电新能源材料生产与供应方面，实现锂矿资源自给自足，继续扩大新能源原料生产产能，锂电原料供应进入国内第一梯队。

在固体矿产勘查方面，保障公司现有矿山的正常生产和在全球范围内继续获取锂、铯、铷等矿种的优秀矿产资源。为海外优质客户、高端客户提供地质勘查技术服务，成为国际一流的地质勘查企业。

在矿权开发方面，发挥地质勘查专业优势，积极推进自有和其他矿权合作开发，着力寻找锂、铯、铍、钽等稀有矿产、关键矿产的金属矿权，做好矿权开发中长期战略布局，实现并继续扩大矿产资源优势。

（2）2022 年经营计划。2022 年，将主动抓住发展机遇，积极应对各种挑战，妥善规避经营风险，努力实现公司主营业务增长。充分发挥自身优势，实现公司 2.5 万吨/年电池级氢氧化锂和电池级碳酸锂生产线和 6000 吨/年氟化锂生产线产能释放的目标；完成津巴布韦 Bikita 矿山的收购工作，完成新建采选项目的可行性研究报告工作并启动建设工作，实施 Shaft 项目（透锂长石）和 SQI6 项目（锂辉石）的剥离开采工作；完成公司加拿大 Tanco 矿山露天开采方案的可行性研究工作；实施公司投资年产 3.5 万吨高纯锂盐厂的建设工作，完成环评、能评等手续，启动建设；继续寻找潜在锂资源标的，适时并购优质锂矿项目，增加锂资源储备；继续保持海外地勘的领先优势，在巩固原有客户的基础上，积极开拓优质客户和优质项目；发挥地质勘查专业优势，重点围绕锂、铯、铍、钽等矿种，加大对自有矿权的勘探投入；推进公司已有矿权的相关转化或合作开发工作。

 专题研讨

请以本章介绍的中矿资源可转债合约为蓝本，应用第一篇关于金融产品与服务创新的基础理论，谈一谈中矿资源可转债合约的可能创新。

第七章
资产证券化产品

本章导读

本章简要介绍了我国资产证券化最新发展状况，阐述了几款典型的资产证券化产品设计理念，然后以 REITS 和类 REITS 为例，详尽披露这些融资工具的设计思路和难点。

学习本章，要求掌握资产证券化产品的设计方法。

第一节　资产支持证券（ABS）

资产支持证券（Asset-Backed Securities，ABS）是由受托机构发行的、代表特定目的信托的信托受益权份额。受托机构以信托财产为限向投资机构承担支付资产支持证券收益的义务。其支付基本来源于支持证券的资产池产生的现金流。项下的资产通常是金融资产，如贷款或信用应收款，根据它们的条款规定，支付是有规律的。资产证券化支付本金的时间常依赖于涉及资产本金回收的时间，这种本金回收的时间和相应的资产支持证券相关本金支付时间的固有的不可预见性，是资产支持证券区别于其他债券的一个主要特征，是固定收益证券当中的主要一种。可以用作资产支持证券抵押品的资产分为两类：现存的资产或应收款；将来发生的资产或应收款。前者称为"现有资产的证券化"，后者称为"将来现金流的证券化"。

ABS 的种类大致可分为传统的 ABS 和担保债务凭证（CDO）。前者主要是基于某一类同质资产如汽车贷款、信用卡应收款、学生贷款、住房权益贷款（Home Equity Loan）、设备租赁费、厂房抵押贷款（Manufacturing Housing）、贸易应收款等的证券化产品；后者对应的基础资产则是一系列的债务工具及其他结构化产品，如高息债券、新兴市场企业债或国家债券、银行贷款，甚至传统的抵押支持证券（MBS）等证券化产品。

自 20 世纪 60 年代以来，抵押支持证券（Mortgage-Backed Securities，MBS）、债务抵押凭证（Collateral Debt Obligation，CDO）与信用违约互换（Credit Default Risk，CDR）等金融创新产品不断被开发并得到快速发展。MBS、CDO 与 CDS 最早是美国为促进住房市场及金融经济发展而创新设计的住房贷款金融创新产品，与住房贷款相关的 3 个机构分别是美国联邦住房贷款银行系统（FHLBs）、联邦国民抵押贷款协会（Federal National Mortgage Association，FNMA 或 Fannie Mae，以下简称房利美）和联邦住房贷款抵押公司（Federal Home Loan Mortgage Corp，FHLMC 或 Freddie Mac，以下简称房地美）。MBS、CDO 与 CDS 的创新发展与美国住房抵押贷款市场的发展紧密相关。

一、MBS 产品创新

MBS 是最早的资产证券化品种，最早产生于 20 世纪 60 年代的美国，它主要由美国住房专业银行及储蓄机构利用其贷出的住房抵押贷款发行的一种资产证券化商品。自 1968 年美国"过手证券"（Pass-Throuth）公开发行开创全球资产证券化先河以来，资产证券化得到了迅速发展，尤其是 20 世纪 80 年代资产证券化技术的盛行更是为投资银行进入住房次级贷款市场提供了技术前提，直接促进了住房抵押贷款尤其是次级贷款产品证券化的不断发展。例如，2000~2005 年，符合政府担保机构住房抵押贷款证券化发行条件的合格住房抵押贷款证券化率从 60% 增加到 82%，不符合政府担保机构住房抵押贷款证券化发行条件的不合格住房抵押进行交易的金融创新技术。

根据支付方式的不同，MBS 大致可以分为以下类型：一是过手型 MBS（Pass-Through MBS），其资产池产生的任何现金流不经过分层组合、原原本本地支付给投资者；二是担保抵押债券（Collateralized Mortgage Obligations，CMOs），其现金流经过分层组合、重新安排后分配给不同需求的投资者；三是剥离式 MBS（Stripped MBS，SMBS），又分为利息型 IO（Interest Only）和本金型 PO（Principal Only），其将现金流的本金和利息分离开并分别支付给相应的投资者。根据抵押贷款的住房性质不同，MBS 又可分为：一是居民住房抵押贷款支持证券（Residential Mortgage-Backed Securitization，RMBS）；二是商用住房抵押贷款支持证券（Commercial Mortgage-Backed Securitization，CMBS）。

MBS 在全球共有表外、表内和准表外三种模式。表外模式也称美国模式，是原始权益人（如银行）把资产"真实出售"给特殊目的载体（SPV），SPV 购得资产后重新组建资产池，以资产池支撑发行证券；表内模式也称欧洲模式，是原始权益人不需要把资产出售给 SPV 而仍留在其资产负债表上，由发起人自己发行证券；准表外模式也称澳大利亚模式，是原始权益人成立全资或控股子公司作为 SPV，然后把资产"真实出售"给 SPV，子公司不但可以购买母公司的资产，也可以购买其他资产，子公司购得资产后组建资产池发行证券。

次级住房抵押贷款证券化的一般流程[①]如下：商业银行作为发行人先将流动性不足但具有未来收入现金流的住房抵押贷款收益权作为可证券化的基础资产，出售给一个特殊目的机构 SPV（Special Purpose Vehicle），由 SPV 将这些住房抵押贷款收益权作为基础资产汇集成一个资产池并对这个资产池进行信用增级、信用评级和担保，再公开发行以这些基础资产为支持的证券，即抵押支持证券（MBS），发行募集资金用于支付购买抵押贷款的价款，投资者则获得由住房抵押贷款利息构成的收益权。MBS 产品的基本结构如图 7-1 所示。

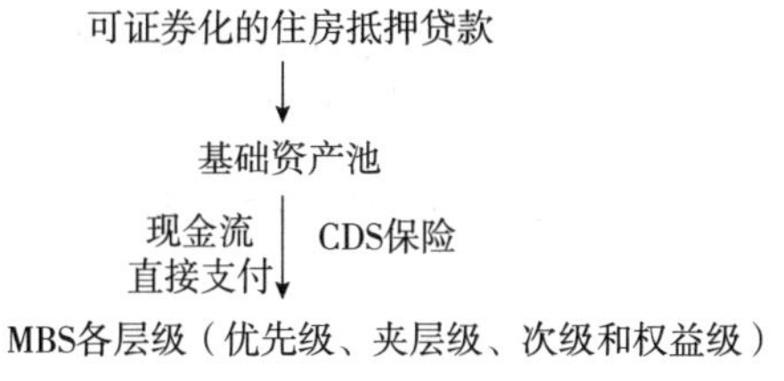

图 7-1 MBS 产品基本结构

资料来源：笔者整理。

---

① 房地产抵押贷款证券化主要参与者如下：第一，借款人以房地产作为担保，向银行贷款。第二，金融机构以抵押贷款的方式将资金提供给借款人，形成债权债务关系。第三，特殊目的公司。债权创始机构将同类型的贷款进行汇总，以出售或者信托的方式交付给特殊目的的公司，特殊目的的公司以发行证券交付给投资者，成为发行机构。第四，信用增级机构。为了吸引资金流，改善发行条件，顺利实现房地产证券化，可以通过内部和外部信用增级，提高证券信用评级，增进证券的流动性以及降低投资者的风险。第五，证券承销商指利用对证券市场的熟悉，为发行人提供证券市场准入的相关法规咨询以及财务和管理咨询，建议发行证券的种类和价格、时机，保障证券市场稳定的投行和证券公司，可协助企业于发行市场筹募所需资金，并负有后续督导企业规范证券发行的责任，成为资金供给者与需求者间的桥梁。第六，信用评级机构。作为证券发行中必不可少的社会服务型中介机构，它主要反映证券发行人以及证券的信用状况，即投资人按时获取利息和本金的可能性。第七，投资者。政府、银行、基金以及自然人都可以成为房地产证券化的主要投资人。

二、CDO 产品

随着住房抵押贷款证券化的进一步发展，根据投资者对投资期限、投资风险和收益偏好的不同，发行机构对住房抵押贷款基础资产的现金流进行剥离和重组以创新设计不同等级的证券化产品，衍生出大量个性化的债务抵押凭证（CDO）。

CDO 是资产证券化家族中重要的组成部分。它的标的资产通常是信贷资产或债券。这也就衍生出了它按资产分类的重要的两个分支：CLO（Collateralized Loan Obligation）[1] 和 CBO（Collateralized Bond Obligation）。前者指的是信贷资产的证券化，后者指的是市场流通债券的再证券化。但是它们都统称为 CDO。CDO 是一种固定收益证券，现金流量之间可预测性较高，不仅提供投资人多元的投资管道以及增加投资收益，更强化了金融机构之资金运用效率，移转不确定风险。凡具有现金流量的资产，都可以作为证券化的标的。通常创始银行将拥有现金流量的资产汇集群组，然后做资产包装及分割，转给特殊目的载体（Special Purpose Vehicle），以私募或公开发行方式卖出固定收益证券或受益凭证。CDO 背后的是一些债务工具，如高收益的债券、新兴市场公司债或国家债券、银行贷款或其他次顺位证券。

CDO 的核心设计理念是分级，即在同一个抵押贷款资产池上开发出信用风险不同的各级产品：优先级（Senior Tranches）、中间级（Mezzanine Tranches）、股权级（EquityTranches）。各级产品偿还顺序由先到后为优先级、中间级和股权级，即一旦抵押贷款出现违约等造成损失，损失将首先由股权级吸收，其次是中间级，最后是优先级。其中，优先级 CDO 的购买方包括商业银行、保险公司、共同基金、养老基金等风险偏好程度较低的机构投资者；中间级和股权级 CDO 的购买者主要是投资银行和对冲基金等追求高风险高收益的机构投资者——这也是本次危机中最先倒下的一类机构投资者。

CDO 产品分为高层级和低层级的。高层级的 CDO 获得的信用评级较高，风险较低；低层级的 CDO 获得的信用评级较低，预期收益较高，但风险较大。CDO 产品的基本结构如图 7-2 所示。

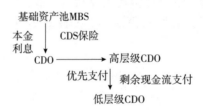

图 7-2　CDO 产品基本结构

资料来源：笔者整理。

次级住房抵押贷款产品经过逐级创新不断衍生成新的金融创新产品，促使次级住房抵押贷款产品衍生链条不断延伸。CDO 在以 MBS 为基础资产担保的同时，进一步以其他 CDO 产品为基础资产担保衍生成新的金融创新产品 CDO^2，再逐级衍生贷款证券化率从 35% 增加到 60%。资产证券化成 CDO^3、CDO^4、CDO^n 等，而 CDO 的风险链也在此循环中不断延伸。CDO 产品创新衍生图如图 7-3 所示。

---

① 贷款抵押债券是将大量贷款证券化后拆分卖给不同的投资者的产品。贷款归还的利息和本金并不平均分配给所有 CLO 持有人，持有人被划分为不同的级别，叫作 Tranches，不同级别的收益率不同，承担的风险也有所区别——有为保守投资者设计的级别（风险较低、收益较低，类似文中的债权形式 CLO），也有为风险偏好较高的投资者设计的级别（风险较高、收益较高，类似文中的股权形式 CLO）。产品设计的初衷是通过拓宽资金来源降低企业贷款的资金成本。

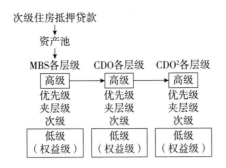

图 7-3 CDO 产品创新衍生

资料来源：笔者整理。

三、CDS 产品创新与金融风险

在 MBS 和 CDO 产品设计中，都会应用信用违约互换（CDS）对 MBS 和 CDO 进行保险，达到转移金融风险的目的。CDS 是一种为投资证券提供担保的金融信用衍生产品，投资 CDS 产品的买方定期向出售 CDS 产品的卖方支付一定的担保费用，为自己投资的证券进行投保。如果所担保的证券在到期之前未发生违约，则 CDS 产品的买方要向出售 CDS 产品的卖方支付固定的"保费"；如果所担保的证券在到期之前发生违约，则出售 CDS 产品的卖方要向 CDS 产品的买方支付投资损失。CDS 产品虽然衍生于证券并为证券投资提供担保，但在金融市场上可以脱离证券而作为金融避险产品及投资产品或投机工具进行独立出售或投资。可见，CDS 的功能主要是对信用违约风险等金融风险进行转移，而不是消除风险。CDS 的产品结构如图 7-4 所示。

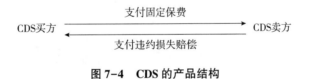

图 7-4 CDS 的产品结构

资料来源：笔者整理。

四、MBS、CDO、CDS 的产品设计及风险传导

美国对 MBS 产品的监管是滞后的。MBS 产品的设计开发及运行虽然始于 20 世纪 60 年代末 70 年代初，在 20 世纪 80 年代开始大规模发展，但直到 20 世纪 80 年代联邦政府才开始正式颁布相关法律对该产品进行监管。1992 年，美国制定《联邦住房企业金融安全法》，并于同年在美国住房和城市发展部下设立住房企业监管办公室（OFHEO）对房利美和房地美进行直接监管，包括实施确保审慎财务运作方式的监管，确定合格住房贷款限额等具体量化监管目标。由于 MBS 主要是由政府机构国民抵押贷款协会及具有隐性政府担保背景的房利美和房地美进行开发的，因此，对 MBS 的监管力度比对其他金融机构的监管力度要小。例如，监管资本充足率要低于 8% 的要求，MBS 被列为政府债券类，属低风险类，信用评级高，豁免证券交易委员会登记报告等。

CDO 虽然增加了信贷市场的深度，提高了资本市场的流动性，为住房贷款提供了信贷支持，但由于 CDO 只是转移了信用风险而没有消除风险且 CDO 定价数量模型缺乏风险测试和时间检验等原因，CDO 增强了金融风险而影响金融稳定。美国政府对 CDO 等金融衍生产品的监管是基本缺失的。

MBS、CDO、CDS 的产品设计及风险传导路径如图 7-5 所示。

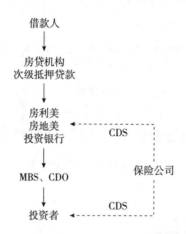

图 7-5 MBS、CDO、CDS 的产品设计及风险传导路径

资料来源：笔者整理。

CDS 的设计目的虽然是为风险提供保险，但其作用主要是转移风险，不是消除风险，而且由于 CDS 的过度投机更可能导致交易对手风险、操作交易确认时滞可能导致操作风险等，CDS 引发金融系统性风险的可能性也不断加大。CDS 的早期市场存在的合同不规范及信用滥用等，促使国际掉期与衍生交易协会在 1999 年发布了 CDS 交易的主协议以对 CDS 进行行业自律性质的监管，并于 2002 年对该协议进行了更新。2000 年，时任美国总统克林顿签署了《商品期货现代化法案》，结束了证券交易委员会与商品期货交易委员会对衍生品监管权的争夺，但该法案特别规定 CDS 不受这两个委员会的监管，CDS 被排除在美国联邦监管框架之外。欧盟委员会和英国、德国等国家的监管当局也未将 CDS 纳入监管框架。直至 2007 年次贷危机及 2008 年金融危机，CDS 一直存在监管缺失、非标准化合约、无清算中心、场外交易的状态。

第二节 房地产信托投资基金（Real Estate Investment Trusts）[①]

房地产信托投资基金（REITs）的发行和投资在海外市场已较为成熟。REITs 自 20 世纪 60 年代最先在美国推出以来，REITs 已在 40 个左右的国家或地区面世。至今全球公开 REITs 市场的总市值已超过 2 万亿美元（美国 1.15 万亿美元市值），20 世纪 90 年代以来保持了 10% 以上的年化收益率。各国或地区推出 REITs 都与经济周期密不可分，绝大多数国家或地区在经济衰退或经济转型、发展动力不足时出台 REITs 相关的法律法规，为摆脱经济衰退、降低银行坏账、引领经济发展提供新动能。

作为结构化的融资工具，REITs 是盘活存量非常重要的融资手段，它可以为不动产企业提供传统的银行或者信托融资途径之外的一个融资手段；帮助不动产企业通过转让、发行 REITs 来调整它的负债结构、资本结构，转让手中物业的股权，从而实现轻资产运营；它可以帮助投资者更加丰富在资本市场可投资的产品。作为大类资产配置中的重要品种，REITs 兼具股票和债券的优势，既可获得物业增值带来的资本利得，又可通过租金收入分配获取较稳定的期间现金流，使得长期内 REITs 收益表现同时优于权益和债券，是良好的抵御通胀金融工具。

[①] 本节内容来自：周岳. 公募 REITs 的发行、收益与流动性——REITs 专题研究 [R]. 2022.

本节将全面介绍 REITs 的组织模式、物业类型及市场发展情况。

一、什么是 REITs

（一）REITs 的定义

REITs 是房地产信托投资基金（Real Estate Investment Trusts）的英文简称，主要指从事房地产权益投资（包括绝对物业所有权和租赁收益权）、房地产抵押贷款投资和混合型房地产投资——两者兼营的公司、信托、协会或者其他法人，汇集诸多投资者的资金，持有并经营公益事业、购物中心、写字楼和仓库等收益性不动产，由专门投资机构进行投资经营管理，并将投资综合收益按比例分配给投资者的一种信托制度。

这一定义包括了 REITs 两方面的性质：一方面是金融机构性质，REITs 是政府批准成立的基金，募集社会大众的资金，并将资金投资于特定产业（即房地产行业），所获得的收益按基金份额分配给基金持有人；另一方面是专业的管理机构性质，按照专门的法律程序从事房地产物业运作的机构，如权益 REITs 是从商业地产采购、开发、管理维护、销售过程中取得租金和销售收入。具体来说，REITs 就是项目机构将持有的物业的股份或者受益单位分售给投资者，信托机构将房地产全部对外出租，取得租赁费后向投资者发放股利收益，或者信托机构直接在市场上出售房地产，将所得价款分配给投资者，以此取得资本利得。

（二）REITs 的起源及发展状况

1. 国际发展历程

REITs 起源于美国，1960 年世界上第一只 REITs 在美国诞生。1986 年《税收改革法案》（*Tax Reform Act of* 1986）的出台，确立了当前 REITs 制度的核心内容，大大推进了 REITs 的发展。截至 2019 年末，美国大约有 300 只 REITs 在运作之中，而且其中有近 2/3 在全国性的证券交易所上市交易。美国之后，荷兰（1969 年）、澳大利亚（1971 年）、日本（2001 年）、新加坡（2002 年）、法国（2003 年）、中国香港（2005 年）、德国（2007 年）、英国（2007 年）等国家或地区相继启动了 REITs 发行。

截至 2019 年 6 月，全球已有 42 个（不含中国境内）国家或地区推出 REITs 制度，覆盖美洲、欧洲、亚洲、非洲、大洋洲五个大洲；全球 REITs 市场上公开交易的市值超过了 2 万亿美元。美国是全球最大的 REITs 市场，总市值规模约为 1.13 万亿美元，占 REITs 全球总市值大约 61.4%。欧洲地区 REITs 市场也非常活跃，REITs 总市值规模约为 2300 亿美元，其中法国（890 亿美元）和英国（787 亿美元）为欧洲地区规模最大的两个市场。亚太地区市场上活跃着 216 只 REITs，总市值约 3800 亿美元，其中近 86% 的总市值来源于日本（1069 亿美元）、澳大利亚（1615 亿美元）、新加坡（564 亿美元）三大市场。

2. 国内发展历程

在公募 REITs 试点政策推出之前，中国 REITs 市场的发展轨迹可以分为 2007~2013 年的"探索研究阶段"阶段，以及 2014 年至今的"培育成长阶段"。

2007 年是中国 REITs 第一个具有里程碑意义的一年，中国人民银行、证监会和银监会成立 REITs 专题研究小组，启动对中国 REITs 市场建设的推进工作。到 2014 年，中国 REITs 市场进入实质性发展阶段的开局之年。国务院、中国人民银行与原银监会相继发文推进资产证券化与 REITs 试点的开展工作。2015~2018 年，国务院多个部委相继发布政策，积极鼓励并推进 REITs 的监管规则、产品创新与试点的落地。进入 2019 年，中国人民银行、国家发展改革委、证监会等监管机构在公募 REITs 推出之路上有所加速，市场调研和研讨密集进行，加大力度推进公募 REITs 规则出台及业务试点。

随着一系列政策的推进，市场上涌现出一批具有示范效应的中国境内资产 REITs 案例。一方面，中国在境外市场尝试发行以国内资产为投资标的的 REITs 产品。2005 年，越秀 REITs 赴港发行，成为中国首只境外发行的 REITs 产品，开启了境外发行 REITs 的序幕。截至 2018 年底，已有 15 只此类 REITs 在港交所、新交所上市。另一方面，在中国（之前）监管法律框架下推出在功能上与成熟市场上的标准 REITs 具有一定相似性的"类 REITs"产品。中国境内"类 REITs"主要包括两种模式，一种是以鹏华前海万科 REITs 为代表的公募类 REITs（2015 年发行），另一种以中信启航 REITs（2014 年发行）为代表的私募类 REITs 产品，是中国更主流、更具规模的类 REITs 模式。截至 2019 年上半年，中国类 REITs 已发行 52 只，发行规模达 1058 亿元，涉及写字楼、零售商场、产业园、仓储、酒店、租赁住房、高速公路等物业，为公募 REITs 的开启奠定了一定的基础与经验。

基础设施 REITs 未来发展空间的估计，需要结合基础设施历史累计投资额与证券化率计算。1995～2018 年，中国基础设施累计投资高达 130 万亿元。按 1% 的证券化率计，未来中国基础设施可以达到万亿级的 REITs 市场规模。

国内公募 RETIS 的实施背景：第一，助力经济转型升级、高质量发展。从理论角度分析，公募 REITs 的推出可以带动基础设施建设和交易，起到驱动上下游产业、增加项目投资、提高就业水平、扩大税源等积极作用。从实践来看，在全球 22 个有 REITs 市场的国家或地区中，17 个是在经济低迷或者下行、服务业崛起的背景下推出 REITs 的，根本原因在于 REITs 市场的建设对于经济的发展有着至关重要的作用。第二，增加公众投资渠道，促进金融与实体经济的良性循环。目前全球受疫情的影响，各国政府纷纷降低利率水平，刺激消费，刺激经济的发展。全球均面临低利率环境，国内诸如余额宝等货币基金类产品收益率已普遍低于 2%，4% 水平的银行理财往往供不应求。此次推出公募 REITs 这一中低利率和中低风险产品，预计将对公众投资人具有极大的吸引力，有利于完善储蓄转化投资机制，使得"稳金融"和"稳投资"互相促进。第三，推动金融供给侧结构性改革。长期以来，由于间接融资模式占据主导地位，且信贷资金大量集中在房地产和地方投融资平台领域，同时叠加各类"通道"，导致金融体系出现了明显的结构问题。随着资管新规以来的一系列制度建设和结构优化，"同业乱象"和"影子银行"等问题已得到明显化解，为推出 REITs 这一复杂金融工具打下了重要基础。未来，REITs 的发展和成熟对于必要的基础设施建设，可以起到带动非标转标、提高直接融资比例、改善银行期限错配问题、增加社会权益性资本介入、盘活存量资产并化解地方政府隐性债务等多项作用。

（三）REITs 的结构

1. REITs 中的主要主体
REITs 中的主要主体有发起人/委托人、托管人、基金管理人、基金单位持有人、特殊目的载体和物业管理人。

发起人/委托人主要的职责是选定证券化资产并转移给特殊目的载体（SPV），同时拥有向 SPV 请求拟定发售资产取得对价的权利；托管人一般为银行或者附属的信托公司，接受 REITs 的委托，以信托的方式为基金持有人拥有不动产并监管管理人；基金管理人接受 REITs 的委任，负责 REITs 资产的管理和运营；基金单位持有人拥有 REITs 的资产并对其有最终决定权，对 REITs 产生的收益拥有受益权；特殊目的载体主要是出于隔离风险、避税等方面考虑；物业管理人负责信托所持房地产的维护、管理。

2. REITs 的结构图
REITs 是资产证券化的衍生品，该结构的关键是 REITs 或者其相关机构是否能够作为特殊目的载体（SPV），隔绝风险，保护投资者并享受免税待遇。所有的管理人、受托人、发起人等都是围绕着 REITs 来展开，图 7-6 为 REITs 实际运行中的管理结构。

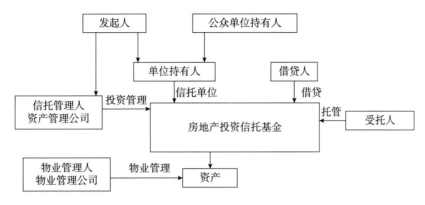

图 7-6　REITs 管理结构

资料来源：笔者整理。

（四）REITs 的法律特征

REITs 起源于商业信托，保留有信托的一般特征，即信托财产的独立、所有权与收益权相分离、有限责任公司和信托管理的连续性。然而作为现代化的新型房地产的信托结构，REITs 还具有以下法律特征和法律组织要求：①REITs 必须分配 90% 的年度应税收入（资本利得的除外）作为股息给其份额持有人。②REITs 必须将其资产的 75% 投资于不动产、抵押贷款、其他 REITs 的份额、现金或是政府证券。③REITs 必须从租金、抵押贷款利息、不动产物业出售实现的利得中获得总收入的至少 75%。REITs 收益的 95% 必须从这些资源加上股息、利息及证券出售的利得中获得。④REITs 的 90% 以上的总收入必须是租金或利息收入、出售资产或其他信托组织的股息收入，以及其他源于房地产渠道的收入。⑤REITs 的份额持有人至少要 100 人以上，并且集中在任意 5 人或更少的人手中的现存份额必须小于该信托已发行股票价值总额的 50%。⑥REITs 必须是房地产投资者，而不是经纪商。

二、REITs 的组织模式

以较为成熟的美国市场为例，美国 REITs 的组织类型主要分为契约型、公司制、有限合伙制。

1950~1960 年，美国为了解决当时房地产融资问题，正式颁布了法案承认 REITs 的法律地位，此时的 REITs 多为契约制的商业信托模式，在以得到税收优惠为主要目的的因素下，REITs 快速发展。

此后在 1976 年颁布的税制改革法案中规定，房地产信托可以为公司制，而并非必须是非法人商业信托组织。允许房地产投资信托持有，经营和管理收益性房地产，这令 REITs 拥有了很大的物业控制权，调动了房地产开发商及运营商参与组建 REITs 的积极性；后来衍生出了 UPREITs 与 DOWNREITs，这些新型的有限合伙 REITs 结合了信托的税收优惠和有限合伙的有限责任优点，在美国 REITs 市场上成为主流。

（一）契约制 REITs

契约型的房地产投资信托，是把投资人、经营管理商业信托的组织如投资银行或信托公司等以及独立第三方托管人（通常为商业银行）通过签订合同而形成的信托法律关系。

根据是否有固定的期限和资金总额限制，一般契约型的 REITs 分为封闭式投资信托和开放式投资信托。在封闭式投资信托中，规定有一定的募集期限，期满之后不再接受资金投入，且投资人一旦投入资金，直至契约期限届满，否则不得抽回投资。然而开放式投资信托在期限上和对投资人的投入及退出都有比较灵活的规定，无期限限制也无总额限制。

在契约制 REITs 中，投资人所出资形成独立的信托资产，由管理人（投资银行或信托公司）进行经营，由托管人进行维持和保管，最终的投资收益由投资人获得，而管理人和托管人分别获得按一定百分比的管理费和保管费。契约制 REITs 组织架构如图 7-7 所示。

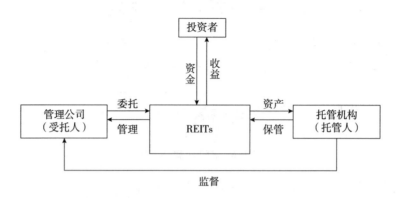

图 7-7　契约制 REITs 组织架构

资料来源：笔者整理。

治理结构上，契约制的房地产投资信托是最初 REITs 使用的模式，其适合信托法律规定较为简单和明确的时期，在组织成本上有三大优点：一是所有当事方的权利义务由所签订的契约设定，组织架构清晰明确；二是投资人的预期收益一般会在合同中规定，有一定的预期性；三是没有债务连带责任。

缺点：签约成本较高，因为没有专业的 REITs 公司，寻求合适的管理人和托管人并不容易。组织架构虽然清晰，但因为合同条款所限，就失去了管理上的灵活性。在代理成本上，因为所有当事人的权利和义务均由契约设定，契约制的房地产投资信托在监督和纠纷解决上较为明晰，但是缺乏灵活性，所以在激励和惩罚机制上较差，对提高运作效率无益。例如，受托人在完成契约中规定的投资回报率即可，无动力进行更高效的投资决策和安排，使投资人无法预期更高的回报。另外，因为最终的投资决策还是由管理人做出，投资人缺乏专业性知识，再加上投资人在管理人的组织中没有发言权，就会产生很高的道德风险。

（二）公司制 REITs

美国在 1976 年《税制改革法案》以后，因为法律的放开，房地产投资信托在美国可以是公司制也可以是契约制的商业信托。

公司型 REITs 是通过发行股份的方式募集资金成立投资公司，具有法人资格。股份持有人既是公司型 REITs 的投资者，又是公司股东，依照法律和公司章程的规定享受权利，承担义务。投资人为公司股东，拥有了公司事项的重大决策权，可以选出董事会成员来代表其利益行事，并获得公司分红，与公司制 REITs 形成股东和公司的关系。然而投资人出资形成的资产由 REITs 公司所有，一般由投资人选出的董事会进行持有，并代表投资人行事。

在管理方式上，REITs 公司可以选择进行内部管理或者是聘请外部专业公司进行经营。但在此，内部管理部门或是外部管理公司只拥有对法人财产的经营权，并对董事会负责，接受董事会的监管，管理者的报酬为按一定比例计算的管理费用，有时，还会依照收益提成比例获得奖励报酬。另外，为了信托财产的独立性，公司制 REITs 还应将由投资人出资形成的资产存放在独立的托管机构（一般是商业银行），保管机构依照公司制 REITs 董事会的命令行事，负责保管、执行交易和过户等命令。这其中的管理模式、权利义务、纠纷解决一般依照公司法来执行。公司制 REITs 组织架构如图 7-8 所示。

从治理结构上来看，公司制是在发展阶段房地产信托普遍采取的模式，总的来说，在组织成本上，公司制 REITs 有三个优点：一是签约成本低；二是组织结构稳定，不易轻易变化；三是管理专业化较强，尤其是外部管理式公司制 REITs。

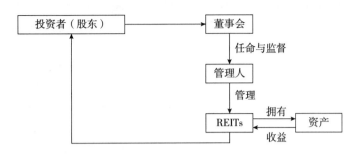

图 7-8　公司制 REITs 组织架构

资料来源：笔者整理。

缺点：权利义务方面没有契约制 REITs 那样清晰和明确，且运营成本较高、税务负担重。外部管理公司制 REITs 为了分工专业化的目的，采用了委托代理的管理模式，就不可避免地会产生与一般公司一样的代理成本和道德风险，即受托人可能不会全心全意为委托人利益行事，易产生关联交易等损害股东利益的情况。

（三）UPREITs

有限合伙制 REITs 结合了公司的有限责任和合伙企业的免征企业所得税的双重优势，是目前房地产投资信托业最受青睐的组织架构结构。

随着金融创新的加快，REITs 也迎来发展新模式，伞形合伙房地产投资信托（Umbrella Partner, UP-REIT）于 1992 年诞生并迅速占领市场大量份额。在伞形合伙 UPREIT 中，存在着一个经营性合伙，其英文为 Operating Partnership，以其出资成为经营合伙人，参与合伙企业的管理并收取相应的管理费以及投资收益，可以说，经营合伙人既是受托人又是受益人。房产所有人则以其持有的房地产出资成为这个经营合伙的有限合伙人，不参与经营合伙的管理，拥有合伙收益分配权，并以其投资份额为限承担合伙债务。

在这种房地产信托模式中，房地产资产由经营合伙来持有，而不像其他模式那样由 REITs 本身持有房地产资产，房地产业主因为加入合伙企业而获得份额（OP Unit），也可以换成 REITs 股份，实现了其融资的目的和流动性。有限合伙 REITs 的组织架构如图 7-9 所示。

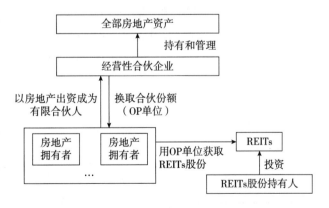

图 7-9　有限合伙 REITs 的组织架构

资料来源：笔者整理。

由合伙关系和信托法律关系形成的有限合伙 REITs 是现代化房地产信托中最受欢迎的模式，也是金融制度创新的结果。综合来看，有限合伙 REITs 具有以下七个优点：

第一，在设立上比公司制简单易行。房地产公司想设立房地产资产证券化项目时，只需要以房地产出资成为有限合伙制REITs的有限合伙人，换取合伙份额（OP单位），即可以通过专业的REITs公司来打理其物业项目，并实现在资本市场上的融资目的。

第二，组织效率较高。集合了有限合伙人（房地产物业持有人）的资产优势和经营合伙人的专业能力，一举两得。

第三，更容易达到扩张目的。因为公司制REITs所有收益中的90%需分派给股东，所以用于企业扩张的自由资金来源很有限，故利用合伙单位来购买更多的房地产或其他项目是其实现扩张的主要途径，而伞形合伙通过有限合伙人（房地产持有人）的出资使得REITs轻易达到扩张目的。

第四，税收优势。因为房地产所有人交给经营合伙的房地产是其出资，所以不构成法律主体间的资产交易，所以不会被征收资本交易所得税，再加上合伙企业不必缴纳企业所得税，因此，伞形合伙REITs在税收上比公司制REITs更有优惠。就美国市场而言，房地产所有者以房地产出资成为有限责任合伙人，换取合伙权益凭证（OP单位）这一交易行为不需要纳税，可以在其转换成现金流或REITs股票时纳税，这在一定程度上使伞形合伙REITs具有了税收延迟功能。

第五，更容易达成法律规定。REITs在法律上有"5人以下持有的REITs股份不得超过50%"的规定。这对于公司制REITs是一个难题，UPREITs则很容易达成。

第六，分散投资风险。持有多个物业使得UPREITs分散投资分险，符合现代企业的健康发展模式。

第七，隐性代理成本有所减少。在代理成本上，从经营性合伙的层面上，有限合伙REITs较公司型REITs在隐性代理成本上有所减少，因为REITs作为经营性合伙的普通合伙人，经营合伙的表现与其利益息息相关，且由于REITs一般管理资产金额庞大，即使1%的出资额对于经营合伙人也是较大的金额。因此，REITs会为了谋求更高的合伙收益而在经营管理上加倍努力，做出更加高效的投资决策和安排。

基于以上优势，UPREITs获得市场的青睐，根据SNL Financial披露，截至2016年末，UPREITs的公司数量和净市值在REITs整体中占比分别为64.7%和61.1%，在当前市场中起到主导作用。

以上三种模式是REITs的主要组成模式，三种组织模式的比较如表7-1所示。

表7-1 三种REITs的组织模式比较

特征	契约型REITs	公司型REITs		UPREITs
		外部顾问模式	自我管理模式	
显性成本	签约成本高，运营成本一般	签约成本低，运营成本一般	签约成本低，运营成本一般	签约成本较高，运营成本较低，税负较低
隐性成本	激励和约束机制较差，运作效率较低	激励和约束机制较差	激励和约束机制较为有效	激励和约束机制较好，运作效率较高
税负	税收负担各国或地区不同	税负较高	税负较高	税负较低
代理成本	道德风险较高	道德风险较高，容易发生内部人控制	道德风险较低	机制健全，有效降低代理问题
债务连带责任	无债务连带责任	无债务连带责任	无债务连带责任	任何经营合伙人都承担无限连带责任

资料来源：笔者整理。

（四）DOWNREITs

DOWNREITs结构是由UPREITs结构演变而来。1994年，为了既获得UPREITs的优点，又克服UP-

REITs 在两方争夺 UPREITs 于合并与收购中的控制权的问题，在 UPREITs 的结构基础上创新出了一种新结构，即 DOWNREITs。该结构便于将房地产所有者组成一个个经营性合伙企业，达到上市便利和谋求规模效应的目的。

DOWNREITs 结构并不要求有一个中心的运营合伙，而是为每一宗想获取的交易形成一个新合伙，在每一宗通过 DOWNREITs 结构而达成的交易中，新形成的合伙与该 REITs 都作为普通合伙人。因此，DOWNREITs 结构是集中于其 REITs 层面，而不像 UPREITs 结构是集中于其伞型合伙层面。DOWNREITs 的组织架构如图 7-10 所示。

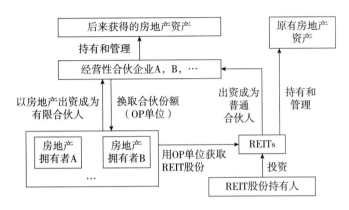

图 7-10 DOWNREITs 的组织架构

资料来源：笔者整理。

DOWNREITs 在物业购置方面的优势与 UPREITs 结构类似。其与 UPREITs 相比，优势在于一家 DOWNREITs 的结构可以同时拥有多重的合伙关系，而且能以 REITs 和合伙公司的形式持有房地产。由于它可以与每一宗所购置的房地产形成合伙关系，在这种松散的合作中，有限合伙人倾向于比在典型的 UP-REITs 结构中拥有更少的控制权，因而在 DOWNREITs 结构中的利益冲突较 UPREITs 更小。因此 DOWN-REITs 结构比 UPREITs 结构具有更大的经营灵活性，利益冲突更小。

DOWNREITs 纳税成本较大。当一家 DOWNREITs 有多家合伙公司时，或者通过发行经营性合伙公司的单元股份来购置物业时，DOWNREITs 要保持的纳税成本就相当大，所以 DOWNREITs 结构的必要交易成本大于 UPREITs 结构。目前来看，资本市场依然更青睐于 UPREITs 结构。

三、不同性质下的 REITs 分类

(一) 按收入来源分类

从收入来源可以将 REITs 划分为权益型、抵押型和混合型 REITs。

1. 权益型

权益型 REITs（Equity REITs）直接投资拥有房地产，其收入主要来源于旗下房地产的经营收入。权益型 REITs 的投资组合根据其战略的差异有很大不同，但通常主要持有购物中心、公寓、办公楼、仓库等收益型房地产，业务范围涉及房地产投资的方方面面，包括房地产的管理租赁、物业开发和客户服务等。

因其属股权投资，所以不能直接要求返还本金。但是 REITs 的流通性比较强，信托资金可以通过股权等转让方式随时退出，较传统的房地产投资具有更强的流通性和变现性。

通过股权投资的方式入股房地产公司，其投资收益受房地产公司的经营状况影响大，因此该类型的房地产投资信托的风险的收益均较高。如果该国资本市场完善的话，投资者可以从二级市场退出，否则只能私下进行股权转让。

总的来说，权益型 REITs 的优点在于通过资金的"集合"，为中小投资者提供投资于利润丰厚的房地产行业的机会；专业化的管理人员将募集的资金用于房地产投资组合，可以分散房地产投资的风险；通过上市，投资者所拥有的股权也可以转让，具有较好的变现性。

1986 年美国颁布的《税收改革法案》迅速推动了 REITs 的发展，《税收改革法案》不仅使 REITs 的投资收益免税，而且还允许 REITs 操作和经营多种类型的收益性商业房地产。经过半个多世纪的发展，抵押型 REITs 由于杠杆过高，经历了大起大落，而权益型 REITs 经受住了考验，发展非常迅猛。截至 2021 年末，美国权益型 REITs 为 175 单，净市值总计 1.66 万亿美元。

2. 抵押型

抵押型 REITs（Mortgage REITs），顾名思义，抵押本身并不会直接拥有物业，而是把资金通过抵押或是借贷的方式实现交易，以此来获得房地产的抵押款债券。抵押型 REITs 扮演的角色类似于金融中介，它将所募集的资金用于发放各种抵押贷款，其中收入主要来源于抵押贷款利息、发放抵押贷款所收取的手续费以及通过发放参与抵押贷款所获取的部分房地产租金和增值收益。

当 REITs 拥有足够的抵押贷款，那么 REITs 将这些抵押贷款打包证券化，发行股票在资本市场上融资。由于抵押贷款在 20 世纪 70 年代的激进行为受到打击，现在抵押型 REITs 在美国市场的占比很小。截至 2021 年末，共计有 42 单产品，净市值为 757.54 亿美元。

3. 混合型

混合型 REITs（Hybrid REITs）指综合拥有权益型 REITs 业务和抵押型 REITs 业务的 REITs。混合型 REITs 是两者的混合，权益型投资和抵押型投资的比例，一般由基金经理人根据市场前景各种因素进行调整。2010 年以后市场中不再有混合型 REITs 产品。

三种 REITs 的占比及特点：权益型 REITs 主要投资房地产本身，抵押型 REITs 主要投资于抵押债券及相关证券，混合型 REITs 两者皆投资，表 7-2 是三种 REITs 的占比及特点总结。

表 7-2 三种 REITs 的特点比较

主体名称	权益型 REITs	抵押型 REITs	混合型 REITs
投资形态	直接参与房地产投资、经营	发放抵押债券赚取	两者混合
投资标的	房地产本身	抵押债券及相关证券	两者混合
影响收益主要因素	房地产景气与否和经营业绩	利率	两者混合
收益稳定性	一般	较高	中
平均投资收益	较高	较低	中

资料来源：笔者整理。

（二）按基金期限分类

对于契约型 REITs 来说，依据资金的期限长短，可以将 REITs 划分为封闭式和开放式。根据开放式基金和封闭式基金的划分，开放式 REITs 和封闭式 REITs 的区分标准是基金运作方式的不同，即投资者能否追加投资或者投资者能否随时要求发起人赎回证券。这种分类方法的法律依据是美国《1940 年投资公司法》的相关规定。

1. 封闭式

封闭式 REITs（Close-End REITs）是指基金的发起人在设立基金时，限定了基金单位的发行总额，筹足总额后进行封闭，基金即宣告成立并在一定时期内不再接受新的投资，在封闭期内发行总额固定不变，资本总额不得随时增减。也就是说，此种REITs成立后不得再募集资金，因而能保障投资人的权益不被稀释。封闭式REITs的发行规模较小，投资者若想买卖此种投资信托证券，只能在公开市场上竞价交易，而不能直接同REITs进行净值交易。同时，为保障投资者的权益不被稀释，封闭式REITs成立后，原则上不允许在设立期间增减资产或筹集资金，不得任意发行新的份额。

封闭式REITs有两个非常重要的特点：一是只能投资于房地产领域；二是其估价相对容易，资产价值不必像开放式产品那样需要每月清算，封闭式REITs的经营期限一般在3年以上。如果在此期限内投资者需要赎回，信托管理者一般会对其持有的信托份额资金打一个较大的折扣。

2. 开放式

开放式REITs（Open-End REITs）也被称为追加型REITs，因为其发行规模可以做灵活的调整，投资人按照基金单位的净值要求向信托投资公司赎回或向信托投资公司购买认购权证。虽然其灵活度高，但开放式REITs对管理者的水平以及资本市场的发达程度要求也相应较高。投资者若想买卖此种投资信托证券，可以直接同REITs进行净值交易。

由于发行规模可灵活调整，基金管理人管理物业资产同样具有灵活性，通常管理人会依据市场行情收购优质资产，并提高投资收益。

（三）按发行方式分类

根据发行方式不同，可以将REITs分为私募REITs和公募REITs。

私募REITs从2000年开始在美国市场兴起，其组织依据美国REITs法律设立，份额不在公开市场交易。私募REITs的投资者一般包括保险公司、养老基金等机构投资者以及与发行人有特殊关系的个人等。总体上说，私募REITs的发行程序比公募REITs简单，可以节约发行时间及成本，其投资更具灵活性，可以发掘优质群体，而且就股息收益而言，一般较之公募的股息收益更高。但私募REITs监管不如公募REITs透明，且要出售非公开的REITs份额时需要打一个比较大的折扣。

公募即公开发行募集，是指发行人通过中介机构向不特定的社会公众广泛地发售证券，通过公开营销等方式向没有特定限制的对象募集资金的业务模式。公募REITs具有如下特点：①公募REITs信息披露要求准确、及时、完整，遵循公平、公正、公开的原则进行募集资金活动。②由于公募REITs面对的投资者结构较为复杂，不同的投资者对投资变现的要求也不一致，这就客观上要求公募REITs在运作上要有较高的可变现能力。③公募REITs的募集群体是社会公众，这就要设法保障广泛投资者的利益，需要严格的法律加以约束和规范。

美国REITs在募集资金时，可以选用的发行方式主要分为公募上市型（Public Listed）、公募非上市型（Public Nonlisted）和私募型（Private）三种类型，目前公募型REITs的发行方式在美国REITs市场中居于绝对的统治地位，约占美国整个REITs市场份额的90%，这主要是由公募型REITs的特点决定的。公募型REITs在六个方面具有较显著优势。

第一，从对投资者的保障性来看，公募型REITs需在美国证券交易委员会（SEC）进行注册，而私募型REITs并未注册，故与私募型REITs相比，公募型REITs更能保护投资者的相关权益。

第二，从流动性来看，公募上市型REITs有最低的流动性标准，可以保证REITs产品交易的流畅性，而私募型REITs的股票赎回程序通常具有一定的限制，不利于交易的顺利完成。

第三，从最低投资额来看，公募上市型REITs的入门门槛较低，仅需1股便可参与到REITs产品的投资之中，而私募型REITs的入门门槛相对较高，会将部分小额投资者拒之门外。

第四，从董事独立性来看，公募型REITs要求设立独立董事，便于对所筹集资金的运作加强监督管理，而私募型REITs则没有相关规定，因而所筹集资金的稳定性相对较差。

第五，从信息披露要求来看，公募型REITs要求向公众披露年报和季报等相关信息并报送证监会，这样便有助于投资者及时了解REITs的经营状况，方便投资者进行投资决策。

第六，从表现评价来看，公募上市型 REITs 有独立的业绩评估标准，可以让投资者对 REITs 的经营业绩一目了然，而私募型 REITs 却没有独立的业绩评估标准，因而投资者将很难确切了解 REITs 的经营状况。

四、REITs 的主要物业类型

REITs 不仅投资于住宅、办公和零售物业，也还投资于更多更广阔的物业形态。REITs 在美国可以投资并持有多种不同的物业形态，包括公寓小区、购物中心、写字楼、工业仓储、餐饮酒店、健康护理设施以及其他种类的物业。表 7-3 和图 7-11 是底层资产为不同物业类型的美国权益型 REITs 基本情况。

表 7-3 各物业类型 REITs 基本情况（截至 2022 年 3 月）

物业类型	REITs 数量（只）	市值（亿美元）	市值占比（%）	收益率（%）	标准差（%）
工业类（Industrial）	14	2072.80	12.69	12.10	22.18
办公类（Office）	21	1176.66	7.20	15.75	23.08
零售类（Retai）	37	1939.16	11.87	12.09	22.49
购物中心（Shopping Centers）	21	725.25	4.44	11.03	23.27
地区商业中心（Regional Malis）	3	465.58	2.85	14.62	30.91
单租户（Free Standing）	13	748.33	4.58	13.53	15.23
住宅类（Residential）	22	2553.89	15.64	14.41	20.57
公寓（Apartments）	17	1817.85	11.13	14.21	21.44
预制房（Manufactured Homes）	3	357.20	2.19	14.98	18.10
单户住宅（Single Family Homes）	2	378.84	2.32	19.66	23.20
多样类（Diversitied）	17	390.08	2.39	9.33	19.79
住宿/度假（Lodging/Resorts）	16	430.52	2.64	12.71	19.46
医疗类（Health Care）	16	1329.53	8.14	9.30	30.56
仓储类（Self Storage）	6	1243.11	7.61	18.83	21.76
木材（Timber）	4	382.18	2.34	12.14	20.65
基建类（Infrastructure）	6	2348.34	14.38	19.46	14.71
数据中心（Data Centers）	2	1063.63	6.51	18.99	19.26
特殊类（Specialty）	9	687.47	4.21	12.78	18.46

资料来源：笔者整理。

（一）工业 REITs

工业地产包括以下类型：物流中心、仓库、轻型制造公司、研究公司、小型写字楼或用于销售行政等相关功能弹性空间。工业地产的显著优势在于建造并出租需要花费的时间较短，因此比其他领域更快、更加灵活，通常不会出现过度建设的问题。"建以致用"是工业类 REITs 主要的开发策略，而且其建造成本相对低，容易出现较好的投资回报率。

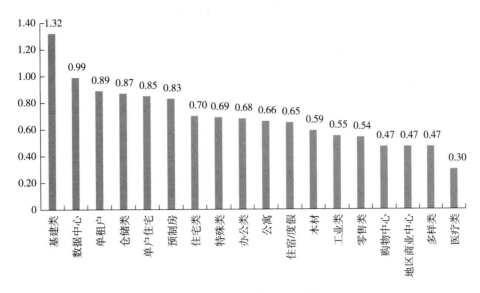

图 7-11　REITs 单位风险收益

资料来源：笔者整理。

工业类 REITs 虽然容易获得较高资本收益率，但也具备一些不稳定因素。例如，工业资产相对于其他资产的土地贬值速度较快，因此其分红收益实质上可以被视为包括了收益和本金的偿还。工业类 REITs 的租金不稳定性较高，由于工业类 REITs 的租户一般以个人及小企业为主，随着经济不断整合升级，这种类型的 REITs 的租金来源不够稳定。

在美国市场，工业地产通常都建设在交通枢纽，依靠于能够提供最佳场所和最快运输速度的物流设施，这逐渐受到空间使用者的青睐。一些旧的主要用于存储的仓库工业设施，会降低对已有和未来的租户的吸引力，工业类 REITs 已经受到了越来越广泛的重视和应用。目前零售 REITs 已经成为垄断型行业，住宅办公类 REITs 竞争情况也比较明显，工业类 REITs 也越来越受到中小型开发商的重视。

截至 2022 年 3 月末，工业 REITs 总计有 14 只产品，股票市值 2072.80 亿美元，在 REITs 整体（包含抵押类）中占比 12.69%。风险收益方面，1994~2021 年，工业 REITs 包含股价变动和股息分配的总收益平均值为 12.10%，收益标准差 22.18%，波动水平在所有物业类型中偏大，主要源自股票价格波动。受疫情冲击，2020 年第一季度工业 REITs 收益率下滑至 -6.11%，派息比率为 2.97%。

(二) 办公 REITs

办公类 REITs 通常是指持有并运营办公楼，这是最典型的 REITs 之一，市值在 REITs 中占比 7.88%，其收入来源主要为租金费用与管理费用。写字楼的物业租金一般都是长期的，在经济下滑的时候，长租期会保护业主的现金流。但是，由于大型写字楼从开工到完成建设需要较长的时间，很可能会因为短期的高预期刺激，产生过度建设的问题，且该类 REITs 对于有实力、有规模的租户及公司的议价能力较弱。办公类 REITs 的经营影响因素有以下三种：

第一，地理位置。区域决定了进驻物业的租户类型及租金收益率。比较市郊写字楼与中心区域办公楼，前者物业的建设成本及运营成本更低，一般资本化率更高；后者由于资源稀缺、地价成本高，对新竞争者的行业壁垒较高，故更容易形成物业垄断的形态，在经济下行时期也更具稳定性与抗周期波动性。

第二，配套设施。设施环境及交通便利性高，如目标 REITs 距离地铁站、主要公路或运输港等交通枢纽较近，会更好地吸引人才公司入驻。

第三，物业管理水平。好的装潢水平和物业团队更能够取得租户的信任，吸引更好的公司及团队。

截至 2022 年 3 月末，办公 REITs 总计有 21 只产品，股票市值 1176.66 亿美元，市值占比 7.20%。1994~2021 年，办公 REITs 收益均值为 15.75%，标准差为 23.08%，由于办公类 REITs 受经济环境影响较大，波动程度较高。2022 年一季度最新收益率为 2.76%，派息率为 3.28%。

（三）零售 REITs

零售类 REITs 不仅局限于购物，还有更复杂的综合性商场，包括大都会购物中心、区域性购物广场、社区生活中心及品牌折扣中心等。根据富时全球房地产指数口径，零售类 REITs 由购物中心、地区商业中心和单租户构成。

零售类 REITs 与其他类型产品存在一定区别，因为 REITs 与租户之间的关系是互相依存的，双方协同作战，共生关系体现在租赁合同中即零售类 REITs 包含"销售分成"条款，租户向 REITs 支付一定比例提前商量好的销售收入，作为回报 REITs 将利用这部分资金举办促销活动促进客户在该租户的商铺消费。

对于零售类 REITs 而言，地理位置、配套环境等外部因素毫无疑问非常重要，但相比于其他类型的 REITs 而言，零售类 REITs 更加看重物业公司的经营水平。零售行业中商业地位至关重要，同一块地皮，不同的物业公司经营将呈现出两种不同的经营效果，经营方案也需要精心设计。

截至 2022 年 3 月末，全美零售 REITs 总计有 37 只股票，市值总计为 1939.16 亿美元，市值占比 11.87%。其中，购物中心、地区商业中心和单租户股票分别为 21 只、3 只和 13 只，市值占比分别为 4.44%、2.85% 和 4.58%。

风险收益方面，1995~2021 年零售 REITs 平均年收益率为 12.09%，收益标准差 22.49%。其中，地区商业中心受区域经济和大环境影响严重，收益波动显著高于其他物业类型，标准差达 30.91%；由于独立租户主要为大品牌或行业龙头，抗风险能力较强，单租户 REITs 呈现出高收益、低风险的特征。2022 年第一季度以来，受供给冲击与通胀压力的影响，居民消费能力有所下滑，第一季度零售 REITs 收益下降 6.71%，购物中心、地区商业中心和单租户降幅分别为 0.83%、16.09% 和 5.12%。

（四）住宅 REITs

住宅类 REITs 底层物业由公寓、预制房和单户住宅构成，收入来源与办公类 REITs 类似，除了通过为租户提供居住空间获得租金收入，同时还负责物业的日常维护和运营，收取一定比例的租金作为管理费用。租约在 6 个月到 2 年，相对办公类 REITs 5~15 年的租约时间较短，但由于租户众多实现风险分散，住宅类 REITs 体现出较强稳定性。

对于租户而言，如果有能力买房大概率不会租房，所以公寓类 REITs 的景气程度一定程度上与住宅的销售成反比。相对于美国市场，亚洲市场更为看重买房，因此住宅类 REITs 发展程度不如美国。

截至 2022 年 3 月末，住宅 REITs 总计有 22 只，股票市值 2553.89 亿美元，市值占比 15.64%。其中绝大部分为公寓 REITs，数量和市值分别为 17 只和 1817.85 亿美元。由于风险分散程度较高，住宅 REITs 收益稳定性较好，1997~2021 年平均收益为 14.41%，标准差 20.57%。

（五）住宿/度假 REITs

住宿/度假 REITs 底层物业主要涉及商务人士、休闲旅游者、团体会议参加者及聚会提供食宿供应的酒店项目及度假村。地域特征较强，旅游型城市的住宿/度假 REITs 一般会更发达。主要特征包括：①土地成本较高、建设周期长、建造成本大。②酒店和住宿行业的季节周期性非常强，与当地的旅游季节密切相关。③运营成本固定且无长期租约，一旦遇到流行性疾病及恐怖袭击等意外事件，对旅游行业的冲击巨大。④当经济情况较差的时候，由于旅行消费并非消费者必需品，经济下滑对其需求影响较大；当市场状况好的时候，酒店持有人则有较强的议价能力。

建设运营高成本叠加现金流低稳定性，住宿/度假 REITs 抗风险能力弱。截至 2022 年 3 月末，美国共有 16 只住宿/度假 REITs，市值总计 430.52 亿美元，占比 2.64%，单笔产品规模较小。历史平均收益为 12.71%，收益标准差 19.46%。由于疫情影响减弱，旅游出差活动恢复，2022 年第一季度住宿/度假 REITs 收益率上升 6.89%。

（六）医疗 REITs

医疗健康 REITs 专注于一些健康护理类的地产，包括养老院、疗养院、医疗类写字楼建筑、医院和生命科学写字楼以及实验室物业。这类 REITs 并不直接从事健康护理的业务，而是直接将物业出租给从事健康护理业务的公司。主要有以下特征：①与地区的人口结构密切相关。老龄化严重的国家医疗健康相关物业需求越强，伴随需要照料和特殊护理的老年人数量不断增加，健康护理、老年公寓类设施的需求也不断提升。②租约期限较长，而且由于医疗为生活必需品，医院的租金具有很强稳定性。③医疗行业并购机会较多。在美国及新加坡市场，医疗并购整合资源较为常见，会为投资者传递更多的利好，有助于产业更好发展。④行业依赖政策扶持。像美国这样的高医疗费用国家，全民医疗消费很大程度受政府政策和医疗保险制度影响。如果政府愿意负担更多的费用或放宽保险覆盖范围，医疗消费将有所提高。

截至 2022 年 3 月末，美国医疗 REITs 有 16 只，市值总计 1329.53 亿美元，占 REITs 整体的 8.14%。1995~2021 年平均收益率为 9.30%，标准差为 30.56%，波动率较高。

（七）基础设施 REITs

除了以上传统物业，近年来基础设施和数据中心也纳入 REITs 物业范畴。由于美国基础设施 REITs 主要位于无线通信行业，因此高收益与近些年通信行业高速发展有关，伴随各 REITs 公司纷纷布局 5G，预计未来高收益还将延续。

与可选消费不同，基础设施呈现出刚需特征，且租赁合同时限较长，因此具备较强抗风险能力，2022 年第一季度基础设施类 REITs 收益率仅下降至 -0.69%，受疫情冲击不明显。

截至 2020 年 3 月末，美国基础设施 REITs 共 6 只股票，市值总计 2348.34 亿美元，占 REITs 整体市值比例为 14.38%，为仅次于住宅外的第二大物业，平均单笔规模偏大，其中美国电塔（AMT）是美国市值最大的 REITs 产品。2012 年起，基础设施类 REITs 指数开始报价，历史平均收益率为 19.46%，收益水平仅次于住宅类——单户住宅的物业类型，且收益标准差仅有 14.71%，在所有物业类型当中波动性最低。

五、REITs 收益情况分析

（一）全球 REITs 总收益率与分红情况

根据 NAREIT 数据，2011~2021 年，全球 REITs 总收益率均值为 10.27%，收益率标准差为 13.14%，其中美国、亚洲和欧洲收益率均值分别为 11.56%、7.60% 和 10.91%，收益率标准差分别为 16.34%、15.84% 和 15.15%。综合来看，美国作为最成熟的 REITs 市场，其收益率水平最高，但波动程度相对较大；亚洲作为新兴市场，REITs 产品收益较低，但波动率仅次于美国市场。

美国 REITs 总收益由资本利得和股息分配两部分构成，收益波动主要源自股价变动，而派息相对较稳定。分大类来看，过去 2012~2022 年美国权益型 REITs 平均收益为 13.15%，收益标准差为 15.56%；抵押型 REITs 平均收益较低为 8.53%，收益波动程度为 15.07%。

REITs 底层物业收入基本全部用于分红，是投资者可获取的稳定现金流收益。派息比率是衡量分红水平的指标，计算公式是分红金额与股票市值之比，因此一定程度上与股价反向相关，如 2008 年金融危机股价大幅下跌，而租金收入相对较稳定，导致当年派息比率攀升至 7%。

正常情况下，全球各地区 REITs 派息比率均主要分布于 3% 到 5%。2012~2022 年，全球 REITs 派息比率平均为 3.69%，波动幅度较小，标准差仅为 0.36%。其中，美国、亚洲和欧洲的派息比率均值分别为 3.91%、3.43% 和 3.57%，可见，美国分红率相对最高，但全球各地区差异不大，同时均表现稳定，说明投资者持有期间的现金流有保障。

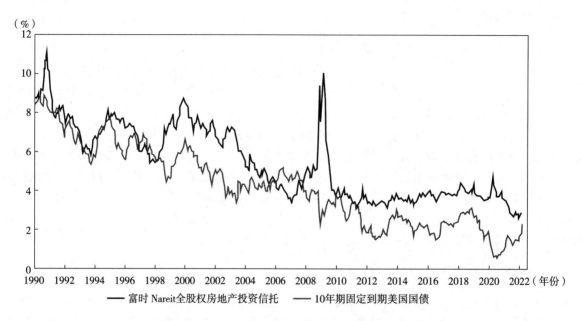

图 7-12　REITs 分红收益率与同期美国国债收益率比较

资料来源：笔者整理。

（二）REITs 收益率与其他综合指数对比

2003 年 3 月至 2022 年 3 月美国 REITs 平均年收益率为 14.28%，权益型 REITs 更高为 15.01%，产品收益表现显著高于其他类型的金融工具。体现股票市场整体行情的标准普尔 500 指数和罗素 2000 指数（价值型）2003 年 3 月至 2022 年 3 月的平均年收益仅为 11.37% 和 12.84%，债券指数 ML Corp/Govt 为 4.26%。可见，REITs 表现出低风险和高收益的特征。

（三）REITs 与国债收益率对比

将 REITs 与同期美国十年期国债收益率对比（见图 7-12），发现 1990~2022 年，绝大部分时间 REITs 的分红收益率表现明显优于同期国债。由于有实体经济保障，多数时候 REITs 派息率波动幅度小于国债收益率，2008 年出现大幅波动主要由股价下跌导致。

整体来看，REITs 兼具股票和债券的优势，既可获得物业增值带来的资本利得，又可通过租金收入分配获取较稳定的期间现金流，使得长期内 REITs 收益表现同时优于权益和债券，是抵御通胀良好的金融工具。

第三节　类 REITs

我国对 REITs 的探索，最早可以追溯至 21 世纪初，期间陆续有企业以境内优质物业为标的资产赴中国香港、新加坡等境外资本市场发行 REITs 产品。国内早期推出的冠以"REITs"命名的产品与国际标准的 REITs 存在较大区别，但是这些具有中国特色的类 REITs 实践毋庸置疑地为我国 REITs 发展积累了实实在在的经验。因此，本节专门给予介绍。

一、什么是类 REITs

由于缺乏专门针对 REITs 产品的法律法规或业务指引出台，在 2020 年之前国内市场一直没有出现完全符合国际惯例的标准 REITs 产品。在这个背景下，国内金融机构依据原有金融监管法律框架推出了一批在功能上与海外成熟市场 REITs 产品具有一定相似性的产品，称其为类 REITs 产品。

我国之前推出的类 REITs 交易结构一般采用"专项计划+私募基金"模式，交易结构如图 7-13 所示。具体运作流程如下：①原始权益人出资设立私募基金；②专门投资机构设立并管理专项计划，并向投资者募集资金；③专项计划管理人以全部募集资金购买原始权益人持有的全部私募基金份额；④底层物业资产实际取得控制权人出资设立项目公司；⑤私募基金通过设立 SPV 取得项目公司控制权，从而间接控制底层物业资产；⑥私募基金将底层物业资产产生的投资收益分配给专项计划，专项计划根据投资比例分配给投资者。

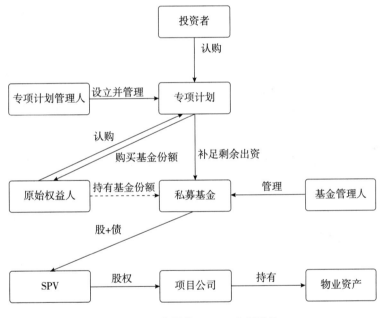

图 7-13　我国类 REITs 交易结构

资料来源：笔者整理。

类 REITs 的主流交易结构是标的物业-项目公司-（SPV 公司）-私募基金-专项计划的四元或五元交易结构，中间视项目公司是否有存量负债而考虑是否需新设一层 SPV 公司，虽然最终也会消亡，但这却是税务筹划的重要一环。

针对物业资产混同公司其他资产经营的情况，比较常见的操作是对拟入池的物业资产进行资产剥离至独立的项目公司，当然对于原项目公司仅持有标的物业的情况则无须剥离。在实际操作中，为了通过财务费用减少企业税前利润，从而减少企业缴纳的所得税，私募基金一般通过股债结合的方式控制新项目公司的股权和债权。

对于项目公司与原始权益人有存量债务，则不用设立 SPV 公司。由私募基金向项目公司通过关联方借款构建债务，通过财务费用减少所得税，项目公司获得的债权资金用于偿还原始权益人。项目公司与原始权益人有存量债务时的 REITs 交易结构如图 7-14 所示。

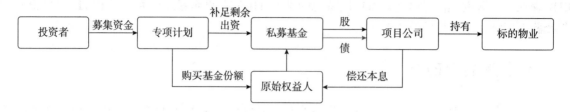

图 7-14　项目公司与原始权益人有存量债务时的 REITs 交易结构

资料来源：笔者整理。

　　若项目公司与原始权益人无存量负债的情形，则应当设立 SPV 公司。私募基金通过以股权加债权形式控制 SPV 公司，而后项目公司实施反向吸收合并 SPV，SPV 清算注销，私募基金作为股东对 SPV 的委托贷款将下沉到项目公司层面，成为项目公司有息负债，从而项目公司依照委托贷款合同约定按期向私募投资基金支付贷款利息，并按规定进行企业所得税税前扣除。项目公司与原始权益人无存量债务时的 REITs 交易结构如图 7-15 所示。

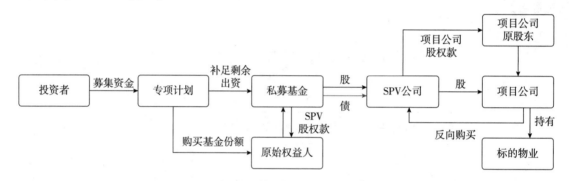

图 7-15　项目公司与原始权益人无存量债务时的 REITs 交易结构

资料来源：笔者整理。

二、类 REITs 产品交易结构拆解

　　下面从发行载体、交易结构设计和产品财务价值等方面拆解类 REITs 产品，并比较其与海外标准 REITs 产品的异同。

（一）类 REITs 产品的发行载体

　　类 REITs 产品主要以资产支持证券或公募基金为发行载体，具体可分为交易所 REITs、公募基金 REITs 和银行间 REITs 三大类，详情如表 7-4 所示（注：市场上还出现过其他私募形式的类 REITs 产品，但由于未能通过公开渠道获得详细产品信息，因此不作为本书重点讨论对象）。

表 7-4　类 REITs 产品发行载体比较

产品名称	银行间 REITs	交易所 REITs	公募基金 REITs
发行载体	银行间资产支持证券	交易所资产支持证券	公募基金份额
主要法律依据	《全国银行间债券市场金融债券发行管理办法》《中国人民银行行政许可实施办法》	《证券公司及基金管理公司子公司资产证券化业务管理规定》	《中华人民共和国证券投资基金法》《公开募集证券投资基金运作管理办法》

产品名称	银行间 REITs	交易所 REITs	公募基金 REITs
主营机构	中国人民银行	证监会	证监会
特殊目的载体（SPV）	特殊目的信托	资产支持专项计划（专项资管计划）	封闭式公募基金
审批形式	中国人民银行行政许可	挂牌机构出具无异议函/中国证券投资基金业协会备案	证监会注册
交易流动场所	银行间债券市场	上交所、深交所、机构间报价系统	深交所
发行方式	向银行间市场合格投资机构公开发行	向合格投资机构定向发行	向证券投资基金合格投资人公开发行
产品代表	兴业皖新阅嘉一期房地产投资信托基金（REIT）	中信华夏苏宁云创资产支持专项计划	鹏华前海万科 REITs 封闭式混合型发起式证券投资基金

资料来源：笔者整理。

1. 交易所 REITs

2011 年以后，我国资产证券化进入新里程，2012~2013 年相关部门分别出台相关业务指引，国内证券化业务正式开闸。2014 年底，《证券公司及基金管理公司子公司资产证券化业务管理规定》及相关配套制度出台将交易所企业资产证券化推上了大规模发展的道路，为 REITs 产品的推出提供了较为有利的大环境。

在企业资产证券化业务框架下，交易所 REITs 产品是最早实现突破的类 REITs 发行载体，也是截至 2021 年底发行规模最大、可复制性最强的产品类型，为国内 REITs 市场发展做出了奠基性贡献。以"中信启航 REITs"和"苏宁云商 REITs"为代表的一系列产品在交易结构上与成熟市场股权型 REITs 已具有一定相似性，但是交易所 REITs 从属于交易所资产证券化产品，属于典型的私募产品，仅可向合格投资机构定向发行，在产品流动性和信息披露程度上都与标准 REITs 产品有较大差别。

2. 公募基金 REITs

2015 年 7 月，"鹏华前海万科 REITs"成功发行，首次使用公募基金作为发行载体。该产品在发行期间单个投资者的单笔认购门槛仅为 10 万元，上市后在深圳证券交易所场内进行二级市场交易的最低份额为 1 万元，在类 REITs 产品的流动性上实现了重大突破。

然而，"鹏华前海万科 REITs"在交易结构与海外标准 REITs 差异显著：一是本产品受限于《证券投资基金运作管理办法》中关于公募基金持有单一公司集中度的相关规定，只能以不超过 50%的资产配置在商业物业股权上，未体现出商业地产投资基金的行业特征；二是该基金投资标的虽为前海企业公馆项目公司股权，但并未实际控制前海企业公馆物业产权（注：根据募集说明书，前海企业公馆项目为 BOT 项目，即由万科出资建设前海企业公馆，并通过 8 年的运营来回收项目投资，最后再无偿移交给前海管理局。因此，前海企业公馆项目公司仅拥有前海企业公馆项目自 2013 年 9 月 8 日至 2021 年 9 月 7 日期间的收益权，并不拥有前海企业公馆项目物业产权），产品的实质仅为 BOT 项目"特许经营权"收益权的证券化。由于上述问题的存在，公募基金 REITs 产品可复制性较差，"鹏华前海万科 REITs"之后并未出现同类型产品发行。

3. 银行间 REITs

2016 年起，监管部门高度重视推进 REITs 产品试点工作。2016 年 3 月，《国务院转批国家发展改革委关于 2016 年深化经济体制改革重点工作意见的通知》（国发〔2016〕21 号）中明确"研究制定房地产投

资信托基金规则，积极推进试点"。同年 10 月，《国务院关于积极稳妥降低企业杠杆率的意见》（国发
〔2016〕54 号）提出"支持房地产企业通过发展房地产信托投资基金向轻资产经营模式转型"，进一步明
确政府部门通过推动 REITs 市场健康发展，盘活存量不动产资产，去库存、促发展的改革思路。为贯彻落
实国务院有关精神，兴业银行从 2016 年初就开始着手在现有政策框架下对银行间市场开展 REITs 项目可
行性和实施方案进行深入研究。2016 年 6 月，兴业银行向中国人民银行上报关于推进银行间市场 REITs
产品的创新方案，并获准以兴业皖新阅嘉一期房地产投资信托基金（以下简称"兴业皖新 REITs"）项目
在银行间市场开展 REITs 产品试点工作。

　　2016 年 12 月 14 日，"兴业皖新 REITs"获得中国人民银行行政许可批复，同意产品发行并根据中国
人民银行有关规定在全国银行间债券市场交易流通。2017 年 2 月 20 日，"兴业皖新 REITs"产品成立，标
志着首单"银行间 REITs"产品问世。"兴业皖新 REITs"与主流"交易所 REITs"产品交易结构相似，
依然属于类 REITs，但该产品首次实现了我国 REITs 产品在银行间市场公开发行，对于完善信息披露制
度、提升产品流动性和市场参与度等方面均有重要积极意义。

（二）类 REITs 产品交易结构解析

　　根据标的物业资产权属是否转移，类 REITs 产品又被划分为"过户型 REITs"和"抵押型 REITs"。
"过户型 REITs"的显著特征是标的物业资产所有权的变更，投资人通过投资 REITs 产品间接获得标的物
业资产的所有权。"抵押型 REITs"通常以商业物业抵押贷款信托贷款的受益权为基础资产，投资人仅享
有物业资产的抵押权，不涉及产权变更。由于"抵押型 REITs"交易结构相对简单，本书中将重点讨论
"过户型 REITs"产品的交易结构。

　　1. 资产重组

　　"过户型 REITs"产品交易的目的是将标的物业资产由原物业持有人交易至类 REITs 产品的 SPV 项
下，实现资产真实出售。由于现有企业资产证券化业务准则中对于不动产转让及运营环节涉及的税收无
专门规定，类 REITs 产品结构设计中需重点关注避税、节税安排。典型的"过户型 REITs"交易结构如
图 7-16 所示。

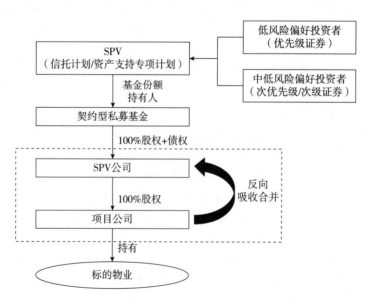

图 7-16　典型的"过户型 REITs"交易结构

资料来源：笔者整理。

　　交易项目公司股权，规避不动产转让环节税费。为了规避我国不动产交易环节中高额的土地增值税

和契税，类 REITs 业务在交易结构中通常安排原始权益人（原物业持有人）交易标的物业资产所在项目公司股权至"SPV"，而非直接交易物业资产本身。对于标的物业原来不在项目公司名下的，可以先以出资或分立等形式将不动产过户至专门项目公司名下，再交易该项目公司股权。

通过"股加债"模式持有项目公司股权。为了避免重复征税、提升产品投资收益率，海外标准 REITs 监管规则中通常在满足一定比例分红的前提下减免 REITs 组织层面在运营期间应缴纳的企业所得税，而国内税法中暂无相应税收优惠。因此，若交易结构不能合理节/避运营期间项目公司的企业所得税，会造成标的物业收入向投资人分配时发生严重损耗，变相抬升类 REITs 发行人成本。

目前，类 REITs 产品的解决思路是 SPV 通过购买项目公司股权和发放委托贷款的形式将募集资金发放给发行人，标的物业同时对委托贷款提供抵押担保。委托贷款发放给项目公司后置换其原有的存量债务。若项目公司没有存量债务，则需构建项目公司存量债务，保证没有现金留存在项目公司账面上（见表7-5）。此时，项目公司标的物业运营所得净收入优先通过偿还委托贷款本息的方式分配给类 REITs 产品投资人（注：利息支出可部分抵扣企业所得税还需满足企业所得税法关于股债比例和利率水平的要求），少量剩余收入用于税后分红，节税效果明显。

表7-5 节/避税设计

不动产原是否在项目公司	项目公司是否有存量债务	设计	可进/节税种
是	是	不会新设项目公司，股+债单层项目公司	契税、企业所得税
是	否	需新设 SPV 公司，构建债务，股+债 SPV 公司与项目公司反向吸收合并	契税、企业所得税
否	否	需分别新设 SPV 公司和项目公司，构建债务，股+债 SPV 项目公司与项目公司反向吸收合并	土地增值税、契税、企业所得税

资料来源：笔者整理。

在 SPV 与项目公司之间加设契约型私募基金。类 REITs 产品一般都会选择在 SPV 和项目公司之间增设一层契约型私募基金，其原因如下：第一，为后续通过公募 REITs 产品退出提前搭建载体。根据市场推测，国内权益型公募 REITs 大概率会以封闭型契约型基金的形式推出，届时可直接将类 REITs 产品中的私募基金作为主体直接上市。第二，可引入专业地产投资机构作为私募基金管理人，负责标的物业的运营管理。

2. 证券化思路

资产重组完成后，金融机构还应根据发行人的需求和投资人的偏好设计出合理的证券化产品。类 REITs 产品有两类主要设计思路，分别为偏股型 REITs 和偏债型 REITs。

证券设计：偏股型 REITs 的证券一般设计为优先级、次级（或权益级）两档，产品总期限较短，一般控制在5年以内，采取"固定存续期、资产处置期"的交易安排。产品存续期间，两档证券只分配收益，到期一次性还本。其中，优先级证券一般会获得较高评级，次级证券无评级。

偏债型 REITs 证券会设计为优先 A 级和优先 B 级两档（注：有时为方便销售，也会加设优先 C 级证券，其还本付息安排及风险特征与优先 B 级证券基本相同），其中优先 A 级证券每年按计划还本付息，优先 B 级证券期间付息，到期一次性还本。证券期限通常为18~24年，对于优先 A 级资产支持证券设置固定期限（一般为3年）开放期；对于优先 B 级证券则对发行人或其关联方赋予固定期限（一般为3年）按票面价格（或约定价格）优先回购证券的权利，在保障发行人对标的资产具有控制力的同时降低了发行成本。此时，优先 A 级和优先 B 级都有较高评级。

退出方式：本金退出方式不同是两种证券设计思路的核心差异。偏股型 REITs 本金的退出方式一般为处置期通过直接或间接处置标的物业或项目公司股权实现证券投资本金的退出，具体处置措施包括但不限于：①发行人或指定机构按照届时公允价值回购项目公司股权或基础物业产权；②在相关政策出台后，通过发行公募 REITs 产品市场化出售契约基金份额或项目公司股权或基础物业产权等。

对于偏债型 REITs，优先 A 级证券投资人在每个固定期限开放期有权回售证券，同时还引入发行人或高评级关联机构提供流动性支持，保障优先 A 级证券投资人本金安全退出。对于优先 B 级证券，通常设置优先收购权人支付较高的权利维持费（注：按票面价格或约定价格回购优先 B 级证券相当于一个对优先 B 级证券的看涨期权，权利维持费相当于期权费），使其具有较强的提前收购意愿，进而给予优先 B 级证券投资人很强的产品将被按时回购的预期。

上述两种退出方式都对最优先档证券本金偿付的保障较强，核心区别在于次优先档证券的风险敞口。当标的物业评估价值上升（或下降）时，偏股型 REITs 的次级证券会获得超额收益（或损失本金）；偏债型 REITs 的优先 B 级证券由于通过强主体按约定价格回购退出，因此本金偿付仅承受回购主体的信用风险，基本不承担标的物业的贬值风险。综上，偏股型 REITs 的次级证券相当于基于标的物业价值的权益型REITs 产品，而偏债型 REITs 的优先 B 级证券相当于回购主体发行的信用债券。

适用情形：偏股型 REITs 产品适用于标的物业资产较好项目，基础物业通常位于直辖市或省会城市的核心地段，处置能力较强。产品发行时，物业评估值应对优先级资产支持证券本金形成显著的超额覆盖，且基础物业在产品存续期间具有较好增值预期。发行人若要实现真实出表，必须真实对外销售部分次级证券，在转移风险的同时，也让投资人获得分享标的物业超额收益的权利。

偏债型 REITs 产品更适用于可引入强主体（主体评级不低于 AA）信用的项目，该强主体可对证券回售、流动性支持、优先回购、权利维持费等条款提供增信。由于拥有按约定价格回购证券的权利，发行人通过偏债型 REITs 产品融资时，不会分享任何标的物业增值产生的超额收益。偏股型 REITs 和偏债型REITs 对比如表 7-6 所示。

表 7-6　偏股型 REITs 和偏债型 REITs 对比

	偏股型 REITs	偏债型 REITs
证券设计	一般设计为优先级+次级（或权益级）	一般设计优先 A 级+优先 B 级（或有优先 C 级）
本息偿付	产品存续期间，证券只分配收益，到期一次性还本	优先 A 级证券每年按计划还本付息，优先 B（C）级证券期间付息，到期一次性还本
净租金收入分配	用于分配优先级证券每年预期收益和部分次级（权益级）收益	用于偿付优先 A 级证券每年应付本息后，可用于实付优先 B（C）级证券部分收益
投资人	优先级全部对外销售，原始权益人认购部分次级（或权益级）	优先级证券全部对外销售
评级	优先级评级较高，次级无评级	各优先级证券皆有较高评级
期限	总期限控制在 5 年以内，采取"固定存续期+资产处置期"	期限设置为 18～24 年，固定期限（一般为 3 年）设置开放期
退出方式	公允价值出售	回售+回购
产品规模	略低于标的物业公允价值	一般接近标的物业的公允价值
产品逻辑	优先级证券类似于 CMBS；次级（权益级）证券类似于股权型 REITs，投资人可获得全部物业增值收益	优先级 A 证券类似于 CMBS，优先 B（C）级证券类似于强主体信用债，优先级证券投资人较难找得超额收益
代表产品	中信启航 REITs、招商天虹 REITs、苏宁物业 REITs、光大安石大融城 REITs、东证青浦 REITs	苏宁门店 REITs、中信三胞 REITs、恒泰海航 REITs、恒泰彩云之南 REITs、兴业皖新 REITs

资料来源：笔者整理。

（三）过户型类 REITs 产品的财务价值

过户型类 REITs 产品实质是发行人通过不动产出售的方式进行融资。从会计角度来看，以固定资产或投资性房地产入账的账面不动产减少，货币资金增加，企业未增加负债而获得了融资。若融资规模高于其账面价值，还需同时结转收益，体现在资产负债表上未分配利润增加，总资产规模仅增加了融资规模与账面价值的差额部分，且计入权益资本中，企业杠杆不升反降，降杠杆作用明显。

以固定资产入账的不动产多是企业的生产、经营场所，账面价值为成本价，不能通过公允价值评估增值改善利润表，通过类 REITs 进行不动产出售，募集资金规模作为资产对价与账面价值的差额计入营业外收入，企业实现扭亏为盈，对于主业连续亏损的上市公司意义重大。

对于以投资性房地产入账的不动产，商业地产开发运营商可以公允价值入账，通过公允价值评估增值改善利润表，又不增加税务负担，所以通过类 REITs 实现扭亏为盈的需求较少。对于这类企业而言，类 REITs 产品更多是一种非杠杆融资和现金流快速回笼的工具，可增强企业的资产流动性。然而，由于税收和较高的发行利率导致其综合成本相对较高，目前并不被主流房地产开发企业接受。

除上述优势外，类 REITs 可从本质上改变商业地产的运营方式，为商业地产转型提供了一条可行途径，将传统的"开发—持有—运营"模式转变为"开发—运营—退出"，开发商提供前期开发和后期运营管理，但不持有资产，实现轻资产运营。

三、REITs 与类 REITs 的差异

类 REITs 产品同成熟市场 REITs 产品相比在交易结构、税负水平、运营方式、收入来源、收益分配方式、募集范围等方面仍具有一定差异。

（一）交易结构组织形式不同

美国的 REITs 多采用公司制的模式，且主要是通过股权方式在资本市场公开上市融资和交易。在公司制 REITs 的模式下，投资者通过认购股票成为公司的股东，间接持有了物业资产的股份。公司将投资收益以股利的方式分配给投资者。公司型 REITs 组织结构如图 7-17 所示。

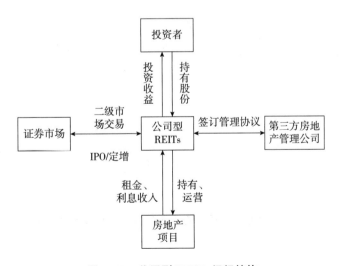

图 7-17 公司型 REITs 组织结构

资料来源：笔者整理。

亚洲较为流行的则是信托制/基金制 REITs。在这种模式下，REITs 持有人持有的是信托凭证或基金份额，REITs 本身即为信托/基金实体，多数需要外聘基金管理人和物业资产管理人。信托制/基金制 REITs 组织结构如图 7-18 所示。

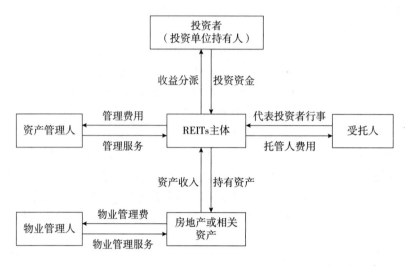

图 7-18 信托制/基金制 REITs 组织结构

资料来源：笔者整理。

在 REITs 市场发展的初期，采用信托型/基金型（契约型）的 REITs 结构，做成有期限的、可上市交易的封闭式基金，可以减少 REITs 设立的法律程序，容易被管理层和投资者接受。但是，由于公司型 REITs 拥有一个独立的按照投资者最佳利益行事的董事会而非像信托/基金型 REITs 的投资者那样要委托外部管理人负责 REITs 的运营发展，公司型 REITs 通常可以更好地解决投资者和管理者利益冲突的问题。"中信华夏苏宁云创资产支持专项计划"交易结构如图 7-19 所示。

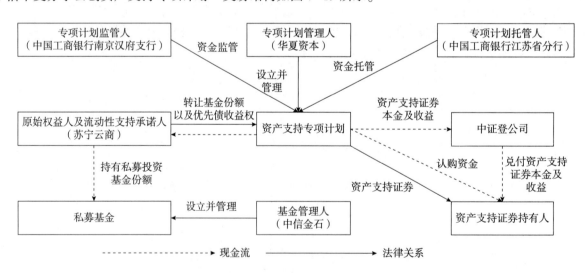

图 7-19 "中信华夏苏宁云创资产支持专项计划"交易结构

资料来源：笔者整理。

国内目前的操作模式主要是通过发行专项资产管理计划即契约型的方式。该方式也为证券提供了可在交易所转让的流动性。但专项资产管理计划并不能直接收购物业公司股权，所以在此一般通过私募基金收购物业公司股权。以苏宁云创项目为例，中信金石设立私募投资基金，通过《私募投资基金股权转让协议》，收购苏宁云商（7.08+0.28%，诊股）持有的项目公司100%的股权。华夏资本再通过专项管理计划，购买物业资产的全部私募投资基金份额，从而间接持有物业资产。

（二）面临承担的税负水平不同

国外成熟市场REITs产品通常可以享受一定税收优惠。例如，美国国内税法规定，在满足投资范围、收入比例、组织形式等各方面要求后，如果将REITs公司应税收益的90%以上分配给投资者则可以免征公司层面的所得税，仅投资者个人需缴纳个人所得税；但REITs公司分配后的留存收益仍需缴纳公司所得税。

在我国，在基础物业资产转移给SPV（如私募基金和信托公司）时，由于所有权发生转移，根据现行法律原始权益人还需缴纳25%的企业所得税，如果原始权益人为房地产开发公司还另需按照累进税率缴纳30%~60%的土地增值税，如在以后《中华人民共和国公司法》允许的条件下通过公司制成立REITs公司，在REITs公司运营层面还需缴纳公司所得税，因此我国REITs所承受税负还处于比较高的水平。

（三）运营方式收入来源不同

以美国为例，由于采用公司型组织结构，REITs公司的运营多以不断提高盈利水平，为股东谋求长期回报为目的。因此在REITs公司发展过程中通常会适时不断收购新的物业资产或投资于其他靠销售方式如酒店、高尔夫球场获得收入的业务，扩大REITs经营规模。但为达到美国国内税法免交公司所得税的要求，在投资范围上仍需满足不少于75%的比例投资于可产生稳定租金收入的房地产或地产相关产业，同时75%以上的收入来自于房地产租金、房地产抵押贷款利息、相关处置收入或其他合格投资收益。

我国当前类REITs产品多采用专项计划购买私募基金份额、私募基金全额收购基础物业资产的方式。基础资产的选择通常由发起人即原始权益人决定，在专项计划成立之初便确定若干物业资产作为基础资产，在产品存续期内专项计划也不会购买新的物业资产，即类REITs的规模一般是固定的。其项目收入也仅限于基础物业公司的运营收入以及产品到期退出时物业资产的处置收入或原始权益人支付的权利对价等。

（四）收益分配方式不同

美国、新加坡等成熟市场在REITs收益分配方面，都采用了需将应税收益的90%以股利或分红形式分配给投资者才可享有税收优惠的规定。

我国由于没有针对REITs的法律法规在收益分配方面的具体要求，在收益权形式上出现了优先级、次级等多种类别的收益类型。其中优先级证券大多只享有发行时确定的固定利率或享有部分在计划退出资产处置时产生的增值收益，大部分资产处置的收益分配权由次级或称权益级享有；然而享有物业处置收益的次级或权益级通常期限较短，不能达到长期持有享受增值的目的。

（五）募集形式不同

国外成熟市场REITs产品的投资人范围广，投资期限长。以美国为例，REITs在成立时受益人须在100人以上，持股最多的5名股东所持份额不能超过总流通值的50%；如要满足上市要求则需更多的股东持股或满足一定交易量；投资者通常可长期持有也可交易转让。

我国当前产品受限于专项资产管理计划形式的限制，多为私募形式，募集范围一般在200人以下。在3~5年后产品到期退出时即使我国在各方面都具备了发行公募REITs的条件，因为原始权益人拥有优先回购权，如果原始权益人需要支付的权利对价较少的话，根据不同交易条款的设置也可能影响产品，最后以发行公募REITs形式退出。

上述不同可总结为表7-7。

表 7-7　国内外 REITs 主要差异

	国外主流 REITs	我国类 REITs
交易结构组织形式	公司型/契约型	契约型
税负水平	REITs 收益分配达到一定比例（90%）后，分配给投资者的部分免征公司层面所得税	资产转移过程中需缴纳公司所得税、土地、增值税等较高税负
收入来源	具有法律法规相关要求，REITs 公司或计划会购入新资产，但大部分收入来源于可产生稳定收入的房地产租金，相关处置收入或其他合格投资收益	未设法律法规相关要求，目前大部分来自于项目成立时的基础物业公司运营收入、处置收入等
分配要求	90%收益分配给投资者，可长期持有	分设优先级和 B 级或次级，优先级享有固定收益，B 级或次级可享有物业处置收益但通常期限较短
募集形式	具有公募 REITs 成立时在 100 人以上，上市公开发行时股东数量要求更高	一股在 200 人以下，原始权益人拥有的优先回购权，可能影响最后以公募 REITs 形式退出

资料来源：笔者整理。

通过以上比较可以看出，国内现有冠以"REITs"命名的产品与国际标准的 REITs 存在很大区别，REITs 的标准化、国际化道路依然任重道远。但是类 REITs 这些具有中国特色的市场实践毋庸置疑地为我国 REITs 发展积累了实实在在的经验。

四、类 REITs 产品的设计

本部分结合国内实际情况，详细介绍 2020 年的政策制度环境下类 REITs 产品的设计，包括类 REITs 的参与主体、类 REITs 的交易结构、类 REITs 的结构分层、类 REITs 的增信措施以及其退出安排等。

（一）类 REITs 的参与主体

目前国内通常会采用"专项计划+私募基金"的"双 SPV"结构来搭建类 REITs 产品，因此，在类 REITs 中的主要参与方就包括了专项计划层面的各参与主体、私募基金层面的主体，此外还有底层物业层面的主要参与主体，具体如图 7-20 所示。

在专项计划层面，计划管理人需根据委托人的委托设立第一层 SPV，即专项计划，一般由资产管理公司担任计划管理人。总协调人/财务顾问一般由地产基金担任，实际上是项目的主导方。律师事务所、会计师事务所以及评估机构作为第三方中介机构，就整个交易结构中所涉及的法律、审计以及物业价值的评估等事项出具专业意见。其中，评估机构主要就是作为标的物的物业价值进行评估并出具评估报告。

在私募基金和物业层面，基金管理人需要就第二层 SPV 即私募基金进行专业管理，托管人一般由商业银行、证券机构等专业机构担任。物业运营机构是比较重要的参与机构，类 REITs 租金收入的多少往往取决于物业运营机构的运营管理能力。我国比较缺乏专业的物业运营机构，在已发行的大部分类 REITs 产品中，都是由原始权益人自己运营和管理物业。

除了上述主体外，如果类 REITs 涉及重组，则会有高额的税负，如土地增值税、企业所得税等，这就需要聘请专业的会计师事务所、税务师事务所来提供专业的税务筹划服务。

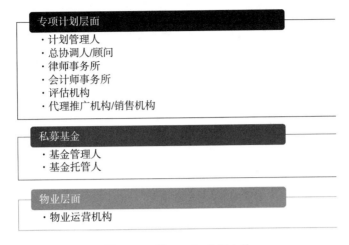

专项计划层面
- ·计划管理人
- ·总协调人/顾问
- ·律师事务所
- ·会计师事务所
- ·评估机构
- ·代理推广机构/销售机构

私募基金
- ·基金管理人
- ·基金托管人

物业层面
- ·物业运营机构

图 7-20　类 REITs 参与主体

资料来源：笔者整理。

(二) 类 REITs 的交易结构

1. 交易结构整体框架

根据过往的经验，为实现将项目公司层面产生的租金收入层层分配至专项计划层面，而在税收方面不造成过多的损耗，类 REITs 一般会采用三层的交易结构，即如前文所述，在投资人与项目公司之间构建两层 SPV，其中 SPV 1 一般为资产支持专项计划，SPV 2 一般为契约型的私募基金或信托计划。图 7-21 是一个比较完整的类 REITs 常见的交易结构图。

从图 7-21 可以看出，投资者持有的是 SPV 1 资产支持专项计划的份额，SPV 1 资产支持专项计划 100%持有 SPV 2 契约型私募基金/信托计划的份额，SPV 2 契约型私募基金/信托计划 100%持有项目公司股权，通过这种层层持有的方式，实现投资人间接持有底层的物业。在分配收益时，也是通过底层物业的运营收入层层往上分配，最终将收益分配至资产支持专项计划的投资人手中。

2. "股+债" 结构的搭建

考虑到私募基金只持有项目公司股权，将来的收入来源只有股东分红，现金流不太稳定且周期比较长以及节税等原因，通常会在 SPV 2 和项目公司之间辅以股东借款来形成 "股+债" 的结构，即把图 7-21 中 "股+债" 这部分结构切割出来，如图 7-22 所示。

在图 7-22 的 "股+债" 结构中，2018 年以前债权的搭建主要采用委托贷款模式，但是 2018 年 1 月 6 日银监会发布了《商业银行委托贷款管理办法》，对商业银行从事委托贷款业务的资金来源和资金投向做了明确规定，"受托管理的他人资金" 和 "银行的授信资金" 均不得用于发放委托贷款。自此，通过委托贷款搭建债权的方式成为了历史。此外，2018 年 1 月 12 日，中国证券投资基金业协会发布了《私募投资基金备案须知》，全面停止私募基金借贷类业务。2018 年 1 月 23 日，中国证券投资基金业协会在北京召开 "类 REITs 业务专题研讨会"，在协会官方网站发布了《【协会动态】促进回归本源助力业务发展——中国证券投资基金业协会资产证券化专业委员会类 REITs 业务专题研讨会在京召开》，在稿件中明确提出："目前国内类 REITs 业务的实践做法主要是在资产证券化业务框架下，构造出基于存量房地产的具有稳定现金流的基础资产，设立发行资产支持专项计划，而私募基金作为持有项目公司权益的载体，是类 REITs 产品交易结构设计和重组的焦点所在。当前产品设计中普遍采用私募基金构建 '股+债' 结构实现资产支持专项计划对底层标的物业的控制。委员代表认为，在我国尚未正式出台公募 REITs 制度的时期，借鉴 REITs 的核心理念，探索开展类 REITs 业务，已成为我国资产证券化业务的重要组成部分，有利于促

金融产品与服务创新设计

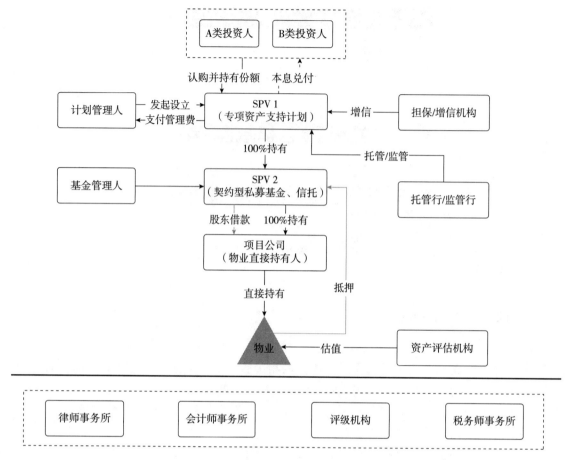

图 7-21　完整的类 REITs 常见的交易结构

资料来源：笔者整理。

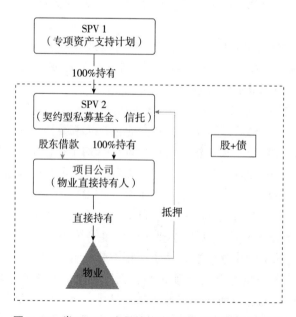

图 7-22　类 REITs 交易结构中"股+债"结构的搭建

资料来源：笔者整理。

进房地产市场的健康发展，促进资产盘活存量，支持房地产企业降低杠杆率，是资本市场和资产管理行业服务实体经济的重要手段。""在私募基金投资端，私募基金可以综合运用股权、夹层、可转债、符合资本弱化限制的股东借款等工具投资到被投企业，形成权益资本。符合上述要求和《备案须知》的私募基金产品均可以正常备案。"

综上所述，尽管基于《商业银行委托贷款管理办法》以及《私募投资基金备案须知》的规定，类REITs交易结构中的"股+债"结构受到影响，但从中国证券投资基金业协会在2018年1月23日召开的"类REITs业务专题研讨会"的表态来看，"符合资本弱化限制的股东借款"是被允许的，而这也成为目前类REITs项目中构建债权的唯一途径。

3. 底层资产的剥离与重组

（1）物业剥离。在类REITs的交易环节中，首先需要选定拟入池物业资产（以下简称"标的物业"），而持有标的物业资产的项目公司则应当是个"净壳"公司，即项目公司项下唯一的资产就是标的物业，且当前在项目公司项下没有其他任何的负债。基于此，如标的物业的原持有人（以下简称"原始权益人"）持有其他资产，需要将标的物业与非标的资产进行剥离。

能够实现物业剥离的方式主要包括资产转让、实物出资以及新设分立三种方式，三种方式在操作方式、税收、程序繁简、所耗时长等方面存在差异（见表7-8）。

表7-8 物业剥离方式比较

	资产转让	实物出资	新设分立
操作方式	新设项目公司，原始权益人将资产转让给项目公司	原始权益人以标的物业作价出资新设项目公司，原始权益人持有项目公司100%股权，项目公司持有物业	原始权益人分立成两个公司，标的物业由分立出的新项目公司持有
税收	需要缴纳高额的土地增值税，土地增值税适用四级累进税率，增值越快、越高的物业，其转让的税收负担越重	税收不确定，存在避税的可能，但需一事一议，具体需跟相应的税务部门沟通确定	彻底避开了土地增值税，税负成本低
程序繁简	简单，只需要做资产权属变更登记	简单	复杂，需要资产分割、通知债权人、公告等法定程序
耗时	一个半月左右	一个半月左右	三个月及以上

资料来源：笔者整理。

在实务中，基于表7-8中各方面的综合考量，实物出资方式最为常见。但需要注意的是，在将标的物业作为实务出资的情形下，税务成本是不确定的。《财政部 国家税务总局关于企业改制重组有关土地增值税政策的通知》（财税〔2015〕5号）第四条及第五条规定："单位、个人在改制重组时以国有土地、房屋进行投资，对其将国有土地、房屋权属转移、变更到被投资的企业，暂不征土地增值税。""上述改制重组有关土地增值税政策不适用于房地产开发企业。"据此，如果不是房地产开发企业，则以标的物业作价出资并不需要征收土增税，但是该规定已于2017年12月31日失效，失效后至今并没有出台相应的延续性政策，所以有些地方依然以该文件作为土地增值税豁免范围的参考税收文件。但是也有地方税务部门并不适用前述通知，如以物业资产作价出资，有可能被税务部门视同销售行为。因此，在以实物作价出资时，需要事先跟具体的税务部门就此进行沟通确认。

此外，需要注意的是，通过实物出资的方式对物业进行剥离，物业要满足无抵押、查封等权利限制的条件。

（2）资产重组。在完成资产剥离后就要进行资产重组，其目的是能够实现专项计划100%持有私募基金/信托，私募基金/信托100%持有项目公司股权，项目公司100%持有标的物业，从而能够达到专项计划间接100%持有标的物业的目标。

资产重组时，为了能够实现资本弱化的2∶1的债股结构安排，且由于避免产生企业所得税等原因，在实务中往往会采用反向吸收合并的方式，具体步骤：原始权益人新设一个SPV，由该新设SPV从原始权益人处收购项目公司100%股权；设立私募基金，在完成前一股权收购步骤后，由私募基金再从原始权益人处收购SPV100%股权；私募基金向SPV发放一笔股东借款，形成2∶1的债股结构；由项目公司反向吸收合并SPV，SPV主体消灭，项目公司承继SPV的债权债务，形成由私募基金持有项目公司股权的同时，私募基金还对项目公司享有债权的结构；为了保障股东借款的安全性，同时保证标的物业不被擅自转移，项目公司将标的物业抵押给私募基金。

反向吸收合并整个过程如图7-23所示。

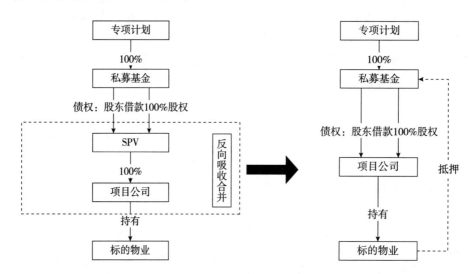

图7-23　反向吸收合并

资料来源：笔者整理。

在此，需要就债股比为何是2∶1的问题做一个简单说明，《财政部　国家税务总局关于企业关联方利息支出税前扣除标准有关税收政策问题的通知》（财税〔2008〕121号）中规定："企业实际支付给关联方的利息支出，除符合本通知第二条规定外，其接受关联方债权性投资与其权益性投资比例为：①金融企业，为5∶1；②其他企业，为2∶1。"据此，除非是金融企业，否则其他企业股东的债权性投资与权益性投资的比例要符合2∶1的比例。在类REITs中，私募基金是为了完成交易而临时搭建的SPV，并不适用"金融企业"的投资比例，故而适用债股比为2∶1的比例。

此外，需要注意的一个点是，在设置抵押层面，目前很多地方只认可抵押权人是有放贷资质的金融机构，即只有银行或者信托公司作为抵押权人时才能设立抵押登记，私募基金作为抵押权人无法实现登记。因此，具体能否实现登记，在实务操作中，还需要跟各地方登记机关确认。

【经典案例】国内已发行的经典类REITs案例——"皖新光大阅嘉一期资产支持专项计划"（以下简称"皖新光大阅嘉类REITs"）。

2018年3月30日，皖新光大阅嘉成功发行，其在结构设计上便采用了"资产支持专项计划+信托计划"的交易结构，如图7-24所示。

在图7-24所示的整个交易结构中：光大保德信资产管理有限公司作为计划管理人设立了资产支持专项计划，投资人（即资产支持证券的持有人）通过与计划管理人签订《认购协议》，取得资产支持证券，成为资产支持证券持有人。计划管理人代表资产支持专项计划签订《信托合同》《信托受益权转让协议》，购买中建投信托作为受托人设立发行的信托计划份额，成为信托计划的份额持有人。底层物业是皖新传媒原持有的多个书店物业资产，信托计划在底层通过"股+债"结构实现对这些底层物业资产的持有。

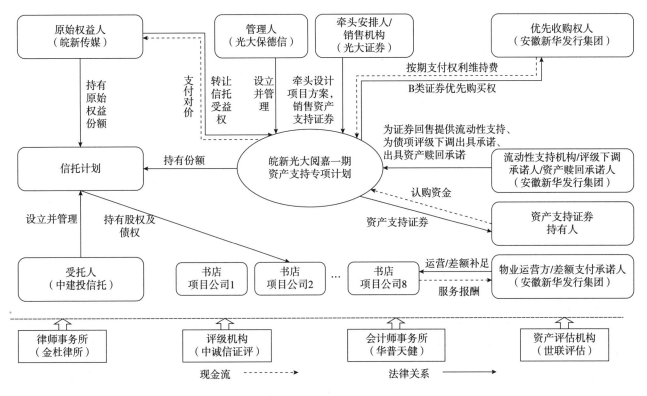

图 7-24 从组织形式角度对类 REITs 的分类

资料来源：笔者整理。

(三) 类 REITs 的结构分层

我国类 REITs 市场，不同的投资人的风险偏好和收益偏好不同，如金融机构类投资人的风险偏好比较低，倾向于选择安全性高的产品，而私募基金作为投资人时，对风险的容忍度会比较高。正是基于满足不同的投资人不同的风险和收益偏好，国内已发行的类 REITs 通常是分级产品，一般采用"优先级+次级""A 券+B 券""A 券+B 券+C 券""A 券+B 券+次级"等几种分级模式。

1. "优先级+次级"模式

2018 年 2 月，广州越秀集团有限公司在深圳证券交易所取得"中联前海开源—越秀租赁住房一号资产支持专项计划"（储架融资额度人民币 50 亿元）无异议函。2018 年 8 月，越秀集团在深圳证券交易所进一步取得"中联前海开源—越秀租赁住房一号第一期资产支持专项计划"（融资额度人民币 4.97 亿元）无异议函。在"中联前海开源—越秀租赁住房一号资产支持专项计划"中即采用了"优先级+次级"模式。

"中联前海开源—越秀租赁住房一号资产支持专项计划"中（见表 7-9），10% 的次级是由原始权益人，即广州越秀集团有限公司自持。广州越秀集团有限公司是一家主体信用评级为 3A 的企业，基于越秀集团强主体信用评级，优先级的产品评级也达到了 3A。此外，在还本付息方式上，优先级采用"按年付息，一次还本"的方式，即存续期内每一年只付利息，产品到期最后一年一次性还本，因此最后一年的还本压力比较大，存在风险后置。

表7-9 "中联前海开源—越秀租赁住房一号资产支持专项计划"

	优先级	次级
规模（亿元）	4.47	0.50
分层占比	90%	10%
发行利率	5%	—
收益特征	固定收益	浮动收益
产品评级	AAA	—
还本付息方式	按年付息，一次还本	—

资料来源：笔者整理。

此外，对于"优先级+次级"模式，有些产品中又将其中的优先级分为了优先A、优先B等，如2018年的"中联前海开源—远洋集团一号资产支持专项计划""深创投中金—苏宁云创资产支持专项计划"等就采用了这种模式。

2. "A券+B券"模式

"A券+B券"模式也是比较常见的分层模式，如"兴业皖新阅嘉一期房地产投资信托基金（REIT）资产支持证券""中信华夏三胞南京国际金融中心资产支持专项计划"均采用了此种模式。在此，以"中信华夏三胞南京国际金融中心资产支持专项计划"为例。

"中信华夏三胞南京国际金融中心资产支持专项计划"在证券端采用优先A和优先B的分层模式（见表7-10），一方面能够使得发行人保留对物业的控制权，因为该产品为固收类的产品，外部投资人只享有固定收益，只要完成产品本息的兑付，超额收益部分就可以不向外部投资人分享；另一方面可以放大融资规模，该产品底层的投资标的为南京国际金融中心，系位于南京新街口商圈的地标建筑，包含了写字楼、商业等物业业态，物业的估值为30.53亿元，而"中信华夏三胞南京国际金融中心资产支持专项计划"以优质的资产、合理的结构设计吸引了国有银行、股份制银行、城商行、基金、券商、信托等各类机构投资者，使得A类证券认购倍数达到2.1倍，B类证券认购倍数达到1.43倍，最终融资规模达到了30.53亿元，实现了100%的融资效率。

表7-10 "中信华夏三胞南京国际金融中心资产支持专项计划"

	A类证券	B类证券
规模	15.75亿元	14.78亿元
期限	24年，每3年开放退出	3+1年
收益特征	固定收益	固定+浮动
产品评级	AAA	AA
发行利率	3.80%	6.95%
付息频率	按年分配	按年分配
本息偿付模式	等额本息	按年付息，一次性还本
偿债来源	物业租金净收入	利息：权利维持费+租金净收入剩余金额 本金：物业的处置收益

资料来源：笔者整理。

在该单产品中，优先 B 由于是到期一次还本，所以也存在风险后置。2018 年 10 月 16 日，联合信用评级有限公司发布《关于下调"中信华夏三胞南京国际金融中心资产支持专项计划"项下"16 三胞 B"信用等级并将其列入信用评级观察名单的公告》，公告称"'16 三胞 B'预期收益及本金的足额兑付主要依赖优先收购权人三胞集团支付的相关权利对价"。考虑到优先收购权人由于持续大规模并购加之金融去杠杆的宏观环境影响，流动性风险加大，短期偿债压力大，主体信用水平有所下降，对"16 三胞 B"信用水平的支撑明显减弱，因此联合信用评级将"16 三胞 B"信用等级下调至"A"，并继续列入信用评级观察名单。

除了上面提到的常见的"优先级+次级"模式和"A 券+B 券"模式外，实务中也会有"A 券+B 券+C 券"模式和"A 券+B 券+次级"模式，但这两种模式都是在前两种模式基础上演化而来，主要是基于销售的考虑，一般会设很少比例的 C 券、次级，A 类、B 类券卖给风险容忍度较低的投资人，将 C 券、次级卖给风险容忍度较高的投资人，或者是由原始权益人来自持 C 券、次级。

(四) 类 REITs 的增信措施

类 REITs 在发行时，原始权益人（或通过其关联主体）往往会根据项目的具体情况提供一项或多项增信措施，以提高收益的稳定性。增信措施主要分为内部增信措施和外部增信措施（见图 7-25）。

例如，在前文中提到的皖新光大阅嘉中，就设置了多项内外部的增信措施，包括结构化分层、物业资产抵押、物业资产运营收入超额覆盖、租金差额补足承诺、实际运营收入差额补足以及流动性支持等。

1. 内部增信措施

（1）现金流超额覆盖。现金流超额覆盖包含物业运营期间的现金流覆盖和物业处置期间的现金流覆盖。

物业运营期间的现金流超额覆盖是指物业运营期间的现金流（包括物业租金净收入+权利维持费+储备金）对优先级证券每年的本息支出进行超额覆盖，且根据主体是否需要增级对覆盖倍数有不同的要求，但覆盖倍数通常在 1 倍以上。

处置期间的现金流超额覆盖是指物业处置的金额（处置净收入-税费）对证券的最后一次本金能够进行覆盖。在"A 券+B 券"模式中，一般优先 A 券是每年等额偿还本息；优先 B 券是按年付息，最后一年一次还本，具有风险后置性，因此，一般会要求处置期间的收入对最后一次本金能够进行覆盖。处置的方式包括优先收购权人回购、公募类 REITs（上市）、物业变卖等。

（2）结构化分层。为提高投资者收益的稳定性，如前文所述，在证券端设计时，发行人通常会采用结构化分层的内部增信措施，即将专项计划内部分为优先级、次级等，由次级证券为优先级证券的兑付提供一定程度的安全垫。优先级证券内部亦可再进一步细分为优先级、次优先级等。次级证券在分配完该期应付的相关税费和优先级证券预期收益和本金后，分配剩余余额。

（3）租金质押/物业抵押。为担保债权，通常债权人会与项目公司签署抵押/质押合同，由项目公司将其名下的物业抵押/租金收入质押给债权人，为债权提供抵押/质押担保。当发生违约事件时，对于处置抵押物的变现资产，专项计划享有优先受偿权。

2. 外部增信措施

（1）差额补足承诺。差额补足承诺人承诺在 SPV 存续期间，若在某一期兑付日前，发现专项计划账户中的余额不足以支持优先级的利息和本金，则由差额支付承诺人按要求将该期资产支持证券的利息、本金和其他资金余额差额足额支付至专项计划账户中。差额补足承诺发生在差额补足承诺人和投资人之间，通常由原始权益人（项目公司）承担差额补足义务。

（2）第三方担保。一般会约定担保人承诺在计划存续期间，若在某一期兑付日前，差额支付承诺人未履行差额支付义务，导致不足以支持该优先级的利息和本金，则由担保人按要求将该期资产支持证券的利息、本金和其他资金余额差额足额支付至专项计划账户中。在第三方提供担保的情况下，担保主体通常为原始权益人的股东、集团公司或专业第三方担保公司。

（3）评级下调承诺。在专项计划存续期内，若信用评级机构对优先级评级低于某个级别的时候，发起人或其关联方应根据交易文件的约定无条件并一次性向管理人指定账户支付相当于截至评级下调终止日全部优先级的未分配本金和预期收益，用于收购优先级全部证券。评级下调承诺的本质是提前终止条款，目的在于主体出现风险恶化时优先保障优先级的偿付。

图 7-25　类 REITs 增信措施

资料来源：笔者整理。

（五）类 REITs 的退出安排

国内目前发行的类 REITs 产品，主要的退出方式包括优先回购、回售以及资产处置三种。

1. 原始权益人行使优先回购权

因国内房地产价格近年来一路攀升，原始权益人发行类 REITs 产品的动机多为通过转移不动产资产来进行融资，而并非想真实出售资产。因此类 REITs 产品一般会设置原始权益人的优先回购权，即原始权益人有权定期优先回购证券，从而保证对底层物业资产的控制，并为此权利支付权利维持费。设置优先回购权既可保障原始权益人享受物业增值的权利，又可增加产品收入来源，提高发行总额，同时，优先回购权的行使也为专项计划投资人提供了一种退出渠道。

2. 投资者行使回售权

类 REITs 产品因为期限较长，一般会设置票面利率调整权和投资者回售权，投资者有权定期（一般为每三年）回售证券，实现类 REITs 产品的退出。例如，"恒泰浩睿—海航浦发大厦资产专项支持计划"便设置了投资者回售选择权。

3. 处置底层资产

类 REITs 产品可以通过直接出售、处置底层物业资产实现退出。在"恒泰浩睿—海航浦发大厦资产专项支持计划"中，设计的退出方式之一是处置底层资产，而这也是最终该项产品实现退出的实际方式。2019 年 1 月 7 日，新加坡大型房地产集团凯德集团宣布与一家非关联第三方公司成立合资公司，斥资 27.52 亿元收购上海浦发大厦，这也是国内首单通过市场化方式处置标的物业实现退出的类 REITs 产品。

 专题研讨

（1）国际公募 REITs 成功的实践经验有哪些？国内开展类 REITs 项目的主要目的和优劣势是什么？

（2）类 REITs 与 REITs 具体有哪些区别？操作模式上有何区别？挂牌交易场所分别是哪些？两种类型对于投资人有何要求？是否有交易门槛（如必须为合格投资人等）？

（3）市场常见的商业地产资产证券化产品主要是 CMBS 与私募 REITs（类 REITs）。类 REITs 又可进一步区分为权益型、抵押型及混合型。CMBS 与权益型类 REITs 的区别究竟是什么？CMBS 和 REITs 到底怎么选？

(4) 类 REITs 重组端为什么要做"反向吸收合并"？

(5) 为什么目前落地的类 REITs 项目多采用双 SPV 结构呢？双 SPV 结构有何优劣？

综合案例分析   REITs 和类 REITs

一、阳光城长租公寓 1 号资产支持专项计划

(一) 阳光城集团介绍

1. 公司基本情况

阳光城集团股份有限公司（"阳光城集团"或"公司"）成立于 1995 年，拥有逾 20 年的房地产开发经验，成功对应多个行业周期，并在 1996 年于深圳证券交易所挂牌上市，是国内首批上市房地产企业之一。

阳光城集团以"缔造品质生活"为企业使命，坚持面向合理自住需求，贯彻开放、合作、共赢的经营理念，依托"绿色智慧家"的产品体系和"精品物业"的服务体系，稳健运营、持续进取，努力实现"规模上台阶，品质树标杆"的发展目标，致力成为"高成长性绿色地产运营商"。

在由国务院发展研究中心企业研究所、清华大学房地产研究所和中国指数研究院组成的中国房地产 TOP10 研究组主办的"2018 中国房地产百强企业研究成果发布会"上，公司凭借快速提升的企业综合实力及品牌价值，位列"2018 中国百强房企 TOP 20"之列。

在销售型产品之外，阳光城集团于 2015 年开始研究长租公寓业务，2017 年根据公司"三全"布局战略，阳光城集团加速了"全业态"产品的布局，正式在上海、深圳开始布局长租公寓试点，2018 年开始发力长租公寓事业，未来主要在一线城市及核心强二线城市，发展中高端的长租公寓产品，致力于为中高收入白领阶层和青年精英打造通勤便利及高性价比的住宿+社交生活圈，预计每年规划发展 1 万~2 万间，5 年内实现 5 万~8 万间管理规模，成为行业内有影响力的运营品牌，为住房租赁市场的发展与壮大贡献力量。

阳光城集团的"三全"投资战略，即全地域发展、全方式拿地、全业态发展。在现有布局战略的基础上，形成二线城市全覆盖的战略格局。同时开启多元取地通道，并积极拓展更多业态和加速全产业链布局，积极拓展产业地产及园区运营、经营性物业运营等业务。截至 2017 年 6 月，阳光城集团在手总土储规模达 3000 万平方米，储备货值超 4500 亿元。

2. 主要业务布局

(1) "3+1+X"的战略布局。坚定实施"区域聚焦、深耕发展"的发展战略；坚持"3+1+X"（长三角、京津冀、珠三角+大福建+战略城市点）的区域布局，聚焦一二线城市，同时将战略热点城市作为利润补充。

(2) 高效的运营管理。坚持"高周转、低成本"的运营策略，全面提升运营管理能力：在项目开发上，在精准定位的前提下，取得项目后，快速开发，快速去化；在产品结构上，已经形成了较为成熟的产品体系，并通过产品线的复制，进一步提高研发工作效率，有效降低研发成本。

(3) 精准的产品定位。重点关注刚性需求和首次改善需求人群，辅以合理的产品定价和灵活的营销策略：住宅（城市豪宅、浪漫城邦、时尚公寓、生态住宅）、商业（商务办公、商业综合体、星级酒店等）。

（4）高成长性的业绩。2017 年，公司销售额达 915.4 亿元，同比增长 55.65%；房地产营业收入 193.70 亿元；2017 年末，公司总资产达 2132.50 亿元，较 2016 年末增加 77.07%；净资产达 305.70 亿元，较 2016 年末增加 61.54%。2017 年归属于上市公司股东的净利润为 20.62 亿元，较上年同期增长 67.64%。

（5）阳光城集团半年度净利 10.31 亿元，同比增长 214%。2018 年 8 月 24 日，阳光城集团发布半年报，公司上半年营收为 152.08 亿元，同比增长 102%，主要系本期达到结利条件的房地产收入增加所致；净利为 10.31 亿元，同比增长 214%。报告期内，公司房地产业务毛利率 27.18%，同比增加 4.81 个百分点，较 2017 年底增加 2.61 个百分点，盈利能力进一步提升。

（二）专项计划部分参与方介绍

1. 中信证券

中信证券是国内最早设立资产证券化业务独立部门/团队，实现证券化业务专业化、系统化运作的证券公司。中信证券于 2006 年 1 月成立了专门的资产证券化业务线，是国内最早单独设立证券化业务一级部门的证券公司；后因部门结构调整设立债务资本市场部（统一负责各类固定收益融资业务），但债务资本市场部仍设置专门的资产证券化业务团队，进行资产证券化业务的专业化运作。

2. 光大安石

光大安石是光大嘉宝股份有限公司与香港上市公司中国光大控股有限公司旗下最具规模的产业投资基金管理人与地产投资平台，截至 2021 年 12 月末，累计管理规模超过 1270 亿元人民币，连续七年蝉联"中国房地产基金综合能力 TOP10"榜首。光大安石成功打造的自主商管品牌"大融城"也屡获殊荣，品牌美誉度和影响力皆不断提升。

光大安石是国内领先的中国房地产基金管理公司，拥有资深的房地产投资运营管理团队和操作、运营房地产项目的投资管理经验。安石资管主要对光大安石所投资的项目进行投后运营、管理服务。光大安石具备良好的投资能力和投后资产管理的能力，了解和熟悉房地产市场，拥有良好的筛选投资标的、构建、销售金融产品和风控的能力。

同时，光大安石拥有长期的市场化运作经验，是中国发展历程较长的房地产基金公司之一，善于挖掘优质的不动产作为底层资产，并能够有效地将不动产底层非标资产转化为证券化投资工具。光大安石也是中国在业务开展的完整性上，最接近黑石房地产基金的主体，有类似黑石房地产基金的机会型和债权型投资思路。

（三）专项计划方案总体交易结构概述

2018 年 9 月 19 日，"中信证券-阳光城长租公寓 1 号资产支持专项计划"成功设立。本单产品发行规模共 12.1 亿元，A 档票面利率 6.30%。本单产品由中信证券作为管理人和销售机构，中国建设银行、中信银行、晨曦基金和光大安石作为顾问。阳光城长租公寓专项计划系 A 股上市民营房企首单储架式长租类 REITs，至此，中信证券的两家闽系地产商的 REITs 产品都业已发行成功。

1. 方案总体交易结构

（1）换股阶段。

方案总体交易结构如图 7-26 所示。

（2）资产支持专项计划成立阶段。

方案总体交易结构如图 7-27 所示。

2. 交易步骤

（1）信托计划设立：福州君凯作为委托人设立单一资金信托，信托计划总规模 12.1 亿元。受托人代表信托计划出资 6.2 亿元设立 SPV 1，SPV 1 出资 6.2 亿元设立 SPV 2。

（2）换股交易及专项计划成立：SPV 1 以其所持有的 SPV 2 股权为对价，受让上海富利腾房地产开发

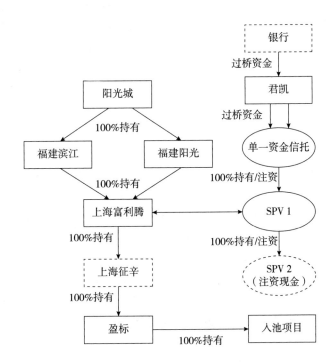

图 7-26　方案总体交易结构（换股阶段）

资料来源：笔者整理。

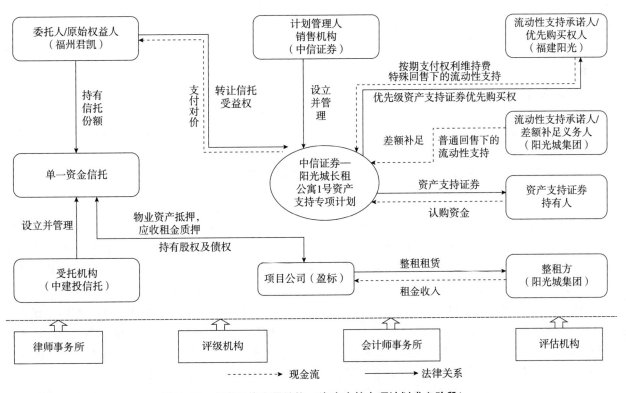

图 7-27　方案总体交易结构（资产支持专项计划成立阶段）

资料来源：笔者整理。

有限公司（以下简称"上海富利腾"）持有的上海征辛企业管理有限公司（以下简称"上海征辛"）100%股权。认购人通过与计划管理人签订《认购协议》，将认购资金以专项资产管理方式委托计划管理人管理，计划管理人设立并管理专项计划，认购人取得资产支持证券，成为资产支持证券持有人。计划管理人根据与原始权益人——福州君凯签订的《信托受益权转让合同》的约定，以募集资金购买原始权益人持有的信托计划受益权，成为信托计划的唯一受益人。

（3）发放信托贷款：受托人向盈标置业发放信托贷款。盈标置业将该款项用于偿还相关借款、日常经营等。

（4）偿还银行贷款：作为共同还款人，盈标置业收到信托贷款后，将偿还中信银行并购贷款。中信银行收到偿还的贷款本息之后，注销对标的物业设定的抵押权，盈标置业将标的物业办理抵押登记至受托人。

（5）标的物业出租运营：盈标置业通过与阳光城集团签署包租合同，将标的物业整租给阳光城集团，阳光城集团与上海臻汀利房地产开发有限公司（以下简称"上海臻汀利"）签署《委托运营管理协议》，委托上海臻汀利对标的物业进行运营管理。

（6）偿还信托贷款：专项计划存续期间，盈标置业将按照合同约定偿还信托贷款本息。

（7）底层物业资产抵押及租金收入质押：盈标置业与中建投信托签署《抵押合同》《质押合同》，将标的物业资产抵押、应收租金质押在中建投信托，为《信托贷款合同》项下的主债权提供担保。

3. 退出机制

（1）行使优先收购权。计划管理人根据《优先收购协议》的规定，授予优先收购权人按《标准条款》约定行使优先收购优先级资产支持证券的权利。

（2）公开发行REITs。作为成熟资本市场的重要组成部分，REITs是同股票、债券、存款并列的第四大类配置资产，具有长期收益率高、收益稳定、与其他投资产品关联性小等优势，能够满足投资人的多元化需求。

（3）市场化转化。寻找市场上的第三方投资者，如产业资本、社保基金、企业集团、保险机构等投资机构，通过上述类机构的投资，实现专项计划的退出。

二、首单银行间市场公募 REITs 案例述评

"兴业皖新REITs"的成功发行，一是开创银行间市场REITs业务先河，促进我国REITs市场规模化发展；二是探索国有资产证券化新路径，支持国有企业转型升级，既是对银行间市场创新发展的有益尝试，又是落实金融支持实体经济发展的重要举措，市场示范性带动意义重大。

（一）案例介绍

2017年2月20日，兴业国际信托有限公司（以下简称"兴业信托"）及旗下兴业国信资产管理有限公司（以下简称"兴业国信资管"）联合兴业银行在银行间市场成功发行"兴业皖新阅嘉一期房地产投资信托基金（REIT）资产支持证券"（以下简称"兴业皖新REITs"），总规模为5.535亿元。该项目成功落地，被称为"银行间市场首单公募REITs"，其产品创新性引起市场广泛关注。

该项目于2016年12月14日获得中国人民银行行政许可批复，获准发行并根据中国人民银行有关规定在全国银行间债券市场交易流通。此次安徽新华传媒股份有限公司（以下简称"皖新传媒"）作为该REITs产品的发起机构，兴业银行担任主承销商，兴业信托担任受托人、发行人以及管理人，兴业国信资管担任私募基金管理人，安徽皖新融资租赁有限公司作为优先收购权人/物业运营方。

皖新传媒以其持有的契约型私募基金份额（该基金由皖新传媒作为单一投资人发起并已收购其名下八家新华书店门店物业）为基础资产，发行资产支持证券。其中，优先A级证券金额为3.3亿元，期限为18年，每3年设置开放期，评级为AAA；优先B级证券规模为2.235亿元，期限为18年，每3年设置

开放期，评级为 AA+。

2016年3月，《国务院转批国家发展改革委关于2016年深化经济体制改革重点工作意见的通知》（国发〔2016〕21号）中明确"研究制定房地产投资信托基金规则，积极推进试点"；同年10月，《国务院关于积极稳妥降低企业杠杆率的意见》（国发〔2016〕54号）提出"有序开展企业资产证券化"，进一步明确政府部门通过推动REITs市场健康发展，盘活存量不动产资产，去库存、促发展的改革思路。

为贯彻落实党中央、国务院有关精神，兴业银行携旗下兴业信托、兴业国信资管从2016年初就开始着手在现有政策框架下对银行间市场开展REITs项目可行性和实施方案进行深入研究，并于2016年6月向中国人民银行上报《关于推进银行间市场REITs产品的创新方案》，获准以本项目在银行间市场开展REITs产品试点工作。

由于信托制度本身能够实现良好的破产隔离效果，兴业信托发行"兴业皖新REITs"具有先天的制度优势。该产品能较好地把流动性较低的、非证券形态的房地产投资，直接转化为资本市场上的证券资产，达到融资目的；同时，通过在银行间市场发行，提高了REITs产品的流动性和透明度，将成为银行间市场公募产品的创新探索。

（二）案例评述

1. 产品要素

产品要素如表7-11所示。

表7-11 产品要素

项目	内容
发起机构	皖新传媒
计划管理人	兴业国际信托有限公司
基金管理人	兴业国信资产管理有限公司
资产运营机构/优先购买权人	安徽皖新融容租赁有限公司
差额补足机构/流动性支持机构/保证人	安徽新华发行（集团）控股有限公司
基础资产	由委托人在信托财产交付日为设立信托而信托予受托人的基金份额及其相关附属担保权益
定价方式	优先A级和优先B级资产支持证券票面利率和预期收益率由集中簿记建档结果确定
发行对象/流通范围	银行间市场的机构投资者（国家法律法规禁止购买者除外）
承销方式	余额包销
发行日/簿记建档日	2017年2月16日
发行规模	5.535亿元
优先级规模/比例	优先A：3.3亿元（59.62%）；优先B：2.235亿元（40.38%）
优先级期限	3+3+3+3+3+3
优先级评级及票面利率	优先A：AAA，4.80%；优先B：AA+，5.40%

资料来源：《兴业皖新阅嘉一期房地产投资信托基金（REIT）资产支持债券募集说明书》。

在当前市场环境和政策背景下，"兴业皖新REITs"的成功发行，一是开创银行间市场REITs业务先河，促进我国REITs市场规模化发展；二是探索国有资产证券化新路径，支持国有企业转型升级，既是对银行间市场创新发展的有益尝试，又是落实金融支持实体经济发展的重要举措，被视为行业的风向标，市场示范性带动意义重大。交易结构如图7-28所示。

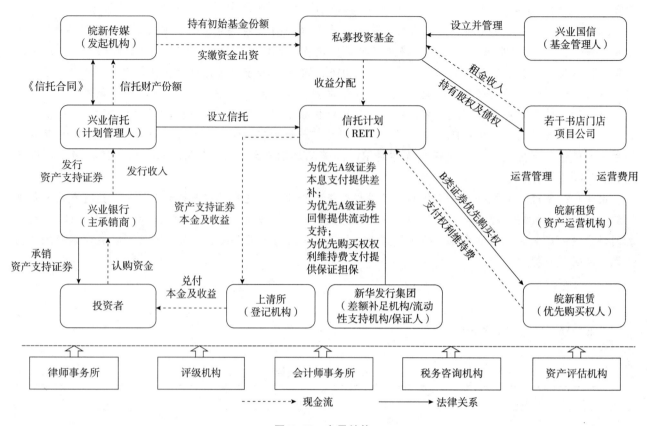

图7-28 交易结构

资料来源：笔者整理。

2. 交易步骤

（1）原物业持有人作为股东，以标的物业作为资产出资的方式设立项目公司，使项目公司成为标的物业的持有方；

（2）皖新传媒作为股东，投资设立SPV，作为收购项目公司的主体；

（3）SPV和原物业持有人签订股权转让协议，向原物业持有人收购其持有的项目公司100%的股权；

（4）皖新传媒根据《基金合同》认购私募基金份额，设立私募基金，收购其持有的100%的股权，办理工商登记；

（5）根据《信托合同》的约定，皖新传媒作为发起机构将相关私募基金份额委托给受托人，由受托人设立信托，受托人将发行以信托财产作为支持的资产支持证券，并将募集的资金净额支付给发起机构；

（6）由各项目公司与皖新传媒签订《租赁合同》，以约定租金水平整租全部标的物业，由私募基金与皖新租赁签署《运营管理协议》，皖新租赁担任项目公司运营服务商，承担物业的运营、维护与租金归集等职责。

3. 双层SPV结构及其功能概述

（1）第一层为SPV-私募投资基金，其主要功能在于持有物业资产。原物业持有人作为股东，以标的物业作为出资设立项目公司，使项目公司成为标的物业的持有方。之后，皖新传媒出资设立多家投资公司，用于收购项目公司100%的股权。皖新传媒发起设立私募投资基金（第一层SPV），用所募集的部分资金收购投资公司100%的股权，并且基金管理人代表私募投资基金通过委贷银行向投资公司发放了36850万元的贷款。投资公司由此收购了项目公司100%的股权，并将其所控制的项目公司持有的8处新华书店物业资产抵押给委贷银行，用于担保贷款本息偿付。之后，项目公司吸收合并投资公司。最终，原始权益人皖新传媒通过私募股权投资基金型 SPV 达到控股项目公司间接持有标的物业，并同时持有项目公司股权和债权的目的。皖新传媒作为承租人，与各项目公司签订《租赁合同》，以约定租金水平整租全部标的物业，20 年期不可撤销租约。由私募投资基金与皖新租赁签署《运营管理协议》，皖新租赁担任项目公司运营服务商，承租物业运营和维护、租金归集等职责。

（2）第二层为 SPV—财产权信托，其功能主要在于募集资金和完成资产证券化信托的管理运作。皖新传媒将其持有的私募投资基金份额作为基础资产委托给受托人兴业信托并设立财产权信托，且由兴业信托作为发行人在银行间市场发行资产支持票据（代表财产权信托的信托受益权）。投资人认购取得资产支持票据，取得标的信托受益权。兴业信托将募集资金扣除相关费用后支付给皖新传媒，作为其向投资者转让财产权信托的信托受益权的对价。皖新传媒未支付的租金、交易结构设置的增信或其他风险缓释措施，以及必要情况下标的物业的处置，构成了此资产支持票据的现金流来源和投资者获取资产支持票据收益的保障。

4. 兴业皖新 REITs 的主要信用增级方式

（1）物业资产抵押。物业资产为位于安徽省合肥市、阜阳市、蚌埠市、淮北市、淮南市的核心城区 8 处新华书店门店资产，根据基金管理人、SPV 公司和兴业银行合肥分行三方签署的《委托贷款借款合同》，SPV 公司将其所有的物业资产抵押给委贷银行。根据深圳市世联土地房地产评估有限公司北京分公司出具的房地产估价报告，SPV 公司所持有的 8 处新华书店资产的估价为 5.5171 亿元，是优先 A 级资产支持证券发行规模的 1.67 倍，可为优先 A 级资产支持证券提供有效增信。

（2）物业资产租金收入超额覆盖。项目公司存续期间，皖新传媒拟整体回租 8 处入池资产。根据中诚信国际信用评级有限公司出具的《兴业皖新阅嘉一期房地产投资信托基金信用评级报告》，本资产证券化信托在物业资产每年的租金收入对优先 A 级资产支持证券每年的本息支出存在超额覆盖，在正常境况中，根据租赁合同约定的租赁金额及信托计划的分配方案，在扣除当期税费后，每年的租金净收入对优先 A 级资产支持证券每年本息兑付的覆盖倍数为 1.23 倍。

（3）证券化的结构化分层。本资产证券化信托安排了优先／劣后的证券分层设计，其中优先 A 级资产支持证券规模为 3.3 亿元，优先 B 级资产支持证券的规模为 2.235 亿元。根据《信托合同》安排，在实现公开发行或处分时，优先 A 级资产支持证券的预期收益和本金将优先于 B 级资产支持证券获得偿付，在资产证券化信托终止后进行清算分配时也遵循优先 A 级证券优先受偿的顺序。

（4）新华发行集团提供流动性支持。根据《流动性支持协议》，新华发行集团为优先 A 级资产支持证券的回售提供流动性支持。

（5）新华发行集团提供差额补足及连带责任保证担保。依据新华发行集团 2016 年 9 月 8 日党委会议纪要，新华发行集团为本资产证券化信托承担的差补及连带责任保证担保取得了必要授权。

5. 基础资产与物业资产情况

（1）基础资产情况。兴业皖新 REITs 的基础资产为发起机构皖新传媒委托受托人设立信托的、由发起机构依据《基金合同》享有的基金份额所有权和其他附属权益及衍生权益。私募基金为基金管理人根据《私募投资基金监督管理暂行办法》、中国法律规定和《基金合同》的约定设立，发起机构与基金管理人签订《基金合同》及向基金管理人出具《追加认购通知书》的方式认购私募基金全部份额 55350 万份。私募基金将按照《基金合同》约定的方式进行投资，私募基金投资完毕后，私募基金全部基金份额对接的基金财产有两种：①基金管理人代表私募基金持有的 SPV 公司 100% 的股权；②基金管理人代表私募基金对 SPV 公司享有的 36850 万元委托贷款债权。私募基金通过持有 SPV 公司 100% 股权实现对物业资产的投资和控制。根据《基金合同》的约定，发起机构取得的全部基金份额为发起机构合法持有的财产，发起机构有权以基金份额所有权和其他附属权益及衍生权益作为基础资产，委托受托人设立资产证券化信托。受托人根据《信托合同》的约定取得私募基金的全部基金份额并设立资产证券化信托，资产支持证券募集完毕后，受托人代表资产支持证券依法取得该等基金份额。根据发起机构出具的承诺，截至资产证券化信托设立日，资产证券化信托的基础资产中的基金份额未设置质押或其他第三方权利限制。

（2）物业资产情况。兴业皖新REITs的物业资产为发起机构通过持有私募基金份额而间接持有100%股权的SPV拥有的合肥市、阜阳市、蚌埠市、淮北市、淮南市的核心城区8处新华书店房屋及其占有范围内的土地使用权。8处物业均处于各地市核心城区的核心地段，交通便捷，客流量大。

问题：请分别评述两个产品案例的亮点与不足。

第八章
雪球产品

本章导读

本章以雪球结构化产品为例，详尽揭示了雪球产品的本质、结构、收益特征以及风险等。

学习本章，要求掌握结构化产品的设计方法、收益以及风险分析方法、营销推广策略等。

在市场缺乏优质固收产品以及券商的力推下，高票息的"雪球"类产品近年来备受关注。其中，一种是挂钩中证500等指数标的的"雪球"产品，发行最为热门，票息高达15%~20%，敲入价格为75%~85%，即安全垫为亏损15%~25%；另一种是挂钩优质标的的产品，如茅台、五粮液、万科等，票息更高。

如此热门的一款产品也引发了市场的各种解读。有人认为雪球产品是一款性价比很高的资产配置工具（因其具有"高票息、胜率高、只承担尾部风险"等特点），也有人认为"投资雪球产品是在与证券公司做对赌"等。

本章将从多个维度对雪球产品进行深度解读。

第一节　雪球产品是什么

一、雪球产品结构要素

所谓"雪球"产品，是一种带敲出、敲入结构的场外期权、收益凭证（发行方式多样，如私募、信托、理财产品等）。其中，小雪球产品保本、收益浮动，大雪球产品则承担风险，获得高票息，目前市场上追捧的多为大雪球。一个简易雪球结构产品的要素如表8-1所示。

表8-1　雪球结构产品要素示例

挂钩标的	股票A
期限	12个月
敲出价格	期初价格×105%，每月观察
敲入价格	期初价格×85%，每日观察
票息	21%（年化）
期初保证金	名义本金×30%

资料来源：笔者整理。

（一）挂钩标的

挂钩标的可以是单一股票、多只股票的组合或者流通性较好的某只指数，市场常见的有中证500指数、中证300指数；也可以是利率、黄金、商品等。

（二）产品的期限

期权合约存续的最长时间一般为一年，但投资者的投资期限可能因敲出而提前结束。

（三）障碍价

障碍价又分敲出价、敲入价。敲出价一般设置为期初标的资产价格的100%~110%，如果在某个敲出观察日，挂钩标的超过敲出价，合约即提前终止。敲入价常见为期初价格的70%~80%，如果在某个敲入观察日，挂钩标的的价格跌破敲入价，意味着投资者可能要承担本金损失（依据合同约定及标的后期走势）。

敲出价和敲入价可通俗地理解成投资者预判"雪球产品挂钩标的资产价格 S_t 未来大概率会在区间 $[K_1，K_2]$ 运行"（其中 K_1 为敲入价，K_2 为敲出价），如图8-1所示。

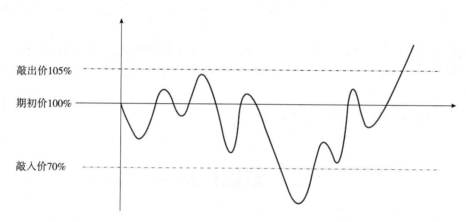

图8-1 雪球产品的障碍价

资料来源：笔者整理。

敲入敲出机制规定：①如果在任何一天，$S_t<K_1$，则触发"敲入"机制；敲入事件一旦发生，投资者开始承担价格波动风险，若此后未能再发生敲出，投资者承担相当于标的资产跌幅的损失。②如果在指定的观察日，$S_t>K_2$，则触发"敲出"机制；敲出事件一旦发生，雪球产品结束，投资者获得一个约定的年化收益。通俗理解：碰到上方的障碍价，称为"敲出"，雪球期权自动在第二个交易日提前终止；碰到下方那个障碍价，称为"敲入"，雪球期权自动激活，收益失效。

（四）观察日

观察日分为敲出观察日与敲入观察日。敲出观察日一般为每月一次，而敲入观察日一般为每个交易日。注意理解这种不对称观察日设计的机制："敲出"事件只在指定的观察日才进行观察，其他时间即使 $S_t>K_2$，也不视为"敲出"事件发生；"敲入"是每个交易日都在观察，任何一个交易日标的资产收盘跌 $S_t<K_1$，就认为是"敲入"事件发生。有的产品在认购后的前几个月不设观察日。

（五）票息

票息是雪球产品顺利结束或者触发敲出机制时，投资者能获得的年化收益。注意是年化收益率！例如，年化约定24%，如果某产品认购后一个月就敲出了，那投资者实际只能获得一个月的收益，即2%。根据投资者需求不同可加杠杆，以双倍雪球结构为例，名义本金=投资本金×2，则年化收益及亏损都被放大2倍。

为便于理解敲入敲出机制，下面假设标的资产价格未来走势发生三种情形，具体如图8-2所示。

情形一：标的资产价格上涨提前敲出，获得年化票息收入。图8-2子图（a）显示，在敲出观察日（如6月1日），标的资产价格涨幅触达105%，依据规则，雪球产品自动终止，投资者可以获得持有期收益的12%（假定票息年化约定为24%）。

情形二：标的资产价格始终保持在安全垫（敲入价）以上，同时也不敲出，到期获得固定票息。图8-2（b）显示，在产品运行期（2021年12月1日到2022年12月1日），标的资产价格既没有发生敲入（即每个交易日的收盘价均没有跌穿85%）又没有发生敲出（即指定的每月首个交易日的收盘价的涨幅，均没超过105%），到期后，投资者可以获得约定的年化收益24%。

情形三：若标的资产价格发生大幅下跌，刺破安全垫（即敲入），浮亏后不能提前终止，被动持有到期（除非又涨回敲出价），投资者需要承担标的下跌带来的全部损失。图8-2（c）显示，在某个交易日（如2月26日），标的资产价格的跌幅触达85%，但后续直到到期均没有发生敲出，这时投资者就要承担亏损，亏损幅度就是到期日资产的跌幅。

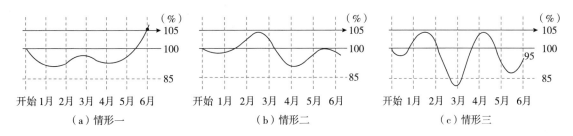

图8-2 资产价格未来走势的三种情形

资料来源：笔者整理。

由此可见，购买了投资雪球结构产品，投资者获得收益最好的情形是在产品期限内，既不发生敲出又不发生敲入，持有到期。之所以叫"雪球"，是因为购买该产品相当于卖出了敲入结构的看跌期权，在震荡市场中，只要标的不发生大幅下跌，持有该收益凭证的时间越长获得的票息收入越多，投资收益像滚雪球一样越滚越多。

雪球产品常见的报价如表8-2所示，包括标的、敲入价格、敲出价格、合约期限、合约券息（年化票息）。由表8-2可知，不同时间、不同敲出敲入价格、不同期限的雪球结构产品报价不同。

以表8-2中倒数第二行、第四列雪球产品为例，"挂钩阳光电源、规格参数为80/103 12m、报价为44.82%"具体含义：以报价日阳光电源股票价格S_0为基准，敲入价格为80%S_0（即价格相对基准价格下跌20%）；敲出价格为103%S_0（即价格相对基准价格上涨3%），雪球产品期限为12个月，合约到期最大收益为年化44.82%。

表8-2 雪球产品报价表 单位：%

标的	85/103 6m	80/103 6m	80/103 12m	75/103 12m	70/103 12m
华菱钢铁	72.61	68.48	51.25	50.75	48.47
小康股份	67.42	62.15	47.66	46.79	43.75
中远海控	66.20	60.60	46.79	45.84	42.59

标的	85/103 6m	80/103 6m	80/103 12m	75/103 12m	70/103 12m
星期六	65.32	59.49	46.16	45.15	41.74
英科医疗	65.15	59.29	46.05	45.02	41.59
仁东控股	63.95	57.88	45.29	44.16	40.52
阳光电源	63.23	57.00	44.82	43.61	39.86
天齐锂业	62.66	56.28	44.43	43.16	39.31

资料来源：笔者整理。

如表 8-3 所示的雪球产品挂钩的资产是中证 500 指数；约定的敲出价格为基准价格的 105%，敲出观察日一共有 12 次，每月一次；敲入价格为基准价格的 80%，每个交易日都观察；产品票息收益率是年化 16%。

表 8-3　挂钩中证 500 指数的某雪球产品要素

产品名称	雪球结构	敲出障碍价	105%（每月观察）
期限	12 个月	敲入障碍价	80%（每日观察）
挂钩标的	中证 500 指数	票息收益	16%（年化）

资料来源：笔者整理。

从上述介绍可以看出，雪球产品可以在慢熊行情实现收益，即只要不跌破敲入线，就不会亏钱。因此，雪球产品能为买方提供一定程度的下跌保护，同时又留有一定的上涨空间。换句话说，只要挂钩的资产价格不发生大跌，投资者持有雪球产品的时间越长获利就越高——就像滚雪球一样，只要路面不出现大的坑洼，雪球会越滚越大[①]。

通过对雪球产品的要素进行理性分析，可获得如下发现：

第一，从本质上讲，它是一个场外期权，即投资者（雪球买方）向券商（雪球产品卖方）卖出看跌期权。通俗地讲，相当于投资者向券商卖出了一份"保险"，并获得"保费"作为补偿，但是在市场跌幅达到一定水平时，投资者的本金可能会发生亏损。任何情况下，雪球结构承担的风险都不会大于持有该标的本身。因而，当市场大幅下挫时，雪球买家要承担标的资产价格下跌风险（此时购买雪球的最终回报大概率同购买标的资产本身一致）；然而在大涨时，买家又要承担错过标的资产大幅上涨的风险。可见，雪球买家收益盈利有限（即约定好的年化收益率）而亏损无底（极端情况可以亏完）。

第二，标的价格未来波动大小会影响到雪球产品的最终收益。一般而言，波动越大，投资者实际获得的收益会越小。标的价格当前的价位在最近一段时间内，处于较高的历史分位，则未来下跌的概率较大，容易发生敲入；处于较低的历史分位，则未来上涨的概率较大，容易发生敲出。因此，雪球产品适合在市场低位布局，对于指数或某只个股有深入的价值了解，下跌刺破安全垫的可能性较小。

---

① 然而，事实果真如此吗？密歇根大学金融学教授 Seyhun 对 1926~2004 年美国市场所有指数进行研究，发现不到 1% 的交易日贡献了 96% 的市场收益：以 1980~2000 年标普 500 指数为例，其复合收益率年均为 18%。如果扣除涨幅最大的 10 天（仅占整个评估期间交易日总数的 1/400），年均复合收益率从 18% 降到 15%，降幅超过 1/6。如果扣除涨幅最大的 20 天（仅占整个评估期间交易日总数的 1/200），年均复合收益率从 18% 降到 12%，降幅高达 1/3。如果扣除涨幅最大的 30 天（仅占整个评估期间交易日总数的 1/400），年均复合收益率从 18% 降到 11%，降幅超过 1/4。再把时间延长的话，影响会更大。以 1992 年 5 月 21 日至 2010 年 1 月 29 日的上证综指为例，期间共有 4329 个交易日，正常情况下，完全地被动投资上证综指可以获得 9.11% 的平均年收益，而如果没有抓住收益率最高的 25 个交易日，那么任何指数的平均年收益率都为负，也就是说，在整个投资期间每年都会亏损。

第三，期限越长，发生敲出的概率越大，投资者最终获得正收益的概率越大，对投资者相对更有利。因此，期限长的雪球产品券息也越低。

第四，敲出的价格越低，在合约期内也越容易敲出，投资者获得正收益的概率也越大。此时由于提前敲出概率变大，投资者获得全部券息的可能性也就越小。敲入的价格越低，在合约期内越容易受到保护，投资者获得正收益的概率也越大。最理想的敲入敲出价格结构是较低的敲出入价格，较高的敲出价格，这样合约较低的概率触及两个障碍条件，投资者可以持有合约到期，获得全部券息收入。但要注意雪球产品的敲入敲出机制的不对称设计，其实质就是为了极大地提高敲入的概率。

第五，雪球产品的卖家靠波段挣钱，标的资产价格波动越大，越好赚钱。但是雪球产品是有资金容量的，任何赛道挤进的人多了，收益率必然下降。如果波动性被平抑，雪球卖家要么降低产品的票息率或者控制发行规模，要么卖出指数看涨期权做风险对冲（因为雪球卖家相当于持有看跌期权波动率多头头寸）。不管卖家有没有办法对冲该波动率多头头寸，只要雪球的数量足够多，那么一定会反过来损害雪球买卖双方的收益率。

二、解构雪球结构产品

（一）"壳"是券商收益凭证

常见的雪球结构产品底层（即固定部分）多为券商发行的收益凭证。券商收益凭证指券商与投资者约定本金和收益的偿付与特定标的挂钩的有价证券。特定标的包括但不限于股权、债权、信用、基金、利率、汇率、指数、期货及基础商品。也就是证券公司向投资人借钱，去投资各种标的，如货币利率、基础商品、证券指数等，然后在约定期限内还本付息。收益凭证本质上是投资者与券商的债权凭证，界定两者的债权债务关系。

收益凭证的种类：①固定收益类（收益是确定的，到期一次性兑付本金和收益）收益普遍为4%～5%；②保本结构类（不损失本金，按照挂钩标的的表现确定收益，通常收益在一个区间如1%～8%）；③非保本结构类（有可能会损失本金，按照挂钩标的的表现确定收益，如果标的表现好收益会比较高，通常起投门槛也会比较高，一般在100万元起投，适合风险承受能力比较强的人参与）。

收益凭证募集的资金形成券商的资金池，相对于资管产品，收益凭证募集的资金与投资不用一一对应。收益凭证为负债，因此收益凭证可以向客户提供保本保收益安排，当然可以设计为非保本结构。收益凭证募集的资金投向不限，无类型及比例限制。所以，收益凭证非常适合做各类商品及衍生品交易的载体，市场中头部券商，如中信、国君、华泰、中金等均大规模发行挂钩期权收益凭证，其中雪球结构最为典型。

（二）"核"是买卖看跌期权

投资者卖出看跌期权获得期权费（票息），券商买入看跌期权并利用波动率获利。券商看多标的资产未来波动率，利用波动率定价确定期权费，并采用Delta策略高抛低吸获得高于期权费的波动收益。

（三）投资者与券商的收益逻辑

雪球买方（投资者）：在下跌行情中，投资者认为挂钩标的猛烈下跌的概率不大，但直接持仓挂钩标的的意愿又不足，因此通过购买雪球产品（相当于卖出看跌期权），期望收取到雪球产品的票息（权利金）。这里用"期望"，是因为券商购买看跌期权向投资者支付的费用叫作票息；实际投资者获得的期权费是根据挂钩标的的价格走势确定。

雪球卖方（券商）：不判断标的未来资产价格走势方向，但关注标的资产价格波动率。券商卖雪球产品（相当于买入看跌期权），主要获利途径是用模型和经验计算标的资产的波动率，确定给雪球产品报价（票息率），在标的波动中高抛低吸。雪球产品的交易结构如图8-3所示。

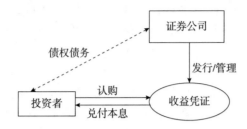

图8-3　雪球产品的交易结构

资料来源：笔者整理。

三、常见的雪球产品分类

（一）保本雪球

无敲入条款，在任一敲出观察日，如果标的价格高于敲出价格，则触发敲出事件，产品终止，投资者获得产品存续期间对应的票息收益；如果在任一敲出观察日均未发生敲出事件，则投资者在产品到期后获得极低的票息收益（通常为0%或0.1%），但本金不会发生亏损，这类结构对投资者而言收益有限，但是风险较低，如图8-4所示。

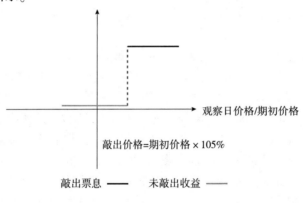

图8-4　保本雪球产品的收益结构

资料来源：笔者整理。

（二）部分本金保障型雪球产品

部分本金保障型雪球产品结构与非保本型雪球产品基本相同，核心区别在于部分本金保障型雪球产品增加了最低本金保障比例条款，即限定了发生敲入后本金最高的亏损程度。对投资者而言，由于有一定程度的本金保障比例，因此风险更低，但是相应地，票息也比非保本型雪球产品更低，如图8-5所示。

（三）非保本雪球

非保本雪球产品没有下跌保护，以常见的非保本型雪球产品为例，在发生敲入且直至产品到期也并未敲出的情况下，投资者需要承担亏损，甚至是较大的本金亏损，因此风险属于三种类型里面最大的，但是投资者获得的票息一般也是最高的，如图8-6所示。

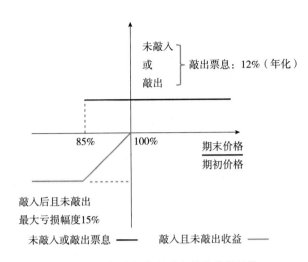

图 8-5　部分保本雪球产品的收益结构

资料来源：笔者整理。

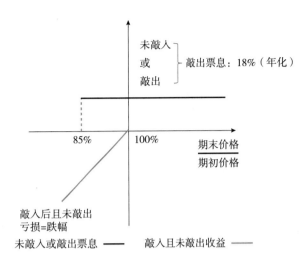

图 8-6　无保本雪球产品的收益结构

资料来源：笔者整理。

四、常见期权结构

（一）雪球结构

雪球结构产品的收益状态如图 8-7 所示。

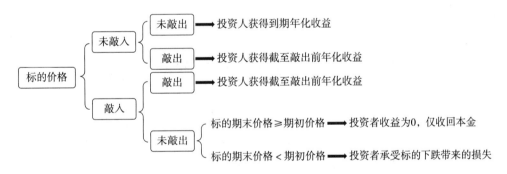

图 8-7　雪球结构产品的收益状态

资料来源：笔者整理。

（二）凤凰结构

敲出观察日既要观察挂钩标的是否敲出，也要观察是否敲入，就像张开一对翅膀的凤凰。

在敲出观察日挂钩标的既未敲出又未敲入，券商需要向投资者计算当期收益；敲出观察日，标的敲入，当期投资者没有收益；敲出观察日，标的敲出，期权提前终止。凤凰结构产品的收益状态如图 8-8 所示。

（三）同鑫结构

投资者收益只与是否触发敲入或者敲出有关，只要挂钩标的未触发敲出，则可能产生损失。同鑫结构产品的收益状态如图 8-9 所示。

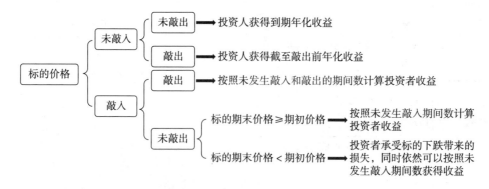

图 8-8　凤凰结构产品的收益状态

资料来源：笔者整理。

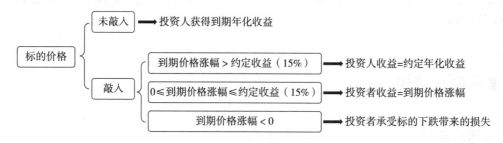

图 8-9　同鑫结构产品的收益状态

资料来源：笔者整理。

第二节　雪球产品的收益结构

一、雪球产品的收益结构

雪球本质上是一个复合期权，包含了两个障碍期权，一个是敲入期权，另一个是敲出期权（见图 8-10）。结合雪球产品两个障碍期权两个障碍条件是否触及的情形，可以得到五种收益结构。

第一，分析雪球产品在合约期内触及敲出条件的情形。

合约期内触及敲出条件，产品提前终止。此时，根据是否在触及敲出条件之前触及敲入条件，得到两种收益情形。

情形一：整个合约期内，从未触及敲入，在合约期到期前，达到敲出条件，投资者获得实际持有天数对应的券息（见图 8-11）。

股票价格从合约起始日开始，一直没有低于 80%（即下跌超过 20%），然后在到期前（或到期当日）高于 103%（即上涨≥3%），此时，投资者获得的收益为 44.82% 乘以首次到达敲出条件的天数除以 365。例如，合约经过了 115 天（自然日）达到了敲出价格，则合约终止，投资者获得的实际收益 = 44.82% × 115/365 = 14.12%。

情形二：整个合约期内，先触及敲入条件，之后在合约期到期前，达到敲出条件，投资者获得实际持有天数对应的券息（见图8-12）。

股票价格从合约起始日开始，先低于80%（即下跌超过20%），达到敲入条件，之后在到期前（或到期当日）又高于103%（即上涨≥3%），此时，投资者获得的最终收益与前面情形一相同。

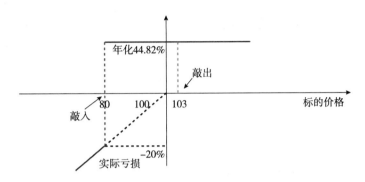

图8-10　购买雪球产品的收益结构（以80/103-12m-44.82%为例）

资料来源：笔者整理。

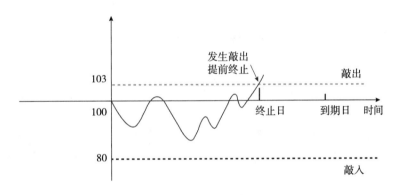

图8-11　敲入敲出情形一

资料来源：笔者整理。

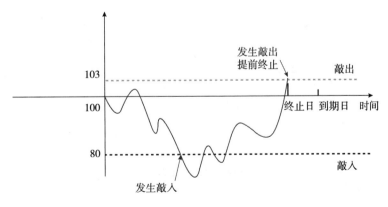

图8-12　敲入敲出情形二

资料来源：笔者整理。

上述分析说明，不论合约到期前是否发生敲入，只要最终达到敲出条件，产品提前终止，投资者都可以获得正收益，且最终实际收益=券息×实际持有天数/一年天数。

第二，分析雪球产品在合约期内没有触及敲出条件的情形。

如果合约期内从未触及敲出条件，合约会持有到期结束。根据是否触及敲入条件，以及期末的标的价格，此时有三种收益情形。

情形三：整个合约期内，从未触及敲入，在合约期到期前，也未触及敲出条件，投资者获得持有期内全部券息（见图 8-13）。

如果合约期内，敲入和敲出条件均未触及，投资者持有合约到期，将获得全部券息的收入。由于券息报价是按年化收益报价，投资者最终实际收益=券息×合约天数/一年天数。如上述例子，投资者可以持有合约到期，由于合约期限为 12 个月，投资者最终实际收益=44.82%×12/12=44.82%。

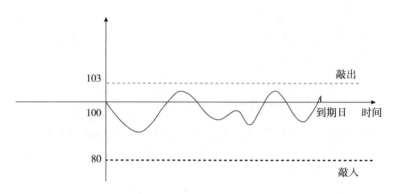

图 8-13　敲入敲出情形三

资料来源：笔者整理。

情形四：整个合约期内，触及过敲入条件，合约到期时，标的期末价格大于等于期初价格，投资者收益为 0（见图 8-14）。

如果合约期内，曾经触及敲入条件，投资者持有合约到期时，如果期末价格大于等于期初价格，投资者收益为 0。例如，上述例子，如果期初价格是 80 元，合约到期日收盘价为 85 元，投资者最终实际收益等于 0。

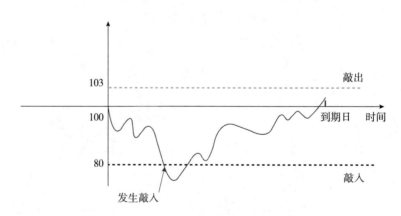

图 8-14　敲入敲出情形四

资料来源：笔者整理。

情形五：整个合约期内，触及过敲入条件，合约到期时，标的期末价格小于期初价格，投资者收益为期末相对期初价格计算得到的损失（见图 8-15）。

如果合约期内，曾经触及敲入条件，投资者持有合约到期时，如果期末价格小于期初价格，投资者发生亏损。例如，上述例子，如果期初价格是 80 元，合约到期日收盘价为 75 元，投资者最终实际收益=75/80-1=-6.25%。当然，这种情形，也有可能亏损很大，如果期末价格为 50 元，投资者的亏损为37.5%。

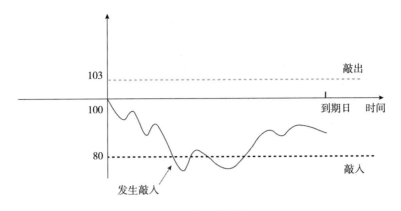

图8-15　敲入敲出情形五

资料来源：笔者整理。

二、理解雪球产品的收益

下面以挂钩中证500指数的某信托产品为例，分析雪球产品的买方和卖方的收益，试图解答几个疑问：雪球产品的票息率如此高，券商卖雪球产品到底靠什么来实现盈利？雪球买方与卖方是零和博弈的关系吗？或者说，雪球产品是对赌协议吗？

（一）买方收益

情景一：期间发生敲出事件——到期获利。

信托计划存续期间，中证500指数价格波动导致某个观察日触发"敲出机制"，信托计划提前终止，投资损益=约定票息（年化）×持有时间（见图8-16）。

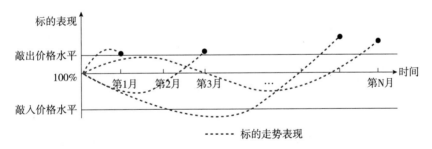

图8-16　期间发生敲出事件

资料来源：笔者整理。

情景二：从未触发"敲出机制"且未发生"敲入事件"——到期获利。

信托计划存续期间，中证500指数价格波动未发生"敲入"，且任一观察日未触发"敲出"，信托计划到期终止，投资损益=约定票息（年化）×持有时间（见图8-17）。

情景三：期间发生"敲入事件"，未触发"敲出机制"，但期末价格高于期初价格——到期获利。

信托计划存续期间，中证500指数价格波动引发"敲入事件"，未触发"敲出机制"，且到期标的价格高于期初价格，信托计划到期终止，投资损益=标的损益（见图8-18）。

情景四：期间发生敲入，未发生敲出，且期末价格低于期初价格——到期亏损。

信托计划存续期间，中证500指数价格波动引发"敲入事件"，未触发"敲出机制"，且到期标的价格低于期初价格，信托计划到期终止，投资损益=标的损益（见图8-19）。

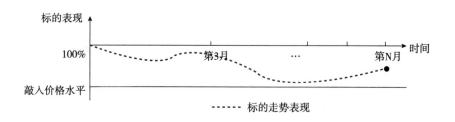

图 8-17　从未触发"敲出机制"且未发生"敲入事件"

资料来源：笔者整理。

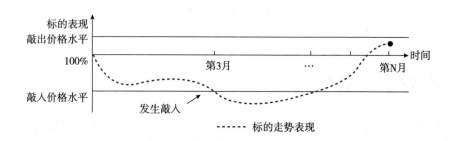

图 8-18　期间发生"敲入事件"，未触发"敲出机制"，但期末价格高于期初价格

资料来源：笔者整理。

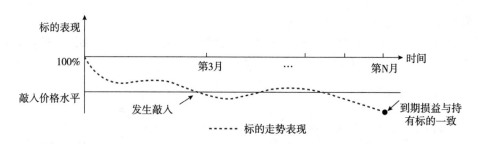

图 8-19　期间发生敲入，未发生敲出，且期末价格低于期初价格

资料来源：笔者整理。

上述四种情景下的收益，可用图 8-20 做一汇总。简单来说，如果股价涨得很好（情景二），买方可能很快就能敲出，或者敲入之后敲出（情景四，此时视同情景二），仍然获得收益但只能获得对应的年化收益的部分。如果股价跌得很厉害，跌破了敲入价（情景三），那么最终买方的损失和直接买股票并无不同。只有在股票震荡，跌不下去、涨也不多的时候（情景一），买方能获得一个看上去比较可观的回报。这也是雪球在股指触底阶段特别火爆的原因，因为此时市场短时期没什么空间、再跌 25% 也不太可能，维持震荡。

投资者会问，若投资这款雪球结构产品，自己的获胜获利概率到底有多高，可以从中证 500 指数以往的波动状况"一探究竟"。Wind 数据显示，2010 年 1 月 1 日以来的全样本历史数据模拟回测结果显示，中证 500 雪球结构的平均胜率为 84%，在各类敲入、敲出水平的结构下均有较高的胜率（见表 8-4）。

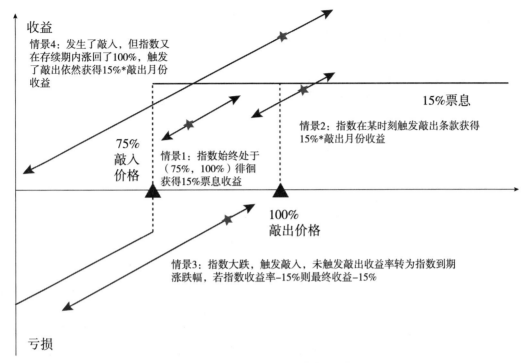

图 8-20 经典雪球产品的收益结构

资料来源：笔者整理。

表 8-4 挂钩中证 500 雪球结构产品的胜率 单位：%

期限	敲出界限	敲入界限	中证 500 指数	沪深 300 指数	上证 50 指数
12M	100	70	90	97	98
12M	103	70	87	97	98
12M	100	75	87	93	95
12M	103	75	82	91	94
12M	100	80	85	90	89
12M	103	80	80	86	86
12M 结构平均胜率			85	92	93
24M	100	70	87	95	96
24M	103	70	82	93	95
24M	100	75	87	93	94
24M	103	75	80	90	92
24M	100	80	87	92	94
24M	103	80	80	88	91
24M 结构平均胜率			84	92	94
平均胜率			84	92	94

资料来源：笔者整理。

结合图 8-20 和表 8-4，可知雪球产品确实具有"高票息、胜率高、只承担尾部风险等特点"。因而，近两年该类产品聚集了市场上最多的关注度。

（二）卖方收益

雪球卖家一般是一些券商的衍生品部门。目前做雪球业务比较好的，有两家中字头的国内券商。券商如何在雪球上赚钱？答案很简单，就是做波段，低买高卖。券商卖雪球产品获利的秘诀有四点。

第一，对挂钩标的不断进行高抛低吸的操作，赚取对冲收益，这是雪球产品的主要收益来源。雪球产品是一种结构化的看跌期权，投资人购买雪球产品相当于将看跌期权卖给了券商，券商买入看跌期权（+Put）。当标的价格上涨时，券商是会亏钱的（需要支付票息），但也正因为标的价格上涨，券商需要持有用于对冲风险的标的股票数量就会下降（因为 Put 的 Delta 绝对值随着标的资产价格 S 上涨而减小，从而为保持 Delta 风险中性需要更少的股票数量），因此券商需要卖出股票，这时得到的闲置资金就可以用于其他投资。换句话说，为了对冲标的价格上涨的风险，卖出雪球产品的券商会在股票市场或者期货市场卖出一定数量的现货（因为已经持有过量的现货），以确保 Delta 风险敞口为零。当标的资产价格下跌时，券商就会在现货市场上买入相应的标的，就这样"高卖低买"，赚取差价。如果标的资产的价格频繁波动，券商高抛低吸的机会变多，那么收益也自然会不断增加。可见，券商不仅要对冲自身的风险，他还需要支付给投资人票息，也就是权利金。如果券商的投资能力很强，那投资人获得的权利金也就更高。这意味着，雪球产品的票息高与券商卖雪球产品盈利，并不矛盾。

例如，雪球产品成立的时候，券商先建一半的仓位；标的资产跌了就加仓，每跌 5% 就加一点，直到跌至敲入价的时候加满；涨了就卖一些。当然实际的操作没有这么随意和简单。一般会有一套模型，来确定比例。但原理即如此。由于敲出价只有在观察日才算数，这就给了做波段较宽裕的空间和时间。很多时候股价都在敲出价以上，但是在观察日那天就碰巧跌下来。卖方就在敲入价以上的股价空间内，不断做波段挣钱。卖方只要能做到约定的年化收益以上，多出来的收益都是自己的。

卖方做波段最怕什么？一怕不断抄底不断跌，这样就套住了。但在雪球机制里，如果跌得够多，跌破敲入价，这个风险就转嫁给买家了，卖家不会亏。二怕股价太平稳，没有波动。这会加大做波段的难度，因此年化收益率除了跟敲入价、敲出价的比例有关外，核心影响因素就是股价的波动性。股价波动越大，年化收益率给的越高，券商越好做波段。股价波动越小，年化收益率给的越低，甚至波动太小的股票券商是不做的，不挂钩。因此通过设置敲入价和降低预期收益率，券商实际把做波段的风险也转嫁给了买家。对卖家来说，这也是一笔合算的买卖。

第二，赚取股指期货的贴水收益。目前雪球产品最常见的挂钩标的是中证 500 指数，股指期货常年处于贴水状态，券商可以使用股指期货作为对冲工具，赚取基差。近年来，中证 500 股指期货、沪深 300 股指期货、上证 50 股指期货分年度的年化基差率，全年都处于贴水状态，而且以中证 500 的贴水程度最深，2016~2021 年当月合约的年化基差率均值达到了 -19.94%。因此当其他条件相同时，股指期货多头带来的贴水也是投资者的收益来源之一。

第三，标的资产（中证 500 指数）的高波动性，波动越大，产品发行方可以进行高抛低吸的机会就越多，投资者获得的收益越高。中证 500 指数的年化波动率要明显高于沪深 300 和上证 50。雪球产品可以提供高票息的根本原因就是所选择的标的资产的高波动性，它是可以同时满足券商和投资者的投资需求的，两者并没有利益冲突。对于投资者而言，雪球产品的高票息和高胜率极具吸引力，大部分情形下都可以实现正收益，只有在到期敲入且未敲出的情形下才有可能亏损，所以判断标的是否会出现极端下跌非常重要。对于券商而言，不断地高抛低吸进行对冲交易才能持续获得收益，所以挂钩标的的波动率是盈亏的关键，而不是标的价格的上升或下跌。

第四，在对冲交易的过程中未满仓的闲置资金可以用来购买固定收益产品，赚取部分投资收益。当标的价格上涨时，需要持有用于对冲风险的股票数量就会下降，券商需要卖出股票，这时得到的闲置资金就可以用于其他投资。另外雪球结构不是保本产品，它有"敲入且不敲出"风险的存在，投资者也面临着亏本的风险，甚至是较大的本金亏损，所以其高票息的原因也包括投资者承担了高风险。

(三) 雪球产品不是对赌协议

投资者投资雪球产品，并非与证券公司在对赌市场方向。雪球产品的买方和买方，并不是零和博弈的关系。

证券公司开展雪球业务属于风险中性业务。与客户达成雪球结构交易后，证券公司以自有资金在二级市场交易挂钩标的进行风险对冲，规避挂钩标的价格变动产生的方向性风险。证券公司将基于专业的量化模型计算风险敞口，通过动态对冲的方式始终保持风险中性。在这一过程中，投资者持有对市场"温和看涨、区间震荡"的观点，证券公司不持有对市场的任何方向性观点，其目的是运用自身交易能力，帮助投资者在震荡行情下获得波动率收益。

证券公司开展雪球业务赚取稳定的价差收益。雪球结构的对冲交易体现为标的资产的低买高卖特征。通过动态对冲，证券公司在上涨周期中不断卖出挂钩标的资产、在下跌周期中不断买入标的资产。对冲过程中，证券公司不断累积收益，这一收益将在雪球结构期权触发敲出或到期时，按约定兑付给投资者。

证券公司不是在与投资者对赌，而是在保持自身风险敞口的中性的前提下帮助对市场持有相应观点的投资者们实现他们的策略，所以雪球产品满足的是真正有风险承受能力，同时对市场有观点的投资者的需求，产品本身没有好坏之分，关键是合适的产品要卖给合适的人。

第三节　雪球产品的定价及其合理性

如何给雪球产品进行定价？首先想到的自然是"拆解或组合法"，因为雪球似有"向上敲出 Up-Out 与向下敲入 Down-In"双障碍特性；然而雪球结构更为复杂，不是真正的 Up-Out 或 Down-In，而是还带 Debates（但不是简单的 American Digital 期权），因而这一定价思路不适合。其次是 PDE 方法，像传统的 Vanilla Option（普通期权）一样，构建期权定价 PDE、然后求解；但对于雪球产品来说，其 Payoff 函数不是连续的，尽管边界条件很容易表示，但要求解出解析解较为困难，尤其是标的资产价格模型为随机波动率模型下的情形。能否使用常规的二叉树模型来定价？注意到每个时间节点对应多条价格路径，而不同的路径上雪球可能在某一路径早已被敲出，另一条路径上却还继续有效，因此导致雪球在同一节点处，却可能有着不同的路径收益。倘若考虑将节点按路径剥离，则会导致价格矩阵庞大 $[2^N \times (N+1)$ 维$]$。最后，适用性极广的蒙特卡洛数值仿真方法，应该是行得通的。本节关于雪球产品的定价就采用蒙特卡洛数值仿真方法。

一、雪球产品定价

以阳光电源为标的，选用 80/103 12m 报价为 44.82% 的雪球产品。采用蒙特卡洛模拟法对阳光电源未来一年的价格路径进行模拟。在进行模拟之前，需要确定一些参数，包括期初价格、期望收益率、波动率等。

● 假设报价日为 4 月 30 日，阳光电源的收盘价为 89.9 元，将这个价格作为期初基准价格。

● 对于期望收益率，参考阳光电源 2020 年的 ROE 数据以及一致预期得到的预期涨幅数据，最终设置为 20%（年化）。

● 波动率数据根据过去一年的历史数据，采用指数加权移动平均模型（EWMA）来估算。过去一年波动率最大为 126.12%，最小为 34.89%，平均值为 75.69%。参考过去历史的平均波动率 75.69% 和过去一年最小的波动率为 34.89%（分别代表正常波动率和低波动率），设置两种波动率参数。

分别模拟出两种波动状态下 1 万条阳光电源未来 1 年价格走势，得到雪球产品的模拟最终收益情形；然后，分 5 种收益情形对比分析不同的波动率参数下的收益分布特征，如表 8-5 所示。

表 8-5　雪球产品的模拟收益统计分析

	情形	次数（次）	占比（%）	平均收益（%）	合约持续平均天数（天）
高波动率	1	4488	44.88	2.07	12
	2	3496	34.96	13.80	77
	3	0	0.00	—	250
	4	43	0.43	0.00	250
	5	1973	19.73	-50.59	250
低波动率	1	5463	54.63	7.43	41
	2	2249	22.49	24.23	135
	3	6	0.06	44.82	250
	4	262	2.62	0.00	250
	5	2020	20.20	-23.09	250

资料来源：笔者整理。

雪球产品模拟收益统计结果表明：

第一，两种波动率参数下，情形一都是发生概率最大的，情形二次之，情形五发生概率排第三，发生概率最小的是情形三。例如，正常波动率模拟下，情形一（最终敲出前未发生敲入的情形）概率为44.88%，低波动率模拟下，情形一概率为54.63%。情形三为合约期内敲入和敲出均未触及的情形，在两种不同波动率模拟下，发生概率都是极其小的，几乎不太可能发生。这与合约期限长短以及敲入敲出价格的大小有很大关系。

需要说明的是，发生情形一、情形二、情形五的概率大小顺序依赖于模拟也依赖于不同的敲入敲出价格设置，因此，大小顺序不一定。

第二，两种波动率参数下，情形一和情形二都会涉及合约提前终止，且情形一的合约有效天数比情形二少，同时，情形二的平均收益率大于情形一。情形一是最终敲出前未发生敲入的情形，情形二是最终敲出前先发生敲入的情形。说明情形二是先低后高的走势，达到敲出状态花费的时间更长。因此，在都敲出的情形下，根据合约实际持有天数来计算最终收益时，情形二获得的收益更高。

第三，两种波动率参数下，都有20%左右的概率发生情形五，且情形五的平均亏损超出了敲入价格对应的亏损（20%），同时，波动率越大的模拟环境，情形五的平均亏损越大。情形五是发生敲入后，到期前未敲出，且最终期末价格低于期初价格的情形。这种情形，投资者将面临亏损。在波动率较大的环境下，价格可能下跌更多，导致投资者发生更大程度的亏损。因此，投资者如果预测未来市场波动会变大，购买雪球产品面临的最大亏损可能会放大。

综上可以得到如下结论：①正常波动率（较大波动率）下，雪球产品可能发生的最大损失（最小收益）要大于低波动率模拟情形。②正常波动率（较大波动率）下，雪球产品获得正收益率的概率要大于低波动率模拟情形。其原因是，正常波动率下，更容易发生敲出情形。③低波动率下，雪球产品的平均收益率大于0，而正常波动率（较大波动率）下，投资者的平均收益率为负数。其原因是，低波动率下，发生情形五的概率变大了，且情形五的平均亏损更小。④低波动率下，雪球产品获得全部券息（最大收益）的概率相对更大。其原因是，低波动状态下，未发生敲入敲出的情形概率提高了。

二、雪球的公平定价

雪球产品说明书普遍宣称购买该产品，投资者的胜算高（如"三赢一平一亏"）；收益率高（如宣称合约到期最大收益为年化 44.82%)。然而，雪球产品的实际收益是多少？

以挂钩中证 500 指数的某雪球产品为例，假设波动率为 0.25，敲出障碍设置为 105%，敲入障碍为 85%，票息率为 20%（年化），到期为 12 个月，无风险利率设置为 2.38%。该产品的数值仿真定价结果显示：实际的收益率仅为 1.99%，远低于产品说明书中的票息（敲出）收益 20%。甚至当波动率 $\sigma = 0.3$ 时，其实际收益已为负值 -0.13%；且波动率越大，购买雪球的收益亏损越大。

此外，数值仿真结果还表明：①胜率（即购买此雪球产品能获正收益）的概率为 76.5%；②标的盘整所获得的收益率为 20%，即未敲入亦未敲出情形下（轻微震荡行情）的收益；③标的价格上涨至敲出的收益为 6.39%；④标的价格下跌敲入但无上涨至敲出为 -16.24%。

投资者的胜算率很高，实际收益为什么不高？前面仿真结果显示，投资者持有某一款产品的胜算率高达 76.5%，但其实际收益率仅为 1.99%。三种情形中，两种情形（敲出、未敲出未敲入）发生时，均可获得正收益（固定收益）；且第三种情形只要标的价格 ST 不低于行权价 K，则依然获得正收益。这意味着，真正发生亏损的情形是非常少的。然而，高胜算率并不意味着高收益。一旦第三种情形（敲入但未敲出）发生了，收益将突降至 -16.24%。大亏损，导致较低的实际收益率。

表 8-6 结果表明，标的资产价格波动率越高，雪球收益越低。当波动率为 0（标的指数 500 的价格始终保持不变）时，属于"未敲入未敲出"情形，其收益最高，为合约规定的票息率 20%；但随着波动率越来越高，标的的价格就越可能导致敲出或敲入，从而增加了"敲出""敲入未敲出"情形的概率，故收益会越低。

表 8-6 雪球产品的数值仿真收益

波动率	0	0.1	0.2	0.3	0.4
收益（%）	20.00	14.68	5.37	-0.13	-2.54
实际收益（%）	2.67	2.33	1.99	1.69	1.44

资料来源：笔者整理。

表 8-7 结果表明，敲出价越小，收益越低。敲出价格越小（即向上敲出障碍越低）时，标的后期走势就越容易触碰该障碍，从而可能提前敲出，只能获得短期带来的低收益，丧失获取"未敲入未敲出"情形带来的高收益（见上文中提到的"震荡市场"）。

表 8-7 雪球产品的数值仿真收益与敲出价的关系

敲出价	1.07	1.06	1.05	1.04	1.03
收益（%）	2.67	2.33	1.99	1.69	1.44

资料来源：笔者整理。

表 8-8 结果表明，敲入价越高，收益越低。敲入价格越大（即向下敲入障碍越高）时，标的后期走势就越容易触碰该障碍，从而可能提前敲入，后期若不能敲出，则等同于看跌期权，可能会亏损（标的价格低于行权价时）。

表 8-8 雪球产品的数值仿真收益与敲入价的关系

敲入价	0.87	0.86	0.85	0.84	0.83
收益（%）	1.15	1.57	1.99	2.50	3.01

资料来源：笔者整理。

同时表 8-7 和表 8-8 也指出，当敲出障碍变化一分钱（0.01 元），其导致的收益也将变化较大。如果障碍从 1.06 变为 1.05，对应的收益将由 2.33% 降至 1.99%；当敲入价变化 0.01 元钱，对应的收益将变化很大。

表 8-9 结果表明，波动率越高，胜率越低。波动率越高，就越可能被提前敲出，或增加"敲入但未能敲出"的可能性，从而胜率越低。

表 8-9　雪球产品的数值仿真胜率与波动率的关系

波动率	0.20	0.25	0.30	0.35
胜率（%）	82.38	76.50	73.89	73.10

资料来源：笔者整理。

综上所述：①雪球产品价格被严重高估，从上述案例（波动率 0.25，票息率 20%）来看，券商发行的雪球产品定价高估了 10 倍左右。雪球的收益随着波动率的增加而快速减少；如果投资者预期未来波动率高至 30%，应慎入此雪球产品。由此可见，普通投资者要准确理解雪球产品卖家宣称的"三赢一平一亏""胜算很高"的含义，并不容易。②站在券商角度，上障碍的准确定位是产品设计的关键要素，不能设计得过高；上下障碍的设计对雪球产品的定价极为重要，直接影响券商与投资者的定价和收益。

第四节　雪球产品的风险分析

雪球类产品之所以受到热捧，与其具有固定收益的特征有极大的关系。在利率整体下行的市场环境中，极少有产品能像雪球一样提供年化 20% 左右的票息。但市场总是风险中性的，其高票息的背后必定隐藏着潜在的风险。2021 年 8 月 3 日，监管部门向各券商发文，要求强化"雪球"产品的风险管控，提醒各证券公司应持续强化风险意识，切实加强相关业务条线合规风控体系建设。下一步，监管部门将对证券公司发行的雪球产品的销售适当管理并加大风险管理水平检查力度，对于风险管控不足的公司，将依法从严采取监管措施，同时对相关责任人层层追责。

值得注意的是，雪球产品的宣传和销售渠道，不仅仅是局限于证券公司，一些银行理财端的销售渠道，部分宣传和销售将雪球按照"类固收"的产品宣传，夸大收益，强调亏损概率极小，可能会对投资者带来一定误解。在销售底层资产为雪球产品的资管产品过程中，也应该谨慎使用"保本""稳赚"等词汇诱导投资者购买或片面强调收益，金融机构的合规部门应对相关资管产品信息披露文件、宣传推介材料和在销售过程中拟向客户提供的其他文件、资料进行统一审查，不得销售不符合要求的资管产品。

一、投资雪球结构产品面临的风险

雪球结构产品属于偏看涨方向的非保本的投资品，当挂钩标的出现在一段时间内的较大幅度下跌，亏损概率将大幅提高。因此，投资雪球结构产品并不一定"较高概率"获得收益，取决于挂钩标的（如股指）的市场周期。从历史回测数据来看，如果投资者在 2007 年、2010 年、2014 年、2016 年、2017 年购买挂钩中证 500、为期一年的雪球产品，受当时市场行情低迷影响，当年亏损概率高达 40%~60%。

例如，中证 500 指数自 2017 年 9 月 6700 点持续下行，最低于 2018 年 12 月达到 3948.56 点；直至 2020 年 7 月方才涨回 6800 点。这意味着，这段时间发行的以中证 500 为标的的雪球结构产品有较大可能会触发敲入而无法触发敲出。此在挂钩标的的价格大跌时，投资人需要自行承担其价格下跌带来的本金损失。

雪球结构是偏看涨观点的结构，持有雪球结构产品在横盘震荡长期偏上涨的市况下可获得最可观收益。因此雪球结构产品适合偏长期向好的慢牛市况。若投资者持有温和看涨、区间震荡的投资观点，并且认为市场在未来1~2年内不会出现大幅下跌。那么投资于雪球结构产品将为客户带来最为匹配的投资体验。需要关注的是，如果投资者对市场并不持有观点，或当前的市场周期属于持续下行阶段，投资雪球可能会产生预期之外的亏损。

因此，投资雪球产品面临的风险有三种：①雪球结构产品属于非本金保障型投资产品，投资者面临本金亏损的市场风险；②雪球结构产品的收益结算规则较一般投资品种要复杂；③雪球结构产品在投资期限内，投资者通常无法通过发起赎回主动终止投资，面临一定的流动性限制[①]。考虑到以上特性，雪球结构产品需作为权益类私募产品进行适当性管理。个人投资者进行雪球结构产品购买时，金融产品销售机构通常以专业个人投资者或者私募基金合格投资者的适当性要求进行适当性控制，并充分揭示雪球产品可能面临的风险。

对于雪球产品的买方来说，明面上的风险来源于"欧式看跌期权"的风险，即"敲入但从未敲出"的风险；实质上最大的风险来源于市场的波动，且随着波动率变高，亏损的风险将迅速增加。

以挂钩股票和指数的雪球产品为例。股票的波动非常大，而常见的雪球敲入价往往是初始价格的70%、75%、80%。看似股价下跌20%~30%的安全保护似乎很够了，但只需要回忆一下抱团股下跌有多狠，就知道20%~30%的回撤是很容易见到的。所以"选择优质白马股，回撤小，股价稳"这种说法不一定准确，很多大白马跌幅超过40%。周期性又弱、质地又好的股票，如茅台、美的、海康、爱尔眼科等，回撤一样可以在25%以上。从这个角度，不建议选择挂钩股票的雪球，除非对这只股票真的有足够的研究。

与股票相比，指数的波动率小很多。指数跌20%可以算是一个熊市了，或者说至少也是一场危机，并非那么容易见到的。但是问题来了：产品的期限基本是1年，甚至更久，难保这1年不会发生什么黑天鹅事件。即使不考虑黑天鹅事件，购买雪球也意味着你的观点是"在未来的一年内（或两年内）指数不会跌超过20%（或25%、30%）"。这个判断其实是非常难做的。短期市场会走出结构性行情还是进入熊市，取决于近期的经济是否能稳住，超预期。但中期来看（对应一年左右的时间），如果流动性、经济形势等没有任何一项还能支撑股市有好的行情，股市大概率是要往下的。如果同时叠加去杠杆、经济见顶回落、估值又贵，跌20%似乎不是不可能。一旦跌破，也就是触发敲入以后，再想要敲出，这个概率就小了。考虑到如果跌破，买方要承担全部的亏损，因此重仓购买雪球风险很高。从这个角度看，冒着亏20%~30%的风险，去博一个不到20%的收益，似乎不太值得。除非是一些保护边际足够（如25%~30%），收益足够高（如20%以上）的品种。但是，能够在给到如此高的保护前提下还给足够高的收益，往往是要加杠杆的。

二、雪球卖方面临的风险

对于雪球产品的发行方（券商）来说，表面来看，面临的是标的价格上涨（以至敲出）带来的亏损风险；然而，由于券商一般会应用对冲手段，因此即便在雪球上有亏损，也会在标的现货市场上对冲或频繁高抛低吸操作获得更多收益。不幸的是，雪球产品的Payoff函数是非连续的，难以精确获得其Delta值，这导致券商一般很难做到精准对冲雪球产品期权风险。因此这才是雪球卖方要面临的真正风险。

---

① 雪球产品缺乏流动性，一旦发生敲入，不能像股票一样及时平仓，投资者需要承担下跌损失。

三、小结

投资雪球产品需要关注四个方面：

第一，关注标的未来的波动率。低波动率模拟环境下，雪球产品收益更佳，因此，如果预期标的（股票或者指数）在未来波动率下降，雪球产品更具吸引力。

第二，关注敲出概率。敲入敲出均未达到的情形几乎不可能，因此，尽管给出很高的券息，但实际上获得全部券息的可能性极低，投资者更多要考虑的是敲出的概率大小。因为只有敲出时，投资者最终才可能获得正收益。

第三，关注敲入价格。尽管本书没有展示不同的敲入价格下的收益结果，但是补充的模拟分析发现，较低的敲入价格获得最终的平均收益率要更高，发生的最大损失也相对较小。因此，建议厌恶风险的投资者，可以选择具有更低敲入价格的雪球，当然，相应的券息就会较低。

第四，关注损失边界。模拟分析的结果显示，雪球产品是有20%左右概率发生亏损，且平均亏损是超过敲入价格对应的亏损值。在极端情形下，可能发生的最大损失达到70%~90%。因此，购买雪球的投资者不意味着没有损失。建议投资者对雪球的标的未来的下行空间有充分的估计，关注可能的损失边界，才不至于购买雪球后发生较大亏损。

上述分析都是基于价格模拟得到的各种未来可能的情形下雪球产品的收益。实际上，未来的价格路径只有一条。然而这条价格路径会受到多种因素的影响，如宏观环境的变化、行业的政策、公司经营管理的变化等。尽管未来很难预测，还是可以通过价格模拟来事先分析产品的收益分布，分析雪球产品收益和风险结构，从而了解不同的条款和不同的市场环境变化对产品收益的影响。

最后要说明的是，本章主要目的是客观分析雪球产品的收益和风险，不构成任何投资建议。

 专题研讨

（1）请以一个挂钩中证500指数的非本金保障型的雪球结构产品（见图8-21）为例，从买方角度，根据产品的描述，细化产品在不同敲入敲出条件下近5年的现金流，并检验实际收益情形是否与产品宣称的特点相符。

结构介绍

- 未发生敲入敲出事件时，定期获得稳定票息（年化收益率23%），并且能够抵御20%回调
- 敲出事件：每月观察，若标的收盘价≥期初价格的100%，发生敲出事件，产品敲出终止并支付投资收益
- 敲入事件：每日观察，若标的的每日收盘价<期初价格的80%，则发生敲入事件，保护失效。若敲入后期末未敲出，则产品收益为Min（期末价格/期初价格，100%）
- 敲入未敲出亏损处理：合约在到期日当天投资挂钩标的的线性收益互换（即转换为持有标的的资产）；之后每月临时开放一次供赎回；T日申请按T+1日净值赎回

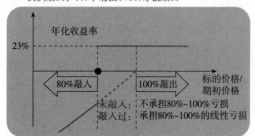

产品特点

- 中高回报：在好情景（敲出、到期未敲入未敲出）假设情形下，年化收益可达23%，且敲出越晚，获得的实际收益越高
- 多次机会落袋为安：产品在一年中设有12次获利机会，一次触发敲出条件即可落袋为安
- 风险较为可控：产品收益与标的表现挂钩，二级市场价格公开透明，且有20%安全垫。即使出现敲入，亏损不高于直接持有标的的

雪球式	挂钩单一标的的自动敲入敲出结构
期限	12个月（在敲出观察日可能提前敲出结束）
挂钩标的	中证500指数
期权费	0
保证金	名义本金×100%
敲出水平	期初价格×100%，每月观察
敲入水平	期初价格×80%，每日观察
敲出票息（同红利票息）	23%（年化收益）

图8-21 挂钩中证500指数的非本金保障型的雪球结构产品

资料来源：笔者整理。

（2）仍然以上述产品为例，请用 Monte Carlo 数值仿真技术，模拟未来 5 年的现金流，从统计意义上检验产品的模拟收益情形是否与产品宣称的特点相符。要求仿真所用模型及参数的选取，请以真实市场数据为依据。

（3）比较上述两种情形的结果，从中可以得到什么价值启发？

（4）请参考本章第一节内容，创新设计雪球结构化产品、凤凰结构化产品以及同鑫结构化产品。

综合产品设计　碳金融结构性产品创新

材料一：相关概念

在银行对碳金融的最新定义中，认为碳金融是一种为降低碳排放而提供的金融体系和交易。随着《京都议定书》的生效，世界各国和地区越来越注重环保和低碳发展，全球范围内的减排工作正在如火如荼地进行，碳交易市场的体系不断完善，交易规模不断扩大，碳金融产品不再仅集中于基础的碳排放权交易，创新开发了各种碳金融的衍生产品。

碳金融基础产品也可以称为碳现货产品，是基于碳排放权交易的产品。通常国内可交易的碳排放权分为两种：一种是国家给予减排企业的碳排放额度；另一种是通过碳汇项目生产得到的碳汇，通常以林业为主，生产的碳汇可用于抵消企业的碳排放量。然而国际的碳交易市场中获得碳排放权还有第三种方式，即通过在其他国家或地区开展清洁技术项目，提供技术和资金支持来获得碳排放权，可以大大降低在本国或地区开展清洁项目的成本。

碳金融衍生产品是基于碳排放权交易产品所衍生出来的，除了与四大常见金融衍生品结合，构建碳远期、碳期货、碳期权、碳互换产品外，还可以与债券、基金、抵押贷款、融资租赁、结构性存款等结合，创新发展碳金融衍生产品。丰富碳金融市场，完善多层次的碳金融市场体系，为减排企业提供更多的减排手段，也为投资者提供丰富的金融产品，推动碳达峰和碳中和目标的实现。

结构性存款产品是集合了定期存款和浮动收益产品两者的优点，所构建的既拥有固定的现金流利息，又拥有获得额外收益的可能性的产品。通常结构性存款产品会将收益来源分为两部分：一部分是作为存款获得的稳定收益；另一部分则投资于金融衍生品，给予投资者获得高收益的可能性。因此，结构性存款的产品价值为本金、基本收益和浮动收益的总和。此外，结构性存款的风险与固定收益产品与金融衍生产品相比，居于两者的中间，一方面能通过固定收益产品来保障本金安全和基本收益，使投资者基本没有本金受损的可能，投资风险低；另一方面通过承担部分金融衍生产品的风险，来获得高于普通固定收益产品的利息。

材料二：我国碳排放权交易市场

2021 年 7 月 16 日，全国统一碳排放权交易市场开市，首日成交量便成功创下新高。截至 2021 年 11 月 10 日，在 77 个交易日内，碳排放权交易市场的碳配额成交量共计 2344.04 万吨，交易总金额更是超过了 10 亿元。全国碳交易市场覆盖了八大行业，其中以电力行业作为突破口，参与碳配额交易的电力企业共 2225 家，预计在"十四五"期间，各行业参与企业数量能突破上万家。

我国碳排放权交易市场采用地方高度自治的方式，共有八大试点地区开启了碳排放权交易市场，各试点地区因地制宜，制定适合自身的碳排放模式。从 2021 年全年来看，广东省、深圳市和天津市的累计成交量位居前三，碳排放交易模式灵活。北京市、重庆市和上海市的碳排放成交量较少。然而从碳交易价格上看，2021 年，北京市的最高碳成交价是各试点地区中最高的，从 2 月开始北京市的碳成交价一路飙升，到 2021 年 9 月 10 日，北京市的碳成交价已经升至 107.26 元/吨，之后有所回落，且波动幅度大，适合发展碳金融衍生产品。

    问题：请参照现实的雪球结构性产品案例，完整地设计一款碳金融结构性存款产品。

第九章
国债期货合约[①]

 本章导读

本章详尽披露了国债期货合约的设计原则、条款内容等。

学习本章，要求理解国债期货合约的设计原则、条款内容，掌握期货合约设计方法。

国债期货合约，是指买卖双方按照合约规定的时间、地点和交割方式，交付或接收某种特定规格的国债的标准化合约。国债期货合约设计是我国国债期货交易开展的基础，合约设计的好坏、科学与否直接关系到我国国债期货交易的成败。纵观各国发展国债期货的成功经验，国债期货能否获得市场投资者的认可，除了债券现货市场自身的广度和深度以外，合约设计能否满足投资者的需求，也是关键性因素之一。我国国债期货合约的设计，不但要符合金融期货合约设计的普遍规律和原则，同时也必须能够满足我国这样一个新兴金融市场国家在转轨阶段的特殊需求。

第一节　国债期货合约设计

一、合约设计原则

从国际上国债期货市场的经验和我国期货市场的实践来看，要设计一个成功的国债期货合约，首先必须遵循一些普遍原则，也就是该期货合约必须至少满足四个条件。

第一，期货合约的设计必须保证套期保值效果，使市场参与者能够通过期货市场规避风险。国债期货最基本的经济功能之一是避险，只有满足投资者规避利率风险需要的国债期货合约才具有持久的生命力。因此，国债期货的开发应当围绕那些最具有避险需求的现货品种进行，国债期货合约的设计也应当使投资者能够方便地进行避险操作，以获得最好的避险效果。

第二，期货合约的设计必须使期货市场发挥价格发现功能。好的期货合约能够吸引广泛的市场人士参与，促进信息快速反映到交易价格上，并且提供预期的未来现货价格，使国债期货发现价格的功能得到充分发挥。

第三，期货合约的设计必须便于监管者进行风险控制，防范价格操纵行为。期货市场产生的价格能够真实地反映大多数市场人士对价格的看法。如果所设计的合约由于市场规模及机制原因有受到操纵的潜在危险，将会直接影响投资者特别是保值者的参与意愿，影响价格发现功能和套期保值效果，不利于

---

① 本章内容来源：中国金融期货交易所国债期货开发小组.国债期货产品制度设计及应用策略［M］.北京：中国财政经济出版社，2013.

国债期货市场的发展。

第四，期货合约的设计必须保证流动性。国债期货市场必须能够吸引一般投资者和广大市场人士的参与，否则套期保值者无法转移其风险。国债期货的核心作用是帮助市场参与者转移利率风险，使利率风险能够从避险一方转移到愿意并且能够承受风险的一方。这就需要不同类型和不同交易动机的投资者广泛参与。参与者的充分性是交易活跃性和市场流动性的保证。

二、5 年期国债期货合约规格

基于以上合约设计原则，中国金融期货交易所拟优先推出 5 年期国债期货。国债期货作为标准化合约，其合约内容包括合约标的、合约面值、可交割国债范围、报价方式、保证金、涨跌停板等，它们是合约能否为市场广泛接受、影响国债期货市场流动性的重要因素。本节列出了 2013 年拟定的 5 年期国债期货合约规格（见表 9-1）。

表 9-1　5 年期国债期货合约规格

合约标的	面值为 100 万元人民币、票面利率为 3% 的中期国债
可交割国债	到期日距离合约交割月份第一日历日时间为 4~7 年的记账式附息国债
合约月份	最近的三个季月（三、六、九、十二季月循环）
最小变动价位	0.002 元
交易时间	9：15~11：30，13：00~15：15
最后交易日交易时间	9：15~11：30
每日价格最大波动限制	上一交易日结算价的 ±2%
最低交易保证金	合约价值的 2%
最后交易日	合约到期月份的第二个星期五
最后交割日	最后交易日后的第三个工作日
交割方式	实物交割
合约代码	TF
上市交易所	中国金融期货交易所

资料来源：笔者整理。

三、国债期货标的的选择

国债期货标的的选择是合约设计的核心。国债期货标的采用国际上通用的名义标准券设计。

（一）名义标准券的概念

所谓"名义标准券"（Hypothetical Standardized Bond）是指票面利率标准化、具有固定期限的假想券，其隐含的收益率可以代表市场对某个期限的收益率水平的预期。美国耶鲁大学法博兹教授（Fabozzi）在其《债券组合管理》一书中，表述了美国 10 年期国债期货是基于一个票面利率为 6%、到期期限为 10 年的假想券的概念。

实物交割模式下，如果期货合约的卖方没有在合约到期前平仓，理论上需要用"名义标准券"去履约。但现实中"名义标准券"并不存在，因而交易所会规定，现实中存在的、满足一定期限要求的一篮子国债均可进行交割。例如，剩余期限在 6.5~10 年的美国国债都可以作为美国 10 年期国债期货的可交割国债。然而，这一篮子债券的票面利率和到期日可能各不相同，价格差异也可能较大，所以必须通过转换因子折算为标准券进行交割。

国际上，美国、德国、澳大利亚、韩国、英国和日本（见表 9-2）等国债期货较为成熟的国家均采用"名义标准券"作为国债期货合约标的。以美国为例，芝加哥商品交易所（CME）的 5 年期国债期货合约的英文名称为"5-Year US Treasury Note Future"，但官方公布的具体合约条款描述并没明确做出上述规定，而只是规定"交易单位是一个面值为 10 万美元的中期国债"（One U. S. Treasury Note Having a Face Value at Maturity of ＄100000），以及该合约的交割等级是"原期限不长于 5 年零 3 个月，剩余期限距交割月首日不少于 4 年 3 个月的中期国债；交割时的发票价格等于期货结算价乘转换因子加应计利息；转换因子为 1 美元面值的可交割国债在合约到期时按照 6% 的收益率折现的价格"。从转换因子的公式来看，转换因子的本质是在交割日时可交割国债的价格与国债期货合约标的的价格之间的比例关系，也可以理解为将可交割国债与一个票面利率为 6%、期限为 5 年的标准券进行的折算比较。因此，美国 5 年期国债期货合约实际上采用的是"票面为 10 万美元、票面利率为 6%"的 5 年期名义标准券。另外，东京证券交易所（TSE）、欧洲期货交易所（EUREX）、伦敦国际金融期货期权交易所（LIFFE）和俄罗斯交易所（RTS/FORTS）等设计的国债期货合约均将合约标的表述为固定面值、固定票面利率、交割时剩余期限固定的名义标准券。

表 9-2　主要国家中期国债期货合约标的情况

交易所	合约名称	合约标的条款	可交割国债范围
芝加哥商品交易所	5 年期国债期货合约	面值为 10 万美元，票面为 6% 的美国中期国债	原期限不长于 5 年零三个月，剩余期限距交割月首日不少于 4 年 3 个月的中期国债
澳大利亚证券交易所	3 年期国债期货合约	面值为 100000 澳元，票面利率为 6%，期限为 3 年且无税收优惠的联邦政府债券	现金交割
韩国证券期货交易所	3 年期国债期货合约	面值为 1 亿韩元、票面利率为 5% 的 3 年期财政部债券	现金交割
东京证券交易所	10 年期国债期货合约	标准化的、票面利率为 6% 的 10 年期政府债券	距离到期日 4~5.25 年的日本政府付息国债
伦敦国际金融期货期权交易所	英国长期金边债券期货	息票率为 4%，剩余期限为 10 年的名义金边国债	自交割月份第一天起，距到期日 8.75~13 年的长期政府债券
俄罗斯交易所	6 年期俄罗斯联邦贷款债券期货	10000 卢布的名义债券	实物交割
欧洲期货交易所	中期国债期货合约	票面利率为 6% 的、面值 10 万欧元的名义德国政府中期国债	距到期日 4.5~5.5 年的中期欧元债券
马来西亚交易所	5 年期马来西亚国债期货合约	票面利率为 6% 的 5 年期马来西亚国债	现金交割

资料来源：笔者根据各交易所网站整理。

（二）当前我国选择名义标准券的理由和原因

我国 1992~1995 年国债期货试点期间以单一券种作为国债期货合约交易标的。以当时的上海证券交易所为例，其上市交易的国债期货合约的标的为 1992 年发行的 3 年期、5 年期国债等具体国债品种。以 "327" 国债期货合约为例，其期货代码为 310327，对应的品种是财政部 1992 年发行并于 1995 年 6 月到期兑换的 3 年期国债，其发行额度为 246.79 亿元，票面年利率为 9.5%。因采用单一券种作为期货合约的标的，交易过程中期货价格易被操纵甚至导致逼仓。在国债期货试点时期，除了 "327" 事件之外，还出现过 "314" 交收逼空风波和 "319" 事件等一系列风险事件。采用单一券作为标的而导致标的国债存量不足，是出现这一系列风险事件的原因之一。因而，在国债期货试点时期的后期，很多交易所改变了采用单一券种交收的交割模式（见表 9-3）。

表 9-3　国债期货试点期间主要交易所的国债期货合约设计规格

交易所	券种	合约面值	交割方式
上海证券交易所	92（3）、92（5）、93（3）、93（5）、94（2）	2 万元/张	"314" 事件后多券种混合交收
北京商品交易所	92（3）、92（5）、93（3）	1 万元/张	单一券种交收
深圳证券交易所	92（3）、92（5）、93（3）、93（5）、94（2）	1 万元/张	单一券种和现金交收

资料来源：笔者整理。

与选择单一券种相比，名义标准券作为标的有三个方面的优势：

第一，名义标准券设计可以扩大可交割国债的范围，防止交易过程中期货价格被操纵，减少交割时的逼仓风险。名义标准券设计之下，采用一篮子可交割国债，即凡是符合一定条件的债券都可以用于交割，扩大了可交割国债的范围。例如，我国 5 年期国债期货合约选择剩余期限 4~7 年的债券作为可交割国债，其现货存量为 1.6 万亿元。巨大的现货存量，可以有效地防止交割时出现的逼仓风险。然而选择单一券种作为合约标的，目前只有 300 亿元左右的存量，存量非常有限。另外，名义标准券设计之下，如果买方为操纵期货价格而在现货市场大量买入最便宜可交割券，则现券价格会快速上升，很可能令最便宜可交割券不再最便宜，次便宜券替代成为最便宜可交割券，从而增加操纵期货价格的难度。

第二，名义标准券较之单一券种的套期保值效果更好，有利于国债期货避险功能的发挥。选择单一券种作为国债期货合约的标的，期货的久期会随着债券本身剩余期限的缩短而不断减小，套期保值者需要频繁地调整套保比例来适应其投资组合的久期，以保证套期保值的效果，这对套保者来说是非常不便的。然而选择名义标准券设计，期货久期大致等同于最便宜可交割券，久期相对稳定；另外，名义标准券设计也避免了某一现券到期而停止期货交易的问题，有效避免了债券到期兑付给期货交易带来的影响，从而有利于投资者进行套期保值。

第三，名义标准券设计反映了市场上某些期限国债的收益率水平，能够真正反映金融市场对整体利率水平的预期。名义标准券对应的是一系列期限的债券，其所反映的利率水平不会受到某一具体国债券种的影响，能够真实地反映金融市场对某个期限范围国债利率水平的预期和判断。然而单一券种的期限不断变化，不能有效揭示某一期限国债的价格水平，无法对市场形成有效的引导。

以史为鉴，从保障国债期货平稳运行和风险控制的角度出发，根据我国现货市场的具体情况，并借鉴国际国债期货成熟市场的经验，我国国债期货采用票面利率标准化、期限固定的名义标准券作为标的具有现实合理性。

（三）国债期货标的产品的选择原则

1. 国债现货市场代表性

深入分析我国国债市场的发行特点、国债存量以及交易状况，选择存量大、流动性强且是发行关键期限的国债产品作为合约标的，将具有较好的市场代表性。

2. 国债现货市场的避险需求

深入分析国债现货市场的持有者结构，研究各期限国债的价格波动性和市场流动性，选择最适合市场机构进行保值避险的产品。

3. 国债期货交易的防操纵性

分析国债现货各期限的存量规模及持有者结构，从大品种设计理念出发，选择市场规模大、参与者数量众多、流动性好、竞争充分的品种作为合约标的，有效防止市场操纵行为的发生。

（四）国债期货合约标的的选择

在国债期货市场初期，通常会先推出一种最适合、最容易成功的产品，作为交易所的旗舰产品，确保市场流动性和产品功能的充分发挥。

如图9-1所示，在各期限的国债品种中，短期国债存量过小，不适合开展国债期货。长期国债主要是由保险公司持有，参与机构过于单一，且绝大部分长期国债都存放在机构的持有至到期账户，极少在市场上交易，不适合开展国债期货。中期国债存量较大，又是市场上的主要交易品种，比较适合作为国债期货交易的标的。基于此，下文主要以中期国债为对象，从发行量、存量、交易量、持有者结构等方面进行综合分析并借鉴国际经验，建议优先推出5年期国债期货品种。

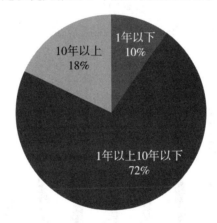

图9-1 银行间市场记账式国债短期、中期、长期存量分布（截至2012年12月）

资料来源：笔者整理。

1. 各期限国债的发行量

一般而言，债券的发行规模越大，在市场上就越容易交易，就有越多的投资者愿意买卖这种债券，利用这种债券进行回购对冲等交易也越多，其流动性自然也就越好。从发行情况看，5年、7年、10年期国债是财政部滚动发行的关键期限，也是近年发行量最大的品种。其中5年期国债对应的交割标的为4~7年期国债，其包含了两个关键期限5年期和7年期。2012年，财政部5年和7年两个关键年限国债的发行期数占到总期数的42%；2013年关键期限国债发行计划中，提高了5年期、7年期国债发行次数，5年期国债由2012年的4次提高至6次；7年期国债由9次提高至12次，5年期和7年期国债计划发行次数约占总次数的51%。相应期限国债的稳定发行将有助于可交割国债量保持稳定，从而减少逼仓风险（见表9-4）。

表9-4 财政部对国债的滚动发行

关键年限	2004年	2005年	2006年	2007年	2008年	2009年	2010年	2011年	2012年	2013年
1年期	—	3	3	4	3	4	5	5	4	4
2年期	3	2	—	—	—	—	—	—	—	—

关键年限	2004年	2005年	2006年	2007年	2008年	2009年	2010年	2011年	2012年	2013年
3年期	—	—	3	3	3	4	4	5	4	4
5年期	3	2	—	—	—	5	7	5	4	6
7年期	3	3	4	4	4	6	7	7	9	12
10年期	—	—	—	4	4	6	8	9	10	9
合计	9	10	10	15	14	25	31	31	31	35

资料来源：财政部网站。

2. 各期限国债存量比较

存量比较中的关键问题是7年期的归属。为提高合约的防范逼仓的能力，我国国债期货将优先推出存量最大的品种。如果7年期划归10年期国债期货，其对应的可交割范围如果设定为6~10年，则其存量最大。但是，我国在设计国债期货产品时，也需要对短期、中期、长期产品统筹规划、科学划分。7年期如果划归10年期，则将来单独上市5年期国债期货的存量会大大不足。从交易所长远产品规划看，7年期应该划入5年期国债期货，对应4~7年的可交割国债量达到12275亿元（见图9-2），存量充足，抗操纵性好，比较适合作为国债期货交易的标的。

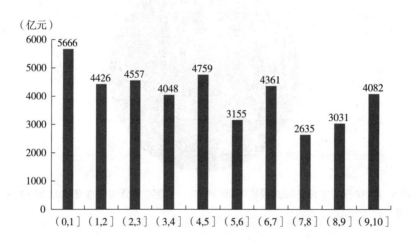

图9-2　银行间市场1~10年剩余期限固息国债存量分布（截至2012年12月）

注：剔除不可在两市场转托管的记账式国债。

资料来源：笔者整理。

3. 各期限国债的流动性

（1）买卖价差。买卖价差是衡量流动性的最基本、最常用的指标。衡量买卖价差有两种方法：一是绝对买卖价差，即计算买卖报价差额的绝对值；二是相对买卖价差，即百分比买卖价差，相对价差消除了证券价格大小不同的影响，便于进行比较，因而被广泛使用。

以 AS 表示绝对买卖价差，RS 表示相对买卖价差，P_A 表示最佳（低）卖出价格，P_B 表示最佳（高）买进价格，$M\left(=\dfrac{P_A+P_B}{2}\right)$ 表示报价中值，则：$AS=P_A-P_B$，$RS=(P_A-P_B)/M$。

由图9-3可见，相对买卖价差与剩余期限正相关，1~2年期国债流动性最好，相对价差为0.0002；3~4年和8~9年的国债流动性较差，相对价差分别为0.0042和0.0024；4~7年期国债流动性居中，相对价差在0.0008左右。

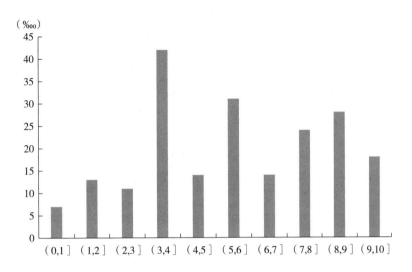

图 9-3 银行间市场各期限国债的相对价差

注：数据统计从 2013 年 1 月 17 日到 2013 年 1 月 24 日。

资料来源：笔者整理。

（2）交易量。从 2012 年的交易数据看，1 年以上国债的交易量主要集中在 2~3 年、4~5 年、6~7 年和 9~10 年期国债，这与我国关键期限国债是相对应的，符合新券交易活跃的特征。其中 5 年期品种覆盖的 4~7 年可交割券，包含了 5 年和 7 年两个关键年限的国债，4~7 年期国债日成交量明显高于 7~10 年期国债的日交易量，这说明 5 年期国债期货对应的标的债券较之于更长年期国债期货的标的债券的交易更加活跃（见图 9-4）。

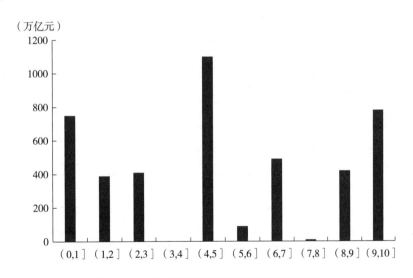

图 9-4 2012 年各期限国债年度成交额比较

注：剔除不可在两市场转托管的记账式国债。

资料来源：笔者整理。

4. 持有者结构

从持有者的结构看，5 年期国债的持有者比长期国债的持有者更加多元化（见表 9-5）。同时，商业银行作为国债主要的持有机构，其交易账户持有的国债久期基本在 5 年以内。故与 5 年期国债期货相比更长期限的国债期货更能被机构投资者广泛地用作资产配置和风险管理的工具，市场避险需求更强烈。

表 9-5　2012 年上半年五大行交易性金融资产期限结构情况

期限	3 个月以内		3 个月至 1 年		1~5 年		5 年以上		不计息	
银行	金额（亿元）	占比（%）	金额（亿元）	占比（%）	金额（亿元）	占比（%）	金额（亿元）	占比（%）	金额（亿元）	占比（%）
中国工商银行	2127.0	5.9	6092.0	16.9	17831.0	49.4	10027.0	27.8	388.0	0.0
中国农业银行	2624.0	13.2	4585.0	23.1	7494.0	37.7	5139.0	25.9	11.0	0.1
中国银行	2793.0	15.8	3465.0	19.6	7111.0	40.2	3999.0	22.6	318.0	1.8
中国建设银行	944.0	3.9	2936.0	12.3	12266.0	51.3	7778.0	32.5	—	—
交通银行	362.0	4.0	1775.0	19.7	4437.0	49.2	2445.0	27.1	—	—

资料来源：笔者根据五大行 2012 年半年度报告整理。

5. 国际经验借鉴

美国期货业协会（FIA）2010 年、2011 年的国债期货交易量统计数据显示（见表 9-6），美国芝加哥商品交易所（CME）的 10 年期国债期货交易量最大，2010 年成交 293718907 手，2011 年成交 317402598 手，较 2010 年增长 8.1%。EUREX 的长期欧元债券期货（10 年）、CME 的 5 年期国债期货分列第二、第三位，这表明 5 年期和 10 年期国债期货是主流品种。

表 9-6　2010 年、2011 年全球国债期货合约交易量排名（前十）

交易所		国债期货合约名称	2010 年成交量（手）	2011 年成交量（手）
美国	CME	10 年期国债期货	293718907	317402598
德国	EUREX	长期欧元债券期货（10 年）	231484529	236188831
德国	EUREX	中期欧元债券期货（5 年）	140923898	165798952
德国	EUREX	短期欧元债券期货（2 年）	133851275	142309151
美国	CME	5 年期国债期货	132149948	170563052
美国	CME	30 年期国债期货	83509754	92338638
美国	CME	2 年期国债期货	66977168	72178803
澳大利亚	ASX	3 年期国债期货	34482136	41662349
英国	LIFFE	英国政府长期债券期货（10 年）	28525983	34362932
韩国	KRX	3 年期国债期货	26922414	34140210

资料来源：笔者整理。

6. 结论

综上所述，参考表 9-7，5 年期国债期货包括 5 年期和 7 年期两个关键发行年期；其可交割券国债存量最大，达 12274 亿元；可交割国债的日均交易量成交量达 50 亿元，市场流动性很好；同时该期限国债的参与金融机构多元化。因此，我们建议优先推出 5 年期国债期货产品。

表9-7 2012年1~12月国债期货标的现货市场统计

产品	可交割国债的剩余期限	最近两年发行期数	可交割国债的存量（亿元）	可交割国债的日均交易量（亿元）
5年期国债期货	4~7年	25	12274	50
7年期国债期货	5~8年	16	10150	41
10年期国债期货	7~10年	19	9747	39

注：剔除不可在两市场转托管的记账式国债，实际交易天数为249天。

资料来源：笔者整理。

四、合约规格设计说明

（一）合约面值

我国开展国债期货的主要目的是为投资者提供一种利率风险管理工具，因此，合约面值的设计应和银行间及交易所国债交易的规模相适应，符合期货投资者的交易习惯，方便机构和个人投资者参与。同时也要考虑市场流动性，从而实现国债期货市场的平稳运作，并充分发挥国债期货的利率风险规避功能。

1. 国际上国债期货合约面值

从各国情况看，各国国债期货的合约面值相对集中（见表9-8），面值在60万~130万元，只有日本的5年、10年、20年国债期货的合约面值超过500万元（见表9-8）。

表9-8 主要国债期货合约面值

交易所	合约名称	合约面值
欧洲期货交易所（EUREX）	长期欧元债券期货（10年）	100000欧元
	中期欧元债券期货（5年）	
	短期欧元债券期货（2年）	
美国芝加哥商品交易所（CME）	10年期国债期货	100000美元
	5年期国债期货	
	3年期国债期货	200000美元
	2年期国债期货	
澳大利亚证券交易所（ASX）	3年期澳大利亚政府债券期货	100000澳元
	10年期澳大利亚政府债券期货	
韩国证券期货交易所（KRX）	10年期国债期货	1亿韩元
	5年期国债期货	
	3年期国债期货	
东京证券交易所（TSE）	20年、10年期政府债券期货	1亿日元
	5年期政府债券期货	
	迷你10年期政府债券期货	1000万日元

续表

交易所	合约名称	合约面值
伦敦国际金融期货期权交易所（LIFFE）	英国政府长期债券期货	100000 英镑
	英国政府中期债券期货	

资料来源：笔者根据各期货交易所网站整理。

2. 国内其他商品期货合约的价值

从国内商品期货合约的交易金额来看（见表 9-9），目前螺纹钢、大豆等的合约价值均在几万元左右；铅、铜、橡胶等的合约价值都低于 50 万元。

表 9-9 国内其他商品期货合约的价值

	铅	铜	橡胶	螺纹钢	大豆	玉米	白糖
元/吨	17125	67590	33045	4853	4459	2413	6667
吨/手	25	5	5	10	10	10	10
合约价值/元	428125	337950	165225	48530	44590	24130	66670

资料来源：笔者根据各期货交易所网站整理。

3. 国内银行间市场国债和国债衍生品单笔成交金额

由于国债期货主要是用于管理利率风险，因而各类债券投资者的单笔交易金额都应该考虑在内。根据中国外汇交易中心 2012 年 1~12 月的统计月报，待偿期 3~5 年的债券平均单笔成交金额是 1.31 亿元，5~7 年是 1.11 亿元。按债券种类分，国债、央行票据、政策性金融债的单笔成交金额在 1.5 亿~3 亿元（见表 9-10）。

表 9-10 单笔成交金额（按待偿期和债券种类分类）

待偿期（年）	单笔金额（亿元）	债券种类	单笔成交金额（亿元）
1 年以下（包括 1 年）	1.46	记账式国债	1.51
1~3 年（包括 3 年）	1.54	央行票据	2.85
3~5 年（包括 5 年）	1.31	政策性银行债	1.98
5~7 年（包括 7 年）	1.11	非银行金融机构债券	1.05
7~10 年（包括 10 年）	1.41	企业债券	0.87
10~15 年（包括 15 年）	1.41	短期融资券	0.98
15~20 年（包括 20 年）	1.99	资产支持证券	0.50
20~30 年（包括 30 年）	2.32	中期票据	1.05
30 年以上	1.01	集合票据	0.45

资料来源：中国外汇交易中心网站。

以上数据表明，我国银行间债券市场国债单笔成交金额平均在 1.43 亿元左右，中期债券（3~10 年）的单笔成交金额在 1 亿元左右。

4. 国内交易所市场国债单笔成交金额

根据 2012 年国债成交概况（见表 9-11），目前交易所国债现券市场 1996~2012 年平均每手成交金额低于 100 万元。

表 9-11　上海证券交易所国债现券市场成交概况

年份	年度总成交笔数（万笔）	年度总成交量（亿手）	年度总成交金额（亿元）	该年累计交易日	每笔（元）
1996	88.35	3.58	4091.13	247	463059
1997	99.57	3.06	3344.70	243	335914
1998	78.25	4.58	6032.59	246	770938
1999	53.12	3.80	5276.77	239	993368
2000	34.71	3.31	3657.06	239	1053604
2001	44.37	4.12	4383.06	240	987843
2002	99.77	6.08	6380.83	237	639554
2003	125.85	5.48	5500.36	241	437057
2004	155.05	3.13	2961.50	243	191003
2005	172.82	2.81	2772.79	242	160444
2006	82.44	1.53	1537.40	241	186487
2007	46.22	1.27	1262.20	243	273085
2008	39.67	2.08	2075.90	246	523292
2009	35.97	2.03	2054.90	244	571282
2010	20.87	1.57	1590.03	242	761874
2011	14.60	1.25	1242.90	244	851301
2012	10.24	0.86	869.84	243	839175

资料来源：上海证券交易所网站。

5. 合约面值设计主要考虑的因素

目前，我国银行间市场国债交易单笔交易金额在 1 亿元左右，交易所市场单笔交易金额小于 100 万元。国债期货是场内市场，以交易所现券的单笔成交金额为参考较合适。基于现货与期货操作之联结互动，5 年期国债的合约面值以 100 万元人民币较为合理。这个面值和沪深 300 股指期货的合约价值接近，高于国内的商品期货合约价值，同时也能满足三个考虑因素。

（1）投资者适当性制度。与股指期货相比，国债期货对普通投资者在债券现券市场、国家财政和货币政策、宏观经济等方面有更高的要求，参与者必须具备较强的专业知识和综合信息分析能力，了解国债期货产品与交易规则，并具有较高的风险承受和管理能力。国债期货投资者适当性制度的建立，有助于"将适当的产品销售给适当的投资者"，引导投资者审慎参与国债期货交易，实现市场稳健运行。

合约面值设定为 100 万元，可以很好地满足投资者适当性制度的最低开户资金 50 万元的要求。由于股指期货的波动性整体大于国债期货，已经参与股指期货交易的投资者在资金和心理上更加具备了参与国债期货的风险承受能力。

（2）套期保值者参与的便利程度。无论是国内还是国外债券市场，其参与者主要是机构投资者，因此必须考虑机构投资者的套期保值需求。国债期货是为现券持有者提供的风险管理工具，因而每张合约价值不能太大，以方便投资者调整套期保值比例。但也不能太小，否则容易造成套保成本的增加和操作的不方便。

（3）投机者提供市场流动性。较大的合约面值虽然可以方便套期保值者，但带来的另一问题是提高了投机者入市的门槛，降低了投机者参与的意愿，使合约的流动性大大降低。例如，日本的10年期国债期货（合约面值1亿日元，即800万元人民币左右），在2007~2008年金融危机中流动性萎缩，日本于2009年推出了10年期国债MINI期货（合约面值在80万元人民币左右）。在流动性差的市场上，套期保值者根本无法转移风险，市场失去了存在的意义。因此，仅有保值者的市场并不能运作起来，还要有大量投机者给市场提供流动性，以满足保值者转移风险的需求。

（二）可交割国债范围

1. 名义标准券

市场上流通的国债各有不同的票面利率、到期年限等发行条件，价格也不尽相同，但国债期货作为标准化合约，尽可能采用标准的规格，这样能够有效提高国债期货的流通性。在国际上，开展国债期货较早、具有重要影响力的国家均以名义标准国债作为合约标的。

作为期货合约标的的标准化国债在现券市场上可能并不存在，故需要将满足一定交割等级范围的国债用可转换因子折算成标准国债用于交割。

2. 可交割国债的选择

表9-12对比了世界上主要国债期货合约的可交割国债情况。5年期国债期货可交割国债期限范围的选择非常重要。具体的剩余期限范围既不能太大，又不能太小。如果剩余期限的范围太小，可交割国债数量过少，容易导致"逼仓"的发生。如果剩余期限范围过大，通过转换因子折算得到的债券交割价格与债券的实际价格差异过大，过大的基差就会导致套期保值的效果下降，使得套期保值者使用期货避险的意愿下降。

表9-12 各国可交割国债的年期范围

交易所	合约名称	可交割国债
欧洲期货交易所（EUREX）	长期欧元债券期货	距到期日8.5~10.5年
	中期欧元债券期货	距到期日4.5~5.5年
	短期欧元债券期货	距到期日1.75~2.25年
美国芝加哥商品交易所（CME）	10年期国债期货	剩余期限距离交割月首日至少6年半但不长于10年
	5年期国债期货	原期限不长于5年零3个月，剩余期限距交割月首日不少于4年2个月
	3年期国债期货	原期限不长于5年零3个月，剩余期限距交割月首日不少于2年9个月但剩余期限距交割月最后一天不多于3年
	2年期国债期货	原期限不长于5年零3个月，剩余期限距交割月首日不少于1年9个月但剩余期限距交割月最后一天不多于2年
澳大利亚证券交易所（ASX）	3年、10年期澳大利亚政府债券期货	现金交割
韩国证券期货交易所（KRX）	3年、5年、10年期国债期货	现金交割
东京证券交易所（TSE）	20年期政府债券期货	距到期日15~21年日本政府附息债券
	10年期政府债券期货	距到期日7~11年日本政府附息债券
	5年期政府债券期货	距到期日4~5.25年日本政府附息债券
	迷你10年期政府债券期货	现金交割

交易所	合约名称	可交割国债
伦敦国际金融期货期权交易所（LIFFE）	英国政府长期债券期货	自交割月份第一天算起，距到期日 8.75~13 年的长期政府债券
	英国政府中期债券期货	自交割月份第一天算起，距到期日 4~6 年的长期政府债券
澳大利亚证券交易所（ASX）	3 年、10 年期澳大利亚政府债券期货	现金交割
韩国证券期货交易所（KRX）	3 年、5 年、10 年期国债期货	现金交割
东京证券交易所（TSE）	20 年期政府债券期货	距到期日 15~21 年日本政府附息债券
	10 年期政府债券期货	距到期日 7~11 年日本政府附息债券
	5 年期政府债券期货	距到期日 4~5.25 年日本政府附息债券
	迷你 10 年期政府债券期货	现金交割
伦敦国际金融期货期权交易所（LIFFE）	英国政府长期债券期货	自交割月份第一天算起，距到期日 8.75~13 年的长期政府债券
	英国政府中期债券期货	自交割月份第一天算起，距到期日 4~6 年的长期政府债券

资料来源：笔者整理。

　　定义 5 年期国债期货的可交割国债范围，重点有以下几项：①有足够的可交割券符合期限范围；②交割成本要低；③交割标的的流动性要高；④交割标的同等级范围要广；⑤可交割标的的同质性要高。

　　可交割国债需保证国债期货具备实用性和现实性需求，以有利于投资人进行避险，这是考虑可交割国债范围最重要的一项因素。参考国际的经验，成熟的债券市场有 Trade When-Issue（发行前交易），国债投标机构为了规避风险，通常会利用国债期货规避发行的利率风险，因此可交割券期限范围要涵盖国债发行的标准偿还年期。在我国，5 年附近的标准年期有 5 年与 7 年，考虑未来有 10 年期国债期货，因此 7 年将不被包含在 10 年国债期货的可交割券范围中，但 7 年又是非常重要的一个品种年期，是财政部国债滚动发行的关键期限，所以 7 年必须包含在 5 年期国债期货的可交割债券范围之内。

　　由于国债期货交割业务操作的原因，可交割的债券还需要满足三大条件。

　　（1）记账式国债。我国国债按券面形式可以分为三大类：无记名式（实物）国债、储蓄式（凭证式）国债、记账式国债。无记名式国债是一种票面上不记载债权人姓名或单位名称的债券，不允许挂失，但可以上市流通，又称实物券或国库券。凭证式国债通过各银行储蓄网点和财政部门国债服务部面向社会发行，从投资者购买之日起开始计息，可以记名、可以挂失，但不能上市流通。记账式国债是指将投资者持有的国债登记于证券账户中，投资者仅取得收据或对账单以证实其所有权的一种国债，它通过交易所市场和银行间市场的交易系统发行和交易，可以记名、挂失，也可上市转让。无记名式国债为实物券，目前已不多见；凭证式国债不能上市流通；记账式国债发行稳定、安全性高、流动性好，故国债期货的可交割国债设定为记账式国债。

　　（2）可在银行间和交易所的债券托管机构托管。目前记账式国债可在银行间债券市场、交易所市场、商业银行记账式国债柜台市场三大市场进行交易结算和托管。考虑到以下因素，国债期货可交割国债的范围暂定为前两个市场托管的记账式国债，柜台市场托管的记账式国债暂不列入可交割国债范围：①目前柜台市场规模很小。2012 年底，全市场柜台记账式国债托管量仅 33.46 亿元，在各市场总规模的占比不足 0.05%。②柜台市场的参与人主要为个人投资者和一般法人，若这两类投资者确实有需求参与国债期货交割，前者可通过在交易所市场开户参与交割；后者不仅可通过在交易所市场开户参与交割，而且也可通过在银行间市场开立丙类户参与交割。③目前柜台市场的承办银行有 8 家，分别为中国工商银行、中国农业银行、中国银行、中国建设银行、招商银行、北京银行、民生银行、南京银行，考虑到柜台市场的二级托管体制，若将柜台市场托管的记账式国债列入可交割券范围，则相当于多增加了 8 个交割库，交割管理难度将明显增加。

同时，由于可能存在跨市场配对、交割的情况，为确保交割环节顺畅，要求可交割券在三个托管机构都可上市交易和托管。

（3）到期日或付息日距交割日的时间间隔。由于我国债券市场存在银行间和交易所（上交所和深交所）两个分割的市场，实物交割的债券可能托管在不同的机构（中债登和中证登），这样在交割时就涉及债券在不同机构之间的转托管。根据托管机构的规定：国债发行结束后可以进行转托管；到期或付息日前 10 个工作日暂停转托管；付息日后的第一个工作日恢复转托管。故用于国债期货可交割标的的债券必须是到期日或付息日距交割日大于 10 个工作日的债券。

3. 可交割国债的范围

5 年期国债期货要为未来短期国债期货的可交割券范围预留空间。因此，考虑未来可能的 2 年国债期货，建议 5 年期国债期货可交割券范围至少大于 4 年且小于等于 7 年。这个 3 年的年限范围比境外的 5 年期国债期货的年限要长一些。表 9-13 是一个可交割国债范围的实例。

表 9-13　可交割国债范围

名称	到期日期	发行期限	票面利率	剩余期限	转换因子
08 国债 25	2018 年 12 月 15 日	10	2.90	6.76	0.9939
11 附息国债 21	2018 年 10 月 13 日	7	3.65	6.59	1.0382
03 国债 09	2018 年 10 月 24 日	15	4.18	6.62	1.0703
08 国债 18	2018 年 9 月 22 日	10	3.68	6.53	1.0400
11 附息国债 17	2018 年 7 月 7 日	7	3.70	6.32	1.0396
08 国债 10	2018 年 6 月 23 日	10	4.41	6.28	1.0801
08 国债 03	2018 年 3 月 20 日	10	4.07	6.02	1.0585
11 附息国债 06	2018 年 3 月 3 日	7	3.75	5.97	1.0404
11 附息国债 03	2018 年 1 月 27 日	7	3.83	5.88	1.0440
07 特别国债 08	2017 年 12 月 17 日	10	4.41	5.76	1.0740
10 附息国债 38	2017 年 11 月 25 日	7	3.83	5.70	1.0428
07 特别国债 05	2017 年 11 月 5 日	10	4.49	5.65	1.0768
10 附息国债 32	2017 年 10 月 14 日	7	3.10	5.59	1.0050
10 附息国债 27	2017 年 8 月 19 日	7	2.81	5.44	0.9905
07 特别国债 03	2017 年 9 月 24 日	10	4.46	5.53	1.0738
07 特别国债 01	2017 年 8 月 29 日	10	4.30	5.46	1.0650
10 附息国债 22	2017 年 7 月 22 日	7	2.76	5.36	0.9882
07 国债 10	2017 年 6 月 25 日	10	4.40	5.28	1.0679
10 附息国债 15	2017 年 5 月 27 日	7	2.83	5.21	0.9919
10 附息国债 10	2017 年 4 月 22 日	7	3.01	5.11	1.0004
07 国债 03	2017 年 3 月 22 日	10	3.40	5.02	1.0185
10 附息国债 05	2017 年 3 月 11 日	7	2.92	4.99	0.9963
09 附息国债 32	2016 年 12 月 17 日	7	3.22	4.76	1.0095

续表

名称	到期日期	发行期限	票面利率	剩余期限	转换因子
06 国债 16	2016 年 9 月 26 日	10	2.92	4.54	0.9966
09 附息国债 26	2016 年 10 月 22 日	7	3.40	4.61	1.0169
11 附息国债 22	2016 年 10 月 20 日	5	3.55	4.61	1.0232
09 附息国债 19	2016 年 8 月 20 日	7	3.17	4.44	1.0068
09 附息国债 17	2016 年 7 月 30 日	7	3.15	4.38	1.0060
09 附息国债 13	2016 年 6 月 25 日	7	2.82	4.28	0.9928
11 附息国债 14	2016 年 6 月 9 日	5	3.44	4.24	1.0172
01 国债 04	2016 年 6 月 6 日	15	4.69	4.23	1.0666
09 附息国债 06	2016 年 4 月 16 日	7	2.82	4.09	0.9931
06 国债 03	2016 年 3 月 27 日	10	2.80	4.04	0.9924

资料来源：笔者整理。

（三）票面利率

5 年期国债期货交易实行名义标准券设计，采用一篮子国债交割方式。当合约到期进行实物交割时，可用于交割的债券包括一系列符合条件的国债品种，其票面利率、到期时间等各不相同，因此，必须确定各种可交割国债和名义标准券之间的转换比例，这个比例就称为转换因子。转换因子的计算和名义标准券的票面利率直接相关。

1. 转换因子的定义

在国债期货交割过程中，由于各可交割国债的票面利率不同、期限不同，为使各种不同的可交割国债可以同质比较，必须确认各种可交割国债和期货标的名义国债之间的转换比例，这个比例就是通常所说的转换因子（Conversion Factors）。转换因子的含义是面值 1 元的可交割国债在其剩余期限内的所有现金流量折现的净值，是国债期货合约中最重要的参数之一。国债期货上市时，转换因子计算公式及各可交割券的转换因子都将向全市场公布。

我国国债期货采用滚动交割的方式，理论上，在滚动交割中，各交割日的转换因子数值应该不同。但为便于信息的公布和方便投资者计算，国际上各交易所多采用保持在整个交割月中转换因子为同一个值的做法。在成熟的市场中，美国和英国均采用滚动交割，其转换因子的公式也基本相同，只是在日期的具体计算上略有区别。美国对可交割债券的剩余期限采用按月取整的方式，因此，在各滚动交割日，按照其公式算出的转换因子都取同一个值。英国国债期货合约转换因子计算中，债券的剩余期限是以交割月第一日为起始日，其余交割日期的转换因子都用这天的近似替代。

我国国债期货投资者结构较广，采用美国国债期货按月计算的方法，更易于参与者理解，同时美国国债期货市场规模大，在全球影响广泛，美国的计算方法更能得到投资者的认可，因此建议采用美国国债期货的转换因子算法。

我国国债期货转换因子的具体计算公式如下：

$$CF = \frac{1}{(1+r/f)^{\frac{xf}{12}}}\left[\frac{c}{f} + \frac{c}{r}\left(1 - \frac{1}{(1+r/f)^{n-1}}\right) + \frac{1}{(1+r/f)^{n-1}}\right] - \frac{c}{f} \times \frac{12-xf}{12}$$

其中，r 表示国债期货标准合约利率，目前定为 3%；x 表示交割月距离下一个付息月的月份数（当交割月是付息月时，x=6 或 12）；n 表示剩余付息次数；c 表示可交割券的票面利率；f 表示可交割券每年的付息次数；可交割券的票面利率与转换因子的正比关系显著。

图 9-5 展示了国债期货 2012 年 3 月合约 34 只可交割券的转换因子和票面利率的关系。影响转换因子是否大于 1 的主要因素是该可交割券和国债期货票面利率的比值。

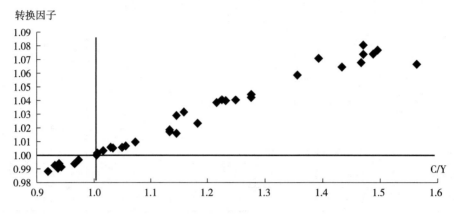

图 9-5　转换因子和票面利率的关系

注：横坐标是可交割券的票面利率和名义标准券的票面利率比值。

资料来源：笔者整理。

2. 发票价格

国债期货合约交割时，卖方要向买方支付可交割国债，买方向卖方支付一定金额的货款。卖方选择用于交割的国债品种不同，买方向其支付的货款金额也将有所差别。买方接收每百元国债，支付给卖方的实际金额称为发票价格（Invoice Price），其表达式为：发票价格=期货价格×转换因子+应计利息。

发票价格由两部分组成，一部分是由期货价格和转换因子决定的金额，另一部分是最后交割日该债券的应计利息。

3. 最便宜可交割国债

一篮子可交割国债制度下，剩余年限在一定范围内的债券都可以参与交割。由于收益率和剩余期限不同，可交割国债的价格也有差异。即使在使用了转换因子之后，各种可交割国债之间仍然存在细微差别。一般情况下，由于卖方有选择权，合约的卖方都会选择最便宜、对他最有利的债券进行交割，该债券称为最便宜可交割国债（The Cheapest To Deliver，CTD）。最便宜券的寻找一般可以通过比较以下投资组合的隐含回购利率：购买国债现货，同时卖空对应的期货（卖空的比例是转换因子），然后把国债现货用于期货交割，这样获得的理论收益率就是隐含回购利率。具体公式为（假定组合中的国债到交割期间没有利息支付）：

$$隐含回购利率 = \frac{发票价格-购买价格}{购买价格} \times \frac{365}{投资组合构建时到交割日的天数}$$

一般来说，隐含回购利率最高的券是最便宜可交割券。

由于转换因子会影响发票价格，而名义标准券票面利率的设置会对各债券的转换因子有直接影响，因此，票面利率的设定将影响哪只券成为最便宜可交割券，从而最终影响国债期货价格的走势。

4. 国际市场情况

表 9-14 对比了境外各主要国债期货合约票面利率。目前欧洲期货交易所和美国芝加哥商品交易所的国债期货票面利率均为 6%，韩国是 5%，日本的 5 年期国债期货是 3%，长期国债期货是 6%。伦敦国际金融期货期权交易所 5 年、10 年国债期货的票面利率均为 4%，2 年国债期货的票面利率为 3%。

表 9-14　境外主要国债期货合约票面利率

交易所	合约名称	票面利率（%）
欧洲期货交易所（EUREX）	长期欧元债券期货（10 年）	6
	中期欧元债券期货（5 年）	6
	短期欧元债券期货（2 年）	6
美国芝加哥商品交易所（CME）	2 年、3 年、5 年、10 年期国债期货	6
澳大利亚证券交易所（ASX）	3 年期澳大利亚政府债券期货	6
	10 年期澳大利亚政府债券期货	6
韩国证券期货交易所（KRX）	3 年、5 年、10 年期国债期货	5
东京证券交易所（TSE）	20 年、10 年期政府债券期货	6
	5 年期政府债券期货	3
	迷你 10 年期政府债券期货	6
伦敦国际金融期货期权交易所（LIFFE）	英国政府长期债券期货（10 年）	4
	英国政府中期债券期货（5 年）	4
	英国政府短期债券期货（2 年）	3

资料来源：各期货交易所网站。

5. 票面利率的设定

芝加哥期货交易所（CBOT）在 1977 年 8 月推出国债期货时，以当时的市场利率为准，将票面利率定为 8%。在 1982 年 5 月推出 10 年期国债期货时，市场收益率为 13% 左右，远高于 8%；1988 年 5 月推出 5 年期国债期货时，市场收益率在 9% 左右，都高于 8%，出于对同一交易所、同一票面利率的考虑，所以仍然沿用 30 年期国债期货票面利率的 8%。1999 年 12 月开始，因市场利率水平明显低于 8%，因此将各国债期货的票面利率改为 6%，以贴近当时市场利率，具体如图 9-6 所示。

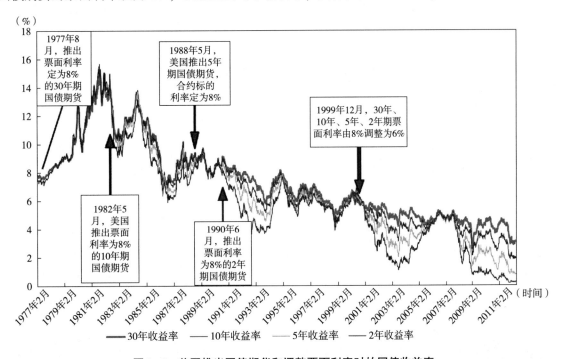

图 9-6　美国推出国债期货和调整票面利率时的国债收益率

资料来源：笔者整理。

　　和 CBOT 相比，伦敦国际金融期货期权交易所（LIFFE）调整票面利率相对比较频繁。2003 年 12 月，由于当时 10 年期国债的市场利率普遍低于 7%，英国政府长期债券期货（10 年期）票面利率从 7% 调整为 6%。2009 年，英国推出 5 年期和 2 年期国债期货时，也是出于对同一交易所、同一票面利率的考虑，虽然其市场利率远低于 6%，但票面利率仍然定为 6%。在 2011 年 6 月，由于市场利率进一步下降，5 年期和 2 年期国债期货的票面利率分别调整为 4% 和 3%。最近的一次调整是在 2011 年 12 月，10 年期国债期货票面利率由 6% 调整为 4%（见图 9-7）。由于票面利率的调整，其可交割券的范围也发生了变化，最便宜券也相应出现了改变（见表 9-15）。

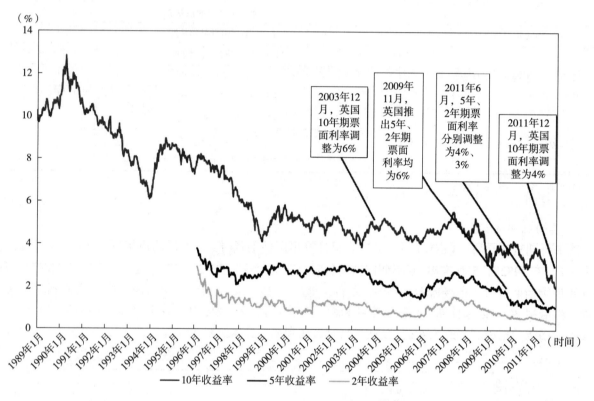

图 9-7　英国调整票面利率时的国债收益率

资料来源：笔者整理。

表 9-15　英国政府 10 年期债券期货

合约标的利率修改日	合约票面利率（%）	合约月份	可交割券	收益率（%）
2011 年 12 月	6	2011 年 12 月	UKT 8 06/07/21	1.866
			UKT 3.75 09/07/20	1.828
			UKT 3.75 09/07/21	2.009
			UKT 4 03/07/22	2.063
	4	2012 年 3 月	UKT 4 03/07/22	2.161
			UKT3.75 09/07/21	2.080

资料来源：笔者整理。

　　欧洲期货交易所的情况比较特别，自 1990 年 11 月上市第一个德国国债期货产品以来，其短期、中期、长期的国债期货票面利率都是 6%，即使在 1999 年德国期货交易所改名为欧洲期货交易所，货币单位由德国马克改为欧元时，其票面利率都没有调整（见图9-8）。

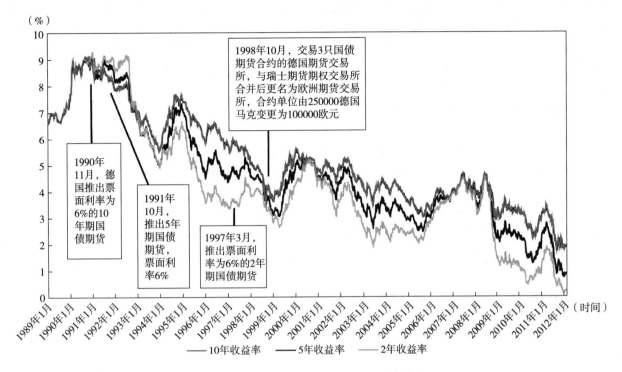

图9-8　德国上市国债期货时的国债收益率

资料来源：笔者整理。

　　根据以上分析，票面利率的设定以当前的利率水平为重要参考点，并考虑将来的利率水平给出一个相对合理的整数利率。票面利率之所以进行调整（一般只会在新上市合约时调整），原因之一是新的名义票面利率更能反映现有的收益率状况，便于套期保值功能的发挥。目前我国5年期和7年期国债的收益率为3.2%和3.4%左右（见图9-9）。从图9-9还可以看出，我国国债收益率有明显的周期性，5年期国债过去5年的平均收益率也在3%左右。

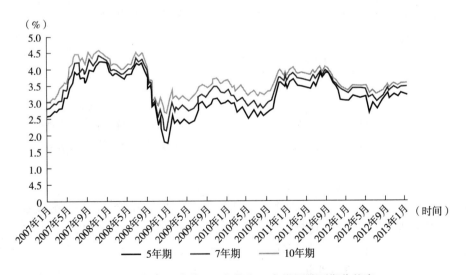

图9-9　我国10年期、7年期和5年期国债到期收益率

资料来源：笔者整理。

同时，如果名义标准券票面利率比现有大部分可交割国债的票面利率高，会使久期较短的债券长期稳定地成为最便宜可交割国债。反之，如果名义标准券票面利率比现有大部分可交割国债的票面利率低，会使久期较长的债券长期稳定地成为最便宜可交割国债，增加了市场价格被操纵的可能性。为避免这一点，名义标准券票面利率的制定，应能使最便宜交割债券的标的随着时间的推移和市场债券收益率的波动而变化。

从历史上看，我国宏观经济环境在 2007~2008 年经历了大起大落，经济实际增速和通货膨胀水平，分别从 15% 回落至 7%、从 8% 回落至 -2%。与此同时，5 年期国债收益率的上轨和下轨分别处于 4% 和 2% 的位置。由此预期，假设未来我国宏观经济政策适当，使得经济环境既不会优于 2007 年，也不会劣于 2008 年，那么 5 年期国债收益率将在未来相当长一段时间处于 2%~4% 的一个箱体区间。选择中位数 3% 作为标准券票面利率，能够使可交割国债整体的市场收益率保持在 3% 上下浮动。

由于我国可交割券篮子中 10 年期、7 年期国债留存的债券较多，其市场收益率高于 5 年期国债，因而，如果设定票面利率为 3%，则 10 年期旧债和新发的 7 年期可交割券在目前最有可能成为最便宜券。如表 9-16 所示，在最便宜的 10 只券中，基本是久期最长的 10 只可交割国债，其中 4 只 7 年期新发券也在其中，他们的交易相对活跃，有利于期货交易价格的形成。

表 9-16 可交割券中最便宜的前 10 只国债

名称	到期日期	发行期限	票面利率（%）	剩余期限	中债理论价	转换因子	隐含回购利率（%）
09 国债 03	2019 年 3 月 12 日	10	3.05	6.9973	99.0879	1.0031	3.41
08 国债 25	2018 年 12 月 15 日	10	2.90	6.7589	97.5416	0.9939	1.03
11 附息国债 21	2018 年 10 月 13 日	7	3.65	6.5863	102.8091	1.0382	-0.78
03 国债 09	2018 年 10 月 24 日	15	4.18	6.6164	106.0388	1.0703	-0.81
08 国债 18	2018 年 9 月 22 日	10	3.68	6.5288	103.2264	1.0400	-0.85
11 附息国债 17	2018 年 7 月 7 日	7	3.70	6.3178	104.0701	1.0396	-2.14
08 国债 10	2018 年 6 月 23 日	10	4.41	6.2795	106.5239	1.0801	-2.80
08 国债 03	2018 年 3 月 20 日	10	4.07	6.0192	105.6178	1.0585	-5.51
11 附息国债 06	2018 年 3 月 3 日	7	3.75	5.9726	105.7961	1.0404	-6.14
11 附息国债 03	2018 年 1 月 27 日	7	3.83	5.8767	102.9026	1.044	-7.84

资料来源：笔者整理。

因此，将 5 年期国债期货的票面利率定为 3%，比较适合我国目前及今后一段时期的市场状况。如果我国利率水平在未来有较大幅度的变化，则交易所可根据实际情况进行适当的调整。

（四）合约月份

合约月份是指期货合约到期，进入实物债券交割的月份，又称为交割月份。如果合约月份太多，容易导致交易分散于各月份合约，降低国债期货的流动性。目前沪深 300 股指期货的合约分为当月、次月和相继两季月合约。但国际上债券期货的到期交割多为季月交割，多数为三个季月（见表 9-17）。与股票市场相比，各国的债券市场的投机性相对较弱，套利者相对比较活跃，一般期现货市场价格基本能保持在合理范围，而且利率的短期波动小，保值者也以较长期限为主，因此选择季月合约比较合适。另外，采用季月合约使合约月份不至于太多，如果合约月份太多，容易导致交易分散于各月份合约，降低国债期货的流动性。从我国的实际情况来看，建议我国债券期货合约月份也采用3、6、9、12季月循环中最近的三个季月。原因有两点：一是符合国际惯例和债券市场的交易特性。二是可以避开春节、十一长假，使得债券期货价格的波动较少受到长假因素等的影响，更好地反映宏观经济运行基本面的变化。

1. 境外国债期货合约月份

境外国债期货合约月份均采用季月循环。大部分的国家与地区采用最近的三个季月，只有美国CME采用最近的五个季月，澳大利亚与韩国这两个现金交割的国债期货市场采用最近的两个季月（见表9-17）。

表9-17　境外国债期货合约月份

交易所	合约名称	合约月份
欧洲期货交易所（EUREX）	长期欧元债券期货（Euro-BUND Futures） 中期欧元债券期货（Euro-BOBL Futures） 短期欧元债券期货（Euro-SCHATZ Futures）	三个季月（3、6、9、12季月循环）
美国芝加哥商品交易所（CME）	10年期国债期货（10-Year Treasury Note Futures） 5年期国债期货（5-Year Treasury Note Futures） 3年期国债期货（3-Year Treasury Note Futures） 2年期国债期货（2-Year Treasury Note Futures）	五个季月（3、6、9、12季月循环）
澳大利亚证券交易所（ASX）	3年期澳大利亚政府债券期货（3-Year Commonwealth Treasury Bond Futures） 10年期澳大利亚政府债券期货（10-Year Commonwealth Treasury Bond Futures）	两个季月（3、6、9、12季月循环）
韩国证券期货交易所（KRX）	20年、10年期国债期货（20，10-Year KTB Futures） 5年期国债期货（5-Year KTB Futures） 3年期国债期货（3-Year KTB Futures）	两个季月（3、6、9、12季月循环）
东京证券交易所（TSE）	10年期政府债券期货（10-Year JGB Futures） 5年期政府债券期货（5-Year JGB Futures） 迷你10年期政府债券期货（Mini 10-Year JGB Futures）	三个季月（3、6、9、12季月循环）
伦敦国际金融期货期权交易所（LIFFE）	英国政府长期债券期货（Long Gilt Futures） 英国政府中期债券期货（Medium Gilt Futures）	三个季月（3、6、9、12季月循环）

资料来源：笔者整理。

考虑到与股票市场相比，国债现券市场的价格波动性较小，国债期货投机性相对较弱，市场投资者以套期保值需求为主，国债期货采用季月合约，可以满足保值者对较长期限利率风险规避的需要，同时市场合约数量不会太多，不会使交易分散于各月份合约，降低国债期货的流动性。

2. 境外国债期货各月份合约流动性情况

总结来看，境外国债期货合约月份一般采用最近的2个、3个或5个季月。图9-10、图9-11、图9-12中，我们分别以韩国3年期国债期货、欧元长期国债期货、美国10年期国债期货作为采用2个、3个、5个季月的国债期货合约代表，来分析各季月合约的流动性情况。

总体来看，韩国3年期、欧元长期、美国10年期国债期货的市场成交量在一般月份均集中在近季月合约上，其他月份合约交易量几乎为零。

韩国国债期货采用现金交割方式，投资者在临近交割期不存在买入现券用于交割的压力，因此往往在最后交易日的前1~2天选择转仓，使得在进入交割月后，近季月合约仍然为主力合约，次季月合约成

金融产品与服务创新设计

交量才有所增加。欧元长期、美国 10 年期国债期货均采用实物交割，在交割月的前一个月，次季月合约成交量就开始有所增加，在进入交割月时，近季月合约成交量骤减，次季月合约成为主力合约。另外，虽然美国同时有上市 5 个月合约，但远月合约成交量非常小，几乎为零。

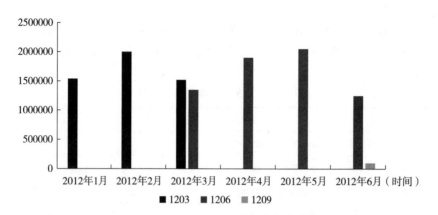

图 9-10　韩国 3 年期国债期货各合约成交量

资料来源：笔者整理。

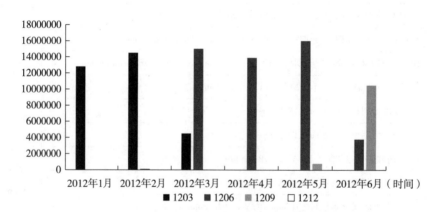

图 9-11　欧元长期国债期货各合约成交量

资料来源：笔者整理。

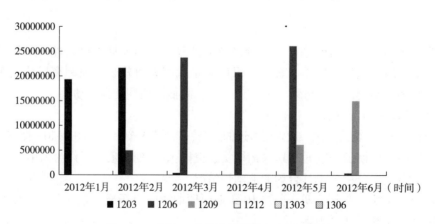

图 9-12　美国 10 年期国债期货各合约成交量

资料来源：笔者整理。

3. 建议我国国债期货合约月份采用季月循环的最近三个季月

我国国债期货合约月份也采用3、6、9、12季月循环，一方面符合国际惯例和债券市场的交易特性，另一方面可以避开春节和国庆长假，使得债券期货价格的波动较少受到长假因素等的影响，更好地反映宏观经济运行基本面的变化。

我国国债期货采用季月循环的最近三个季月，合约数量不会太多，导致分散各合约的流动性。一方面，虽然美国同时有上市5个月合约，但远月合约成交量非常小，几乎为零。另一方面，国债期货专业性较强、技术门槛较高、波动较为平缓，对市场投机者吸引力不大，是一个以机构投资者为主的风险管理市场，因此，国债期货市场发展初期应该是冷产品、冷市场，推出后将呈现一个交易量逐步放大，机构投资者逐步入市的过程。若我国国债期货上市之初，在较小的交易量情况下，仍然借鉴美国CME采用五个季月循环的方式，则合约数量会过多，导致交易分散于各月份合约，降低各月份合约的流动性。

我国国债期货实物交割期较长，采用季月循环的最近三个季月，可以为市场提供跨期套利品种，促进价格回归合理水平。当市场上同时有两个及两个以上国债期货合约存在时，各合约价格之间可以形成一定的均衡关系，一旦其中一个合约价格打破相对均衡关系，则跨期套利者会进入市场交易，最终使得各合约价格保持在均衡位置上。由于我国国债期货采用实物滚动交割制度，在合约临近交割期时，合约会受到限仓和提高保证金的双重影响，流动性会有所降低，若我国借鉴韩国、澳大利亚这类采用现金交割的国债期货合约，合约月份为最近的两个季月，则临近交割期时，近月合约流动性降低，跨期套利受到影响，近月与次近月合约的价格可能会相对偏离均衡关系，而不能迅速回归。

我国国债期货采用季月循环的最近三个季月，可以满足套期保值者对短、中、长期不同期限利率风险规避的需要。在不同的宏观经济政策冲击下，不同期限的利率波动与投资者预期将并不一致，因此投资者存在对不同期限的利率波动风险规避需求。我国国债期货合约月份采用季月循环的最近三个季月，使得合约存取期最长为9个月，基本可以覆盖投资者对长期利率风险规避的需要，同时也为投资者提供了规避未来3个月、6个月后利率波动风险的工具。

（五）报价方式

国际上，采用实物交割的国债期货的报价均采用百元净价报价（见表9-18）。所谓百元报价，是指以假定债券面额100元为单位进行报价。例如，如果某债券期货报价为100.30元，则表示每100元面额之价格为100.30欧元，如果合约面值为10万欧元，则该合约价值即100300欧元（100.30×100000÷100）。需要指出的是，以现金交割的澳大利亚证券交易所的国债期货的报价方式是以收益率为报价单位的，但结算时仍然要转换成价格结算。

报价的精度一般和后面将要讨论的最小变动价格一致。目前，大多数国家或地区的国债期货都是精确到小数点后2位，但也有精确到后3位的，如欧洲期货交易所的短期欧元债券期货、东京证券交易所的MINI国债期货、澳大利亚证券交易所的报价精度都是0.005元，表9-18为世界上主要国债期货合约报价单位对比。

表9-18 主要国债期货合约的报价单位对比

交易所	合约名称	报价单位
欧洲期货交易所（EUREX）	长期欧元债券期货	百元面值的一个百分比，精确到小数点后2位
	中期欧元债券期货	同上
	短期欧元债券期货	百元面值的一个百分比，精确到小数点后3位

交易所	合约名称	报价单位
美国芝加哥商品交易所 （CME）	10 年期国债期货	百元报价，精确到 1/32 的 1/2
	5 年期国债期货	百元报价，精确到 1/32 的 1/4
	3 年期国债期货	同上
	2 年期国债期货	同上
澳大利亚证券交易所（ASX）	3 年期澳大利亚政府债券期货	100−年收益率×100，精确到小数点后 2 位
	10 年期澳大利亚政府债券期货	同上
韩国证券期货交易所（KRX）	10 年期国债期货	百元报价，精确到小数点后 2 位
	5 年期国债期货	同上
	3 年期国债期货	同上
东京证券交易所（TSE）	20 年、10 年、5 年期政府债券期货	百元报价
	迷你 10 年期政府债券期货	百元报价
伦敦国际金融期货期权交易所（LIFFE）	英国政府中期、长期债券期货	百元报价

资料来源：笔者整理。

我国国债期货采用实物交割方式，国债期货合约也应采用百元净价报价，报价精确到 0.002 元。我国 5 年期国债期货合约面值为 100 万元，因此，国债期货价格 0.002 元的变化将引起 20 元期货合约金额的变化。

（六）最小变动价位

最小变动价位，指资本市场中金融产品价格变动的最小单位。合约最小变动价位的确定，通常取决于该合约标的商品的种类、性质、市场价格波动情况和现货市场的商业规范等。例如，中国股市目前多数股票的最小变动价位是 0.01 元，而沪深 300 指数期货是 0.2 点。最小变动价位是期货合约微观结构的重要参数，对合约上市后的流动性、客户参与等方面都将产生重要的影响。

对最小变动价位设计方案的论证主要从三方面展开：首先，借鉴国际经验，对比各国最小变动价位的设计，结合我国国债现货市场的实际情况，论证目前最小变动价位设在 0.002 元具有合理性，且符合我国国情；其次，对比我国商品期货和股指期货，从单位变动的投资收益率角度，分析我国国债期货最小变动价位设为 0.002 元符合我国期货市场特征；最后，对比我沪深 300 指数期货日间平均波幅和最小变动价位的比值，参考银行间 5 年期国债现货日间平均波幅的数据，可以发现国债期货最小变动价位设定在 0.002 元比较适合国债期货波动小的特征。

1. 最小变动价位设定的目标和考虑因素

最小变动价位的设定主要考虑三个方面的影响。

（1）市场流动性。市场流动性是最小变动价位设计中重点考虑的因素。其他因素都得在满足流动性的基础上考虑和调整。最小变动价位对市场交易的影响比较密切。一般而言，较大的最小变动价位有利于市场深度的增加，从而有利于减小大额订单的交易风险，有利于机构客户的套保和套利行为。但最小变动价位如果过大，做市客户利润太大，其他策略客户交易成本增加，可能会减小整个市场的交易热情，影响市场的活跃度。如果最小变动价位太小，对信息反映过于灵敏，将导致散户投机过度；而且档位太精细，市场深度减小，不利于套期保值和套利。因此，合适的最小变动价位有利于吸引尽可能多的客户参与，对新上市产品是否成功具有重要作用。

（2）客户基础。在国债期货交易中，除了个人投资者，还有银行、保险、券商、基金以及投资公司等机构投资者。不同类型投资者的持仓特征、参与目的可能各不相同，对最小变动价位的偏好也就不同。一般来说，套保和套利的机构客户对价格变动的承受能力较大，相对偏好较大的最小变动价位，这样其较大订单的成交速度快，交易风险相对减小。对投机的个人投资者来说，不喜欢太大的最小变动价格，因为较精细的价位可以减小其交易成本和风险。因此，交易所要在了解国债现货市场上交易群体的基础上，确定国债期货的目标群体，确定合适的最小变动价位，便于国债期货更好地服务投资者。

目前商品期货和股指期货的个人客户是国债期货参与的主要力量，因而，国债期货参照我国商品期货和股指期货合约的设计具有合理性。

（3）国内外期货市场流动性提供者。在境外期货市场上，都有严格的期货做市商制度，国债期货的流动性由做市商提供。他们在期货市场上同时双边挂价，较大的最小变动价位，做市收益将较高，最小变动价位将直接影响做市商的做市热情。然而国内期货市场并没有做市商制度，期货市场的流动性主要由散户的日内交易提供，而散户一般偏向较小的最小变动价位，以减少期货交易的风险和成本。

2. 借鉴境外国债期货合约设计经验

在境外，一些主要国家推出国债期货已经有约 30 年的历史，国债期货已是成熟的产品，其合约和规则设计都已经比较完善，因而，总结它们的成功经验并加以借鉴具有重要意义。

（1）境外国债期货市场最小变动价位。从国际上最小变动价位设计规律来看，多数期货合约最小变动价为 0.005 元或 0.01 元，只有美国和澳大利亚除外。美国采用 16 进制，其最小变动价位为 1/64 或 1/128，折算到十进制，在 0.005~0.015 元，澳大利亚的国债期货采用收益率报价，转换成价格大致在 0.03 元，在国际上偏大（见表 9-19）。境外期货市场上普遍采用做市商制度，最小变动价位的大小直接决定做市商的做市成本和热情，从而直接决定期货市场的流动性。由于我国期货市场没有做市商，国债期货市场的流动性主要由散户提供，较小的最小变动价位有利于吸引投机者的参与，建议我国国债期货最小变动价位比国际期货市场小。

表 9-19　境外国债期现货最小变动价位对比

交易所	现货报价	期货合约	
欧洲期货交易所（EUREX）	价格报价：0.001 点	长期欧元债券期货（Euro-BUND Futures）	0.01 点，即每张合约 10 欧元
		中期欧元债券期货（Euro-BOBL Futures）	同上
		短期欧元债券期货（Euro-SCHATZ Futures）	0.005 点，即每张合约 5 欧元
美国芝加哥商品交易所（CME）	价格报价：按 1/32 报，但其最小变动可以是 1/32 的 1/8。例如，100.11-3/8	10 年期国债期货	1/32 点的 1/2，即每张合约 15.625 美元
		5 年期国债期货	1/32 点的 1/4，即每张合约 7.8125 美元
		3 年期国债期货	1/32 点的 1/4，即每张合约 15.625 美元
		2 年期国债期货	同上

续表

交易所	现货报价	期货合约	
伦敦国际金融期货期权交易所（LIFFE）	价格报价：0.01 点	英国政府长期国债期货	0.01 点
韩国证券期货交易所（KRX）	收益率报价：0.01%	3 年期国债期货	0.01 点
澳大利亚证券交易所（ASX）	收益率报价：0.01%	3 年期国债期货	0.01 个百分点，每张合约最小变动值不是常数，大约是 28 澳元
		10 年期澳大利亚政府债券期货	同上

资料来源：各交易所网站。

（2）国债期现货市场最小合约价位的比较分析。表 9-19 还总结了境外各主要国债期货和国债现货交易最小变动单位。德国国债按价格报价，最小变动价位为 0.001 点，而欧洲期货交易所中长期德国国债期货的最小变动价位都为 0.01 点，短期国债期货最小变动价位为 0.005 点，期货的最小变动价位大于现货。彭博报价数据显示，虽然美国国债现货报价以 1/32 为单位，但其最小变动价位能达到 1/32 的 1/8。例如，报价为 100.11-3/8。相应地，美国中长期国债期货采用 1/32 的 1/2 或 1/4 为最小变动报价单位。由此可见，欧美成熟期货市场最小变动价位一般大于现货市场。但也有两个市场保持一致的情况。英国金边债券市场的最小变动价位由原来的 1/32 调整为 0.01 以后，LIFFE 国债期货的最小变动价位也相应调整到 0.01。同样，韩国现券市场和证券期货交易所最小变动价位都为 0.01 点。日本中长期国债现券和期货在市场也基本保持一致。总的来说，境外国债期货的最小价格变动价位一般与其现货保持一致，或者期货市场的最小变动价位大于现货市场最小变动价位。

从表 9-19 中我们还可以发现，各国国债现货市场价格最小变动在 0.001～0.01 元（韩国和澳大利亚现货按收益率 0.01% 报价，其价格最小波动为 0.01% 乘以现券的久期，但价格最小变动仍然是 0.01 元），而各国国债期货设置的最小变动价位大都为 0.005 或 0.01 元（美国除外）。国债期货最小变动价格略大于或等于现货最小变动价格。

从我国国债现货报价来看，与澳大利亚和韩国类似，银行间市场国债交易一般按收益率报价，且议价到 0.01% 或者 0.005%（见图 9-13），转换到价格，我国现货市场银行间国债价格最小变动为 0.01 元。

从我国交易所国债报价情况来看，上交所国债撮合竞价交易平台、上交所大宗交易平台、深交所综合协议平台的最小变动价位为 0.01 元。上交所固定收益平台债券价格的最小变动价位为 0.001 元（交易所固定收益平台上做市商报价显示，见图 9-14），国债价格最小变动为 0.001 元。

因此，综合考虑我国银行间和交易所市场实际报价情况，按照国际期货市场最小变动价位一般要大于或等于现货市场价格最小变动的规律，将国债期货市场最小变动价位定在 0.001～0.01 点较为合理。

（3）国债期货市场最小变动价值的比较分析。在合约设计的微观结构中，除了最小变动价位，合约面值的设计也会直接影响各档位上的订单数目，即市场深度，因此有必要综合考虑他们对流动性的影响。在一个流动性很好的市场，机构客户偏好较小的最小变动价位和较大的合约面值；在一个流动性欠缺的市场中，个人投资者偏好较大的最小变动价位和较小的合约面值。这两者对流动性的影响，可以用最小变动价值（合约面值和最小变动价位的乘积）来衡量，合适的最小变动价值的设定有利于目标客户参与国债期货。表 9-20 总结了国际市场上国债期货合约最小变动价值的情况。

比较各国最小变动价值（统一换算成美元计算，见表 9-20），各合约最小变动价值在 6～16 美元（澳大利亚和日本较高，前者达到 29 美元，后者为 130.3 美元）。如果我国最小变动价位设在 0.01 元，根据当前汇率，最小变动价值在 15 美元左右；如果设定在 0.005 元，最小变动价值在 7.5 美元左右，和国际

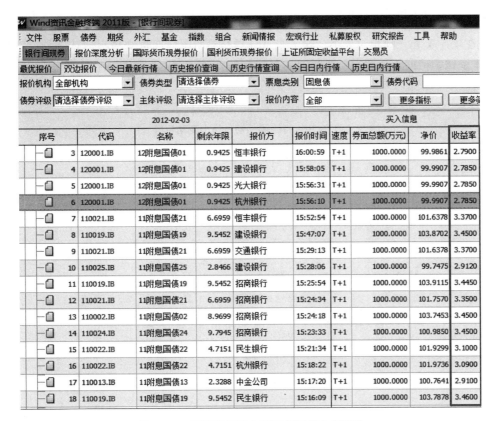

图 9-13　我国银行间市场国债现货市场报价

资料来源：笔者整理。

图 9-14　上交所固定收益平台上做市商报价

资料来源：笔者整理。

上最活跃的合约基本一致。如果设定在 0.002 元，最小变动价值在 3 美元附近。但如果设定在 0.001 元，最小变动价值在 1.5 美元，则相对太小。除了东京证券交易所国债期货交易不活跃之外，表 9-20 各合约大多为 2010 年全球国债期货合约交易活跃度排名前十的合约。由于境外做市商制度的存在，最小变动价值普遍较大。

表 9-20 各国国债期货最小变动价值

交易所	合约名称	合约面值（美元）	最小变动价位	最小变动价值	最小变动价值（美元）
欧洲期货交易所	中长期欧元债券期货	128560	0.01 点	约 10 欧元	12.856
	短期欧元债券期货	128560	0.005 点	5 欧元	6.428
美国芝加哥商品交易所	10 年期国债期货	100000	1/32 点的 1/2	15.625 美元	15.625
	5 年期国债期货	100000	1/32 点的 1/4	7.8125 美元	7.8125
	2 年期国债期货	200000	1/32 点的 1/4	15.625 美元	15.625
澳大利亚证券交易所	3 年和 10 年期澳大利亚政府债券期货	103740	0.01 个百分点，每张合约最小变动值不是常数	约 28 澳元	29.0472
韩国证券期货交易所	3 年期国债期货	87810	0.01 点	每张合约 10000 韩元	8.781
东京证券交易所	20 年、10 年、5 年期政府债券期货	13030000	0.01 点	每张合约 10000 日元	130.3
	迷你 10 年期政府债券期货	130300	0.005 点	每张合约 500 日元	6.515
伦敦国际金融期货期权交易所	英国政府长期债券期货	64821	0.01 点	每张合约 10 英镑	15.427

资料来源：笔者整理。

结合国内行情，目前由于银行间市场国债交易日间收益波动很小，流动性相对不足。然而国债期货的参与者不仅有机构投资者还有大量的个人投资者。从产品推出初期来看，最小变动价位或价值的设计应该更好地增强市场的流动性，满足各类参与者的需求。机构客户偏好较大的最小变动价值，以利于其套保和套利业务的开展，但个人投资者偏好较小的最小变动价值，以利于其日内趋势交易策略的实施，也便于其控制交易成本和风险。从这点来看，较小的最小变动价位更能带动成交活跃性和市场流动性。鉴于我国的情况，我国国债期货应该选择较小的最小变动价值。

3. 从单位变动投资收益率角度分析最小变动价位的上限

单位变动的投资收益率是指最小变动价值和单位合约手续费的差与单位合约的保证金的比值，它反映了每波动一个最小变动价格，投资者能获得的收益情况。

在境外市场上，由于有做市商做市，其最小变动价值相对较大，而由于交易所的充分竞争，其手续费比国内期货市场低很多，单位变动的投资收益率很高（见表 9-21，基本在 1% 的水平）。境外市场对做市商有着严格的规范和约束，个人投资者基本难以参与国债期货交易做市，因而即使单位变动投资收益较大，也不会出现过度投机行为而扰乱市场。预计国内国债期货市场的参与者，除了金融机构，还有庞大的散户投资者参与其中。过大的最小变动价值和过低的手续费会在市场上驱动产生自愿的做市行为，导致投机者通过单位买卖价差套利，从而出现期货价格的"夹板"现象（即大量买单和卖单挂在买一和卖一档，而其他档位挂单数很少），不利于国债期货功能的发挥。从我国期货市场的特点出发，我国不宜完全借用境外交易所的设计。

表 9-21　国际上国债期货产品单位变动的投资收益率

交易所	国债期货			
	产品	最小变动价值	手续费收取方式	（最小变动价值-手续费）/保证金
美国芝加哥商品交易所（CME）	10 年期国债期货	15.625 美元	每手 0.05 美元，根据会员类型不同有所差异	1.20%
欧洲期货交易所（EUREX）	10 年期 Euro-Bund 期货	10 欧元	每手 0.2 欧元	0.50%
悉尼期货交易所（SFE）	3 年期联邦政府债券期货	约 28 澳元	0.9 澳元	2.71%
东京证券交易所（TSE）	10 年期 JGB 期货	10000 日元	交易手续费：95 日元；结算手续费：49 日元	1.37%
韩国证券期货交易所（KRX）	3 年期 KTB 期货	10000 韩元	交易手续费：0.0001747%；结算手续费：0.0000273%	1.63%

资料来源：各交易所网站。

我国封闭式基金调整最小变动价位的案例对于国债期货最小变动价位设计具有重要借鉴意义。2003 年 3 月 3 日，上海和深圳证券交易所同时将封闭式基金申报价格的最小变动单位由 0.01 元人民币调整为 0.001 元人民币，这是近年来仅有的一次对证券交易品种进行最小报价单位的调整。调整前，我国封闭式基金的交易制度沿袭了股票交易的相关规定，最小报价价位也是 0.01 元。然而，我国股票的平均价格在 10 元左右，与此对应的相对报价幅度为 0.1%；然而封闭式基金的平均价格目前仅在 0.85 元左右，与此对应的相对报价幅度为 1.17%。过高的最小报价单位给封闭式基金的交易活动带来了诸多负面影响。

调整封闭式基金最小变动价位后，增强了基金交易价格与基金净值的相关性，更好地反映了基金单位净值的波动，一定程度上消除了调整前基金交易中的"夹板"现象，交易价格更接近基金的真实价值，降低了投资者的交易成本，增大了投资者的获利机会，改善了基金市场的交易状况。

从 2011 年 12 月 19 日到 2012 年 1 月 12 日中金所首期仿真交易数据来看（由于缺乏套利机制和市场专业机构和人士的参与，仿真交易的价格不能真正反映市场的收益率变化，但是仿真交易的数据对于分析投机者的行为还是具有参考价值的），我们发现 0.01 点的最小波动价位偏大，出现了类似于封闭式基金交易中的"夹板"效应，不利于国债期货的流动性。图 9-15 反映的是为期一个月仿真交易大赛数据中卖一和买一档的日均价差。

从图 9-15 我们可以发现：在仿真初期，买卖价差较大且出现不规则波动，这是由于市场参与者处于熟悉产品和摸索赢利模式阶段，各合约挂单价位较分散且波动敏感。到了仿真阶段中期，随着市场参与者对产品和系统的了解和熟悉，在缺乏现货市场信息和套利套保的情况下，对现货市场不熟悉的投机者所采取的最有效的交易策略是双边下单套利，以获取 0.01~0.02 元的利润，从而导致买卖价差基本保持在最小变动价位 0.01 元附近。通过和国债期货仿真交易参与者的交流，证实了以上策略的普遍性。获利较多者大多可通过双边挂单来获取 1~2 个点的利润，从而获得稳定的投资收益。按照合约面值 100 万元一手，每手合约保证金为 2 万元，手续费按照 0.05/10000 来算，每手手续费双边为 10 元，最小变动价值为 100 元，则每个变动将获利 90 元，单位变动投资收益率为 0.45%。因此，仿真交易的经验表明，最小变动价位设为 0.01 元略微偏大。

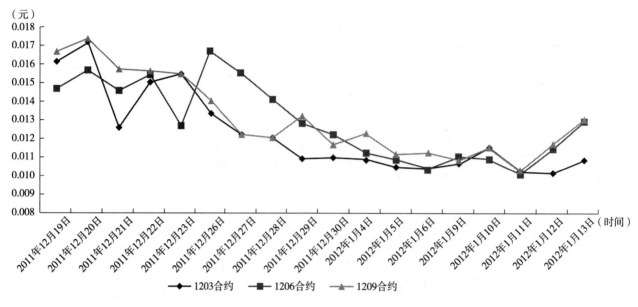

图 9-15　仿真交易买卖价差

资料来源：笔者整理。

4. 单位变动投资收益率的比较分析

为了能在设计上反映我国期货市场的特殊情况，我们可以参考商品期货和股指期货的前期经验来设计最小变动价位，使单位变动投资收益率达到合理区间，以符合我国市场投资者交易习惯以及期货交易环境。

分析上海期货交易所、大连商品交易所和郑州商品交易所交易活跃产品（见表 9-22），我们可以发现其单位变动的投资收益率基本在 0.05%~0.6%。其中螺纹钢和天然橡胶单位投资收益最小，线性低密度聚乙烯单位投资收益最大。

表 9-22　我国商品期货单位变动的投资收益率

产品	收盘合约价格	最小变动价位		最小变动价格	手续费	保证金	最小变动价值
豆粕	2983	10 吨/手	1 元/吨	10 元	不超过 3 元/手	7%	0.34%
线性低密度聚乙烯	10225	5 吨/手	5 元/吨	25 元	不超过 8 元/手（当前暂为 4 元/手）	7%	0.59%
螺纹钢	4286	10 吨/手	1 元/吨	10 元	不高于成交金额 2/10000（含风险准备金）	7%	0.05%
天然橡胶	28315	10 吨/手	5 元/吨	50 元	不高于成交金额的 1.5/10000（含风险准备金）	5%	0.05%
白砂糖	6636	10 吨/手	1 元/吨	10 元	4 元/手（含风险准备金）	6%	0.15%
精对苯二甲酸（PTA）	9172	5 吨/手	2 元/吨	10 元	不高于 4 元/手（含风险准备金）	6%	0.22%

资料来源：各交易所网站。

　　与股指期货相比，其最小变动价位为0.2元，按照沪深300指数为3000点计算，最小变动价值为60元，手续费90元，保证金为13.5万元，单位变动投资收益率为-0.02%。假定国债期货的手续费设定为0.05/10000，保证金为2万元，则其单位变动的投资收益结果如表9-23所示。

　　从表中我们可以看出，如果最小变动价位取0.005，最小变动价值为50元，单位变动的投资收益率为0.20%，基本符合商品期货的范围，但离股指期货单位变动投资收益率较远。如果最小变动价位取0.001，最小变动价值为10元，单位变动投资收益率为0，较接近于股指期货。最小变动价位取0.002，最小变动价值为20元，单位变动投资收益率为0.05%，基本位于商品期货单位变动投资收益率的下限，但位于股指期货单位变动投资收益率之上。由于国债期货和股指期货一样都是金融期货，因而它的设定要偏向于股指期货，因此从单位变动投资收益率角度来看，0.002和0.001是较合适的选择。

表9-23　国债期货和股指期货单位投资收益率比较

	国债期货				股指期货
手续费	10元				90元
保证金	2万元				13.5万元
最小变动价位	0.010	0.005	0.002	0.001	0.200
最小变动价值（元）	100	50	20	10	60
单位变动的投资收益率（%）	0.45	0.20	0.05	0.00	-0.02

资料来源：笔者整理。

5. 日间波动幅度与最小变动价位关系

　　国债期货最小变动价位也可以反映某合约对市场波动的灵敏度，其灵敏度可以用日间波动幅度与最小变动价位的比例来衡量，它对市场流动性和投资者的交易积极性都有显著的影响。在参照股指期货的基础上，对比我国沪深300指数期货市场和国债现货市场日间波幅与最小变动价位之比，论证国债期货合约中设定最小变动价位。

　　从沪深300指数期货市场日间波动幅度来看，2011年1月到2012年1月，日间波动幅度呈厚尾分布，价格波动幅度较大（见图9-16）。其中日间绝对平均波动幅度在28点，股指期货的最小变动价位在0.2点，则日间平均指数波动幅度是最小变动价位的140倍。

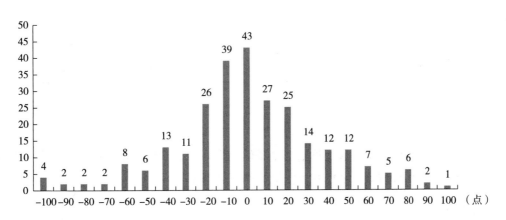

图9-16　沪深300指数期货日间波幅统计

注：统计时间2011年1月到2012年1月。

资料来源：笔者整理。

从银行间 5 年期国债现货市场日间波动幅度来看，2005 年 1 月到 2012 年 1 月，日间价格平均波动幅度在 0.20 元，国债市场价格波动较平缓，日间波幅频率较集中，市场敏感度较低（见图 9-17）。

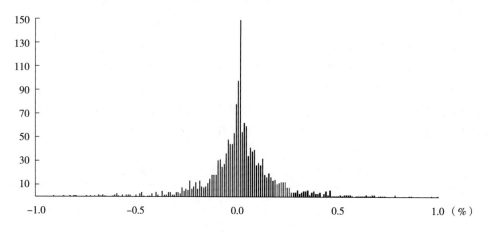

图 9-17　银行间市场 5 年期国债日间波幅统计

注：统计时间为 2005 年 1 月到 2012 年 1 月。

资料来源：笔者整理。

如果国债期货最小变动价格为 0.01，则日间平均价格波动幅度是最小变动价位的 20 倍。较沪深 300 指数期货比值 140 倍相比太小。此外，在价格波动相对较大的期货市场，即使在政策面和资金面相对稳定的情况下，20 倍的波幅很难满足机构投资者套利或套保的需求。

如果我们将最小变动价位定在 0.005，日间绝对平均波幅与其比值为 40，较股指期货比值偏小。如果将最小变动价位定在 0.001，其比值为 200，明显大于股指期货。国债期货由于波动小，对信息的灵敏度不应高于股指期货。因此最小变动价位设在 0.002，其比值为 100，略微小于股指期货，比值较合理（见表 9-24）。

表 9-24　国债期货和股指期货日间波幅与最小变动价位的比例比较

	国债期货				股指期货
日间绝对平均波幅	0.20 元				28 点
日间相对平均波幅	0.20%				1.00%
最小变动价位	0.010	0.005	0.002	0.001	0.200
比值	20	40	100	200	140

资料来源：笔者整理。

6. 结论

综上所述，我们建议国债期货的最小价格变动单位设为 0.002。待国债期货上市之后，最小变动价位的设计可以根据产品实际运行后的流动性状况，做出相应的调整。

（七）交易时间

国债期货的交易时间是国债期货合约的一个重要条款，合理的交易时间对提高国债期货交易的活跃度、方便客户交易具有重要作用。

国债期货交易时间的设定考虑三方面因素：①参照国际上国债期货交易时间设定的规律；②与现券

市场的交易时间相配合；③符合我国期货市场的交易习惯。

综合考虑以上因素，国债期货交易时间分为上下两个交易专场：9：15~11：30、13：00~15：15；最后交易日只交易半天，即9：15~11：30。

1. 国际上国债期货交易时间的设定

世界主要国债期货合约交易时间如表9-25所示。从中可以看出，国际上交易时间的设定主要有两个规律。

（1）分几个交易时段集中交易。各个交易所根据其债券市场对风险管理需求的复杂性和不同投资者的需求，普遍设置几个交易时段以满足不同客户的需求。

表9-25 世界主要国债期货合约交易时间对比

交易所	合约名称	交易时间
欧洲期货交易所 （EUREX）	长期欧元债券期货（Euro-BUND Futures） 中期欧元债券期货（Euro-BOBL Futures） 短期欧元债券期货（Euro-SCHATZ Futures）	分三个阶段（中欧时间）：预交易 7：30 开始；交易开始：8：00；盘后交易时间：22：00 最后交易日：交易 12：30 结束，交割最后通知 2：00
美国芝加哥商品 交易所 （CME）	10 年期国债期货 （10-Year Treasury Note Futures） 5 年期国债期货 （5-Year Treasury Note Futures） 3 年期国债期货 （3-Year Treasury Note Futures） 2 年期国债期货 （2-Year Treasury Note Futures）	公开喊价时间：7：20~14：00，美国中部时间，周一至周五 电子交易时间：16：00~17：30，芝加哥时间，周日至周五 在最后交易日，到期合约交易在中午 12：00 结束
澳大利亚证券 交易所 （ASX）	3 年期澳大利亚政府债券期货 （3-Year Commonwealth Treasury Bond Futures） 10 年期澳大利亚政府债券期货 （10-Year Commonwealth Treasury Bond Futures）	美国夏令时段（3 月的第二个星期日至 11 月的第一个星期日）：17：10~7：00；8：30~16：30，悉尼时间；美国非夏令时：17：10~7：00；8：30~16：30，悉尼时间；在最后交易日，交易在中午 12：00 结束
韩国证券期货 交易所 （KRX）	10 年期国债期货 10-Year KTB Futures） 5 年期国债期货 5-Year KTB Futures） 3 年期国债期货 3-Year KTB Futures）	单个价格竞拍时间：8：00~9：00、15：05~15：15；（韩国标准时间） 交易时间：9：00~15：15（周一至周五）；最后交易日：9：00~11：30
东京证券交易所 （TSE）	20 年期政府债券期货 20-Year JGB Futures） 10 年期政府债券期货 10-Year JGB Futures） 5 年期政府债券期货 5-Year JGB Futures） 迷你 10 年期政府债券期货 Mini 10-Year JGB Futures）	预交易（只下单）：8：00（日本标准时间）；交易：9：00~11：00 预交易（只下单）：12：05；交易：12：30~15：00 预交易（只下单）：8：00（日本标准时间）；交易：9：00~11：00 预交易（只下单）：12：05；交易：12：30~15：00 预交易（只下单）：15：20；交易：15：30~18：00 最后交易日，交易在 15：00 结束
伦敦国际金融 期货期权交易所 （LIFFE）	英国政府长期债券期货 Long Gilt Futures） 英国政府中期债券期货 Medium Gilt Futures）	8.00~18.00 最后交易日，交易在 11：00 结束

资料来源：笔者整理。

（2）多采用早开市或迟收市的做法。国际上多数期货市场采取的是早开市或者迟收市的做法。境外债券现货和期货交易时间对比如表9-26所示。

表9-26　境外债券现货和期货交易时间对比

	美国	英国	日本
现货交易时间	8：30~17：00	8：00~16：15	8：40~17：00
期货交易时间	7：20~17：30	8：00~18：00	9：00~18：00
期货和现货交易时间对比	早开市迟收市	迟收市	迟收市

注：美国和英国的现货交易时间为现货集中成交时段。
资料来源：笔者整理。

2. 现券市场的交易时间

我国交易所债券市场的交易时间为9：30~11：30、13：00~15：00；银行间债券市场交易时间为9：00~12：00、13：30~16：30。国债期货时间的设定与现券市场分上下专场、中间有午休的特点相符合。我们选取了2011年全年银行间债券市场各时间段的成交情况进行分析，每15分钟作为一个时间区间，共分为24个区间（见图9-18）。10：00成交量开始快速上升，上午收盘前半小时达到最高峰。午后开盘后前15分钟交易相对不活跃，随后活跃度略有上升，尾盘呈低量水平化状态。

从各时间段的成交比例分析，上午的成交金额占全天成交金额的70.31%。9：30~15：00成交金额占全天成交金额的91.28%。15：15至收盘，成交金额仅占全天成交金额的4.28%。

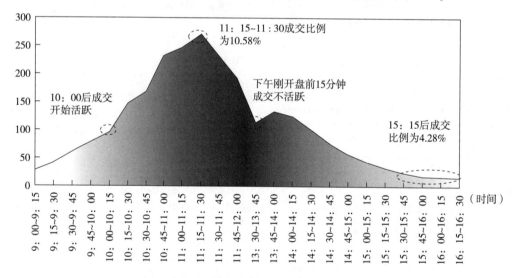

图9-18　2011年银行间现券分时段平均成交金额
资料来源：笔者整理。

另外，交易的最终成交时间比双方实际达成交易的时间会相对滞后。因为在达成交易后，交易双方还需要经过各自的相关业务操作流程。故银行间市场的活跃交易时间比图9-18显示的最终成交时间会有一定的提前。根据货币经纪公司、各银行间交易机构反馈的情况，上午开盘后半小时（即9：30左右）双方报价开始活跃，下午3：00以后新增报价较少。银行间市场交易活跃时间主要集中在9：30~15：00。因此，国债期货的交易时段覆盖了交易所市场的交易时段，也基本可以覆盖银行间市场的活跃交易时段。

3. 我国期货市场的交易习惯

我国商品交易时间分为上下两个交易专场：9：00~11：30、13：30~15：00。股指期货的交易时间也分为上下两个专场：9：15～11：30、13：00～15：15。

国债期货交易时间与我国股指期货的交易时间相一致，与我国商品期货的交易时间也基本吻合。这样有利于国债期货的平稳运作，同时方便交易所、会员单位和客户之间的结算。

4. 最后交易日交易时间的设定

世界上主要国家或地区的国债期货最后交易日只交易半天，我们设定国债期货最后交易日的交易时间为9：15～11：30。设定半天交易的做法可以让参与交割的客户有更多的时间去融券融钱，减少客户的违约风险，有利于交割的顺利进行。另外，依照我国现券市场的交易情况，上午的交易比下午更为活跃，期货的交易在上午可能也相对活跃，因而，最后交易日只交易半天，更有利于交割结算价的形成。

（八）每日价格最大波动限制——涨跌停板

1. 我国 5 年期国债期货是否应当设立涨跌停板

国际上对国债期货普遍没有设立涨跌停板制度，主要原因是国债现货和期货价格的波动幅度一般不大。在这种情况下，即使不设立涨跌停板，价格波动造成的市场风险也可以得到有效控制。但是，基于以下原因，我国的 5 年期国债期货仍应当设立涨跌停板。

首先，涨跌停板可以抑制市场的过度反应。如果设立涨跌停板，可以有效地减缓和抑制突发事件及过度投机行为对期货价格的冲击，平稳人们的恐慌心理，给市场一定的时间来充分化解这些因素对市场所造成的影响，使投资者回归理性。通过价格约束，防止价格的狂涨暴跌，维护正常的市场秩序。

其次，涨跌停板制度有助于降低面临价格不利变动的交易者的信用风险。作为一个新兴市场国家，我国的金融机构内部风险管理制度普遍不够完善，相当多的金融机构管理和承受金融风险的能力有限。因此，如果不设立涨跌停板，当市场价格出现较大的波动时，投资者的仓位损失可能会大大超过其保证金账户中的金额，弃仓动机增强。有了涨跌停板，价格波动范围受到限制，投资者可能的损失也不会超出其保证金，从而能够有效降低投资者的违约风险。

最后，从历史经验看，在市场发育初期设立涨跌停板，能够有效地维护市场的健康正常运作。从国债期货市场设立较早的美国来看，美国 CME 的 T-Bond 和 T-Bill 等国债期货品种曾长期设有涨跌停板制度，后于 2002 年取消。为了有效控制风险，我国也应借鉴美国经验，在国债期货上市初期设立涨跌停板制度。

我国银行间和交易所市场的国债现货交易没有价格涨跌幅限制。但是，在国内国债期货市场设立之初，为防止非理性交易行为影响期货市场的运作，避免债券期货价格过度波动，仍应设置价格限制，等到市场成熟以后，再撤销涨跌停板。因此，对国债期货设置涨跌停板，比较适合当前我国国情。

2. 国际市场情况

由于国债交易价格波动幅度较其他金融产品小，并且交易的主体为机构参与者，投资更为理性，因此国际上对债券期货设涨跌停板限制的交易所较少（见表9-27）。

表9-27　东京证券交易所债券期货涨跌停板设置一览表

交易所	契约名称	涨跌幅限制
东京证券交易所（TSE）	20 年期政府债券期货	正负 4.5 个点，每张合约 450 万日元 熔断：价格变化达到前一结算日的 3 点，交易暂停 15 分钟
	10 年期政府债券期货	正负三个点，每张合约 300 万日元 熔断：价格变化达到前一结算日的 2 点，交易暂停 15 分钟
	5 年期政府债券期货	
	迷你 10 年期政府债券期货	正负三个点，每张合约 30 万日元 熔断：和 10 年期国债一致

资料来源：笔者整理。

3. 我国 5 年期国债期货涨跌停板的设计

（1）涨跌停板设计思路。设定涨跌停板的主要目的与出发点在于减缓和抑制突发事件和过度投机对期货价格的冲击，因此合理的涨跌停板应根据期货合约的极端价格波动来制定。合理的涨跌停板 L 应满足：$P_r(|\Delta F_t/\Delta F_{t-1}|>L) \leq c$，其中 c 表示涨跌停板对价格波动控制的概率，称为价格的极端波动比率。金融资产价格变动的分布往往具有明显的厚尾特征，无法用正态分布有效描述，由于只需要研究极端价格变动的分布，可以采用极值理论来研究该问题。极值理论只研究极端值的分布特征，它可以在总体分布未知的情况下，依靠样本数据，得到总体中极端值的变化性质。

拟合极值分布常用的方法有两种：一种是区组最大值法（Block Maximum Method，BMM）；另一种是超越极值模型（Peaks Over Threshold，POT）。POT 模型是研究金融资产价格行为时最常用的方法，它描述了任意分布尾部的超额数分布，它可由广义 Pareto 分布来逼近。

（2）设定涨跌停板的数据。由于国债期货尚在开发阶段，我国期货合约的历史交易数据暂无，只能通过采用历史收益率来模拟名义标准券（5 年，票面利率 3%，每年付息一次）价格的方式来模拟期货价格，进而得到理论期货价格每日涨跌的幅度数据。选取 2004 年 12 月 31 日至 2012 年 1 月 16 日银行间固定利率国债收益率的数据，共得到 1757 个数据作为初始数据。经过计算，模拟的期货价格和其日涨跌幅如图 9-19 所示。

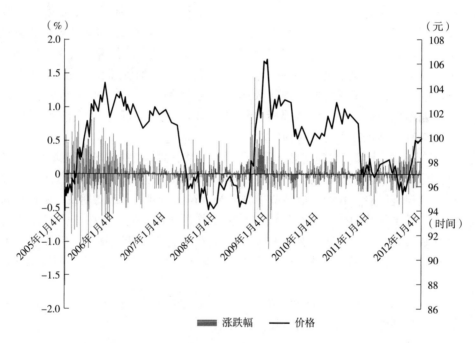

图 9-19　银行间固定利率国债价格走势及日涨跌幅

资料来源：笔者整理。

（3）涨跌停板的计算步骤。在每日期货理论价格数据的基础上可得到理论期货价格每日涨跌的幅度数据 $\{X_i\}$（$X_i = |r_i|$，i=1，2，…，n，由于涨停板、跌停板的设置是完全对称的，因此只对涨跌幅的绝对值做统计，分布如图 9-20 所示。

由于只研究尾部的数据，决定尾部开始的阈值选择非常关键。尾部太长会使得到的涨跌停幅度偏小，尾部太短、数据量过少会使得统计的意义降低。决定尾部的思路是以 X_i 为样本，选择数据分布规律性开始变差的点作为尾部阈值，为此可以采用 Hill 图方法（见图 9-21），将观测数据 X_i 从大到小进行排序：

$$X(1)>X(2)>\cdots>X(n)$$

并构造 Hill 统计量：

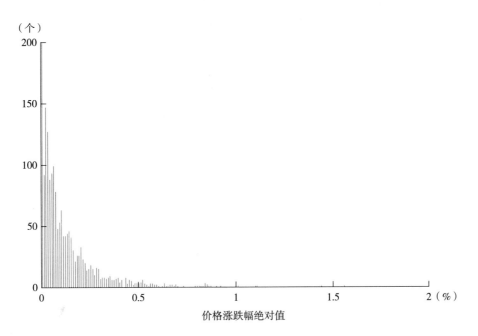

图 9-20　日涨跌幅绝对值统计

资料来源：笔者整理。

$$H_{k,\,n} = \frac{1}{k} \sum_{i=1}^{k} \ln\left(\frac{X(i)}{X(k)}\right)$$

其中，k 是超过阈值的样本数量，画出（k，$H_{k,n}^{-1}$）得到 Hill 图，如图 9-21 所示，在图中选取 k 使统计量 H 趋于稳定，X（k）即可作为阈值。

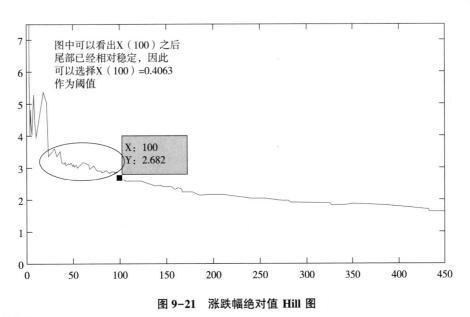

图中可以看出X（100）之后尾部已经相对稳定，因此可以选择X（100）=0.4063作为阈值

X：100
Y：2.682

图 9-21　涨跌幅绝对值 Hill 图

资料来源：笔者整理。

从图 9-21 可见，阈值确定为 X（100）= 0.4063 较为合理，即选择涨跌幅大于 0.4063% 的部分应用于极值理论来决定极端波动。如图 9-22 所示区域，共选取数据 99 个，占总数据量的 6%。

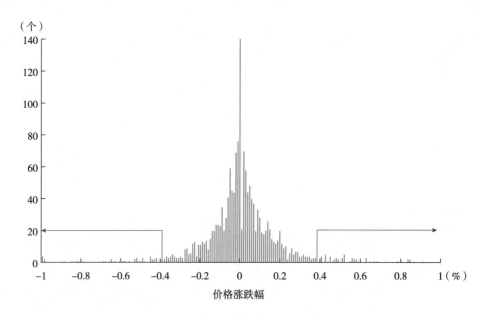

图 9-22　涨跌幅分布

资料来源：笔者整理。

确定了阈值之后，用尾部数据进行分布的参数估计，估计方法主要有极大似然估计法（Maximum Likelihood，ML）与概率加权矩估计法（Probability Weighted Moments，PWM）。这里采用极大似然估计方法来拟合尾部数据，分布与尾部数据的拟合情况如图 9-23 所示。

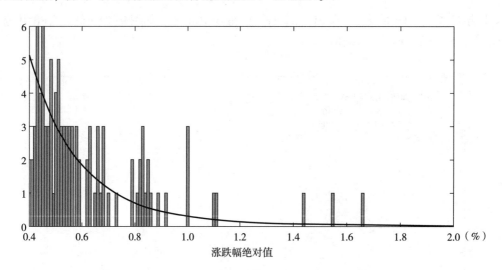

图 9-23　广义 Pareto 分布与尾部超额数分布拟合图

资料来源：笔者整理。

为了更清晰地检验拟合效果，做 Q-Q 图，如图 9-24 所示。

从图 9-24 可以看出尾部数据点基本在该分布确定的直线附近，预示拟合效果良好，可以用于计算涨跌停幅度。

（4）涨跌停板的计算结果。根据以上拟合得到的函数，得到的计算结果如表 9-28 所示。

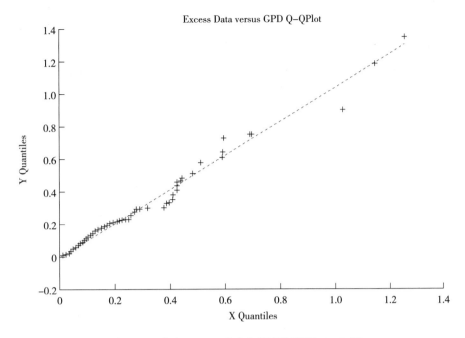

图 9-24　广义 Pareto 分布与尾部超额数 Q-Q 图

资料来源：笔者整理。

表 9-28　银行间市场

极端波动比率（c）（%）	5	3	1	0.5	0.3	0.1	0.0118
涨跌停幅度（L）（%）	0.4304	0.5363	0.7787	0.9427	1.0695	1.3598	2

资料来源：笔者整理。

用同样的方法，取 2006 年 2 月 27 日至 2012 年 1 月 16 日的交易所固定利率国债收益率的数据，共得到 1471 个数据，经过计算得到的结果如表 9-29 所示。

表 9-29　交易所市场

极端波动比率（c）（%）	5	3	1	0.5	0.3	0.1	0.0125
涨跌停幅度（L）（%）	0.3696	0.4575	0.6718	0.8269	0.9522	1.2578	2

资料来源：笔者整理。

涨跌停幅度的设定取决于交易所设置的极端波动比率（c）。在抑制市场过度反应的同时，为了不影响期货的现货价格发现功能，极端波动比率不能过大，但也不能太小，太小则不能有效抑制风险。一般选取 c 的值可以小于 0.1%，因而，涨跌停板可以设置在 1.5% 左右。

上面计算的国债期货价格涨跌停板水平是基于模拟的国债期货价格波动数据，模拟的国债期货价格波动只考虑了现货价格波动，但国债期货还可能受期现货基差风险、最便宜可交割券突变而导致价格较大波动以及由于高杠杆造成的过度投机等因素的影响，因而实际期货的价格波动性可能要大于模拟的期货价格波动。

基于以上分析，我们可以将上面设计出的国债期货价格涨跌停板水平酌情放大一些作为最终的涨跌停板。2% 的涨跌停幅度既不会影响市场的流动性，又能够有效限制期货市场的过度波动。

（5）中国人民银行调息时期对国债期货波动的影响。在我国债券市场中，对国债及其期货价格影响最大的因素来自中国人民银行对基准利率的调整。在之前的模拟中，包含了 17 次基准利率的调整，但是为了对这一因素再做进一步的探讨，再单独就降息的影响做一个简单的分析。

取样本中最后一例，即 2012 年 1 月 16 日的银行间固定利率 5 年期国债收益率为 3.0582%，净价 99.72 元，修正久期 4.60，凸性 27.55，当期的市场基准利率为 3.5%。这里假设收益率曲线是平行移动的，即基准利率的调整对各期限国债收益率造成相同的影响（事实上在收益率水平整体下行的情况下，收益率曲线会呈现陡峭化，即长端收益率下行幅度小于短端），得到结果如表 9-30 所示。

表 9-30　基准利率调整对国债价格变化幅度影响

2012 年 1 月 16 日收益率 3.0582% 净价 99.72 元 修正久期 4.60 凸性 27.55					
基准利率变化（bp）	−50	−40	−30	−20	−10
国债价格变化幅度（%）	2.32	1.85	1.38	0.92	0.46
基准利率变化（bp）	10	20	30	40	50
国债价格变化幅度（%）	−0.45	−0.91	−1.36	−1.80	−2.25

资料来源：笔者整理。

结合我国近几年的调息幅度来看，每次幅度大致为 25 或 27bp，但存在某阶段连续调整利息的情况，因此一次基准利率的调整引起的预期变化幅度可能大于 25bp，相应地，对国债期货价格的波动影响也就更大，但 2% 的涨跌幅基本可以覆盖由于基准利率调整引起的期货价格波动。

（九）最低交易保证金水平设定

1. 国际上国债期货的保证金设定

国际市场上，由于国债期货价格的波动性较小，保证金水平也相对较低。EUREX 国债期货合约的保证金按照合约面值的一个固定百分比收取。EUREX Clearing AG 的风险管理部门采用风险基础法，通过数学模型，计算整个账户的风险敞口。表 9-31 是 EUREX 在 2011 年 6 月 16 日的保证金水平。CME 国债期货的保证金分为初始保证金和维持保证金，按照国债期货合约面值的一个固定数额收取。表 9-32 是 CME 在 2011 年 3 月到期合约的保证金水平。表 9-33 是在东京证券交易所交易的国债期货合约从 2011 年 6 月 20 日到 2011 年 6 月 24 日的保证金水平，公布的时间是 2011 年 6 月 13 日。

表 9-31　EUREX 保证金水平

国债期货合约名称	合约面值（欧元）	当前的保证金系数（%）	当前的保证金（欧元）
短期欧元债券期货 ［Euro-SCHATZ（FGBS）］	100000	0.47	470
中期欧元债券期货 ［Euro-BOBL（FGBM）］	100000	1.25	1250
长期欧元债券期货 ［Euro-BUND（FGBL）］	100000	1.87	1870
超长期欧元债券期货 ［Euro-Buxl（FGBX）］	100000	3.17	3170

注：其中当前的中期欧元债券期货的保证金在 1.25% 左右。

资料来源：笔者整理。

表 9-32　CME 保证金水平（每张合约）

	维持保证金	维持保证金相对合约面值（%）	初始保证金（美元）	初始保证金相对合约面值（%）	初始与维持保证金比率（%）
10 年期（10 Year T-Note）	1300	1.3	1755	1.755	135
5 年期（5 Year T-Note）	1100	1.1	1485	1.485	135
3 年期（3 Year T-Note）	1000	1.0	1350	1.350	135
2 年期（2 Year T-Note）	900	0.9	1215	1.215	135

资料来源：笔者整理。

表 9-33　TSE 保证金水平

代码	合约	价格扫描范围（日元）	波动性变化（%）
0004	5 年期国债	230000	0.32
0001	10 年期国债	720000	0.60
	Mini 10 年期国债	72000	0.60

注：5 年期和 10 年期国债期货分别于 2013 年、2015 年上市。原文档为 2013 年制作，因此个别代码缺失。
资料来源：笔者整理。

2. 保证金比率的设计思路

保证金是期货风险控制的第一道防线，保证金过低则可能不足以弥补可能发生的损失，造成保证金账户透支，增加交易者违约的可能性，而太高的保证金水平也会导致交易成本的增加，影响市场交易的积极性和活跃性，降低市场流动性。因此，保证金水平的设定，实际上是风险控制效果和交易成本两者之间的权衡。从我国的实际情况看，控制风险是第一位的。在风险得到有效控制的前提下，将来可以考虑选择适当的基于波动率的保证金模型，使得交易成本最小。

保证金水平主要取决于下一个交易日的价格波动水平。假定今天是 2012 年 1 月 16 日，则保证金应该可以覆盖客户 2012 年 1 月 17 日在一定概率条件下的损失。

我们采用了历史模拟法来确定保证金水平。历史模拟法假定金融资产的风险因子在历史上发生的变动，在未来也可能发生，然后把风险因子的历史改变而导致的价格变化叠加在当前金融资产的价格上，以构建资产价值的未来损益分布。使用历史模拟法，可估计在不同的风险度下下一交易日可能的损益。

使用历史模拟法的计算步骤如下：①确定风险因子，国债的风险因子为利率，具体到标准券价格的风险因子为国债 5 年到期收益率。②选取历史区间的长度，搜集国债到期收益率的资料。具体选取了 2004 年 12 月 31 日至 2012 年 1 月 16 日银行间固定利率国债收益率 1757 个数据，2006 年 2 月 27 日至 2012 年 1 月 16 日的交易所固定利率国债收益率 1471 个数据。③计算历史上每个风险因子相对于其前一日的收益，根据当日的到期收益率水平和历史相对收益变化，来预测下一日到期收益率。④在预测了下一日到期收益率水平后，计算下一日可能的债券价格以及相对于当日的债券价格变化，对变化大小进行排序。⑤根据所要估计的置信度水平，确定下一日在一定置信水平下的损益，以确定保证金水平。

图 9-25 和图 9-26 假定 2012 年 1 月 16 日为交易日当天，下一交易日 1 月 17 日收益率变化分布图，表 9-34 和表 9-35 是不同的风险度下可能出现的下一交易日损益。

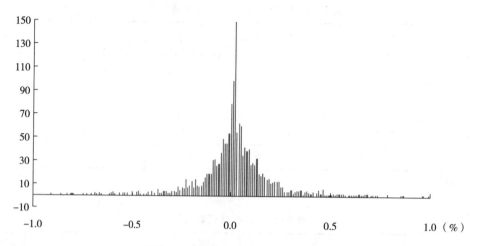

图 9-25 银行间下一交易日损益分布

资料来源：笔者整理。

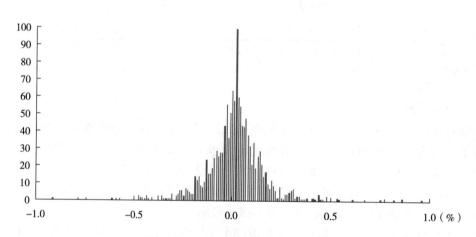

图 9-26 交易所下一交易日损益分布

资料来源：笔者整理。

表 9-34 银行间市场 单位：%

置信区间	95	97	99	99.5	99.9
极端日损益	0.4578	0.5863	0.8030	1.0040	1.4460

资料来源：笔者整理。

表 9-35 交易所市场 单位：%

置信区间	95	97	99	99.5	99.9
极端日损益	0.3145	0.4188	0.6657	0.8518	1.0158

资料来源：笔者整理。

综合考虑两个市场的结果，以及整个保证金确定方法的模型风险，从控制风险为首的角度出发，最终确定静态保证金为2%，这基本能够涵盖国债期货的价格波动状况，同时也覆盖了1个涨跌停板，能有效地防范违约风险。

这个保证金水平高于国际上各交易所国债期货的保证金水平，而且相对于只收取净头寸的保证金方法而言，风险控制效果更佳。

（十）最后交易日

最后交易日的确定一般均根据各国期货交易的惯例而定，欧洲期货交易所的最后交易日放在合约月份的中上旬，而美国芝加哥商品交易所、澳大利亚证券交易所、韩国证券期货交易所、东京证券交易所等则将最后交易日放在合约月份的下旬（见表9-36）。

表9-36　主要国债期货合约最后交易日比较

交易所	契约名称	最后交易日
欧洲期货交易所（EUREX）	长期欧元债券期货（Euro-BUND Futures）	交割日前两个交易日，在合约月份的合约于欧洲中部时间中午12：30停止交易
	中期欧元债券期货（Euro-BOBL Futures）	
	短期欧元债券期货（Euro-SCHATZ Futures）	
美国芝加哥商品交易所（CME）	10年期国债期货（10-Year Treasury Note Futures）	交割月倒数第七个工作日
	5年期国债期货（5-Year Treasury Note Futures）	交割月最后一个工作日
	3年期国债期货（3-Year Treasury Note Futures）	交割月最后一个工作日
	2年期国债期货（2-Year Treasury Note Futures）	交割月最后工作日
澳大利亚证券交易所（ASX）	3年期澳大利亚政府债券期货（3-Year Commonwealth gov. Treasury Bond Futures）	交割月的第15天，若遇非工作日，则顺延至下一工作日
	10年期澳大利亚政府债券期货（10-Year Commonwealth gov. Treasury Bond Futures）	
韩国证券期货交易所（KRX）	10年期国债期货（10-Year KTB Futures）	交割月的第三个星期二
	5年期国债期货（5-Year KTB Futures）	
	3年期国债期货（3-Year KTB Futures）	
东京证券交易所（TSE）	10年期政府债券期货（10-Year JGB Futures）	最后交割日前的第七个工作日
	5年期政府债券期货（5-Year JGB Futures）	同上
	迷你10年期政府债券期货（Mini 10-Year JGB Futures）	10年期国债期货最后交割日前的第八个工作日
伦敦国际金融期货期权交易所（LIFFE）	英国政府长期债券期货（Long Gilt Futures）	交割月最后工作日前两个工作日
	英国政府中期债券期货（Medium Gilt Futures）	

资料来源：笔者整理。

为了使到期月新发行的国债尽可能进入交割，我们对2009年至2012年5年、7年的国债发行月份和日期进行了统计，近几年在12月下旬和1月上旬基本没有发过国债，在各交割月发行的期数也不多。进一步对3月、6月、9月和12月发行的5年和7年期国债的发行日期进行统计，发现所有的发行日期都在各季月的第二个星期五之前（见图9-27）。因此，最后交易日设定在季月的第二个周五，基本能够把当季新发行的 5 年期和 7 年期国债纳入可交割国债范围。

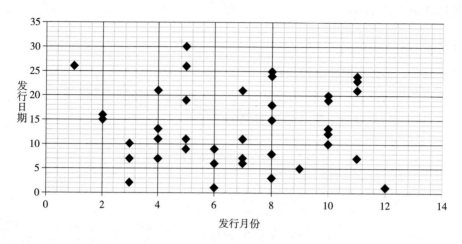

图 9-27　国债发行月份和日期统计

资料来源：笔者整理。

我国银行间市场国债投资者在季末有资金和监管的压力，季末效应比较明显。为了避开每季度下旬这一敏感时期，保证国债期货交割的安全和顺畅，我们将国债期货最后交易日定于合约到期月份的第二个星期五。

（十一）交割方式

国债期货的交割方式主要有实物交割与现金交割。实物交割是指期货合约的买卖双方于合约到期时，根据交易所制定的规程，通过转移期货合约标的物的所有权，将到期未平仓合约进行了结的行为。现金交割是指到期未平仓期货合约进行交割时，用现金结算价格来计算未平仓合约的盈亏，以现金支付的方式最终了结期货合约的交割方式。

国际上绝大多数国家或地区的国债期货采用实物交割制度，只有澳大利亚、韩国等国债现货市场规模较小的少数国家采用现金交割。我国国债现货存量充足，财政部国债发行日趋规律化，债券回购等市场日益成熟，国债期货采用实物交割方式的条件已经具备。

（十二）最后交割日

境外国债期货最后交割日的确定有以下三种方式：一是将最后交割日定于合约月份的某日，如果此日非工作日，则顺延，如东京证券交易所和欧洲期货交易所。二是将最后交割日定于最后交易日后的某一天，如韩国证券期货交易所。三是滚动交割中，将最后交割日定在合约月份的任何一天，如伦敦国际金融期货期权交易所和美国芝加哥商品交易所的国债期货交割（见表 9-37）。

表 9-37　主要国债期货合约交割日比较

交易所	契约名称	最后交割日
欧洲期货交易所（EUREX）	长期欧元债券期货（Euro-BUND Futures）	合约月份第十个日历日，若该日非营业日，则顺延至最近的营业日
	中期欧元债券期货（Euro-BOBL Futures）	
	短期欧元债券期货（Euro-SCHATZ Futures）	

交易所	契约名称	最后交割日
美国芝加哥商品交易所（CME）	10 年期国债期货（10-Year Treasury Note Futures）	合约月份最后一个工作日
	5 年期国债期货（5-Year Treasury Note Futures）	最后交易日后的第三个工作日
	3 年期国债期货（3-Year Treasury Note Futures）	
	2 年期国债期货（2-Year Treasury Note Futures）	
澳大利亚证券交易所（ASX）	3 年期澳大利亚政府债券期货（3-Year Commonwealth gov. Treasury Bond Futures）	最后交易日后的第一个工作日
	10 年期澳大利亚政府债券期货（10-Year Commonwealth gov. Treasury Bond Futures）	
韩国证券期货交易所（KRX）	10 年期国债期货（10-Year KTB Futures）	最后交易日后的第一个工作日
	5 年期国债期货（5-Year KTB Futures）	
	3 年期国债期货（3-Year KTB Futures）	
东京证券交易所（TSE）	10 年期政府债券期货（10-Year JGB Futures）	合约月份第 20 天
	5 年期政府债券期货（5-Year JGB Futures）	
	迷你 10 年期政府债券期货（Mini 10-Year JGB Futures）	最后交易日后的第二个工作日
伦敦国际金融期货期权交易所（LIFFE）	英国政府长期债券期货（Long Gilt Futures）	交割月的任何一个工作日（卖方决定）
	英国政府中期债券期货（Medium Gilt Futures）	

注：LIFFE 的 GILT 债券期货的交割可以在第一通知日和最后通知日之间的任何一天进行。第一通知日是指合约月份开始前的倒数第二个工作日。最后通知日是指最后交易日后的第一个工作日。交易所在第一通知日前的第十个工作日或者更早一些时候公布可交割国债名单。LIFFE 在整个通知期间的每个工作日都公布债券的交割结算价格（Exchange Settlement Delivery Price，ESDP），此价格构成可交割国债的发票价格的计算基础。

资料来源：笔者整理。

在现有实行实物交割的国债期货品种中，最后交易日与最后交割日间的时间间隔长短不一。最长的有 7 天，最短的有 2 天。美国芝加哥商品交易所和东京证券交易所开展国债期货较早，因其国债期货最后交易日的确定更多地受到商品期货交割惯例的影响，最后交易日和最后交割日间的间隔长达 7 天。然而在欧洲期货交易所、伦敦国际金融期货期权交易所，最后交易日和最后交割日的时间间隔较短，只有 2 天的时间间隔。

我国最后交割日的确定主要考虑最后交易日和最后交割日之间间隔，即考虑债券结算、跨市场过户的时间。依据交易所与债券托管机构之间的沟通，以及目前制定的实物交割流程，最后交易日和最后交割日之间相隔三日。因此，我们决定 5 年期国债最后交割日为最后交易日后的第三个工作日。

（十三）合约代码

根据简便易记原则，并与现有股指期货和商品期货两个英文字母［如股指期货（IF）、铜（CU）、铝（AL）、橡胶（RU）、燃料油（FU）］规律一致，建议我国 5 年期国债期货的交易代码为 TF（Treasury Five-Year），未来 2 年期国债可取 TT（Treasury Two-Year），10 年期国债可取 TN（Treasury Note），长期国债可取 TB（Treasury Bond）。

第二节　国债期货主要风险管理制度设计

交易所是国债期货集中交易的场所，也是防范国债期货交易风险的主要部门。交易所的风险控制制度是国债期货风险管理和防范的关键。目前交易所主要有四种风险管理措施。

一、保证金制度

保证金制度是保障市场安全的基础之一。为了确保履约，维护交易双方的合法权益，实行保证金制度。在期货合约的挂盘时间内，可根据市场不同阶段的风险控制需要，设置不同的保证金要求，主要分为一般交易月份合约最低保证金和防止交割违约的临近交割期保证金。

（一）合约最低保证金

保证金代表了客户履行合约的财力保证，凡参与期货交易，无论买方还是卖方，均需按所在交易所的规定缴纳保证金。目前国债期货最低交易保证金设定为2%。

（二）临近交割期保证金

临近交割期保证金制度是国债期货合约的一个重要条款。合理的梯度保证金制度，有利于引导没有交割意愿或能力的投资者将交易转向非交割合约，对防止交割违约并且抑制交割月逼仓等风险事件的发生具有重要作用；同时也是交割守约方获得资金补偿和交割流程顺利进行的重要保障。

我们在对国内主要商品期货合约的梯度保证金设置进行深入研究的基础上，将商品期货价格与国债期货模拟价格波动进行了对比分析。国债期货的日波动幅度仅为商品期货日波动幅度的1/6~1/10，故相比于商品期货预留合约价值30%左右的违约金和赔偿金，国债期货预留合约价值4%的交割保证金足以达到控制日常交易风险和出现交割违约时需要支付交割违约金的双重要求。

同时考虑国债期货每个合约仅有3个月左右的活跃期，短于商品期货6~9个月的活跃期，故交易保证金提高频次可由商品期货的4~5级降为2级梯度提高。交割期间梯度保证金设定为交割月前一月中旬的第一个交易日，将交易保证金由平时的2%提高至3%，交割月前一个月下旬的第一个交易日起提高至4%。

二、涨跌停板制度

（一）我国国债期货运行初期应设立涨跌停板

我国银行间和交易所市场的国债现货交易没有价格涨跌幅限制。但是，在国内国债期货市场设立之初，为防止非理性交易行为影响期货市场的运作，避免债券期货价格过度波动，仍应设置价格限制，等到市场成熟以后，再撤销涨跌停板。

（二）国际市场情况

由于国债交易的价格波动幅度较其他金融产品小，并且国债交易的主体为机构参与者，投资更为理性，因此国际上对债券期货设涨跌停板限制的交易所较少。

（三）涨跌停板幅度

根据过去几年国债的历史波动数据，5 年期国债价格日波动大于 1% 的可能性是 0.3%。但国债期货还可能受期现货基差风险以及由高杠杆造成的过度投机等因素的影响，因而实际期货的价格波动性可能要大于模拟的期货价格波动，因此涨跌停板的幅度设置为 2%。

三、持仓限额制度

持仓限额是指交易所规定的会员或者客户对某一合约单边最大持仓数量，是期货交易所为防止市场风险过度集中于少数交易者，以及防范市场操纵行为而采取的主要风险控制措施之一。当国债期货合约进入交割期后，为了降低市场逼仓风险以及交割违约率，一般情况下交易所会采用更为严格的持仓限额制度，因此限仓会分为一般月份限仓和交割月份限仓两大类。持仓限额制度针对不同的群体，标准也有所不同，主要分为套保套利客户持仓审批制度、结算会员限仓制度和投机客户限仓制度。

境外成熟国债期货市场上，由于市场特征和交割需要的不同，各个交易所制定的持仓限制标准并不相同，有的对一般月份和交割月均制定了持仓限制，有的则没有。我们在制定限仓标准时，重点结合国内国债现货市场的交易情况，从投机者资金水平、市场流动性等方面进行综合考虑。

（一）结算会员限仓

根据我国股指期货与国债期货保证金 6 倍的比例，以及全球国债期货与股指期货的持仓金额近似 6 倍的比例推算，我国国债期货的会员限仓标准可设定为 60 万手，即某一国债期货合约结算后单边总持仓量超过 60 万手的，结算会员下一交易日该合约单边持仓量不得超过该合约单边总持仓量的 25%。

（二）投机客户限仓

（1）一般月份投机客户限仓。我们从控制投机客户持有国债期货总量以及批量下单对价格冲击幅度两个角度出发，设计相应的数学模型，得出了一般月份持仓限额标准。第一，从控制投机客户持有国债期货总量角度出发，我们以国债现货市场个人和一般法人账户持有国债的情况，来近似代表未来国债期货投机客户的账户情况。将投机客户的账户资金进行分类统计，低于持仓限额标准的维持原持仓规模，高于持仓限额标准的降低至持仓限额水平，然后加总市场全部投机客户持仓金额，最终我们得出限仓标准为 1250 手。1250 手的限仓水平限制了 1.13% 投机客户的持仓规模，而满足了 98.87% 投机客户的持仓规模。第二，从控制批量下单对价格冲击幅度角度出发，我们利用估算的国债期货不同下单手数对价格档位影响的数据，得出限仓标准为 1740 手，即最大下单手数为 1740 手，价格最大冲击幅度为 10 个档位。综合以上结论，为了严格控制风险，取上述两个结果的最小值 1250 的整百位 1200 手来作为一般月份投机客户的限仓标准。

（2）交割月份投机客户限仓。运用一般月份投机限仓中的模型思想，从控制投机客户交割国债期货总量以及批量下单对价格冲击幅度两个角度出发，得出了交割月份持仓限额标准。第一，从控制投机客户交割国债期货总量角度出发，得出限仓标准为 300 手。300 手的持仓水平限制了 0.14% 账户的交割，而满足了 99.86% 账户的交割。第二，从控制批量下单对价格冲击幅度角度出发，得出限仓标准为 730 手，即最大下单手数为 730 手，价格最大冲击幅度为 10 个档位。综合以上结论，为了严格控制风险，取上述两个结果的最小值 300 手来作为交割月份投机客户限仓标准。在持仓限额的研究过程中，我们对国债期货持有量、交割量、国债期货下单手数与价格波动关系进行了估计，估计误差可能会对最终持仓限额结论产生一定的影响。在国债期货上市后，根据实际的投机者持有、交割国债期货，以及国债期货市场流动性情况，可以考虑对限仓标准做动态调整。

四、大户报告制度

交易所实行大户持仓报告制度。交易所可以根据市场风险状况，公布持仓报告标准。从事自营业务的交易会员或者客户，进行套期保值交易、套利交易、投机交易的不同客户号下的持仓应当合并计算；同一客户在不同会员处的持仓合并计算。达到大户报告标准的会员和客户应按照交易所的要求进行报告。国债期货的大户报告制度可参照股指期货的大户报告制度执行。

第三节　国债期货交割制度设计

国债期货交割业务的顺利开展，对于发挥国债期货功能，保障国债期货平稳运行具有重要的意义。针对国债期货交割业务，中国金融期货交易所（以下简称"中金所"）做了大量的工作，包括对国际上主要国债期货和国内商品期货的交割业务进行深入研究，广泛征求国内外各个交易所、期货公司、证券公司等机构对国债期货交割方案的意见和建议，多次拜访各债券托管机构就跨市场交割过户进行沟通协商等。经过深入研究和不断优化，目前已形成了一套完善的国债期货交割业务方案，交割流程各个环节畅通可行。

一、国债期货实物交割制度总体设计

国债期货实物交割制度涉及可交割国债范围的确定、交割配对原则的选用以及国债跨市场转托管方式等。在设计过程中，主要基于以下三个原则：第一，能有效防止逼仓现象的发生，尽量防止交割违约；第二，实现跨市场托管的国债过户，方便各类客户参与交割，促进国债期货价格发现功能的发挥；第三，合理设计交割流程，提高交割效率，降低投资者的交割成本。

（一）可交割国债范围

国债期货采用名义标准券设计，在合约到期时，一篮子可交割国债可以替代交收。借鉴境外国债期货市场的做法，中金所于每次合约上市前，根据可交割国债标准确定可交割国债的具体品种和转换因子，并向全市场公布。

5 年期国债期货合约的可交割国债标准为在交割月第一个自然日剩余期限为 4~7 年的记账式国债。在交割期间上市交易的 5 年期和 7 年期国债可以参与交割。

由于可能存在跨市场交割，可交割国债必须在银行间债券市场、交易所债券市场交易结算和托管。由于商业银行记账式国债柜台市场规模较小，其国债暂不列入可交割国债范围。

（二）国债期货交割券款交收方式

国债期货交割券款交收方式是设计国债期货交割方案的核心问题。中金所实施分级结算体系，即分中金所—结算会员—客户多个层级进行结算。交易所对全部结算会员交割提供集中履约担保，结算会员保证其所代理的客户履约。因此，客户的实物交割业务须由结算会员代为办理。

1. 交割国债过户方式

我国的记账式国债集中存管在特定的机构，并采取分级托管体制。根据财政部《国债跨市场转托管业务管理办法》中的规定："国债实行分级托管体制，财政部授权中央国债公司承担国债的总登记职责；

授权各托管机构分别承担在特定市场交易国债的登记、托管职责。"5 年期国债期货的可交割国债按其托管机构分，银行间债券市场的债券托管在中债登，交易所债券市场的国债托管在中证登，而中证登又分为中证登上海分公司和深圳分公司。因此，国债期货的交割实际上涉及三个场所（见图 9-28）：中债登、中证登上海和中证登深圳。由于各托管机构的国债都能参与交割，国债期货交割存在跨市场的可能。

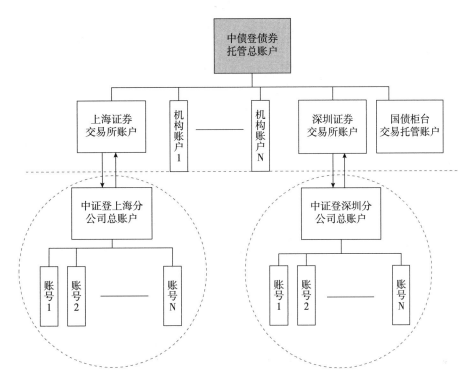

图 9-28　国债分级托管体系示意图

资料来源：笔者整理。

国债期货上市后，参与交割的客户不仅包括银行、证券等机构投资者，也包括具有资金实力的个人投资者，但目前中债登和中证登有关客户开户规定存在差异：个人可以在中证登开户，但不能在中债登开户；银行可以在中债登开户，但只有上市股份制商业银行可以在中证登开户。另外，财政部对国债在两个托管机构之间的转移也有明确的规定。财政部颁布的《国债跨市场转托管业务管理办法》中规定："本办法所称跨市场转托管（以下简称"转托管"）是指同一国债托管客户（以下简称"客户"），将持有国债在不同托管机构间进行的托管转移"。因此，若交割匹配的买方和卖方不能在同一个市场有账户，则在国债期货交割中可能存在无法跨市场过户的问题。

中金所在各托管机构开立"国债期货交收账户"，则可以很好地解决以上问题。具体地，在国债期货交割中，要求卖方客户先把券转入中金所账户，在交割款交付后，再从中金所账户把券划入买方客户账户。不同市场多空客户间券的跨市场过户，则可通过中金所账户在不同托管机构之间的"跨市场转托管"来实现。具体如图 9-29 所示。为提高交割效率，简化交割流程，国债期货交割要求在中证登开户进行交割的投资者须在上海和深圳都开户，中金所将不必在中证登上海和深圳之间进行转托管。

根据《期货交易管理条例》，中金所有提供"集中履约担保"的责任，有履行"组织和监督"交割的义务。因此，在各债券存管机构开立"国债期货交收账户"进行国债期货交割中券的集中交收，不仅可以解决以上跨市场过户的问题，而且有利于交易所履行法定的职责。

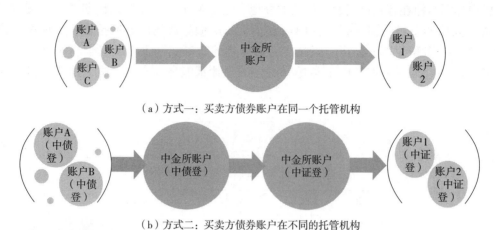

（a）方式一：买卖方债券账户在同一个托管机构

（b）方式二：买卖方债券账户在不同的托管机构

图9-29 国债期货债券过户方式

资料来源：笔者整理。

2. 交割款过户方式

在国债期货交割中，交割款过户利用中金所现有的保证金账户体系，通过买卖方会员在中金所的保证金账户进行划转。根据分级结算制度，买方客户向其结算会员交付交割款，结算会员将其交割款打入中金所保证金账户，中金所在日终结算时，从买方结算会员结算准备金中划转应付交割款至卖方结算会员的结算准备金，卖方会员当日可以申请出金，卖方客户可于期货公司当日结算后拿到交割款，从而完成国债期货交割的交割款过户（见图9-30）。

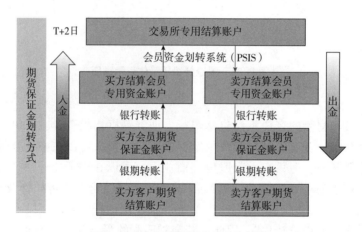

图9-30 中金所保证金出入金流程

资料来源：笔者整理。

二、国债期货实物交割总体流程

各债券托管机构作为国债期货的交割场所，国债期货的交割需要其大力支持和密切配合。在与中债登、中证登充分交流和沟通的基础上，制定了现有的交割流程。交割流程包括两个阶段：第一阶段为自交割月第一个交易日至最后交易日的前一个交易日，持有交割月合约的买卖方主动提出交割申请，交易所按照"申报时间优先"原则选取买方和卖方进入交割；第二阶段为最后交易日闭市后，同一客户所持有的该交割月合约买卖持仓相对应部分自动平仓后，剩余未平仓交割合约自动进入交割程序。

国债期货实物交割总体流程如图 9-31 所示。

交割月第一个交易日至最后交易日的前一交易日，卖方客户申报交割意向和交割券信息，买方客户申报交割意向和债券账户。交易所收盘结算时，确定当日交割量和进入交割的买方和卖方，收取交割手续费，调节持仓量，并通知结算会员相关交割信息。该日称为意向申报日。

意向申报日后的第一个交易日为卖方交券日。交易所向托管机构发送卖方过户清单、买方账户信息。托管机构将卖方客户的待交割国债划入中金所账户，并检查买方现货账户的有效性。

意向申报日后的第二个交易日为配对缴款日。交易所在确认卖方待交割券已划入中金所账户后，对买卖方进行交割配对，向会员发布配对结果，通知买方需缴纳的货款，并根据过户清单，向中债登、中证登发送转托管指令。债券托管机构开始债券转托管相关业务操作。收盘结算时，交易所释放买方和卖方保证金至结算准备金，并从买方结算准备金中扣划交割货款至卖方结算准备金。卖方客户当日可以出金。

意向申报日后的第三个交易日为买方收券日。交易所确认转托管完成，并向各托管机构发送过户指令。各托管机构从中金所账户上将债券划入买方账户。债券托管机构向中金所反馈国债现货交收结果。交易所通知结算会员过户完成，并发送交割清单给会员。

在最后交易日，将实行一次性的集中交割。交易所计算国债期货交割结算价，同时，交易所整理客户交割量，同一客户号持有的该交割月合约多空持仓进行对冲。在最后交易日的下一交易日，卖方客户通过结算会员向中金所申报交割券信息和交割量，买方申报债券账户。剩余流程与前述交割流程完全相同。

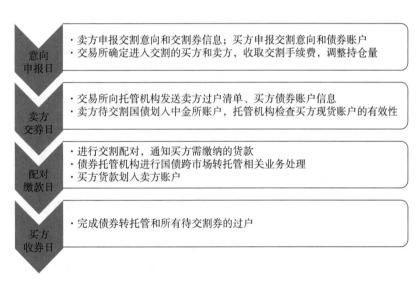

图 9-31 国债期货实物交割示意图

资料来源：笔者整理。

综合产品设计　　碳期权产品创新

材料一：相关概念

所谓"碳排放权"，即为实现可持续发展，国家、组织和个人等碳排放主体依法获得的可以向大气排放温室气体的权利，这一权利建立在不超出大气环境容量承载能力的基础上，这里温室气体并不单指二氧化碳，由于其中二氧化碳所占的比重最大，因此将这些温室气体的排放权统一称作"碳排放权"。根据

《中华人民共和国物权法》中事物的三个方面来理解碳排放权，碳排放权主体为组织及个人，这些主体有义务在碳排放超过大气负荷时减少温室气体排放，同时，政策制定者也可以为控排主体提供碳配额加以约束，从而强制压缩控排主体的碳排放量。客体为大气资源，同土地、矿产等资源类似，大气环境容量同属于地球自然资源，是一种社会公共物品。内容主要为控排主体对客体的使用、占有、处分等权利，在碳排放权中，内容为碳排放权可以由控排主体在碳交易市场中进行买卖。

碳排放配额，即碳排放权初始分配额度。经当地发展和改革委员会核定，企业可以依法获得特定时期内的碳排放权，这一碳排放权的具体额定总量数额即被称为碳排放配额，单位为"吨"。当企业排放的温室气体总量高于或低于配额时，差额的部分能够在碳市场上进行交易。

材料二：我国碳交易市场

《京都议定书》正式签订后，国际碳交易市场与交易机制不断发展完善，交易规模日益扩大，并且逐渐催生出一系列相应的金融活动，参与交易的产品及活动均被纳入碳金融的范畴。具体来说，碳金融包括为实现减排目标而产生的制度安排及进行的相关金融交易，涵盖了制度、产品、服务、机构、市场等多种要素，涉及的交易活动种类包括碳现货交易、碳金融衍生品交易、碳排放相关咨询服务以及低碳项目开发的投融资等。欧盟碳排放交易体系（EU ETS）是目前全球发展最早，也是发展最成熟、交易规模最大的碳市场，是国际碳金融市场最典型的代表。因此，也是我国建立并完善碳金融市场过程中最主要的经验来源。

我国碳试点市场交易品种较为单一，目前我国碳市场中交易品种主要仍为两类碳现货产品，即碳排放配额和项目减排量。其中，项目减排量主要是CCER（中国核证自愿减排量），其主要用于八省市参与碳控排的企业和机构在履约时抵消其一定数量的碳排放配额，也有少数用于部分个人和机构自愿进行的碳减排行动。除现货产品，还有基于现货的金融产品，严重缺乏相关金融衍生品，如碳期货、碳期权等。

在碳排放权交易试点基础上，2021年7月16日，全国碳排放权交易市场上线交易，与试点碳市场并行，全国碳市场第一阶段纳入电力行业，覆盖企业碳排放量约为45亿吨（我国成为全球规模最大的碳市场），占全国碳排放量的40%，主要是2013年至2019年任意一年综合能源消费总量在1万吨标准煤以上的企业法人或独立核算企业单位，涉及2225家发电行业重点排放单位，如广东省和北京市的自备电厂，这些重点排放单位在空间上集中分布在山东省、江苏省。

国家发展改革委与上海、北京、天津、江苏、福建、湖北、广东、重庆、深圳等省市共同签署全国碳排放权注册登记系统和交易系统建设和运维工作的合作原则协议。全国碳排放权交易市场位于上海，碳配额登记系统设在武汉。纳入碳市场的企业在上海进行交易，在湖北注册登记碳账户。生态环境部发布的《碳排放权交易管理办法（试行）》规定，全国碳市场和地方试点碳市场并存，尚未纳入全国碳市场的企业继续在地方试点碳市场交易，纳入全国碳市场的重点排放企业退出地方试点碳市场交易。

截至2021年12月底，全国碳排放权交易市场第一个履约周期顺利结束，碳排放配额累计成交量1.79亿吨，累计成交额76.61亿元，成交均价42.85元/吨，履约完成率99.5%，年覆盖温室气体排放量约45亿吨二氧化碳。从交易量来看，2014年到2021年，广东碳市场交易量占试点碳市场交易量的比重为48.3%，累计成交量过亿，湖北碳市场比为20.9%，重庆占比较低。目前市场仍存在较为明显的履约期驱动现象，尤其是全国碳市场。部分试点市场由于参与者结构较为丰富，市场交易已具备一定的连续性，如广东碳市场。据统计，2021年广东碳市场参与主体中，投资者交易量占总成交量的62.25%，且前十大交易主体中投资机构占据9席。这也是广东碳试点市场在非履约期活跃度高的主要原因，目前全国市场尚未开放个人和机构投资者参与，因此部分机构和个人投资者选择参与试点市场。

问题：请参照国债期货合约，以碳排放配额为标的，完整地设计一款期权产品。

第三篇

我国金融产品与服务
创新现状

第十章
我国资产证券化的最新发展状况

本章导读

本章概述了我国资产证券化最新发展状况。

学习本章，要求了解我国资产证券化的发展现状，洞悉未来可能的发展趋势。

第一节　2022 年我国资产证券化发展概况

2022 年上半年，我国资产证券化市场规模呈下降态势，共发行资产证券化产品 0.95 万亿元；6 月末存量规模为 4.73 万亿元。市场运行平稳，发行利率震荡下行，信用风险整体可控。个人汽车抵押贷款 ABS 发行规模领跑，绿色 ABS、碳中和 ABS、基础设施 REITs 快速发展，对加快盘活存量资产、支持绿色发展、助力中小科创企业融资、服务实体经济发挥了积极作用。

一、监管动态

（一）鼓励探索通过资产证券化方式盘活存量资产

2022 年 5 月 25 日，国务院办公厅印发《关于进一步盘活存量资产扩大有效投资的意见》（国办发〔2022〕19 号），积极探索通过资产证券化等市场化方式盘活存量资产。2022 年 6 月 30 日，上交所发布《关于进一步发挥资产证券化市场功能　支持企业盘活存量资产的通知》（上证函〔2022〕1011 号），提出以下几方面内容：一是创新拓展资产证券化盘活存量方式；二是突出资产信用，加强完善资产证券化投资者保护机制；三是加大融资服务，优化强化资产证券化市场支持举措。

（二）政策支持推进基础设施 REITs 发展，盘活基础设施存量资产

国务院办公厅印发的《关于进一步盘活存量资产扩大有效投资的意见》（国办发〔2022〕19 号）提出，要推动基础设施领域不动产投资信托基金（REITs）健康发展。进一步提高推荐、审核效率，鼓励更多符合条件的基础设施 REITs 项目发行上市。建立健全扩募机制，探索建立多层次基础设施 REITs 市场。2022 年 6 月 19 日，国家发展改革委印发《关于做好盘活存量资产扩大有效投资有关工作的通知》（发改办投资〔2022〕561 号），指出对具备相关条件的基础设施存量项目，可采取基础设施 REITs、政府和社会资本合作（PPP）等方式盘活，并要求各省级发展改革委要积极鼓励符合条件的项目发行基础设施 REITs，宣传推广已发行基础设施 REITs 项目的经验做法，发挥示范带动作用，调动有关方面参与积极性。2022 年上半年发行基础设施 REITs 约 94 亿元，产品采取"公募基金+ABS"结构，有助于盘活基础设施存量资产。

（三） 基础设施 REITs 试点税收政策明确

为支持基础设施 REITs 试点，财政部、国家税务总局 2022 年 1 月 29 日发布《关于基础设施领域不动产投资信托基金（REITs）试点税收政策的公告》（2022 年第 3 号），明确有关税收政策。针对基础设施 REITs 设立前，原始权益人向项目公司划转基础设施资产相应取得项目公司股权，适用特殊性税务处理，即项目公司取得基础设施资产的计税基础，由基础设施资产的原计税基础确定；原始权益人取得项目公司股权的计税基础，由基础设施资产的原计税基础确定。原始权益人和项目公司不确认所得，不征收企业所得税。另外，在基础设施 REITs 设立阶段，原始权益人向基础设施 REITs 转让项目公司股权实现的资产转让评估增值，当期可暂不缴纳企业所得税，允许递延至基础设施 REITs 完成募资并支付股权转让价款后缴纳。公告适用于证监会、国家发展改革委组织开展的基础设施 REITs 试点项目，是我国基础设施 REITs 市场的主要配套政策之一，对完善我国 REITs 制度体系具有重要价值。

二、市场运行情况

（一） 发行规模同比下降

2022 年上半年，我国共发行资产证券化产品 0.95 万亿元，同比下降 30%；6 月末市场存量为 4.73 万亿元，同比下降 16%。

具体来看，信贷 ABS 上半年发行 1800.83 亿元[①]，同比下降 58%，占发行总量的 19%；6 月末存量为 16269.02 亿元，同比下降 31%，占市场总量的 34%。企业 ABS 发行 4926.46 亿元，同比下降 27%，占发行总量的 52%；6 月末存量为 21490.85 亿元，同比下降 9%，占市场总量的 46%。ABN 发行 2753.54 亿元，同比增长 7%，占发行总量的 29%；6 月末存量为 9525.25 亿元，同比增长 24%，占市场总量的 20%。

信贷 ABS 中，个人汽车抵押贷款是发行规模最大的品种，上半年发行 1263.48 亿元，同比增长 4%，占信贷 ABS 发行量的 70%；个人住房抵押贷款支持证券（RMBS）发行 245.41 亿元，同比下降 91%，占信贷 ABS 发行量的 14%；公司信贷类资产支持证券（ABS）发行 107.76 亿元，同比下降 23%，占 6%；不良贷款发行 106.29 亿元，同比增长 19%，占近 6%；消费贷款发行 74.72 亿元，同比下降 38%，占 4%；信用卡分期贷款发行 3.17 亿元，同比下降 94%，占不到 1%。

企业 ABS 中，租赁资产 ABS、应收账款 ABS、供应链账款 ABS 和小额贷款 ABS 发行规模居前，分别发行 1182.92 亿元、939.96 亿元、912.3 亿元和 465.91 亿元，占企业 ABS 发行量的比重分别为 24%、19%、19% 和 10%；CMBS、个人消费贷款 ABS 分别发行 271.39 亿元、255.1 亿元，占比均在 5% 以上；信托受益权 ABS、基础设施收费 ABS、类 REITs 发行占比分别为 5%、3%、2%；特定非金款项、保单质押贷款 ABS、保理债权 ABS 发行占比均为 1%；其他产品[②]发行量占比均在 1% 以下。

（二） 发行利率震荡下行

2022 年上半年资产证券化产品发行利率整体震荡下行。其中，信贷 ABS 优先 A 档证券最高发行利率为 3.8%，最低发行利率为 2.09%，平均发行利率为 2.71%，上半年累计下行 78 个 bp；优先 B 档证券最高发行利率为 4%，最低发行利率为 2.54%，平均发行利率为 3.34%，上半年累计下行 73 个 bp。

企业 ABS 优先 A 档证券最高发行利率为 5.9%，最低发行利率为 2.1%，平均发行利率为 2.52%，上

---

① 数据包括在中国（上海）自由贸易试验区发行的个人汽车抵押贷款 ABS，金额共计 10 亿元。
② 其他产品包括（微小）企业债权 ABS、购房尾款、棚改保障房 ABS、知识产权、PPP 项目、票据收益权、未分类的企业 ABS，合计发行 207.74 亿元。

半年累计下行 155 个 bp；优先 B 档证券最高发行利率为 13%，最低发行利率为 3%，平均发行利率为 4.29%，上半年累计下行 125 个 bp。

ABN 优先 A 档证券最高发行利率为 6.6%，最低发行利率为 2%，平均发行利率为 3.32%，上半年累计下行 51 个 bp；优先 B 档证券最高发行利率为 7%，最低发行利率为 3.06%，平均发行利率为 4.08%，上半年累计下行 77 个 bp。

按照基础资产类型划分，消费金融 ABS 发行利率震荡下行。其中，隐含评级为 AAA 级别的消费金融 ABS 发行利率 2022 年 1~6 月累计下行 22 个 bp；隐含评级为 AA+级别的消费金融 ABS 发行利率 2022 年 1~6 月累计下行 31 个 bp。

对公租赁 ABS 发行利率上半年整体下行。其中，隐含评级为 AAA 级别的对公租赁 ABS 发行利率 2022 年 1~6 月累计下行 31 个 bp；隐含评级为 AA 级别的对公租赁 ABS 发行利率 2022 年 1~6 月累计下行 7 个 bp。

企业 ABS 发行利率上半年震荡下行。其中，隐含评级为 AAA 级别的企业 ABS 发行利率 1~6 月累计下行 56 个 bp；隐含评级为 AA 级别的企业 ABS 发行利率 1~6 月累计下行 35 个 bp。

(三) 市场整体上行，信用利差小幅缩窄

从全市场回报来看，以表征 ABS 市场的中债——资产支持证券指数为观测，2022 年上半年投资回报率约 1.81%，6 个月中全部维持正回报。细分来看，表征银行间 ABS 市场的中债——银行间资产支持证券指数上半年回报率约 1.96%，同样全部月份月度回报率为正。进一步观察 RMBS 市场，中债——个人住房抵押贷款资产支持证券指数上半年回报率为 2.05%，其中 6 个月月度回报率均为正。

从收益率走势看，2022 年上半年债券市场收益率震荡下行，资产证券化产品收益率也呈现出相应走势。

具体来看，1 年期中债 AAA 级别[①]消费金融 ABS、1 年期中债 AAA 级别对公租赁 ABS 和 1 年期中债 AAA 级别企业 ABS 上半年分别累计下行 40 个 bp、38 个 bp 和 38 个 bp；5 年期中债 AAA 级别 RMBS 收益率上半年累计下行 24 个 bp。

上半年资产证券化产品与国债的信用利差整体收缩。1 年期中债 AAA 级别消费金融 ABS、1 年期中债 AAA 级别对公租赁 ABS、1 年期中债 AAA 级别企业 ABS 与 1 年期固定利率国债利差分别缩小 9 个 bp、7 个 bp、8 个 bp，5 年期 AAA 级别 RMBS 与 5 年期固定利率国债的信用利差累计缩小 28 个 bp。

(四) 评级公司评级与中债隐含评级存在差异

2022 年上半年发行的资产证券化产品优先档证券整体以中高信用等级为主。从评级公司给出的发行时评级和估值首日中债隐含评级对比来看，企业 ABS 的评级分布差异更加明显。具体来看，在同时具有两种评级的信贷 ABS 产品中，评级公司评级和中债隐含评级在 AA+及以上的产品发行额分别占 99.3% 和 95.1%，AAA 评级产品占比分别为 97.8% 和 87.8%；企业 ABS 产品中，评级公司评级和中债隐含评级在 AA+及以上的产品发行额分别占 99.6% 和 85.2%，AAA 评级产品占比分别为 95.1% 和 24.4%。

(五) 流动性同比下降

2022 年上半年资产证券化二级市场流动性同比下降。以中央结算公司托管的信贷 ABS 为例，上半年现券结算量为 4239.92 亿元，同比增长 6%；换手率为 16.94%，同比下降 0.37 个百分点，反映交易活跃度有所回落。相比之下，对中央结算公司托管债券上半年 86% 的整体换手率而言，资产证券化产品的流动性水平显著偏低。

---

①　中债收益率曲线所用评级为中债市场隐含评级。

三、市场创新情况

（一）全面推进信贷资产证券化信息登记工作

2022 年上半年，银登中心高效开展证券化信息登记工作：1～6 月累计登记信贷资产证券化产品 77 单、规模 1810 亿元；组织办理证券化产品补登记，历史存续产品信息登记有效实现全覆盖；优化丰富证券化产品统计监测报表和风险监测指标，信贷资产证券化业务风险预警能力持续提升；研究探索证券化信息登记质量评价机制，数据质量监督管控不断强化。自 2021 年证券化信息登记实施以来，银行业金融机构已累计登记信贷资产证券化产品 335 单、规模 12672 亿元。证券化信息登记质量和效率的不断提升，充分激发了机构活力，为盘活存量资产、防范金融风险提供了有力保障。

（二）中央结算公司支持中国（上海）自由贸易试验区首笔个人汽车抵押贷款绿色 ABS

2022 年 1 月 24 日，兴业银行上海分行成功参与投资"融腾通元 2022 年第一期个人汽车抵押贷款绿色资产支持证券"优先 A2 档，为中国（上海）自由贸易试验区（以下简称"上海自贸区"）首笔个人汽车抵押贷款绿色资产支持证券。该绿色资产支持证券底层基础资产为符合标准的个人新能源汽车贷款，原始权益人为上汽通用汽车金融有限责任公司，托管机构为中央结算公司。该绿色资产支持证券的成功发行进一步丰富了上海自贸区金融产品，有利于提升上海金融市场的活跃度和投融资服务水平。

（三）绿色 ABS 发行提速

在碳达峰、碳中和目标指引下，2022 年上半年绿色 ABS 发行规模保持了 2021 年的快速增长趋势，发行规模再创新高，为降低绿色企业融资成本、落实金融支持绿色发展、助力碳中和目标实现提供了有力保障。

据统计，2022 年上半年共发行绿色 ABS 产品 50 只，规模 972.76 亿元，发行规模较 2021 年同期增长 130%。在上半年发行的绿色 ABS 产品中，共有 28 只 ABS 产品专项用于碳中和，规模 762.02 亿元。

（四）首单联合创设 ABS 信用保护凭证落地

2022 年 5 月 16 日，中国证券金融股份有限公司和专项计划管理人中信证券股份有限公司联合创设的信用保护凭证，与"中信证券-联易融-信联 1 号 2 期供应链金融资产支持专项计划"配套成功完成簿记。此次信用保护凭证用于支持龙湖相关的供应链 ABS 发行，服务上游供应商融资。

（五）首单普惠助农 ABS 信用保护凭证发行

2022 年 3 月 30 日，由中国银河证券创设的"中国银河证券股份有限公司德银 3B 信用保护凭证"在上海证券交易所成功发行。这是市场首单普惠助农 ABS 信用保护凭证，参考实体为德银融资租赁有限公司，受保护债务为"天风-德银租赁 3 期普惠助农资产支持专项计划优先 B 档资产支持证券"，总发行规模 5 亿元。

（六）首单车险分期 ABS 成功发行

2022 年 6 月 29 日，由国投泰康信托作为原始权益人的国投-天风-普洛斯车险分期 1 期资产支持专项计划在上海证券交易所成功发行。本期资产支持专项计划规模为 2.35 亿元，是全国首个车险分期资产证券化项目。

第二节　我国基础设施公募 REITs 发展现状

近年来，随着我国地产行业进入"存量时代"，企业利用金融产品去库存、轻资产运营的需求不断增强，全市场对于推出中国版 REITs 的呼声也越发强烈。REITs 作为新型的金融创新产品，2020 年我国出台新的相关政策支持其作为基础设施资产融资的新渠道。

首先，明确了相关定义。公开发行不动产投资基金（以下简称"公募 REITs"）是指将不动产资产或权益（包括基础设施、租赁住房、商业物业等）转化为流动性较强的公开上市交易的标准化金融产品，具有永续、权益型和高分红特征，以不动产资产持续、稳定的运营收益（租金）为派息来源，并面向个人和机构投资者发行。

我国公开募集基础设施证券投资基金（以下简称"基础设施公募 REITs"）是指依法向社会投资者公开募集资金形成基金财产，通过基础设施资产支持证券等特殊目的载体持有基础设施项目，由基金管理人等主动管理运营上述基础设施项目，并将产生的绝大部分收益分配给投资者的标准化金融产品。按照规定，我国基础设施公募 REITs 在证券交易所上市交易。

基础设施资产支持证券是指依据《证券公司及基金管理公司子公司资产证券化业务管理规定》等有关规定，以基础设施项目产生的现金流为偿付来源，以基础设施资产支持专项计划为载体，向投资者发行的代表基础设施财产或财产权益份额的有价证券。基础设施项目主要包括仓储物流，收费公路、机场港口等交通设施，水电气热等市政设施，污染治理、信息网络、产业园区等其他基础设施。

其次，澄清了一些认识。基础设施公募 REITs 是国际通行的配置资产，具有流动性较高、收益相对稳定、安全性较强等特点，能有效盘活存量资产，填补当前金融产品空白，拓宽社会资本投资渠道，提升直接融资比重，增强资本市场服务实体经济质效。短期看有利于广泛筹集项目资本金，降低债务风险，是稳投资、补短板的有效政策工具；长期看有利于完善储蓄转化投资机制，降低实体经济杠杆，推动基础设施投融资市场化、规范化健康发展。

基础设施公募 REITs 架构特点：①80% 以上基金资产投资于基础设施资产支持证券，并持有其全部份额；基金通过基础设施资产支持证券持有基础设施项目公司全部股权。②基金通过资产支持证券和项目公司等特殊目的载体取得基础设施项目完全所有权或经营权。③基金管理人主动运营管理基础设施项目，以获取基础设施项目租金、收费等稳定现金流为主要目的。④采取封闭式运作，收益分配比例不低于合并后基金年度可供分配金额的 90%。

基础设施公募 REITs 示例如图 10-1 所示。

基础设施公募 REITs 是并列于股票、债券、基金和衍生品的证券品种，产品具备以下特点：①公募 REITs 可盘活存量资产，提升基础设施资产估值，获得流动性溢价，同时提供增量投资资金，改善负债水平，降低企业杠杆率，助力企业"轻资产"运营模式转型，更好地推动资本市场服务实体经济。②公募 REITs 产品将 90% 的基金年度可分配利润用于分配，高比例分红，同时由于基础设施项目权属清晰，现金流持续、稳定，投资回报良好，填补了当前金融产品的空白，丰富了投资品种，便于投资者投资于流动性较弱的基础设施项目。③公募 REITs 产品规则透明健全，比照公开发行证券要求建立上市审查制度，制定了完备的发售、上市、交易、收购、信息披露、退市等具体业务规则。基础设施项目可借助资本市场公开、透明机制，通过资本市场融资，引导金融资金参与实体项目建设，实现高质量发展。

最后，上交所积极探索实践，初步构建了类型丰富、运行稳健的私募 REITs 市场。截至 2020 年底，上交所私募 REITs 产品已经覆盖高速公路、仓储物流、产业园区、租赁住房、商业物业等多种不动产类型；推出了首单基础设施私募 REITs，引领了境内市场储架式产品、可扩募产品等多轮创新，为试点公募

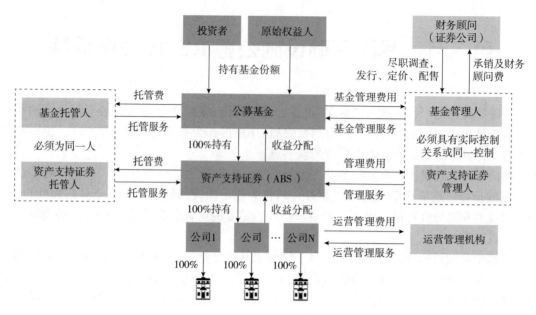

图 10-1　基础设施公募 REITs 示例图

资料来源：笔者整理。

REITs 积累了丰富的实践经验。此外，上交所基金市场规模占比超过交易所市场的 70%，品种覆盖股票、债券、黄金、货币等多种资产类别，连接场内、场外，跨越境内、境外。上交所 ABS 资产类型覆盖应收账款、融资租赁、消费金融、基础设施等全部大类基础资产，发行规模超过 3 万亿元，市场规模约占交易所市场的 70%。

截至 12 月 22 日，我国仅 2022 年公募基金市场就成立了 13 只 REITs 产品，发行份额合计 74 亿份，总发行规模约为 419.48 亿元。按照 Wind 的资产类型分类，13 只 REITs 中包括 4 只交通基础设施类 REITs、4 只园区基础设施类 REITs、4 只保障性租赁住房类 REITs 以及唯一的能源基础设施类 REITs——鹏华深圳能源 REIT。认购方面，园区基础设施类 REITs 和保障性租赁住房类 REITs 则普遍受到网下投资方和公众投资方的积极认购。此外，随着首批 5 只公募 REITs 扩募项目获得上交所、深交所受理和反馈，我国公募 REITs 市场迎来首发与扩募双轮驱动的发展格局。业内人士表示，通过扩募可以扩大单只 REIT 产品的规模和收入，降低资产过于集中的风险，有利于提升 REITs 产品的流动性，更好地发挥基金管理人、运营管理机构的专业能力以及 REITs 盘活存量资产、促进新增投资的功能，使得 REITs 成为同类优质资产持续上市的平台。

证监会表示，我国的 REITs 市场要进一步扩大 REITs 试点范围，尽快覆盖到新能源、水利、新基建等基础设施领域，加快打造 REITs 市场的保障性租赁住房板块，研究推动试点范围拓展到市场化的长租房及商业不动产等领域；并且，尽快推动首批扩募项目落地，促进畅通从 Pre-REITs 培育孵化、运营提质到公募 REITs 上市的渠道机制，积极探索建立多层次 REITs 市场。

 专题研讨

问题：制约我国公募 REITs 未来发展的因素有哪些？对此，你有何发展建议？

第十一章
我国自贸区的金融创新

本章导读

本章详细介绍了当前我国自贸区的金融创新情况。

学习本章，要求了解我国当前自贸金融创新的现状，洞悉未来可能的发展趋势。

扩大金融开放、推动金融创新是自由贸易试验区（以下简称"自贸区"）的重要内容。2013 年 9 月以来，我国深入推进自贸区金融创新，多批金融创新案例发布，部分试点经验得到复制推广，已成为我国金融改革开放的重要组成部分。

第一节　我国自贸区金融创新现状概述①

本节概述我国自贸区金融创新特点，系统梳理各自贸区总体方案中十个方面的金融改革创新任务，总结自贸区金融创新成效及经验等。

一、我国自贸区金融创新的特点

（一）金融创新基于现有制度

与国外自贸区的"境内关外"特点不同，我国自贸区具有"境内关内"的特征，除了自贸区内面积很小的综合保税区、保税港区等海关特殊监管区外，自贸区内其他区域采用的是国内现行的经济金融制度（除了一些法律豁免区域）。因此，自贸区金融创新是在现有制度的基础上进行改革开放的试点的，而不是在新的制度体系下的另起炉灶。

（二）金融创新目标因地制宜

不同自贸区金融创新的目标存在差别，在金融开放和创新的方向上各有侧重。基于国际金融中心定位，上海自贸区强调在重要领域的突破和全面开放，2013 年提出"加快探索资本项目可兑换和金融服务业全面开放"，2015 年提出"深化完善以资本项目可兑换和金融服务业开放为目标的金融创新制度"；中国（广东）自由贸易试验区（以下简称"广东自贸区"）立足于粤港澳大湾区，中国（天津）自由贸易试验区（以下简称"天津自贸区"）立足于京津冀协同发展，中国（福建）自由贸易试验区（以下简称"福建自贸区"）立足于深化两岸合作示范区；中国（云南）自由贸易试验区（以下简称"云南自贸

---

① 本节内容来自：王方宏，杨海龙．我国自贸金融创新的特点、主要任务、成效与展望［J］．海南金融，2020（2）：12-20+38.

区")、中国（广西）自由贸易试验区（以下简称"广西自贸区"）、中国（黑龙江）自由贸易试验区（以下简称"黑龙江自贸区"）等自贸区沿边金融开放特征明显，如黑龙江自贸区"允许银行业金融机构与俄罗斯商业银行开展卢布现钞跨境调运业务资金头寸清算"，广西自贸区提出"现有交易场所依法依规开展面向东盟的大宗特色商品交易"。

（三）金融创新"多点突破"

各自贸区总体方案中关于金融创新的内容有不少相同之处。几乎所有的自贸区都提到人民币跨境使用、外汇管理改革试点、发展融资租赁；上海自贸区、广东自贸区、天津自贸区、福建自贸区、中国（海南）自由贸易试验区（以下简称"海南自贸区"）等自贸区均提出探索人民币资本项目可兑换；多个自贸区提出跨国公司或总部机构本外币资金集中运营管理、发展航运金融等内容。不过，在涉及同一领域的表述中，不同自贸区略有差别，这反映出自贸区金融创新"多点突破"的特点，即同一个领域的创新同时在多地试点，同时各区的试点任务又有所不同，试点成功后再复制推广。

（四）金融创新稳妥推进

一是"自上而下"和"自下而上"相结合。总体方案明确金融创新的领域和具体任务，各自贸区再根据自己的实际情况制定具体方案，经审批后实施。二是金融创新强调依法合规、风险可控。在各自贸区关于金融创新的内容中，多处出现"在风险可控前提下""符合条件的""在依法合规和有效控制风险的前提下""符合资质要求的""时机成熟时"等表述。

在当前我国金融改革逐渐向深层次推进、国际国内经济金融形势日益复杂的形势下，自贸区作为新的改革开放试验田，在金融创新上采取的是基于现有政策制度框架，提出任务方向，分兵试点，成熟一项、推广一项的思路。虽然强调要对标高标准国际贸易投资规则，但不搞面上政策的"一刀切"，不是直接给优惠政策，而是采取局部区域试点的方式，在给定的试点目标任务下，基于实体经济需求，因地制宜设计实施方案，经过论证批准后进行试点，试点成功后，再进行推广。这既有利于中央对金融改革开放大局的把握，又有利于激发各地金融创新的积极性。

二、各自贸区总体方案中金融创新的主要内容

（一）外汇管理改革

主要包括四方面内容：一是经常项目便利化；二是资本项目便利化以及健全外债宏观审慎管理；三是跨境资金池；四是商业保理、大宗商品交易平台等领域的外汇管理改革。

（二）利率市场化

上海自贸区、天津自贸区、福建自贸区等自贸区均提出开展利率市场化试点，将自贸区内符合条件的金融机构纳入优先发行大额可转让存单的机构范围，在自贸区内开展大额可转让存单发行试点。上海自贸区还提出在试验区内金融机构资产方价格实行市场化定价。

（三）人民币跨境使用

绝大多数自贸区都提出扩大人民币跨境使用、推动人民币业务创新发展（江苏除外），大部分自贸区提出允许区内跨国企业集团开展跨境双向人民币资金池业务。在具体的产品方面，各自贸区侧重有所不同。

各自贸区总体方案中的外汇管理改革措施如表 11-1 所示。

表 11-1　各自贸区总体方案中的外汇管理改革措施

领域	具体内容	涉及的自贸区
经常 项目	允许自贸区内货物贸易外汇管理分类等级为 A 类企业的外汇收入无须开立待核查账户	辽宁自贸区、河北自贸区、山东自贸区、陕西自贸区、四川自贸区、重庆自贸区、湖北自贸区、河南自贸区、浙江自贸区
	银行按照"了解客户、了解业务、尽职审查"的展业三原则办理经常项目收结汇、购付汇手续	辽宁自贸区、陕西自贸区、四川自贸区、重庆自贸区、湖北自贸区、河南自贸区
资本 项目	开展以资本项目可兑换为重点的外汇管理改革试点	上海自贸区、广东自贸区、天津自贸区、湖北自贸区、海南自贸区
	自贸区内试行资本项目限额内可兑换	上海自贸区、广东自贸区、天津自贸区、福建自贸区
	探索新片区内资本自由流入流出和自由兑换	上海临港新片区
	将直接投资外汇登记下放银行办理	上海自贸区、广东自贸区、天津自贸区、福建自贸区
	外商直接投资项下外汇资本金可意愿结汇	上海自贸区、广东自贸区、天津自贸区、福建自贸区
	开展资本项目收入支付便利化改革试点	山东自贸区
	统一内外资企业外债政策，建立健全外债宏观审慎管理制度	广东自贸区、天津自贸区、福建自贸区
	支持自贸区内企业和金融机构通过境外上市、按照有关规定发行债券及标准化金融证券等方式开展境外融资并将资金调回境内使用	重庆自贸区
	支持自贸区内符合条件的单位和个人按照规定双向投资于境内外证券市场	重庆自贸区、河南自贸区、浙江自贸区
	拓宽自贸区内企业资本项下外币资金结汇用途	湖北自贸区、广西自贸区
	放宽自贸区内企业在境外发行本外币债券的审批和规模限制，所筹资金根据需要可调回自贸区内使用	广东自贸区、天津自贸区
	允许自贸区内企业、银行从境外借入本外币资金，企业借入的外币资金可结汇使用	福建自贸区
	支持企业开展国际商业贷款等各类境外融资活动	福建自贸区
跨境 资金池	深化跨国公司总部外汇资金集中运营管理试点，促进跨国公司设立区域性或全球性资金管理中心	上海自贸区
	进一步简化资金池管理，允许经银行审核真实、合法的电子单证办理经常项目集中收付汇、轧差净额结算业务	辽宁自贸区、陕西自贸区、湖北自贸区、浙江自贸区、河南自贸区
	放宽跨国公司外汇资金集中运营管理准入条件	辽宁自贸区、河北自贸区、陕西自贸区、湖北自贸区、河南自贸区、浙江自贸区、重庆自贸区、四川自贸区、云南自贸区、广西自贸区
	支持跨国公司本外币资金集中运营管理	天津自贸区、福建自贸区
特定 领域	探索适合商业保理发展的外汇管理模式	广东自贸区、辽宁自贸区、陕西自贸区、重庆自贸区、浙江自贸区、天津自贸区、湖北自贸区、河南自贸区、四川自贸区
	探索建立与国际大宗商品交易相适应的外汇管理制度	辽宁自贸区、河南自贸区、天津自贸区
	允许自贸区内符合条件的融资租赁业务收取外币租金	辽宁自贸区、湖北自贸区、四川自贸区、河南自贸区、陕西自贸区、重庆自贸区、浙江自贸区
	探索研究符合条件的融资租赁公司和商业保理公司进入银行间外汇市场	河北自贸区

资料来源：根据全国 18 个自由贸易试验区总体方案、《中国（上海）自由贸易试验区临港新片区总体方案》《进一步深化中国（广东）自由贸易试验区改革开放方案》《进一步深化中国（天津）自由贸易试验区改革开放方案》《进一步深化中国（福建）自由贸易试验区改革开放方案》等整理得出。

（四）扩大市场准入

绝大部分自贸区都提出扩大金融市场开放，不仅支持在自贸区内设立外资银行和中外合资银行，还支持民营资本设立中小银行。上海自贸区提出稳妥推进外商投资典当行试点；广东自贸区提出适时在自贸区内试点设立有限牌照银行，降低港澳资保险公司进入自贸区的门槛，对进入自贸区的港澳保险公司分支机构视同内地保险机构；福建自贸区提出探索在自贸区内设立单独领取牌照的专业金融托管服务机构。多个自贸区鼓励在试验区设立专业从事境外股权投资的项目公司，包括人民币海外投资基金及面向自贸区内的产业投资基金和创业投资基金等。多个自贸区提出在区内设立货币兑换、征信等专业化机构。

（五）离岸金融业务

只有第二批自贸区总体方案中提到离岸金融业务。广东自贸区、天津自贸区、福建自贸区提出，在完善相关管理办法、加强有效监管前提下，允许自贸区内符合条件的中资银行试点开办外币离岸业务。天津自贸区在进一步深化方案中鼓励符合条件的银行机构在依法合规和有效控制风险的前提下继续发展离岸金融业务。中国（江苏）自由贸易试验区（以下简称"江苏自贸区"）提出支持发展离岸保险业务。与离岸金融相关的离岸贸易，广东自贸区、天津自贸区、河南自贸区、浙江自贸区、辽宁自贸区都提出要积极发展，海南自贸区提出打造区域性离岸贸易中心。

（六）交易平台建设

多个自贸区提出建立各类交易平台。例如，上海自贸区提出建立面向国际的金融交易平台，探索在自贸区内设立国际大宗商品交易和资源配置平台。广东自贸区提出设立面向港澳和国际的新型要素交易平台，研究设立以碳排放为首个交易品种的创新型期货交易所，建设广东区域性股权市场。福建自贸区提出支持中国—东盟海产品交易所，建设区域性海产品现货交易中心，在21世纪海上丝绸之路沿线国家和地区设立交易分中心。

（七）保险

除了黑龙江自贸区、广西自贸区，其余16个自贸区总体方案中均提到保险创新，尤其是广东自贸区、天津自贸区、重庆自贸区、四川自贸区、湖北自贸区方案中保险创新内容较多。

（八）融资租赁

多个自贸区均鼓励发展融资租赁，支持符合条件的境内外机构在自贸区内设立融资租赁公司，允许和支持各类融资租赁公司在自贸区内设立项目子公司并开展境内外租赁服务，统一内外资融资租赁企业准入标准、审批流程和事中事后监管。作为融资租赁发展较快的天津自贸区，提出多项支持融资租赁发展的政策。例如，加快建设国家租赁创新示范区；支持设立中国金融租赁登记流转平台；研究融资租赁企业税前扣除政策；开展租赁产业配套外汇制度创新试点；鼓励符合条件的金融租赁公司和融资租赁企业利用银行间市场发行债券和资产证券化产品。第三批自贸区提出，允许自贸区内符合条件的融资租赁业务收取外币租金。湖北自贸区、浙江自贸区提出大力发展融资租赁业务。陕西自贸区提出大力发展融资租赁保险。河北自贸区提出探索研究符合条件的融资租赁公司进入银行间外汇市场。

（九）航运金融

第一批、第二批自贸区和浙江自贸区、海南自贸区、河北自贸区等沿海自贸区，以及长江沿岸的湖北自贸区、四川自贸区等均提出大力发展航运金融。上海自贸区、广东自贸区均提出发展航运运价指数衍生品交易业务。上海临港新片区提出支持内外资企业和机构开展航运融资、航运保险、航运结算、航材租赁等服务。广东自贸区、天津自贸区、四川自贸区、海南自贸区、河北自贸区提出支持设立专业化地方法人航运保险机构。天津自贸区提出大力发展航运金融、航运保险业，建设中国北方国际航运中心，鼓励境内外航运保险公司和保险经纪公司等航运服务中介机构设立营业机构并开展业务。福建自贸区、浙江自贸区、海南自贸区提出开展航运保险、航运交易、船舶融资租赁等高端航运服务，打造现代国际航运服务平台。各自贸区总体方案中关于保险创新的内容如表11-2所示。

表 11-2　各自贸区总体方案中关于保险创新的内容

领域	内容	涉及的自贸区
市场准入	取消对自贸区内保险支公司高管人员任职资格的事前审批，由自贸区所在省级保监机构实施备案管理	辽宁自贸区、湖北自贸区、河南自贸区、浙江自贸区、陕西自贸区
	鼓励或支持设立各类专业性保险机构	广东自贸区、天津自贸区、四川自贸区、重庆自贸区、陕西自贸区、浙江自贸区、湖北自贸区、海南自贸区、河北自贸区
	设立保险资产管理公司	重庆自贸区、江苏自贸区
产品领域	航运保险	上海自贸区、广东自贸区、天津自贸区、福建自贸区、浙江自贸区、四川自贸区、湖北自贸区、海南自贸区
	巨灾保险	天津自贸区、浙江自贸区、四川自贸区、重庆自贸区、河南自贸区
	健康保险	四川自贸区、重庆自贸区、湖北自贸区、河北自贸区
	跨境人民币再保险	上海自贸区、广东自贸区、天津自贸区、陕西自贸区、河南自贸区、四川自贸区、重庆自贸区、湖北自贸区、浙江自贸区
	医疗保险	上海临港新片区
	融资租赁保险	天津自贸区、陕西自贸区
	绿色保险（环境污染责任保险）	上海临港新片区
	知识产权（科技）保险	广东自贸区、天津自贸区、福建自贸区、四川自贸区、湖北自贸区、山东自贸区
	海洋保险	浙江自贸区
	离岸保险	江苏自贸区
	涉农保险	陕西自贸区
	养老保险	四川自贸区
跨境合作	推进与南亚、东南亚国家签订保险业双边监管合作协议，优化跨境保险规则，实现理赔查勘相互委托或结果互认	云南自贸区
	深化与港澳及国际再保险市场合作，完善再保险产业链，建设区域性再保险中心	广东自贸区
其他	保险资产登记交易平台	重庆自贸区

资料来源：根据18个自由贸易试验区总体方案整理得出。

（十）其他方面

在账户体系方面，上海自贸区提出"研究开展自由贸易账户本外币一体化功能试点"；第二批、第三批自贸区都提出"建立与自贸区相适应的账户管理体系"。

在绿色金融方面，上海自贸区鼓励发展环境污染责任保险等绿色金融业务；天津自贸区支持企业发行绿色债券；河北自贸区提出绿色金融第三方认证计划，建立绿色金融国际标准，同时加快培育排污权、节能量、水权等环境权益交易市场。

在金融科技方面，广东自贸区提出大力发展金融科技，加快区块链、大数据技术的研究和运用；河北自贸区提出推进基于区块链、电子身份（EID）确权认证等技术的大数据可信交易，同时支持开展数据资产管理、安全保障、数据交易、结算、交付和融资等业务。

在金融监管方面，广东提出在前海蛇口片区，天津提出在滨海新区中心商务片区开展金融综合监管试点。

三、我国自贸区金融创新的成效

我国自贸区自建设以来，金融创新不断涌现，推动了我国金融改革和开放。考虑到前两批自贸区成立的时间较早，取得的金融创新成果相对丰硕，其案例发布相对系统，因此本书仅以前两批自贸区的案例进行分析。由表11-3可以看出，前两批自贸区的金融创新案例有八大特点。

第一，涉及领域广泛。这些创新案例，覆盖了银行、证券、保险三大领域，从政策性很强的外汇管理改革、利率市场化，到操作性很强的具体产品和业务创新都有涉及，既包括了面向客户的产品和服务，又包括了科技等中后台支持服务功能，还包括金融监管方面的创新。

第二，跨境交易特征明显。除了人民币跨境使用、外汇管理改革、跨境资金集中运营管理、外汇交易、跨境融资、离岸金融、自由贸易账户等涉及跨境交易的领域外，保险、融资租赁、航运金融等领域中的多个创新案例也都涉及跨境交易的内容。

第三，各自贸区金融创新的侧重点有所区别。上海自贸区的金融创新主要在自由贸易账户体系建设、人民币跨境使用、跨境融资、跨境资金集中管理等领域，体现了上海作为国际金融中心开放前沿的特点；在交易平台建设领域的创新较多，体现了上海作为要素市场的特点；在保险领域的创新较多，体现了上海丰富的金融业态。广东前海片区则是在金融科技领域的创新较多，其次是在保险领域的创新。天津的创新主要集中在融资租赁领域，其次是在跨境融资、境内融资领域。福建在融资领域创新较多，面对台湾的市场准入创新也不少。

第四，相当一部分金融创新是跨领域的创新。例如，跨境人民币双向资金池业务，涉及资金集中运营管理、人民币跨境使用两个领域；FT账户体系下的多项创新涉及人民币跨境使用。天津多个资产证券化创新案例涉及融资租赁，如以飞机租赁公司旗下的SPV公司通过财产权信托计划模式的外币飞机租赁资产证券化业务、以租赁公司为主体的保理应收账款资产证券化业务。

第五，既体现服务实体经济，又推动政策突破。从数量上看，融资、保险等领域的创新案例较多，但大部分是具体的业务和产品创新，体现了服务实体经济的导向。从重要性来看，外汇管理改革、FT账户体系、跨境资金集中运营管理等领域创新的含金量则比较突出。

第六，政策性较强的外汇管理改革、跨境人民币使用等领域的创新案例内容相对一致。各自贸区都有进一步简化经常项目外汇收支手续、外汇资本金意愿结汇业务、直接投资外汇登记下放银行等创新案例，都开展跨境人民币双向资金池业务。

第七，金融创新并未完全按照总体方案来开展。例如，相当一部分创新案例是境内融资，这在自贸区总体方案中没有提及；又如，上海自贸区总体方案中只提到人民币跨境再保险，但其很多保险创新并不属于再保险领域。

第八，总体方案中部分金融开放创新的内容没有案例落地。例如，即便在金融创新水平最高的上海，截至2020年初也没有资本项目可兑换的创新案例；第二批自贸区都提到要"探索实行本外币账户管理新模式"，但第二批自贸区并没有这方面的创新案例（直到 2019 年 11 月天津、广东才开始复制自由贸易账户体系）。在多个自贸区总体方案的融资租赁和航运金融内容中，相当一部分还没有创新案例，如开展租赁产业配套外汇制度创新试点、专业化地方法人航运保险机构等。

表 11-3　第一批、第二批自贸区的金融创新案例数量

序号	领域	上海		广东前海		天津		福建	
		数量（个）	占比（%）	数量（个）	占比（%）	数量（个）	占比（%）	数量（个）	占比（%）
1	利率市场化	2	1.6	—	—	1	1.1	2	1.4
2	人民币跨境使用	13	10.2	2	2.0	5	5.7	10	6.8
3	自由贸易账户	19	15.0	—	—	—	—	—	—
4	外汇管理	2	1.6	3	2.9	7	8.0	9	6.2
5	跨境资金集中运营管理	6	4.7	1	1.0	6	6.9	2	1.4
6	跨境融资	9	7.1	7	6.9	9	10.3	17	11.6
7	境内融资	4	3.1	9	8.8	10	11.5	17	11.6
8	市场准入	5	3.9	2	2.0	2	2.3	11	7.5
9	交易平台	15	11.8	5	4.9	—	—	2	1.4
10	债券产品	7	5.5	3	2.9	1	1.1	1	0.7
11	期货产品	3	2.4	1	1.0	—	—	—	—
12	产业基金	3	2.4	3	2.9	2	2.3	10	6.8
13	外汇交易	1	0.8	—	—	2	2.3	5	3.4
14	保险	16	12.6	14	13.7	4	4.6	11	7.5
15	资产证券化	1	0.8	2	2.0	5	5.7	3	2.1
16	融资租赁	3	2.4	2	2.0	19	21.8	6	4.1
17	绿色金融	2	1.6	—	—	3	3.4	0	0.0
18	金融科技	1	0.8	37	36.3	1	1.1	4	2.7
19	航运金融	4	3.1	1	1.0	—	—	1	0.7
20	离岸金融	—	—	1	1.0	2	2.3	2	1.4
21	金融监管	5	3.9	3	2.9	1	1.1	6	4.1
22	其他	6	4.7	6	5.9	7	8.0	27	18.5
	合计	127	—	102	—	87	—	146	—

资料来源：笔者整理。

四、我国自贸区金融创新经验的复制推广

截至 2019 年，自贸区金融领域的向全国复制推广的改革试点经验有 23 项（见表 11-4），主要集中在外汇管理改革、跨境人民币、非银行金融机构准入限制放宽等领域，具有很强的政策性。在外汇管理方面，主要是便利化措施，即原来由外汇局审批的内容，进一步简化手续或者下放到银行直接办理，而放

松原有规定限制的措施相对较少。在跨境人民币方面,除了简化流程手续外,进一步放宽了跨境人民币的使用范围,开展跨境人民币双向资金池业务,并逐渐降低门槛。

表 11-4　向全国复制推广的自贸区金融领域改革试点经验

推广试点	内容	时间
国务院推广上海自贸区可复制改革试点经验(第一批)	个人其他经常项下人民币结算业务	2014 年 12 月
	外商投资企业外汇资本金意愿结汇	
	银行办理大宗商品衍生品柜台交易涉及的结售汇业务	
	直接投资项下外汇登记及变更登记下放银行办理	
	允许融资租赁公司兼营与主营业务有关的商业保理业务	
	允许设立外商投资资信调查公司	
	允许设立股份制外资投资性公司	
	融资租赁公司设立子公司不设最低注册资本限制	
商务部等 5 部局联合推广改革试点经验(第三批)	融资租赁公司收取外币租金	2017 年 7 月
中国人民银行单独推广的改革试点经验	跨境电子商务人民币结算业务	2014 年 6 月
	进一步简化跨境贸易和直接投资人民币结算业务办理流程	2014 年 6 月
	个人跨境贸易人民币结算业务	2014 年 6 月
	跨境双向人民币资金池业务	2014 年 11 月
	经常项下跨境人民币集中收付业务	2014 年 11 月
	自贸区内机构从境外借入人民币资金	2017 年 1 月
	开展个人其他经常项目人民币跨境结算业务	2018 年 1 月
	便利企业境外募集人民币资金汇入境内使用	2018 年 1 月
国家外汇管理局单独推广的改革试点经验	取消境外融资租赁债权审批	2014 年 2 月
	取消对外担保事前审批和向境外支付担保费行政审批	2014 年 6 月
	改进跨国公司总部外汇资金集中运营管理、外币资金池及国际贸易结算中心外汇管理试点政策,简化办理流程及账户管理	2014 年 6 月
	允许使用电子单证集中收付汇和轧差结算,允许银行按照"了解你的客户""了解你的业务""尽职调查"等原则办理经常项目收结汇、购付汇业务	2014 年 6 月
	将企业境外外汇放款金额上限由其所有者权益的 30% 调整至 50%	2015 年 8 月
	外债资金意愿结汇	2016 年 6 月

资料来源:笔者根据各大官方网站整理得出。

自贸区外汇管理和跨境人民币改革试点经验的推广,与宏观经济金融形势是密切相关的。外汇管理改革经验推广集中在 2014 年,这是我国外汇储备达到高点的时期,之后外汇储备从 2014 年 6 月的 39932 亿美元下降至 2017 年 1 月的 29982 亿美元,再逐渐回升至 2019 年 5 月的 3.1 万亿美元。几乎在同一时间段,人民币汇率从 2014~2015 年上半年小幅波动,到 2015 年 8 月开始出现较大幅度的贬值、升值、再贬值。因此,自贸区的外汇管理改革创新就受到了影响。

从跨境人民币来看，由于人民币在跨境贸易和跨境投资方面都保持了稳步上升的势头，因此，2015年以来无论是已经上线自由贸易账户的上海自贸区，还是没有上线自由贸易账户的第二批三个自贸区，都有跨境人民币使用的创新案例。

第二节　上海自贸区金融创新案例

一、2014 年 3 月第一批金融创新案例基本情况

（一）存款利率市场化创新

案例：放开 300 万美元以下的小额外币存款利率上限

主要内容：从 2014 年 3 月开始，中国人民银行放开了自贸区内 300 万美元以下的小额外币存款利率上限。中国银行为一名在自贸区内就业的人员办理了首笔个人小额外币存款业务，利率经双方商量确定。

突破点：放开了自贸区内小额外币（300 万美元以下）存款利率上限，实现了外币存款利率的完全市场化。

应用价值：在自贸区实现外币存款利率的市场化，有利于培育和提高金融机构外币利率自主定价能力，完善市场供求决定的外币利率形成机制，为下一步复制推广，进而在全国范围内实现外币存款利率市场化积累经验。

（二）企业融资创新

案例：境外人民币借款

主要内容：自贸区内企业和非银行金融机构可以通过商业银行从境外借入人民币资金。例如，交通银行上海市分行分别为交银租赁自贸区子公司和自贸区企业办理了境外人民币借款。

突破点：在自贸区内符合条件的金融机构和企业（以往需要扣减相应的外债额度，而中资企业申请外债额度需要以个案报批），可以从境外借入人民币。

应用价值：从境外借入资金可以用于自贸区内生产经营、自贸区内项目建设、境外项目建设。目前，境外借款利率远低于境内利率水平，对于借款企业和非银行金融机构来说，拓宽了融资渠道，降低了融资成本。

（三）支付结算创新

案例：为大宗商品衍生品交易提供金融服务

主要内容：商业银行可以为自贸区企业开展大宗商品衍生品交易提供结售汇业务。例如，中国银行上海市分行与上海江铜国际物流有限公司合作，办理了自贸区首笔大宗商品衍生品交易，签订了以伦敦金属交易所（LME）铜为商品标的的 3 个月期限场外远期合约，共计交易 1000 吨，约合 40 手。

突破点：允许境内银行为企业提供境外市场大宗商品衍生品交易项下的结售汇业务。

应用价值：为国内大宗商品企业利用国际市场开展风险管理提供了新的渠道。

（四）资金管理创新

案例1：跨境人民币双向资金池业务

主要内容： 自贸区内企业可以开展跨境人民币双向资金池业务，便利企业在境内外进行资金的双向调拨。例如，浦发银行为麦维讯电子公司旗下5家企业办理了人民币双向资金池业务，资金调拨共计8000万元。

突破点： 自贸区内的跨国公司可以根据自身经营和管理需要统筹调度境内外成员的资金。以往跨国公司境内外资金的划拨和流动，必须提供用途证明，由金融管理部门逐笔审批。

应用价值： 符合条件的企业可以根据自身的需要自主调配境内外资金，有利于提高资金使用效率。

案例2：外汇资金集中运营管理业务

主要内容： 集中运营管理境内外成员单位外汇资金，实现境内与境外成员单位外汇资金的双向互通。例如，中国工商银行上海市分行为锦江集团等企业提供跨境外汇资金集中运营管理服务。

突破点： 允许自贸区内跨国公司通过国际外汇资金主账户实现境外资金融入，用于自贸区内企业自身使用，不受额度限制；允许试点企业开展经常项目集中收付汇和轧差净额清算；国际资金主账户内资金存放不受外债指标控制；资本项下在规定额度内，实现资金流入。

应用价值： 符合条件的企业可以根据自身的需要自主调配境内外资金，满足跨国公司对外汇资金集中管理集约化、便利化的需求，促进上海总部经济和新型贸易发展。

（五）金融机构集聚创新

案例：金融租赁公司在自贸区设立子公司

主要内容： 交银金融租赁公司开展了自贸区首单飞机和首单船舶租赁业务，并在自贸区内设立子公司已经批准筹建。

突破点： 允许金融租赁公司设立子公司。

应用价值： 金融租赁公司可以利用自贸区平台和政策优势，为其开展境外融资租赁业务和进行境外融资提供便利。

二、2014年7月第二批金融创新案例基本情况

（一）自由贸易账户

案例1：自由贸易账户开立和资金划拨

主要内容： 金融机构为符合条件的自贸区内或境外机构、企业开立自由贸易账户，并实施资金划拨。例如，中国银行上海分行利用自贸区企业对外直接投资审批改为备案的政策优势，将人民币资金从客户的非自由贸易账户划至自由贸易账户，并兑换成美元后汇往境外用于直接投资项目启动资金。

突破点： 一是通过建立分账核算单元，为开立自由贸易账户的自贸区内主体提供经常项目、直接投资和投融资创新等业务的金融服务。二是自由贸易账户和账户、境内区外非居民机构账户（NRA）、其他自由贸易账户之间划转按宏观审慎原则实施管理；和境内非自由贸易账户（含同名账户）之间划转可以有限渗透。

应用价值： 创新有利于风险管理账户体系内的政策框架已基本形成，为在试验区先行先试可兑换金融信封改革提供了工具和载体。

案例2：自由贸易账户人民币国际贸易融资

主要内容： 商业银行为自贸区客户的自由贸易账户发放国际贸易融资。例如，中国工商银行上海市

分行为自贸区内某企业的自由贸易账户项下发放进口贸易融资 1 亿元，用于对外支付。

突破点：根据经营需要，分账核算单元可按规定向自贸区客户发放贸易融资。

应用价值：通过使用自由贸易账户单元低成本的融资满足自贸区客户的资金需求，降低客户融资成本。

（二）人民币跨境使用

案例：个人经常项目下跨境人民币结算业务

主要内容：为自贸区内个人办理跨境人民币结算业务。例如，中国银行上海市分行办理一笔自贸区个人跨境人民币结算业务，协助客户将其工资收入汇至海外。

突破点：本案例的突破点在于自贸区内就业或执业的个人可直接办理经常项下和直接投资项下的跨境人民币结算业务。此前，自贸区内个人只能通过人民币工资购汇，以外币形式进行跨境资金划转。

应用价值：为自贸区内有跨境结算业务需要的个人提供便利，节约汇兑成本，并且有助于进一步扩大人民币跨境使用。

（三）外汇管理改革

案例 1：自贸区外汇资本金意愿结汇业务

主要内容：商业银行为自贸区内企业办理外汇资本金意愿结汇业务。例如，中国建设银行上海市分行为某外资融资租赁公司办理外汇资本金意愿结汇，为其开立结汇待支付人民币存款账户，结汇金额 2600 港元。

突破点：自贸区"意愿结汇"制度是对外汇管理政策的一项重大突破，外商投资企业可以在公司已办理入账登记的外汇资本金范围内自由选择是否结汇；并根据汇率波动情况，自由选择结汇实点。此前，外商投资企业资本金一直实行"按需结汇"制度，只有当"实际需求"发生时，才能向国家外汇管理局申请办理结汇。

应用价值：这一制度为外商投资企业提供了新的汇率管理工具，在"实际需求"发生前便可以结汇资金备用，从而有效规避汇率风险。

案例 2：自贸区直接投资外汇登记

主要内容：直接投资项下外汇登记及变更登记下放银行办理。例如，交通银行上海市分行为某公司办理了首单自贸区新设外商投资企业外汇登记业务。

突破点：本案例的突破点在于企业仅需向银行提交相关资料，便可一次性完成外汇登记与账户开设的手续。此前，直接投资项下外汇登记，包括外商直接投资登记（FDI）和境内机构境外直接投资登记（QDI）等各类直接投资业务需在国家外汇管理局的资本项目信息系统中进行信息登记。

应用价值：通过简化直接投资业务流程，缩短了业务办理时间，为自贸区内企业投资业务提供便利。

（四）融资便利

案例 1：自贸区跨境并购融资业务

主要内容：商业银行为自贸区内客户发放并购融资，用于境外股权收购。例如，中国工商银行上海市分行为自贸区内某企业发放 3000 万美元低成本并购贷款。

突破点：本案例的突破点在于帮助自贸区企业使用自贸区对外直接投资与前置核准脱钩的政策优势，配合金融服务的支持，顺利完成海外企业并购业务。

应用价值：自贸区企业对外投资与前置核准脱钩的政策使越来越多的企业愿意到自贸区来使用这项政策红利，实现"走出去"。该类客户"走出去"的过程中必将产生大量的融资需求。商业银行的并购融资为满足该需求提供了较好的解决方案。

案例 2：三方联动跨境银租保业务

主要内容：商业银行通过与自贸区内融资租赁公司合作，以自贸区分行低成本的美元贷款资金，满足融资租赁公司的融资需求。例如，浦发银行上海分行为自贸区内某外资租赁公司办理了三方联动跨境银租保业务。

突破点：本案例的突破点是在融资租赁保理业务的基础上整合创新银租保产品。优化跨境联动模式，通过产品组合进一步降低融资成本。

应用价值：为承租人有效拓宽企业融资渠道，盘活固定资产；通过低成本资金运作降低企业融资成本，作为出租人的融资租赁公司也通过业务拓宽了业务渠道。

三、2014 年 12 月第三批金融创新案例基本情况

（一）人民币跨境使用

案例 1：自由贸易账户项下中小企业跨境人民币综合金融服务

主要内容：中国农业银行上海市分行支持自贸区中小企业发展，大力发展跨境人民币业务：一是参照人民币离岸市场价格基准，在分账核算单元下发放流动资金贷款；二是通过自由贸易账户，开展跨境人民币项下代理福费廷业务；三是通过自由贸易账户，开立跨境人民币信用证；四是通过分账核算单元，以接近离岸市场价格，提供汇兑服务。

突破点：通过居民自由贸易账户和非居民自由贸易账户，在贷款、贸易融资、信用证、购付汇等方面发挥跨境人民币综合创新优势，支持自贸区中小企业发展，拓展和完善自由贸易账户金融服务功能。

应用价值：利用自由贸易账户资金划转便利和跨境融资功能，提供综合化金融服务，帮助中小企业降低融资成本，提高防范汇兑风险管理的能力。

案例 2：居家费用跨境人民币支付

主要内容：中国银行上海市分行、中银香港、上海付费通信息服务有限公司联合研究推出沪港两地居家费用电子账单跨境支付平台。该平台可以帮助在内地置业的 30 万香港居民以及在香港置业的 40 万内地居民实现异地在线缴纳跨境物业费、管理费等民生类费用。未来，通过该平台亦可将服务扩展到更多的沪港跨境支付项目，可缴付费用种类也将在政策许可范围内逐步拓展。

突破点：该项目是我国首家且唯一建成的民生类电子账单跨境支付平台。该项目利用自贸区人民币跨境支付政策，成功实现沪港两地在线缴付物业费、管理费等民生类费用，且平台的搭建也提供了拓展后续跨境服务的可行性。

应用价值：提供了人民币跨境资金流动新渠道，有利于促进自贸区内电子商务发展，便利居民跨境缴纳物业费、公用事业费等居家费用，为自贸区金融创新和民生服务提供了新的契合点。

案例 3：互联网企业经常项下跨境人民币集中收付

主要内容：某旅行网是一家在线票务服务商，浦发银行针对该集团成员公司众多、跨境收付款较为分散的特点，帮助企业将所有的跨境机票、酒店等旅游费用收付款集中在自贸区平台，为其量身定制了经常项下跨境人民币集中收付方案，通过简化资金划付手续，降低跨境交易成本。

突破点：试验区首单面向互联网企业的服务贸易项下的跨境人民币集中收付，根据互联网企业跨境结算特点，提供跨境人民币集中收付服务。

应用价值：是跨境人民币在服务贸易领域业务的创新发展，对互联网企业利用自贸区贸易便利化政策提升跨境资金管理水平具有一定的借鉴意义，有利于促进互联网企业在自贸区集聚发展。

（二）企业跨境并购融资

案例： 股权质押跨境并购融资

主要内容： 招商银行上海自贸区分行以境外非居民持有的境内上市公司原始股作为质押，为该非居民的境内特殊目的子公司提供并购融资支持，成功发放了10亿元人民币的并购贷款，并通过自贸区内FTN账户，以外保内贷的方式，形成还款资金保障。

突破点： 该跨境并购项目面临境内、境外两套法律体系（英美法系和大陆法系）以及债权、债务人权利义务划分和衔接的难题。招商银行上海自贸区分行充分发挥离岸、在岸、试验区"三位一体"业务优势，在"离岸"完成司法转递和律师见证等工作，"在岸"实现并购融资，自贸区通过自由贸易账户（FTN账户）进行资金监管和还款保证。该项目中FTN账户的开立较好地解决了在境内处置境外公司原始股东持有的境内上市公司股权的难题。

应用价值： 利用试验区跨市场、跨境交易，帮助跨境客户盘活非居民持有的境内资产，拓展企业跨境并购融资渠道，高效地完成并购。

四、2015年8月第四批金融创新案例基本情况

（一）分账核算单元建设

案例1： 境外发行大额同业存单补充分账核算单元流动性

主要内容： 中国银行通过其香港分行发行大额同业存单（CD），面向包括境外金融机构在内的众多境外市场投资者，募集离岸人民币资金超过40亿元，拆放给中国银行自贸区分行，补充自贸区分账核算单元流动性。

突破点： 通过海外分支机构发行大额CD，丰富了银行自贸区分账核算单元项下流动性补充的渠道。

应用价值： 拓宽了金融机构补充分账核算单元流动性的渠道，有利于发挥分账核算单元的功能，更好地服务实体经济。

案例2： 商业银行分账核算单元境外融资业务

主要内容： 本市某企业集团拟进行多笔境外项目的收购，但其境外企业的资产较少，直接融资能力较弱。中国建设银行上海市分行通过FTU分账核算业务从建行海外分行融入7500万英镑，为该企业集团下属自贸区企业发放FTE外币贷款，实现该企业集团境外业务拓展的融资需求。

突破点： 商业银行和企业运用自贸区分账核算境外融资政策，通过FTU分账核算业务从境外融资发放FTE贷款模式，将企业境外融资需求的实现从境外端移至境内端。

应用价值： 扩大了金融机构和企业境外融资渠道和融资规模，降低融资成本，提高融资效率，支持企业海外业务发展。

（二）自由贸易账户功能

案例： 自由贸易账户本外币跨境融资服务

主要内容： 交通银行上海市分行为自贸区企业提供本外币一体化跨境融资服务：一是内存内贷业务，为某境外客户FTN账户办理流动资金贷款，担保方式为借款人在境内的关联公司存入的全额保证金存款；二是外存内贷业务，以一家香港企业FTN账户1亿港元保证金存款作为质押担保，向境内某企业发放人民币流动资金贷款。

突破点： 一是简化融资流程，降低融资成本。该业务无须开立融资性保函，免去担保费支出。二是简化对外担保登记手续。在签订担保合同及办理担保履约时，担保人、债务人无须到国家外汇管理局办

理登记或备案。三是贷款币种灵活，可满足企业选择低利率负债币种的需求。

应用价值：一是业务风险低。以全额保证金作为贷款担保，且贷款银行可自主办理担保履约的结算手续，以境内担保人的保证金偿付境外借款人的 FTN 账户欠款，风险可控。二是手续简便，有利于促进金融服务出口，提升银行对非居民金融服务的能力和支持企业"走出去"。

（三）金融衍生品交易

案例：分账核算单元外汇自营掉期

主要内容：中国农业银行上海市分行成功从境外银行同业拆入多笔本外币资金后，积极探索以金融衍生交易降低资金成本，在分账核算单元下通过美元兑人民币自营掉期交易。该业务交易对手为中国农业银行香港分行，金额为 2000 万美元，期限为 1 个月。中国农业银行上海市分行在自贸区分账核算单元下近端卖出人民币买入美元，远端卖出美元买入人民币。

突破点：该案例体现了商业银行自贸区分行与境外金融机构的跨境联动、优势互补，既降低银行外币资金来源的成本，又帮助境外分行获得低成本的人民币资金，有利于支持人民币"走出去"。同时，交易本身对外未形成额外的外币负债，符合对外负债本币化的趋势，有利于降低汇率风险。

应用价值：该案例也可复制到企业端，通过开展代客衍生品交易，帮助企业在享受低成本资金的同时，规避利率汇率风险。

（四）外汇管理改革

案例：投资型跨国公司外汇资金集中运营管理

主要内容：上海银行依托自身的现金管理平台和托管框架，为自贸区内投资型集团企业提供实现其配置全球资金、开展境内外投资、调配成员企业资金往来等综合金融服务需求的现金管理产品。为确保资金的来源及用途合法合规，上海银行设立监管专户并作为托管行进行监控。目前该行已与 4 家集团企业签署了战略合作协议，其中已与 2 家公司正式开展合作，资金规模达 1 亿美元。

突破点：上海银行结合跨国公司总部外汇资金集中运营管理政策，叠加投资型企业的投融资特点，在制度流程、系统开发、客户服务等方面进行了突破与创新：一是跨国公司总部可使用归集资金开展境内外股权投资；二是跨国公司总部与境外既有总部的职能转移，允许总部之间以股本或拆借往来方式实现资金双向流动；三是跨国公司总部可将归集资金统筹或调拨用于成员企业开展境内外投资。

应用价值：满足了投资型跨国公司外汇资金集中管理的需求，有利于丰富自贸区跨国公司总部类型，扩大外汇资金集中运营管理试点企业范围，吸引包括资产管理、投资银行、股权投资等国际资本集聚，促进上海财富和资产管理中心建设，提升自贸区国际影响力。

（五）投贷联动

案例：商业银行投贷联动模式创新

主要内容：上海华瑞银行与君联资本探索合作，对一家研发基地设在张江高科技园区的创业型互联网企业发放了 5000 万元贷款，企业同时配给上海华瑞银行一定比例的认股期权，而无须向华瑞银行提供任何抵押担保，君联资本则以股东身份协助完成企业资金以及后续经营情况的监管。

突破点：一是上海华瑞银行通过持有认股选择权（期权）的方式实现风险缓释，避免了传统上银行在中小企业金融服务中依赖抵押的做法；二是风险投资作为银行贷款的先导，通过对风险认知的充分沟通，实现对成长期科创企业的评估与贷款支持。

应用价值：商业银行充分利用自贸区与张江国家自主创新示范区"双自联动"的创新优势，探索投贷联动业务模式，拓宽了中小型、轻资产的科创企业融资渠道，提供了融资便利。

(六)企业融资服务

案例:"走出去"企业融资服务

主要内容:商业银行根据自贸区相关便利政策,为"走出去"企业提供融资支持。

中国工商银行上海市分行以某企业自由贸易账户存款为质押担保,为该企业境外非居民并购实体的FTN账户发放并购贷款,用于境外收购。

中国银行上海市分行、中国银行法兰克福分行为某自贸区企业安排了总金额2亿欧元的银团贷款,用于其向境外支付港口使用费。

浦发银行自贸区分行为某企业的境外子公司FTN账户发放6亿元并购贷款,支持其收购一家加拿大上市公司。

交通银行自贸区分行为一家知名互联网企业设立在自贸区内的投资管理公司的境外子公司发放了一笔1亿美元的离岸贷款,支持其境外并购项目的股权转让款。

突破点:依托自贸区政策优势,商业银行以FTN账户或离岸账户,为"走出去"企业海外分支机构的经营和并购等提供融资服务。

应用价值:商业银行可以参与到"走出去"企业境外经营和并购业务,为其海外分支机构提供本外币融资及财务顾问服务,极大地提升了对"走出去"企业的金融支持能力。

五、2015 年 12 月第五批金融创新案例基本情况

(一)利率市场化

案例:发行自贸区跨境同业存单

主要内容:中国外汇交易中心(全国银行间同业拆借中心)推出自贸区跨境同业存单发行、交易与信息服务。发行人可依托自由贸易账户,通过同业拆借中心的发行系统,面向自贸区内及境外金融机构投资者发行自贸区同业存单。发行人可选择公开或定向发行,可采用招标或报价方式发行。自贸区同业存单发行后次一工作日即上市流通,可支持现券转让、质押式回购、买断式回购、远期交易等多种交易方式。

2015 年 10 月 12 日,首批 8 家试点银行(中国工商银行、中国农业银行、中国银行、中国建设银行、招商银行、光大银行、浦发银行和上海华瑞银行)成功发行自贸区跨境同业存单,全部获得足额认购,总发行量29亿元。首批上海自贸区同业存单均为公开发行,期限3个月,发行利率较境内同业存单低5bp至10bp,有15家机构认购,其中6家为境外机构。发行筹集资金主要用于满足自贸区内实体经济的融资需求。

突破点:一是通过自由贸易账户体系,由自贸区内机构向境外机构发行同业存单,境外机构向自贸区内机构发行同业存单,在自贸区提供了市场化定价的存款产品。二是简化了投资机构准入审批流程。自贸区同业存单的参与机构同时包括自贸区内机构与境外机构,自贸区内机构入市无须审批,已经是银行间市场成员的境外机构只要开立自由贸易账户即可取得入市资格,对于非银行间市场成员的境外机构由中国人民银行上海总部备案后即可入市。

应用价值:一是创设了主动流动性管理手段,拓展了自贸区内银行业存款类金融机构的融资渠道,完善了自由贸易账户体系的货币市场功能。二是有利于境外金融机构参与自贸区金融活动,实现自贸区内与境外的资金双向流动,促进自贸区金融市场活跃度。三是有利于促进全球人民币资金在上海集聚,加强自贸区金融市场与境外人民币市场的联系,促进人民币国际化。四是有利于为自贸区其他利率与汇率产品发行与交易,如自贸区债券、拆借以及衍生品交易等同业业务的创新发展积累经验。五是有利于完善自由贸易账户体系的利率定价机制,降低社会融资成本。

（二）跨境金融服务

案例 1：自贸区多品种混合银团贷款

主要内容：2015 年 8 月，交通银行上海市分行牵头为中电投融和融资租赁有限公司组建了国内首个多品种混合银团贷款，开启了自贸区银团合作的新模式。此次自贸区多品种混合银团贷款由交通银行为主牵头行及代理行，邀请了 8 家银行共同参与。该银团融资品种包括自由贸易账户流动资金贷款、一般账户流动资金贷款以及一般账户保理融资，银团贷款总额 55 亿元。

突破点：一是该贷款横跨自由贸易账户和普通账户两个账户平台，涵盖 3 类融资品种，具有差异化提款条件和融资用途的特点，是国内首个多品种综合银团贷款。二是自由贸易账户银团资金和普通账户银团实行资金分类管理、分账核算，既满足自贸区内企业利用不同平台降低综合成本的需求，又符合分账核算业务的监管要求。

应用价值：依托自贸区金融创新政策，利用自由贸易账户和普通账户两个平台，丰富融资品种，匹配融资租赁项目期限，形成组合成本优势，有利于满足融资租赁公司项目投放特性，有效降低企业综合融资成本，更好地推动自贸区融资租赁业务创新发展。

案例 2：FT 账户跨境理财业务

主要内容：FT 账户跨境理财是指依托分账核算体系，面向上海自贸区开立 FTE 账户和 FTN 账户的客户发行理财产品。通过 FT 账户募集本外币资金，投资于自贸区内或境外基础资产。

浦发银行成功发行首单 FT 账户跨境理财产品，规模为 5000 万元，收益率为 3.6%，募集资金主要投向自贸区内企业的信托贷款收益权。

突破点：一是在理财产品发行对象和投资标的方面实现了跨境联动。二是面向境外投资者发行理财产品，为 FTN 境外客户提供投资品种。三是投资标的可以投资自贸区内基础资产，也可以投资境外固定收益类产品。

应用价值：一是通过 FT 账户理财产品功能加载，拓展了自由贸易账户功能，有利于客户多元化投资，提高 FT 账户资金的收益水平，加深银行与自贸区内企业及境外投资者的合作关系。二是通过 FT 账户理财产品引入境外资金，拓宽了自贸区内企业跨境融资渠道，有利于降低自贸区内企业的融资成本。三是有利于拓展人民币境外的投资范围和境外人民币资金的保值增值。

（三）科技金融创新

案例 1："远期共赢利息"业务模式

主要内容：上海银行积极创新科技金融利率定价方式，推出了成长型小企业"远期共赢利息"业务模式。例如，上海秀品信息科技有限公司是一家从事开发自然图像识别和人工智能技术的企业，公司于 2013 年成立，该行在考量公司创始人团队、行业前景、商业模式和市场壁垒等因素的基础上，向其发放 200 万元人民币贷款，当期贷款利率低于行业水平。公司在获得该行贷款后，短短 2 个月，风险投资给公司的估值就翻了一番。今后公司发展达到一定规模触发约定条件后，将按约定利率支持远期利息。

突破点：银企信息不对称问题导致商业银行对初创企业"高风险"需要匹配高利率。该行着眼于科技企业的全生命周期，拉长风险与收益匹配时间，推出了"远期共赢利息"业务。具体操作上，改变"一价合同"的传统定价模式，采用"远期浮动定价"的弹性机制，在贷款发放时先行收取相对较低的前期利息，待企业基于贷款支持得到成长发展，并满足借款合同中双方约定的触发条件后，再收取延期支付的远期利息。可约定的触发条件包括财务类指标、债务类指标、股权类指标、业务类指标等多种条件。该业务改变了投贷联动中"投贷分离"的传统方式，在不突破现行法规情况下，从利率定价角度切入，破解银行开展"投贷联动"的难题。

应用价值：针对科技型企业特点，根据信贷资金的实际使用效率，在信贷周期结束时最终确定贷款的实际使用利率。通过这一动态分享企业成长收益的业务模式，有望弥补银行对轻资产成长型科技企业的信贷风险，达到银行愿意贷、企业放心贷的目的。对企业来说，此笔融资不仅解决了公司资金压力，降低了初创期融资成本，同时也延缓了公司引进风险投资的节奏，为公司进一步做大规模、提升公司估值，从而避免公司创始人的股权被过早稀释争取到了宝贵的时间，实现了银企共赢。

案例 2：初创期科技企业投贷联动金融服务方案

主要内容：某公司是高精度手机摄像头传感器芯片研发制造的创新企业，该公司于 2013 年获得顶级风投的 A 轮融资。由于半导体企业初期需要大量的资本投入，该公司在 2014 年寻求浦发硅谷银行提供流动资金支持。经过充分尽职调查，浦发硅谷银行给予该公司 300 万美元额度的贷款（信用贷款和应收账融资），贷款利率大幅低于市场上其他机构债权融资成本。同时该贷款配套了认股权安排，银行获得与贷款总额一定比例的认股权。

突破点：一是基于信用或未来应收账款给予信贷。在早期研发阶段，没有营业收入和抵押品情况下，向公司提供了符合这一阶段企业特征的期限达 2 年的无抵押、无担保的中长期贷款。后期产生营业收入后，则可以使用应收账款质押融资额度。二是独特的创业风险评估理念。浦发硅谷银行引入母行美国硅谷银行在半导体领域丰富经验和同类型企业贷款结构安排，加强与行业 A 轮投资人合作，进行企业风险评估。三是特色风险补偿安排，配套的认股权证既补偿了银行的风险成本，又不增加企业的融资成本和财务负担。

应用价值：该服务方案帮助初创期企业成功生产出首批样品，并打通国内优质下游合作渠道，成功实现 B 轮融资。公司的估值从 A 轮到 B 轮实现翻倍。该方案充分吸纳美国硅谷银行经验，既贴合早期企业的需求，又降低了企业的融资成本。

案例 3："海王星"科创企业金融服务云方案

主要内容："海王星科创企业金融服务云方案"系中国工商银行上海市分行创新提出的科技创新及为科创企业提供配套支持服务的相关企业专属金融产品，借助"云"，延伸该行更多的优质创新服务，在科技创新企业成长全过程中实现投资银行一贯式综合金融服务。以"海王星"作为产品的名称，寓意通过海量数据支持、海归人才加盟、海内外联动、海派投行文化提供综合金融服务，助力科创型企业成长发展。

突破点：一是在金融服务中引入大数据支持，实现金融服务大数据的云采集、云处理、云挖掘以及云报告。二是目标客户主要以科创企业及相关配套服务企业为主，设计专门产品、专门业务流程。三是通过利用"云"技术，提供重组并购顾问、私募股权顾问、债券承销、上市顾问等投资银行服务，满足客户对股权融资、债权融资、顾问服务等多元化金融服务需求。四是针对科创企业初创期、成长期、成熟期三个不同阶段，综合运用投行业务的各项子产品，全面延伸了对科创企业的产品服务链。

应用价值："海王星"金融服务产品通过一系列的投行云服务实现信息共享、动态跟踪，向企业提供投行增值服务，以满足科创类企业的海内外科技创新金融需求。在海王星产品项下，中国工商银行上海市分行已累计向客户提供顾问服务 100 余户，提供配套融资金额超过 200 亿元。

六、2016 年 5 月第六批金融创新案例基本情况

（一）自由贸易账户功能拓展

案例 1：首单自由贸易账户间参代理业务合作（"金改 40 条"第 2 条，支持经济主体通过自由贸易账户开展涉外投资活动，鼓励和支持金融机构开展业务创新）

主要内容：2016 年 3 月 25 日，交通银行上海市分行与杭州银行上海分行在上海成功举行自由贸易账户间参业务合作签约，这是中国人民银行上海总部 2015 年 8 月发布《关于上海市金融机构开展自由贸易

账户金融服务有关问题的通知》政策后，首单自由贸易账户间参代理业务合作。交通银行上海市分行为杭州银行上海分行提供自由贸易账户间参代理服务，有效满足了杭州银行上海分行间接参与自由贸易账户相关业务的需求。本次合作标志着上海自贸区金融改革中最具创新特色的账户载体——自由贸易账户服务功能得到进一步完善和延伸。

突破点：一是交通银行上海市分行作为直参行，为间参行杭州银行上海分行开立 FTU 资金清算账户，提供在自由贸易账户间参业务项下的资金清算，以及中国人民银行自贸区资金监测系统（FTZMIS）数据报送等代理服务；二是杭州银行上海分行选择代客服务模式，遵循间参分账清算机制，按照"标识分设、分账清算、单独出表、专项报告、自求平衡"的原则，为其客户提供自由贸易账户相关金融服务。

应用价值：一是有助于扩大自由贸易账户适用范围和影响力，对希望开展自由贸易账户业务但未设置分账核算单元的金融机构给予一定的业务合作参与机会；二是有助于加强本市金融机构间的自贸区业务合作，通过发挥直参行与间参行各自金融服务特点与优势，共同分享自贸区金融创新成果，共同助力自贸区实体经济发展。

案例2：自由贸易账户项下首笔利率互换交易（"金改40条"第2条，支持经济主体通过自由贸易账户开展涉外投资活动，鼓励和支持金融机构开展业务创新）

主要内容：2016年4月8日，兴业银行资金营运中心与星展银行上海分行通过中国外汇交易中心自贸区交易系统达成首笔上海自贸区利率互换交易，该交易以自由贸易账户为载体，以人民币作为名义本金，美元作为结算货币，采用银行间市场7天回购利率。

突破点：一是该笔交易为中国外汇交易中心自贸区交易系统达成的首笔利率互换交易，交易双方均为上海自贸区分账核算单元机构；二是交易价格由境内机构协商确定，为助推境内利率市场化改革进行了有益尝试与探索。

应用价值：一是通过利率衍生品交易拓展了自由贸易账户使用功能及范围，也为境外投资者参与国内市场利率产品交易提供了机会；二是有助于境内机构在利率市场化背景下，实现市场主体自由竞争与自主定价，提高金融资源配置能力。

案例3：大宗商品交易市场跨境电子商业汇票（"金改40条"第2条，支持经济主体通过自由贸易账户开展涉外投资活动，鼓励和支持金融机构开展业务创新）

主要内容：浦发银行上海分行为落户上海自贸区的上海有色网金属交易中心的会员办理了首单自贸区大宗商品自由贸易账户跨境电子商业汇票，拓展了账户服务功能，成功探索了人民币跨境结算新模式。

突破点：一是依托自由贸易账户体系，创新地将国内电子商业汇票作为跨境支付和融资工具引入自贸区大宗商品跨境结算；二是通过将人民币电子商业汇票作为结算工具引入跨境交易，扩展了自贸区大宗商品现货交易市场结算方式；三是依托自贸区大宗商品现货交易市场"交易、托管、清算、仓储"四分开管理体系，加强银行系统与上海清算所数据互联及"自动+人工"双重审核机制，确保了贸易背景真实性审核的要求。

应用价值：结合自贸区大宗商品现货交易市场全流程电子化特征，创新地将国内电子商业汇票引入自贸区大宗商品现货交易市场，发挥其跨境支付工具和仓单融资工具的重要作用，便于会员间大宗商品交易合作的达成。

（二）金融业务创新

案例1：自贸区跨境电商综合金融服务（"金改40条"第2条，支持经济主体通过自由贸易账户开展涉外投资活动，鼓励和支持金融机构开展业务创新）

主要内容：为支持自贸区跨境电商平台运营管理，提升境内外用户线上消费体验，中国工商银行上海市分行结合自贸区内跨境电商差异化运营模式，提供了涵盖本外币支付结算、资金汇兑、贸易融资等综合化金融服务，将跨境电商交易的信息流和资金流实现实时交互传输与匹配，实现了覆盖跨境电商交易全流程的在线服务支持。

突破点：一是将自由贸易账户引入跨境电商交易，充分发挥自由贸易账户在跨境融资与汇兑便利的服务功能；二是发挥商业银行综合金融服务与数据集中优势，为自贸区跨境电商平台开展全球采购与销售、跨境物流运输、跨境支付便利等环节提供与之配套的结算融资服务，发挥金融支持实体经济转型升级的作用。

应用价值：充分将"互联网+"思维运用于银企合作新模式。在满足跨境电商平台运营管理集约化需求的同时，也为传统商业银行突破经营时空范围，探索扩大自贸区内外客户服务覆盖面、寻求未来盈利增长突破点等方面提供有益探索与尝试。

案例2："走出去"企业跨境融资服务（"金改40条"第2条，支持经济主体通过自由贸易账户开展涉外投资活动，鼓励和支持金融机构开展业务创新）

主要内容：商业银行根据自贸区相关便利政策和监管部门创新监管互动机制，为"走出去"企业提供跨境融资支持。

中国农业银行上海市分行借助分账核算单元优势，联合其境外分行共同组建风险参与型银团贷款，为某集团收购境外保险公司股份提供资金支持。

中国银行上海市分行通过原上海银监局创新监管互动机制，为上海某大型国有企业境外分阶段并购提供第一阶段并购融资支持。

中国建设银行上海市分行通过原上海银监局创新监管互动机制，创新设计组合型FTN并购融资方案，满足"走出去"企业并购海外上市公司融资需求。

浦发银行与政策性银行合作为某国际租赁公司提供FTN境外银团服务，为大型液化石油气船舶售后回租提供美元融资。

突破点：一是进一步丰富自由贸易账户信贷融资品种，帮助企业拓宽跨境融资渠道，降低跨境融资成本；二是通过创新监管互动机制创新并购贷款的业务模式，根据并购项目的实际进展提供分阶段融资，满足企业不同时间节点和不同阶段的融资需求，在有效控制融资成本的前提下，保持对并购项目的主导权；三是通过创新监管互动机制对符合条件的跨境并购贷款适当放宽监管容忍度。按照"实质重于形式"的原则，在通过保证金质押等方式将风险敞口控制在60%以内的前提下，跨境并购融资占并购总额的比例突破对一般并购贷款比例的限制，进一步对接国际规则，提升了银行的国际竞争力。

应用价值：一是有助于商业银行利用自贸区金融政策优势，积极探索创新企业跨境融资新模式，提升金融支持服务实体经济水平；二是依托自由贸易账户政策优势，为"走出去"企业提供低成本境外资金支持，充分发挥自贸区作为中国企业跨国并购"桥头堡"的作用。

七、2017年1月第七批金融创新案例基本情况

(一) 金融市场创新

案例1：上海证券交易所发行首批地方政府债

主要内容：上海证券交易所（以下简称"上交所"）研发政府债券发行系统，并获财政部批复同意启用。2016年11月11日，上海市财政局通过该系统招标发行300亿元地方债，分为3年、5年、7年和10年四个期限品种。这是该系统启用后在上交所招标发行的首批地方债，为地方债发行提供了新渠道。中国农业银行上海市分行作为债券主承销商之一，承销金额28.6亿元，占比9.5%，位居同业前列。

突破点：一是上交所政府债券发行系统，获财政部批复同意启用，并在北京、上海两地建立专用招

标室，专门服务地方债发行，为后续地方债发行交易等提供重要平台。二是上交所政府债券发行系统在吸收现有系统特点的基础上，又对部分功能进行优化，支持荷兰式/美国式/混合式等多种招标方式，支持利率、价格和利差招标，具备招标发行、注册、分销等多种功能。三是依托上交所投资者群体优势，此次发行券商类承销商中标占比达33%，中标量合计99亿元，优化了地方债投资者结构。

应用价值：一是有利于拓宽地方债市场发行渠道，优化地方债投资者结构，充分发挥交易所市场投资者群体多元化特点，吸引更多券商、保险、基金等金融机构和企业、个人投资者参与地方债投资。二是有利于提高地方债流动性，发挥上交所市场交易结算机制灵活、质押式回购高效等优势，完善地方债收益率曲线，提高地方债吸引力。三是有利于优化交易所市场债券品种结构，进一步满足投资者对政府债券的投资需求，促进上交所债券市场发展。

案例2：首只自贸区人民币地方政府债券发行

主要内容：2016年12月8日，上海市财政局在中央国债登记结算公司（以下简称"中央结算公司"）上海分公司，通过财政部政府债券发行系统，面向自贸区和境外机构投资者成功发行30亿元地方政府债券，本次债券为记账式固定利率付息债券，期限3年，自贸区内及境外机构投资者认购踊跃，认购倍数达到2.78倍，中标利率为2.85%。中央结算公司作为登记托管结算机构，为本次债券发行提供现场业务技术支持以及后续登记、托管、结算、付息兑付、估值、信息披露等一体化服务。本次债券承销团由8家主承销商和14家一般成员组成，中国工商银行承销4.1亿元，居承销商首位。从分销情况看，中国银行等8家金融机构向13家自贸区内及境外机构投资者共计分销8.2亿元。2016年12月13日，金砖国家新开发银行、工商银行上海市分行、浦发银行上海分行、国泰君安证券通过全国银行间同业拆借交易中心国际金融资产交易平台达成首批上海自贸区地方政府债券交易。

突破点：一是吸引境外投资人参与，扩大了地方债券投资主体。本次地方债投资主体包括已设立自贸区分账核算单元并经验收的境内机构、已开立自由贸易账户（FT账户）的境内外机构、已开立境外机构人民币银行结算账户（NRA账户）的境外机构以及其他符合条件的境外合格机构均可申请在中央结算公司开立债券账户并开通自贸区专用分组合，直接参与自贸区债券业务；境外机构也可通过结算代理人或合格境外证券托管机构参与自贸区债券业务。二是外资法人银行首次参与我国地方政府债券承销，星展银行（中国）、汇丰银行（中国）和渣打银行（中国）3家外资银行，合计承销1.8亿元。

应用价值：一是有利于拓宽地方债发行渠道，吸引外资金融机构参与地方债投资，促进地方债投资主体多元化。二是有利于丰富自贸区优质人民币资产品种，吸引境内外机构开立自由贸易账户，增强自贸区金融市场对区内及境外投资者的吸引力。三是有利于拓宽境外人民币投资回流渠道，在人民币加入SDR的背景下，满足境外投资者增持人民币资产的现实需求，助推人民币国际化进程。

案例3：金砖国家新开发银行发行人民币绿色金融债券

主要内容：2016年7月，金砖国家新开发银行（以下简称"金砖银行"）在银行间市场成功发行总额30亿元，期限5年的人民币绿色金融债券。本次债券发行由中国银行担任牵头主承销商和簿记管理人，并为金砖银行办理了美元兑离岸人民币债务保值交易（CCS）业务，这是该国际金融组织首次通过自由贸易账户达成的CCS业务。

突破点：一是首只由总部设在中国国际金融机构发行的绿色金融债券，也是时隔7年后重启国际金融机构在中国发行人民币债券。二是债券募集资金主要用于支持巴西、中国、印度和南非的四个绿色可再生能源项目，体现了金砖银行致力于推动金砖国家基础设施和可持续发展环保项目，以及对推动全球绿色经济增长与发展的贡献。

应用价值：一是有利于人民币债券市场发展，债券发行以人民币计价，表明了国际机构对人民币国际化的信心及对"熊猫债"市场的认可，将为其他国际性及地区性金融组织发行人民币债券产生借鉴意义。二是有利于促进中资银行经营国际化，中资银行依托自贸区平台及境内外联动综合优势，为金砖银行提供本次发债承销及募集资金交易等一揽子综合金融服务，为中资银行服务国际金融组织积累了经验。

案例4：商业银行开展自贸区债券柜台业务

主要内容：2016年9月23日，上海清算所自贸区债券柜台业务推出。该业务可支持经备案的承办机构在其自贸区分行柜台，面向已开立自贸区柜台债券账户的区内和境外投资人销售人民币债券，并提供做市、二级托管服务。上海清算所作为总托管机构，负责总登记和日常监测。中国银行作为首家接入承办银行，与其非金融企业客户完成首笔自贸区柜台债券交易。

突破点：一是自贸区债券柜台业务是信用类债券首次在商业银行柜台发售，是投资人依托自由贸易账户体系首次进行的二级市场债券交易。二是增加了自由贸易账户债券交易功能，实现了商业银行通过自由贸易账户体系代理非银行间市场参与者参与人民币债券市场交易。

应用价值：一是为自贸区内和境外投资人提供了新的资产配置渠道，丰富了投资标的，降低了投资者参与债券交易的成本。二是有利于完善我国债券市场，丰富境外人民币投资境内金融产品的范围，扩大人民币跨境使用，助推人民币国际化进程。

案例5：上海保险交易所成立，保险资产登记交易平台试运行，全球首创"共同体+保交所"服务模式

主要内容：2016年6月，上海保险交易所揭牌成立。上海保险交易所按照"公司化、市场化、专业化"原则组建，发起人股东主要为保险行业企业，并积极引进非保险行业股东，实现互补协同。上海保险交易所将重点搭建国际再保险、国际航运保险、大宗保险项目招投标以及特殊风险分散的"3+1"业务平台，并探索有关交易内容。2016年11月，其保险资产登记交易平台投产试运行，发行"长江养老-太平洋寿险保单贷款资产支持计划""太平-上海建工都江堰市滨江新区基础设施（PPP）项目债权投资计划"共2只保险资产管理产品，发行注册总规模78.8亿元，首期合计发行及登记规模16亿元。太平资产管理公司、长江养老保险公司成为首批在该平台发行产品的产品管理人。2016年12月26日，中国城乡居民住宅地震巨灾保险共同体运营平台正式上线运行，为中国城乡居民住宅地震巨灾保险共同体提供承保理赔交易结算等一站式综合服务。

突破点：一是上海保险交易所是全国唯一的国家级、创新型保险要素交易平台，填补了国内保险要素市场的空白。其功能定位主要包括价格发现、交易融资、信息服务、技术支持、产品创新、自律监管。二是保险资产登记交易平台将为保险资管行业建设规范化、创新型的信息化基础设施，为保险资产管理产品的发行、登记、交易、资金结算和信息披露等提供专业服务和技术支持，为监管机构测量和防范风险提供重要的辅助支持。三是首发的2只保险资管产品分别是业内第一单循环购买保单贷款资产证券化产品和第一单以PPP项目为底层资产的债权投资计划产品。

应用价值：一是上海保险交易所是上海建设国际保险中心的重要功能平台，有利于上海加快形成"立足上海、面向全国、辐射全球"的保险交易、定价中心。二是上海保险交易所成立有助于促进保险产品更加透明、信息披露更加充分、服务更加便利、功能更加完备。三是上海保险交易所成立，有利于依托自贸区的政策优势，探索形成更多可复制、可推广的成功经验，促进我国保险业健康发展。

案例6：上海票据交易所成立

主要内容：2016年12月8日，上海票据交易所（以下简称"上海票交所"）成立。上海票交所是经国务院同意、中国人民银行推动筹建的全国性票据报价交易、托管登记、清算结算、信息查询和票据风险监测平台，是中国人民银行实施货币政策和公开市场操作的重要金融基础设施。上海票交所注册资本18.45亿元，采取股份制，由中国人民银行附属机构、五大国有商业银行、部分股份制银行以及上海国际集团等29家单位发起设立。目前，43家试点机构已顺利完成首批上线，包括35家商业银行、2家财务公司、3家券商和3家基金公司。未来，上海票交所将搭建票据交易平台、风险防范平台、货币政策操作平台、业务创新平台以及信息平台五大模块。上海票交所成立当日，中国工商银行和中国农业银行完成首笔票据转贴现交易，浦发银行完成首笔票据质押式回购交易，招商银行与民生银行完成首笔商票交易，平安银行与华泰证券完成首笔非法人产品交易。

突破点：一是市场参与主体多元。符合条件的银行及非银行金融机构等均可参与票据交易。二是实现票据交易电子化。具有纸质票据电子化交易、无纸化托收等多种功能。三是通过交易所制度安排，强化票据交易全流程监控和风险防控。四是提供票据业务产品创新平台。

应用价值：一是有利于完善票据市场法规制度，推动票据业务创新，防范票据市场风险，推进票据市场向公开规范统一的市场发展。二是有利于完善中央银行金融调控，优化货币政策传导机制，促进利率市场化改革、培育市场信用体系和降低实体经济融资成本。三是有利于进一步健全上海金融要素市场构成和金融基础设施布局，提升上海国际金融中心的功能和影响力。

案例7：中国信托登记有限责任公司成立

主要内容：2016年12月26日，中国信托登记有限责任公司在上海挂牌成立（以下简称"中国信登"），中国信登是经国务院同意，由银监会批准设立并直接监管的全国唯一的信托登记机构。中国信登注册形式为有限责任公司，注册资本30亿元，由中央国债登记结算公司、中国信托业协会、中国信托业保障基金有限责任公司、中国信托商业银行、上海国际信托有限公司、上海陆家嘴金融发展有限公司等22家股东共同设立。中国信登以市场化方式运作，将打造"全国信托产品集中登记平台""信托产品统一发行交易流转平台"和"信托业运行监测平台"的核心功能。

突破点：一是实现对全国信托产品、信托受益权的集中登记，规范信托产品的统计和信息披露，履行信托产品查询、咨询等职能。二是解决信托行业信息不对称及信托产品的非标转标以及财产权风险隔离等问题，盘活存量资产。

应用价值：一是为我国完善规范信托产品交易市场，提高信托资产流动性发挥重要平台支撑。二是通过对信托产品实行集中登记等方式，将为金融管理部门对信托业开展实时监测、提高信托业监管及时性和有效性等方面提供重要决策支撑与参考。三是有利于进一步健全上海金融要素市场构成和金融基础设施布局，提升上海国际金融中心的功能和影响力。

案例8："易金通"移动互联网黄金交易系统

主要内容："易金通"移动互联网黄金交易系统（以下简称"易金通"）是上海黄金交易所（以下简称"金交所"）联合各会员单位共同推出的手机一站式交易软件。囊括行情资讯、交易、查询、开户、资产运用等功能于一体，融专业、权威、便捷于一身，便于百姓配置及运用黄金资产保值增值。

突破点：一是业内首创交易所直推移动终端。区别于其他市场各类交易终端由代理机构推出、行情等通过代理机构转接的特点，"易金通"运用移动互联网技术，黄金交易行情直连交易所，畅通黄金投资渠道。二是交易终端服务功能齐备。"易金通"不但提供现货和延期合约的交易功能，还提供交割申报、中立仓申报、提货等操作，方便投资者进行一站式黄金投资交易操作。三是基于安全认证的黄金经纪业务远程开户设计。"易金通"引入身份证图像识别，银行卡校验等安全认证技术，突破黄金经纪行业现有现场开户制度，投资者凭有效身份证件通过手机提供个人信息并签署电子协议后，即可由会员单位通过在线模式为投资者办理开户。

应用价值：一是"易金通"在代理模式、交易品种、交易规则、交易指令等方面进行规范，有利于引导投资者安全选择正规交易系统参与黄金市场交易，促进黄金市场规范发展。二是为广大投资者提供了便利、安全、高效的黄金交易操作平台，为投资者提供黄金资产配置、保值增值增添新型投资渠道。

（二）金融机构创新

案例1：首批"CEPA补充协议十"框架下2家合资券商申港证券与华菁证券成立

主要内容：2016年10月18日，申港证券在上海自贸区正式成立，公司注册资本35亿元，由3家香港持牌金融机构、11家国内机构投资者共同发起成立，其中港资投资总额合计12.2亿元，占总股本的34.86%。2016年11月29日，华菁证券正式成立，公司注册资本10亿元，由港资股东华兴资本旗下万诚证券、内资股东上海光线投资公司及无锡群兴股权投资公司3家机构同时发起设立。两家证券公司均是根据"CEPA补充协议十"框架下设立的合资证券公司。

突破点：一是两家公司股权结构呈现外资、民资多元混合持股特点。其中申港证券是首家新设的内资股东不为证券公司的合资证券公司，首家内资股东均为民营企业的合资证券公司。二是两家公司业务范围具有多牌照竞争优势，其中，申港证券目前拥有包括证券经纪、证券承销与保荐、证券自营、证券资产管理等牌照。华菁证券拥有证券经纪、证券承销与保荐、证券投资咨询、证券资产管理等牌照。

应用价值：一是有利于拓宽证券服务业引入港澳资本和民营资本的渠道。二是有利于借鉴港资等公司股东在成熟资本市场流程管理、风险控制与股权激励等方面经验，提升公司治理水平。三是有利于发挥内资、港资等"混合优势"，依托境内外资本市场资源，聚焦差异化发展策略和国际化竞争优势，更好地服务资本市场双向开放。

案例2：首批自贸区外科技创新企业和海外引进人才开立自由贸易账户及相关业务成功办理

主要内容：2016年11月23日，中国人民银行上海总部发布《关于进一步拓展自贸区跨境金融服务功能支持科技创新和实体经济的通知》，中国建设银行上海市分行等金融机构率先为符合要求的区外科技创新企业开立自由贸易账户，率先为企业海外引进人才开立首批境外个人自由贸易账户（FTF），并提供了与其境内就业和生活相关的金融服务，标志着自由贸易账户正式向全市科技创新企业及引进人才的复制推广。

突破点：一是率先将自由贸易账户开立主体拓展到全市科技创新企业，让自贸区外的科技创新企业也能享受自贸区金融创新便利。二是进一步完善了自由贸易账户服务功能，为符合条件的个人客户开展与其境内就业和生活相关的各项金融服务。

应用价值：有利于商业银行等金融机构对接科技创新企业生命周期不同阶段诉求，兼顾科创企业海内外高层次人才的跨境服务需要，提供全方位综合金融服务方案。

（三）自由贸易账户创新

案例：自由贸易账户首单外币理财产品发行

主要内容：浦发银行成功发行首单自由贸易账户美元非保本理财产品，遵循资金"外来外用"的规则，募集FTN客户的美元资金投资于中资企业海外子公司发行的美元债券，利用该账户本外币一体化及跨境投融资便利优势，面向开立境外机构自由贸易账户（FTN）和自贸区内机构自由贸易账户（FTE）的对公客户发行外币理财产品，募集FT账户外币资金投资于境外优质资产。

突破点：一是拓宽了自由贸易账户的理财功能。二是丰富了自由贸易账户投资者的投资品种，为客户投资境外标的提供了渠道。三是扩大投资范围，投资标的为中资企业境外子公司在海外发行的美元债券。四是参考国际通行做法，加强了境内外机构合作。

应用价值：一是满足了客户对FT账户外币资金保值增值的需求，提高了FT账户资金的收益，加深了银企间的合作关系。二是通过FT账户引入了境外投资标的，有利于客户多元化投资。三是FT账户理财产品认购美元债券，拓宽了中资企业在境外发债的投资者范围，为大型企业"走出去"实施境外并购战略提供资金支持。

（四）综合金融服务创新

案例：自贸区平行进口汽车综合金融服务

主要内容：上海自贸区启动平行进口汽车试点以来，华夏银行上海自贸区分行积极对接首批认定的平行进口汽车试点企业，针对该企业平行进口汽车在进口、展示、销售等环节的结算和融资需求，个性化地设计并提供基于FT账户项下跨境贸易金融、供应链金融等一揽子综合金融服务方案，涵盖信用证结算、贸易融资、外汇理财、网络金融、汽车消费信贷、POS服务等金融产品。

突破点：一是灵活运用自由贸易账户满足客户需求，对接境外市场利率和汇率，有效降低客户融资成本。二是全面联动对公条线，以基础结算业务为切入点，联合多部门设计集贸易融资、供应链金融、汽车消费信贷等全方位综合金融服务方案。三是综合金融服务方案打破银行属地管理限制，实现异地授信、线上放款、随借随还，联通自贸区内外、境内外的整个供应链。

应用价值：一是企业通过 FT 账户可多元化获得境内外融资，自主选择境内外市场汇率，顺利打通国际贸易上下游环节，有效降低企业资金运营成本。二是商业银行通过综合金融服务方案，支持了自贸区商事制度改革，帮助企业有效降低融资成本，提高平行进口汽车经营销售环节运作效率，有利于做大平行进口汽车规模，提升境内外、上下游各类客户体验满意度。

（五）保险服务创新

案例 1：上海航运保险协会全国首推海事诉讼保全责任保险

主要内容：针对海事诉讼"保全难"问题，上海航运保险协会组织成员单位等开发了"上海航运保险协会海事诉讼保全责任保险"。2016 年 8 月 25 日，上海航运保险协会"海事诉讼保全责任保险"完成注册，协会会员可以经营该产品。同日，全国首张海事诉讼保全责任保险保单面世，由中国太平洋财产保险股份有限公司出单。

突破点：一是为海事诉讼保全申请人提供了新的担保方式。与现金担保、保证担保等传统保全方式相比，海事保全请求人只需要支付相应保险金便可启动保全程序，体现了成本可控、手续简便的特点。二是产品针对海事诉讼保全风险特点设计，满足海事请求保全、海事强制令、海事证据保全等不同海事诉讼保全的差异化风险需求。

应用价值：一是降低了海事保全申请人的诉讼成本，减轻航运贸易企业在海事诉讼中的经济压力。二是有利于维护海事保全被申请人合法权益，提升海事司法执行效率。三是在司法领域通过引入商业保险机制这一创新方式，为保险企业服务社会治理开辟了新渠道。

案例 2：上海航运保险协会发布上海航运保险指数

主要内容：2016 年 9 月 26 日，上海航运保险协会发布上海航运保险指数（SMII）。作为在全球航运保险专业指数领域进行的有益探索，上海航运保险指数是综合反映中国航运保险经营情况和风险状况的多层次指数体系，由"一数、三线、一表"构成。"一数"是指航运保险综合指数，"三线"是指行业曲线、国际市场参照曲线及国民经济参照曲线，"一表"是指风险损失表。

突破点：一是上海航运保险指数的数据来源覆盖了 10 年间中国航运保险市场主要经营主体的货运险、船舶险的保单和赔案数据，统计主体的船舶险保费和货运险保费分别占全国市场份额的 85% 和 70%。二是除综合指数外，行业曲线区分船舶险、货运险和船建险，反映单一险种及细分领域变化趋势；国民经济参照曲线细分为进出口覆盖比例和"一带一路"支持情况；风险损失表由纯风险损失表和风险损失指数组成，分别反映纯风险损失率和赔付率的时间变化。

应用价值：一是编制和发布上海航运保险指数可以进一步丰富航运市场指数评价体系，有助于保险机构全面认识航运保险经营风险，为理性决定承保条件和科学厘定保险费率提供决策支持。二是有利于保险机构优化航运保险和再保险策略，更好地支配国际国内两个市场的承保资源，促进保险更好地服务实体经济。三是有利于推进上海国际航运保险中心建设，提升保险业在上海国际金融中心建设中的地位和影响力。

案例 3：建筑工程质量潜在缺陷保险率先在浦东新区实施

主要内容：2016 年 6 月，上海市在全国率先推出住宅建设工程质量潜在缺陷保险，并在浦东新区商品住宅工程和全市保障性住宅工程中强制实施，探索了保险机制全面融入工程质量风险管理体系的新模式。

突破点：一是引入市场化独立第三方风险管理机构，提升建设工程全流程、闭环式质量风险管控的服务水平。二是引入保险公司服务全面替代政府部门的物业保修金管理职能，为住宅工程广大中小业主提供更便捷、更优质的维修服务。三是引入商业保险全面替代物业保修金，为住宅工程提供更充足的工程质量保险保障。

应用价值：一是充分发挥保险的防灾减损和经济补偿功能。目前该项目已被住房和城乡建设部作为全国试点项目，预计每年将为上海 500 万平方米以上新建住宅工程提供全面风险管理。二是有利于支持政府职能转变。政府职能部门无须再承担工程质量潜在缺陷的"买单人"和巨额物业保修金的"保管员"，回归工程质量监督的本位。

八、2017 年 10 月第八批金融创新案例基本情况

自由贸易账户功能创新

案例 1：首批全功能型跨境双向人民币资金池落地上海自贸区

基本内容：在沪商业银行按照《中国人民银行上海总部关于进一步拓展自贸区跨境金融服务功能支持科技创新和实体经济的通知》有关精神，成功为企业搭建了全功能型跨境双向人民币资金池。

一是中国工商银行上海市分行率先开展此项业务，为大润发集团搭建了全功能型跨境双向人民币资金池。该资金池的主办企业大润发集团的子公司，是"上海科技创新职业清单"内企业，得益于上海自贸区科创新政，该公司通过开设境内机构自由贸易账户（FTE），实现了大润发集团本外币资金在岸集约化管理，在降低汇兑成本的同时，拓展了资金跨境融通渠道。

二是花旗银行成功为香港艾兰得集团搭建全功能型跨境双向人民币资金池。这是首家境外跨国公司通过开设境外机构自由贸易账户（FTN），实现了全球资金的统一调配和融通管理，通过跨国公司财资管理中心开立 FTN 账户，灵活地将全球主要货币以原币形式汇集到上海自贸区，协助包括境外企业在内的相关主体也能享受到自贸区金融服务。

突破点：一是全功能型跨境双向人民币资金池基于上海自贸区科创新政，进一步拓展和延伸了自由贸易账户功能，较一般的跨境双向人民币资金池增加了本外币一体化功能，即企业可自由选择币种进行归集，通过自由贸易账户的多币种功能实现池内资金的自由汇兑，降低了汇兑成本。二是增加了日间透支、隔夜透支及理财等功能，可充分满足企业获得更高的资金使用效率和集中管理收益。三是利用充足的在岸人民币资金避免了传统跨境人民币资金池所面临的海外流动性限制，拓宽了跨境资金融通渠道。

应用价值：一是有利于境内外企业集团实现本外币资金的在岸集约化管理，在降低汇兑成本的同时，拓展资金跨境融通渠道并提高资金使用效率。二是有利于推动金融支持实体经济发展，通过资金池的搭建，将境外、自贸区内资金等金融资源投入境内的科技创新和实体经济，激发实体经济活力，有利于吸引更多资产管理中心功能落户上海自贸区。三是有利于促进跨境资金双向均衡流动，助推人民币国际化进程。

案例 2：运用自由贸易账户开展跨境飞机租赁融资

主要内容：商业银行运用自由贸易账户跨境联动优势成功开展跨境飞机租赁融资，取得良好效果。

一是中国建设银行上海市分行为中国飞机租赁集团控股有限公司提供了 12 年期 8000 万美元融资，用于该公司与境外某航空公司的 2 架空客 320 飞机经营性租赁业务，以收取的租金偿还贷款。该行从境外市场筹措资金，借入长期限国际商业贷款，与中国建设银行海外分行组成内部银团，以转贷款方式发放至 FTN 账户，支持企业开展境外租赁业务。

二是浦发银行上海分行为上海华瑞融资租赁公司制定了通过自由贸易账户操作人民币贷款的融资方案，帮助企业向境外采购飞机，融资期限长达 12 年，第一阶段 2 年为飞机预付款融资，第二阶段 10 年为飞机交付融资，通过自由贸易账户购汇后完成付款，避免币种错配带来的汇率风险。

突破点：一是充分运用上海自贸区有关分账核算单元境外融资的创新金融政策，围绕自由贸易账户本外币一体化的优势，开展跨境飞机融资租赁业务，是融资租赁行业在上海自贸区进行的一项业务创新。

二是突破了飞机融资业务专业性较强、时效性要求较高等难点，有效满足了企业的多币种融资、结算、汇兑等需求。此外，运用自由贸易账户跨境筹措资金，符合当前"扩流入、防流出"的宏观政策。

应用价值：一是有利于拓展跨境飞机租赁融资渠道，通过运用自由贸易账户资金可自由汇兑的优势，企业可以实现本外币资金的统筹管理。同时，通过运用自由贸易账户的跨境投融资、结算、汇兑便利，可以在两个市场、利用两种资源寻找更有优势的融资解决方案。二是为飞机租赁企业"走出去"提供资金融通服务，有利于推动企业"走出去"。

案例3：运用自由贸易账户联合国际金融机构开展并购融资

主要内容：中国银行上海市分行作为唯一中资联合牵头行和簿记行，与巴克莱、JP 摩根、花旗等 7 家外资银行共同组建国际银团，助力私募股权投资基金——凯雷基金发起收购法国道达尔石油化工集团的下属安美特集团 100%股权。本项目的收购对价为 30.45 亿美元，凯雷基金以自有资金出资 12.2 亿美元（占比 40%），Term Loan B（以下简称"TLB"）高级债务融资 14 亿美元，剩余 4.25 亿美元通过发行高收益债募集。中国银行上海市分行参与 TLB 高级债务部分中 5 亿美元，并购交割提供美元，并在 7 年期贷款期间提供给借款人 5 亿美元转换成等值人民币的选择权，到期一次性还本付息。

突破点：一是交易结构新颖。TLB 是一个以银行贷款为蓝本，但同时向高收益债券演化的债务融资工具，在还款比例安排、新增债务、财务约束指标等方面给予借款人一定灵活性。对发起并购方凯雷基金无追索，担保结构设计依靠安美特核心子公司提供担保及核心资产抵押，并辅以财务指标约束警示，还款来源依靠安美特现金流。二是独特币种转换机制。由于未来还款来源的资产包中有近 36%的收入来自于中国，因此币种转换安排的独特设计更好地匹配了还款资金来源，降低了汇率风险。此外，币种转换在分账核算单元内进行，采用自由贸易账户的使用规则进行交易，有效控制风险。

应用价值：一是有利于发挥上海国际金融中心和上海自贸区联动发展优势，利用自由贸易账户量身定制的双币种和币种转换选择权融资方案独具创新，具有可复制、可推广的效应。二是有利于提升中资银行国际影响力，本次并购项目是中资银行与凯雷基金共同在欧美市场 TLB 结构融资模式的首次突破。通过与国际知名投行、外资银行合作，提升了中资银行的国际并购能力，促进了人民币国际化。

九、2018 年 12 月第九批金融创新案例基本情况

（一）金融开放创新

案例1：首单东盟地区主权"熊猫债"

主要内容：2018 年 3 月 20 日，菲律宾共和国在银行间债券市场成功发行 14.6 亿元人民币计价债券（"熊猫债"），期限 3 年，票面利率 5.00%。中国银行为本期债券牵头主承销商及簿记管理人，渣打银行（中国）为联席主承销商。

突破点：一是该笔债券是菲律宾进入中国银行间债券市场发行的首只主权"熊猫债"，是中国资本市场迎来的又一成功案例和里程碑，将有力促进中国债券市场的发展，推动中菲两国"一带一路"双边合作。二是此次发行受到了国际投资者的热烈追捧，大量境外投资人通过"债券通"参与了债券发行，境外获配占比达 88%，是国际投资者获配比例最高的一次。

应用价值：一是有利于推动更多境外主权国家发行"熊猫债"，并将募集资金作为其国际储备的一部分，推进人民币国际化进程。二是吸引更多国际投资者参与我国债券市场，进一步提高债券市场对外开放程度。三是进一步拓宽参与"一带一路"建设的融资渠道，推动"一带一路"建设深入。

案例2：在沪首家分行转子行的台资法人银行开业

主要内容：按照习近平总书记在博鳌亚洲论坛上扩大开放的讲话精神，在国家金融管理部门的支持下，上海市梳理形成了两批 23 个对外开放先行先试项目。2018 年 6 月 11 日，原银保监会批复同意国泰

世华银行（中国）开业，由大陆分支行转制为子行，注册地为上海，注册资本30亿元。9月10日，国泰世华银行（中国）正式开业，在沪外资法人银行数量也增至21家。

突破点：标志着原银保监会有关银行业扩大开放举措在上海正式落地，国泰世华银行（中国）是在原先的国泰世华银行上海分行的基础上升级成为法人银行，该行是在沪首家分行转子行的台资法人银行。

应用价值：一是有利于提升外资银行的竞争力，吸引更多外资银行在上海集聚，提供更加多元化的跨境金融服务。二是有利于促进中资银行"修炼内功"，加快转型发展，进一步提升国际竞争力。三是有利于深化两岸金融合作，促进两岸金融业的优势互补和共同发展。

（二）金融市场创新

案例1：上交所推出"一带一路"债券试点

主要内容：2018年3月2日，上海证券交易所发布《关于开展"一带一路"债券试点的通知》，明确了"一带一路"债券的主要制度安排。"一带一路"债券的创立，是对"一带一路"倡议的有力执行和贯彻，也为促进"一带一路"资金融通，发挥交易所债券市场服务"一带一路"建设作用提供了新的工具。截至2018年11月末，发行"一带一路"债券10只，发行规模153亿元。

突破点：一是首次明确了交易所"一带一路"债券的发行主体。二是首次提出安排专人负责"一带一路"债券的申报受理及审核，设立"一带一路"债券板块，并鼓励各类投资机构投资"一带一路"债券。

应用价值：一是有利于拓宽"一带一路"建设的直接融资渠道，体现了金融服务实体经济、服务国家战略的精神。二是有利于深化交易所债券市场对外开放，推动国内债券市场的双向开放。

案例2：上海期货交易所标准仓单交易平台上线

主要内容：2018年5月28日，上海期货交易所上线上期标准仓单交易平台，为实体企业提供交易、结算、交割、仓储与风险管理等一站式服务。首批推出铜和铝两个品种的标准仓单交易业务，首日成交123笔，共计仓单867张，成交21675吨，成交额4.77亿元。

突破点：一是打造了期货标准仓单线上交易、结算、交收的统一平台。二是建立标准仓单授权流转体系，为期货服务现货、期现联动探索了可行的、坚实的一步。三是建立了交易商直接参与的交易模式，改变了传统的期货经纪代理模式。四是建立标准仓单线上融资体系，通过与银行合作，在业务和产品上创新，解决中小企业融资难问题，降低银行的存货融资风险。五是建立标准仓单交易、融资和场外衍生品于一体的场外商品市场体系，与场内期货市场协调发展，构建完善的商品市场体系。

应用价值：一是有利于推动期货与现货的协调发展，使期货市场更好地服务于国家的战略，服务于实体经济的发展。二是有利于优化大宗商品市场融资体系结构，改善大宗商品仓储行业信用，助推中小企业的发展。三是有利于推动上海大宗商品多层次市场的建设和发展。四是有利于争夺和巩固大宗商品市场的国际定价权。

案例3：铜期货期权上市

主要内容：2018年9月21日，铜期货期权在上海期货交易所正式挂牌交易。首批参与铜期权合约集合竞价的会员和客户分别有47家、73个。参与集合竞价达成首批成交的单位客户包括云南铜业股份有限公司、铜陵有色金属集团控股有限公司、深圳江铜营销有限公司等。

突破点：一是我国期权品种由农业领域扩展至工业领域的第一个品种，进一步丰富了国内有色金属衍生品市场的风险管理工具。二是选择成熟的铜期货作为期权合约的标的物，铜期货具有流动性好、合约连续、投资者结构相对完善等优点，长期以来被市场认可，为铜期权的成功上市奠定了良好的基础。

应用价值：一是有利于增强有色金属企业的风险管控能力、市场竞争力和国际化水平。二是有利于促进有色行业风险管理水平，提升期货市场服务实体经济发展功能。三是有利于提升我国在世界金融市场中铜的定价权，进一步夯实上海期货交易所全球三大铜定价中心的地位。

案例4：纸浆期货上市

主要内容： 2018年11月27日，上海期货交易所纸浆期货成功挂牌上市。截至2018年12月7日，主力合约SP1906收盘价5138元/吨，累计成交量528.4万手（单边，下同），日均成交量58.7万手，持仓量9.7万手。

突破点： 纸浆期货在境外交易所多次尝试但均已摘牌，目前仅有挪威交易所以现金交割的纸浆期货合约交易。这是目前全球唯一以实物交割的纸浆期货合约。

应用价值： 一是有利于形成反映中国乃至全球纸浆市场供求关系的价格体系，提升我国在全球纸浆市场的定价影响力。二是为浆纸产业链企业提供风险管理工具，帮助优化浆纸产业链结构，助力产业可持续发展。三是有利于国家森林保护政策和环保政策的实施，引导造纸行业绿色低碳循环发展。

案例5：2年期国债期货上市

主要内容： 2018年8月17日，2年期国债期货在中国金融期货交易所挂牌上市。2年期国债期货上市后，形成了2年、5年、10年关键期限国债期货产品体系，进一步提高国债市场收益率曲线在期限结构和利差结构等方面定价的有效性，为市场提供更加可靠、有效的资金价格信号，助力货币政策更加迅速、有效地传导。

突破点： 2年期国债是中短期国债的标杆，也是我国首个中短期国债期货产品，其上市弥补了我国在国债收益率短端期货产品的空白，进一步丰富了国债期货产品供给，这是完善我国债券市场产品体系的重要一步，也为金融期货市场发展注入了新的活力。

应用价值： 一是有助于完善我国国债收益率曲线。二是有利于满足市场机构多元化的交易和风险管理需求，助力实体经济发展。三是有利于构建完善的国债期货产品体系，促进期现货协同发展，更好地服务实体经济。

案例6：上海保险交易所国际再保险平台上线

主要内容： 2018年8月8日，上海保险交易所国际再保险平台上线。该平台依托上海自贸区自由贸易账户体系（FT账户），可为境内外再保险参与主体提供高效便捷的跨境资金清结算服务。中国银行为上海保险交易所开立人民币和美元FT账户，成为上海保险交易所首家FT账户结算银行。

突破点： 一是线下交易线上化，提高交易效率，交易周期可由原来的2~3个月缩短至2~3天。二是防篡改数字化，使用电子印章和数字证书进行签约，具有加密、防伪、防篡改等功能。三是账户一体化，为参与者提供综合服务支持。四是跨境结算便利化，依托上海自贸区自由贸易账户体系，为境内外再保险参与机构提供高效便捷的跨境资金结算服务。五是参与机构国际化，依托全球性风险分散机制，助推再保险市场进一步对外开放。

应用价值： 一是有利于提高再保险业务的交易效率和规范程度，加强对再保险市场行为的事中、事后监管。二是有利于提高保险行业对外开放，吸引更多境外再保险主体汇聚上海，把上海打造成高质量的再保险中心。三是有利于拓宽FT账户体系应用场景，推动跨境人民币在国际再保险业务中的运用，助力人民币国际化。

（三）金融服务创新

案例1：在沪金融机构为首届中国国际进口博览会提供金融服务

主要内容： 2018年11月5~10日，首届中国国际进口博览会在上海举行。中国银行、太平洋财险、中国人寿等在沪金融机构制定了"一揽子"金融服务方案，为中国国际进口博览会提供优质配套服务，多领域全方位助力进口博览会顺利举办。

突破点： 一是推出多元化贸易金融产品，全面满足企业跨境贸易需求。二是境内境外协同招商，践行一体化金融服务理念。三是线上线下服务并举，支持进口博览会顺利举办。

应用价值： 一是有利于促进贸易自由化和经济全球化，切实服务实体经济发展。二是有利于外资金融机构在沪开展业务，体现我国深化金融改革、扩大对外开放的决心。

案例 2：浦发银行发布《自贸区金融服务方案 7.0》

主要内容：2018 年 9 月 20 日，浦发银行发布《自贸区金融服务方案 7.0》。该方案主要由五大跨境核心服务方案、七大行业特色服务方案以及五大片区专属服务方案组成，重点围绕上海自贸区与上海国际金融中心和科技创新中心的联动，更加突出与金融要素市场和科创企业在自贸业务领域的服务。

突破点：一是涵盖了跨境贸易、跨境投融资、跨境资金管理、跨境资金避险保值管理和跨境集团供应链在内的五大跨境核心服务，增加了包括 FT 网银、全功能跨境双向人民币资金池、FT 托管、FT 跨境可转债等创新产品及服务，进一步拓展了 FT 账户的应用场景。二是根据新兴行业特征及市场动态，提供了针对金融要素市场、金融同业、科创企业、股权投资基金、融资租赁、大宗商品及跨境电商企业七个行业的特色金融服务。三是结合保税区、陆家嘴、金桥、张江、世博等片区的经济特点及发展热点，升级了针对这五大片区的专属金融服务。

应用价值：一是紧密结合上海实际，围绕上海"五个中心""四大品牌"和深化自贸区金融开放创新展开，是金融业探索"上海服务"的有益尝试，对于商业银行深入参与自贸区金融开放创新和加快自身转型发展具有一定的借鉴意义。二是进一步整合了 FT 账户、OSA 账户等境内外账户服务，可以有效满足企业跨境经营的多样化需求。

案例 3：中国工商银行开展境外信贷资产簿记业务

主要内容：中国工商银行上海市分行以自贸区分账核算单元为载体，通过将集团境外资产业务进行合理集中与调配，满足客户的融资需求。该行为两家中资集团分别在巴西和缅甸的项目与工银巴西和仰光分行合作，由境外机构作为业务发起行负责对当地项目的尽职调查及业务审查，再由上海分行通过自贸区分账核算单元结合相关监管要求直接提供境外信贷资产业务的簿记，支持境外企业承接"一带一路"建设重点投资项目和工程建设。

突破点：一是由项目所在地的境外机构直接对接境外项目及客户，根据当地金融监管要求及法律法规与客户商定各项融资要素并完成尽职调查，上海分行则利用自贸区分账核算单元先行先试，支持与国际市场贷款规则一致的境外贷款，通过与境外机构的同步服务，直接向境外实体企业提供融资实现境外信贷资产簿记。二是发挥了中国工商银行境内外一体化的风险管理优势，综合管理境内外信用、市场、操作等风险，为业务的合规稳健运行保驾护航。

应用价值：一是有利于商业银行加强境内外业务联动，为客户提供境内外一体化的金融解决方案，实现资源在集团内部的共同开发和成果分享。二是有利于拓宽企业融资渠道，降低企业融资成本，助力"一带一路"建设。

案例 4："长三角协同优势产业基金"设立

主要内容：2018 年 6 月 1 日，首期 100 亿元的"长三角协同优势产业基金"在沪设立，将通过对硬科技等方向的重点投资，加速长三角产业链深度融合。该基金由上海国际集团牵头，沪苏浙皖大型企业联合发起设立，交由上海国际集团旗下的上海国方母基金股权投资管理有限公司进行管理。

突破点：一是由三省一市大型企业联合发起设立，既有上海国际集团，又有江苏沙钢集团、浙江龙盛集团股份有限公司以及安徽省投资集团控股有限公司等。二是完全市场化的母基金，通过搭建平台，既承担构建面向未来产业的社会功能，又可以给发起人带来一定的收益。

应用价值：一是有利于带动长三角金融资源，提高金融资源使用效率，提升金融服务功能，推进上海国际金融中心建设。二是有利于推动长三角产业链深度融合、产业链优势企业加速发展，促进长三角加快形成面向未来的优势产业集群，不断提升国际竞争力。

（四）保险业务创新

案例 1：全国首单个人税收递延型商业养老保险

主要内容：2018 年 4 月 12 日，银保监会、财政部、税务总局、人力资源和社会保障部、证监会五部委共同发布《关于开展个人税收递延型商业养老保险试点的通知》（财税〔2018〕22 号），正式确定上海为首批开展税延养老保险试点地区之一。2018 年 6 月 7 日，太平洋寿险在上海签发我国首张个人税收递延型商业养老保险保单。

突破点：这标志着税延养老保险试点政策在上海正式落地实施，也是个人税收递延型商业养老保险的全国首单。

应用价值：有利于发展养老第三支柱，健全和完善社会养老保障制度，并进一步推动上海保险行业不断创新，促进上海国际保险中心和上海国际金融中心建设。

案例 2：黄浦区开展巨灾保险试点

主要内容：2018 年 5 月 29 日，上海市巨灾保险试点在黄浦区正式启动。本次巨灾保险黄浦区政府作为投保人，由区政府以财政支付方式缴纳巨灾保险保费。太平洋财险上海分公司为首席承保人，与平安财险上海分公司、人保财险上海市分公司共同组成巨灾保险共保体。保险期间内，因遭受台风、暴雨、洪水导致黄浦区行政区域内住房及其室内家庭财产发生损失，以及因上述自然灾害和突发事件导致身处黄浦区行政区域范围内的自然人死亡时，保险公司按合同约定予以赔偿。

突破点：一是保障程度高。保障程度为国内最高并达到国际先进水平。二是覆盖范围广。灾害发生时位于黄浦区的所有人员因巨灾事件导致的人身死亡，都能得到相同额度的保险保障。三是责任范围大。触发巨灾保险责任的灾害原因，除台风、暴雨、洪水等自然灾害外，还包括所有导致 3 人以上死亡的群体性重大公共事件。

应用价值：一是有利于构建以政府为主导、以商业保险为平台的多层次巨灾风险分担机制。二是有利于缓解政府面临的灾害处置压力，提高灾害救助覆盖范围。三是有利于为上海保险交易所承接全国巨灾风险交易、参与国际巨灾风险分散积累经验。

案例 3：关税保证保险启动试点

主要内容：2018 年 9 月 1 日，在海关总署、银保监会的领导和推动下，关税保证保险在上海等全国十家地方海关启动试点。2018 年 8 月 28 日，作为关税保证保险首批试点项目的保险合作机构之一，人保财险在上海海关落地了首张关税保证保险保单，投保企业为远纺工业（上海）有限公司，涉及的进口货物为大宗原料。

突破点：一是行业首个以政府机构（海关）为被保险人的保险产品，是我国关税担保机制创新、保险业更加深入服务社会的重要实践。二是覆盖范围广，除了大型企业，关税保证保险还适用于各类非失信的中小企业客户，能够显著提升相关保障的覆盖面。

应用价值：一是通过保险单提供关税担保实现先放货后缴税，提高进口企业的通关效率。二是通过以关税保证保险替代保证金，释放大量企业流动资金，切实为企业减负增效。三是通过保险公司的信用评级与资质，以及履约兑付能力，保障海关关税的安全。

十、2020 年 7 月第十批金融创新案例基本情况

（一）基本情况概述

为进一步宣传中国（上海）自由贸易试验区（以下简称"上海自贸区"）金融创新成果，鼓励和支持金融市场、金融机构围绕实体经济需求开展金融产品和服务创新，服务经济社会高质量发展，2020 年 7

月30日，上海市金融工作局、中国人民银行上海总部、上海银保监局、上海证监局、自贸区管委会、临港新片区管委会共同举办上海自贸区第十批金融创新案例发布会。上海市政府副秘书长陈鸣波出席发布会并讲话，有关金融市场、金融机构及相关媒体代表参加。

陈鸣波副秘书长对入选案例给予了充分肯定，并就进一步深化自贸区金融改革开放创新、提升配置全球金融资源功能等提出要求。上海市金融工作局副局长李军对第十批金融创新案例总体情况进行说明。友邦保险、中国外汇交易中心、上海票据交易所、中国银行上海市分行、浦发银行、建信商贸六家单位作为代表分别介绍了有关金融创新案例情况。

据介绍，自2013年上海自贸区挂牌以来，本市累计发布了九批110个金融创新案例，有效地宣传了上海自贸区金融改革开放创新成效。2019年下半年以来，习近平总书记交给上海的三项重大任务陆续落地。围绕深化落实"三大任务""四大功能"，聚焦加快实施中国人民银行等发布的"金融30条"，第十批金融创新案例发布会重点选取了在率先落实金融业对外开放、显著提升上海金融市场国际化水平、助力增强上海金融服务能级以及优化金融发展软环境等方面的新举措、新项目、新典型，"精益求精、好中选优"形成20个金融创新案例。中国（上海）自由贸易试验区第十批金融创新案例发布共20个金融创新案例，涵盖金融开放创新、金融市场创新、跨境金融业务创新、金融服务创新、金融环境创新五个方面。

1. 金融开放创新方面

本次发布5个案例：友邦保险经银保监会批准，将上海分公司改建为独资人身保险公司，成为我国放开人身险公司外资股比限制后首家获批设立的外资独资人身保险公司；中国外汇交易中心在银行间外汇市场推出主经纪业务，为境外投资者提供更多元的外汇风险对冲渠道，进一步提升人民币金融资产吸引力；上海期货交易所推出低硫燃料油期货，这是继原油期货、20号胶期货之后，由上海期货交易所推出的第三个"国际平台、净价交易、保税交割、人民币计价"模式的国际化期货交易品种；上海清算所完成人民币利率衍生品市场对境外商业类机构开放以来的首家境外参与者利率互换集中清算业务；中国太保集团发行全球存托凭证（GDR）并在伦敦证券交易所上市，成为国内第一家在中国上海、中国香港、英国伦敦三地上市的保险集团公司。

2. 金融市场创新方面

本次发布5个案例：中国外汇交易中心紧扣利率市场化改革要点，推出挂钩LPR的利率期权业务，成为金融市场落实"金融30条"的一项重要举措；上海票据交易所推出供应链票据平台并成功落地首批供应链票据贴现业务，提高了票据使用的灵活性，降低了供应链的全链条成本；上海证券交易所科创板红筹新规下，首单"A+H"红筹企业——中芯国际发行上市，有利于科创板吸引更多优质的科创类红筹企业上市；中国金融期货交易所国债期货交易允许商业银行、保险机构参与，进一步丰富了国债期货投资主体，对于完善我国金融市场体系建设、提升金融机构风险管理能力、健全国债收益率曲线都具有非常重要的意义；中央结算公司上海总部与中国银行、交银租赁联合落地实施首单自贸区外币融资担保品管理业务，这是债券担保品首次应用于自贸区融资领域，担保品管理机制首次服务于金融租赁公司。

3. 跨境金融业务创新方面

本次发布4个案例：临港新片区率先开展境内贸易融资资产跨境转让业务，中国工商银行、中国建设银行、中信银行等银行率先成功办理了境内贸易融资资产跨境转让业务；临港新片区率先实施优质企业跨境人民币结算便利化，中国银行等率先为自贸区内优质企业提供了便利化金融服务；国家外汇局上海市分局在上海自贸区启动高新技术企业外债便利化额度试点，为注册在自贸区的新冠肺炎抗疫药生产企业核定首笔外债便利化额度；临港新片区探索开展外债登记管理改革试点，农业银行为注册在临港新片区的国家级高新技术企业成功办理了上海地区首笔一次性外债登记。

4. 金融服务创新方面

面对突如其来的新冠肺炎疫情，在沪金融机构坚决贯彻"六稳""六保"要求，深化服务实体经济，推进复工复产复市，本次发布4个案例：中国出口信用保险上海分公司创新推出"信保+银行+担保"融资方案，帮助中小外贸企业拓宽融资渠道，降低融资成本，全力支持市外经贸企业复工复产；建信期货风险管理子公司——建信商贸率先推出"口罩期权"，探索通过金融风险管理工具降低企业因上游原材料价格波动所面临的经营风险，助力抗疫物资生产；安信农业保险公司推出首款在突发公共卫生事件期间面向长三角大中城市，保障农产品供应的"一揽子"保险方案——"农供保"，助力打赢疫情防控攻坚战；浦发银行率先成立长三角一体化示范区管理总部，探索制定《长三角一体化授信业务方案专项授权》，并落地长三角地区首单一体化专项授信业务。

5. 金融环境创新方面

本次发布 2 个案例：中国银联推出国内首款为短期入境人士提供境内移动支付便利服务的银联卡产品，支持短期入境人士便捷享受银联境内移动支付受理网络服务；上海金融法院发布全国首个关于证券纠纷代表人诉讼制度实施的具体规定，促进了证券群体性纠纷案件的审理，有助于维护证券市场秩序。

下一步，上海将持续深化上海自贸区及临港新片区与上海国际金融中心建设的联动，打好上海自贸区这张上海经济社会发展的"王牌"，发挥好临港新片区这个经济"增长极"的特殊作用，深化上海金融改革创新和扩大对外开放先行先试，强化上海配置全球金融资源功能，更好服务以国内大循环为主体、国内国际双循环相互促进的新发展格局。

（二）具体案例

1. 首家外资独资人身保险公司设立

类别：金融开放创新

案例简介：新一轮金融业扩大开放项目加速落地，更多"全国首家"落地上海。2020 年 6 月 19 日，友邦保险取得中国银保监会批复，将友邦保险有限公司上海分公司改建为外资独资人身保险公司，成为中国首家获得设立批复的外资独资人身保险公司。

突破点：2020 年 1 月，"外资在华设立寿险公司必须采取合资形式"限制取消。2 月，"金融 30 条"中明确推进人身险外资股比限制从 51% 提高至 100% 在上海率先落地。友邦保险"分改子"获批意味着友邦在我国有了独立法人资格。上海外资法人银行、法人保险机构、合资证券和基金管理公司均占我国总数的一半左右，成为外资金融机构最集中的城市。

应用价值：一是持续优化的市场环境和更加规范有序的监管政策有力推动了新一轮金融业扩大开放项目加速落地。外资金融机构的落地有利于引进国际先进的经营理念、运营管理机制、风险管理等方面的专业经验，进一步丰富市场主体和产品种类，满足投资者多元化需求。二是上海自贸区和自贸区临港新片区将以更大力度促进开放合作，不断推动以服务实体经济为主要目标的金融创新，提升上海国际金融中心能级。

2. 中国外汇交易中心推出外汇市场主经纪业务模式

类别：金融开放创新

案例简介：2020 年 5 月 27 日，中国外汇交易中心（以下简称交易中心）在银行间外汇市场正式推出主经纪业务，并发布《银行间外汇市场主经纪业务指引（试行）》。2020 年 7 月 13 日，中国银行、交通银行成为首批银行间人民币外汇市场主经纪商，为境外投资者银行间债券市场直接投资模式（CIBM Direct）项下外汇风险管理需求提供交易服务，均已达成首笔交易。

突破点：主经纪业务的推出是贯彻落实"金融 30 条"中"优化境外机构金融投资项下汇率风险管理，便利境外机构因投资境内债券市场产生的头寸进入银行间外汇市场平盘"有关要求的重要举措。一是交易中心首次将主经纪业务模式引入中国外汇市场，并主导制定主经纪"中国标准"，是中国外汇市场的重大业务创新。二是依托主经纪业务落地，交易中心引入全球第一大外汇即期做市商——XTX Markets Limited 进入中国，成为银行间外汇市场首家境外非银机构做市商。中国银行、交通银行成为首批银行间人民币外汇市场主经纪商，为境外银行类和非银金融机构提供接轨国际惯例的交易解决方案。

应用价值：一是该模式为扩大外汇市场参与主体提供实质解决方案，从交易前端解决中小银行机构和非银机构授信制约问题，有助于改善外汇市场分层格局下的交易效率和流动性。二是推动境内外汇市场与国际市场接轨，通过主经纪业务支持更多类型的境外投资者参与中国外汇市场，通过为境外投资者提供更多元的外汇风险对冲渠道，满足其套期保值等风险管理需求，进一步提升人民币资产吸引力，有助于推动我国金融市场对外开放和人民币国际化进程。

3. 上海期货交易所推出低硫燃料油期货

类别：金融开放创新

案例简介：2020年6月22日，低硫燃料油期货在上海国际能源交易中心成功挂牌上市。低硫燃料油期货是继原油、20号胶期货之后，上海期货交易所推出的第三个"国际平台、净价交易、保税交割、人民币计价"模式的特定期货交易品种。

突破点：一是推进实现海关监管的期现联动。结合国家低硫燃料油出口退税政策，将出口低硫燃料油引入期货交割品，国内炼油厂可以直接参考期货进行报价，减少汇率波动的风险。上海期货交易所与海关不断完善国产燃料油入出库管理细节，创建灵活高效的监管模式。二是年内实现跨境交收业务，打造首个双向开放的期货品种。与国际大型燃料油贸易商研究推进贸易商集团厂库交割模式，通过贸易商全球供货能力，完善交割后现货跨境交收环节，提升期货市场服务实体经济能力。

应用价值：一是促进沿海保税现货市场的培育，助力长三角地区成为亚太重要的石油仓储贸易和保税船供油市场，推动打造东北亚保税船用燃料油加注中心。二是提升我国保税船用燃料油行业定价话语权，为燃料油生产、贸易、终端企业提供套期保值工具，应对国际油价大幅波动的风险。三是推进低硫燃料油期货"跨境交收"业务，力争实现企业境外提货，延伸期货行业服务实体经济链条。

4. 中国太保发行全球存托凭证（GDR）并在伦敦证券交易所上市

类别：金融开放创新

案例简介：2020年6月17日"沪伦通"启动一周年之际，中国太保成功登陆伦敦证券交易所主板市场，顺利完成全球存托凭证（GDR）发行工作，成为第一家借助"沪伦通"机制在伦敦证券交易所上市的上海企业，也是国内第一家在上海、香港、伦敦上市的保险集团公司。

突破点：一是第一次采用中国会计准则在欧洲证券市场发行，更为贴合"沪伦通"通航初衷，也为后期A股上市公司以中国会计准则发行GDR树立了样板。二是第一次在GDR发行中引入基石投资者机制，中国太保在发行前与瑞士再保险成功签署基石投资协议，提振了投资者信心，为后续超预期完成发行奠定坚实基础。三是第一次作为非欧洲企业取得了英国金融行为监管局对于公众持股比例的豁免，助力更多国际长线投资者入股、达成优化股权结构的目的。

应用价值：一是本次GDR发行成功引入了大量优质长期投资者，促进了中国太保股权结构的多元化，助力公司更加国际化、专业化发展，树立国资国企深化改革新样本。二是加速形成"沪伦通"板块效应。本次发行是2010年以来伦敦证券交易所最大规模的GDR发行，也是2015年来伦敦证券交易所最大规模的证券发行。三是本次成功发行为中资企业通过"沪伦通"机制进行境外融资提供了有益借鉴，向全球展示了上海国际金融中心的成果。

5. 首家境外投资者参与上海清算所利率互换集中清算业务

类别：金融开放创新

案例简介：2020年1月22日，鼎亚资本（新加坡）私人有限公司（以下简称"鼎亚资本"）旗下两只非法人产品正式完成上线并成为利率互换集中清算业务境外客户。汇丰银行（中国）作为其银行间债券市场结算代理人，交通银行作为其利率互换集中清算业务代理机构。2020年1月23日，鼎亚资本达成首笔利率互换交易并提交集中清算，成为人民币利率衍生品市场对境外商业类机构开放以来的首家参与者。

突破点：一是引入境外机构通过代理清算机制参与，通过分层清算的方式，完成境外客户资质筛选、风险管理和日常监测。支持综合清算会员与非其结算代理的境外投资者建立代理清算关系。二是制订既符合中央对手清算要求又适用于境外投资者业务场景的协议体系。为客户提供中英对照协议、单据样本、业务指引，并对客户内部管理流程制定提供支持。三是与监管紧密沟通。建立支持 NRA 账户的代理清算系统，实现业务自动化。建立完善与业务匹配的反洗钱和结算风险管理体系。

应用价值：一是鼎亚资本成功入市标志着境外商业类机构参与利率衍生品的交易清算路径已经打通。境外机构纷纷表达进入银行间市场开展交易的意愿，多家境外银行、资产管理人实质性启动衍生品入市相关的准备工作。二是引入境外投资者参与衍生品中央对手方清算，可以丰富人民币资产应用场景，推动人民币国际化，是促进人民币利率衍生品市场快速发展的重要保障。三是有助于支持上海国际金融中心建设，促进上海成为全球性人民币利率衍生品市场的定价、清算和风险管理中心。

6. 中国外汇交易中心推出银行间人民币 LPR 利率期权产品及相关交易服务

类别：金融市场创新

案例简介：2020 年 3 月 23 日，中国外汇交易中心推出 LPR 利率期权业务。此次推出的利率期权品种包括利率互换期权和利率上/下限期权两大类，均为欧式期权，挂钩的基准利率包括 1 年期 LPR 利率和 5 年期 LPR 利率。参与机构类型覆盖大型商业银行、股份制银行、城商行、农商行、外资行、证券公司、私募基金等。

突破点：该业务为贯彻落实"金融 30 条"中"发展人民币利率、外汇衍生产品市场，研究推出人民币利率期权"的重要举措。一是顺应利率市场化进程不断深化的整体趋势，紧扣利率市场化改革要点。精准对接各类银行、金融机构及企业客户等进行 LPR 利率相关风险管理的需求，为市场化定价的贷款业务保驾护航。二是交易服务覆盖利率期权生命周期全流程，为机构提供开展利率期权业务的一揽子解决方案，便于机构高效开展利率期权业务。三是建立期权定价模型，建立波动率报价机制，编制我国首张基准利率波动率曲面。

应用价值：一是 LPR 利率期权产品为金融机构提供更为灵活多元的风险管理工具，助推 LPR 改革各项措施的推进落实。二是 LPR 利率期权进一步完善了挂钩 LPR 的产品体系，有利于提升 LPR 传导效率，可进一步增强 LPR 挂钩资产及衍生产品间的价格联动。三是 LPR 期权价格走势反映了市场对未来 LPR 利率走势的集体预期，为监管部门的货币政策操作和决策提供新的信息渠道，也为实体经济、金融机构搭建了"实体经济—金融机构—货币政策"的预期反馈机制，有助于提高宏观调控政策的前瞻性和精准性。

7. 上海票据交易所成功推出供应链票据平台

类别：金融市场创新

案例简介：2020 年 4 月 24 日，上海票据交易所成功试运行供应链票据平台。宝武集团旗下的欧冶金服"通宝"供应链平台作为首批参与机构接入供应链票据平台，并支持平台上企业成功签发供应链票据。2020 年 6 月 18 日，首批供应链票据贴现业务成功落地，9 家企业通过供应链票据贴现融资 10 笔、507 万元，贴现利率 2.85%~3.8%，贴现票据全部为商业承兑汇票。

突破点：一是现代供应链金融通过技术手段，将核心企业与上下游链条企业之间的物流、信息流、资金流等信息进行整合，基于供应链场景产生的票据具有真实贸易背景的优势。二是创新实现等分化签发，使企业可以用票据灵活支付。供应链票据是由固定面额（最低为 1 元）的票据组成，持票人收到供应链票据后，可根据实际支付需要转让任意金额的票据。三是丰富了企业开展票据业务的渠道。供应链票据平台推出后，除银行网银外，企业还可以通过供应链金融平台发起各类供应链票据业务，进一步方便了企业对票据的使用。

应用价值：一是优化企业财务报表。供应链票据规范性较强，各级供应商接受程度较高，可以帮助企业有效压降应收账款和存货。二是解决企业持票金额与付款金额不匹配的痛点。企业可以对任意金额的供应链票据进行背书转让，提高了票据使用的灵活性。三是降低供应链的全链条成本。优质企业信用通过供应链票据真正传递到链上的每一个环节、每一家企业，中小微企业可以根据实际融资需求，通过供应链票据平台线上开展贴现融资或标准化票据融资，有效提升企业融资能力。

8. 上海证券交易所科创板首单红筹新规下"A+H"红筹企业发行上市

类别：金融市场创新

案例简介：2020 年 6 月 1 日，上海证券交易所受理了中芯国际集成电路制造有限公司（以下简称"中芯国际"）在科创板发行上市的申请文件。中芯国际是全球领先的集成电路晶圆代工企业之一。2020 年 6 月 22 日，上海证券交易所完成审核程序并向证监会提请注册，审核用时仅 19 天。2020 年 6 月 29 日，证监会出具同意注册的批文。2020 年 7 月 16 日，中芯国际在上海证券交易所科创板成功上市。

突破点：一是中芯国际是在红筹新规下赴科创板上市的第一家"A+H"红筹企业，是境外已上市红筹企业到科创板发行上市的典型案例。二是上海证券交易所基于注册制试点的工作经验，推出"审核2.0"，在坚持以信息披露为中心的同时，提高审核质量。目前，科创板已提交注册企业审核时长中位数约 157 天，中芯国际审核用时仅 19 天，创下了科创板审核时间最短的历史纪录。三是中芯国际为科创板设立以来融资规模最大、市值最大的 IPO，也是境内资本市场融资规模最大的半导体企业 IPO。支持芯片产业快速发展是科创板服务国家战略的时代使命，已推动了一批具备核心技术的芯片企业登陆资本市场，初步形成板块集聚效应。

应用价值：一是有利于吸引更多优质科创类红筹企业到科创板上市。中芯国际成功在科创板上市，体现了科创板对红筹企业的包容性和适应性，进而将吸引更多优质科创类红筹企业登陆科创板，有助于红筹企业利用好科创板做大做强。二是有利于深化注册制理念。坚持以信息披露为中心，优化审核方式方法，突出审核问询的针对性，提高审核质量和效率，优化资本市场营商环境。三是有利于突破"卡脖子"技术的"硬科技"科创企业到科创板直接融资，增强资本市场对提高我国关键核心技术创新能力的服务水平。

9. 商业银行、保险机构参与国债期货市场

类别：金融市场创新

案例简介：2020 年 2 月 21 日，经国务院同意，证监会与财政部、中国人民银行、银保监会联合发布公告，允许符合条件的试点商业银行和具备投资管理能力的保险机构参与中国金融期货交易所国债期货交易。第一批试点银行包括中国工商银行、中国农业银行、中国银行、中国建设银行、交通银行。

突破点：商业银行、保险机构参与国债期货交易，是我国金融市场发展的重大突破，是全面深化资本市场改革的最新成果，是落实金融供给侧结构性改革方略的重要举措，对于完善我国金融市场体系建设、提升金融机构风险管理能力、健全国债收益率曲线都具有非常重要的意义。

应用价值：一是有助于加快金融市场基础设施建设，增强场内场外市场联动性，提高上海金融市场资源配置能力，进一步发挥上海作为金融资产定价和风险管理中心的作用。二是有助于提高商业银行利率风险管理水平，增强其经营稳健性，提升金融体系防范化解金融风险和服务实体经济的能力。三是有助于提高国债期货价格代表性，提升国债期货市场运行质量，进一步提升债券市场流动性和定价效率。

10. 首单自贸区外币融资担保品管理业务落地

类别：金融市场创新

案例简介：2020 年 4 月 3 日，中央结算公司、中国银行与交银租赁联合落地实施首单自贸区外币融资担保品管理业务，中国银行向交银租赁的境外子公司提供美元贷款，交银租赁作为担保人提供其持有的人民币国债作为担保。中央结算公司履行担保品管理人职责，对担保资产池进行估值、盯市、押品评估等监控工作，并为参与双方提供担保品资产池全面、翔实的数据信息。

突破点：该业务为落实"金融 30 条"中有关"促进人民币金融资产配置和风险管理中心建设"要求的重要举措。一是债券担保品首次应用于自贸区融资领域。中央结算公司支持交易双方使用境内优质债券作为担保品进行外币融资，进一步延展了债券担保品的跨境应用领域。二是担保品管理机制首次服务于金融租赁公司。中央结算公司首次支持金融租赁公司参与担保品业务，为非银金融机构构建全面的风

险管理机制。三是担保品违约快速处置服务首次延伸至自贸区窗口。在交易环节中创新性地引入担保品违约快速处置机制，疏通了风险防范的最后出口，打造完整的担保品管理服务闭环。

应用价值：一是健全自贸区融资体系风险防控机制。进一步盘活市场客户的存量债券资产，释放债券担保品的价值，有效降低融资成本同时保障资金安全。二是金融创新赋能实体经济高质量发展。交银租赁融入的美元贷款将直接用于国内航运等业务，拓宽了企业跨境融资通道，丰富自贸区融资方式。三是建立长效服务机制，助力自贸区发展。本单业务模式可形成可借鉴、可复制的标准化产品，对构建完善自贸区金融体系、推动自贸区发展起到良好的示范作用。

11. 自贸区临港新片区境内贸易融资资产跨境转让业务开展

类别：跨境金融业务创新

案例简介：2020 年 3 月 31 日，在中国人民银行上海总部指导下，上海市金融学会跨境金融服务专业委员会发布《中国（上海）自由贸易试验区临港新片区境内贸易融资资产跨境转让业务操作指引（试行）》。该指引发布后，中国工商银行、中国建设银行、中信银行等率先成功办理了境内贸易融资资产跨境转让业务。

突破点：该业务为落实"金融 30 条"中在临港新片区开展境内贸易融资资产跨境转让业务要求的重要举措。一是上海市各商业银行可按照"服务实体、真实贸易、真实出表、真实转让、风险可控"的原则，先行在临港新片区内开展境内贸易融资资产跨境转让业务。二是试点初期，可转让资产包括基于国内信用证贸易结算基础上的福费廷和风险参与资产。其他类型贸易融资资产的跨境转让业务将根据"成熟一项、推出一项"的原则予以推出。

应用价值：一是有利于境内银行进一步盘活资源，优化资产负债结构，提升经营管理效益。二是有利于进一步丰富跨境人民币双向流通渠道，满足境外机构配置境内优质金融资产的需求，提升人民币资产作为全球资产配置的价值和吸引力。三是有利于更好利用两个市场、两种资源，推动开放型产业聚集，进一步增强上海国际金融中心的全球影响力。

12. 优质企业跨境人民币结算便利化启动

类别：跨境金融业务创新

案例简介：2020 年 3 月 5 日，在中国人民银行上海总部指导下，上海市银行外汇及跨境人民币业务自律机制发布《临港新片区优质企业跨境人民币结算便利化方案（试行）》。中国银行上海市分行率先为注册在新片区的企业昂旭（上海）贸易有限公司提供跨境人民币结算便利化服务。2020 年 5 月 1 日，上海市金融学会跨境金融服务专业委员会和上海市银行外汇及跨境人民币业务自律机制联合发布《关于扩大跨境人民币业务创新举措服务范围全力支持上海市"两链"和外贸企业的倡议书》，推动优质企业跨境人民币结算便利化的服务范围扩大到上海市符合条件的企业。2020 年 5 月 6 日，中国银行上海市分行为奥乐齐（中国）投资有限公司等 3 家企业提供相关金融服务。

突破点：一是该方案是贯彻落实"金融 30 条"中"对于符合条件的临港新片区优质企业，自贸区内银行可在'展业三原则'基础上，凭企业收付款指令直接办理跨境贸易人民币结算业务，直接办理外商直接投资、跨境融资和境外上市等业务下的跨境人民币收入在境内支付使用"要求的重要举措。二是该方案明确符合条件的临港新片区优质企业，尤其是集成电路、人工智能、生物医药、航空航天、新能源和智能网联汽车、高端装备等领域的重点企业，以及服务范围扩大后的全市供应链、产业链和外贸企业，在以人民币办理跨境货物贸易、服务贸易以及部分资本项目结算业务时，可以不再需要提交复杂的交易单据，享受便利化的跨境人民币结算服务。

应用价值：实行便利化措施后，银行的展业方式从事前逐笔审核真实性材料，调整为事先准入客户资质、事后做好抽查回访，大大简化了业务办理手续，进一步为企业跨境人民币收付及涉外资金的境内使用提供便利。

13. 上海自贸区启动高新技术企业外债便利化额度试点

类别：跨境金融业务创新

案例简介：2020年4月3日，国家外汇管理局上海市分局印发《关于中国（上海）自由贸易试验区高新技术企业外债便利化额度试点业务的通知》（上海汇发〔2020〕16号），允许符合一定条件的中小微高新技术企业在等值500万美元额度内自主借用外债。

突破点：一是缓解中小微创新型企业融资难、融资贵问题。试点业务推出以后，符合条件的中小微高新技术企业可以在核定外债额度内自主借入外债，通过充分比较和利用国内国外两个市场多渠道融入资金，有效降低企业融资成本。二是弥补了中小微高新技术企业跨境融资政策空白。跨境融资风险加权余额上限超过等值500万美元的高新技术企业，可以通过跨境融资宏观审慎框架享受跨境融资便利。更大规模或具有集团性质的高新技术企业还可以参与跨国公司跨境资金集中运营。在自贸区推出高新技术企业外债便利化额度试点，形成了不同规模高新技术企业全主体、全方式和全覆盖的跨境融资便利化。

应用价值：一是有利于贯彻党中央关于统筹做好疫情防控与经济社会发展工作决策部署，也有利于深入落实党的十九大关于加快构建更高水平开放型经济新体制，大力实施创新驱动发展战略，推动上海经济高质量发展。二是试点业务将进一步便利中小微高新技术企业充分利用境内境外两个市场、两种资源，助推上海高新技术产业做大做强，进一步加快上海国际金融中心、上海科创中心以及自由贸易试验区建设。

14. 自贸区临港新片区一次性外债登记业务试点

类别：跨境金融业务创新

案例简介：2020年6月5日，国家外汇管理局上海市分局发布《关于在中国（上海）自由贸易试验区临港新片区开展外债登记管理改革试点的通知》（上海汇发〔2020〕26号）。符合条件的企业可以办理一次性外债登记，不再逐笔办理外债签约登记。中国农业银行新片区分行在国家外汇管理局上海市分局的指导下为注册在新片区的国家级高新技术企业城林科技（上海）有限公司成功办理了一次性外债登记，这是上海地区首笔一次性外债登记业务。

突破点：一是试点企业只需在其自身额度内办理一次性外债登记，无须逐笔办理签约、提款、变更、注销登记。企业在完成一次性外债登记之后，可以在登记额度内随时借用外债，无须多次往返国家外汇管理局，进一步简化了业务办理流程，节约了企业的"脚底成本"。二是无须事前确定境外债权人。试点企业可以根据实际需要，在一次性外债登记额度内，向不同的境外主体借债。

应用价值：一是大幅简化企业办理跨境融资业务流程。通过一次性核定外债额度、逐笔使用的模式，提高了企业从境外融资的效率，为优化营商环境提供金融配套支持。二是深入贯彻落实"六稳""六保"要求，便利企业通过境外融资，丰富资金来源，降低融资成本和换汇成本，有利于解决融资难、融资贵问题。三是有利于进一步推进资本项目可兑换，提升外汇管理服务实体经济能力和水平，有利于促进上海国际金融中心建设和临港新片区建设。

15. 中国出口信用保险公司推出"信保+银行+担保"融资方案

类别：金融服务创新

案例简介：2020年4月16日，中国出口信用保险公司（以下简称"中国信保"）上海分公司联合市中小微企业政策性融资担保基金管理中心及合作银行推出"信保+银行+担保"的中小微外贸企业保单融资创新服务方案。该方案整合了上海主要合作银行的拳头产品和市政策性担保基金的资源优势，依托上海国际贸易"单一窗口"信用保险平台，合力打造普惠金融创新产品"WE易融"和"保易融"，降低银行贷款风险敞口，促进扩大信贷投放力度。截至2020年6月末，"WE易融"为102家小微企业批复授信金额1亿元，"保易融"为380家小微企业批复授信金额24亿元。

突破点：一是降门槛。通过"单一窗口"大数据，提高精准授信水平，简化审核材料和要求，降低企业准入门槛，切实为小微企业提供服务。二是提服务。银行采取普惠金融利率，政策性保险和政策性担保机构提供了中小微企业最优惠费率。企业综合成本远低于中小企业平均贷款利率。三是易操作。通过上海国际贸易"单一窗口"发起申请，线上反馈授信审核结果（包括授信额度、贷款利率），企业可通过银行网银等方式办理提款，整个流程企业可以足不出户、线上通办。

应用价值：一是该合作模式能够帮助中小外贸企业拓宽融资渠道，降低融资成本，全力支持市外经贸企业复工复产。二是各主体发挥各自优势，打破了原有条线、产品的局限，整合资源、效用叠加，为小微企业融资打造了新的保单融资产品与服务，进一步为本市中小外贸企业优化营商环境。三是在当前世界经济不确定性因素增多，疫情期间风险扩大的情况下，充分发挥信用保险对外贸小微企业融资业务的风险缓释以及风险增信的作用，为普惠金融"两增两控"提供有效抓手，共同提升金融服务实体经济的质效。

16. 建信商贸成功推出"口罩期权"

类别：金融服务创新

案例简介：建信期货风险管理子公司建信商贸发挥其注册于自贸区的区位、政策优势，利用场外期权工具，联合中国建设银行为国内某医疗用口罩布原材料生产商设计期权方案，锁定上游原材料成本，有效降低企业因上游原材料价格波动所面临的经营风险，助力抗疫物资生产。

突破点：一是行业内首单"口罩期权"。由于原材料PP（聚丙烯，大连商品交易所上市期货品种）目前尚无场内期权，建信商贸运用期货复制期权进行风险对冲管理。二是期权方案设计合理。设计方案时充分考虑了企业生产经营以及原材料分批采购的情况，同时结合原材料当期价格和价格波动预期，为企业提供了规模为500吨PP2005亚式看涨期权（行权价格7234.5元/吨），锁定了约4.5亿只一次性外科口罩或1亿只N95口罩的原料成本。三是持续性开展后续服务及完善产品结构。根据后期原材料价格变动情况，为企业进一步控制风险。

应用价值：一是"口罩期权"降低了口罩生产企业因原材料价格波动所面临的经营风险，进一步提升了企业生产口罩的积极性，助力抗疫物资生产。二是多家期货公司及其风险管理子公司迅速跟进，主动对接市场需求。海通期货子公司海通资源为某聚丙烯生产商设计并提供了为期一个月的700吨PP2005看跌期权，国泰君安期货子公司国泰君安风险管理公司通过买入聚丙烯看涨价差期权为某口罩原材料生产商提供了约800万元货值的"价格保险"，为防疫物资的顺利生产保驾护航。

17. 安信农业保险公司推出"农供保"保障农产品供应保险方案

类别：金融服务创新

案例简介：疫情对农业发展造成较大影响，安信农保从政府与市场需求出发，推出行业首款在突发公共卫生事件期间面向长三角大中城市的保障农产品供应一揽子保险方案，助力打赢疫情防控攻坚战。保险方案采用清单组合式，保障范围包括生产上市环节类、流通安全类等四大类10个保险产品，2020年第一季度保额就达上亿元，为上海农产品供应起到及时保障作用。

突破点：一是指数类保险覆盖了疫情期间农产品的生产和上市交易两个环节。产品包括气象指数保险、外延基地农产品采购价格保险等，迅速弥补农户灾后恢复再生产的资金需求，促进农户的生产积极性，保证农产品稳定供应。二是流通安全类保险从疫情期间的农产品流通角度出发，覆盖运输、仓储、交易三个环节。产品包括生鲜农产品物流、仓储保险等，弥补企业和农户的经济损失。三是物价类保险关注疫情期间稳定居民基本生活。主要聚焦符合当地低收入标准的人群。产品为低收入人群"菜篮子"物价指数保险。

应用价值：一是助力疫情期间农产品市场的正常供应。聚焦疫情影响下全国大中城市面临的农产品价格"倒挂"、供应短缺等严峻问题，对稳定物价等起到积极作用。二是弥补疫情期间企业和农户的成本损失。在未来能够充分发挥保险业对农业生产的支持作用，弥补疫情期间企业和农户的成本损失。

18. 浦发银行成立长三角一体化示范区管理总部并落地长三角一体化专项授信业务

类别：金融服务创新

案例简介：为贯彻落实《关于在长三角生态绿色一体化发展示范区深化落实金融支持政策推进先行先试的若干举措》，2020 年 4 月 7 日，浦发银行成立上海浦东发展银行长三角一体化示范区管理总部。2020 年 5 月 7 日配套制定了《长三角一体化授信业务方案专项授权》，6 月 3 日落地首单长三角一体化专项授权授信业务。

突破点：该业务为贯彻落实"金融 30 条"中"强化长三角区域银行机构在项目规划、项目评审评级、授信额度核定、还款安排、信贷管理及风险化解等方面的合作协调，探索建立长三角区域跨省（市）联合授信机制，推动信贷资源流动"要求的重要举措。一是在总行端成立管理总部，由示范区管理总部牵头，统一推进示范区内自贸、科创、绿色金融产品创新，切实强化了板块之间、总分之间的纵向、横向沟通。二是推进浦发长三角六家分行的联合授信机制，支持长三角范围内跨区域联合授信，打破以往只能在注册地银行贷款的限制，企业可向长三角区域内浦发银行任意一家经营机构申请贷款。

应用价值：一是作为联动长三角区域各分行的管理平台，推动浦发银行搭建服务长三角区域企业的综合平台及统筹全行人力、物力、财力的资源平台，制定长三角一体化发展规划方案，提高长三角区域服务效能，加快发展绿色金融和产品创新。二是深化长三角分行业务合作，强化长三角区域内业务拓展、项目规划及授信安排等方面的合作协调，促进长三角范围内信贷资源跨区域配置，支持企业在长三角区域的跨省（市）经营发展和投融资行为。

19. 中国银联推出境外人士短期入境支付项目

类别：金融环境创新

案例简介：为使中国移动支付服务惠及更多境外人士，中国银联牵头实施，组织商业银行共同发行"旅行通卡"。该卡产品支持短期入境人士在商业银行指定网点、云闪付 App 或发卡机构 App 申请开通办理，并能便捷享受银联境内广大移动支付受理网络服务。

突破点：一是产品创新。该产品为国内首款为短期入境人士提供境内移动支付便利服务的银联卡产品。二是模式创新。该卡产品的虚拟卡方案可通过线上实现用户身份核验、账户生成、额度管理、卡片管理等模式创新。三是技术创新。本产品创新使用 TOKEN 技术支持境外人士短期入境移动支付。

应用价值：依托中国银联多年在卡基支付和移动支付领域经验以及遍布中国城乡的受理网络优势，推出专为短期入境人士量身打造的银联旅行通卡产品，为入境人士提供境内移动支付解决方案的同时，可迅速释放入境消费市场潜力，推进消费提质扩容，有利于推进上海国际金融中心建设，展现中国银行业的国际形象。

20. 上海金融法院探索证券纠纷代表人诉讼机制

类别：金融环境创新

案例简介：2020 年 3 月 24 日，上海金融法院发布《上海金融法院关于证券纠纷代表人诉讼机制的规定（试行）》。这是全国法院首个关于证券纠纷代表人诉讼制度实施的具体规定。

突破点：一是系统规定了各类代表人诉讼的规范化流程，包括立案与权利登记、代表人的选定、代表人诉讼的审理、判决与执行等，明确回应了各类代表人诉讼中的难点问题。二是大力依托信息技术创新代表人诉讼机制。通过设立代表人诉讼在线平台，实现权利登记、代表人推选、公告通知、电子送达等诉讼程序的便利化，着力与证券登记结算机构建立电子交易数据对接机制，提高诉讼效率。三是明确了实践中具体适用代表人诉讼制度的规则指引，细化以"默示加入"为核心的特别代表人诉讼，明确了投资者保护机构参加诉讼的具体操作规范。

应用价值：该规定的出台是探索符合国情和证券市场司法需求的新机制，将有力推动证券群体性纠纷案件的审理，提升审批集约化水平，提高审判效率，降低诉讼成本，从而保护投资者合法权益，促进纠纷多元化解，维护证券市场秩序。

十一、2022 年 11 月第十一批金融创新案例基本情况

(一) 基本情况概述

本次择优发布了 30 个,主要从金融开放创新、金融市场创新、跨境金融服务优化、金融扶持重点产业、绿色金融产品服务创新、金融营商环境优化六个方面展示了 2020 年 6 月以来自贸区及临港新片区金融开放创新领域具有首创性、标杆性、可借鉴性的重要创新成果。

在金融开放创新方面,聚焦落实金融扩大开放举措,进一步打造金融开放枢纽门户,本次发布了 7 个案例,分别是中国人民银行上海总部、国家外汇管理局上海市分局在临港新片区开展跨境贸易投资高水平外汇管理改革试点;上海银保监局积极落实扩大开放政策,在上海自贸区陆续落地一批外资控股合资理财公司、外资独资人身险公司、"一带一路"在沪分支机构等若干有影响力的标志性扩大开放项目;上海证监局积极推进全国首家外资独资公募基金管理公司、外资独资证券公司等一批有影响力的外资证券基金经营机构落户自贸区;海通证券等金融机构会同中央国债登记结算公司上海总部支持深化自贸区离岸债券创新推广,落地首单上海自贸区离岸人民币债券等多个"首单";上海清算所与国际证券存管机构合作推出"玉兰债",先后支持商业银行、证券公司等机构发行;上海证券交易所深化上海资本市场与境外市场互联互通,将交易型开放式基金(ETF)纳入内地与香港股票市场交易互联互通机制,将瑞士和德国纳入境内外证券市场互联互通存托凭证机制适用范围;中国证券登记结算上海分公司上线合格境外机构投资者(QFII)、人民币合格境外机构投资者(RQFII)结算模式创新项目。

在金融市场创新方面,立足深化金融要素市场改革,不断推升上海国际金融中心服务能级,本次发布了 8 个案例,分别是上海证券交易所推出科创板股票做市交易业务,是科创板又一个重要交易机制改革措施;海通证券、国泰君安先后保荐中芯国际、九号公司在科创板公开发行股票、发行存托凭证,成为科创板允许红筹企业境内上市后的首批实践案例;上海期货交易所子公司上海国际能源交易中心上市国际铜期货、原油期权,并进一步推广 20 号胶期货定价运用,提升"上海价格"对国际大宗商品市场定价影响力;中国金融期货交易所同步挂牌上市中证 1000 股指期货和期权,这是我国首次推出以小盘股为主要标的的股指期货和期权产品;上海保险交易所上线数字化健康保险交易平台和全球首创数字化再保险登记清结算平台两款数智化平台;中国信托登记有限责任公司建设全国信托公司股权托管中心,上线股权信息管理系统;上海清算所创新推出大宗商品现货清算业务,并推出清算通供应链金融信息服务;上海股权托管交易中心上线运营上海私募股权和创业投资份额转让平台,拓宽基金份额转让退出渠道,助力金融资本与产业资本循环畅通。

在跨境金融服务方面,围绕优化跨境金融服务,用好国内国际两个市场两种资源,本次发布了 4 个案例,分别是中国人民银行上海分行与上海市商务委员会出台自由贸易账户支持离岸经贸业务相关举措,中国银行上海市分行落地首单自由贸易账户为离岸加工贸易提供跨境结算业务;浦发银行与证券公司携手打造 A 股上市公司通过自由贸易账户实施外籍员工股权激励计划服务模式;跨境银行间支付清算有限责任公司推出标准收发器和跨境创新服务终端机(CISD),并增加港元业务;上海票据交易所建设跨境人民币贸易融资转让服务平台,促进人民币跨境贸易融资业务发展。

在金融扶持重点产业方面,紧扣金融服务实体经济,积极支持科技创新等重点产业发展,本次发布了 4 个案例,分别是人保财险等全国 18 家保险公司和再保险公司联合成立中国集成电路共保体,通过加强行业协同,提供高质量的集成电路产业风险解决方案;上海证券交易所落地首批不动产投资信托基金(REITs)试点项目,推动基础资产扩展及已发项目扩募,牵头成立长三角基础设施 REITs 产业联盟;上海证券交易所推出科技创新公司债券,进一步发挥公司债券服务国家创新驱动发展战略和产业转型升级功能;中国工商银行上海市分行为境内民营企业打造自贸区离岸业务综合金融服务方案。

在绿色金融创新方面，激发绿色金融产品与服务创新，打造国际绿色金融枢纽，本次发布了 5 个案例，分别是中债估值中心（中央国债登记结算公司下属公司）推出全球首个全面覆盖中国债券市场公募信用债发行主体的 ESG 评价体系；上海环境交易所、上海证券交易所和中证指数公司发布"中证上海环交所碳中和指数"，汇添富基金、富国基金等国内首批中证上海环交所碳中和 ETF 产品先后上市；中海信托成立全国首单以国家核证自愿减排量为基础资产的碳中和服务信托"中海蔚蓝 CCER 碳中和服务信托"；中国银联、上海环境交易所共同发布银联绿色低碳主题银行卡产品，为个人和企业分别配置低碳生活服务权益和碳减排量购买权益；中国农业银行上海市分行筹组国内首笔人民币可持续发展挂钩（SLL）国际银团贷款。

在金融营商环境优化方面，着眼建设逐步与国际接轨的优质金融营商环境，提升国际金融中心软实力，本次发布了 2 个案例，分别是在沪金融管理部门着力构建金融消费者权益保护机制，上海证监局牵头倡议成立上海投保联盟，进一步构建投资者服务保护机制，上海银保监局指导设立的全国首家专业性、行业性独立第三方调解组织正式更名为"上海银行业保险业纠纷调解中心"，建设全流程金融消费者权益保护；上海市高级人民法院、上海证监局联合出台落实证券虚假陈述民事赔偿案件司法解释协作意见，进一步明确证券司法审判与证券监管执法之间的协作配合机制。

（二）具体案例

1. 类别：金融开放创新

案例名称：临港新片区开展跨境贸易投资高水平开放外汇管理改革试点

案例简介：2022 年 1 月 28 日，国家外汇管理局上海市分局印发《中国（上海）自由贸易试验区临港新片区开展跨境贸易投资高水平开放外汇管理改革试点实施细则》，在临港新片区开展跨境贸易投资高水平外汇管理改革试点。试点政策涵盖 9 项资本项目改革措施、4 项经常项目便利化措施，以及 2 项加强风险防控和监管能力建设的相关要求。

突破点：作为全国首批试点之一，临港新片区内实施的跨境贸易投资高水平开放试点政策开放力度空前。一是率先开展根据客户指令办理优质企业经常项目外汇业务、优化新型国际贸易结算、有序扩大贸易收支轧差净额结算企业范围、为企业办理货物贸易特殊退汇等系列经常项目高水平开放试点政策。二是资本项目试点政策，包括开展非金融企业外债便利化试点、支持股权基金跨境投资、稳慎开放跨境资产转让、开展跨国公司本外币一体化资金池、外商投资企业境内再投资免于登记、试点部分非金融企业资本项目外汇业务登记改由银行办理、扩大资本项目收入使用范围、适度放宽跨境投融资币种匹配要求、提高非金融企业境外放款的规模上限。三是实施加强跨境资金流动风险监测预警和逆周期调节、建立试点纠错机制和风险应对预案等风险防范措施。

应用价值：政策一经发布，中国银行、交通银行、浦发银行、中国农业银行等银企积极响应，踊跃申请，多项试点政策先后落地。一是截至 2022 年 9 月末经常项目下已备案试点银行 13 家，累计试点业务规模 52 亿美元，扩大了经常项目便利化政策受益面，优质企业实现了三个"全部"（经常项下跨境外汇收支业务可"全部"到银行办理、银行"全部"按照客户指令为优质企业办理经常项下跨境外汇收支业务、优质企业"全部"由银行自主决定）。二是资本项目试点政策已全部落地，资本项目下已有合计 35 家企业享受试点政策红利，如中国银行落地了全市首批非金融企业外债便利化额度试点、首单 QFLP 试点、首批外币贸易融资跨境资产转让等一系列"首单"业务，并支持上港集团办理了试点政策下首家本外币一体化资金池；再如，中国农业银行成功开展首笔扩大非金融企业境外放款规模试点、放宽外债跨境流入币种一致限制等业务。

2. 类别：金融开放创新

案例名称：银行业保险业扩大开放标志性项目陆续落地

案例简介：2020 年 6 月以来，上海银保监局积极配合上海市政府等部门，在上海自贸区陆续落地外资控股合资理财公司、外资独资人身险公司、增设"一带一路"金融机构等一批有影响力的标志性扩大开放项目,彰显上海国际金融中心与自贸区改革开放的全方位优势。

突破点:国家首批进一步扩大金融业对外开放重大举措在上海率先落地。一是外资控股合资理财公司、外资独资人身险公司在金融业对外开放领域均属空白,推动以上项目落地,让上海自贸区在落实扩大开放举措方面继续走在全国前列,也为银行业保险业更好服务实体经济和提升国际竞争力营造良好的市场基础,进一步巩固加强了上海国际金融中心的地位,保持了扩大对外开放的上海速度。二是引入的外资机构具有较为先进的管理经验、良好的风控能力和充足的资本实力,可以在行业内起到业务引领示范作用,有助于推动上海经济高质量发展,为上海国际金融中心建设添砖加瓦。三是在全国范围内起到了示范性作用,对上海金融市场的扩大开放进程起到了推动作用,提升了上海参与全球金融市场的能级,可帮助上海地区金融机构加强与外资机构的交流互动,推动机构熟悉并掌握国际竞争通用规则,接受不同竞争环境历练,增强与跨国金融企业同台竞技的能力。

应用价值:上海银保监局积极配合上海市政府等部门,结合上海实际共同梳理上海推进落地项目的重点领域,加强与银保监会沟通协调提供政策支持,积极推动落地重大项目。一是推进外资控股合资理财公司落户,2020年9月,全国首家外资控股合资理财公司汇华理财有限公司于临港新片区获批开业。此后,贝莱德建信理财有限责任公司、高盛工银理财有限责任公司相继在自贸区获批开业。截至2020年底,全国五家外资控股理财公司均集聚上海。二是推进自贸区内合资人身险公司转外资独资,2021年以来,上海银保监局相继批准中德安联人寿保险有限公司、汇丰人寿保险有限公司两家人身险公司由合资转为外资独资,两家公司成为全国第二、第三家外资独资人身险公司(第一家外资独资人身险公司友邦人寿保险有限公司首先在上海获批)。三是推进增设"一带一路"金融机构,2021年9月,中东地区规模最大的外资银行阿联酋阿布扎比第一银行上海分行获批开业。

3. 类别:金融开放创新

案例名称:证券基金业对外开放标志性项目落地

案例简介:2020年6月以来,上海证监局积极推进全国首家外资独资公募基金管理公司、外资独资证券公司等一批有影响力的外资证券基金经营机构落户上海自贸区。

突破点:上海自贸区在证券基金领域落实金融业扩大开放举措方面继续走在全国前列,上海证监局等监管部门积极做好外资机构开业验收工作,并深入研究外资机构的经营模式、运作特点,探索更有针对性、更有效的监管方式。一是先后落地了全国第一及第二家外资独资公募基金管理公司、全国首家外资独资证券公司等一系列外资证券基金经营机构,彰显了中国对外开放的决心。二是引入的外资机构具有较为先进的管理经验、良好的风控能力和充足的资本实力,可以为中国企业和居民提供优质金融服务,在行业内起到引领示范作用,有助于推动上海经济高质量发展。三是外资与本地金融机构合作竞争,推动本地金融机构熟悉并掌握国际竞争通用规则,行业机构双向开放也取得了较好成效。

应用价值:全国首批外商独资证券基金经营机构落户上海自贸区,标志着上海资本市场对外开放迈出坚实步伐。一是落地全国首批外资独资公募基金管理公司,2020年8月,全国首家外资独资公募基金管理公司贝莱德基金管理有限公司获批在沪设立;2021年8月,富达基金管理(中国)有限公司作为全国第二家获批成立;2021年9月,贝莱德基金管理有限公司成立首只公募产品——贝莱德中国新视野混合基金;2022年5月,贝莱德申请参与合格境内有限合伙人(QDLP)试点资质获批,成为首家参与QDLP试点的外资公募基金。二是落地全国首家外资独资证券公司,2021年8月,证监会对摩根大通证券(中国)有限公司控股股东受让5家内资股东所持股权事项准予备案,摩根大通证券(中国)有限公司成为全国首家外资独资证券公司。

4. 类别:金融开放创新

案例名称:上海加速推动上海自贸区离岸债券业务创新

案例简介:2021年起,上海自贸区离岸债券业务持续创新推广,逐步开拓了中国债券市场开放新路径。2021年5月，海通证券作为总协调人支持上海地产集团发行了首单自贸区离岸人民币债券，由中央国债登记结算公司提供登记、托管及清算服务支持。2022年10月，海通证券再次以总协调人身份支持临港集团发行全球首单绿色双币种自贸区离岸债券，境外投资人占比创下历史新高。

突破点：截至2022年9月末，海通证券等金融机构发挥全球协调人专业优势，支持境内外主体通过中央国债登记结算公司上海总部已累计发行29期上海自贸区债券，规模总计约等值235亿元人民币。一是在债券领域实现了首次服务境外发行人、首单发行离岸外币债券、首次引入境内司法裁判机构、首次采用中外资联合承销等多项"首单"创新，逐步形成了可复制、可推广的离岸债券发行模式。二是引入境内司法管辖主体，首次实现上海国际司法裁判体系在跨境业务中的落地运用，扩大中国金融司法的国际影响力和公信力。三是支持本外币发行，盘活离岸人民币资产，提升人民币作为国际货币的投资功能、储备功能，拓宽了全球离岸人民币投资者的资产配置空间，为推动我国金融市场对外开放、人民币国际化注入了全新动能。

应用价值：一是海通证券、交通银行、华夏银行等金融机构发挥全球协调人、簿记管理人等专业优势，助力上海统筹国内国际两个市场两种资源，构建离岸金融体系。二是自贸区离岸债券由中央结算公司提供登记托管，关键环节均在自贸区内完成，债券要素、资金要素和交易信息要素均在沪集中汇集、集中配置，有利于扩大上海自贸区对全球人民币资产的定价影响力，强化上海在全球金融资源配置中的功能和地位。三是统筹金融安全与发展，发挥自贸区在金融开放领域的示范作用，发挥"在岸的离岸市场"优势，自贸区离岸债券采用高效穿透的直接持有账户体系，实现账户本地化、交易结算活动本地化，在推动金融市场双向开放的同时，有效防范开放中可能面临的国际资本冲击风险。

5. 类别：金融开放创新

案例名称：上海清算所发行"玉兰债"

案例简介：2020年12月，上海清算所与国际证券存管机构欧洲清算银行（以下简称"欧清银行"）合作推出"玉兰债"。上海清算所作为总登记机构，直接服务境内发行人提供债券无纸化登记服务；欧清银行作为次级托管机构，为全球投资人提供"玉兰债"托管结算服务。"玉兰债"产品先后在银行业、证券业有序落地，计价币种涵盖美元、欧元，在提高发行登记操作效率、降低发行人融资成本、拓展国际投资者覆盖范围等多方面均取得理想效果。

突破点：一是首创债券持有人信息穿透机制，通过金融基础设施系统连接，在沿用国际市场惯用的多级托管模式的基础上，实时获取底层持有人信息，不仅为发行人进行债券存续期管理提供了便捷工具，也为境内监管机构对境外发债的事中事后动态监管提供了有力支持，是底层架构的"硬"创新。二是便利发行分销操作，既可支持主承销商通过已在欧清银行开立的账户按现有做法完成发行分销，也可支持主承销商通过上海清算所开立在欧清银行的发行分销操作账户完成发行分销，有效促进境内债券市场监管政策、规则标准、中介服务等与国际债券市场对接，进一步优化市场服务的供给结构。

应用价值：一是弥补境内主体境外发债在监管手段上的薄弱环节，"玉兰债"实现的债券持有人信息穿透机制，可便利境内业务主管部门分析外债实际持有情况，摸清持仓比例及数量变化和交易明细，实现对境外发债的全周期、全要素信息掌控，对境外市场潜在风险、境内外市场风险联动等能够早识别、早发现、早研判。二是为发行人提供了丰富的发行工具箱和标准化的发行服务，便利境内主体境外发债，有助于降低发行人融资成本。三是金融基础设施与中资金融机构密切合作，共同提供发行相关服务，可逐步改变中资机构缺乏参与度和竞争力的不利局面，为我国中介服务机构创造新机遇。

6. 类别：金融开放创新

案例名称：上海资本市场持续深化与境外市场互联互通

案例简介：2022年7月4日，交易型开放式基金正式纳入内地与香港股票市场交易互联互通机制。2022年3月，上海证券交易所正式发布境内外证券市场互联互通存托凭证机制优化配套业务规则，将瑞士和德国纳入境内外证券交易所互联互通存托凭证业务适用范围，同年7月28日，中瑞资本市场互联互通业务正式落地。

突破点： 上海积极落实高水平制度型对外开放，加强与境外等资本市场的务实合作。一是将内地与香港交易型开放式基金（交易所买卖基金）（合称"ETF"）正式纳入沪港通标的，将可投资范围进一步拓展至规定范围内的 ETF，让投资者有机会利用 ETF 这种分散投资、公开透明和交易成本低、效率高的投资工具，实现多元化资产配置。二是持续优化互联互通存托凭证业务。2022 年 2 月中国证监会发布新规，将境内外证券交易所互联互通存托凭证业务适用范围扩大到德国和瑞士，允许境外基础证券发行人融资，并采用市场化询价机制定价，优化持续监管安排，对年报披露内容、权益变动披露义务等持续监管方面做出更为优化和灵活的制度安排。该机制为进一步拓宽中国企业国际融资渠道，为我国上市公司走出国门提供了制度路径。

应用价值： 一是通过将 ETF 纳入互联互通标的，丰富境内外投资者的投资渠道和交易品种，便利境内外投资者有效配置对方市场资源，进一步改善投资者结构，推动 ETF 市场的健康发展，助力沪港两地资产管理人、券商进一步提高管理及服务水平，巩固和提升上海和香港的国际金融中心地位。二是通过扩大互联互通存托凭证发行市场，推动多家优质上市公司进一步优化公司治理结构，提升公司治理水平，引入国际投资者，丰富投资者结构，注入外汇作为运营资金，为其海外并购提供资金保证和支持。新规发布以来，截至 2022 年 9 月末，已有 4 家沪市公司成功在境外发行 GDR，合计募集资金 12.94 亿美元。

7. 类别：金融开放创新

案例名称： 中国证券登记结算上海分公司上线 QFII、RQFII 结算模式创新项目

案例简介： 2020 年 12 月底，围绕证监会 QFII、RQFII 制度改革，中国证券登记结算上海分公司上线 QFII（合格境外机构投资者）、RQFII（人民币合格境外机构投资者）结算模式创新项目，支持服务我国资本市场高水平对外开放。

突破点： 该创新项目在结算模式及相关功能上实现交易所市场的多项首创。一是在原托管行结算模式的基础上增加证券公司结算模式，支持同时在托管行开立现货账户、在证券公司开立衍生品合约账户和信用账户，实现两种结算模式的创新组合，支持在结算层面上合并 QFII 和 RQFII 的结算制度、业务指南、操作流程。二是满足 QFII、RQFII 现货账户不改变原托管行结算模式的同时，通过证券公司对融资融券、股票期权两项新增业务进行前端控制，兼顾创新与风控，在结算上支持 QFII、RQFII 开展融资融券等新增业务。三是支持 QFII、RQFII 将证券在其同一个"一码通账户"下的多个证券账户之间进行划转；支持证券账户拆分、变更管理人以及客户取得 QFII、RQFII 资格三类特殊情形的非交易过户业务，更好满足市场实需。

应用价值： QFII、RQFII 是我国资本市场双向开放的重要内容之一，结算模式创新项目支持服务于证监会关于取消 QFII、RQFII 投资额度限制、调整托管行最低备付计收基数并降低计收比例等改革事项，为 QFII、RQFII 提供了更为便利化的结算服务。上线次月，QFII 最低备付总额降幅就达 37%，大幅减轻托管行及 QFII、RQFII 的资金流动性负担，助力营商环境进一步改善。境外机构稳步开展信用交易、券商结算模式等新业务，结算金额规模增速显著。结算模式创新项目为 QFII 制度更便利有效地发挥中国与全球资本连接桥梁作用提供了支持与服务。

8. 类别：金融市场创新

案例名称： 科创板正式引入股票做市交易机制

案例简介： 2022 年 7 月 15 日，上海证券交易所发布施行《上海证券交易所科创板股票做市交易业务实施细则》及配套业务指南，对科创板股票做市服务申请与终止、做市商权利与义务、做市商监督管理进行了全面规范，是科创板推出的又一个重要交易机制改革措施。

突破点： 在科创板引入做市商机制是进一步发挥科创板改革"试验田"作用的重要举措。一是首次在我国股票市场实施混合做市模式，在科创板竞价交易机制的基础上引入做市商机制，从而形成一种混合交易机制。该模式对我国现行交易制度影响较小，保留了竞价交易模式下市场信息的公开透明性，提

升市场流动性、稳定性和定价效率。二是借鉴境外市场经验并充分考虑中国国情进行的机制创新安排，包括鼓励具备做市业务资格的科创板股票保荐机构在持续督导期间为其保荐的股票提供做市服务，以发挥券商专业定价能力及综合金融服务能力；基于股票在流动性等方面的不同特征，设置差异化做市义务指标，提升做市服务质效等。

应用价值： 做市商制度是科创板建设中的一项重要交易制度安排。一是在上海交易所设立科创板并试点注册制是党中央、国务院的决策部署，是实施创新驱动发展战略、深化资本市场基础制度改革的重要举措。在科创板引入做市商制度是落实浦东引领区建设要求的重要举措。二是该机制是竞价交易的有益补充，有助于提升科创板股票流动性与定价效率，有助于增强市场韧性与稳定性，有助于市场长期健康发展，推动科创板向成熟市场转型，更好发挥科创板支持科技创新，服务国家战略功能。三是发挥科创板在深化基础制度改革方面的试验田作用，将该交易机制改革积累形成的可复制经验进一步推广至主板等其他板块市场。

9. 类别：金融市场创新

案例名称： 科创板允许红筹企业发行股票或存托凭证

案例简介： 科创板上市规则中，我国资本市场首次允许红筹企业发行股票或CDR。2020年7月16日，首单于上海证券交易所科创板发行股票的红筹企业——中芯国际由海通证券保荐承销正式挂牌上市；2020年10月29日，首单在科创板公开发行存托凭证的红筹企业——九号公司由国泰君安独家保荐上市。以上成为科创板允许红筹企业境内上市规则下的首单股票及首单CDR实践案例。

突破点： 随着资本市场深化改革，红筹企业回归A股的步伐正在加快。科创板上市规则首次允许红筹企业（含VIE架构）发行股票或CDR。一是中芯国际作为国内首单境外已上市红筹企业回归A股项目，创下科创板最大融资规模532亿元，成为科创板有史以来募集资金规模最大、市值最高的上市公司。二是九号公司是一家专注于智能短交通和服务类机器人的科技型企业，作为科创板首只红筹企业发行CDR上市公司，创造了我国资本市场的多个"第一"，第一家存在协议控制架构（VIE）的企业，第一家申请公开发行CDR存托凭证的企业，第一家具有AB股和员工期权的红筹上市公司，第一家用机器人鸣锣上市的企业，是我国"VIE+CDR第一股"。

应用价值： 科创板推出允许红筹架构上市规则，为红筹企业境内上市提供了政策路径，成为后续市场实践的重要参考。一是较多科技创新型企业在早期发展中为取得境外投资或境外上市常搭建红筹（含VIE）架构，科创板上市规则下，无须先行拆除红筹架构再申请，大大节约了拟上市科创企业的时间及财务成本。二是境内资本市场投资者增加了获得优质科创红筹企业投资的机会。三是该项目充分彰显了海通证券、国泰君安等上海金融国企依托资本市场全面深化改革开放，全力助推科创企业高质量发展，畅通科技、资本与实体经济良性循环的关键作用。

10. 类别：金融市场创新

案例名称： 上海期货交易所上市并推广一批国际化期货及期权交易品种

案例简介： 2020年11月，上海期货交易所子公司上海国际能源交易中心上市国际铜期货，以"双合约"提升"上海铜"的价格影响力。2021年以来，天然橡胶国际化期货品种20号胶期货定价获得业内普遍认可和广泛运用，"上海胶"首度成为天然橡胶跨境长协贸易的定价基准，成为全球天然橡胶定价新锚。2021年6月，以原油期货为标的的原油期权成功上市原油期权，国内原油市场形成现货、期货和期权三位一体格局。

突破点： 上海期货交易所不断研发创新推出一批国际化期货及期权交易品种，助力"上海价格"逐步成为国际大宗商品市场不可或缺的价格参考。一是国际铜期货以"国际平台，净价交易，保税交割，人民币计价"为模式，全面引入境外投资者参与，填补了铜产业链国际贸易人民币计价套保工具的空白，是存量期货品种对外开放的新探索，铜期货也成为国内首个以"双合约"模式实现国际化的期货品种。二是开展20号胶期货定价推广运用，推动在天然橡胶国际贸易中采用"上海胶"期货作为贸易合同定价基准。三是原油期权是上海首个对外开放、我国首批以人民币计价对外开放的期权品种，是我国原油期货市场的有效补充，对推动我国原油期货市场更高质量发展、更高水平对外开放具有重要意义。同时，对增强上海国际金融中心的辐射力和全球影响力具有现实意义。

应用价值：一是国际铜期货上市后运行平稳，成交规模稳步增长，法人和境外客户积极参与，国际影响力初步显现。企业在铜国际贸易中开始使用国际铜期货价格作为计价基准，现货市场自发形成上海保税区铜现货人民币报价，打破我国铜资源进口只用美元报价的现状，服务上海成为国内大循环的中心节点和国内国际双循环的战略链接。二是20号胶期货定价推广参与运用企业数量多、类型多元、产业链条全、境内外区域覆盖广、定价产品多样化，"上海胶"价格首度成为天然橡胶跨境长协贸易的定价基准，显著提升"上海胶"价格的国际影响力，服务"以国内大循环为主体、国内国际双循环相互促进"的新发展格局。三是科学设计原油期权合约规则，建立起期权对外开放的完整规则体系，为能源中心上市更多对外开放期权品种提供制度支持。原油期权的推出，在期货的基础上，进一步为全球的原油产业链实体企业提供了全新人民币的风险管理工具。

11. 类别：**金融市场创新**

案例名称：中证1000股指期货和期权在中国金融期货交易所挂牌上市

案例简介：2022年7月22日，中证1000股指期货和期权在中国金融期货交易所同步挂牌上市，是我国首次推出以小盘股为主要标的的股指期货和期权产品，构建了覆盖跨市场大、中、小盘股的风险管理产品体系。

突破点：中证1000股指期货和期权的上市，丰富了金融期货产品体系。一是进一步丰富了小盘股风险管理工具，是我国首次推出以小盘股为主要标的的股指期货和期权产品。中证1000指数由A股中市值排名在沪深300、中证500指数成份股之后的1000只股票组成，是综合反映A股市场较小市值公司股票价格表现的宽基跨市场指数。中证1000股指期货和期权的推出，构建了覆盖跨市场大、中、小盘股的风险管理产品体系。二是满足了投资者日趋精细化的风险管理需求，将股指期货和期权对股票现货市场的股票覆盖数量提升1000只，市值覆盖度从67%提高到80%左右，健全和完善了股票市场稳定机制，助力资本市场平稳健康运行，促进多空交易更加均衡，提升市场韧性，是落实资本市场全面深化改革总体方案任务的一项积极举措。三是我国金融期货市场首次股指期货和期权同步上市。

应用价值：中证1000股指期货和期权上市是全面深化资本市场改革的一项重要举措，从上市后市场表现来看，同步上市协同效应逐步显现，市场反响积极。一是提高现货市场活跃度，引导资金支持民营中小企业与专精特新企业高质量发展，提高了投资者对中证1000指数及其成份股的关注度，提供了系统性风险对冲工具，有助于吸引资金增加对中小企业的配置。二是提供基础性风险管理工具，有助于机构拓展产品和业务类型，催生了许多新策略、新产品和新机会。三是为财富管理机构提供了更多金融工具选择，满足中长期资金所需低波动、稳定收益等财富管理需求。四是促进改善注册制背景下小盘股板块运行质量，小盘股股票、指数基金和中证1000股指期货期权间的积极联动，场内外多类别投资者和策略的渗透互通，逐步形成小盘股生态圈，有助于集聚形成更多创新资本、改善投融资环境。

12. 类别：**金融市场创新**

案例名称：上海保险交易所推出数字化健康保险交易平台、数字化再保险登记清结算平台

案例简介：2020年10月，上海保险交易所数字化健康保险交易平台新增基于上海卫生健康委互联互通数据的核保核赔调查服务，并在上海全域上线。2021年3月，上海保险交易所建设上线全球首创数字化再保险登记清结算平台，全面支持再保险交易实现线上化和数字化。

突破点：上海保险交易所先后推出数智化双平台，创新助力上海国际金融中心建设。一是数字化健康保险交易平台打造了"政府指导、行业参与、平台支持"的保险与医疗互联互通模式，为健康险转型升级、与大健康产业融合发展提供数字化方案。该平台被纳入国家区块链创新应用试点，平台"总对总"连接地方医疗数据提供数字化服务，开创政府主导型惠民保运营新模式，建设大数据创新融合实验室，

实现健康险产品研发、核保理赔、承保运营、支付理赔、健康管理等集成创新。二是数字化再保险登记清结算平台在全球首次实现再保险机构间交易数据实时交互、可信存证、账务清分、资金结算等功能，配套全球首个基于区块链的再保险数据交互规范，有望推动再保险行业效率、规范化程度、市场规模指数级提升。

应用价值： 一是数字化健康保险交易平台作为政府和保险业合作共建综合服务平台，对支持上海国际金融中心建设、推动保险业供给侧结构性改革、助力构建多层次医疗保障体系、提升全民健康保障水平具有重要意义。未来将进一步引入更多领域数据资源，推动数据、科技与健康险深度融合，推出一批在全国具有引领性的普惠保险服务。二是数字化再保险登记清结算平台作为上海国际金融中心、国际再保险中心实现数字化"换道超车"的核心抓手，对提升我国在全球再保险市场竞争力、服务实体经济发展、维护国家金融安全等方面具有重大战略性意义。未来将进一步以数字化方式集聚再保险要素、打造跨境交易便利化通道、为全球规则体系贡献"中国方案"。

13. **类别：金融市场创新**
案例名称： 中国信托登记有限责任公司建立全国信托公司股权托管中心并推出股权托管业务
案例简介： 2022年1月，经银保监会同意中国信托登记有限责任公司发布《信托公司股权托管业务细则》与业务指南，并于2022年4月上线股权信息管理系统，有序推进信托公司股权集中托管。截至2022年9月末，已有34家信托公司签署托管协议。

突破点： 开展信托公司股权集中登记托管，逐步构建全国统一的金融机构集中托管构架。一是集中登记托管，填补历史空白。通过构建股权统一托管体系，有效填补了对于非上市股份有限公司股东变更登记的空白，使股权登记信息更为完整。二是实现互联互通，助力监管监测。通过人工审核，确保股权信息的正确性、股东名册的真实性和完整性，通过实时、在线查询，动态掌握、监测股东持股集中度、股东舆情等，为有效防范股权违规代持、质押等夯实基础。三是统一登记标准，首创线上办理。通过制定规范和全面的业务规则、统一的业务表单及办理流程，实现全流程线上操作，解决异地股东登记办理不便，有效提升托管服务的时效性和便捷性。

应用价值： 建设全国信托公司股权托管中心，有助于引导机构建立股东名册统一管理标准和股权管理系统，具有现实意义。一是有利于信托公司做好股权确权。有效推动信托公司对股东的全面梳理，在中国信登的协助下清理不合格股东，解决历史遗留问题，提升抵抗风险的能力。二是有利于监管进行股权穿透监管。依托股东名册、关联方、关联交易信息的交叉核验，将各类监管要求转化为数字化监管规则，有效预警不符合"两参一控"等违规现象。三是有利于构建金融机构股权集中托管体系。作为唯一具备金融机构股权托管资质的会管机构，中国信登已建成首例全国统一的股权集中托管系统，有效解决了分散托管所形成的"信息孤岛"、标准不一、形式托管等问题，为构建金融机构集中托管架构提供了实践经验。

14. **类别：金融市场创新**
案例名称： 上海清算所创新推出清算通服务
案例简介： 2021年3月，上海清算所创新推出大宗商品现货清算业务（以下简称"清算通"）。2021年8月，与位于上海自贸区临港新片区的有色网金属交易中心有限公司（以下简称有色网交易中心）对接，精准服务有色金属行业实体企业，并于2022年6月推出清算通供应链金融信息服务。清算通对接有色网交易中心以来，截至2022年9月末，累计清算金额已达760余亿元。

突破点： 一是搭建基于实体账户的资金结算体系，破解资金结算体系合规性不足的问题，保障有色网交易中心交易商资金安全。二是打造对接多平台、多银行的线上交收闭环，有效整合有色网交易中心、上港云仓及上港物流、商业银行等优势资源，破解资金交收效率低的问题。三是形成高效便捷的跨行跨境支付网络，破解无法实现跨行实时结算的问题，确保有色网交易中心交易商无障碍、低成本参与。四是实现交易流、资金流、货物流"三流合一"，破解供应链金融配套服务不到位的问题，助力银行等机构创新叠加供应链金融服务。

应用价值：一是清算通模式可复制、推广至其他自贸区现货平台，现货平台以低成本接入合规、高效的支付清算网络，突破自身瓶颈，实现业务放量。二是基于清算通打造的良好生态环境，协同自贸区现货平台等推出基于真实贸易背景、主要依据物权和货值提供的线上化供应链金融服务，有效解决中小微企业传统线下融资难点。三是实现大宗商品市场规范化发展，构建多方共赢的良好生态体系，推动大宗商品市场向更高能级发展。四是为实现现货及衍生品联动发展提供强有力的底层支持，有利于加强各方在大宗商品交易平台建设、供应链金融服务及大宗商品现货及衍生品清算结算等领域的合作。

15. 类别：**金融市场创新**

案例名称：推出私募股权和创业投资份额转让平台及配套政策

案例简介：2021年12月2日，上海私募股权和创业投资份额转让平台依托上海股权托管交易中心上线试运营。平台上线以来运行平稳，取得良好社会反响。

突破点：一是在全国第一个形成国有基金份额规范转让的制度性、系统性安排。2022年，上海市地方金融监管局、上海证监局、上海市国资委、上海市市场监督管理局、上海市财政局、上海市税务局联合发文支持股交中心开展私募股权和创业投资份额转让试点工作，上海市国资委先后出台国内首个对基金国有权益有序流转做出系统规定的规范性文件以及国内首个明确基金份额转让评估与估值工作依据的规范性文件。二是在业内首个运用大数据技术防控基金份额交易风险，专线连接政务外网获取工商大数据中心法人库（上海市市场监督管理局）相关数据，支持私募股权和创业投资份额托管、转让、质押登记等业务过程中的信息比对、核验。三是在行业内率先上线基金份额估值服务系统，一期已于2022年6月30日上线试运行，系统相关优化、升级工作在持续进行中。四是在探索形成多个可复制可推广的先进经验，在监管机构及行业主管部门指导下，率先试点完成基金份额组合转让案例、基金份额+直投股权组合转让案例。

应用价值：截至2022年9月末，上海私募股权和创业投资份额转让平台共计上线22单基金份额（含份额组合），已成交15单，成交总份数约为12.59亿份，成交总金额约为人民币12.16亿元。一是拓宽了私募股权和创业投资基金份额退出渠道，丰富了基金的退出方式，促进私募基金和区域性股权市场融合发展，助力金融与产业资本循环畅通。二是基金份额转让平台的推出及相关配套支持政策的发布为上海市国有基金份额退出提供了有效路径。三是初步建立了基金份额转让市场生态体系，搭建了集挂牌转让、非公开协议转让、询价招商、交易见证、质押登记等多元服务于一体的私募基金综合服务平台，并积极落实证监会要求，持续加强私募基金和政府引导投后企业、专精特新等优质企业的入场和规范培育工作。

16. 类别：**跨境金融服务优化**

案例名称：自由贸易账户推出支持上海发展离岸经贸跨境金融服务

案例简介：2020年10月，中国人民银行上海分行与上海商务委员会出台《关于明确自由贸易账户支持上海发展离岸经贸业务有关事项的通知》。2022年1月27日，中国银行上海市分行为东方创业集团办理自由贸易账户离岸加工贸易跨境结算业务，成为该通知发布后的上海首单离岸加工贸易结算业务。

突破点：一是中国银行为东方创业集团办理的该笔业务为上海首单自由贸易账户离岸加工贸易金融服务，交易结构特殊，货物直接境外加工销售不进境，而有关加工费、原料采购及成品销售通过境内企业完成。二是依托自由贸易账户创新服务模式，将传统逐单审核纸质交易背景材料的模式转变为基于"三反"的凭指令处理，为企业提供高效便利的结算服务及汇兑便利，同时借助银行自身系统功能和业务流程的优化，实现收款端直入账和付款端无感操作，为客户提供更为良好的跨境金融服务体验。

应用价值：一是依托自由贸易账户的便利性，为客户提供离岸经贸结算、汇兑等便利化服务，进一步满足企业对于资金收付高效无感的处理需求，提升客户资金结算效率，进一步放大便利化支持实体经济的作用，助力上海打造一流的营商环境。二是助力客户实现外贸转型升级，由传统境内生产加工变为全球生产组织者，依托境外资源禀赋优势，实现全球采购、全球组织生产，优化企业整体供应链、产业链。

17. 类别：跨境金融服务优化

案例名称： 自由贸易账户助力境内上市公司实施外籍员工股权激励计划

案例简介： 2020年，浦发银行与国信证券携手，为A股上市公司韦尔半导体量身定制了FTF账户对接股权激励的专属服务模式。具体操作中，企业外籍员工将其海外账户内参与股权激励资金汇入FTF账户内，并通过FTF账户完成资金的结汇，结汇后的资金顺利汇划至该员工开立在券商的证券账户内，后续该员工可以直接通过证券账户办理激励股票行权交易，解决了现有传统非居民个人借记账户政策限制以及境外人员入境等问题。

突破点： 一是政策赋能，该模式落实了中国人民银行上海总部《关于进一步拓展自贸区跨境金融服务功能支持科技创新和实体经济的通知》（银总部发〔2016〕122号），开拓了FTF账户的使用场景，也为后续FT账户进一步适用于资本市场开放做出了探索。二是产品赋能，上市公司外籍员工通过FTF账户实现了便捷的跨境收付款，仅凭收付款指令即可办理业务，并且通过FT账户实现了自由汇兑。三是科技赋能，优化了FTF账户系统、银证三方存管功能，完成了自贸账户与证券账户的对接，实现业务全流程直通办理。经过系统优化后，银行实现了账户批量开立的功能，上市公司外籍员工可便捷完成从资金境外汇入、结汇、三方存管银转证、股权激励计划行权（券商端）、股票减持（券商端）、三方存管证转银、购汇到跨境汇出的全流程业务办理。

应用价值： 一是拓展了自由贸易账户的服务功能，提升了商业银行跨境金融服务能力，也是自贸金融深化开展的进一步体现。二是将自贸特色金融服务更灵活地应用到了科技型企业的服务中，助力上海科创中心建设。面对不断增长的上市公司股权激励需求和市场，该方案在为跨境人才提供金融服务方面具有引领示范作用，FTF新服务模式预计将在较长一段时间内助力科技上市企业在全球范围吸引人才、留住人才、激励人才，加快提升科技企业的研发攻坚水平，增强自主创新能力，强化高端产业引领功能。

18. 类别：跨境金融服务优化

案例名称： 跨境清算公司推出跨境创新服务终端设备并上线港元业务

案例简介： 2020年，跨境银行间支付清算有限责任公司推出标准收发器。2021年9月，人民币跨境支付系统（CIPS）增加港元业务，为债券通"南向通"提供债券交易的人民币和港元资金清算。2022年6月，推出跨境创新服务终端机（CISD）。6月10日，中建财务携手中国建设银行北京分行，作为首家机构成功上线CISD。

突破点： CIPS建立了我国跨境支付标准化报文体系，系统相关业务和配套硬件的完善，满足了多样化的业务场景，探索了数字技术应用示范和商业应用新模式。一是上线港元业务，直接参与者可通过CIPS完成点对点资金清算，使港元跨境支付更高效、透明、低成本，通过与各地金融基础设施互联互通，打通交易、托管、结算环节，实现券款对付（DvP），为境内合格投资者"走出去"配置香港及全球债券提供直通式服务。二是通过标准收发器的建设，能快速满足金融机构客户跨境人民币支付需求，降低交易成本和风险。CISD作为标准收发器的软硬件一体版本，降低了用户接入CIPS系统成本，全程采用国际金融业通用报文标准，实现人民币跨境支付标准与国际标准有机衔接，注重技术安全，有效提高端到端全链路跨境金融信息交换和资金清算安全性。

应用价值： 一是CIPS作为债券通"北向通"唯一资金结算通道，为境外投资者投资我国债券市场提供了高效便捷的清算服务。二是CISD支持跨境支付典型场景，可满足企业跨境支付账户资金管理需求，为市场主体智能推荐更畅通、快速、低成本的汇付路径，支持银行和企业信用证、保函、托收等跨境贸易融资业务。三是CISD建设充分调动了金融科技产业链上下游力量，基础硬件、安全和网络设备全面使用国产化产品，有利于加强我国跨境人民币支付基础设施建设。

19. 类别：跨境金融服务优化

案例名称： 跨境人民币贸易融资转让服务平台正式上线

案例简介： 2020 年 2 月 14 日，中国人民银行等四部委和上海市政府发布《关于进一步加快推进上海国际金融中心建设和金融支持长三角一体化发展的意见》明确提出依托上海票据交易所建设平台，促进人民币跨境贸易融资业务发展，并将该项工作列入 2020 年上海国际金融中心建设工作要点。跨境平台于 2020 年 7 月 6 日启动建设，2020 年 11 月 3 日正式上线。

突破点： 跨境平台实现了线上化、标准化创新，兼顾交易效率与风险防控。一是实现跨境贸易融资业务线上化，集中了原先只能线下一对一报价的分散市场主体，推出对话报价的线上交易方式，提高市场主体间信息传递效率和市场透明度。二是兼顾境内监管规定和国际通行惯例，以平台生成的标准化电子成交单和交易主协议取代线下一对一签订纸质合同，提升跨境贸易融资业务规范程度。三是提升了交易效率。在跨境贸易融资二级市场交易中引入对话报价的模式，支持并活跃全球贸易活动。四是建立完备的风险防控机制，强化参与机构对底层资产贸易背景真实性的审核要求，并严格审核接入机构资质，在主协议中引入完善的违约事件处理规则，提升业务安全性。

应用价值： 截至 2022 年 9 月末，跨境平台共达成交易 134 笔，合计金额 137.97 亿元，接入机构达 218 家。一是实现跨境人民币贸易融资业务线上化，为宏观经济管理提供抓手。跨境平台提供包括贸易融资信息登记、同业代付交易、福费廷转让、参数控制、业务权限管理等功能，通过设定业务参数有效控制跨境人民币贸易融资转让业务规模、资金流动方向等要素，有助于中国人民银行从宏观层面管理人民币跨境流动的方向和规模。二是拓展国内外金融市场，提升上海国际金融中心影响力。跨境平台接入机构覆盖全球 20 个国家和地区，丰富的市场参与主体和顺畅的流通渠道拓展了市场的广度和深度，进一步推动了境内外金融市场的合作融通，为我国金融市场深度开放提供了支持和保障。

20. **类别：金融扶持重点产业**

案例名称： 中国集成电路共保体成立

案例简介： 2021 年 10 月 27 日，在银保监会的指导下，中国集成电路共保体（以下简称"集共体"）在临港新片区正式成立。集共体会员包括人保财险在内的全国 18 家保险公司和再保险公司，通过加强行业协同，提供高质量的集成电路产业风险解决方案。

突破点： 一是凝聚行业力量，统筹各成员单位的风控优势和风控力量，以集共体方式专注于提升集成电路产业风险防控水平，创新中国集成电路产业风险防控标准。二是在全国首次研究发布《风险评估量化模型 V1.0》，应用于集成电路企业风险评估和承保，为科学评判风险水平提供了量化依据。三是在全国首次研究提出关于半导体企业危险单位划分的完善建议。在原银保监会的支持下，已在部分集成电路头部企业进行试点，先行先试，为将来制度修订和全国推广使用积累经验。

应用价值： 截至 2022 年 9 月，分公司已为 11 家集成电路重点客户提供保险保障服务，涉及企财险、机损险、营业中断险、工程险四个险种。一是提升承保能力。围绕集成电路产业企业的特点和需求，关键领域自主研发活动中的创新堵点，通过产品创新，研发专属保险产品，实现精确化、定制化的保险产品供给。二是建立风控标准。《风险评估量化模型 V1.0》从风险管理的视角，采用量化模型的方式，对集成电路制造企业运营期面临的风险进行全面评估，提供风控建议。三是为政策优化提供实践依据。危险单位划分试点，能够促进企业提升风险防控能力，降低事故发生概率，助力企业高质量发展。对集共体而言，试点也是从传统的"承保+理赔"保险模式，向"承保+减损+赋能+理赔"的新型保险模式进行的实质性变革探索。

21. **类别：金融扶持重点产业**

案例名称： 基础设施不动产投资信托基金试点项目落地

案例简介： 2021 年 6 月 21 日，我国首批不动产投资信托基金（REITs）试点项目顺利落地，之后，上海证券交易所又推动基础资产扩展到保障性租赁住房，并支持已发项目扩募。2022 年 5 月，上海证券交易所联合长三角区域合作办公室、三省一市发展改革委成立长三角基础设施 REITs 产业联盟。

突破点： 推动开展公募 REITs 试点工作，对盘活巨量基础设施存量资产、促进形成再投资能力有着广阔的发展前景和重要的时代意义。一是上海推出全国首单以标准厂房为基础资产的产业园公募 REITs——"国泰君安临港创新智造产业园 REIT"，成为上海市属国企第一单获批公募 REITs。二是试点项目底层资产业态丰富，原始权益人涵盖央企、地方国企以及外资企业，具有较强的示范性和代表性。三是运行总体平稳，一级市场认购踊跃，有效认购倍数较高，二级市场交易活跃，引导资源合理配置的作用逐步发挥。四是沪深交易所发布扩募规则并推出首批扩募项目，有利于 REITs 通过增发份额收购资产，优化投资组合，促进并购活动，形成投融资良性循环，现已成功推动中金普洛斯、华安张江光大园和富国首创水务 3 单扩募项目受理，市场示范效应显著。五是通过设立长三角基础设施 REITs 产业联盟，充分发挥长三角市场优势资源，共同推动 REITs 市场健康发展。

应用价值： 截至 2022 年 9 月，上海证券交易所基础设施 REITs 项目已上市 10 单，试点工作取得阶段性成效，实现了平稳上市、平稳交易、平稳运行、平稳预期。一是深化金融供给侧结构性改革，激发金融服务实体经济的新动能。发展公募 REITs 能够提高资本效率，畅通投融资循环，提供权益融资工具，有效降低基础设施建设和运营主体债务水平，有效提升直接融资比重，优化金融体系结构，降低宏观经济杠杆率。二是助推企业盘活存量资产，从重资产的持有者向强资本的专业管理者转型，形成良性投资循环，通过优质资产的证券化份额化交易，促进企业向"强资本、重经营"模式转型。同时，公募 REITs 鼓励将募集回收资金用于符合国家产业政策的新的基础设施项目建设，形成良性投资循环。三是为投资者提供新的大类金融产品，增强金融产品人民性。公募 REITs 作为股票、债券、现金之外新的大类资产配置类别，可以为投资者提供有较好收益风险比、具有组合分散化价值的长期投资工具。

22. **类别：金融扶持重点产业**

案例名称： 上海证券交易所推出科技创新公司债券

案例简介： 2022 年 5 月 20 日，上海证券交易所正式推出科技创新公司债券，支持科技创新类、科创升级类、科创投资类和科创孵化类企业募集资金，通过研发投入、项目建设、并购、运营及权益出资等多种方式投向科创领域，进一步发挥公司债券服务国家创新驱动发展战略和产业转型升级功能。

突破点： 科技创新公司债券通过驱动科创领域发展、赋能产业转型升级，助力产业企业培育发展新动能。一是支持多类发行主体，既顺应科创规律充分惠及中小科创类主体，也纳入亟须产业升级的大型成熟企业，对投资、孵化类"播种"企业也一并给予支持。二是支持方式灵活，可通过研发投入，项目建设、并购、运营，权益出资，建设研发平台和新型研发机构等多种方式投向科创领域，支持核心科创企业融资反哺产业链上下游，也可用于置换 12 个月内的投资。三是放宽科创企业私募科创债财报期限要求，放宽关键核心技术攻关、国家重大科技项目的特有职能企业等非公开发行科技创新公司债券的财报期限。四是给予多项配套安排，对优质、成熟科创发行人给予统一申报、提前申报等优化安排，鼓励发行人创新发行条款和募集资金用途。

应用价值： 截至 2022 年 9 月末，上海证券交易所已累计发行科创债 630 亿元，具有较好的市场认可度。一是为产业技术基础研究、前沿性创新研究、技术研发机构建设等提供低成本资金支持，助力产业企业研究创新，激发科创活力。二是助推升级现有产业结构，解决转型资金压力。除高新技术产业和战略性新兴产业企业外，科创债支持传统行业利用科技引领的产业转型升级，促进新技术产业化、规模化应用，帮助实体企业度过转型阵痛期。三是坚持创新主体地位，支持关键核心技术攻关。科创债最大程度上支持科创属性突出企业灵活募集资金使用，加速科技成果转化。四是支持国有科技型企业、自主创新尖兵等重点行业骨干企业融资带动产业链上下游，尤其是中小企业融通创新，进一步发挥以点带面、引领示范作用，增强产业链韧性。

23. **类别：金融扶持重点产业**

案例名称： 中国工商银行上海市分行为"走出去"企业筹组国际银团

案例简介： 2021 年，中国工商银行上海市分行为境内民营企业集团打造自贸区离岸业务综合金融服务方案，以联合牵头安排行、人民币账户行、人民币支付代理行角色，联合境外银行成功为该集团印度尼西亚青山工业园区新建年产 350 万吨钢铁产能项目筹组双币种国际银团，用于支持项目工程建设及补充日常经营资金。

突破点：在企业综合金融服务方面，金融机构积极发挥 FT 分账核算单元优势，满足"走出去"企业对境外离岸市场的多元化综合化金融服务需求。一是在协调法国巴黎银行、法国兴业银行等境外银行共同筹组银团过程中，发挥境内商业银行通过 FT 分账核算单元提供人民币融资服务优势，针对企业存在部分向国内供应商支付部分设备款的实际用途，在银团贷款中牵头灵活设计人民币贷款结构，降低汇兑成本，解决"走出去"企业反复开立单币种账户、币种结算规则参差不齐、账户管理成本居高不下等痛点。二是离岸价格结售汇，帮助企业管控利率、汇率风险，主动从"走出去"企业需求出发，提供便利化金融服务的创新思路。三是利用自贸区版本跨境资金池政策，解决客户跨境贸易人民币结算难点，提升跨境人民币管理效率，将有助于人民币回流，实现内外双循环，加速人民币国际化进程。

应用价值：一是中国工商银行积极通过资金池、融资、外汇衍生交易等一揽子金融产品的配合，有效解决"走出去"企业的综合业务需求。二是提升为民营企业提供跨境金融服务的水平，为民营企业"走出去"及参与"一带一路"建设保驾护航，并为民营经济发展注入强大动力，以实际行动贯彻、落实国家"毫不动摇鼓励、支持及引导非公有制经济发展"的大政方针。三是着力于《区域全面经济伙伴关系协定》（*Regional Comprehensive Economic Partnership*，RCEP）成员国重点贸易领域需求，通过高质量研读 RCEP 相关内容，把握 RCEP 发展机遇，进一步提升贸易和投资发展水平，助力上海成为与伦敦、纽约相匹配和对标性的国际金融中心。

24. 类别：*绿色金融产品服务创新*

案例名称：中债估值中心研究推出中债 ESG 系列产品

案例简介：2020 年 10 月，中央国债登记结算有限责任公司下属中债估值中心推出全球首个全面覆盖中国债券市场公募信用债发行主体的 ESG 评价体系，并于 2021 年 12 月拓展至全部 A 股上市公司。基于 ESG 评价，中债估值中心陆续推出 ESG 数据库、ESG 指数、ESG 报告以及 ESG 咨询等多元化服务，形成全面反映中国资本市场融资主体 ESG 实践情况的中债 ESG 系列指标，为市场机构提供"一站式"ESG 解决方案。

突破点：一是与国际主流评价框架一致，广泛参考具有国际影响力的规则文件和学术研究成果，充分吸纳国际主流评价方法和经验。二是兼顾中国政策环境和资本市场特点，设置债券投资人保护条款设置等关键议题。三是充分考虑行业差异，设计各行业特色评价指标，设置各行业最优实践参数，形成 60 套评价方案，覆盖 90 余个行业。四是基于强大数据能力，建立百余人专业数据团队，运用金融科技手段广泛采集、精心清洗、自主搭建数据库；数据库集成大量非结构化数据，包含 20 余种数据源，400 余个数据要素，历史已追溯至 2017 年。

应用价值：一是投资组合构建。机构在构建投资组合时参考中债 ESG 得分筛选投资主体，中债估值中心与多家市场机构合作编制 10 余个 ESG 主题概念指数，通过多种筛选方式，成为中国 ESG 相关资管产品的重要业绩比较基准和投资标的。二是风险预警。企业违约前中债 ESG 综合得分逐年下降，其中公司治理分项得分下降更为明显，ESG 评价得分具有一定的违约预警作用。三是研究分析。基于中债 ESG 系列指标可进行深度研究，寻找长期稳定的收益因子和风险收益特征，为投资决策提供参考，现已有 50 余家各类金融机构开始运用中债 ESG 系列指标进行相关业务布局。

25. 类别：*绿色金融产品服务创新*

案例名称："中证上海环交所碳中和指数"发布及首批 ETF 产品上市

案例简介：2021 年 10 月 21 日，上海环境交易所、上海证券交易所和中证指数公司发布"中证上海环交所碳中和指数"。2022 年，汇添富基金、富国基金等国内首批中证上海环境交易所碳中和 ETF 产品先后上市，总发行规模超过 160 亿元，该指数及基金产品是落实"建立绿色股票指数，拓展市场化融资渠道"的典范。

突破点：一是"中证上海环交所碳中和指数"依托上海环交所在高碳行业转型研究、企业碳排放评估等领域的优势，结合基金公司在资本市场的投研优势，助力打造上海国际绿色金融枢纽。二是中证上海环境交易所指数选取碳中和进程中的重点行业与产业，分为高碳转型和深度低碳两大领域，在重点布局"纯绿色"产业的同时，兼顾传统行业的低碳转型。三是中证上海环交所碳中和指数在开发过程中，首次使用了上海环境能源交易所编制的绿色打分体系，并以减排潜力分配产业权重。四是首批中证上海环境交易所碳中 ETF 是运用上海环境交易所上市公司碳减排计算标的指数的 ETF 产品，创新性地首次将碳市场评价体系与证券市场有机结合。

应用价值：该指数及基金产品的发行丰富了绿色金融产品体系，是资本市场助力绿色金融稳健发展的重要举措。一是中证上海环交所碳中和指数为碳中和贡献程度较高的上市企业拓宽了融资渠道。同时，指数将领先的绿色低碳评价体系应用于样本股筛选，有助于推动上市企业进行碳信息披露。二是中证上海环交所碳中和指数有助于引导资产配置向低碳行业及低碳转型企业倾斜，扩大中国低碳主题指数及影响力，落实"双碳"战略，推动可持续投资实践的重要工具和载体。三是该指数为碳中和贡献程度较高的上市企业拓宽了融资渠道，同时绿色低碳评价体系有助于推动上市企业进行碳信息披露。有助于引导资产配置向低碳行业及低碳转型企业倾斜。四是汇添富、富国等首批碳中和 ETF 的成功发行上市，标志着"双碳生态圈"进一步扩大，为投资者提供了一键配置优质碳中和主题资产。

26. 类别：*绿色金融产品服务创新*

案例名称：上海环境交易所联合中国银联推出绿色低碳主题银行卡

案例简介：2021 年 8 月 20 日，中国银联与上海环境交易所共同发布银联绿色低碳主题银行卡产品。该产品以低碳、环保为主旨，面向个人和企业发行。依托银联网络交易数据为个人和企业分别配置低碳生活服务权益和碳减排量购买权益，联合专业机构首创银联绿色低碳积分概念。

突破点：一是全方位满足各类型企业和个人的绿色低碳需求，面向企业发行绿色低碳主题商务卡、绿色低碳主题小微企业卡及绿色低碳主题乡村振兴卡，大力支持各类型企业绿色发展；面向个人研发了一系列主题鲜明、权益丰富的绿色低碳主题银行卡，包括贷记卡和借记卡。二是联合专业机构，创新推出绿色消费碳减排量模式，为持卡人颁发低碳证书，让持卡人真正了解碳减排的意义，从物质奖励和精神奖励两方面激励持卡人践行绿色低碳生活。三是数字化发卡以虚拟卡为主，可选配环保材质实体卡，并可享受银行提供的电子账单等无纸化线上服务。

应用价值：截至 2022 年 9 月底，包括中国工商银行、中国农业银行、中国银行、中国建设银行、交通银行等在内的 23 家商业银行发行 27 款该主题卡，发卡量超 100 万张。一是绿色低碳积分体系，为银行在碳减排数据搜集、积分核算等方面打造了标准化业务流程，构建银行个人碳账户，有助于银行在拓展多维金融场景的同时增强绿色零售业务竞争力；上海环境交易所和银联将联合商业银行为企业提供绿色数据支付对应的碳减排额度，企业可将该额度在碳市场交易，在自身经济获益的同时，活跃了碳普惠市场。二是创新推动低碳消费，多元的消费场景为银行带来新盈利点的同时，也成为经济主体绿色低碳发展的助推器。三是以低碳银行卡作为桥梁，与不同行业展开更多的跨界合作，为未来做企业和个人碳信用账户做了前期铺垫。

27. 类别：*绿色金融产品服务创新*

案例名称：中国农业银行上海市分行筹组国内首笔人民币可持续发展挂钩（SLL）国际银团贷款

案例简介：2022 年 3 月末，中国农业银行上海市分行作为银团独家牵头行、代理行、可持续发展协调行，为上海临港经济发展（集团）有限公司筹组国内首笔人民币可持续发展挂钩（SLL）国际银团贷款，为上海金融创新发展再添绿色案例。

突破点：一是可持续发展挂钩贷款是近年来国际市场快速增长的新兴绿色题材贷款，设置新增绿色建筑、科创企业孵化、清洁能源产业布局等可持续发展绩效指标（SPTs）体系，设计将利率价格与借款人自身的可持续发展表现动态挂钩的价格调节机制，通过财务激励的市场化手段驱动借款人持续提升自身的可持续发展水平。二是服务国家战略，银团内涵外延深远。可持续发展挂钩（SLL）贷款内涵覆盖气候变化、环境保护、消除贫困、促进性别平等、保护劳工权利等维度，用于支持借款人的生产经营周转，是对绿色贷款的有效补充。三是引入专业评估机构，选取可持续发展绩效目标（SPTs）维度全面。

应用价值： 一是经济效益方面，借款人存续期内如达到预先商定的可持续发展目标，则贷款行予以一定利率折让，考虑到可持续发展绩效目标（SPTs）实现之后的银团利率成本降低，本项目的实施预计可为企业节省融资成本约500万元。二是社会效益方面，如可持续发展绩效目标（SPTs）全部实现，则预计2024年底之前，临港集团将在临港新片区内新增绿色建筑面积不低于200万平方米，新增入园"专精特新小巨人"数量不低于30家，氢能产业发展新增招商数量不低于30个。三是该笔贷款对标亚太区贷款市场公会《可持续发展关联贷款原则》，设计与借款人核心业务紧密相关且符合借款人长期规划的关键绩效指标，为市场后续推进绿色低碳发展方面提供有益借鉴，促进社会融资和绿色、社会责任及可持续发展效益有机整合。

28. **类别：** *绿色金融产品服务创新*

案例名称： 全国首单以CCER为基础资产的碳中和服务信托成立

案例简介： 2021年4月21日，全国首单以国家核证自愿减排量（Chinese Certified Emission Reduction，CCER）为基础资产的碳中和服务信托——"中海蔚蓝CCER碳中和服务信托"成立。本信托计划由中海油能源发展股份有限公司作为原始权益人，由中海信托股份有限公司作为受托管理机构。

突破点： 一是中海信托推出设立了全国首单CCER碳中和服务信托，原始权益人将其持有的CCER作为信托基础资产交由中海信托设立信托，再通过中海信托转让信托份额的形式将募集资金投入绿色环保、节能减排产业。中海信托作为受托人，在向资产持有人提供资金支持的同时，负责开展碳资产的管理与交易，利用信托制度优势，为碳中和提供全面金融服务。二是以金融流通性助力碳资产价值发现，本信托原始权益人通过余热利用减排所产生的基础财产CCER在2016年经国家有关部门审核成功备案，但价值未被合理挖掘。本信托将此类碳资产转化为更易流通的金融资产，帮助发现碳资产价值，提高流动性。三是通过碳交易，把碳排放的外部成本与排放者内部成本关联，提高了控排企业进一步开发节能降碳技术储备碳资产的意愿。

应用价值： 一是本信托计划充分发挥信托的制度优势，融合信托公司在资产管理领域的经验和能力，提供高效的碳资产管理服务，为助力集团公司实现"双碳"目标贡献力量，达到以绿生绿、以绿增绿的目的。二是本信托计划原始权益人海油发展将通过信托计划募集获得的资金投资运用于以保护环境、节约能耗为主要宗旨的环保工程项目——惠州石化三泥处置及余热利用项目，建设一套满足危险废物减量化处置要求的设施，对危险废物进行无害化、减量化、安全化处理，具有良好的环境、社会和经济效益。

29. **类别：** *金融营商环境优化*

案例名称： 上海银保监局、上海证监局着力构建金融消费者权益保护机制

案例简介： 2020年10月由上海证监局牵头首批31家单位共同倡议成立上海投保联盟，经二次扩容后成员单位有46家。强化部门间交流合作、整合共享资源，进一步构建投资者服务保护机制。2020年12月，在上海银保监局的指导下，全国首家专业性、行业性独立第三方调解组织正式更名为"上海银行业保险业纠纷调解中心"，建设全流程金融消费者权益保护，打造具有主业突出、多元解纷上海特色的银行业保险业纠纷调解品牌。

突破点： 一是成立上海地区首创促进投资者保护工作平台——上海投保联盟，是全国范围内成员单位最多，涉及单位（部门）类别最为齐全的联盟组织；组建该联盟被写入2021年《上海市加强改革系统集成持续深化国际一流营商环境建设行动方案》；依托联盟不断探索投资者纠纷多元化解途径，推进完善行政执法、民事追偿和刑事惩戒有效衔接相互支持的监督执法体系；探索形成监管部门牵头、自律组织协调、市场主体联动的投教机制。二是上海银行业保险业纠纷调解中心已实现银行、保险机构双覆盖；

通过"银行业一站式纠纷调解平台"调解系统，实现从纠纷调解到"诉调对接"全程无纸化操作，实现科技赋能；已基本完成诉调对接上海法院全覆盖，初步形成了"全覆盖、多特色、出实效"的诉调对接上海模式。截至 2020 年 10 月，银保融合调解中心受理调解案件 33623 起，成功调解 18567 起，调解成功率达到 55.22%，涉及金额达到 81.19 亿元。

应用价值：一是通过上海投保联盟的设立，上海证监局积极构建完善投资者服务保护机制；上海证监局与上海金融法院、中小投服等投保联盟单位构建证券纠纷特别代表人诉讼协商推进机制；有效提升投教宣传实效，组织举办投保宣传月活动联展，累计举办投教活动 1500 余场，累计受众超过 4000 万人次，打造上海金融联合宣传教育活动一流品牌，推动开展提升上海居民金融素养工程；成功举办"长三角投教基地交流会议暨庆祝资本市场 30 周年投保工作研讨会"，为下一步成立"长三角投保联盟"并构建长三角统一的投保协调机制奠定良好基础。二是通过上海银行业保险业纠纷调解中心的建设推广，上海银保监局持续加强金融消费者正面宣教；输出银行业纠纷调解"上海模式"，逐步将银行业纠纷调解的上海经验推广到全国；有效缓解政府部门群访信访压力；探索银行业保险业多元纠纷化解新思路，实现上海法院诉调对接"全覆盖"，并探索建立"诉前批量调解""在线调解及司法确认"等创新工作机制。

30. 类别：金融营商环境优化

案例名称：上海市高级人民法院与上海证监局联合出台落实证券虚假陈述民事赔偿案件司法解释协作意见

案例简介：2022 年 6 月，上海市高级人民法院与上海证监局联合出台了"关于贯彻落实《关于适用〈最高人民法院关于审理证券市场虚假陈述侵权民事赔偿案件的若干规定〉有关问题的通知》加强协作的若干意见"（以下简称《协作意见》），进一步明确了证券司法审判与证券监管执法之间的协作配合机制，具体包括专项联络工作、案件信息通报、证据调查配合、案件审理支持、长效协作交流五个方面协作机制，共计 16 项工作措施。

突破点：《协作意见》为全国地方首例具体落实《新虚假陈述司法解释》的机制安排，体现了"上海特色"，凸显了全国首创。一是着眼更广范畴，服务于科创板改革与上海国际金融中心建设等重大国家战略。二是确立办案支持，聚焦于投资者合法权益保护。《协作意见》明确规定法院可以函告上海证监局调取涉案虚假陈述行为的相关证据、征求与案件有关的监管专业意见，更加有效地保护当事人诉权。三是双向合作互通，致力于进一步优化证券执法司法体制机制。通过法院进行法律专门化指导、上海证监局提供监管专业化意见等相互协助机制，助力司法机关查明事实、科学区分责任，进一步提高虚假陈述民事赔偿案件质效。

应用价值：一是上海市高级人民法院与上海证监局结合金融司法与证券监管特点，及时总结上海证券司法执法协作实践做法，共同签发《协作意见》，进一步完善上海资本市场法治供给，努力把投资者权益保护以及司法、行政协同落到实处，将为打造一个规范、透明、开放、有活力、有韧性的资本市场贡献"上海智慧"。二是为其他省区市贯彻落实《新虚假陈述司法解释》提供了可复制、可推广的经验。三是《协作意见》印发后，上海市高级人民法院、上海证监局积极推进《协作意见》中相关举措的落实工作，并已经在案件信息通报、案情沟通交流等方面取得进展。

专题研讨

（1）请以上海自贸区的典型金融创新案例为例，分析其创新方法和技术，并尝试找出新的方法或技术。

（2）请结合上述材料与网络调研，对我国自贸区的金融创新趋势和重点进行展望。

第十二章
我国金融科技产品创新

本章导读

本章详细介绍了当前我国金融科技产品创新情况。

学习本章，要求了解我国当前金融科技产品创新的现状，洞悉未来可能的发展趋势。

2021 年，作为中国人民银行《金融科技（FinTech）发展规划（2019—2021 年）》政策指引的最后一年，我们观察到金融机构对于金融科技实践战略从早先的"科技赋能"升级至"科技引领"，例如，国内银行业科技投入规模在 2020 年罕见出现 50%以上显著增速。对于 2021 年，以招商银行披露的上半年科技投入增长近 30%表现来看，全行业 2021 年科技投入预计继续保持高速增长。与此同时，2021 年作为"十四五"规划开局之年，《中华人民共和国国民经济和社会发展第十四个五年规划和 2035 年远景目标纲要》特别指出，要"稳妥发展金融科技，加快金融机构数字化转型"，我们也看到众多银行在 2021 年同步制定了自身的"十四五"规划。在此基础上，中国工商银行进一步制定了《2021—2023 年金融科技发展规划》、中国建设银行进一步制定了《2021—2025 年金融科技战略规划》。2022 年 1 月，中国人民银行接力发布《金融科技发展规划（2022—2025 年）》，为产业未来发展提出新的指引。在这些强劲的政策推动和战略引领下，多元化的技术投入给金融机构带来数字化水平持续提升，场景产业的跨界融合给金融机构带来业务新增量，这些新模式正在逐渐成为金融业差异化竞争的突破口。

基于这些观察与实践，本章从金融科技的政策与规划总结开始，梳理分析包括隐私计算、云原生、场景赋能、产业互联网、软件即服务（SaaS）等在内的 2021 年中国金融科技创新实践代表，并结合国外发展加以借鉴；研究国内外投资机构金融科技布局；重点剖析与倡议绿色金融发展。

第一节　我国金融科技产品创新现状

以大数据、云计算、人工智能、区块链以及移动互联为引领的新的工业革命与科技革命，会导致金融学科的边界、研究范式不断被打破和被重构。本轮科学技术的爆发导致金融行业传统发展模式受到颠覆性冲击的主要原因有以下两方面：一方面是全球数据积累存量已达到引爆新一轮行业变革的规模和水平，全球数据正以每年 40%左右的速度快速增长，2017 年全球的数据总量为 21.6ZB（1ZB 等于 10 万亿亿字节），金融数据在其中占比很高，此外，金融市场天然拥有海量标准化大数据，适合前沿科技落地生根。另一方面是人工智能等前沿科技在算法、算力方面的使用，以及诸如 GPU、TPU、NPU 等硬件技术的革命性突破，逐渐使已稳定 50 年之久的"摩尔定律"迎来终结。科技深刻地改变了金融业态，并开始成为未来金融发展的制高点。金融科技正在传统金融行业的各个领域积极布局，已然成为新的风口。

一、政策规划

2017 年，中国人民银行成立金融科技（FinTech）委员会，旨在加强金融科技工作的研究规划和统筹协调。金融科技是技术驱动的金融创新，为金融发展注入了新的活力，也给金融安全带来了新挑战。中国人民银行将强化监管科技（Reg Tech）应用实践，积极利用大数据、人工智能、云计算等技术丰富金融监管手段，提升跨行业、跨市场交叉性金融风险的甄别、防范和化解能力。

2019 年 8 月，中国人民银行公布首轮金融科技发展规划——《金融科技（FinTech）发展规划（2019—2021 年）》，这份纲领性文件的出台明确了金融科技发展方向、任务和路径，开启了金融科技在国内蓬勃发展之路。提出到 2021 年，建立健全我国金融科技发展的"四梁八柱"。该规划明确了 2019~2021 年金融科技工作的指导思想、基本原则、发展目标、重点任务和保障措施。该规划提出到 2021 年，推动我国金融科技发展居于国际领先水平，实现金融科技应用先进可控、金融服务能力稳步增强、金融风控水平明显提高、金融监管效能持续提升、金融科技支撑不断完善、金融科技产业繁荣发展。

2021 年 1 月，中国人民银行继续政策加持，出台《金融科技发展规划（2022—2025 年）》，提出的重点任务包括"金融科技治理""数据能力建设""绿色高可用数据中心""数字技术金融应用""金融科技创新体系""金融服务智慧再造""监管科技的全方位应用""金融科技人才培养"八方面。相比之前一轮规划，"底座""最后一公里""再造"等关键词提示我们政策正在推动金融科技向基础设施迈进。

与此同时，我们观察 2021 年全年各部委其他对于金融科技领域的政策，可以看到"合法合规"正成为金融科技实施与落地的重要基石，而这也为金融科技健康发展提供长期保障。2021 年中国金融科技部分政策与规划摘要如图 12-1 所示。

时间	政策	要点
2021年3月	《中华人民共和国国民经济和社会发展第十四个五年规划和2035年远景目标纲要》	稳妥发展金融科技，加快金融机构数字化转型
2021年3月	《国务院关于落实〈政府工作报告〉重点工作分工的意见》	强化金融控股公司和金融科技监管，确保金融创新在审慎监管的前提下进行
2021年4月	《中国银保监会办公厅关于2021年进一步推动小微企业金融服务高质量发展的通知》	在依法合规、风险可控基础上，充分运用大数据、区块链、人工智能等金融科技，在农业、制造业、批发零售业、物流业等重点领域搭建供应链产业链金融平台
2021年6月	《银行业金融机构绿色金融评价方案》	绿色金融评价是指中国人民银行及其分支机构对银行业金融机构绿色金融业务开展情况进行综合评价，并依据评价结果对银行业金融机构实行激励约束的制度安排
2021年6月	《中华人民共和国数据安全法》	从数据全场景构建数据全监管体系，明确行业主管部门对本行业、本领域的数据安全监管职责
2021年9月	《征信业务管理办法》	以明确征信业务边界、加强信息主体权益保护为重点
2021年11月	《中华人民共和国个人信息保护法》	围绕个人信息的处理，从处理规则、跨境提供、个人权利、处理者义务、保护职责部门以及法律责任等不同角度确立了相应规则

图 12-1 2021 年中国金融科技部分政策与规划摘要

资料来源：笔者整理。

在上述强劲的政策推动和战略引领下，有理由认为中国金融科技产业已经处于确定性的长期增长之中，参照欧美领先银行科技投入在营收 10% 占比的常态以及目前我们 3% 的投入强度，数千亿新增市场将在未来加速打开。在这背后，多元化的技术投入给金融机构带来数字化水平持续提升，场景产业的跨界融合给金融机构带来业务新增量，包括小额高频消费场景、产业互联网、SaaS、绿色金融与碳中和等，这些新模式正在逐渐成为金融差异化竞争的突破口。

二、金融机构

1. 金融+数字技术创新回顾

2021 年，《中华人民共和国个人信息保护法》和《中华人民共和国数据安全法》的出台，是继《中华人民共和国网络安全法》之后，再次对用户数据的全生命周期管理进行了制度完善。对于大力发展技术与金融融合的银行业而言，作为技术底层生产力，数据的合法合规使用再次被金融机构放在重要位置，隐私计算被推上聚光灯。

我们认为，隐私计算可以帮助金融机构在营销、风控层面提升效率，技术上已经得到初步验证和落地，尤其可以协助银行在"运用数据"辅助展开金融业务中存在的痛点和瓶颈。例如，在零售信贷业务中，银行在授信审批时缺乏对客户信息的全面收集以及验证，在发放贷款后无法实时了解客户的交易信息和信用变化。

也正是在上述趋势的背景下，风险投资人大力押注合规智能背后的隐私计算赛道，根据公开资料统计，2021 年超过 10 亿元投资已经入局。隐私计算所提供的"可用不可见"功能可以在多场景起效，并且可以在各个数据要素融合的痛点提供安全合规手段。不过我们也观察到，受制于短期算力瓶颈和金融机构对于创新产品的消化周期，隐私计算相关的产品与服务还处于导入初期。

与此同时，在 2021 年，基于云原生的人工智能应用是机构 IT 布局重点。从行业规模看，国际数据公司（IDC）发布的《中国金融云市场（2021 年上半年）跟踪》报告显示，2021 年上半年，中国金融云市场规模达到 26.5 亿美元，同比增长达 40.2%。

从实际应用层来看，包括平安银行、上海银行等在 2021 年首次提出正在加快构建云原生体系。在这普及的背后，银行也积极在 IaaS 层及 PaaS 层布局机构底层核心系统更迭，如中国工商银行在 2021 年半年报首次披露相关建设情况，其 IaaS 基础设施云入云节点总量达到 9.8 万套，PaaS 应用服务云容器数超过 5.6 万套。

不过对于金融机构而言，鉴于私有化部署占比较高，未来私有化与云原生的结合可能机会更大。例如，腾讯云推出了云原生操作系统遨驰在私有化领域的交付方案，可以更好地服务金融、政务、能源等行业。比较有趣的是，原先我们顾虑的纯公有云模式的业务复制难题有机会在云服务大厂的带领下破解。

不过在这些相关新兴技术应用背后，我们也认识到，成熟技术的引入应建立在优秀的数据管理能力的基础上，故只有在数据治理系统和体系完善的基础上，金融科技业务才能获得高质量的数据资产，助力各种技术落地与良好实践。这带来的就是无论任何新型智能技术出现，数据底层能力建设仍是强刚需。

2. 金融+场景产业创新回顾

（1）金融与 C 端的联合创新。我们观察到，小额高频，包括"衣食住行游娱学养"是银行切入 C 端场景的重要入口。与这些刚需场景的合作，一方面帮助银行显著增加了获客渠道，同时也提升了银行与用户的黏性。中国银行 2021 年发布的《金融场景生态建设行业发展白皮书》也指出，全球最具价值的前100 家银行中，70% 以上已通过建设开放银行平台等模式投入场景生态建设浪潮。例如，中国建设银行在本地生活服务的发展迅猛，基于"建行生活"App，中国建设银行覆盖优质餐饮、品质外卖、打车出行、充值缴费等场景为 C 端流量一站式服务。

与此同时，这些非金融场景的实际应用情况也成为银行定期报告信息披露的新风向标。例如，招商银行在 2019 年年报首次披露其 App 金融场景使用率和非金融场景使用率分别为 83.79% 和 69.80%，掌上生活 App 对应比率分别为 76.21% 和 73.90%。紧随其后的是在 2021 年交通银行和平安银行也加入类似指标披露队伍。另外，我们也看到更多银行在披露传统 AUM（零售客户总资产）指标的同时，自 2018 年起也陆续开始披露 MAU（月活跃用户）指标。在 2020 年年报中，有 7 家包括招商银行、光大银行、交通银行、平安银行、兴业银行、民生银行与中信银行披露了 MAU 指标，中国农业银行与中国邮政储蓄银行也在 2021 年中进行了 MAU 指标首次披露。

我们认识到，在金融业务同质化竞争的背景下，银行与场景产业的融合势必成为几乎所有银行的选择，不过其跨界协作方式也开始出现同质化的表现，这背后考验的是金融人的互联网思维、互联网产品运营能力，以及对于资源与资金投入的强度。当然也有部分银行选择优先精耕细作个别场景，以此实现客户的黏性提升，如光大银行的"云缴费"每月生活缴费场景，交通银行旗下信用卡的"最红星期五"每周定期线下消费场景，南京银行的"鑫 e 商城"线上购物场景，宁波银行的"薪福宝"每月工资代发场景。

（2）金融与 B 端的融合创新。对于 B 端，我们观察到更多银行开始站在产业互联网维度去做差异化企业金融业务，将客户的资产负债表与数字化报表结合起来，助推企业金融业务发展。我国产业互联网处于起步状态，仍属于蓝海市场。各个传统产业对于利用科技提高生产经营效率与生产、运输、销售与管理协同有着强烈的需求，银行可以开放科技能力助力产业转型。

随着数字化浪潮的席卷，基于产业数字化的产业金融将可能逐步走向产业数字金融。当产业数字化后，不仅产业的经营信息都将线上化与数据化，其整个产业的上下游也将建立数字化连接，使得整个产业链将产生巨大变革，创造更大的价值空间。在此基础上，产业金融的模式与逻辑也将随着产业数字化进行迭代变更。传统的产业金融模式主要直接面向单点核心客户，基于其订单信息、资产信息提供单一或整合的金融服务产品，而随着产业数字化的发展，金融机构在评估企业价值时，不仅可以看其经营数据，还可以挖掘其潜在的数据资产价值，为金融机构创造更多的资产空间。

近年来，多家金融机构在产业互联网方面进行了创新，如卫星遥感技术助力"三农"、打造线上产业供应链金融平台、结合区块链与物联网技术打造的金融业务支持平台等（见图 12-2）。

领域	内容
卫星遥感	2021年中国工商银行、中国农业银行、中国建设银行、平安银行、网商银行等银行在卫星遥感开展农村信贷上进行了尝试。其中中国工商银行2021年8月披露依托行内图像识别平台建设卫星遥感影像分析系统，通过使用卫星遥感、深度神经网络等技术，以及动态农作物与林木等生长情况，完善信用评价模型和风险监控机制，助力农业实现产业数字化。截至2021年8月，在试点场景已覆盖种植面积6457亩，涉及贷款额超过300万元
线上供应链金融	2020年9月，交通银行发布了线上供应链融资产品——"交航信"品牌，基于核心企业在产业链中的主导作用和信用优势，助力上下游中小企业获取便捷的融资服务。截至2021年9月，交航信融资额已超百亿元，服务制造业、建筑业、新能源、新材料等行业核心企业超200家，供应商超2000家
物联网	平安银行于2019年率先结合物联网、人工智能、云计算、区块链技术推出"星云物联计划"，并于2020年发射金融界第一颗物联网卫星"平安1号"赋能产业数字化转型。星云平台通过对接企业ERP，可对企业财务数据、商业数据等进行交叉验证，充分基于产业的信息流、资金流、物流为企业提供融资服务。截至2021年末，星云物联网平台已接入设备总数超1100万台，支持实体经济融资3000亿元

图 12-2　2021 年部分金融机构产业互联网创新实践

资料来源：笔者整理。

与此同时，以 ToB 为代表的 SaaS 模式，首次在 2021 年银行披露的定期报告中出现。平安银行在 2020 年年报中指出"通过与 SaaS 平台开发商建立合作伙伴关系，打造产业生态圈，形成'1+N'批量获客及经营的生态合作模式"。浦发银行在 2021 年半年报中指出，通过对接核心企业、SAAS 平台等 1+X 模式，围绕教育培训、人力资源等场景预付费资金监管、物流行业全链路、ERP 厂商 SAAS 服务、汽车金融生态等重点行业，组合开户、收单、E 存管、在线融资等明星 API 组件，形成综合服务方案，带动分行营销行业及头部客户，助力结算性存款、有价值客户、代发业务稳步提升。尤其是在借记卡业务方面，浦发银行联合 SaaS 服务商打造营销模式，通过快速提升产品力与商户服务能力，提升浦发银行在多类细分场景的覆盖率，形成扩大交易规模与拓客获客的新途径。

我们认为，SaaS 未来将给金融机构带来新的获客模式，以及基于 SaaS 的数据属性，也将给金融机构带来新资产的探索与实践机会。

3. 海外金融科技发展观察

海外金融科技市场 2021 年同样也呈现多点开花的发展格局，包括监管侧、融资端、活跃科创企业方面、领先金融机构的科技创新实践均有值得我们重点关注和借鉴之处。

从监管角度来看，在数据安全相关法律逐渐完善之后，合规与安全的关注度并没有减弱。以新加坡为例，其金融管理局 2021 年重点工作包括推出新一代监管沙盒、与美国财政部进行网络安全合作等。

从热门新兴创业领域来看，先买后付（BNPL）、非同质化代币（NFT）等成为行业异军突起的赛道。多个国家呈现 BNPL 集中爆发态势，百余家 NFT 企业累计获得数十亿美元投资。但正如前文提到的监管加码，对于 BNPL 的迅速发展，美国消费者金融保护局已经意识到其背后可能带来的新型债务增加，并在 2021 年末与多家先买后付服务商了解相关情况，寻求更多数据披露。

从活跃科创企业来看，根据剑桥大学替代金融中心——剑桥大学金融科技生态系统地图统计，数字银行赛道火热，海外活跃企业数量达到 245 家，增加 8%。海外金融科技活跃企业趋势如图 12-3 所示。

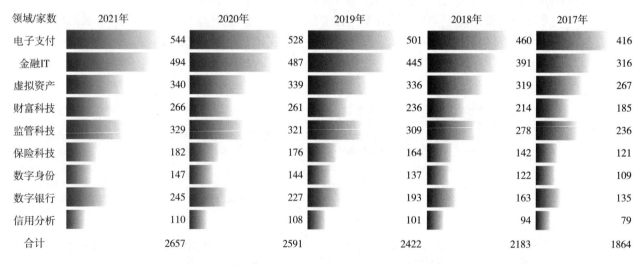

领域/家数	2021年	2020年	2019年	2018年	2017年
电子支付	544	528	501	460	416
金融IT	494	487	445	391	316
虚拟资产	340	339	336	319	267
财富科技	266	261	236	214	185
监管科技	329	321	309	278	236
保险科技	182	176	164	142	121
数字身份	147	144	137	122	109
数字银行	245	227	193	163	135
信用分析	110	108	101	94	79
合计	2657	2591	2422	2183	1864

图 12-3　海外金融科技活跃企业趋势

资料来源：笔者整理。

值得注意的是，腾讯也是重点参与投资海外数字银行的成员，目前已经投资布局包括南非、丹麦、巴西、德国、印度等数字银行（见图 12-4）。

获投时间	公司名称	国家	获投轮次	最新轮投资方
2021年12月	TymeBank	南非	B+轮	腾讯领投、CDC Group跟投
2021年7月	Lunar	丹麦	D轮	Heartland、Kinnevik AB、腾讯投资
2021年1月	Nubank	巴西	G轮	GIC、Whale Rock、Invesco领投、腾讯、Dragoneer、Ribbit Capital、红杉资本跟投
2020年5月	N26	德国	D++轮	Valar Ventures、腾讯等
2019年7月	NiYo Solutions	印度	B轮	Horizons Ventures、腾讯领投、JS Capital跟投
2019年1月	N26	德国	D轮	Insight Venture Partners、GIC领投、腾讯、Allianz X、Horizons Ventures跟投
2018年10月	Nubank	巴西	战略投资	腾讯
2018年3月	N26	德国	C轮	腾讯、Allianz X

图 12-4 腾讯海外数字银行投资布局

资料来源：笔者整理。

从领先金融机构实践来看，作为年投入超百亿美金的行业领军者摩根大通是重点关注对象。相比其2020年重点布局区块链不同，摩根大通在2021年重点布局了数字银行（收购巴西数字银行C6 Bank的40%股权）、场景金融（收购大学理财规划平台Frank，将获客触角提前至大学生）、支付科技（允许其企业客户通过银行的应用程序和网站向数百万零售客户发送付款请求，背后结合了即时资金可用性、结算终结性、即时确认和集成信息流等）。其他领先银行方面，科技与场景的结合是重点关注方向，如高盛与苹果共同商议推出"先买后付"服务，花旗银行宣布推出数字平台Bridge，帮助中小企业与地方、社区银行建立联系，助力中小企业解决资金难题。

对于上述海外市场变化，我们看到合规智能与场景产业数字化是与国内金融科技发展趋同之处。我们认为监管的深度介入将会给国内金融科技带来更明确的"横向"成长预期，而金融机构开放生态、打开边界的主动式创新将给国内金融科技带来更具想象力的"纵向"成长空间。

有研究显示，部分国家和地区推行的监管沙盒模式有效带动了更多企业进入金融科技市场，有助于促进金融创新。从我们的实际观察来看，监管沙盒模式为金融机构建立了清晰的科技创新路径，并且通过权威机构的领导，也带动了其他金融机构对于成功案例的不断复制。相比早前缺少监管机构或者明确法律法规指引的创新，目前的金融科技创新模式具有可持续、可监管的长期发展特征。

对于场景产业数字化方面，相比海外，我们感受到国内金融机构对于"连接各方"的诉求更为强烈，这也有赖于国内快速的数字化进程，帮助金融机构可以实现更快更好的创新落地。另外，我们目前已经迈过纯金融模式创新阶段，正在经历的场景产业赋能是正在实实在在地提升全社会效率水平，创造更多的经济价值。

三、绿色金融

绿色金融是指为支持环境改善、应对气候变化和资源节约高效利用的经济活动，即对环保、节能、清洁能源、绿色交通、绿色建筑等领域的项目投融资、项目运营、风险管理等所提供的金融服务。

自2012年银监会颁布《绿色信贷指引》以来，国内有关绿色金融的政策从顶层设计到细节业绩评价都在陆续完善，整体行业也处于快速发展与渗透中。绿色信贷方面，2020年末我国绿色贷款余额为11.9万亿元，在2021年第三季度末达到14.8万亿元，同比增长28%，持续高于贷款平均增速；绿色债券方面，2021 年我国绿色债券发行量翻倍增长至 6025 亿元，整体存量余额为 1.1 万亿元，同比增长 28%；绿色资管方面，2020 年末绿色信托存续资产规模为 3592 亿元，同比增长 7%。绿色 ESG 投资基金管理规模在 2021 年第三季度末为 2500 亿元，同比增长两倍，权益类公募 ESG 基金新发产品 48 只，接近此前 5 年的总和。展望未来，上述绿色金融指标在所属领域的渗透率相比欧美成熟市场均有很大的差距，后期有望加速追赶。

在国家 2030 年前碳达峰与 2060 年前碳中和的背景下，绿色金融成为 2021 年所有金融机构的发力点，包括战略方针制定、政策支持、信贷方向调整、行业梳理研究、产品创新、组织结构提升、人才培养等（见图 12-5）。

方向	金融机构	相关内容
战略方针制定	浦发银行	把绿色金融业务发展上升到集团"十四五"重大发展战略
政策支持	兴业银行	加大减污降碳重点领域绿色金融支持力度，优化授信与授权政策
信贷方向调整	中国银行	决定"十四五"期间在境内对公"高能耗、高排放"行业信贷余额占比逐年下降，并且从2021年第四季度开始不再向境外的新建煤炭开采和新建煤电项目提供融资
行业梳理研究	招商银行	以"行业研究自组织"为抓手，加强对重点行业及其所属产业链绿色发展趋势的研究，制定多个绿色行业信贷政策
产品创新	交通银行	以碳排放权、排污权等特殊权益制定个性化融资方案，落地长三角地区首笔碳排放权质押融资业务
组织结构提升	江苏银行	升格绿色金融部为总行一级部门，设立绿色专营支行，全力打造绿色金融专业化经营体系
人才培养	天风证券	资助科研院所开展有关绿色金融的研究，积极培育交叉学科人才

图 12-5 2021 年部分金融机构绿色金融重大工作

资料来源：笔者整理。

不过我们认为，伴随着我国"2030 年碳达峰、2060 年碳中和"政策出炉，目前碳中和背景下的绿色金融有几方面亟须调整，相关的金融科技将有较大施展空间。

第一，金融机构作为企业主体，在通过金融服务支持碳中和的背后，其自身如何实现碳中和也是需要研究探讨的。例如，中国人民银行指出要"建设绿色高可用数据中心"、华夏银行提出"力争在 2025 年之前实现自身碳中和"，其将从降低能耗、无纸办公、节约用水、绿色采购、垃圾分类、光盘行动等开始行动。我们认为，2022 年对于国内金融机构而言需要先从碳排查做起，包括咨询、实施、动态管理、减排措施（如中国人民银行提出的数据中心节能降耗建议）制定等，并陆续开始制定自身的中长期碳中和规划，因为长期来看金融机构环境信息披露也有可能成为强制披露事项。

第二，伴随全国碳排放权交易正式启动，绿色金融将新增围绕碳资产的金融命题，一系列新的金融产品设计亟须完善。目前我国仅电力行业加入，交易量、价格目前较少，产品也相对单一，未来发展潜力巨大。参照欧美成熟市场发展情况，其拥有完整的碳现货、碳托管、碳回购、碳远期、碳掉期、碳基金、碳债券、类碳期货等全面的碳金融产品和工具，是绿色金融从理念到实现的重要支撑手段。中信建投认为国内银行业可以从零售、公司和投行业务三方面同时参与到碳金融的碳排放权交易、碳融资和碳投资中，包括以碳履约为目的的碳排放权现货和期货交易、以碳资产为增信手段的融资、以碳资产为标的的资产管理与投资。我们认为，未来在这些相关基础设施完善后，也将更有利于国际投资者参与中国绿色金融市场。

四、未来展望

2021 年中国金融科技大额融资案例如图 12-6 所示。

公司简称	行业赛道	投资轮次	融资金额	投资机构
领创智信	大数据风控	D轮	4亿美元	软银愿景基金、华平投资领投，北极星资本、元璟资本、高榕资本、EDBI、淡马锡、GSR Ventures 等跟投
空中云汇 Airwallex	跨境支付	E轮	12.74亿元	红杉资本中国，DST Global，Salesforce，G Squared，Lone Pine Capital，Vetamer Capital Management，1835i Ventures
元保	互联网保险	C轮	10亿元	源码资本领投，凯辉基金、山行资本、北极光创投、启明创投、SIG海纳亚洲创投基金跟投
数美科技	大数据风控	D轮	1.35亿美元	CPE、经纬中国、厚朴投资、腾讯、襄禾资本等
建信金科	金融数字化	战略投资	7.5亿元	国开金融-国开开元、中央结算、联银创投
迅策科技	资管中台	C轮	7亿元	腾讯投资、CPE源峰、高盛（中国）、泰康资产、大湾区共同家园发展基金
通联数据	智能投顾	战略投资	1亿美元	PAG太盟投资集团
益进信息	保险软件	战略投资	1亿美元	TPG
同城票据网	供应链科技	C轮	5亿元	高瓴创投、DCM领投，扬子国投、江北科技、唐竹资本、华盖资本、经纬中国跟投
华锐金融	分布式金融	Pre-C轮	2.7亿元	华泰创新领投、安信投资、粤民投、招证投资、东证资本、兴证资本、汇添富、深圳高新投、中信建投、深创投、招商局创投、招银国际、嘉远资本等跟投

图 12-6 2021 年中国金融科技大额融资案例

资料来源：笔者整理。

站在 2022 年伊始看，超 300 万亿元资产规模的中国金融行业正在各方推动下加速科技赋能与变革。正如上文提到的，金融与技术的融合、金融与场景产业的融合，以及绿色金融的快速增长，其背后也正代表着金融科技产业的蓬勃发展。

与此同时，金融科技的应用触角在从新兴资产挖掘衍生到资产结构优化，从下沉客户挖掘扩展到全周期千人千面客户服务与管理，从线下网点数字化升级至各类线上场景延伸。我们认为，金融科技领域由于其科技+金融的二重性，在广泛吸收各产业数字化进程中沉淀的新兴技术与商业模式的同时，也在重塑金融业自身运营方式，二级市场对于金融机构的估值模型也在同步演变。

长期来看，中国金融科技内涵在逐步演进，科技在两条路径上越发深刻地变革金融行业。

1. 变革路径

变革路径一方面在于借由科技的力量，长期支持中央对金融业自身的深度改造，表现在深化中国人民银行提出的"金融业供给侧结构性改革"，通常意义上的供给侧结构性改革从宏观到微观有四个方面，包括：①优化融资结构，扩大普惠受众范围；②优化金融机构结构，鼓励金融行业中机构类型多样化；③优化金融市场结构，发展多层次的金融市场，如北交所、科创板的设立等；④优化产品结构，提供丰富适配的金融产品。

科技在其中的作用主要表现在：①将银行业务中原先不可标准化的部分进行了标准化改造，丰富了的产品结构满足特殊企业/人群的需求，从而帮助优化了融资结构，促进大中小融通；②在金融机构结构方面，一批具有互联网基因的互联网银行、民营银行、直销银行的新增设立，扎根区域、服务特定人群；③同时在国产替代浪潮下，科技企业也助力新机构包括新交易所的设立，全方位提供核心系统到外围系统。

变革路径的另一方面在于科技借由数字化转型的引擎，提升金融赋能数字经济、实体经济，并满足广大人民群众的衣食住行需求直到共同富裕的能力。在政策指引、技术发展、产业升级以及投融资力量如"主动脉"的推动下，借由创新型企业深入"毛细血管"的涓涓细流般的实践，沿资金流动方向，自资产端，经由其中处理业务的机构端，满足需求侧的各类主体的账户处理、交易结算、财富管理、资产管理等需求（CBFG）。金融科技的价值创造通过各类解决方案与应用，帮助开放金融服务入口、提升信用管理能力，提升资金使用效率，助力财富与资产增值，形塑并推动商业模式演进（见图12-7）。

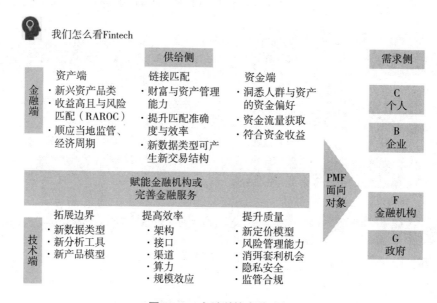

图12-7 金融科技变革路径

资料来源：笔者整理。

2. 变革路径背后的动因

通过观察企业以及各类机构自身实践，可以领略到推动实现长期价值的两条路径的背后的动因主要来自技术与商业模式因素，以及政策、产业与投融资因素。

首先，技术发展因素。从根本上看，技术变迁是决定经济与商业发展的本质动力。回顾过去几十年，以互联网普及为代表的诸多技术变迁的周期显著推动了经济的显著增长。我们关注可以应用到所有领域的技术以及应用到特定领域的技术。前者被经济学家称为"通用目的技术"（General Purpose Technology，GPT），后者被称为"专用目的技术"（Specific Purpose Technology，SPT）。我们看到一众数字经济相关领域专家认为，GPT可能成为重大技术变迁中的关键引领技术，通过GPT，产生足够大的"创造性破坏"，让社会生产与产业格局从既有范式中走出来，发生质变，而SPT只能在GPT的基础上做渐进式创新，在某一方面推进效率提升，期望量变引发质变。

长期来看，我们期待提前发现新的GPT，在金融科技领域，经常提及的人工智能、区块链、云计算、大数据、IOT（ABCDI）等都曾经被寄予厚望作为互联网之后的下一个GPT，作为金融科技各类规划的"基础层"，目前来看，这些基础层均在局部应用层面有显著价值。例如，AI在风控规则挖掘、自动驾驶等利用机器学习路径的领域；然而近年来，以数据中心、超级计算中心等为代表的算力基础设施的建设，成为物理层面的数字经济发展的重要"底座"的同时，云计算作为"十四五"规划中的支持数字经济七大重点产业之一，也由于其较低技术使用门槛、按需付费的灵活成本优势，以及对新商业模式打造的开发环境，有望对数字资源重新整合，成为数字经济时代的新 GPT。

我们重点关注两类技术的适用范畴与发展阶段，在 Gartner 公司的 The Hype Cycle 中不同阶段的创新技术在落地能力与投入产出的规模效应方面有显著差异。成熟技术通常有中大型公司进行标准化推广与渗透，从 IaaS 层到 PaaS 层以至 SaaS 层，如阿里云、腾讯云、百度智能云等方面的深入产业的布局。然而早期技术借由创业公司的产品，经由当期行业热点需求完成爆发式铺设，期间占领头部客户，在系统升级换代以及重点应用领域实现部署后启动客户关系纽带，帮助创业公司活下来并形成竞争壁垒，所以对团队能力尤其是对技术的理解与销售能力尤为重要。

其次，商业模式因素。长期来看，期望有不同于互联网平台经济的商业模式。互联网行业的勃兴证明了平台经济的价值，如果把平台价值≈规模×单位经济，可以看到平台极端依赖规模，依赖供需双方在平台上活跃量所激发的经济价值，而中国巨大的人口优势在 C 端市场成为强大的需求侧动力，通过挖掘与转化流量撑起了平台整体价值，支撑了多个市值超过千亿元的公司。如果我们沿用中美对标分析的方法看美国巨头，可以看到 Web2.0 时代的这些巨头通常是通过平台模式做大的（FAANG），但从上市公司的年报来看，这些巨头基本上只有一个主攻的业务方向。如 Facebook：社交，Amazon：零售，Apple：手机，Netflix：视频……反观中国的头部企业，几乎所有领域都能看到它们的触手，平台的多元化在一定程度上能够凭借在战略层面产生的各领域之间的协同效应，利用各领域之间的供需促进自身业务的发展。但如果所有企业采用这种模式，不做大蛋糕，则必将"竭泽而渔"，从"重规模，重流量"的路径走向"无地可圈"的终局，而忽视了细分技术领域的研发与积累。

由于 B 端技术及应用的研发需要慢工夫、长时期，很难短期产生经济效益，容易被依赖赚快钱的企业忽略，而始终无法积累基础技术。举例来说，在工业、农业等领域，大量基础工业软件（如 CAD、CAE 以及 EDA 等）极端依赖欧美的技术。工业软件应用的适用范围非常狭窄，很难形成规模，巨头们进入这些领域的优先级较低。这点也给予了创新企业大量机会，可预见的商业模式是在相应的具体领域通过提供模块化的、即插即用的功能，直接服务于不同细分产业的共性需求（如质检、招聘、报销、办公协同等），横向覆盖跨产业中的用户形成规模效应或嵌入细分产业垂直平台中帮助推进工农业等实体经济领域的数字化，进而形成细分领域的软件龙头、服务巨头或硬件的基础平台。

最后，政策、投融资与产业发展因素。除技术与商业因素外，中国市场首先需要考虑政策面因素，政策的宽松与严格整体呈现周期形态，宽松监管环境下，激发新经济的繁荣，但也会在后期由于所有人预期监管措施的出台而畏首畏尾，监管趋严的背后逻辑在经济学研究中指出与"流动性冗余"密切相关，流动性冗余导致资金的脱实入虚，所以监管往往在"流动性冗余"阶段出现后的某个时段开启，出现密集监管行为，从而进入严格监管环境；严格监管环境固然让部分巨头在短期内遭受巨大挫折，但长期来看，政策帮助厘清规则，重定方向。

拿美国的例子来看，1945 年的 Endless Frontier Act 提出要重视不以应用为目的的基础研究，面向长远，帮助美国逐步摆脱对欧洲基础科学研究的依赖。激发了美国在半个世纪以上周期（康德拉季耶夫周期）的技术到商业领先。回看过去的反垄断相关法案以及《中华人民共和国数据安全法》《中华人民共和国个人信息保护法》以及相关各部门的配套制度的出台，可预见严监管是未来几年的主要基调。与此相适配的投融资也将延续政策指引，推动资金涌入政策指引方向，值得一提的是，从微观项目端来看，早期创业项目受投融资支持影响巨大，A 轮至 B 轮期间巨额融资金额将由于资方品牌及生态效应，帮助创业项目在人才招募、客户影响力以及产品强化速率方面都有所助力。相对应的产业升级，在可持续能源、柔性制造、农业信息化等方面所带来的对信贷适配、资金使用效率的要求，也将推动科技在金融领域的应用。

五、重点发展机遇

综合来看，长期看价值，短期看机会，回到当下，2022 年及中长期的金融科技发展将顺延两条路径，受如上因素的影响，在合作机会层面有如下两方面发展机遇。

第一，供给侧结构性改革。绿色金融，短期至中长期是金融机构发力重点。围绕支持碳中和要求的大量绿色科技的应用，在纯绿以及传统行业转型两个大方向下，集中在帮助绿色金融中的金融产品（如绿色信贷、绿色债券、绿色基金）创新的工具、应用与平台等，同时金融机构自身碳中和也有较大应用窗口。

第二，赋能实体经济与数字经济。实体经济方面，在企业端重点关注用于提升企业经营效率、企业资产负债表各项的数字化的各类 SaaS 应用；在产业端，各细分行业中帮助企业上下游进一步打通，围绕生产端、供应端、流通端，销售端的核心环节中需金融提升资金运转效率及入口类嵌入式服务模块实现产供销协同，大中小融通；在工业端，从应用层切入，纵向聚焦生产制造核心环节的垂直领域，下探到技术层（如工业互联网平台、边缘计算终端等）、基础层（如 IOT 体系、网络环境、芯片、传感器）及金融服务的创新结合，探索在金融科技相关数据源生成、授信模型创设、完善风控流程、风控规则升级等衍生机会。数字经济方面，一方面是原有 App 的运营体系的完善是金融机构的关注重点，而贴近 C 端用户的新兴交互方式与行为载体的元宇宙有望持续得到关注，所催生的对 AR/VR、数字人等方面的应用也有广泛空间；另一方面数据资产化及交易平台的建设持续需要数据治理相关项目的引入，隐私计算技术仍需要更深度的商用。

第二节　金融科技产品创新综合案例

一、蚂蚁金服：蚂蚁金融云

蚂蚁金融云作为蚂蚁金服“互联网推进器”计划的组成部分，是一个开放的云平台，它助力金融创新、助力金融机构的 IT 架构实现升级，去构建更加稳健安全、低成本、敏捷创新的金融级应用，使金融机构可以更好地服务自己的客户。

蚂蚁金服积极探索运用移动技术、大数据、云计算、AI、生物核身、风控等金融科技，打造全方位的智惠金融，构建了金融+生活的一站式数字化服务平台。蚂蚁金融云于 2017 年正式推出数字银行，从一站式开发框架、移动体验设计、业务和数据运营到移动端场景构建、移动端安全；从基于大数据/AI、智能建模的移动“智慧大脑”，到集智能风控、智能营销、智能投顾、智能推荐/搜索等新一代平台能力；数字银行致力于运用金融级分布式架构打造面向数字化经济时代的全渠道服务平台。蚂蚁金融云以业务开放创新合作的形式，全面满足了数字普惠金融的核心需求。

二、京东金融：工银小白数字银行

“工银小白”实现了对线上场景的数字化，集合了京东金融和中国工商银行各自的优势，基于对用户和金融产品的深度洞察，把所有的金融服务数字化，嵌入各种互联网场景之中实现交易。真正摆脱了官网或者 App 的服务局限，实现了去中心化的无所不在。在这个模式下，不再是人找货，而是货找人。

工银小白可以看成是一家开在互联网上的银行，用户无须下载任何程序就可以使用银行服务。同时它兼容性强，将中国工商银行的某些特定业务和产品解耦，利用 H5 页面直接推送到用户产生金融需求的场景里。通过服务与场景的无界连接，增加用户黏性和交互频次，将"以金融机构"为中心的服务提供模式转变成"以用户为中心"模式。

三、腾讯金融：理财通

商业模式创新：理财通是腾讯基于微信、QQ 入口推出的精选理财平台，通过携手传统金融机构推出不同类型、不同期限的多样化理财产品，为用户提供多样化的理财服务。在精选产品的基础上，理财通还创新推出了"工资理财""梦想计划""预约还信用卡"等生活化理财服务，帮助用户一站式管理资金的入口与出口。截至 2016 年底，理财通总用户数超过 1 亿，累计为用户赚取收益超过 80 亿元，总成交量超 20000 亿元。

产品创新：理财通为用户提供了 7~28 天、1~12 个月、1 年及以上等不同期限的理财产品，满足人们对日常流动资金、储蓄资产保值增值等多样化财富管理的需求。理财通还将产品进一步细化分为货币基金、银行类、保险类、券商类、企业贷、指数基金等不同类型，满足不同投资理念用户的理财需求。

跨界联合创新：理财通自上线以来，就定位于精选理财平台，携手传统金融机构推出了固定收益和浮动收益等多元化理财产品，为金融机构连接亿万用户。在精选产品的基础上，理财通还联合万科、周大福等合作伙伴推出"梦想计划"等特色理财服务，鼓励用户通过年金定投的方式，将可预计的未来大额支出分散为多周期的小额储蓄，既可实现资金管理的目的，又不必带来过多的经济压力。

金融科技创新应用（如区块链、大数据、图像识别、VR/AR、人工智能及其他科技技术）：理财通一直在积极探索将金融科技融入产品设计，为用户提供差异化、高品质金融服务的新道路，如通过大数据深度学习达成精准目标推荐；通过生物特征识别保证金融安全；通过语音识别、自然语言处理，为用户提供智能客服；根据 AI 算法描绘用户画像，为用户提供更好的投顾服务等。

四、银联商务："全民付"扫码系列增值产品

银联商务"全民付"扫码系列增值产品包括"全民付"扫码支付、"E 开票"扫码开票、"全民花"扫码分期、"U 点餐"扫码点餐等产品："全民付"扫码支付产品，全面支持银联标准二维码以及银联合作的 160 款钱包类 App；"全民花"扫码分期产品，使消费者在扫码支付的同时还能立马享受到消费信用分期付款的便捷；"E 开票"扫码开票产品，在扫码支付同时可一站式解决发票抬头快速获取、发票快速开具、发票查验、自动化归集等各类发票服务；餐饮行业扫码点餐产品"小 U 点餐"，统合客人扫码点餐、收银管理、会员促销、智能报表等功能于一体，一码解决餐饮行业线上、线下融合式的服务转型需求。

五、易宝支付：如虎添翼易宝支付创新合作助力银行服务商户

易宝支付致力于助力传统行业的互联网升级，引领移动互联和互联网金融发展大潮，为了让互联网的发展成果造福更多人，易宝支付以金融科技创新的高标准打造了银企通产品，助力银行实现"银行互联网+"。这是一款为银行和银行的大型商户提供移动支付管理平台的产品，不仅为银行提供商户管理、渠道管理、交易对账等全套收单业务系统，还为银行提供商户的系统接入、收银设备改造和移动收款终端改造的定制服务，是 B 端行业支付服务中的一项创新产品。2017 年，易宝支付达成了与中国建设银行的深度合作，为其 POS 机、MIS 收银端独立接入银企通产品，为其商户提供全场景收单、降低收单成本、

个性化结算、综合化金融增值及更多服务，已接入各类连锁、大型商户数千家。在中国建设银行服务的商户中，医院行业正普遍面临着需要整合数字化医院系统商、缺少移动扫码聚合收单服务、扫码支付通知凭证管理、自动对账工具和缺乏资金安全等问题。面对此困境，易宝支付专门为其提供解决方案实现了对北京大学口腔医院的优质服务，全面为医院实现扫码支付服务，并升级后台的多渠道收款、结算和对账等服务。易宝支付银企通这款创新产品，无论是银行还是终端商家，乃至消费者，都能从中获得最贴心的支付服务。

六、通付盾

随着科技的发展，金融业正处于业务升级和转型的关键阶段，新时代对金融机构的业务经营和风险管控能力带来了新的机遇与挑战。

通付盾以新技术创新为切入点，依托设备指纹、区块链、深度学习等创新技术，以海量数据处理分析能力为基础，为金融客户建设以智能分析为中心的第二核心系统。以身份安全、精准获客、智能风控为落地场景，为金融客户提供一整套的精细化运营和全渠道反欺诈产品及服务。

在数据传输过程中，使用国密算法加密，保障数据安全。此外，通付盾凭借着对移动操作系统的运行机制的深入了解和丰富的技术储备，从企业 App 开发语言、获取方式、运行环境、运行设备的过程中，设计实现了一套以移动应用检测与加固为核心、以终端威胁感知为重点、以环境清场和反病毒引擎为支撑、以专业的渗透测试服务为保障的移动安全全生命周期解决方案，贯穿移动应用的设计与开发、发布与运行、运营与监管全过程，更好地保障以智能分析为中心的第二核心系统安全、稳健地服务金融级客户。

通付盾愿景是让金融更安全更有效率，目前已累计为银行、第三方支付、互联网金融等众多客户提供相关产品和服务并获得客户的一致好评。全方位保护客户应用安全、账号安全及业务安全，为金融级客户打造安全有效的第二核心系统。

七、拉卡拉

拉卡拉成立于 2005 年，是中国领先的综合普惠科技金融平台。秉承普惠、科技、创新、综合的理念，打造了底层统一、用户导向的共生系统，为个人和企业用户提供安全可靠的全面金融服务。

十余年来，拉卡拉已经累积了上亿个人用户、数百万商户和企业用户，业务覆盖全国 357 个地级以上城市，是国内便民金融服务的开创者、国内第三方支付机构的领军者、国内最大的支付硬件运营商。

同时，依托于十余年积累的海量数据，拉卡拉已成为国内首批将大数据与征信模型相结合并融入产品服务的金融平台，为消费者、广大小微企业主提供高效、安全的金融服务，解决小微企业融资难，资金配置难等实际问题，增强小微企业抵抗市场风险的能力，支持实体经济发展。

八、PINTEC 品钛：重塑金融生态，深度挖掘智能金融发展潜力

商业模式创新：从全球看，金融机构结合技术能力打造的智能投顾已成主流，BlackRock、UBS、GoldmanSachs 等一线机构均已入场，快速获取了千亿级资产规模和以十万计的用户。国内招行、民生证券等的智能投顾服务上线之初就引发了人们的兴趣，合作伙伴与璇玑结合优势金融、科技和客户资源的合作，有望快速推出占领市场，布局零售增长新爆发点。

产品创新及金融科技创新应用：人工智能在大类资产预测上的应用，人工智能提升预测效率；璇玑核心优势——适配中国市场的数字化资产配置系统；私人定制，千人千面地实现；投资市场全面。

九、融360：智能金融时代的"送水工"，AI助力普惠金融

融360，成立于2011年10月，是中国领先的移动金融智选平台。融360旗下简普科技（NYSE：JT）于2017年11月16日在美国纽约证券交易所上市，成为金融AI第一股，"AI助力普惠金融"是简普科技对华尔街亮出的资本名片。

2017年，这家从北京中关村一间三居室走出来的公司，已经壮大成为中国最大的、独立开放的金融产品搜索和推荐平台，也是中国最大的金融产品数据库。平台吸引了2500多家多元化的金融服务提供商进驻，发布包括小微企业贷款、房贷、车贷、消费类贷款、信用卡以及理财产品等超过17万款金融产品，将金融服务覆盖到全国350座城市，覆盖了中国大部分重要城市。2017年底，注册用户近8000万，月均活跃用户数量近亿，已有近千万家小微企业、个体工商户通过平台获得贷款、信用卡申请服务。

上市前，融360已累计完成四轮2亿美元的融资，光速创投、凯鹏华盈、清科创投、红杉资本中国基金、淡马锡旗下兰亭投资、云峰基金、赛领基金及StarVC等国内国际创投机构密集跟投。"明星投资人"轮番投资，正是看中融360独特的商业模式。

机构普遍认为融360及简普科技背后的独立开放平台的独特模式、搜索推荐技术、金融大数据、人工智能，能够给用户和金融机构提供巨大价值。

如果说互联网金融创新像是一场淘金热，银行、消费金融公司、小贷公司和新兴金融科技公司是在挖掘中国新金融的"金矿"，那么简普科技就是智能金融时代金融业的"送水工"，利用大数据、智能风控、AI等颠覆性技术，为金融机构和用户赋能。一方面，免费为近亿月活用户在17万款金融产品信息库中提供搜索、比价、匹配和推荐服务，让老百姓和小微企业把金融的选择权掌握在自己手里；另一方面，为超过2500家金融机构提供一站式营销和定制化数据、风险管理和端到端解决方案，帮助他们更好地连接和服务老百姓和小微企业。

融360成立以来得到飞速发展，在技术层面实现了平台化、数据化、技术化、智能化的"四化"发展模式，正全面向智能化挺进，深耕金融AI领域。

十、亚联融汇数据："秒算"智能贷款决策平台

商业模式创新：解决方案覆盖了产品设计、外部数据、风险控制模型、产品前端等全流程功能，独创数据+系统+模式+产品设计+场景金融+前端软硬件的整体解决方案。帮助商业银行高效、快速地开展互联网金融业务，实现"交钥匙"工程。伴随式运营模式让商业银行不再做"一锤子"买卖，改变厂商项目做完就离场的传统服务模式。产品交付后，后续维护方式与银行运营效果挂钩，与客户实现利益绑定，互信共赢。变革传统银行项目咨询与系统实施严重脱钩难题。以流程银行为设计理念，打破部门壁垒，以信贷产品梳理业务流程、风险政策、数据模型，帮助银行提升效率和速度。

产品创新：摆脱银行落后的客户体验，确保客户最快1分钟返回初审结果，3分钟完成信贷审批。设计精准营销模型，反欺诈、评分卡，智能催收模型等风险管理工具，提供全流程风险管理能力。顺应外部数据环境和征信环境变化，有效运用外部大数据，提升数据管理与应用能力。客户申请专属App帮助银行建立专属的客户App及微信服务端，满足客户自助申请，随时掌握审批进度和还款计划的需求。设计全新微贷工厂组织架构，满足在线、高效、批量集中审批要求。设计基于大数据的移动微贷产品，差异化竞争策略推广产品，助力普惠金融，提升银行影响力。

跨界联合创新：2017年7月，亚联数据与中民普惠联合研发的"秒算"智能贷款机落户上海。依托5亿多平方米的物业，具有丰富的社区金融的场景，亚联数据具有大数据及风险的优势。中民普惠解决了场景问题，亚联数据解决了大数据技术及风控管理问题，两者强强联合，演化出全新的社区金融新生态。

十一、第四范式：“第四范式先知”企业 AI 核心系统

"第四范式先知"产品定位为企业人工智能核心系统，集合了数据、算法、生产三大核心，提供 AI 应用设计、建模、开发、管理、运维等整套功能，通过自主研发的分布式并行计算框架、自动特征组合等核心技术，大幅降低了企业使用 AI 的门槛及 AI 在交付过程中的成本。与此前购买解决方案解决单一业务问题的方式不同，先知可帮助企业完成一站式 AI 能力的建设，使企业在策略制定层面，从人制定转变为机器制定。未来，企业可根据自身业务，按需发展 AI 应用的自主能力，并不断挖掘 AI 应用需求。

数金云，是由兴业银行集团旗下兴业数金打造，面向兴业银行集团以及外部客户，提供安全可靠的全方位云计算资源和服务的金融行业云平台。数金云大服务组件：专属云服务，提供 IaaS 层的计算、存储、网络、安全服务以及 PaaS 层的数据库、中间件、缓存等技术组件服务；容灾云服务、备份云服务满足金融行业用户对业务容灾、数据安全、异地灾备监管要求等需求；区块链云服务面向电子合同存证、数字票据、供应链金融等创新金融应用场景需求；人工智能云服务满足客户人证识别、ATM 视频行为分析、影像自动化分析等智能金融应用场景需求；金融组件云服务提升广大金融机构对于创新金融业务的开发效率，将常用的支付、网关、加解密、风控预警等能力进行组件化封装。

十二、玖富金科：玖富万卡

玖富万卡是玖富集团旗下的智能信用账户产品，用户通过实名认证、风险评估获得一定的信用额度，享受额度分期、商城购物分期、信用卡管理等服务。玖富万卡一方面整合了玖富集团旗下各子品牌内部消费场景，形成了贯穿内部消费场景的"一账通"。另一方面，玖富万卡积极引入电商平台、商家、银行、保险、支付机构等外部合作伙伴，拓展外部场景，基于人工智能技术形成了连接线上线下的"五钻"商业模型，实现了金融科技赋能"新零售"的商业格局。

在模式上，玖富万卡作为智能信用账户，通过自主研发的"火眼分"和"彩虹评级"，对用户（消费者）进行信用评估，确定信用额度；同时，拓展产品使用场景，通过线上线下消费场景的建立，为消费者提供商城购物、消费分期、信用卡管理等服务。利用自身渠道优势和用户规模优势，为合作的电商平台、制造商和商家提供用户导流和增值服务，提升零售和消费效率。

玖富万卡建立了用户信用成长体系，信用额度循环使用，根据使用记录实时更新，额度越用越高、费率越用越低。让金融服务空白用户摆脱"无信用记录无金融服务、无金融服务无信用记录"的死循环，进而推动信用观念的培养以及信用社会的建设，让信用变现、增值成为可能。

十三、大数金融：“第三代小微贷款技术”助力小微实体经济发展

大数金融团队开创的第三代小微贷款技术，以"数据驱动的风控技术"为核心，结合领先的智能化信贷工厂运营模式，为银行、信托等金融机构提供包括获客、风险评级、贷后管理等服务，帮助银行在小微贷款业务上实现了规模和风险双重效应，驱动银行业金融机构将资金投入实体经济。

第三代小微贷款技术脱离了早期的风险画像、风险聚类等精准度较差的无监督模型，进化到运用 Divergence、决策树、Optimization 等多种先进的、有监督的机器学习算法，代表了决策科学已知成熟部分的最高技术层级，是人工智能在信贷领域运用的成功案例。

截至 2018 年 2 月，大数金融通过输出第三代小微贷款技术，累计帮助全国逾 10 万名小微客户获得来自银行业金融机构价格合理的贷款 230 亿元。大数金融 2016~2018 年累计不良率为 2.37%（还原全部核销）。

十四、网信智投：亚洲领先的数字化资产配置解决方案提供商

商业模式创新：网信智投的智能投顾商业模式的创新在于致力于做真正的"买方投顾"，在上游通过智能服务连接广大终端投资者，在下游通过有效投资整合基金等产品成为"新型销售+新型资管"结合体。传统的面向大众的财富管理行业的商业模式是依赖于销售的佣金，这样的商业模式会导致在前端进行销售的理财师为了获得高佣金而无法站在用户的角度给出客观、中立的理财建议，网信智投的商业模式建立在给用户提供了真正优质的投资顾问基础上，当网信智投能够帮助用户长期、稳定赚钱的时候，网信智投会收取一定比例的顾问管理费。

产品创新：2015 年 7 月网信智投开始立项研发，在 2 年多的时间里，网信智投完成了量化建模、数据获取、机器学习、底层资产对接、海量计算优化、交易策略调整等一系列开发，为适配国内特殊的市场环境进行了大量技术创新，最终打造了以人民币资产为基础的买方智能投顾系统。网信智投基于买方的智能投顾系统具有智能配置、分散风险、动态调仓三个方面的产品创新点。

金融科技创新应用：网信智投的创新在两方面，一是资产配置模型的创新，融合了经典的马科维茨模型和机器学习、深度学习等人工智能技术，做到了投资的有效性。二是服务的创新，通过基于自然语言处理技术打造的对话机器人来和用户建立信任，做到了服务的有效性。

十五、恒宝股份：智能客显

钱客多智能客显是一款以移动支付为切入点，聚合"支付+会员+营销+广告+开放平台"五大领域营销工具的轻量级门店营销 App，让门店商户一站式营销管理轻松实现。

基于支付、营销、场景化的核心价值，钱客多致力于为门店提供全方位的精准移动营销服务，帮助商户重新定义门店营销，更好地为商户提供连接顾客的数据入口和营销入口，助力线下门店销量和服务升级。

钱客多以云计算、大数据、移动互联网等全新技术，融合广告、金融、资本能力，形成战略整合，对门店营销进行了颠覆性创新，力图打造中国 SaaS 门店生态圈。

智能客显通过对收银机原有客显设备的替换，可以实现广告的展示并支持移动支付的功能，在便捷支付的同时还能实现广告的精准投放，帮助商户增加会员数量，通过数据的分析显示便于门店管理并有多种营销方案帮助门店提升收益。

钱客多智能客显采用 7 寸 IPS 全视角硬屏，内置了六大微信营销工具，对收银机 0 改造，无缝对接门店现有收银软件，即插即用。顾客消费后，智能客显屏幕上动态生成的固定二维码，顾客只需一扫即可付款，无须额外输入金额，支付即会员。不同的门店，根据自身情况可以通过满减/随机减、积分、储值、红包、卡券、消费后广告等方式给予顾客优惠。根据不同行业，钱客多智能客显还搭配了不同的对接模式：生鲜行业对接电子秤、加油站对接收银小助手、餐厅对接小票打印机等，深耕更多行业。

十六、趣链科技

杭州趣链科技有限公司研发的国产自主可控区块链底层平台 Hyperchain 面向企业、政府机构和产业联盟的区块链技术需求，提供企业级的区块链网络解决方案。

Hyperchain 支持企业基于现有云平台快速部署、扩展和配置管理区块链网络，对区块链网络的运行状态进行实时可视化监控，是符合 China Ledger 技术规范和国家战略安全规划的区块链核心系统平台。Hyperchain 平台具有高吞吐量和低系统延迟的特征，其交易吞吐量高于 10000 笔/秒，系统延迟低于 300

毫秒。

Hyperchain 有以下核心特性：验证节点授权机制、基于密码学的多级加密机制、基于 RBFT 的共识机制、基于 Namespace 的分区共识、智能合约执行引擎 HyperVM、数据管理、区块链管控平台、智能合约在线编辑器、消息订阅、可视化 SQL 查询。

十七、盛世全景：全景易视"智能运维"（AIOps）解决方案

全景易视率先通过 EDAP 数据统一集成应用平台，构建运维大数据生态系统，依托大数据与 AI 技术，创新性地将智能运维算法模型应用于 IT 运维领域，引领行业向智能化方向转变。利用 AI 代替缓慢易错的人力决策部分，快速给出决策，提前规避故障，解决了传统运维效率低、不准确、成本高的问题，给用户带来的价值是稳、省、快；极大提升运维生产力。稳：降低平均故障修复时间（从小时级降到分钟级）、延长平均无故障时间（天级到月级）、降低故障带来的损失、避免用户体验下降；省：节省计算资源、节省能源、大幅节省人力（减少 90%）；快：提升用户体验、直接影响行业竞争力。

创新智能运维算法模型。智能运维算法是智能运维解决方案的核心要素。利用机器学习方法，智能运维算法能够协助运维人员更加准确有效地执行运维任务。这既包括了利用大数据平台去处理简单重复的工作，根据设计好的机器学习算法框架去自动高效地解决问题，又包括了对于开放性问题给出合理建议和可视化辅助展示，帮助运维人员做出决策。

构建 EDAP 数据统一应用平台。EDAP 以 Hadoop 和 Spark 作为基础，提供了一个统一的框架。通过使用标准的统一框架来定义和执行业务需求，简化大数据技术的复杂性和挑战，帮助企业快速积累数据资源，实现数据驱动智能运维。

互联网智能运维与金融领域团队的融合。全景易视"智能运维"（AIOps）解决方案是由北京盛世全景科技股份有限公司与清华大学裴丹教授带领的 Netman 实验室合作打造的产品，是 AIOps 在金融行业运维领域的首次落地，也是首次将互联网智能运维领域与金融领域进行团队融合的范例。

十八、壹账通：壹账链

项目简介：壹账链是金融壹账通基于 IBM Hyper-Ledger Fabric 研发出来的行业领先的区块链底层技术平台，依靠丰富的金融应用场景，研发出多个真实生产环境下的成功案例。该平台有着先进的隐私安全保护方案、完整的数据安全架构、高性能的底层框架以及实用化的架构设计，用户只需进行简单配置即可快速搭建起可商用的区块链网络。

应用场景：资产交易、信用护照、中小企业贷款、实时对账等。

项目成果：这一解决方案不仅降低了中小银行以及金融机构获得高性能区块链底层设计服务的成本，同时也为监管部门创造了透明、高效的监管环境。由于具备出色的性能、隐私保护特点以及丰富的应用落地场景，截至 2018 年 12 月，金融壹账通已与平安银行、渣打银行、金城银行、山东科瑞控股集团、红星美凯龙、汽车之家、奇点金服、怡亚通等机构达成合作意向，并正式签署合作意向书。

十九、量化派：风控技术创新案例

量化派（Quant Group）创办于 2014 年，成立之初即以"用数据驱动世界"为愿景，专注于人工智能和机器学习技术在消费金融的研究和应用，是国内首家基于大数据和人工智能链接金融机构与消费者的科技公司，在为消费者提供金融服务的同时，帮助消费场景实现流量变现，帮助金融机构获取形成资产。

量化派基于用户在线上授权的多维数据、合作方数据和平台自有数据，通过数据挖掘、机器学习技

术来洞察用户的信用行为，判断用户的信用特征，对用户的信用进行分级，能够有效识别欺诈用户，并能够精准地衡量用户的信用水平。例如，量化派通过 node2vec 等机器学习算法，在海量的用户关系网络数据中自动训练、获取用户隐含的语义表达向量。训练出的向量可以用于计算用户之间的关系，应用到标签传递、风险控制、精准营销中，有效提升风控能力和营销转化率。

专题研讨

（1）请以我国现有金融科技产品创新案例为例，分析其创新方法和技术，并尝试找出新的方法或技术。

（2）请结合上述材料与网络调研，谈一谈我国科技金融创新的趋势和重点。

第四篇

金融产品与服务
创新的监管

第十三章
金融产品创新监管

本章导读

本章主要阐述了金融创新与金融监管的辩证关系，澄清一些模糊认识。

学习本章，要求准确把握金融创新与金融监管的关系，了解当前我国对待金融创新的监管态度。

金融创新是市场经济和金融业迅速发展的必然结果，它能够实现金融资源的有效配置，促进金融市场的自由化、一体化，增加金融业的产值，促进第三产业的发展，从而扩大就业率。但与此同时，金融创新也存在重大风险。每次金融创新都意味着新的风险的产生，而且金融创新产品在转移自身非系统性风险的同时也会在一定程度上造成宏观系统性风险的积累。这些风险的存在彰显了金融监管的必要性。金融监管是金融主管部门依法对金融机构和金融活动实施的管制和约束，它对于实现金融风险控制、限制金融业恶性竞争、促进金融业稳定运行具有重要意义。

在现代市场经济中，金融业一向是一个受管制较严的行业。金融机构为了自身的发展，同时也为绕开一些金融管制的制约，进而进行一系列的金融创新活动。金融创新是市场经济和金融业发展的内在需求和必然结果，它一方面促进了经济发展，另一方面也加大了金融风险。第一，金融监管刺激金融创新产生。金融监管既是金融创新的制约，又是金融创新的诱发因素。由于金融监管增加了金融机构的经营成本，降低了金融机构的盈利能力，导致这些企业不得不"发掘"金融监管的"漏洞"。当金融法规的约束大到回避它们便可以增加经营利润时，金融机构便有了"发掘漏洞"和金融创新的动力。所以，从一定程度上来讲，金融监管对金融创新具有一定的诱发作用。当然，金融创新的产生对金融业的发展有着重大意义，它冲破了传统管制的羁绊，促进了金融市场的一体化和市场竞争，加强了金融资产之间的替代性，促进了企业通过金融市场融资，从而推动了经济的发展。第二，金融创新促使金融监管不断变革。金融创新的出现在一定程度上对金融监管体系提出了新的挑战：一方面，由于我国传统的货币政策的制定以及执行需要对资产的流量进行一个准确的测量，但测试工具的不准确往往导致货币政策难以发挥作用；另一方面，金融创新在一定程度上也增加了金融监管的难度，加剧了金融活动的不确定性，增大了金融风险。但我们必须看到，正是由于金融创新的出现，金融监管也在不断寻求更为有效的体制和运行方式，从而推动了金融监管体系的不断变革。

当前市场上对于新金融与旧金融、创新与监管、现行监管规则等方面存在一些争论。有人甚至上升到利益格局之争、市场力量与监管部门之争。对这些问题的认识，可能还是要回归历史和国际比较的角度，同时透过现象看本质，基于经济学的理论框架来规范地分析。

第一节　关于金融创新与监管的几点认识①

一、如何认识新金融与旧金融、金融科技与传统银行

目前来看，全球金融科技发展较好的国家是美国和中国。美国是在 2008 年金融危机之后，金融在强监管下供给收缩，把部分业务环节进行外包，促进了金融科技的发展。中国则是因为监管体制不健全，同时大银行多、小银行少，多层次的银行体系未有效建立，给金融科技留下了很大的发展空间；同时，前期对金融科技发展几乎没有监管，这既是 P2P 网贷一地鸡毛的原因，又是类似蚂蚁集团这样的从事金融服务的大型科技公司（Big Tech）迅速发展的关键因素。

现代金融体系是经过几百年积累形成的，在金融体系的演进过程中实际上吸收了几百年间所涌现出来的各种科技创新。然而，并没有任何一项新技术能够完全颠覆整个金融体系。事实上，如果某一种科技创新在运用过程中能够提高效率或者节约成本来帮助改进现有金融体系，那么这一科技创新就会融入现有体系。因此，迄今为止，科技创新不是颠覆了金融体系，而是经过实践检验后逐步融入了金融体系。金融业本身就是信息科技行业。

进入金融服务业的 Big Tech 本质是金融服务，而且没有改变基于信息处理的金融中介模式。银行贷款技术可以分为交易型贷款和关系型贷款。交易型贷款是使用企业财务报表和信息评分等硬信息，关系型贷款是使用银行与企业长期、多渠道接触中积累的不能从财务报表和公开渠道获得的信息，这些信息是软信息的范畴。技术创新只是将新的信息形态，如互联网平台收集的企业客户端的非财务信息，以新的信息处理方式（如人工智能算法），引入金融中介活动。技术进步使得一些原先属于企业的软信息变成了硬信息，也就是定性信息定量化，从原先关系型贷款的场景可以向交易型贷款转化。总之，金融科技公司并没有改变基于信息处理的金融中介模式，只是把一些原本属于关系型贷款转向了交易型贷款。但同时，由于模型、算法、模式的相似性，也会带来同质化竞争以及顺周期的问题。

事实上，目前的金融科技业务和传统银行并没什么本质区别。在我国几家 Big Tech 的金融业务中，最赚钱的是消费信贷业务，本质上也是吃利差模式。有人批评银行贷款是当铺思维，但从事金融服务的 Big Tech 与银行贷款一样，在实际放贷中也使用担保品。

据市场专业人士分析，Big Tech 是基于其平台的生态系统服务的，放款的担保品至少有三种：一是现金担保。电商平台商户的账上都有现金，也可以存放在余额宝等理财类账户。如果商户借钱不还，可以从账上直接扣除现金。二是应收账款担保。电商商户并不是立刻收到货款的，而是有 7 天应收账款的间隔，这些应收账款实际上也是一种担保。三是价值不菲的"摊位费"担保。商家在电商平台上开店要付很多钱，付很多名目的钱。卖家保证金在 1 万~15 万元，技术服务年费为 3 万元、6 万元不等，天猫佣金比例为 3%~5%，天猫国际为 5%~8%。摊位是花钱买来了，如果欠账不还，可以取消，因此也是一种担保品。这些担保措施帮助 Big Tech 控制消费信贷的风险，不能归功于大数据风控。从国际经验来看，在贷款业务中使用担保品是正常的，关键是使用什么担保品。实践中，我国银行更多地使用了不动产担保品，而国际上更多地使用动产担保品，这是有显著差异的。为支持中小企业发展，应促进动产登记基础设施的建设和发展，金融体系也应该更多地使用动产担保支持小微企业。

---

① 本节内容主要来自：关于金融创新与监管的几点认识［EB/OL］．［2020-10-31］．https：//m. yicai. com/news/100819921. html? spm=zm1062-001. 0. 0. 1. Fayt1t.

金融的本质是资金融通、配置资源和管理风险的行业，但不是所有的金融服务都是能基于大数据的。能够基于大数据的金融服务在金融行业只是较小的一部分。相对来说，电商平台可以针对其客户比较简单的商业场景根据客户的销售大数据发放贷款，但绝大部分企业由于行业复杂，无法简单根据其销售情况发放贷款，还需要结合其行业地位、管理能力、科技水平等因素综合考虑；此外企业兼并重组和风险管理等一些复杂的金融服务也是无法利用大数据进行的。

中国普惠金融在国际上处于较高水平，正规的金融机构是普惠金融的主力。近年来，在金融管理部门和财税部门引导下，中国多层次的金融机构体系初步建立，正规金融机构服务小微企业的积极性也显著提升，普惠金融发展水平有了很大提高。从国际比较来看，中国现有金融体系在普惠金融发展上处于国际较高水平，在发展中国家中更是处于领先。在世界银行的全球金融普惠性指数（Global Findex）指标体系中，我国在多个指标上都领先于发展中国家的平均水平，特别是我国建立了大量的农村金融机构，在网点数量等方面相比其他发展中国家有较大的优势。尽管国内新兴的 Big Tech 这几年发展很快，但正规的金融机构在支持普惠金融方面仍居主导地位。

例如，银行业金融机构的小微企业贷款余额和普惠小微企业贷款余额分别达到 40.7 万亿元和 13.7 万亿元，而蚂蚁集团发放的小微经营者信贷余额还不到 5000 亿元。与此同时，金融科技并不是说只能由 Big Tech 使用，正规的金融机构这些年也在加强科技使用，进行传统金融与新金融的融合。中国工商银行就成立了金融科技公司，并利用其强大的科技开发能力开发出多款小微企业专属线上信用贷款以及云融资产品，服务了 20 余万家中小微企业。相对 Big Tech，正规的金融机构在企业数据信息的积累上，在金融业务的理解与风险控制的经验上，都有一定优势。

金融科技没有改变基本的金融中介模式，在很多业务特点上与传统银行也没有实质差异，而且金融风险是不会消除的，只能发生转移。传统金融与新金融的融合发展或是未来值得鼓励的发展思路。因此，对待金融科技业务，从规范业务发展、防范化解金融风险的角度，必须针对其中承担风险的业务环节进行金融监管，并且遵循金融监管的一般规律。

二、如何认识监管与创新之间的关系

监管和创新是一对矛盾体。2008 年金融危机就表明了，面对金融创新，金融监管缺乏制度，没有前瞻性考虑，对证券化产品复杂化、底层资产混杂缺乏认识，最终带来了巨大的灾难。吸取危机的教训，国际上对包括金融创新在内的金融业务形成了以下几点基本的监管理念：

第一，要区分系统性风险和非系统性风险。任何金融企业都希望无限制扩张且不承担后果，但监管部门尤其是中国人民银行要考虑全局风险。如果一家金融企业发展到"大而不能倒"，业务规模和关联性都很大，就需要对其实施宏观审慎监管。危机之后，金融控股集团被纳入系统重要性机构予以监管就是出于这种考虑。

第二，要区分审慎监管和非审慎监管。如果金融企业涉及了吸收公众存款，就要对其进行审慎监管。有些 Big Tech 设立之初不需要接受审慎监管，但后来变相吸收公众存款，我国几家 Big Tech 因资金来源和杠杆率限制，有相当大规模的助贷业务，也就是 Big Tech 负责获客和风控，银行提供贷款资金。这相当于原先由银行执行的信贷中介功能，通过市场分工来实现，但可能存在 Big Tech 与银行利益不一致、风险责任不清以及助贷风险向银行业传导等问题。金融危机的一个主要教训就是对影子银行链条认识不清、监管不力。

第三，要强调功能监管原则。对于尚看不清楚的创新业务，可以通过"监管沙盒"限定风险范围，而对于那些看得清楚的创新业务，则需要解决监管不平等的问题，让同等性质的金融业务接受同样的监管。同时，对于创新要保持监管警觉，加强预判。

面对类似影子银行的创新业务，必须要强调监管的一致性，特别要重视《新巴塞尔协议》的作用和实施。格林斯潘当年就有这样的理念，金融监管跟不上创新的步伐，还不如不管，随后 2008 年就出现了金融危机，至今仍未能恢复过来。我国也处于金融科技创新的影子银行发展较快的阶段，现在不应是讨论《巴塞尔协议》要不要，而是要强调《巴塞尔协议》如何在创新业务中适用。《巴塞尔协议》诞生之初就是为了保障银行业监管在国际间标准是一致的，强调对于同属于银行业务要有同样监管标准，而且《巴塞尔协议》也是逐步演进的，近年来结合 2008 年金融危机的教训，强调了资本吸收损失的能力，新增了流动性、杠杆率等监管要求。如果对多年来已形成共识的监管要求进行放松，必然会导致金融风险。不管是传统金融机构，还是新兴的金融科技机构，本质上都是在经营金融风险。风险识别、计量、防范和处置等方法的普遍适用和不断进步，正是《巴塞尔协议》与时俱进的基础，也是国际上对 Big Tech 金融业务引入监管的出发点。对于 Big Tech 而言，如果其涉足类似银行的存贷款业务，对于类似的业务必须要有准备金、资本金、杠杆率、流动性等监管要求，保持监管的一致性。

Big Tech 作为金融服务业的新进入者，难免会有一些既想做金融服务又不想接受监管的想法。这种新进入者不仅对市场格局产生影响，还会对监管格局带来重大的影响，需要重点防范其规避监管和监管套利行为。因此，对 Big Tech 的监管，金融监管部门要敢于说"不"，否则就容易被其科技属性误导，被舆论绑架，不进行有效监管，最终会扭曲市场，产生金融风险。总之，对所有进入金融服务业的 Big Tech，应建立一种公平竞争、优胜劣汰并能保护消费者的监管政策环境。

三、如何认识金融科技的特殊风险问题

以金融科技为代表的新金融是有特殊风险的，需要针对性地采取相应的监管措施。

第一，部分 Big Tech 金融价值观扭曲，诱导过度负债消费。尽管近年来 Big Tech 对我国普惠金融的发展做出了一定的贡献，但我们也要关注到一些 Big Tech 对信贷对象诱导过度借贷的问题。习近平总书记在党的十九大报告中强调，培育和践行社会主义核心价值观，金融活动也不例外。所有金融活动都必须在社会主义核心价值观指引下，符合特定的价值规则。突出一点就是要倡导"种瓜得瓜、种豆得豆"的价值理念，反对不劳而获、过度借贷、超前消费的享乐主义。近年来国内部分 Big Tech 以普惠金融为名，在监管相对不足，未对客户进行充分评估的情况下，大量向实际收入低、还款能力弱，却又偏好通过借贷实现超前消费的群体如大学生提供借贷，侵蚀了适度负债、合理消费、"种瓜得瓜、种豆得豆"的金融价值观，可能导致过度负债消费，积聚经济金融风险。

第二，金融科技领域由于网络效应的存在，通常会形成"赢家通吃"，造成市场垄断和不公平竞争。部分 Big Tech 可以通过"烧钱"进行直接补贴或利用其他业务盈利进行交叉补贴等不公平竞争方式，抢占市场份额使自己成为"赢家"，然后再把其他竞争者打掉或兼并掉，最终形成垄断。尤其是不少 Big Tech 通过补贴进行不公平市场竞争的目的，还在于吃利差、自融、垄断收费。电商平台所有的担保品交易，在买家确认收货之前，资金都沉淀下来，就是说还额外占用商家资金，这部分资金是不支付利息的。同时，从客户免费起家返回头利用垄断数据向用户高收费，并以远高于银行贷款利率向客户发放贷款。还有些 Big Tech 搞自融，造成严重的金融风险事件。

第三，Big Tech 广泛运用大数据、云计算等网络信息技术，经营模式和算法的趋同，增强了金融风险传染性。Big Tech 运用大数据、云计算、区块链等网络信息技术，在有效提升金融业务便利性和可获得性的同时，也使得金融风险更容易跨区域、跨行业、跨机构传染。同时，Big Tech 经营模式、算法的趋同，也容易引发"羊群效应"，导致市场大起大落。由于 Big Tech 的服务对象多为金融专业知识和识别能力均较弱的社会公众，更容易引发系统性风险和社会群体事件。

第四，金融科技公司过度采集客户数据，可能侵犯客户隐私。更多的数据有助于金融科技公司改善其模型，提升金融服务效率，但过度的数据挖掘，也可能侵犯客户的隐私。例如，脸书（Facebook）的数据泄密事件就引起了各界的广泛关注。我国在 2016~2017 年现金贷高速发展期，也出现了买卖借款人个

人信息的情况。如果谷歌、微软、亚马逊可以随意调用个人信息做金融业务，这些机构也早成为金融市场上最大的放贷机构。现实是发达国家对使用用户个人信息进行商业活动进行严格的管制。《中共中央 国务院关于构建更加完善的要素市场化配置体制机制的意见》中就明确了数据也是一种重要的生产要素，在充分培育挖掘数据市场的同时，也要保护数据的安全和个人隐私，防止利用或滥用数据的垄断盈利。

我国金融体系还存在一定问题。大银行多、小银行少，公司治理不完善，中小银行市场化退出机制尚未有效建立，存款保险公司刚刚成立，监管机构以管理替代监管的现象还部分存在。党中央和国务院也早已看到这些问题，近年来集中整治了影子银行，加强了中小银行公司治理，强化了金融监管。不能因为金融体系存在一些问题就以偏概全，全面否定现行金融体系的作用，否则就很难解释这样的金融体系支持了过去 40 多年中国经济的高速发展并成为全球第二大经济体，这一过程中也没有发生过系统性金融风险和重大经济危机，保持了宏观经济和金融的稳定。同样也不能因为金融监管存在一些问题，Big Tech 就可以要求超国民待遇，就可以要求放任其无序扩张，不进行监管。只有新金融和传统金融均在有效监管的环境下，才能健康发展，服务经济转型和新发展理念。

四、金融经济稳定发展离不开金融创新产品风险适应性监管机制的构建

金融机构利润增长和核心竞争力提升的关键当属金融创新产品，它有利于金融市场深度和广度的扩展。但是任何东西都是一把双刃剑，金融创新产品亦是，机遇和风险并存，甚至可能引发金融危机。根据对金融创新产品风险监管深化理论的了解分析，针对当前我国金融产品创新现状及发展趋势，需要推进我国金融创新产品风险的监管机制改革，探索构建我国金融创新产品风险的适应性监管机制。

1. 树立科学监管理念，构建金融创新产品风险的适应性监管机制

监管理念在监管机制的设计完善以及监管行为方面发挥着重要的指导与影响作用。从有关国外金融监管模式与机制及改革内容来看，美国、英国等发达国家在监管发展过程中尤其是改革方案中强调了目标导向监管理念，推进了从机构导向监管向业务导向监管的转变、从规则导向监管向目标导向监管的转变。

美国金融监管改革赋予美国联邦储备系统综合性大型复杂金融机构及跨业协调监管的权限，强化了分业监管向综合、跨业监管的改革发展。机构导向监管容易导致银行、证券期货与保险等不同监管部门针对相同或同类金融创新产品的不同监管，造成监管隔离；规则导向监管强调了银行、证券期货与保险等分业监管，不利于混合型金融创新产品的发展。

随着金融全球化发展，银行业、证券业、保险业等混合金融创新产品越来越多，混合经营越来越突出，金融产品的同质性也越来越强。因此，针对同类金融创新产品，应该以监管业务和监管目标为导向，采取相同监管标准，防止监管套利及监管重叠或监管空白。

目标导向监管可以更有效地应对金融产品创新与发展中出现的各种新问题，实现了金融监管架构的最优目标，并协调好金融市场稳定监管、宏观审慎金融监管与微观审慎监管之间的关系。我国目前仍以机构监管为主，但我国混业经营发展趋势已越来越明显，金融产品的创新发展也越来越快。

因此，我国需要积极加强金融创新产品风险的监管深化理论研究，为监管深化实践提供指导，并结合规则导向监管及目标导向监管进行实践改革，以适应我国金融产品的创新发展及创新产品风险的监管。

2. 改革完善金融创新产品风险监管组织架构，促进宏观审慎监管和微观监管的系统化

2007 年美国次贷危机及全球金融危机凸显出金融创新产品局部性风险监管的巨大缺陷。美国在监管改革中建立了多部门参加的联合监管委员会，并赋予了美国联邦储备系统监管金融市场系统性风险的职责，推进金融创新产品的监管从局部性风险转向监管金融市场系统性风险与局部性风险并重的转变，尤其是关注系统性风险的监管。

我国目前仍是实行证券业、银行业、保险业的分业监管模式与机制，在金融创新快速发展的趋势下，不仅要完善建立健全金融产品创新的微观监管机制，更要加强应对系统性风险的宏观审慎监管。由于系统性金融风险不仅涉及金融机构而且涉及经济社会的其他部门，因而需要加强对现有金融监管组织架构的改革。

针对我国的现实国情尤其是我国多年来自上而下式的市场经济改革方式，在国家宏观层面需要建立中国人民银行与其他金融监管部门之间的部级金融监管协调机制。由国务院领导担任协调机制负责人，以提高监管协调效率。

对证券业、银行业、保险业具体创新产品风险的监管，由于我国改革开放发展历史等因素诸多，目前涉及中国人民银行、证监会等众多部门，需要探索改革目前的监管机制。

在外部监管方面，成立国家金融监督管理总局（2023年3月，中共中央、国务院印发了《党和国家机构改革方案》，决定在中国银行保险监督管理委员会基础上组建国家金融监督管理总局），以建立健全金融创新产品统一监管机制。

国家审计部门针对以上监管机制进行审计监督。在内部监管方面，进一步完善有关金融机构内部治理机制，包括金融创新产品的内部审核、风险管理、内部审计等内部监管机制。

金融监管组织架构的改革完善有利于加强我国金融体系的宏观审慎监管，有利于系统性风险的监管，尤其是对于建立健全金融创新产品风险的控制与处理机制具有积极意义。

由于现代金融对各行各业的渗透越来越深入，对各行各业的影响意义深远。因此，金融创新产品的系统性风险往往会波及相关行业内部结构，甚至对整个经济及相关行业发展造成巨大的负面影响。对于系统性风险处理机制的建立与运行，就需要宏观层面的权威协调。

国家层面的政府金融监管组织架构的改革完善有利于促进金融创新产品风险的适应性监管机制，有利于提高适应性监管机制的运行效果。各部门或各机构之间以及各部门内部机构之间都要进一步加强监管协调，尤其是相关信息的共享与协调。

但在监管协调实践中，仍然有诸多难题需要破解，如监管模式、监管部门利益和机构利益、监管成本等。监管效率的提高，关键之一在于加强金融机构对金融产品风险、收益和成本等方面的信息披露。

为投资者和消费者提供更多风险透明的金融产品，保障消费者对金融创新产品风险的知情权和产品的选择权，并为监管者的科学决策提供更多的信息。因此，在协调上尤其要加强金融信息披露与信息共享机制的协调机制建设。

在微观监管方面，上述监管组织架构的改革有利于微观监管程序的统一协调和监管方法的交流。各专业监管可以更方便地进行监管成本的比较以及边际监管成本与边际监管收益之间的比较，有利于金融监管模式与机制更加适应我国金融经济发展的需要。

因此，在探索金融创新产品风险监管组织架构的改革中，应切实加强宏观审慎监管和微观监管之间的协调，促进宏观审慎监管和微观监管之间的系统化体系建设。以探索构建适应性监管机制，逐步适应我国市场经济发展的客观实际和我国金融业综合经营发展的现实需求。

3. 探索构建我国金融创新产品风险预警指标与模型，促进金融创新产品风险预警机制建设

由于我国金融创新产品还处于初期发展阶段，对于金融创新产品风险的预警机制需要一个逐步建立健全的过程。针对每一种新开发的金融创新产品，有关监管部门要积极探索构建金融创新产品风险的预警指标基本模型，实时监测金融创新产品的种类、数量、规模、资金流向等，及时进行风险提示，为适应性监管提供基础。

相关金融机构要建立相应的内部风险预警机制，构建具体金融创新产品风险的预警指标具体模型。在金融创新产品设计流程的监督机制、产品开发与销售的审核机制、产品的风险控制机制中加强具体产品风险的预警，并根据内部风险记录定期或不定期地调整该种金融创新产品风险的预警值，不断完善金融创新产品风险预警指标具体模型。

建立科学的预警机制，及时进行风险报告和信息披露。不断提高金融创新产品的设计、推介、资金运作等环节的风险评估与控制，为金融创新产品风险的适应性监管机制提供科学基础。

4. 加强金融创新产品风险监管的法治化建设，不断提高监管技术

由于各国政治法律与文化历史、市场经济发展与金融市场等都存在一定差异，在金融创新产品风险监管的法治化建设中，应有针对性地加强法制建设及监管行为的法治。对于发达国家的经验，应从我国的具体国情以及金融市场的客观情况出发，切实减少政府监管部门对金融产品创新的行政干预，以适应我国市场经济发展阶段的市场法治监管。

针对金融创新产品风险，进一步建立健全我国金融创新产品风险的监管法律法规及具体监管规则，加强法律法规规则在内容上的系统化法律以及法规规则层次的科学性，避免监管内容在制度上的漏洞与规定上的冲突。

第二节 审慎处理金融创新与金融监管的关系

由前文可知，金融创新与金融监管是对立统一的一对矛盾体。只有正确处理金融创新与金融监管的关系，掌握好金融创新与金融监管的平衡点，在监管中创新，在创新中监管，才能实现"监管—创新—再监管—再创新"的良性循环发展路子。形成"监管—创新—再监管—再创新"的良性动态循环博弈发展过程，需要正确处理金融创新与金融监管之间的关系，努力把握好两者之间的平衡点，使两者相互协调，健康发展，从而推动中国金融业健康有序发展。

不断提升金融创新层次。当前，全球金融衍生产品已经发展到将近1200种，金融衍生产品的增多在一定程度上造成了金融市场的混乱，因此，我们需要正确引导金融业从单纯地开发产品向体制创新、市场结构创新等方面发展，不断提升金融创新的层次。

加强金融创新过程的监管。监管机构的主要功能是给金融创新提供良好的发展环境，因此，我们应加强金融创新过程的监管，促进监管手段的丰富与创新。现代金融体系的监管更多地强调功能监管和事前监管，与之相适应，监管机构应当在监管手段和方法等方面不断创新完善。同时，应深刻认识金融创新带来的负面影响，并进行相关立法，保障金融机构业务经营的合法性和安全性，防范金融风险。

完善金融监管协调机制。金融创新步伐的加快，会在一定程度上导致金融业务不断增多，监管混乱或重复监管等现象，监管效率低下将成为金融监管面临的重要难题。因此，现阶段迫切需要完善我国金融监管的协调机制。

约束金融机构道德风险。要推进复杂金融衍生产品的创新，就必须约束金融机构的道德风险。在金融创新的过程中，一方面要对国有金融控股集团的高管们进行管制，一定程度上约束高管们的冒险投机行为；另一方面要对投资复杂金融衍生品进行严格的预算和约束，在预防道德风险的同时，维护金融市场的稳定。

建立风险预警机制。建立金融创新的风险预警机制，加强系统性风险评估。应采取不同指标进行金融风险预警，要建立一个风险评估体系，确定一个范围，在一定程度上可以有效管理金融创新所产生的风险。此外，也可以从诸如投资战略、投资信誉、投资领域等多个方面进行考虑，建立有效的风险预警机制。

加强金融监管的国际合作。当前，以逃避金融监管为目的的金融创新活动规模不断扩大，加强金融监管的国际合作迫在眉睫。我们需要金融创新为经济服务，但更需要加强金融监管，保证金融安全。因此，加强与相关国家金融监管信息的沟通和交流，实现数据交换和信息共享，是完善金融监管的重要内容。

第三节　我国金融创新将迎来更审慎全面的监管[①]

　　未来5年我国金融创新将迎来怎样的监管环境？《中华人民共和国国民经济和社会发展第十四个五年规划和2035年远景目标纲要》明确了监管要求——完善现代金融监管体系，补齐监管制度短板，在审慎监管前提下有序推进金融创新，健全风险全覆盖监管框架，提高金融监管透明度和法治化水平。

　　与"十三五"规划中有关加强金融宏观审慎管理制度建设、改革并完善适应现代金融市场发展的金融监管框架等表述相比，新表述强调了监管与创新的关系。"这意味着下一阶段，金融科技和创新不会再'跑马圈地'式'野蛮生长'，而要纳入一致性的、全覆盖的金融监管体系当中。"国家金融与发展实验室副主任曾刚说。

　　近年来，我国金融业重视创新发展，金融产品和市场层次不断丰富。随着大数据、人工智能等技术的不断发展，金融科技日新月异。

　　然而，金融创新之下，乱象仍存。原银保监会相关部门负责人表示，科技与金融深度融合，扩大了金融服务覆盖面，提升了金融服务效率，提高了风险防控水平。同时也带来了网络安全、市场垄断、数据权属不清、消费者权益保护等方面的问题，影响市场公平和金融稳定。"这些乱象不是金融创新本身导致的，而是部分互联网平台、金融机构以创新之名行套利之实、扰乱市场秩序导致的，属于'伪创新'。"复旦大学金融研究院兼职研究员董希淼说。在他看来，良性的金融创新应坚持以服务实体经济为根本目的，以提升金融资源配置效率为根本方向，以防控金融风险为根本要求。

　　事实上，2020年中央经济工作会议就曾明确：金融创新必须在审慎监管的前提下进行。对此，监管部门积极表态，明确监管要求。原银保监会提出，提高金融法治化水平，对各类金融活动和行为依法实施全面监管。深化"放管服"改革，发展监管科技，大力提升监管效能。

　　近段时间以来，我国加快脚步出台了一系列措施，对金融市场乱象予以整治——禁止未经批准跨省开展网络小额贷款业务；"叫停"违规互联网存款；明确商业银行与合作机构共同出资发放贷款的出资比例要求；强化互联网保险业务持牌经营原则；禁止小贷公司向大学生发放互联网消费贷款……

　　同时，强化反垄断和防止资本无序扩张，着力构建公平有序的市场秩序，促进金融业稳健发展。"这些举措都体现出，我国对金融科技创新的监管环境在逐步完善。"曾刚表示，此前，个别金融科技创新业务游离在监管体系之外。如今逐步将监管体系扩充和完善至全覆盖，能够更好地保护用户权益，支持实体经济发展。"审慎监管不意味着拒绝创新。"曾刚认为，金融创新未来发展方向有三：一是强化对实体经济的支持，增强金融普惠性，服务长尾客户；二是支持金融机构数字化转型；三是支持监管部门提升监管科技水平，提高风险防控能力。"在监管政策执行过程中，需要将良性金融创新与'伪创新'区分开来，更好地保护金融机构创新发展的积极性和能动性。"董希淼表示，金融机构、互联网平台也要深刻理解监管要求，妥善处理好金融创新与防范风险的关系，自觉维护公平公正的市场竞争秩序。

 专题研讨

　　请结合我国国情谈谈审慎全面的监管对金融创新有什么影响？

　　[①]　本节内容来自新华社2021年3月24日的新闻报道：《未来5年，金融创新将迎来更审慎全面的监管》。

第十四章
资管业务的监管

本章导读

本章首先讲述银行理财、信托计划、券商资管、私募基金、基金子公司、基金专户、保险资管和期货公司资管八类产品的投资范围，然后从不同资产管理产品之间的相互投资、合格投资者及穿透问题、份额转让市场、监管比例约束、关联交易五方面深度解析上述产品，最后逐一解读资管新规。

学习本章，要求清楚各类资管产品的投资范围，理解资管业务和产品，牢固树立金融创新的合规性意识。

"大资管时代"的到来，基金公司及子公司、券商、信托、期货、保险等诸多机构纷纷发行资管业务，资产管理和财富管理日益成为各类金融机构的主要市场领域；此外，为规避特定监管法规条款，市场上不断推出新产品。面对五花八门的各类资管产品，监管规则也相应变得纷繁复杂，且变动极其频繁。

第一节　各类资管产品投资范围

一、基金公司及子公司资产管理业务

(一) 基金公司专户业务

1. **法规体系**

基金公司专户业务适用的法规体系：《基金管理公司特定客户资产管理业务试点办法》《关于实施基金管理公司特定客户资产管理业务试点办法有关问题的规定》《基金管理公司单一客户资产管理合同内容与格式准则》《基金管理公司特定多个客户资产管理合同内容与格式准则》《关于进一步加强基金管理公司及其子公司从事特定客户资产管理业务风险管理的通知》。

2. **业务分类**

基金公司开展特定客户资产管理业务可以采取两种方式：一是为单一客户办理特定资产管理业务（单一专户）；二是为特定的多个客户办理特定资产管理业务（对多专户）。其中单一专户的委托人可以为自然人、机构、其他组织以及《私募投资基金监督管理暂行办法》所认定的合格投资者。

3. **单一客户资产管理业务（单一专户）业务规则**

（1）基本要求。单一客户资产管理业务（单一专户）其客户委托的初始资产不得低于3000万元人民币，证监会另有规定的除外。

其初始委托财产可以为现金、股票、基金、期货保证金及其他资产。其中单一专户可以是管理人主动管理型，也可以是被动管理即通道型。

一般单一通道专户必须具备条件为：

委托人或者委托人聘请的投顾或财务向管理人出具投资指令；

管理人仅承担事务性管理职责；

原状返还条款。

（2）投资范围。单一客户资产管理业务（单一专户）可以投资现金、银行存款、股票、债券、证券投资基金、央行票据、非金融企业债务融资工具、资产支持证券、商品期货及其他金融衍生品。

根据其投资范围可以细分一下投资类型，大致可以分为5类：

股票类：投资于股票或股票型基金的资产比例高于80%（含）；

期货类：主要投资于期货、期权及其他金融衍生产品；

固定收益类：投资与银行存款、标准化债券、债券型基金、股票质押式回购以及有预期收益率的银行理财产品、信托计划等金融产品的比例高于80%（含）；

非标类：投资于未在公开证券交易场所转让的股权、债权及其他资产权利的资产比例高于80%（含）；

其他类：投资范围及比例不属于以上类别的产品。

（3）备案须知。单一客户资产管理业务（单一专户）的备案日期为资产管理人、资产委托人及资产托管人签署完毕之日起5个工作日向中国证券投资基金业协会备案（之前是向证监会备案，现在是向中国证券投资基金业协会备案）。此时委托财产并非已经到账，实践中这种情形也比较多，即资管计划成立生效，拿到了基金业协会的备案证明表，交易所或者中国证券登记结算有限责任公司进行开户使用，但是并未运作，真正运作之日为委托财产到账之日（或下一个工作日），概括地讲单一资管计划签署即成立生效，但是资管计划并非生效之日起开始运作。需要注意的是基金业协会已经下发通知：已经备案的一对一产品，若未起始运作，但管理人已与委托人确认不再起始运作或按合同约定符合终止条件的，请公司进行终止报备。

（4）单一客户资产管理业务（单一专户）可以随时开放，但是不可以通过交易所或者其他监管认可的平台进行份额转让。

4. 特定的多个客户办理特定资产管理业务（对多专户）规则

（1）基本要求。

第一，现行监管下特定的多个客户办理特定资产管理业务（对多专户）的类型只可以为主动管理型，监管明令禁止开展一对多通道业务；如果对多专户中涉及投顾聘任的，仅仅有投资建议权，管理人有权拒绝执行。

第二，特定的多个客户办理特定资产管理业务（对多专户）委托人需为合格投资者，委托投资单个资产管理计划初始金额不低于100万元人民币，且能够识别、判断和承担相应投资风险的自然人、法人、依法成立的组织或证监会认可的其他特定客户。

关于合格投资者，《私募投资基金监督管理暂行办法》第十二条明确规定，私募基金的合格投资者是指具备相应风险识别能力和风险承担能力，投资于单只私募基金的金额不低于100万元且符合下列相关标准的单位和个人：净资产不低于1000万元的单位；金融资产不低于300万元或者最近三年个人年均收入不低于50万元的个人。前款所称金融资产包括银行存款、股票、债券、基金份额、资产管理计划、银行理财产品、信托计划、保险产品、期货权益等。

第十三条明确规定下列投资者视为合格投资者：社会保障基金、企业年金等养老基金，慈善基金等社会公益基金；依法设立并在基金业协会备案的投资计划；投资于所管理私募基金的私募基金管理人及其从业人员；中国证监会规定的其他投资者。以合伙企业、契约等非法人形式，通过汇集多数投资者的资金直接或者间接投资于私募基金的，私募基金管理人或者私募基金销售机构应当穿透核查最终投资者是否为合格投资者，并合并计算投资者人数。但是，符合本条各项规定的投资者投资私募基金的，不再穿透核查最终投资者是否为合格投资者和合并计算投资者人数。

第三，单个资产管理计划的委托人不得超过200人。

（2）投资范围。与单一客户资产管理业务（单一专户）一样，在此不再赘述。

（3）备案须知。特定的多个客户办理特定资产管理业务（对多专户）需要经过两次备案方可生效。初始销售备案（A表）应当在开始销售某一资产管理计划后5个工作日内将资产管理合同、投资说明书、销售计划及证监会要求的其他材料报证监会备案；生效备案（也即第二次备案B表）时间点为验资报告出具日，管理人已经齐备验资报告、合规意见、备案报告、投资者资料表、认购协议及其他相关文件（包括但不限于投顾协议、财顾协议、代销协议等）。

（4）特别设置。除了为多个客户设立的现金管理类资产管理计划及证监会认可的其他资产管理计划外，资产管理计划每季度至多开放一次计划份额的参与和退出，而且每次开放期原则上不超过5个工作日。

资产委托人可以通过交易所交易平台向符合条件的特定客户转让其持有的资产管理计划份额。其中结构化设计的资管计划不仅优先级可以进行份额转让，其劣后级符合条件下也可以进行份额转让。

（二）基金子公司专项业务

1. 法规体系

《基金管理公司特定客户资产管理业务试点办法》《关于实施基金管理公司特定客户资产管理业务试点办法有关问题的规定》《基金管理公司单一客户资产管理合同内容与格式准则》《基金管理公司特定多个客户资产管理合同内容与格式准则》《关于加强专项资产管理业务风险管理有关事项的通知》。

2. 业务分类

基金子公司开展特定客户资产管理业务可以采取两种方式：一是为单一客户办理特定资产管理业务（单一专项）；二是为特定的多个客户办理特定资产管理业务（对多专项）。其中单一专项的委托人可以为自然人、机构、其他组织以及《私募投资基金监督管理暂行办法》所认定的合格投资者。

3. 投资范围

基金子公司开展特定客户资产管理业务可以投资于未通过证券交易所转让的股权、债权及其他财产权利及证监会认可的其他资产。这就表明了基金子公司的投资范围之广，只要监管没有限制投资的，均可以投资，即监管对子公司开展业务采取"黑名单管理"。

基金公司及子公司开展资产管理业务，其投资范围有所区别（见表14-1）。

表14-1 基金公司及子公司资产管理计划汇总

	基金公司专户	基金子公司专项
投资范围	现金、银行存款、股票、债券、证券投资基金、央行票据、非金融企业债务融资工具、资产支持证券、商品期货及其他金融衍生品	未通过证券交易所转让的股权、债权及其他财产权利；证监会认可的其他资产

资料来源：笔者整理。

单一专户（包括专项）与对多专户（包括专项）的区别如表14-2所示。

表 14-2 单一专户（包括专项）与对多专户（包括专项）的区别

业务类型	单一专户（包括专项）	对多专户（包括专项）
产品规模	初始资产不得低于 3000 万元人民币，证监会另有规定的除外	客户委托的初始资产合计不得低于 3000 万元人民币，但不得超过 50 亿元人民币，证监会另有规定的除外
合格投资者约定	为单一客户办理特定资产管理业务的，客户委托的初始资产不得低于 3000 万元人民币，证监会另有规定的除外	委托投资单个资产管理计划初始金额不低于 100 万元人民币，且能够识别、判断和承担相应投资风险的自然人、法人、依法成立的组织或证监会认可的其他特定客户。单个资管计划不得超过 200 人
份额转让机制	不可以	可以
参与退出机制	随时终止，但原则上存续期不得少于 1 年	每季度至多开放一次计划份额的参与和退出（除现金管理类资管计划）
备案程序	一次备案	二次备案

资料来源：笔者整理。

二、券商资产管理业务

证券公司开展资产管理业务主要有三种方式：集合资产管理计划、定向资产管理计划和专项资产管理计划（ABS）。

（一）集合资产管理计划

1. 法规体系

《中华人民共和国证券法》《证券公司监督管理条例》《证券公司风险处置条例》《证券公司客户资产管理业务管理办法》《证券公司集合资产管理业务实施细则》。

2. 基本要求

集合资产管理计划应当符合下列条件：

（1）募集资金规模在 3000 万元人民币以上 50 亿元人民币以下；

（2）单个客户参与金额不低于 100 万元人民币；

（3）客户人数在 2 人以上 200 人以下。

3. 备案程序

发起设立集合资产管理计划后 5 日内，应当将发起设立情况报中国证券业协会备案，同时抄送证券公司住所地、资产管理分公司所在地证监会派出机构。

4. 备案材料

（1）备案报告；

（2）集合资产管理计划说明书、合同文本、风险揭示书；

（3）资产托管协议；

（4）合规总监的合规审查意见；

（5）已有集合计划运作及资产管理人员配备情况的说明；

（6）关于后续投资运作合法合规的承诺；

（7）证监会要求提交的其他材料。

5. 投资范围

集合资产管理计划募集的资金可以投资中国境内依法发行的股票、债券、股指期货、商品期货等证券期货交易所交易的投资品种；央行票据、短期融资券、中期票据、利率远期、利率互换等银行间市场交易的投资品种；证券投资基金、证券公司专项资产管理计划、商业银行理财计划、集合资金信托计划等金融监管部门批准或备案发行的金融产品以及证监会认可的其他投资品种。

集合计划可以参与融资融券交易，也可以将其持有的证券作为融券标的证券出借给证券金融公司。

证券公司可以依法设立集合计划在境内募集资金，投资于证监会认可的境外金融产品。但集合资产管理计划不能投未在交易所转让的股权、债权和财产权等。

6. 业务规则

（1）证券公司自有资金参与集合计划规则。证券公司以自有资金参与集合计划，应当符合法律、行政法规和证监会的规定，并按照《中华人民共和国公司法》和公司章程的规定，获得公司股东会、董事会或者其他授权程序的批准。

证券公司自有资金参与单个集合计划的份额，不得超过该计划总份额的20%。因集合计划规模变动等客观因素导致自有资金参与集合计划被动超限的，证券公司应当在合同中明确约定处理原则，依法及时调整。

证券公司以自有资金参与集合计划的，在计算净资本时，应当根据承担的责任相应扣减公司投入的资金。扣减后的净资本等各项风险控制指标，应当符合证监会的规定。

集合计划存续期间，证券公司自有资金参与集合计划的持有期限不得少于6个月。参与、退出时，应当提前5日告知客户和资产托管机构。

（2）集合资产管理计划参与新股申购规则。集合计划申购新股，可以不设申购上限，但是申报的金额不得超过集合计划的现金总额，申报的数量不得超过拟发行股票公司本次发行股票的总量。

（3）集合资产管理计划参与回购规则。集合计划参与证券回购应当严格控制风险，单只集合计划参与证券回购融入资金余额不得超过该计划资产净值的40%，证监会另有规定的除外。

（4）集合资产管理计划份额转让规则。集合计划存续期间，证券公司、代理推广机构的客户之间可以通过证券交易所等证监会认可的交易平台转让集合计划份额。受让方首次参与集合计划，应先与证券公司、资产托管机构签订集合资产管理合同。

7. 风险管理和内部控制

（1）证券公司从事集合资产管理业务，应当建立健全投资决策、公平交易、会计核算、风险控制、合规管理等制度，制定业务操作流程和岗位手册，覆盖集合资产管理业务的产品设计、推广、研究、投资、交易、清算、会计核算、信息披露、客户服务等环节。

（2）证券公司应当实现集合资产管理业务与证券自营业务、证券承销业务、证券经纪业务及其他证券业务之间的有效隔离，防范内幕交易，避免利益冲突。

（3）同一高级管理人员不得同时分管资产管理业务和自营业务；同一人不得兼任上述两类业务的部门负责人；同一投资主办人不得同时办理资产管理业务和自营业务。

（4）集合资产管理业务的投资主办人不得兼任其他资产管理业务的投资主办人。

（5）证券公司应当完善投资决策体系，加强对交易执行环节的控制，保证资产管理业务的不同客户在投资研究、投资决策、交易执行等各环节得到公平对待。

证券公司应当对资产管理业务的投资交易行为进行监控、分析、评估和核查，监督投资交易的过程和结果，保证公平交易原则的实现。

（6）证券公司的集合资产管理账户与证券自营账户之间或者不同的证券资产管理账户之间不得发生交易，有充分证据证明已依法实现有效隔离的除外。

8. 禁止行为

证券公司从事集合资产管理业务，不得有下列行为：

（1）向客户做出保证其资产本金不受损失或者保证其取得最低收益的承诺；

（2）挪用集合计划资产；

（3）募集资金不入账或者其他任何形式的账外经营；

（4）募集资金超过计划说明书约定的规模；

（5）接受单一客户参与资金低于证监会规定的最低限额；

（6）使用集合计划资产进行不必要的交易；

（7）内幕交易、操纵证券价格、不正当关联交易及其他违反公平交易规定的行为；

（8）法律、行政法规及证监会禁止的其他行为。

（二）定向资产管理计划

1. 法规体系

《证券公司客户资产管理业务管理办法》《证券公司定向资产管理业务实施细则》《关于规范证券公司与银行合作开展定向资产管理业务有关事项的通知》《证券公司私募产品备案管理办法》。

2. 基本要求

自然人不得用筹集的他人资金参与定向资产管理业务。法人或者依法成立的其他组织用筹集的资金参与定向资产管理业务的，应当向证券公司提供合法筹集资金证明文件；未提供证明文件的，证券公司不得为其办理定向资产管理业务。

证券公司董事、监事、从业人员及其配偶不得作为本公司定向资产管理业务的客户。

证券公司从事定向资产管理业务，接受单一客户委托资产净值的最低限额，应当符合证监会的规定。证券公司可以在规定的最低限额的基础上，提高本公司客户委托资产净值的最低限额。

客户委托资产应当是客户合法持有的现金、股票、债券、证券投资基金份额、集合资产管理计划份额、央行票据、短期融资券、资产支持证券、金融衍生品或者证监会允许的其他金融资产。

3. 业务规则

（1）定向资管计划参与二级市场规则。《证券公司定向资产管理业务实施细则》第三十一条规定：证券公司管理的专用证券账户内单家上市公司股份不得超过该公司股份总数的5%，但客户明确授权的除外；在客户授权范围内发生本细则第三十条第一款规定情形的，证券公司、资产托管机构应当及时通知客户，并督促客户履行相关义务。第三十二条规定：客户持有上市公司股份达到5%以后，证券公司通过专用证券账户为客户再行买卖该上市公司股票的，应当在每次买卖前取得客户同意；客户未同意的，证券公司不得买卖该上市公司股票。

（2）银证合作定向资管规则。合作银行应当至少符合以下条件：法人治理结构完善，内控机制健全有效；最近一年末资产规模不低于300亿元，且资本充足率不低于10%；最近一年未因经营管理出现重大违法违规行为受到行政处罚或被采取重大行政监管措施；最近一年财务状况未出现显著恶化、丧失清偿能力；法律、行政法规和金融监督管理机构规定的其他条件。

禁止通过证券公司向委托人发送投资征询函或投资建议书，委托人回复对投资事项无异议的形式开展本通知规定的银证合作定向业务。

证券公司开展银证合作定向业务不得存在以下情形：分公司、营业部独立开展定向资产管理业务，资产管理分公司除外；开展资金池业务；将委托资金投资于高污染、高能耗等国家禁止投资的行业；进行利益输送或商业贿赂；法律、行政法规和证监会禁止的其他情形。

4. 风险管理和内部控制

证券公司从事定向资产管理业务，应当建立健全投资决策、公平交易、会计核算、风险控制、合规管理等制度，规范业务运作，控制业务风险，保护客户合法权益。证券公司应当将前款所述管理制度报中国证券业协会备案，同时抄送住所地、资产管理分公司所在地证监会派出机构。

证券公司应当实现定向资产管理业务与证券自营业务、证券承销业务、证券经纪业务及其他证券业务之间的有效隔离，防范内幕交易，避免利益冲突。

同一高级管理人员不得同时分管资产管理业务和自营业务；同一人不得兼任上述两类业务的部门负责人；同一投资主办人不得同时办理资产管理业务和自营业务。

定向资产管理业务的投资主办人不得兼任其他资产管理业务的投资主办人。

证券公司应当完善投资决策体系，加强对交易执行环节的控制，保证资产管理业务的不同客户在投资研究、投资决策、交易执行等各环节得到公平对待。

证券公司应当对资产管理业务的投资交易行为进行监控、分析、评估和核查，监督投资交易的过程和结果，保证公平交易原则的实现。证券公司从事定向资产管理业务，应当遵循公平、诚信的原则，禁止任何形式的利益输送。

证券公司的定向资产管理账户与证券自营账户之间或者不同的证券资产管理账户之间不得发生交易，有充分证据证明已依法实现有效隔离的除外。

证券公司应当依据证监会有关证券公司风险控制指标管理的规定，根据自身管理能力及风险控制水平，合理控制定向资产管理业务规模。证券公司应当为每个客户建立业务台账，按照企业会计准则的相关规定进行会计核算，与资产托管机构定期对账。

证券公司接受本公司股东，以及其他与本公司具有关联方关系的自然人、法人或者组织为定向资产管理业务客户的，证券公司应当按照公司有关制度规定，对上述专门账户进行监控，并对客户身份、合同编号、专用证券账户、委托资产净值、委托期限、累计收益率等信息进行集中保管。

定向资产管理业务专项审计意见应当对上述专门账户的资料完整性、交易公允性做出说明。

5. 禁止行为

（1）挪用客户资产；

（2）以欺诈、商业贿赂、不正当竞争行为等方式误导、诱导客户；

（3）通过电视、报刊、广播及其他公共媒体公开推介具体的定向资产管理业务方案；

（4）接受单一客户委托资产净值低于证监会规定的最低限额；

（5）以自有资金参与本公司的定向资产管理业务；

（6）以签订补充协议等方式，掩盖非法目的或者规避监管要求；

（7）使用客户委托资产进行不必要的证券交易；

（8）内幕交易、操纵证券价格、不正当关联交易及其他违反公平交易规定的行为；

（9）法律、行政法规和证监会禁止的其他行为。

（三）专项资产管理计划

专项资产管理计划即资产证券化业务规则。

1. 法规体系

《证券公司企业资产证券化业务试点指引（试行）》《证券公司资产证券化业务管理规定》《深圳证券交易所资产证券化业务指引》《证券公司及基金管理公司子公司资产证券化业务管理规定》。

该等规则使证券公司的企业资产证券化业务脱离了客户资产管理范畴，为企业资产证券化业务提供了明确的法规依据。

2. 券商资产管理计划

券商资产管理计划汇总如表14-3所示。

表 14-3　券商资产管理计划汇总

	集合资管计划	定向资管计划
业务类型	集合资产管理计划分为限定性集合资管计划和非限定性资管计划； 将客户资产交由负责客户交易结算资金存管的指定商业银行、中国证券登记结算有限责任公司或者证监会认可的证券公司等其他资产托管机构进行托管	定向
规模	其中限额特定资产管理计划募集资金规模在 50 亿元以下	接受单个客户委托财产的资产净值不得低于人民币 100 万元
合格投资者	投资者不超过 200 人，只能接受货币资金形式的资产。特定客户应当是证券公司自身的客户，或者是代理推广机构的客户，并且参与资金最低限额符合证监会的规定。证券公司设立限定性集合资产管理计划的，接受单个客户的资金数额不得低于人民币 5 万元；证券公司可以自有资金参与本公司设立的集合资产管理计划，但不得超过该计划总份额的 20%；其中限额特定资产管理计划单个客户参与金额不低于 100 万元	单一法人或自然人委托财产的资产净值不得低于人民币 100 万元，可以是客户合法持有的现金、股票、债券、证券投资基金份额、集合资产管理计划份额、央行票据、短期融资券、资产支持证券、金融衍生品或者证监会允许的其他金融资产
投资范围	集合计划募集的资金应当用于投资中国境内依法发行的股票、债券、证券投资基金、央行票据、短期融资券、资产支持证券、中期票据、股指期货等金融衍生品、保证收益及保本浮动收益商业银行理财计划以及证监会认可的其他投资品种； 集合计划可以参与融资融券交易，也可以将其持有的证券作为融券标的证券出借给证券金融公司； 证券公司可以依法设立集合计划在境内募集资金，投资于证监会认可的境外金融产品限额特定资产管理计划募集的资金，可以投资于第十四条规定的投资品种，商品期货等证券期货交易所交易的投资品种，利率远期、利率互换等银行间市场交易的投资品种，证券公司专项资产管理计划、商业银行理财计划、集合资金信托计划等金融监管部门批准或备案发行的金融产品以及证监会认可的其他投资品种	由证券公司与客户通过合同约定，不得违反法律、行政法规和证监会的禁止规定，并且应当与客户的风险认知与承受能力，以及证券公司的投资经验、管理能力和风险控制水平相匹配。定向资产管理业务可以参与融资融券交易，也可以将其持有的证券作为融券标的证券出借给证券金融公司

资料来源：笔者整理。

三、信托公司资产管理业务

1. 法规体系

《中华人民共和国信托法》《信托公司管理办法》《信托公司集合资金信托计划管理办法》《信托公司净资本管理办法》等。

2. 基本要求

（1）委托人为合格投资者；

（2）参与信托计划的委托人为唯一受益人；

（3）单个信托计划的自然人人数不得超过 50 人，合格的机构投资者数量不受限制；

（4）信托期限不少于一年；

（5）信托资金有明确的投资方向和投资策略，且符合国家产业政策以及其他有关规定；

（6）信托受益权划分为等额份额的信托单位；

（7）信托合同应约定受托人报酬，除合理报酬外，信托公司不得以任何名义直接或间接以信托财产为自己或他人牟利；

（8）中国银行业监督管理委员会（2003年该委员会设立，2018年3月，中国银行业监督管理委员会撤销，设立中国银行保险监督管理委员会。2023年3月，中共中央、国务院印发了《党和国家机构改革方案》。在中国银行保险监督管理委员会基础上组建国家金融监督管理总局，不再保留中国银行保险监督管理委员会）规定的其他要求。

前条所称合格投资者，是指符合下列条件之一，能够识别、判断和承担信托计划相应风险的人：

投资一个信托计划的最低金额不少于100万元人民币的自然人、法人或者依法成立的其他组织；

个人或家庭金融资产总计在其认购时超过100万元人民币，且能提供相关财产证明的自然人；

个人收入在最近三年内每年收入超过20万元人民币或者夫妻双方合计收入在最近三年内每年收入超过30万元人民币，且能提供相关收入证明的自然人。

3. 业务规则

信托公司对不同的信托计划，应当建立单独的会计账户分别核算、分别管理。

信托资金可以进行组合运用，组合运用应有明确的运用范围和投资比例。

信托公司运用信托资金进行证券投资，应当采用资产组合的方式，事先制定投资比例和投资策略，采取有效措施防范风险。信托公司可以以债权、股权、物权及其他可行方式运用信托资金。

信托公司运用信托资金，应当与信托计划文件约定的投资方向和投资策略相一致。

4. 风险管理和内部控制

信托公司管理信托计划，应当遵守以下规定：

（1）不得向他人提供担保；

（2）向他人提供贷款不得超过其管理的所有信托计划实收余额的30%；

（3）不得将信托资金直接或间接运用于信托公司的股东及其关联人，但信托资金全部来源于股东或其关联人的除外；

（4）不得以固有财产与信托财产进行交易；

（5）不得将不同信托财产进行相互交易；

（6）不得将同一公司管理的不同信托计划投资于同一项目。

信托计划汇总如表14-4所示。

表14-4　信托计划汇总

业务类型	集合信托计划	单一信托计划
规模	单个信托计划的自然人人数不得超过50人，合格的机构投资者数量不受限制	接受单个客户委托财产的资产净值不得低于人民币100万元
合格投资者	集合资金信托计划中，合格投资者，是指符合下列条件之一，能够识别、判断和承担信托计划相应风险的人： 投资一个信托计划的最低金额不少于100万元人民币的自然人、法人或者依法成立的其他组织； 个人或家庭金融资产总计在其认购时超过100万元人民币，且能提供相关财产证明的自然人； 个人收入在最近3年内每年收入超过20万元人民币或者夫妻双方合计收入在最近3年内每年收入超过30万元人民币，且能提供相关收入证明的自然人	单一法人或自然人委托财产的资产净值不得低于人民币100万元，可以是客户合法持有的现金、股票、债券、证券投资基金份额、集合资产管理计划份额、央行票据、短期融资券、资产支持证券、金融衍生品或者证监会允许的其他金融资产

业务类型	集合信托计划	单一信托计划
投资范围	信托公司管理运用或处分信托财产时，依照信托文件的约定，可以采取投资、出售、存放同业、买入返售、租赁、贷款等方式进行，但信托公司不得以卖出回购的方式管理运用信托财产； 在集合资金信托计划、两个及两个以上单一资金信托用于同一项目的信托计划、动产信托、不动产信托以及其他财产和财产权信托进行受益权拆分转让的信托计划中，信托公司可以在与信托计划文件约定的投资方向和投资策略相一致的情况下，运用债权、股权、物权及其他可行方式运用信托资产	由证券公司与客户通过合同约定，不得违反法律、行政法规和证监会的禁止规定，并且应当与客户的风险认知与承受能力，以及证券公司的投资经验、管理能力和风险控制水平相匹配。定向资产管理业务可以参与融资融券交易，也可以将其持有的证券作为融券标的证券出借给证券金融公司
审批程序	集合资金信托需事先核准	备案制

资料来源：笔者整理。

四、期货公司资产管理业务

1. 法规体系

《期货公司监督管理办法》《期货交易管理条例》《期货公司资产管理业务试点办法》《期货公司资产管理合同指引》《期货公司单一客户委托资产管理业务工作指引》《关于〈期货公司资产管理合同指引〉的补充规定》《期货公司资产管理业务投资者适当性评估程序（试行）》。

允许国内符合一定条件的期货公司以专户理财的方式从事资产管理业务，除了能够投资于商品期货、金融期货等金融衍生品外，还可以投资股票、债券、基金、票据等金融资产。

2. 基本要求

期货公司董事、监事、高级管理人员、从业人员及其配偶不得作为本公司资产管理业务的客户。期货公司股东、实际控制人及其关联人以及期货公司董事、监事、高级管理人员、从业人员的父母和子女成为本公司资产管理业务客户的，应当自签订资产管理合同之日起5个工作日内，向住所地证监会派出机构备案，并在本公司网站上披露其关联关系或者亲属关系。

3. 投资范围

资产管理业务的投资范围：

（1）期货、期权及其他金融衍生品；

（2）股票、债券、证券投资基金、集合资产管理计划、央行票据、短期融资券、资产支持证券等；

（3）证监会认可的其他投资品种。

资产管理业务的投资范围应当遵守合同约定，不得超出前款规定的范围，且应当与客户的风险认知与承受能力相匹配。

五、保险公司及子公司资产管理业务

1. 法规体现

《保险公司合规管理办法》《保险资金投资股权暂行办法》《保险资金委托投资管理办法》《关于保险资金投资有关金融产品的通知》《中国保监会关于保险资金投资创业投资基金有关事项的通知》《关于保险资产管理公司有关事项的通知》《关于保险资产管理公司开展资产管理产品业务试点有关问题的通知》。

依据上述规则，符合一定资质的保险公司将保险资金委托给符合条件的投资管理人，开展定向资产管理、专项资产管理或者特定客户资产管理等投资业务，大大扩大了保险资产管理的业务范围，也为保险资金与其他非保险资产管理机构的合作提供了依据。

2. 基本要求

（1）业务类型。保险资产管理公司开展资产管理业务可以采取两种方式：一是为单一投资人发行定向资产管理业务（单一定向）；二是为特定的多个投资人发行集合资产管理业务（对多集合）。

向单一投资人发行的定向产品，投资人初始认购资金不得低于3000万元人民币；向多个投资人发行的集合产品，投资人总数不得超过200人，单一投资人初始认购资金不得低于100万元。

（2）业务规则。产品投资范围限于银行存款、股票、债券、证券投资基金、央行票据、非金融企业债务融资工具、信贷资产支持证券、基础设施投资计划、不动产投资计划、项目资产支持计划及原保监会认可的其他资产。产品投资范围包括基础设施投资计划、不动产投资计划、项目资产支持计划等投资品种。

保险资产管理公司发行产品，实行初次申报核准，后续产品事后报告。

（3）备案规则。保险资产管理公司后续发行集合产品，在完成发行后15个工作日内向原保监会报送。保险资产管理公司后续发行定向产品，应当在合同签订后15个工作日内向原保监会报送。

第二节　行业专家对资管新规全文的解读[①]

2018年4月27日，中国人民银行、原银保监会、证监会、国家外汇管理局联合发布《关于规范金融机构资产管理业务的指导意见》（简称"资管新规"），当前同类资管业务的监管规则和标准不一致，也存在部分业务发展不规范、监管套利、产品多层嵌套、刚性兑付、规避金融监管等问题，资管新规主要目的在于规范金融机构资产管理业务、统一同类资产管理产品监管标准、有效防范和控制金融风险、引导社会资金流向实体经济，更好地支持经济结构调整和转型升级。

2018年7月20日，中国人民银行发布《关于进一步明确规范金融机构资产管理业务指导意见有关事项的通知》并进行说明，原银保监会发布《商业银行理财业务监督管理办法（征求意见稿）》并公开征求意见，证监会发布《证券期货经营机构私募资产管理业务管理办法（征求意见稿）》《证券期货经营机构私募资产管理计划运作管理规定（征求意见稿）》并公开征求意见。一行两会同时发文，针对资管新规部分内容进行修正，并出台资管新规配套细则，就过渡期内有关具体的操作性问题进行明确，以促进资管新规平稳实施。

一、资管业务定义

【原文】

"资管新规"：资产管理业务是指银行、信托、证券、基金、期货、保险资产管理机构、金融资产投资公司等金融机构接受投资者委托，对受托的投资者财产进行投资和管理的金融服务。金融机构为委托人利益履行诚实信用、勤勉尽责义务并收取相应的管理费用，委托人自担投资风险并获得收益。金融机

---

① 资料来源：海银财富研究部. 资管新规及配套细则解读［EB/OL］.［2018－08－01］. https：//baijiahao.baidu.com/s？id=1607578887103117067&wfr=spider&for=pc；王立宏，何玉华，张绍鑫. 资管新规及其配套细则要点解析［EB/OL］.［2020－04－23］. https：//xueqiu.com/2576680180/147630746.

构可以与委托人在合同中事先约定收取合理的业绩报酬，业绩报酬计入管理费，须与产品一一对应并逐个结算，不同产品之间不得相互串用。

资产管理业务是金融机构的表外业务，金融机构开展资产管理业务时不得承诺保本保收益。出现兑付困难时，金融机构不得以任何形式垫资兑付。金融机构不得在表内开展资产管理业务。

私募投资基金适用私募投资基金专门法律、行政法规，私募投资基金专门法律、行政法规中没有明确规定的适用本意见，创业投资基金、政府出资产业投资基金的相关规定另行制定。

"资管新规补充文件"：对于通过各种措施确实难以消化、需要回表的存量非标准化债权类资产，在宏观审慎评估（MPA）考核时，合理调整有关参数，发挥其逆周期调节作用，支持符合条件的表外资产回表。支持有非标准化债权类资产回表需求的银行发行二级资本债补充资本。

过渡期结束后，对于由于特殊原因而难以回表的存量非标准化债权类资产，以及未到期的存量股权类资产，经金融监管部门同意，采取适当安排妥善处理。

"银行理财新规"即《商业银行理财业务监督管理办法》（下同）：《商业银行理财业务监督管理办法》与"资管新规"保持一致，定位于规范银行非保本型理财产品。

【解读】

特别提出私募投资基金适用原专门法律法规，没有规定的才按照资管新规来执行。目前主要的适用法规是《私募投资基金监督管理暂行办法》，随着《私募投资基金管理暂行条例》的发布，再参照执行。

资管业务是表外业务，补充文件明确鼓励非标资产回表。对于难以消化、需要回表的存量非标债权资产，MPA考核时，会合理调整有关参数，发挥其逆周期调节作用，支持符合条件的表外资产回表。银行可以发行二级资本债补充资本，来实现非标债权回表。

"银行理财新规"明确，银行理财产品是指非保本型理财产品。

二、资管产品分类

【原文】

"资管新规"：资产管理产品按照募集方式的不同，分为公募产品和私募产品。公募产品面向不特定社会公众公开发行。公开发行的认定标准依照《中华人民共和国证券法》执行。私募产品面向合格投资者通过非公开方式发行。

资产管理产品按照投资性质的不同，分为固定收益类产品、权益类产品、商品及金融衍生品类产品和混合类产品。固定收益类产品投资于存款、债券等债权类资产的比例不低于80%，权益类产品投资于股票、未上市企业股权等权益类资产的比例不低于80%，商品及金融衍生品类产品投资于商品及金融衍生品的比例不低于80%，混合类产品投资于债权类资产、权益类资产、商品及金融衍生品类资产且任一资产的投资比例未达到前三类产品标准。非因金融机构主观因素导致突破前述比例限制的，金融机构应当在流动性受限资产可出售、可转让或者恢复交易的15个交易日内调整至符合要求。

"银行理财新规"：实行分类管理，区分公募和私募理财产品。公募理财产品面向不特定社会公众公开发行，私募理财产品面向不超过200名合格投资者非公开发行；同时，将单只公募理财产品的销售起点由目前的5万元降至1万元。

【解读】

明确资管产品分类，按投资性质不同，以80%作为比例判断，分为固定收益类产品、权益类产品、商品及金融衍生品类产品、混合类产品。

按照募集方式的不同，分为公募产品和私募产品。同时将银行公募理财产品的认购起点降至1万元。

三、合格投资者认定标准

【原文】

"资管新规"：资产管理产品的投资者分为不特定社会公众和合格投资者两大类。合格投资者是指具备相应风险识别能力和风险承担能力，投资于单只资产管理产品不低于一定金额且符合下列条件的自然人和法人或者其他组织。

（一）具有2年以上投资经历，且满足以下条件之一：家庭金融净资产不低于300万元，家庭金融资产不低于500万元，或者近3年本人年均收入不低于40万元。

（二）最近1年末净资产不低于1000万元的法人单位。

（三）金融管理部门视为合格投资者的其他情形。

合格投资者投资于单只固定收益类产品的金额不低于30万元，投资于单只混合类产品的金额不低于40万元，投资于单只权益类产品、单只商品及金融衍生品类产品的金额不低于100万元。

"银行理财新规"：合格投资者是指具备相应风险识别能力和风险承受能力，投资于单只理财产品不低于一定金额且符合下列条件的自然人、法人或者依法成立的其他组织：

（一）具有2年以上投资经历，且满足家庭金融净资产不低于300万元人民币，或者家庭金融资产不低于500万元人民币，或者近3年本人年均收入不低于40万元人民币；

（二）最近1年末净资产不低于1000万元人民币的法人或者依法成立的其他组织；

（三）国务院银行业监督管理机构规定的其他情形。

"证监会资管新规"即《证券期货经营机构私募资产管理业务管理办法》（下同）：合格投资者是指具备相应风险识别能力和风险承受能力，投资于单只资产管理计划不低于一定金额且符合下列条件的自然人、法人或者其他组织：

（一）具有二年以上投资经历，且满足下列条件之一的自然人：家庭金融净资产不低于300万元，家庭金融资产不低于500万元，或者近三年本人年均收入不低于40万元；

（二）最近一年末净资产不低于1000万元的法人单位；

（三）依法设立并接受国务院金融监督管理机构监管的机构，包括证券公司及其子公司、基金管理公司及其子公司、期货公司及其子公司、在基金业协会登记的私募基金管理人、商业银行、金融资产投资公司、信托公司、保险公司、保险资产管理公司、财务公司及中国证监会认定的其他机构；

（四）接受国务院金融监督管理机构监管的机构发行的资产管理产品；

（五）基本养老金、社会保障基金、企业年金等养老基金，慈善基金等社会公益基金，合格境外机构投资者（QFII）、人民币合格境外机构投资者（RQFII）；

（六）中国证监会视为合格投资者的其他情形。

合格投资者投资于单只固定收益类资产管理计划的金额不低于30万元，投资于单只混合类资产管理计划的金额不低于40万元，投资于单只权益类、商品及金融衍生品类资产管理计划的金额不低于100万元。资产管理计划投资于《管理办法》第三十七条第（五）项规定的非标准化资产的，接受单个合格投资者委托资金的金额不低于100万元。

【解读】

合格投资者的认定标准与"资管新规"中要求保持一致。不过"证监会资管新规"对金融管理部门视为合格投资者的其他情形再做了比较细致的罗列，如各类金融机构、金融机构发行的资管产品、QFII、RQFII等。

然而合格投资者，投资于单只固收类产品的金额不低于30万元，单只混合类产品的金额不低于40万元，单只权益类产品、单只商品及金融衍生品类产品的金额不低于100万元。同时，"证监会资管新规"

对非标资产特别规定，资管计划投资于非标准化资产的，接受单个合格投资者委托资金的金额不低于 100 万元。

当然，这里合格投资者的认定标准主要是针对金融机构的资管业务的，而对于私募基金来说，需参照《私募投资基金监督管理暂行办法》，即认购起点是 100 万元，且合格投资者认定标准是金融资产不低于 300 万元或者最近三年个人年均收入不低于 50 万元的个人。

四、资管产品可投资范围

【原文】

"资管新规"：公募产品主要投资标准化债权类资产以及上市交易的股票，除法律法规和金融管理部门另有规定外，不得投资未上市企业股权。公募产品可以投资商品及金融衍生品，但应当符合法律法规以及金融管理部门的相关规定。

私募产品的投资范围由合同约定，可以投资债权类资产、上市或挂牌交易的股票、未上市企业股权（含债转股）和受（收）益权以及符合法律法规规定的其他资产，并严格遵守投资者适当性管理要求。鼓励充分运用私募产品支持市场化、法治化债转股。

标准化债权类资产应当同时符合以下条件：①等分化，可交易。②信息披露充分。③集中登记，独立托管。④公允定价，流动性机制完善。⑤在银行间市场、证券交易所市场等经国务院同意设立的交易市场交易。标准化债权类资产的具体认定规则由中国人民银行会同金融监督管理部门另行制定。标准化债权类资产之外的债权类资产均为非标准化债权类资产。

"资管新规补充文件"：公募资产管理产品除主要投资标准化债权类资产和上市交易的股票，还可以适当投资非标准化债权类资产，但应当符合《指导意见》关于非标准化债权类资产投资的期限匹配、限额管理、信息披露等监管要求。

"银行理财新规"：《办法》对银行理财产品的非标准化债权类资产投资做出如下规定：一是期限匹配。按照"资管新规"相关要求，除另有规定外，理财资金投资非标准化债权类资产的，资产的终止日不得晚于封闭式理财产品的到期日或开放式理财产品的最近一次开放日；投资未上市企业股权的，应当为封闭式理财产品，且需要期限匹配。二是限额和集中度管理。延续现行监管规定，要求银行理财产品投资非标准化债权类资产的余额，不得超过理财产品净资产的 35% 或银行总资产的 4%；投资单一机构及其关联企业的非标准化债权类资产余额，不得超过银行资本净额的 10%。三是认定标准。"资管新规"明确由中国人民银行会同金融监督管理部门另行制定标准化债权类资产的具体认定规则，《办法》将从其规定。

"证监会资管新规"：同一证券期货经营机构管理的全部资产管理计划投资于非标准化债权类资产的资金不得超过全部资产管理计划净资产的 35%，投资于同一非标准化债权类资产的资金合计不得超过 300 亿元。

资产管理计划不得投资于法律依据不充分的收（受）益权。资产管理计划投资于不动产、特许收费权、经营权等基础资产的收（受）益权的，应当以基础资产产生的独立、持续、可预测的现金流实现收（受）益权。

资产管理计划投资于《管理办法》第三十七条第（五）项规定的非标准化资产，涉及抵押、质押担保的，应当设置合理的抵押、质押比例，及时办理抵押、质押登记，确保抵押、质押真实、有效、充分。资产管理计划不得接受收（受）益权、特殊目的机构股权作为抵押、质押标的资产。

【解读】

"资管新规补充文件"明确，公募资产管理产品除主要投资标准化债权类资产和上市交易的股票，还可以适当投资非标准化债权类资产，不过要符合期限匹配、限额管理、信息披露等监管要求。这是比较大的监管放宽。

"银行理财新规"和"证监会资管新规"也对投资非标资产做出规定：银行理财产品投资非标债权类资产的余额，不得超过理财产品净资产的35%或银行总资产的4%。同一证券期货经营机构管理的全部资产管理计划投资于非标债权类资产的资金不得超过全部资产管理计划净资产的35%，投资于同一非标债权类资产的资金合计不得超过300亿元。这里，35%的比例限制保持一致。

五、估值方法

【原文】

"资管新规"：金融机构对资产管理产品应当实行净值化管理，净值生成应当符合企业会计准则规定，及时反映基础金融资产的收益和风险，由托管机构进行核算并定期提供报告，由外部审计机构进行审计确认，被审计金融机构应当披露审计结果并同时报告金融管理部门。金融资产坚持公允价值计量原则，鼓励使用市值计量。符合以下条件之一的，可按照企业会计准则以摊余成本进行计量：

（一）资产管理产品为封闭式产品，且所投金融资产以收取合同现金流量为目的并持有到期。

（二）资产管理产品为封闭式产品，且所投金融资产暂不具备活跃交易市场，或者在活跃市场中没有报价，也不能采用估值技术可靠计量公允价值。

金融机构以摊余成本计量金融资产净值，应当采用适当的风险控制手段，对金融资产净值的公允性进行评估。当以摊余成本计量已不能真实公允反映金融资产净值时，托管机构应当督促金融机构调整会计核算和估值方法。金融机构前期以摊余成本计量的金融资产的加权平均价格与资产管理产品实际兑付时金融资产的价值偏离度不得达到5%或以上，如果偏离5%或以上的产品数超过所发行产品总数的5%，金融机构不得再发行以摊余成本计量金融资产的资产管理产品。

"资管新规补充文件"：过渡期内，对于封闭期在半年以上的定期开放式资产管理产品，投资以收取合同现金流量为目的并持有到期的债券，可使用摊余成本计量，但定期开放式产品持有资产组合的久期不得长于封闭期的1.5倍；银行的现金管理类产品在严格监管的前提下，暂参照货币市场基金的"摊余成本+影子定价"方法进行估值。

【解读】

金融资产鼓励使用市值计量。

但"资管新规补充文件"做出较大放宽：在过渡期内，允许金融机构发行半年期以上定开产品，此类产品只要底层资产久期不超过封闭期1.5倍就可以用摊余成本法估值；银行的现金管理类产品，暂参照货币基金进行估值。不过，补充文件并没有明确，以摊余成本计量，如果超过偏离度如何处理，投资范围也没有明确限制在证监会的货币基金范围。

六、集中度管理

【原文】

"资管新规"：金融机构应当控制资产管理产品所投资资产的集中度：

（一）单只公募资产管理产品投资单只证券或者单只证券投资基金的市值不得超过该资产管理产品净资产的10%。

（二）同一金融机构发行的全部公募资产管理产品投资单只证券或者单只证券投资基金的市值不得超过该证券市值或者证券投资基金市值的30%。其中，同一金融机构全部开放式公募资产管理产品投资单一上市公司发行的股票不得超过该上市公司可流通股票的15%。

（三）同一金融机构全部资产管理产品投资单一上市公司发行的股票不得超过该上市公司可流通股票

的 30%。

"银行理财新规":

(一)每只公募理财产品持有单只证券或单只公募证券投资基金的市值不得超过该理财产品净资产的 10%;

(二)商业银行全部公募理财产品持有单只证券或单只公募证券投资基金的市值,不得超过该证券市值或该公募证券投资基金市值的 30%;

(三)商业银行全部理财产品持有单一上市公司发行的股票,不得超过该上市公司可流通股票的 30%。

"证监会资管新规":一个集合资产管理计划投资于同一资产的资金,不得超过该计划资产净值的 20%;同一证券期货经营机构管理的全部资产管理计划投资于同一资产的资金,不得超过该资产的 20%。国债、中央银行票据、政策性金融债等中国证监会认可的投资品种除外。单一融资主体及其关联方的非标准化资产,按照同一资产合并计算。全部投资者均为符合中国证监会规定的专业投资者且单个投资者投资金额不低于 3000 万元的封闭式资产管理计划以及中国证监会认可的其他资产管理计划,不受前款规定限制。同一证券期货经营机构管理的全部资产管理计划及公募证券投资基金合计持有单一上市公司发行的股票不得超过该上市公司可流通股票的 30%。

【解读】

"资管新规"和"银行理财新规"主要是对公募资管产品的集中度做出限制规定,并且相关要求保持一致。

"证监会资管新规"是对私募的集合资管计划的集中度做出限制规定,即"双 20",不过符合专业投资者认定且认购金额 3000 万元以上的封闭式资管计划不受该限制。"双 20"规定对集合资管计划影响较大,原先投资非标的模式大幅受限。

同一金融机构全部资管产品投资单一上市公司发行的股票不得超过该上市公司可流通股票的 30%。

七、流动性管理

【原文】

"银行理财新规":一是流动性管理。要求银行在理财产品设计阶段审慎决定是否采取开放式运作,开放式理财产品应当具有足够的高流动性资产,持有不低于理财产品资产净值 5%的现金或者到期日在一年以内的国债、中央银行票据和政策性金融债券,并与投资者赎回需求相匹配。二是交易管理。要求银行加强理财产品开展同业融资的流动性、交易对手和操作风险管理,针对买入返售交易质押品采用科学合理估值方法,审慎确定质押品折扣系数等。三是压力测试。要求银行建立理财产品压力测试制度,并对压力情景、测试频率、事后检验、应急计划等提出具体要求。四是开放式产品认购和赎回管理。要求银行在认购环节,合理控制投资者集中度,审慎确认大额认购申请;在赎回环节,合理设置各种赎回限制,作为压力情景下的流动性风险管理辅助措施。

"证监会资管新规":全部资产投资于标准化资产的集合资产管理计划和中国证监会认可的其他资产管理计划,可以按照合同约定每季度多次开放,其主动投资于流动性受限资产的市值合计不得超过该资产管理计划资产净值的 20%。

证券期货经营机构应当确保集合资产管理计划开放退出期内,其资产组合中七个工作日可变现资产的价值,不低于该计划资产净值的 10%。

【解读】

开放式银行理财产品,要求持有不低于 5%的现金或者到期日在一年以内的国债、中央银行票据和政策性金融债券。

全部资产投资于标准资产的集合资管计划，其主动投资于流动性受限资产的市值合计不得超过该资管计划资产净值的20%。

八、打破刚兑

【原文】

"资管新规"：经金融管理部门认定，存在以下行为的视为刚性兑付：

（一）资产管理产品的发行人或者管理人违反真实公允确定净值原则，对产品进行保本保收益。

（二）采取滚动发行等方式，使得资产管理产品的本金、收益、风险在不同投资者之间发生转移，实现产品保本保收益。

（三）资产管理产品不能如期兑付或者兑付困难时，发行或者管理该产品的金融机构自行筹集资金偿付或者委托其他机构代为偿付。

（四）金融管理部门认定的其他情形。

"银行理财新规"：要求银行诚实守信、勤勉尽责地履行受人之托、代人理财的职责，提高投资者自担风险认知，银行销售理财产品时不得宣传或承诺保本保收益。

"证监会资管新规"：证券期货经营机构不得在表内从事私募资产管理业务，不得以任何方式向投资者承诺本金不受损失或者承诺最低收益。资产管理计划出现兑付困难时，证券期货经营机构不得以任何形式垫资兑付。

【解读】

打破刚兑是本轮监管的底线要求。不得承诺保本保收益；资管产品兑付困难时，不得以任何形式垫资兑付。

九、杠杆与分级

【原文】

"资管新规"：每只开放式公募产品的总资产不得超过该产品净资产的140%，每只封闭式公募产品、每只私募产品的总资产不得超过该产品净资产的200%。计算单只产品的总资产时应当按照穿透原则合并计算所投资资产管理产品的总资产。金融机构不得以受托管理的资产管理产品份额进行质押融资，放大杠杆。

公募产品和开放式私募产品不得进行份额分级。分级私募产品的总资产不得超过该产品净资产的140%。分级私募产品应当根据所投资资产的风险程度设定分级比例（优先级份额/劣后级份额，中间级份额计入优先级份额）。固定收益类产品的分级比例不得超过3：1，权益类产品的分级比例不得超过1：1，商品及金融衍生品类产品、混合类产品的分级比例不得超过2：1。发行分级资产管理产品的金融机构应当对该资产管理产品进行自主管理，不得转委托给劣后级投资者。

分级资产管理产品不得直接或者间接对优先级份额认购者提供保本保收益安排。

"银行理财新规"：商业银行每只开放式公募理财产品的杠杆水平不得超过140%，每只封闭式公募理财产品、每只私募理财产品的杠杆水平不得超过200%。

"证监会资管新规"：资产管理计划的总资产不得超过该计划净资产的200%，分级资产管理计划的总资产不得超过该计划净资产的140%。开放式集合资产管理计划不得进行份额分级。

【解读】

与"资管新规"要求保持一致。银行不得发行分级理财产品，证券期货经营机构不得对开放式集合资管计划进行份额分级。

每只封闭式公募资管产品、每只私募资管产品的总资产不得超过该产品净资产的200%。

十、穿透监管

【原文】

"资管新规"：资产管理产品可以再投资一层资产管理产品，但所投资的资产管理产品不得再投资公募证券投资基金以外的资产管理产品。

"银行理财新规"：商业银行理财产品不得直接投资于信贷资产，不得直接或间接投资于本行信贷资产，不得直接或间接投资于本行或其他银行业金融机构发行的理财产品，不得直接或间接投资于本行发行的次级档信贷资产支持证券。

银行业监督管理机构应当对理财业务实行穿透式监管，向上识别理财产品的最终投资者，向下识别理财产品的底层资产，并对理财产品运作管理实行全面动态监管。

"证监会资管新规"：资产管理计划接受其他资产管理产品参与，证券期货经营机构应当切实履行主动管理职责，不得进行转委托，不得再投资除公募基金以外的其他资产管理产品。

资产管理计划投资于其他资产管理产品的，应当明确约定所投资的资产管理产品不再投资除公募基金以外的其他资产管理产品。资产管理计划投资于其他资产管理产品的，计算该资产管理计划的总资产时应当按照穿透原则合并计算所投资资产管理产品的总资产。资产管理计划投资于其他私募资产管理产品的，该资产管理计划按照穿透原则合并计算的投资同一资产的比例以及投资同一或同类资产的金额，应当符合本办法及中国证监会相关规定。

证券期货经营机构不得将其管理的资产管理计划资产投资于该机构管理的其他资产管理计划，依法设立的基金中基金资产管理计划及中国证监会另有规定的除外。

【解读】

明确资管产品只能嵌套一层（投资于公募证券投资基金的，除外）。

银行理财产品不得投资于其他的银行理财产品。

证券期货经营机构不得将管理的资管计划投资于自己的其他资管计划（FOF资管计划除外）。"证监会资管新规"明确，金融机构发行的资管产品是合格投资者，因此穿透时不合并计算投资者人数。

十一、过渡期安排

【原文】

"资管新规补充文件"：过渡期内，金融机构可以发行老产品投资新资产，优先满足国家重点领域和重大工程建设续建项目以及中小微企业融资需求，但老产品的整体规模应当控制在《指导意见》发布前存量产品的整体规模内，且所投资新资产的到期日不得晚于2020年底。

过渡期结束后，对于由于特殊原因而难以回表的存量非标准化债权类资产，以及未到期的存量股权类资产，经金融监管部门同意，采取适当安排妥善处理。

"银行理财新规"：《办法》过渡期要求与"资管新规"保持一致，过渡期自本办法发布实施后至2020年12月31日。在过渡期内，银行新发行的理财产品应当符合《办法》规定。同时，可以发行老产品对接未到期资产，但应控制存量理财产品的整体规模；过渡期结束后，不得再发行或者存续违反规定的理财产品。

过渡期结束后，对于因特殊原因而难以回表的存量非标准化债权类资产，以及未到期的存量股权类资产，经报监管部门同意，商业银行可以采取适当安排，稳妥有序处理。

"证监会资管新规"：过渡期自本办法实施之日起至2020年12月31日。

　　过渡期内，证券期货经营机构应当自行制定整改计划，有序压缩不符合本办法规定的资产管理计划规模；对于不符合本办法规定的存量资产管理计划，其持有资产未到期的，证券期货经营机构可以设立老产品对接，或者予以展期。

【解读】

　　过渡期的时间点到 2020 年底。

　　明确过渡期内金融机构可以发行老产品投资新资产，这里新资产不局限于标准化资产，也包括非标资产，不过老产品规模需要控制在存量规模内、且所投资新资产的期限不得晚于 2020 年底。

　　过渡期结束后，对于难以回表的存量非标债权及未到期的存量股权资产，经金融监管部门同意，采取适当安排妥善处理。这表明监管会对难以回表的非标资产进行特殊化处理。

 专题研讨

　　资管新规对常见资管业务有何影响？

第五篇

金融产品与服务创新的行业专家经验分享

第十五章
金融产品创新经验谈

本章导读

本章简要介绍了部分行业专家关于金融产品与服务创新的经验，部分经验可能存在一定的局限性。学习本章，要求了解现实世界中的金融产品与创新业务开展状态，能够发现问题并解决问题。

第一节　金融产品创意设计模板

一、产品创新背景

（1）市场分析：分析目前市场状况，提出产品需求。

（2）目标市场定位：指出创新产品所针对的目标客户。

（3）场景：以具体事例说明对新产品产生市场需求的几种情况。例如，一卡多联名、红利卡的例子；多张联名卡使用不便，同时要享受多个联名单位的优惠服务。

二、产品现状和存在的问题

（1）当前产品现状：目前银行业该领域产品的现状。

（2）当前产品存在的问题。

（3）新产品与已有产品关系：是否存在竞争关系等。

三、产品创新必要性

（1）从客户和市场角度看开发新产品的必要性。

（2）从银行业角度看开发新产品的必要性。

（3）其他角度：促进社会经济增长、促进消费等。

四、产品构思及设计方案

（1）产品定义，定义新产品名称，说明产品的目标客户及主要用途，指出新产品所解决的问题。

（2）产品设计思路包括主要功能及主要客户申请零用该产品的方式、银行经营服务模式，产品盈利模式，风险控制等。

五、可行性分析

分别从法律法规、政策制度、政策、技术等方面分析新产品开发与投产的可行性，说明新产品要求银行所具备的先决条件。

六、效益分析

新产品给银行带来的当期或长远的经济效益、社会效益。

综合案例分析　2013年"聚满益" 1号理财计划

（一）创新产品构思

1. 网上银行理财产品基本信息

（1）网上理财产品的基本信息。该网上银行理财产品提供人民币贷款，客户可以用自有资金和贷款购买美元。托管管理期限为273天，属于保本浮动收益理财产品。销售期为2013年6月6日到2013年6月12日，购买时间为白天正常营业时间，同时也推出"理财夜市"这个特殊时间段即晚8点到晚12点均可购买。收益期间为2013年6月13日到2014年3月13日。最低投资金额为8000美元，以及整数倍。

（2）网上银行理财产品的特点。这个理财产品的最大特点是将外汇存款理财产品和与理财相关的贷款融资类产品相结合，即商业银行在监管允许的情况下，可以向进行外汇交易的客户提供"展"服务。客户可以先支付所购外汇的一部分，银行支付剩余的部分。客户可以按照正常拥有投资资产的方式处理这些外汇（如存款），可以在剩余的时间里偿还未清偿的款项。如果投资资产价格下跌，客户不必立即偿还贷款，可以按照原定的进度偿还，可以开设针对即时贷款，用于解决客户的紧急资金需求。商业银行可针对小的客户市场开发贷款产品，如针对实习期的客户提供期限较长的贷款，贷款期可以长达10年。

2. 目标客户

高收入群体可以包括有移动公司、联通公司、中国人民银行、各家保险公司、大中专院校等以及外商投资企业的职员。这些企业的职员相对综合素质高，理解能力强，拥有较高的社会认知度，是此次创新产品销售的高端客户，但他们也普遍存在对投资理财没有深入的研究和专业知识，所以存在"有部分闲置资金但不知道怎样进行投资，实现资本增值"的问题。

（二）产品创新必要性分析

1. 从客户和市场角度分析开发该产品的必要性

影响居民选择银行理财产品行为的因素分析：

第一，性别。根据调查①发现，被调查对象中，男性比女性选择银行理财产品比例更高。在被调查的160人中，男女性别基本维持在1:1，男性84人，女性76人。选择银行理财产品中男女性别比大致是1.35:1。在被调查的男性中，购买者占男性总人数的38.27%，而女性购买者则占女性总数的31.08%。

第二，年龄。选择银行理财产品人群中，30~40岁人群所占比例最高，达46.42%，其次是30岁以

---

① 限于篇幅，具体的调查过程及相关数据表格略去。

下，达 36.79%。结合访谈，分析 30 岁以下的人处于一个人成家立业也是精力旺盛的阶段，这阶段的投资者由于事业繁忙都愿意把理财的事交给银行打理，但由于理财业务的起点较高，在一定程度上限制了其选择个人理财产品。人到了 30~40 岁，大部分人事业有成，积蓄增多，即使较高的起始金额也不会影响其理财热情，这也就是这个年龄段选择银行理财产品人数最多的原因。50 岁选择的人数最少，只占到了调查者的 14.28%，相对于其他年龄段人群而言，原因不言而喻了。

第三，学历。投资银行理财产品比例最高的是具有大学本专科和硕士以上学历的居民家庭，分别占 47.45% 和 51.61%；初中及以下和高中文化程度选择人数较少，分别占 9.09%、19.56%。理财产品的投资本身需要一些知识和观念上的基础，从调查中也可了解到，基金的购买与人的学历有比较密切的关系。

第四，职业。在本次调查中关于职业是否影响人们选择银行理财产品来看，从事金融行业的人有 49.20% 选择过银行理财产品，而其他行业中购买数比例为 28.72%。这说明职业对人们的影响是很大的。不难理解，从事此行业，自然对各种理财工具及其产品都比较了解，而且会随时关注，选择人数也会相对多一些。

第五，收入水平。月平均收入在 4000~8000 元这个阶段的人群选择银行理财产品比例最高，向两头依次递减，可以看出，中产阶级投资观念比较强。月收入较低的人群，他们只能保障自己的基本生活，没有多余的钱去进行投资。当月收入很高的时候，已经完全能够满足他们的经济需求而没有必要花费太多的时间精力去投资。只有那些中产阶级人群，他们在满足自己生活需要的同时，为了进一步提高自己的生活质量，为了能让多余的钱增值又不影响自己的工作而选择银行理财产品的方式。

第六，对银行理财产品的风险认知情况。认为银行理财产品没有风险的人选择比例最大，为 41.67%。其次对风险不了解的人中，选择比例为 40.43%，但两者的差异不大。可见投资者选择银行理财产品大部分是误以为银行理财产品没有风险（误以为是银行储蓄的另一种形式）或不了解而购买的。真正对风险很了解的人中购买比例只有 17.90%。

第七，对银行理财产品的认同感。即居民对目前国内银行提供的理财服务的认同感。取得该数据的提问方式为"根据您的了解及周围人的反馈，您如何评价个人理财服务个性化的表现"。认为银行理财产品个性化程度较高的人选择比例最大，为 46.43%。这说明现阶段由于投资渠道有限，认同度对人们选择银行理财产品的影响较小。

第八，其他因素。此外，银行理财产品的收益率以及当时的市场利率水平也是影响人们是否选择银行理财产品的重要因素。基金收益率越高，选择银行理财产品的人数及数量也会越多，反之会降低。市场利率水平越高，选择储蓄的人越多，自然会减少对银行理财产品的投资。但是由于只是做了短期的调查，而在短期内银行理财产品收益率及市场利率都不会有太大的波动，所以并未对其做定量的研究，只是做了定性的访谈性调查。

2. 从银行业角度分析开发该产品的必要性：设定产品理由，准通胀时代新选择——外汇理财产品

（1）外汇理财产品具有独特优势。外汇理财产品一向以其高收益吸引了广大的投资者关注，尽管人民币升值压力、国际市场环境不明朗等风险日益加大，但外汇理财产品仍有其独特优势。

（2）外汇理财产品具有良好的国际环境因素。从外汇市场上来看，很多国际环境因素还是给外汇理财产品的短期投资带来盈利希望。目前投资者可通过投资合适的理财产品获得可观的投资收益。

3. 从促进社会和经济发展角度分析开发该产品的必要性

该产品是保本浮动收益类的，可以保证本金，收益则要依据汇率的变动情况，所以该产品的风险相对较小。起始金额相对较高，这就要求投资者有充足的投资资金。由于采用网上银行的销售方式，便利于投资者随时随地通过网络媒体进行投资，尤其便利了网上工作人群、宅家一族。销售时间也有所延长，除去白天正常营业时间的销售，还推出了"理财夜市"，便于白天忙于工作的上班族，进行理财投资。

（三）产品创意设计方案及可行性分析

1. 产品创意设计思路

（1）预期最高年收益率：1.80%。

（2）收益计算方法。

每收益计算单位理财收益=100×投资者认购的该理财计划的预期最高年化收益率×实际理财天数÷360

投资者理财收益=认购金额÷100×每收益计算单位理财收益

每收益计算单位理财收益及投资者获得的美元理财收益金额精确到小数点后2位；测算收益不等于实际收益，投资须谨慎。

（3）投资方向说明。

投资方向是国内外金融市场信用级别较高、流动性较好的金融资产，包括但不限于债券、资金拆借、信托计划、银行存款等其他金融资产。投资比例区间，理财产品存续期内，可能因市场的重大变化导致投资比例暂时超出如下区间。银行将以客户利益最大化为原则，尽快使投资比例恢复至如下规定区间：债券资产 0~50%、资金拆借 30%~100%、银行存款 0~50%、其他资产 0~50%。

（4）风险提示。

理财非存款，产品有风险，投资须谨慎。投资者应充分认识以下风险：本金及理财收益风险、违约赎回风险、政策风险、流动性风险、信息传递风险、理财计划不成立风险、再投资风险、不可抗力风险、汇率风险等。

2. 可行性分析

（1）金融服务发展的趋势和储蓄存款业务地位的淡化是进行金融产品创新的现实需要。近几年来，持续快速增长的居民储蓄存款使国家有关部门感到担忧，并试图通过一系列措施达到刺激消费、扩大内需的目的，而2004年的重点向培育理财意识、以多元化的金融产品来分流储蓄存款的方向转移，货币市场基金的获准发行也成为存款利率市场化的突破口，2003年发达地区的开放式基金业务发展迅猛，中国银行日前代销的海富通基金更是创纪录地销售了138亿元，随着新的金融产品的推出和个人理财意识的提高，储蓄存款的分流成为必然（欧美等发达国家仅基金一项就占到储蓄存款的大部分）。虽然基金投资热引发的个人理财热尚未全面波及，但提早进入和占领个人理财业务市场，将会使银行在储蓄存款被切块分割后的相关业务竞争中占得先机。换言之，既然储蓄存款市场已然不保，占领基金、保险代理等理财产品业务领域成为当务之急，因此，开发创新型理财产品成为必然的趋势。

（2）对客户进行科学分类管理和服务以及理财产品创新业务突破的需要是商业银行经营的必然选择。长期以来，虽然重视客户管理，也制定了一定的办法和措施，但是，始终没有一套科学的管理规程和操作办法。设立理财中心，可以以科学管理的思想，投入专业的电脑系统和人员，对客户进行科学分类管理，建立健全客户档案，针对不同的客户并提供差异化服务，购买外汇的客户量巨大，针对这一差异提供创新外汇理财产品业务成为必须。由于种种原因，市场上同质化服务品种多，个性化服务品种少，可以针对性地创新产品，此次设计的产品就是具有针对性的、新型的理财产品。

（3）高收入人群的不断扩大是外汇存款理财产品推出的市场基础。就目前来看，高收入群体可以包括有移动公司、联通公司、中国人民银行、各家保险公司、大中专院校等以及外商投资企业的职员。这些企业的职员相对综合素质高，理解能力强，拥有较高的社会认知度，是此次创新产品销售的高端客户，但他们也普遍存在对投资理财没有深入的研究和专业知识，所以存在"有部分闲置资金但不知道怎样进行投资，实现资本增值"的问题。随着民众个人理财意识的提高和金融产品的丰富，外汇理财产品的市场前景非常广阔。

第二节　金融产品设计的流程和方法

金融产品设计是一个创造性的综合信息处理过程，它将金融需要与设计者的意图转换成为一种具体的金融工具或服务产品。金融产品的设计流程主要有七步：

第一步，需求分析。

金融产品设计的第一步就是对目标客户进行需求分析。这一阶段需要金融产品设计人员与目标客户进行沟通。一方面要协助客户对金融产品的开发提出需求；另一方面要与客户充分交换意见，探讨相应金融产品开发的合理性与实现的可能性。设计人员应该认真分析用户所要解决的问题、意见和要求，并充分地考虑。需求分析的结果是生成一份客户的金融产品需求分析报告。

第二步，金融问题的再定义。

需求分析后的下一步工作就是要求设计人员根据金融产品的需求分析报告用金融工程的规范性语言来定义或再表达客户所要解决的金融问题，要求把具体金融问题分解为详细的收益、风险和现金流等要求，这是金融产品设计的核心，是后续进行标准化金融产品设计的目标和依据。

第三步，金融问题的求解。

设计人员根据已经定义出的金融问题，运用相应的方法来求解金融问题。

按照上述的金融产品设计思路，可以运用设计全新金融工具、改进现有金融、重新组合现有金融产品等方法来求解金融问题，为客户设计能够解决其实际问题的具有一定风险、收益和现金流特征的金融产品。

第四步，金融产品论证。

对于设计出的金融产品必须有相应方法论证其有效性、准确性和可靠性。

对于金融工具的设计特别是结构化金融产品等，需要研究其定价技术。如果设计出的金融产品不能进行合理的定价，那么该金融产品就可能在市场上产生无风险套利机会。金融产品的定价一般采用无套利定价原理，也就是说不能使该金融产品与别的金融产品组合产生一个无风险套利机会，这时称它的价格为无套利均衡价格。

对于资产管理产品等应用型的金融产品的设计，要对其产品原理进行阐述，并详细设计量化策略模型。量化策略模型一般要结合所用的金融工具的定价方法，设计统计模型或计量模型来进行有效性、准确性和可靠性的论证。

金融产品论证时无论是金融工具设计还是应用型的金融产品的设计都要考虑产品终止问题，如赎回条款对于定价和策略的影响等。

第五步，金融产品测试。

金融产品的定价模型和策略模型设计完毕后，必须具有测试环节，测试设计出的金融产品是否满足客户的要求。

对于金融工具设计，可以采用理论测试、市场数据实证和计算机模拟等方法来验证产品定价方法。

对于资产管理产品等应用型的金融产品的设计，必须利用市场数据库进行历史回测（Back Test）；必须讨论量化策略参数优化方法，并论证策略参数的稳定性；需要统计量化策略的最大回撤、夏普比例等风险指标，计算策略的收益、风险分布关系。

所有测试都必须考虑样本内和样本外检验，还需要进行必要的压力测试（Stress Test）和情景分析（Scenario Analysis）。

如果产品测试结果并不能满足目标金融问题的要求，则必须返回第二步进行再设计。

第六步，产品合同条款设计。

主要对金融产品所涉及的发行对象、发行规模和份额、权利义务关系、交易清算和交收安排、产品估值和会计核算、费用和税收、收益分配方案、产品终止等进行设计和阐述。

第七步，市场分析与产品推广。

对特定客户设计出的金融产品可能存在潜在的大量同样需求的客户。在市场调查分析的基础上，可以对相同市场的前景进行分析和论证。

第三节　投融资产品设计经验

这其实是两个产品，一个是融资，另一个是投资。投融资产品的基本框架：融资付出融资成本，投资获取收益，媒介抽取佣金、抽水或者其他形式的收入。

例1　存款—银行—贷款，存款人获得利息，贷款人付出利息，银行获取息差。

例2　余额宝购入—天虹基金—银行—融资人，余额宝购入获得收益，银行付出利息，同时又收取融资人支付的融资费用获得利差。

从投资端看，在前述框架的基础上，一款产品的要素还应该包括流动性、标的物、收益情况。从中介看，要注意融资人偿债能力、期限、自身募集能力。融资方则关注审批时间、是否满足金额期限、成本。

既然是金融产品设计，必然是从中间看过去的。因为长期从事信贷工作，所以习惯于从找资金需求开始。

一、找到一个合适的项目

项目可以是流动资金的需求、固定资产投资的需求、特定的支付需求、偿还债务的需求等。找到项目后，了解融资方的三个需求：需要资金的时间、期限、金额。然后根据借款人所在的行业，对照当前的监管政策，大致确定能满足其需求的几种融资方式。

二、判断融资人偿债能力

这个很复杂，需要长期的经验和丰富的知识才能判断。依据还款来源，把偿债能力分为两种：一是持续经营获得的现金流；二是资产变现获得的现金。前者偿债能力可以来自经营单一资产，也可以来自借款人综合盈利能力，还可能是某种权益。后者往往来自抵质押物或者连带责任担保人这样的第二还款来源。

三、完成产品设计

通过一系列技术分析、假设、评估和测算对上述事项进行分析后选择对融资人的偿债能力做出判断后，就需要确定三件事：

第一，融资成本。风险决定收益，这是肯定的，与客户确定成本，这是很重要的议价过程。

第二，资金来源。根据融资成本、期限、风险情况考虑使用何种资金投入。作为银行，有存款、自有资金、表外资金三种资金。这三种资金的成本不一样，可以投向的领域也不一样，用存款就只能发放贷款，自有资金则需要受到《中华人民共和国商业银行法》等法律的约束，表外资金则要受到行业投向、非标产品限额等因素的限制。确定资金后需要充分考虑自身募集能力，找到一个平衡点（这个后面讨论）。

第三，交易结构。选定资金来源后开始确定交易结构，首先将足够的现金流打包并准备好第二还款来源，然后寻找合适的通道发起募集。确定各方费用，这里有一点很重要，经手的机构越多，需要支付的费用就越多。

选定交易结构后，产品基本上算设计完了，通过法律审查后可以开始募集资金或者将已经募集到的资金投入。现实中投资人会有各种各样的需求，所以产品设计完之后，可能还会做一些修改。上面只是理想中的情况。

四、平衡点

作为银行，当然会想多赚一点钱，少支付一些收益，但是收益低的产品肯定卖不出去，所以这里就需要做很多工作来实现收益的最大。

第一，期限错配。通过滚动发行短期产品，来满足长期的融资需求，这是之前银行一直在做的，所以《证券公司客户资产管理业务备案管理工作指引8号——定向资产管理合同委托资产份额化》发布了以后很多银行措手不及，现在政府对直接融资好像持比较开放的态度，再有剧烈地往坏的方向变动的可能性应该不是很大。

第二，保本型产品的套利。事实上套利大多数来自境内外利差。纯粹套利需要承担一定的合规风险，但是对于有实际贸易背景的企业是非常好的。一般需要银行接受自身产品的质押。对于机构来说，买入返售功能也是一个很好的功能。

第四节　资管产品设计经验

假设某资管计划产品设计为6倍杠杆，比例为4∶1∶1，分为ABC三类：A类打包为银行理财，由合作的Z银行销售；B类打包为资管计划，由私募的子销售公司及合作的大型金融机构销售；C类为劣后，由投顾某X公募出资。基于13步产品设计法，归纳这款资管计划的设计步骤。

1. 方案蓝图

X私募觉得自己到了一个转折点，下一年是拿到公募牌照的重要年份，这一年合作出几款公募可以预热市场；Y公募刚刚设立了自己的"半公半私"子公司，需要一家较强的私募带一带；经人引荐，X公募和Y公募在饭桌上拍板，决定合作：设计一款私募为投顾，公募为渠道的金融产品。

2. 初期市场评估

初期市场评估是第一阶段的一项任务，包括许多相对而言花销不大的活动：因特网搜索、图书馆查阅、和主要的用户联系并与他们进行快速的概念测试，其目的是决定市场规模、市场潜力和可能的市场接受程度等，并开始塑造产品概念。

3. 初期技术评估

初期技术评估涉及对建议的产品进行快速初步的内部评估，其目的是评估开发和资源供应路线、操作的可行性、可能的执行时间和成本、法律和行政管理风险及障碍等。

4. 市场调查

X私募和Y公募都有以前的销售数据和客户积累；X私募和Y公募有稳固的合作机构，如银行、销售平台等；利用相关资源和数据，确定新产品最好设定为资产管理计划，其他内容，如募集规模、托管银行、分销渠道等，也很快会有大致的轮廓。

5. 商业财务分析

X 私募和 Y 公募的财务部、产品部、总经办分别出人探讨、研究、设计；每步进展邮件抄送 X 私募和 Y 公募的老板；最终敲定 A 和 B 两类的收益率、募集规模、托管银行、分销渠道；确定 X 给 Y 的渠道费用，确定 X 给各行销机构的销售费用，确定单个销售的点数……利益是重头戏，这里花的时间和精力最多。

6. 产品开发活动

X 私募和 Y 公募的法务部分别出人，用 Y 公募以前发行的资管计划合同为原料，添加、删改、制成新的产品合同；见面，邮件，来来回回，最终敲定一个版本；设计合同封面；设计产品单页；来回核查，交予各部门审查；打印合同，打印产品单页；邮寄往各个城市的作为销售渠道的金融机构。

7. 8. 10. 11. 在中国多数公司还没有非常清晰细致的流程，因此不做阐述

9. 人员培训

从合同草本诞生开始，各行销机构的产品部和培训部就开始向销售介绍新的产品风格、特色、有效话术、竞争对手的弱势；陪同签约人员就开始接受如何给客户做风险评测的培训；单页和合同发往各行销机构之前，就通知到各机构这次的募集规模有限，打款先到先得。

12. 全面推广

不同机构、不同产品做这一步的前后和方法都不同，目前基本是银行理财，货币基金这种金融产品会花长时间做推广。100 万元起投的产品，如果项目和品牌都比较好，仅靠机构客户和老客户，就会很快达到募集规模，并不需要大范围推广。一般金融机构会设定多种产品，一类短期灵活，用来吸引新客户，另一类收益高，用来将新客户引入长期投资。

13. 事后检验与分析

在商业化之后的某一时间，对产品及其性能表现进行审查评估。将最新的有关收入、成本、费用、利润和时间安排的数据和预测计划相对比来检验新产品的市场表现。最后将进行事后审计，包括对该项目的优缺点所做的重要评价，并讨论如何才能把下个项目做得更好。这种回顾总结标志着该产品开发项目的结束。

第五节　场外衍生产品的设计与管理

场外衍生品设计和管理是两个相辅相成的环节。在设计环节，需要考虑风险管理、信用管理，考虑社会关系、法律关系等，这是产品设计非常重要的思路。

一、场外衍生品与标准产品的差异

场外衍生品交易是相对于交易所标准合约的一种非标准的交易，两者有很大的差异。

第一，在交易所的标准交易中，交易双方不知道对手方是谁，交易不会产生道德损益感觉。但是场外交易双方知晓对方，在交易的层面类似"对赌"。

第二，非标准交易的清算是在交易对手方进行的，一方的盈利就是对方的亏损。在交易所，交易主体的对手方是交易所。

第三，场外衍生品设计的自由度大，可以精确裁剪，满足交易对手的特殊需求，只要对手愿意支付

价格。在设计环节，需要实时考虑灵活度在哪些地方，怎样密切贴合客户要求。有时客户不一定清楚自己需要什么，因此需要设计员帮助客户发掘他的需求，这也往往是促成场外交易的秘诀。场内交易为了保证流动性，往往集中在几个交易品种，难以满足广泛需求。

第四，非标准交易的流动性非常小，绝大部分衍生品没有二次交易，买了就等着做清算。如果非要想再流通一次，需要找到新的交易对手（如投资银行），相当于做第二个衍生品交易，要付出第二次的价差和利润。

第五，场外衍生品体量往往大于交易所。场内交易的产品是场外衍生品很小的一部分。场外交易品的利润率比场内交易的产品利润率高很多。

二、场外衍生品的作用

第一，场外衍生品有助于降低交易成本。例如，公司想要大幅增持，标准的做法是到场内买股票，但会对市场产生较大冲击，抬高了交易成本。如果用场外衍生品做，可以减小增持对标的市场的冲击，最简单的操作手法是找一个大股东，在场外直接进行"一揽子"交易，价格可能比市场稍高一点，以便提高大股东的卖出意愿，但成本比在场内直接操作要低很多。

第二，场外衍生品可能有助于绕开监管。例如，某企业为了收购股权，并不直接买股票，而是买股票标的物以实物交割的期权产品，这样有可能绕过对监管部门申报的要求，但远期实物交割不构成申报条件，不需要申报。

第三，可能有助于减少信用成本（但同时很可能增加信用风险）。一般来说，对交易对手进行尽职调查以后，信用成本会适度降低。尤其是与同一个对手进行频繁交易，衍生品交易有赔有赚，同一个信用的多个合约盈亏，部分互相抵消，使得总体的信用额度需求会减少。场内交易所面向的不是账户，而是对产品做信用结算。

第四，变现隐性资产，或称价值发现和价值变现。

第五，结构性融资。

第六，用场外衍生品获取市场波动的收益。

三、场外衍生品的设计

从物理学原子论角度来说，首先要有工具，如掉期互换合同，甲方给出一个公式确定乙方的权益 A，乙方返回权益（或现金流）B。假定权益 A 是固定现金流，则甲方收益是 B-A，随着权益 B 价值提升，甲方收益会升高。其次，衍生品设计中间需要仔细考虑"什么地方应该得益，愿意付出什么地方的损失"。例如，支付权利金，就有机会得到 Payoff 权益，但是付出的权利金也可能不足以抵消得到的权益值。最后，设计环节需要考虑计值机制。例如，设计一个沪深 300 的互换合同，可以对赌月底那一天，也可以对赌一个月中间的每天平均价；敲入敲出的机制设计，合同结束机制；计价公式。

一个投行衍生产品的成熟设计和管理流程：首先，销售需要访问客户，切实了解客户需求，分析客户需求，挖掘需求。金融工程师和销售一起，与客户做一些资讯和沟通活动。其次，需求确定以后，开始做设计（包括建立数学模型、定价、制定合约、法律程序等）；与客户确认价格，如果获得认可，进入交易环节，合约生效。最后，合约生效后，作为投行的交易部门，立刻对此合约进行套保，不主张"对赌"，期货公司或者投行拿到场外衍生品头寸以后，立刻把中间风险化解掉，或者放在整个公司的风险池里与其他产品做对冲，或者拿到场内，分解成场内产品，进行场内对冲。

如果在风险对冲过程中，投行场内交易得益，则投行的交易对手方必然是损失的。投行赚取的是两个权益之差，极少有场外衍生品可以完全套保，只能做到瞬间套保，风险接近零。风险值和市场价格是变动的，所以市场风险管理是交易员每天的工作。交易对手方的信用风险管理：假定对手方损失，则要考虑在交割的时候对手方有没有可能违约。客户端面临信用风险和市场风险，所以要进行客户管理。投行销售要随时掌握客户敞口的大小，潜在收益的大小，随时警告客户风险，警告客户什么时候退出，或者是增加。金融工程师最清楚衍生品的价值，需要参与客户管理过程。

四、案例分享

产品实例 1

某国客户手里有石油，希望卖出的价格不低于某个价格，为保证预算收入，寻求套保方案。某投行前台销售前往了解客户需求：①客户希望石油收入保底。如果石油收入降低，需要通过衍生品补充到保底线。②客户又觉得油价有上行空间，因此希望在保底的同时收入不封顶。

投行的方案：①首先建议客户向投行购买一个看跌期权。此期权会设计得比较贵，因为投行不可能便宜卖给客户。由于客户目标是为预算收入保底，不在乎某一时刻的石油价位，因此设计一个平均期权，行使合适的行权价，保证预算收入。②一般客户对昂贵的期权价格不会满意，接着就建议客户，如果要想降低期权费，客户必须在其他地方做出让渡。例如，说服客户卖出看涨期权。虽然客户看多油价，不认为油价会超过 150 美元。因此，投行的建议"把油价 150 美元以上的收益给投行"，会得到认可。

产品实例 2

一个电厂有燃油和天然气混合机组，寻求燃料套保方案。经过客户的访问了解，发现电价是已经固定了，对于电厂来说希望把利润锁定。一般来说，投行会建议给电厂做一个互换合同，以固定价格，远期买入明年需要的燃料油。但是销售经过谈话发现，机组可用燃料油，也可用天然气，两者之间转换几乎是零成本的。这相当于在金融产品之间的选择权。有选择权必然有价值。如果金融工程师设计了固定费用燃料油互换合同，买了一年的燃料油，就把天然的"选择权"抛弃了。

投行的方案：①投行以低于当前燃料油的价格供应电厂燃料；②附加一个条件，投行有权不供给电厂燃料油，但是可以提供等值的天然气。

上述方案，对于电厂来说，只要燃料成本不变，投行是提供燃料油还是天然气无所谓，只要换一个天然气喷头即可使用。但对于投行来说，意义不同。因为方案给了投行一个选择权，而且选择权的价格可以部分返还客户，使供给燃料的价格低于最低燃料油的价格。这个选择权就是衍生产品的设计环节的一个亮点，它使得衍生品可以用来分配价值。现实中，企业套保活动放弃了很多固有价值。投行介入，通过财务、衍生品的设计，可以使企业的利润率不断升高。

产品实例 3

客户觉得油价低，希望寻求高收益的原油指数产品。由于高收益意味着杠杆，如果买期货，油价震幅超过 20%，杠杆率高的话，超过 20% 的时候会强制平仓，客户又不希望损失太多。如何为客户的市场观点保驾护航？一般的方案是建议客户买看涨期权，付出一定的权益金，以获得高收益杠杆。如果客户说敲出获益的概率太低，那就降低一些期权费。

投行的方案：设计一个产品，让客户买一个敲出的看涨期权，敲出价是 42%，行权 60%，往 60% 走的时候客户的收益大幅度上涨，客户付出很少的权益金。

五、其他思考

产品设计有边界、有限制，这是任何一个销售要好好考虑的，也是任何一个金融工程师要真正理解的东西，设计不是数学问题，而是可能性的边界问题。首先，定价能力有边界。金融建模能力、数学能力、对市场的研究能力等都有边界。例如，流动性比较差的标的物，在场内找不到相应的期权产品，是否可以卖出标的物的场外期权？理论上可以，因为可用动态对冲方法把期权风险对冲掉。但是动态风险对冲有很大风险，因为波动性没有办法准确对冲。如何较为准确地获得市场的波动性过程，这是市场研究能力，也是金融建模能力。此外，还有关联性风险、风险管理平台自身的风险。其次，风险管理能力有限制。在场内做对冲，要有一定交易能力，而且要对风险有一定认识，清楚哪些风险不可能消除。再次，信用风险管理能力有限制，包括信用线的控制、动态信用的趋势。最后，还有法律风险、商誉风险等管理能力限制。

第六节　金融产品创新管理部

作为国内商业银行的领军人，中国工商银行（以下简称"工行"）于 2007 年率先在业内成立了产品创新管理部，专门负责组织、推动和协调全行产品创新工作。在总行产品创新管理部的推动下，全行上下以空前未有的热情，激发人人独特的创新精神，使全行的创新智慧得以更好地凝聚，掀起了工行创新的新浪潮！

自中国工商银行率先成立产品创新管理部后，国内同业纷纷效仿。金融科技浪潮掀起了市场竞争格局和应对方式的巨大改变，产品创新管理工作越来越重要，需要更加贴近一线，更加结合信息技术，各金融企业为此积极调整相应的组织设置。

一、成立产品创新管理部的由来

随着工行新一代银行系统的顺利推广，一大批临时抽调参与项目的业务和技术人员纷纷返回原分行。由于总行成立了开发中心和数据中心，调入和招聘了常驻技术力量，并在工作中逐渐成长起来，形成了一支集中稳定的 IT 队伍。借调技术人员的离去，并不会对系统的持续开发和运行维护带来影响。业务方面则因没有相应的常设组织，无法培养沉淀下一支能够长期从事 IT 应用相关工作的集中稳定队伍。

当业务方面根据市场和经营管理情况，提出涉及 IT 的创新想法时，只能延续临时组建项目业务团队的做法。总行本部可以使用的人员十分有限，大多需要从分行借调。分行一般不会选派自己的业务能手，以确保自身业绩任务的达成，也不会重复选派以往参与过总行项目的人员，避免造成员工长时间出差影响家庭生活。除非总行直接点名，一般分行会安排新人参与项目学习锻炼。

业务人员的频繁变动，造成后续项目难以继承前期的知识经验积累，业务思路常常摇摆。很多所谓创新优化是在原地重复打转，新来者否定前面人员的需求做法，很快又被后面借调人员改回来。大家感觉非常挫败，付出了很大努力，却难以带来有效进步。强烈希望行里能够建立一支固定的业务团队，负责从业务方面开展 IT 战略的实施工作。有些业务部门试图在自己部门内将相应的队伍拉起来，但都被人力资源部门以总部编制有限为由否定了。

这事拖了很长时间，直到 IT 部门忍不下去了，决定把这事揽过去。设想的方案是利用开发中心还有编制的条件，设立相应的组织，并建立起一支业务专业团队。业务和 IT 工作性质和文化均存在很大差异，让业务人员在 IT 组织内的岗位上长期工作，会造成其对未来自身职业发展方向的困惑。

行长亲自参加新部门组建会，强调该部门成立的重要性，并提出了殷切的期望。他讲到给该部门起名字的细节，让全体参会人员深深感受到行领导的决心和支持。行里一开始讨论时准备叫产品创新部，但为了增加这个新部门的影响力，以便后续更好地开展工作，他特意要求在名称中增加管理二字的想法只是就事论事，行里则是以战略高度进行部署。后来了解到，行里当时正在研究借助金融电子化浪潮，加大业务和产品创新力度，提高自身经营管理效率和客户服务水平，形成核心竞争优势。为此首先需要在组织上做出调整，给予保证。

二、新部门发挥了重要作用

在行领导和各方面的支持下，新部门很快组建并启动起来。首先制定了一系列制度办法。明确了各相关部门的责任和权力，确定了相互协作的规则和流程。全行每3年制定一次创新发展规划，年度编制创新计划，并据此分配相关资源。所有创新项目需符合战略规划要求，撰写立项方案，提交立项申请。经从风控合规、方案整合、技术可行性、开发和运行投入、市场前景和经济效益等方面评审批准后，方可纳入年度计划予以开发。

经过一年多的努力，该条线组织起一支200多人的业务队伍，为全行创新提供支持，负责组织项目的业务需求编写，与技术团队协调确认需求和实现方案，推动落实项目开发，组织业务验收测试，推动项目投产所必须的相关业务制度建设和配套运营准备工作，配合做好产品培训和营销推广支持，持续跟踪做好产品维护。项目投产半年后，从开发组织、资源投入、市场效果和经济效益等方面进行评估，向全行通报展示。让大家看到开发资源使用状况，以敦促提高资源使用效率。

为改变各部门产品开发各自为政，页面和流程设计随意，相互衔接困难，开发成果无法在后续重复使用的局面，组织制定颁布了产品设计规范。根据客户需求和实际体验反馈结果，对产品本身、产品销售、产品服务和产品管理流程设计中的共性元素加以抽象、提炼，形成一系列原则、规则和示例。规范对于指导同系列和相似产品的创新设计活动，提高产品的标准化程度，作用十分明显，有效促进了产品创新质量和效率提升。

为推动全行的创新工作，积极营造开放进取的创新文化氛围，在内部网站上建立专门区域，向全体员工征集创新点子，逐一安排研究确认。对于确有创意和价值的点子安排实施，并通告表扬和奖励。开展创新研究，把握未来发展创新方向。组织开展年度产品创新评奖活动，奖励做出突出贡献的集体和个人。引导大家注重创新实效，着力提升产品创新价值创造能力。组织产品创新日活动，全面展示最新创新成果。一方面邀请重要客户参加，对外宣传公司创新形象和新产品；另一方面让行里各部门和分行相互学习借鉴。

为便于开展市场营销、信息统计、绩效考核和风险管理等工作，组织建立了产品目录管理体系。依照一定规则，将已投放市场的金融产品相关信息记载形成列表。产品分存款、贷款、结算、代理、银行卡、担保承诺、托管、养老金、投资银行、投资理财、资金交易、电子银行十二大类。产品目录中详细登记了每个产品的代码、名称、分类、简介、客户对象、渠道和品牌名称等基本情况，还包括其他产品相关的特征说明信息。

为确保创新符合最终用户的要求，建立了客户体验室，引进推广客户体验管理方法。通过收集客户购买使用产品的感受和认知等反馈信息，及时发现客户痛点，发掘客户潜在需求，形成优化创新的依据。在创新各阶段，积极运用桌面研究、深度访谈、概念设计、可用性评估、用户调查等一系列客户体验方法，让创新更有章法和针对性，质量效率更高。

随着产品创新管理工作的有效开展，全行创新工作有了长足的进步。产品数量和质量都大幅度提升，客户有了更多的产品服务选择，客户体验明显变好。创新速度明显加快，全行核心竞争能力显著提高。然而，产品创新管理部在职能定位上只能扮演管理和支持的角色，随着一系列填补创新管理和方法空白工作的完成，其作用也逐渐表现出边际效益递减的状况。

三、与时俱进

业务部门可以自主迅速开启创新项目，通过创新实践结果证明项目的作用和价值。技术部门可以交付一套系统，最终证明自身存在的意义。产品创新管理部只有在业务部门允许下，才能接触到业务场景和客户，产生创新创意想法，依赖技术部门才能够将创意转换成实际产品对外服务。技术部门可以和业务部门直接沟通，处于中间位置的产品创新管理部，经常会被漏掉，心理上长期处于不踏实状态。虽然其改变了过去创新无人管理，需求设计低水平重复的局面，但也带来了管理沟通成本增加的新问题。

一个创新项目能否最终产生价值，很大程度上依赖推广运营工作的好坏。该职责天然属于相关业务部门。产品创新管理部收集或研究的一些创意，虽然可以形成项目并完成开发，但若业务部门没有真正认可，没有全力以赴去运营，就难以获得较好的市场收益和价值。业务部门可以借口创意有问题或设计开发实现不完美，轻易推卸掉自身的责任。

有些业务部门自己想做的项目，一开始就可能考虑不周，结局注定不会理想。产品创新管理部虽然可以提出不同意见，但很难阻止其立项开发。当项目经过大量资源投入，最终证明不成功时，业务部门可以借口项目需求设计中有一些具体缺陷，或开发周期太长错过了最佳投产时点，将问题归咎于配合部门，减轻自身的责任。

产品创新管理部员工常有无奈的感觉，成就感低，有劲使不上。一些自认为很好的想法难以被业务部门接受，无法安排开发实现，或者已经开发出了很好的产品，业务部门不愿意积极运营，自己的工作无法在市场上体现出最终价值。明知有些业务部门的想法不靠谱，但毕竟是对方的职责范围，只能按其要求完成需求设计交由技术开发实现，白白浪费了资源。

从产品创新管理部成立的第一天起，干部们就有着极强的生存危机感。努力证明部门存在的必要性，期待通过创造价值让部门找到长期生存下去的理由。但显然该部门从诞生起，职责基因先天决定了其难以在行里占据举足轻重的位置，无法独立给企业的经营发展带来深刻影响。大家心里很清楚，未来该部门存在与否并不会给行里经营状况带来多大改变。

随着金融科技时代的到来，那种制定方案、编写需求、设计开发、试点推广的瀑布式创新模式越来越不符合市场竞争的要求。快速试错、获取数据、迭代优化成为主流创新模式。市场需要敏捷开发，技术和业务必须融合成为一体。产品创新管理部的中间角色随之变得更为尴尬，其创新管理的职责可以并入其他战略综合管理部门去履行，创新实施开发方面的职能更需要贴近市场和业务经营，相关人员队伍应前置并入业务部门。遇到需要跨部门合作的项目，可以通过建立临时组织，会集各部门人员具体负责落实。

第七节　资产证券化产品中的分级设计

一、引子

一个产品融资总额为 8 亿元，分为优先 1 级（75%，AAA 评级）、优先 2 级（13% AA-评级）、次级（12%）资产支持证券。以信贷资产支持证券为例，其操作过程大致为：①银行（发起人）把一大堆贷款打了个包，卖给 SPV（破产隔离机制，只存在于法律意义上的主体）；②发行人（如信托）根据贷款的信用质量给贷款包分池，以这些贷款为抵押，设计分层级的证券，并分别加入一些信用增强的工具；③发行人拿着证券去找评级机构评级，评级机构对证券进行信用分析和现金流结构分析，给出最终评级；④发行人拿到两个以上评级机构的评级，就可以拿去卖给投资者了。

问题： 上述资产证券化过程中，三个级别（优先 1 级、优先 2 级、次级）是依据哪种标准划分出来的？资产池里的某个贷款会不会同时有三个级别？

二、行业专家交流

（一）行业专家1

发行人根据资产质量给资产包分池，并以此为基础设计不同优先级的证券，优先级越高的证券，更优先获得每期来自资产池的固定收益，也就是说优先级越高，证券违约的可能性就越低。基于这种设计，评级公司会根据证券违约的可能性，给出评级。发行人想要获得 AAA 级评级，如果这些证券难以达到目标，就需要发行人提供额外的信用增强，给证券现金流支付增加额外的"保险"。

资产包分池是由一定贷款信息决定的。每笔贷款都包含必要的质量信息，供发行人判断贷款的信用风险。信用风险低的贷款会被划分到优先级资产池。例如，美国 MBS 设计里，一般会认为贷款人信用评分在 680 分的贷款为优质贷款。

资产池里的某个贷款会不会同时有三个级别？不会。贷款究竟划分在哪个层级资产池，基本依据还是信用风险。一般情况下，一笔贷款只存在一个信用评估结果，所以一般不会被拆分至不同层级。评级是针对证券的，贷款以资产池的形式作为抵押，所以贷款本身没有级别。

（二）行业专家2

资产证券化是用基础资产所产生的稳定现金流作为偿付支持，通过分层结构进行信用增级，在此基础上发行资产支持证券的业务活动。为什么说分层结构是一种增信措施呢？这是因为资产证券化产品的还款顺序一般是这样的，收集的现金流先对优先级还本付息，还完之后再还夹层，最后还有剩余还次级。也就是说，优先级还本付息最可靠。假如说优先级越少，夹层和次级越多的话，就越充分地保障了优先级的顺利偿还（优先级偿还压力小）。从这个意义上说，劣后级就对优先级提供了增信。

分层结构在很多计划说明书中都可以看到，比如说优先级 A 优、优先级 B、次级，分别对应优先级、夹层、劣后级。优先级 A 到次级依次风险越来越高，利率越来越高，流动性越来越差。

资产证券化是如何进行分层的？优先、次优、劣后是 ABS 的管理人为了使产品达到预定的评级结果、满足潜在投资人的要求，以及根据过往的销售经验而设定的，有的 ABS 产品没有次优，也有些非标的 ABS 产品是平层（产品不分级）；至于优先和次优的评级结果，是评级公司根据资产池的基础资产资质（影子评级、集中度等）、基础资产现金流对优先级的覆盖倍数、外部增信（差额支付人的主体、保证金、担保人主体）对现金流覆盖倍数的保障强度，以及劣后的比例而确定的。优先、次优的占比是评级公司通过内部的数据模型（包括常见的现金流压力测试）而确定的。

（三）行业专家3

资产池分为两端，一端是基础资产（资产端），另一端是投资人（证券端）。分级是证券端的概念，与资产端没有一一的对应关系。

常见的现金流分配机制是这样的：基础资产产生的现金流，从资产端流入证券化的资产池（现金流入），归集后在付息日支付给证券端各投资人（现金流出，站在资产池也就是 SPV 的角度看）。这个现金流出一部分作为投资人的投资收益（按事先约定好的收益率，比如优先 A-4%，优先 B-4.5%，劣后不付息）；支付完这部分剩下的另一部分现金流，则开始依序（优先 A-、优先 B-、劣后）偿付各级的本金，因此各级证券的到期时间一般也是不同的。

原理在于，按照偿付顺序，如果出现无法足额偿付，最先损失的是劣后级投资。优先 A 受到优先 B 和劣后的缓释保护，优先 B 只受到劣后的缓释保护，劣后级风险最大，所以一般也会通过定价压缩前面各级的收益率，给劣后级留出一定现金流作为超额收益。因此，优先 A-75%，优先 B-12%，劣后-13%。

那么就是先流入先偿付的 75% 本金对应的是优先 A 级，之后的 12% 是 B 级，最后的是次级本金和超额收益。

那么有没有可能，一个资产产生的现金流，横跨两个、三个甚至更多层级？当然有可能，只要这个资产的存续期够长，在优先 A 甚至优先 B 到期之后还在产生现金流即可。

（四）行业专家 4

可以把 Cash CDO 想象成一个公司，资产是公司的未来收入，证券是公司的未来偿付。偿付的钱来自公司的收入，但是受偿人并不关心给的钱来自哪一个特定的资产，所有的资产端的收入都是汇总后按照优先级依次划分给受偿人的。

但是设计 Tranche 的时候肯定也要考虑资产的情况，就好比开一个公司必须要先了解未来业务的收入，再决定能够以什么样的成本举债。这里面就有一个平衡。作为公司来说，显然负债成本越低越好，也就是高优先级债券的比重越大越好，这样可以少付点钱。但是高优先级债券要是比重太大，就无法保证还款的可靠性。所以在设计分级比例的时候，通常要跑很多 Scenario，研究未来所有可能的资产现金流。比如说违约，就会导致资产端现金流的前移（WAL 降低），同时导致未来现金流的减少，那高优先级债券很可能就无法偿还了。Tranche 的分层就是很大程度上要契合未来现金流的形状，使得在大部分情况下在未来的每一个时间点资产端产生的现金流大于等于证券端需要偿付的现金流，尤其是 AAA 的现金流，从而保证在 99.99% 的情况下能够按时偿还。这其实是一个很有技巧性的工作，因为你要对冲的是未来每个时间点上的变化。

（五）行业专家 5

在美国，典型的投资人包括各国央行（MBS 为主，因为流动性好，风险略高于国债）、保险公司、两房、境外投资人、银行、养老金、REIT、发债人、信用社、公募基金、对冲基金。

银行一般偏好短期现金流，基金偏好中期现金流，保险公司偏好长期现金流。就风险偏好而言，对冲基金的风险偏好最高，受约束最少。保险公司风险偏好一般较低，也有对投资品评级要求的规定。

分级就是一种把现金流按投资者（随市场变化）需求来拆分的方式，有些级别承受较大风险，相应期望回报也更高。有些级别的现金流长度相对固定，有些相对承受现金流长短变化的风险。具体的分级方法，推荐阅读《抵押支持证券：房地产的货币化》。虽然仅仅是针对 MBS，但其他像 CDO、ABS、CMBS，也挺类似的。

基本的有 Sequential，引入现金流优先级，自然也分成了短、中、长的级别。PAC 和 TAC 这种分级，相对复杂一点。

简单地说，分级设计就是设定一系列规则来按优先级分配利息或本金，或者两者皆有。譬如可以分离成 Interest Only（IO）级，只接受利息，不接受本金现金流，Principal Only 只接受本金。浮动利率可以分割成 Floater 和 Inverse Floater。总的来说，目的就是拆开现金流以后，每一块的需求比不分级前要大，可能总体价格也略高（Arbitrage），流动性也更好。

（六）行业专家 6

假设有 100 个人借了 "京西黑条"（借款业务），每个人借了 1000 元，加起来就是 10 万元。每个人到一年后要还 1100 元，到时候总共还 11 万元。"京西黑条" 业务共有三个投资者，假设甲、乙、丙。甲买了优先 1 级（占比 75%，AAA 评级）、乙买了优先 2 级（占比 13%，AA 评级）、丙买了次级（占比 12%，C 评级）。三个加起来总共花了 10 万元买这些债券，平均利率 10%。到期，如果黑条借款人都按时还了钱的话，总共能收到 11 万元。然而，如果到期只有一部分人还了钱，那如何分配已收回的还款？

按照上面的层级来看，收回的钱，先用来支付甲（优先 1 级）的应得的收益。如果收回来的钱都不够支付甲一个人应得的收益的话，乙（优先2级）和丙（次级）一分钱都拿不到。如果甲拿完钱后还有余款，则轮到乙（优先2级）拿钱。如果余款不够支付乙（优先2级）应得的收益，那么丙（次级）什么也得不到。如果余款足够偿还乙（优先2级）应得的那部分，则剩余的都是丙（次级）的。

可以看出，甲拿不到收益的风险相当低，而乙就比较危险了；丙的投资是最没有保障，也是最可能亏钱的那个。那么，凭什么甲的收益很安全而乙的危险呢？答案是价格。

上面的平均收益率是10%。但实际上很可能是，甲的投资（优先1级）的账面利率只有7%，乙的投资有9%，而丙的投资收益率有28%。按照上面假设的75∶13∶12的比例平均下来，差不多刚好10%。符合高风险高收益原则。

为什么收益分配要搞这么复杂？所有投资者都按10%不就完了吗？现实世界是很复杂的。比如甲其实是一个稳健的银行理财产品的投资经理，按监管规定甲只能投资AAA评级的资产。如果按照所有人都是10%来算，这个产品评级只有B，甲是不能投资的。但是如果是分级成上述产品，可能优先一级的产品的评级就变成AAA了，甲就可以买了。所以说资产证券化分级是非常能够提高销售效率的设计机制的，相当于把一种产品变成了三种产品，来满足更多类型的投资者。

当然，更有意思的是，有可能只有优先一级（超级稳健）和次级（超高收益）卖出去了，没人愿意买优先二级。此时，投资银行会把这些没有人要的优先二级的产品都收过来，然后像上面一样重新进行打包分级，把10个AA评级的又打包成了3个AAA、3个B、4个C级的产品，然后再卖一轮，多收一次费用。

（七）行业专家7

首先厘清一些概念性知识："级"对应不同性质资产，"档"是各级的细分；如果分级划分为优先1、优先2、优先3，通常可以统称为优先级，一般对应现金流；如果分级划分为优先A、优先B和次级，通常优先A就是优先级，只是没有细化，而优先B不对应现金流，而是与C一样对应权益，因此这个"优先B"带有很强的迷惑性，一般称之为夹层或者一般A级，之所以冠以"优先"一说，是因为其清算顺位在次级之前。但具体对应什么资产，需要看产品说明书，目前各级档的名称制定并没有统一标准。例如，云创REIT，其优先级匹配物业租金现金流，形式上是委托贷款本息；次级对应的是物业价值——租金现金流，即剩余权益，形式上是股权。各级穿透其法律架构直击底层资产。

各级如何具体分档？任意分档，只要遵循两个原则：第一，当前级可以匹配对应资产；第二，各档按顺序清算，即同级内各档按比例同步清算，但比次一级各档优先清算。另外又有一个小原则，对应债权类的优先级，前档应比后档存续期更短。但是，这个小原则不需要严格遵守。资产分级表如表15-1所示。

表15-1 资产分级表

级档	总规模（亿元）	利率（IRR）	第1年	第2年	第3年	第4年	第5年	第6年	第7年
优先1级（利息支付）	1.47	0.05	0.066150	0.065489	0.065158	0.064166	0.063173	0.062181	0.060850
优先2级（利息支付）	1.47	0.05	0.070560	0.070560	0.070560	0.069854	0.068796	0.067385	0.065620
优先3级（利息支付）	1.50	0.05	0.078000	0.078000	0.078000	0.077220	0.076050	0.074490	0.072540
优先4级（利息支付）	1.28	0.06	0.070400	0.070400	0.070400	0.069696	0.068600	0.067232	0.065472
优先5级（利息支付）	1.10	0.06	0.063800	0.063800	0.063162	0.062205	0.061248	0.059972	0.058372
优先6级（利息支付）	3.00	0.07	0.195000	0.193050	0.190125	0.188175	0.185200	0.181350	0.176478

级档	总规模 （亿元）	利率 （IRR）	第1年	第2年	第3年	第4年	第5年	第6年	第7年
优先7级（利息支付）	2.50	0.07	0.175000	0.175000	0.173250	0.171500	0.168875	0.165375	0.161000
利息总额	—	—	0.718910	0.716299	0.710651	0.702816	0.692032	0.677985	0.660343
总现金流（亿元）	—	—	1.000000	1.050000	1.102500	1.157625	1.215506	1.276282	1.340096
加权总现金流	—	—	0.769231	0.807692	0.818077	0.890481	0.935005	0.981755	1.030840
本息偿付后加权现金流结余（亿元）	—	—	0.005621	0.003044	0.001375	0.002865	0.003922	0.003120	0.000900
总现金流结余（亿元）	—	—	0.236390	0.245352	0.255798	0.270009	0.284424	0.297647	0.310150
次级可分配金额（亿元）	—	—	0.036390	0.045351	0.055798	0.270009	0.284424	0.297647	0.310180

资料来源：笔者整理。

通常把资产切细，只是为了满足投资人的一些限制，如A机构只能投1年的，B机构只要2年的，C机构要3年的，这样就需要把现金流做一个规划来匹配各家的喜好。表15-2中优先级划分7档是随机的，依据是预计会有5~10家投资机构入场。理论上可以切成1000份，只要能够卖得出去；反过来，只要卖得掉，不分档也行。

（八）行业专家8

资产证券化（ABS）以具备能够形成稳定现金流的基础资产收益权转让和资金跨期配置为产品特点，具备融资租赁的现金流特征，同时也具有信用卡分期偿还的一些特点。任何融资形式，无非是资金的跨期配置，这一点资产证券化也不例外。通过在即刻归集大笔资金，同时在长时期内分笔流出小笔资金，最终实现债权人和债务人权利兑现。

资产证券化产品中，资金融入方（劣后级）出于对资金融出方（优先级）的保护，往往实施内部增信。例如，一个ABS产品，劣后级出资占比A%，剩余则为优先级资金，占比1-A%，如果出现亏损，先亏劣后级的出资（外部增信在此不予讨论）。

假设该ABS产品用于购置固定收益产品C（产品嵌套），收益率X%/年。在ABS产品内部，优先级同样获取固定收益，假设收益率为Y%/年。C产品历史不良率或坏账率假设为Z%/年。

对于资金融入方（劣后级）来说，一年后产品到期兑付，收益率为：$[X\%-Z\%-(1-A\%)\times Y\%]/A\%$。

假设目前市场上无风险利率为4%/年（货币基金利率），以上各参数满足什么关系，对于资金融入方（劣后级）来说，这笔融资划算吗？理论上，只要收益率>4%即可。

读者如果有兴趣了解公式内部各参数的变动关系，不妨进一步拆开以上公式，自己去发现一些小奥秘。

第八节　公募REITs产品方案的核心问题

问题一： 我国公募REITs的基础结构是什么？

2020年8月6日，中国证券监督管理委员会发布了《公开募集基础设施证券投资基金指引（试行）》。

根据《公开募集基础设施证券投资基金指引（试行）》第二条的规定，"本指引所称基础设施基金，是指同时符合下列特征的基金产品：（一）80%以上基金资产投资于基础设施资产支持证券，并持有其全部份额；基金通过基础设施资产支持证券持有基础设施项目公司全部股权；（二）基金通过资产支持证券和项目公司等载体（以下统称特殊目的载体）取得基础设施项目完全所有权或经营权利；（三）基金管理人主动运营管理基础设施项目，以获取基础设施项目租金、收费等稳定现金流为主要目的；（四）采取封闭式运作，收益分配比例不低于合并后基金年度可供分配金额的90%"。第五十条第一款规定，"基础设施基金是指基金通过特殊目的载体持有基础设施项目的整体架构"。根据以上规定，可以总结出公募REITs的基础结构如图15-1所示。

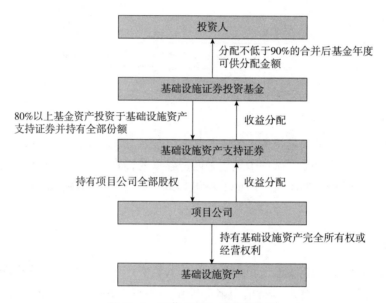

图 15-1　公募 REITs 的基础结构

资料来源：笔者整理。

《公开募集基础设施证券投资基金指引（试行）》明确了目前基础设施基金是指基金通过特殊目的载体持有基础设施项目的整体架构，基础结构中必须包含基础设施基金（又称为"公募基金"）、资产支持证券、项目公司、基础设施项目几个要素。公募REITs产品采用"公募基金+资产支持证券（ABS）"的基础结构。如图15-2所示，公募REITs的基础结构第一层为公募基金，公募基金向公募REITs投资者募集资金，将募集资金用于购买基础设施资产支持证券的份额；基础结构第二层为基础设施资产支持证券，基础设施资产支持证券持有项目公司全部股权；基础结构第三层为项目公司，项目公司直接持有基础设施资产完全所有权或经营权利。

"公募基金+资产支持证券（ABS）"的基础架构是基于中国现行法律体系并参考境外实践案例设计出来的创新性产品架构。在《中华人民共和国证券法》《中华人民共和国公司法》《中华人民共和国证券投资基金法》《公开募集证券投资基金运作管理办法》《证券公司及基金管理公司子公司资产证券化业务管理规定》等法律法规及规范性文件的要求下，中国公募REITs产品可以采用公司型模式或基金型模式，但公司型模式中投资人持有的是公司股权，基金型模式中投资人持有的是基金份额，基金型模式相比之下权责分配机制更加清晰。根据《中华人民共和国证券投资基金法》规定，公开募集基金的基金财产不能直接投资于非上市公司股权。"公募基金+资产支持证券（ABS）"通过基础设施资产支持证券持有基础设施项目公司全部股权，取得基础设施项目完全所有权或经营权利，规避了公募基金不能直接投资于非上市公司股权的限制，同时反向搭建了基础设施不动产项目的上市流通机制。我们也梳理了首批成功发行的基础设施公募REITs项目，也均采用了这一基础架构。

问题二：基础资产的重组和入池关注要点有哪些？

1. 基础资产重组的主要方式

目前我国公募REITs基础资产重组程序主要经历选定剥离资产成立项目公司、搭建股债结构、完成专项计划端的重组交易三个环节。此问题下的资产重组方式主要是指针对标的基础资产进行重组，使其单独由项目公司持有，同时为之后进行转让项目公司股权并优化交易税务成本做准备。根据相关法律及实践案例通常采用四种方式。

（1）国有资产划转模式。《企业国有产权无偿划转管理暂行办法》第二条规定，"本办法所称企业国有产权无偿划转，是指企业国有产权在政府机构、事业单位、国有独资企业、国有独资公司之间的无偿转移。国有独资公司作为划入或划出一方的，应当符合《中华人民共和国公司法》的有关规定"。《企业国有产权无偿划转工作指引》第二条规定，"国有独资企业、国有独资公司、国有事业单位投资设立的一人有限责任公司及其再投资设立的一人有限责任公司（以下统称国有一人公司），可以作为划入方（划出方）。国有一人公司作为划入方（划出方）的，无偿划转事项由董事会审议；不设董事会的，由股东作出书面决议，并加盖股东印章。国有独资企业产权拟无偿划转国有独资公司或国有一人公司持有的，企业应当依法改制为公司"。

基于上述规定，企业国有产权无偿划转是指企业国有产权在政府机构、事业单位、国有独资企业、国有独资公司之间的无偿转移。只有在划入方和划出方都是国有独资的条件下才能符合无偿划转的条件。如果项目原始权益人为国有独资企业，即可采用该模式将标的基础资产剥离至项目公司。

例如，在红土创新盐田港项目《法律意见书》中，就对这类重大资产重组的合法性、有效性展开分析：根据《无偿划转协议》的约定、盐田港集团出具的相关决议文件，项目公司通过资产划转方式取得基础设施项目的全部权益，具体而言：根据盐田港集团与项目公司签署的《无偿划转协议》，盐田港集团出具的内部决议以及盐田港集团向项目公司出具的《关于无偿划转现代物流中心和世纪物流园的通知》，盐田港集团向项目公司无偿划转基础设施项目，自项目公司取得基础设施项目不动产权证书的日期（"资产交割日"）起，项目公司正式成为基础设施项目的所有权人。双方已确定本次无偿划转原则上应以2020年7月31日为基准；基础设施项目划转时对应的账面价值应根据该等资产在交割时或实际办理产权转移登记时的账面价值确定。完成前述资产划转后，项目公司就基础设施项目相对应的土地使用权和房屋所有权取得了可以整体转让且未附带抵押限制的《不动产权证书》。综上，盐田港集团向项目公司无偿划转基础设施项目符合《企业国有产权无偿划转管理暂行办法》规定的资产无偿划转条件及相应批准程序；并且项目公司已经就基础设施项目取得了登记在其名下的《不动产权证书》，上述基础设施项目的无偿划转合法、有效。

（2）资产出资模式。《中华人民共和国公司法》第二十七条规定，"股东可以用货币出资，也可以用实物、知识产权、土地使用权等可以用货币估价并可以依法转让的非货币财产作价出资；但是，法律、行政法规规定不得作为出资的财产除外。对作为出资的非货币财产应当评估作价，核实财产，不得高估或者低估作价。法律、行政法规对评估作价有规定的，从其规定"。

《财政部　国家税务总局关于继续支持企业　事业单位改制重组有关契税政策的通知》第六条规定，"……同一投资主体内部所属企业之间土地、房屋权属的划转，包括母公司与其全资子公司之间，同一公司所属全资子公司之间，同一自然人与其设立的个人独资企业、一人有限公司之间土地、房屋权属的划转，免征契税。母公司以土地、房屋权属向其全资子公司增资，视同划转，免征契税。"

基于上述规定，资产出资模式是指原始权益人使用标的基础资产（非货币性资产）直接出资设立新的项目公司或者以标的基础资产（非货币性资产）对原项目公司进行增资扩股。例如，在建信中关村产业园封闭式基础设施证券投资基金项目中，中关村软件园公司以标的基础设施项目的房屋所有权及其对应的土地使用权实缴出资至项目公司，并办理前述标的基础设施项目的房屋所有权及其对应的土地使用权转让的不动产登记手续。评估公司对增资所涉及的资产和负债出具了评估报告，北京市科学技术委员会、中关村科技园区管理委员会就上述增资资产评估项目进行核准，中关村软件园公司对项目公司对非货币财产出资履行完毕国有资产评估及其核准程序。

（3）公司分立模式。《中华人民共和国公司法》第一百七十五条规定，"公司分立，其财产作相应的分割。公司分立，应当编制资产负债表及财产清单。公司应当自作出分立决议之日起十日内通知债权人，并于三十日内在报纸上公告"。第一百七十六条规定，"公司分立前的债务由分立后的公司承担连带责任。但是，公司在分立前与债权人就债务清偿达成的书面协议另有约定的除外"。

基于上述规定，公司分立模式是指原始权益人通过把标的基础资产以分立形成单独装入新的项目公司，原始权益人取得分立后新的项目公司的股权，从而形成新的项目公司仅持有标的基础资产。例如，博时蛇口产业园项目中就使用了该模式。博时蛇口产业园项目的项目公司为深圳市万融大厦管理有限公司、深圳市万海大厦管理有限公司，2020年6月10日，招商创业股东招商蛇口做出了《招商局蛇口工业区控股股份有限公司关于深圳市招商创业有限公司分立、存续公司减少注册资本的决定》，同意招商创业以2020年5月31日为分立基准日，以派生分立的形式分立为存续公司招商创业和包括项目公司（万融）在内的四家派生分立公司。2020年6月11日，招商创业在《深圳特区报》上发布了《深圳市招商创业有限公司关于分立、存续公司减少注册资本的公告》，向招商创业债权人公告了招商创业拟进行派生分立及减少注册资本等相关事宜。2020年8月20日，招商创业及招商蛇口签署了《债务清偿及担保情况说明》，对招商创业分立前的债务由分立后存续的招商创业与派生分立产生的包含项目公司的四家公司向所有债权人承担连带清偿责任进行了说明。2020年8月26日，招商创业、招商蛇口与包括项目公司在内的四家派生分立公司共同签署了《深圳市招商创业有限公司分立协议》，对招商创业进行公司分立等事项进行了约定。

（4）资产转让模式。资产转让模式是指原始权益人将标的基础资产直接通过资产转让的方式转至项目公司（或新设的项目公司）。此种方式中如资产增值较大（特别是土地、房产等资产类型），则涉及的转让税费较大，在实践操作中较少使用。如果项目公司中除了标的基础资产外，还有少量的其他需剥离资产，则反而可以考虑用资产转让的方式将该需剥离资产进行剥离。

2. 基础资产重组主要方式的关注要点

通过比较上述几种模式，我们认为在选择公募REITs基础资产重组方式上，应该要考虑的是各个模式下产生的税务成本和时间成本，因此就几种资产重组方式的关注要点进行了梳理：

（1）国有资产划转模式。国有资产划转模式的关注点在于：

第一，根据《企业国有产权无偿划转管理暂行办法》《企业国有产权无偿划转工作指引》等相关规定，该模式只适用于项目原始权益人为国有独资企业。

第二，资产划转并未要求聘请第三方审计对其资产及负债进行清理，根据《国家税务总局关于纳税人资产重组有关增值税问题的公告》的规定，原始权益人需要将全部或者部分实物资产以及与其相关联的债权、负债和劳动力一并转让给项目公司才不属于增值税的征税范围。

第三，根据《财政部 国家税务总局关于继续实施企业改制重组有关土地增值税政策的公告》的规定，标的基础资产里包含土地、房产类资产的，只有在原始权益人和项目公司都属于非房地产开发企业时，才能享受免征土地增值税。

第四，根据《财政部 国家税务总局关于企业重组业务企业所得税处理若干问题的通知》《国家税务总局关于资产（股权）划转企业所得税征管问题的公告》《财政部 国家税务总局关于促进企业重组有关企业所得税处理问题的通知》等规定，标的基础资产划转后连续12个月内，项目公司不改变被划转资产原来实质性经营活动，且划出方企业和划入方企业均未在会计上确认损益的情况下符合特殊重组条件时，可以享受企业所得税免税优惠。

第五，此种模式需要考虑资产划转的价格与股权投资价格不一致时，股权实际转让价款与股权投资成本之间的差额将产生相应的税费。

（2）资产出资模式。资产出资模式的关注要点在于：

第一，根据《财政部　国家税务总局关于全面推开营业税改征增值税试点的通知》的规定，以增资方式将标的基础资产出资至原始权益人的子公司视同为销售，应当缴纳增值税。

第二，根据《财政部　国家税务总局关于继续实施企业改制重组有关土地增值税政策的公告》的规定，标的基础资产里包含房地产类资产的，只有在原始权益人和项目公司都属于非房地产开发企业时，才能享受免征土地增值税。

第三，根据《财政部　国家税务总局关于企业重组业务企业所得税处理若干问题的通知》《国家税务总局关于资产（股权）划转企业所得税征管问题的公告》《财政部　国家税务总局关于促进企业重组有关企业所得税处理问题的通知》等规定，标的基础资产划转后连续 12 个月内，项目公司不改变被划转资产原来实质性经营活动，且划出方企业和划入方企业均未在会计上确认损益的情况下符合特殊重组条件时，可以与国有资产划转模式一样享受企业所得税免税优惠。

第四，根据《财政部　国家税务总局关于继续支持企业　事业单位改制重组有关契税政策的通知》的规定，母公司以土地、房产权属向其全资子公司增资视同为划转，免征契税。

（3）公司分立模式。公司分立模式的关注要点在于：

第一，根据《国家税务总局关于纳税人资产重组有关增值税问题的公告》，纳税人在资产重组过程中，通过合并、分立、出售、置换等方式，将全部或者部分实物资产以及与其相关联的债权、负债和劳动力一并转让给其他单位和个人，不属于增值税的征税范围，其中涉及的货物转让，不征收增值税。

第二，根据《财政部　国家税务总局关于继续实施企业改制重组有关土地增值税政策的公告》的规定，标的基础资产里包含房地产类资产的，只有在原始权益人和项目公司都属于非房地产开发企业时，才能享受免征土地增值税。

第三，根据《财政部　国家税务总局关于企业重组业务企业所得税处理若干问题的通知》第五条的规定，"……（三）企业重组后的连续 12 个月内不改变重组资产原来的实质性经营活动。（四）重组交易对价中涉及股权支付金额符合本通知规定比例。（五）企业重组中取得股权支付的原主要股东，在重组后连续 12 个月内，不得转让所取得的股权"。公司分立模式中，当所有股东按原持股比例取得分立企业的股权时，采用分立模式转移标的基础资产才能达到重组条件，项目公司股东在 12 个月内不得转让所取得的股权，否则无法享受免税优惠。

第四，根据《财政部　国家税务总局关于继续支持企业　事业单位改制重组有关契税政策的通知》的规定，公司依照法律规定、合同约定分立成为与原公司主体相同的公司，对分立后公司承受原公司土地、房屋权属，免征契税。

问题三：如何在公募 REITs 中搭建股债结构？

1. 为什么搭建股债结构

根据首批公募 REITs 项目及以往类 REITs 产品的交易结构，基础设施资产支持证券对项目公司一般采用"股权投资+债权投资"（包括直接投资或间接投资）的投资形式。股债结构搭建是指公募 REITs 在基础设施资产支持证券投资项目公司时设置合理的股权债权投资比例。究其缘由，搭建股债结构具有以下三点优势。

（1）能够弱化权益资本，减少企业所得税缴纳额。根据《财政部　国家税务总局关于企业关联方利息支出税前扣除标准有关税收政策问题的通知》中的规定，"根据《中华人民共和国企业所得税法》（以下简称税法）第四十六条和《中华人民共和国企业所得税法实施条例》（国务院令第 512 号，以下简称实施条例）第一百一十九条的规定，现将企业接受关联方债权性投资利息支出税前扣除的政策问题通知如下：一、在计算应纳税所得额时，企业实际支付给关联方的利息支出，不超过以下规定比例和税法及其实施条例有关规定计算的部分，准予扣除，超过的部分不得在发生当期和以后年度扣除。企业实际支付给关联方的利息支出，除符合本通知第二条规定外，其接受关联方债权性投资与其权益性投资比例为：

（一）金融企业，为 5∶1；（二）其他企业，为 2∶1"。

搭建股债结构后，如债权性投资与权益性投资比例不超过 2∶1，项目公司收益分配方式从股息分红调整为债务资本利息，适用上述税前扣除政策，企业实际支付给关联方的利息支出在计算应纳税所得额时准予税前扣除。

（2）能够提供持续稳定的现金流，满足相关监管规定。根据《国家发展改革委办公厅关于做好基础设施领域不动产投资信托基金（REITs）试点项目申报工作的通知》第三（九）条规定，"现金流持续稳定且来源合理分散，投资回报良好，近 3 年内总体保持盈利或经营性净现金流为正。预计未来 3 年净现金流分派率（预计年度可分配现金流/目标不动产评估净值）原则上不低于 4%"。《公开募集基础设施证券投资基金指引（试行）》进一步明确了基础设施项目现金流相关的具体要求。

上述规定要求项目预计未来 3 年净现金流分派率原则上不低于 4%，即对基础资产分红比例做出强制性要求，说明了基础资产是否具备产生持续稳定现金流的能力是审核部门关注的重点。基础资产现金流实现持续稳定依赖于项目负责人员的运营能力，那么搭建股债结构在一定程度上可以规避因运营问题导致的现金流不稳定风险。以富国首创水务项目为例，在《招募说明书》中就对基础设施资产现金流情况和预测进行分析，从现金流的产生基于真实合法的经营活动、形成基础设施资产的法律协议或文件合法有效、价格符合相关规定来论证基础设施资产现金流的真实性，从项目运营时间、历史现金流独立性和稳定性、收入是否基于市场化运营产生、收入是否存在第三方补贴等非经营性收入、是否存在现金流提供方的集中度风险来论证基础设施资产现金流稳定性、分散度，最后就基础设施资产未来现金流预测方法展开详细的阐述。

（3）能够降低基础资产折旧摊销费用，减少经营性资金沉淀。根据公募 REITs 相关法规，基础设施包括仓储物流，收费公路、机场港口等交通设施，水电气热等市政设施，污染治理、信息网络、产业园区等其他基础设施，不含住宅和商业地产。

上述基础设施项目大多为重资产项目，因其核心资产的账面价值较大需在项目公司表内计提大额折旧摊销费用。根据《中华人民共和国公司法》第一百六十六条，在扣除折旧摊销费用后，股权分红收益部分还需提取相应的盈余公积金，公司弥补亏损和提取公积金后所余税后利润可以用于分配。在此规定下，单纯的股权投资模式会导致大量经营现金沉淀在项目公司。因此搭建股债结构能够降低基础资产折旧摊销费用，减少经营性资金沉淀。例如，在华安张江光大园项目中，在基础资产现金流预测分析章节中，因园区涉及大量投资性房地产，因此在计算未来营业成本的时候重点分析该类资产的折旧摊销的费用对未来现金流的影响。

2. 如何搭建股债结构

根据首批已发行的 9 单基础设施公募 REITs 项目，实践中采用的股债结构搭建方式有两种。

（1）专项计划直接发放股东借款模式。

以富国首创水务项目、东吴苏州产业园项目、中金普洛斯仓储物流项目、平安广州交投广河高速项目为例，均采用"专项计划直接发放股东借款"的方式搭建股债结构。以此种方式搭建股债结构，首先要求项目公司存在合适的存量债务，即重组前项目公司的对外负债应当是体现在会计账簿中的非或有债务，主要包括项目公司金融机构贷款、项目公司股东给项目公司提供的借款、项目公司减资后应对公司股东分配的减资财产等。此外，要求原始权益人底层资产未因存量债务问题被设定权利限制。满足上述条件后，专项计划管理人（代表资产支持专项计划）可以收购原始权益人持有的项目公司股权，将募集资金用于向项目公司发放新增的股东借款以置换存量债务，并明确约定新增的股东借款的用途，如用于支付原股东分红款、偿还项目公司其他借款本息等。

以富国首创水务项目为例，在《招募说明书》关于基础设施基金首次发售后的交易安排和基金募集情况部分中披露了相关安排，计划管理人（代表专项计划）根据《股权转让协议》约定的付款安排，向计划托管人发出划款指令，指示计划托管人将专项计划资金中对应转让价款的金额划拨至原始权益人指定的账户，用于购买基础资产（即原始权益人持有的"标的股权"）。计划管理人还应根据《股东借款协议》《增资协议》（如有）的约定，向计划托管人发出划款指令，指示计划托管人将专项计划资金中对应金额的资金划付至项目公司指定的账户，用于向项目公司提供借款或增资（如有）。募集资金在预留公募REITs运行所必需的现金储备后拟全部投资于专项计划，由专项计划向原始权益人支付购买项目公司股权的股权转让款，并通过发放股东借款和增资等方式向项目公司追加投资。

（2）收购存量债权模式。

以红土创新盐田港项目、浙商杭徽高速项目、中航首钢生物质项目、博时蛇口产业园项目为例，均采用"收购存量债权"的方式搭建股债结构。该模式适用于存量债务不足的情况，可以通过反向吸收合并SPV公司、股权转让款递延支付、项目公司会计政策调整、项目公司减资等安排构建可供收购的存量债权。上述项目均采用此种模式搭建股债结构，但构建方式存在区别。

红土创新盐田港项目使用"反向吸收合并SPV公司"的方式搭建股债结构：首先，原始权益人在基金成立之初持有新设SPV公司100%的股权及债权，SPV公司持有项目公司100%的股权。原始权益人通过股东借款的方式向SPV公司发放贷款。其次，专项计划管理人（代表资产支持专项计划）购买原始权益人持有的SPV公司100%的股权及债权并支付相应的转让价款。最后，在完成上述收购后，项目公司反向吸收合并SPV公司并承继SPV公司的股东借款。完成后项目公司存续，SPV公司注销，资产支持专项计划能够直接享有项目公司的股东借款债权。

中航首钢生物质项目使用"股权转让款递延支付+反向吸收合并SPV公司"的方式搭建股债结构：第一步，首钢基金新设SPV公司，SPV公司收购首钢环境名下项目公司100%的股权，但并未支付全部股权转让价款，未支付的股权转让价款形成首钢环境对SPV公司享有的债权。第二步，首钢基金受让首钢环境对SPV公司享有的债权，未支付全部债权转让价款，未支付的债权转让价款形成首钢基金对SPV公司享有的债权。第三步，专项计划管理人（代表资产支持专项计划）购买首钢基金持有的SPV公司100%的股权及债权。首钢基金取得上述转让价款后向首钢环境支付剩余的债权转让价款。在完成上述收购后，项目公司反向吸收合并SPV公司并承继SPV公司的债权。

博时蛇口产业园项目使用"项目公司会计政策调整+反向吸收合并SPV公司"的方式搭建股债结构：第一步，博时资本新设两家SPV公司，专项计划管理人（代表资产支持专项计划）收购博时资本持有的两家SPV公司100%的股权及债权，并与两家SPV公司签署《SPV公司投资协议》；第二步，SPV公司和原始权益人签署《项目公司股权转让协议》，并由一家SPV公司向银行申请并购贷款用于购买原始权益人持有的项目公司100%的股权；第三步，因项目公司的基础资产为投资性房地产，因而将基础资产的成本计量方式调整为公允价值计量方式，会计政策调整后产生的差额部分形成未分配利润，SPV公司取得对项目公司应收债权，继而资产支持专项计划取得对SPV公司的应收债权；第四步，在完成上述会计调整后，项目公司反向吸收合并SPV公司并承继SPV公司的债权。

浙商杭徽高速项目使用"项目公司减资"的方式搭建股债结构：在项目公司具备充足的实缴注册资本的前提下，公司股东同意按照持股比例同比例减资，项目公司不进行实际减资款的支付，形成应付减资款。之后专项计划管理人（代表资产支持专项计划）收购公司股东持有的全部项目公司股权及因减资安排形成的债权。完成后资产支持专项计划继而成为项目公司股东并取得上述债权。

问题四：公募REITs的杠杆比问题及如何加杠杆？

《公开募集基础设施证券投资基金指引（试行）》第二十八条规定，"基础设施基金成立前，基础设施项目已存在对外借款的，应当在基础设施基金成立后以募集资金予以偿还，满足本条第二款规定且不存在他项权利设定的对外借款除外。基础设施基金直接或间接对外借入款项，应当遵循基金份额持有人利益优先原则，不得依赖外部增信，借款用途限于基础设施项目日常运营、维修改造、项目收购等，且基金总资产不得超过基金净资产的140%。其中，用于基础设施项目收购的借款应当符合下列条件：（一）借款金额不得超过基金净资产的20%；（二）基础设施基金运作稳健，未发生重大法律、财务、经营等风险；（三）基础设施基金已持基础设施和拟收购基础设施相关资产变现能力较强且可以分拆转让以满足偿还借款要求，偿付安排不影响基金持续稳定运作；（四）基础设施基金可支配现金流足以支付已借款和拟借款本息支出，并能保障基金分红稳定性；（五）基础设施基金具有完善的融资安排及风险应对预案；（六）中国证监会规定的其他要求。基础设施基金总资产被动超过基金净资产140%的，基础设施基金不得新增借款，基金管理人应当及时向中国证监会报告相关情况及拟采取的措施等"。

根据上述规定，对公募REITs杠杆率的规定较为明确，可能是由于基础设施REITs尚处于市场初期，监管部门在杠杆问题上持谨慎态度。对于基础设施基金成立前的存量借款，应当在基础设施基金成立后以募集资金进行偿还，满足一定条件并且不存在他项权利设定的对外借款可以不用偿还。对于基础设施基金存续期的新增借款，允许基础设施基金直接或间接对外借入款项，不得依赖外部增信，借款用途限于基础设施项目日常运营、维修改造、项目收购等，基金总资产不得超过基金净资产的140%（换算成资产负债率要求不超过28.57%），借款金额不得超过基金净资产的20%（换算成资产负债率要求不超过16.67%）。在实际操作过程中，基础设施REITs也可以项目公司为借款主体，申请经营性物业抵押贷款，来用于存量债务的置换。

问题五：公募REITs募集资金用途安排？

《公开募集基础设施证券投资基金指引（试行）》第二十五条规定，"基础设施基金成立后，基金管理人应当将80%以上基金资产投资于与其存在实际控制关系或受同一控制人控制的管理人设立发行的基础设施资产支持证券全部份额，并通过特殊目的载体获得基础设施项目全部所有权或经营权，拥有特殊目的载体及基础设施项目完全的控制权和处置权。前述行为应当按照相关法律法规关于重大关联交易要求履行适当程序、依法披露"。

《中国证监会 国家发展改革委关于推进基础设施领域不动产投资信托基金（REITs）试点工作的通知》第三（四）条规定，"加强融资用途管理。发起人（原始权益人）通过转让基础设施取得资金的用途应符合国家产业政策，鼓励将回收资金用于新的基础设施和公用事业建设，重点支持补短板项目，形成投资良性循环"。

根据上述规定及相关政策文件，国家鼓励将基础设施基金募集资金用于国家重大战略区域范围内的重大战略项目、新的基础设施和公用事业项目建设，即主要用于新的基础设施项目建设（比例原则上不低于80%）。在符合国家政策和企业主营业务要求的条件下，回收资金可以跨区域、跨行业使用。拟新投资的基础设施项目应当真实存在，并且前期工作相对成熟。向发展改革委申报的时候，需要说明项目建设地点、行业、建设内容和规模、总投资、预期经济社会效益、前期工作进展等情况，还需要向发展改革委提供回收资金用途情况的真实性证明材料或承诺函。

例如，在博时招商蛇口产业园项目中，明确基金原始权益人招商蛇口转让基础设施项目回收资金用途主要用于投资新的基础设施项目建设，募集资金投资项目包括招商局智慧城A5、C地块一期和二期项目、武汉高新网谷园区项目、杭州运河网谷项目、青岛网谷汇智园项目及海门开发区邮轮配套产业园，并具体介绍了投资项目的所属行业、建设地点、建设内容、建设规模、总投资、预期经济社会效益和前期工作进展。

问题六：公募REITs终止清算时的资产处置？

《公开募集基础设施证券投资基金指引（试行）》第四十五条规定，"基金管理人应当在基金合同中明确约定基金合同终止的情形。触发基金合同终止情形的，基金管理人应当按照法律法规规定和基金合同约定组织清算组对基金财产进行清算。基金清算涉及基础设施项目处置的，基金管理人应当遵循基金份额持有人利益优先的原则，按照法律法规规定进行资产处置，并尽快完成剩余财产的分配。资产处置期间，清算组应当按照法律法规规定和基金合同约定履行信息披露义务"。

基于上述规定，公募REITs终止时，基金管理人应当遵循基金份额持有人利益优先的原则，按照法律法规规定和基金合同约定组织清算组进行基金财产清算、资产处置、完成剩余财产的分配、约定履行信息披露等义务。

参考实际操作案例，已发行成功的项目中大部分基金合同都约定了基金财产处置事项，其中博时蛇口产业园项目及中航首钢生物质项目都约定了基金终止清算时资产处置的具体方式，博时蛇口产业园项目资产处置方式包括移交基础设施项目、产权交易所挂牌转让，中航首钢生物质项目资产处置方式包括移交基础设施项目、首钢集团或指定关联方行使优先收购、市场化方式处分基础设施项目、公开拍卖。

在博时蛇口产业园项目中，《基金合同》第二十二部分约定了基金财产处置事项：①基金财产清算小组聘请第三方专业评估机构对拟处分标的（资产支持证券、SPV股权、项目公司股权、债权或基础设施项目）进行评估并确定评估价值。②标的评估价值确定后，基金财产清算小组将拟处分标的在产权交易所挂牌转让，或采取其他法律认可的方式转让。若在挂牌转让过程中出现流拍，则根据有关主管机构和/或产权交易所要求通过降低基准价方式挂牌，以保证在本基金的清算期内完成对拟处分标的的处分。特别地，前述变现程序中如涉及基金份额持有人大会决议事项的，应当在取得基金份额持有人大会决议后按照生效的基金份额持有人大会决议执行。③如在基金财产清算小组决定或基金份额持有人大会决议实施处分之日起90日内，通过前述方式未处分完毕全部拟处分标的的，基金财产清算小组将进一步制定处分方案并由基金管理人召集/再次召集基金份额持有人大会。

在中航首钢生物质项目中，《基金合同》第十二节约定了基础设施项目的出售及处置策略：①移交期。移交期是自基础设施项目的服务期和/或收费期届满后的一年，在移交期内，首钢生态作为运营管理机构应协助基金管理人处理项目公司的流动资产和流动负债，协助催收应收款项等，解除基础设施项目资产上设置的任何抵押、质押等担保权益或所有权约束，以及任何种类和性质的索赔权，移交期内收到的基础设施项目的服务期和/或收费期内的应收款项归属于本基金。②行权期。在完成移交前置事项之日或移交期届满之日起的一年为项目处置期，在项目处置期的前3个月内为行权期，首钢集团或其指定关联方有权按照基础设施项目届时状况优先无偿受让基础设施项目，在首钢集团或其指定关联方行使优先收购权的，基础设施基金应按照前述安排进行转让和移交，无须召开基金份额持有人大会，且基础设施项目的服务期和/或收费期届满后新增的运营收入（如有）亦归属于首钢集团或其指定关联方。如果首钢集团或其指定关联方未在行权期内行使优先收购权的，基金管理人有权在行权期届满之日起的项目处置期内通过市场化方式处分基础设施项目。③公开拍卖。在进入项目处置期后6个月届满之日（含当日），如已形成有效处分方案，但就实施有效处分方案，本基金尚未签订持续有效的任何具有法律约束力的处分法律文件，在进入项目处置期后6个月届满之日（含当日）尚未形成一项有效处分方案的，则本基金可通过公开拍卖的方式处分基础设施项目。拍卖应通过有资质的拍卖机构、互联网拍卖平台、产权交易机构等拍卖场所公开进行；基金管理人应在拍卖场所中遴选至少三家进行询价；基金管理人应聘请至少一家第三方专业评估机构，由该专业评估机构对拟处分标的进行评估并确定评估价值；拍卖设保留价格，首次拍卖的保留价格应不低于评估价值；若首次拍卖失败的，基金管理人有权在首次拍卖失败之日起20个工作日内，以首次拍卖保留价格为基数下降10%作为保留价格再次进行拍卖，后续每一次拍卖的保留价格均以上一次拍卖保留价格为基数下降10%，直至拍卖成功完成处分。

问题七：公募REITs扩募的法律关注要点？

1. 公募REITs扩募的意义

公募REITs扩募是指已发行的基础设施基金的二次发售，募集资金用于收购新的项目资产。扩募资产可以是原始权益人现有储备的项目，也可以是未来从市场上寻找到的标的。首批申报项目的扩募资产审核较为严格，大部分为原始权益人前期储备项目，拟扩募项目在招募说明书中披露。例如，中航首钢生物质项目《招募说明书》中披露，拟扩募项目主要包括北京首钢新能源发电项目（生活垃圾二期），后期基金管理人会寻找更多合适标的装入基金。北京首钢新能源发电项目总投资额18.82亿元，建设地点为北京市门头沟区潭柘寺镇鲁家山循环经济（静脉产业）基地南区用地内，所属行业为固废处理行业，项目建设内容和规模为设计焚烧处理生活垃圾3000吨/日，同时配置30吨/日医疗废物消毒处理线及餐厨项目设施改扩建。

公募 REITs 扩募在基金存续期内进行，基金管理人在基金存续期间购入基础设施项目的，应当按照《公开募集证券投资基金运作管理办法》和《公开募集基础设施证券投资基金指引（试行）》的规定，履行变更注册等程序，需提交基金份额持有人大会投票表决的，应当事先履行变更注册程序。

就原始权益人而言，公募 REITs 扩募有利于提高原始权益人资金周转回笼。就公募 REITs 管理人而言，扩募有利于扩大基础设施基金的产品规模，提高基础设施基金的管理能力。同时基金管理人通过寻找合适的扩募项目能够盘活市场中的存量资产，提高管理人收入。就公募 REITs 投资者而言，REITs 扩募有利于降低边际管理成本，提高单位基金份额收益水平，取得投资回报。就基础设施基金未来市场发展而言，公募 REITs 扩募有助于 REITs 产品分散投资风险，优化投资者结构，促进我国 REITs 市场的活跃度，实现市场规模增长。

2. 扩募资产的关注要点

《基础设施领域不动产投资信托基金（REITs）试点项目申报要求》规定，"资产规模符合要求：（1）首次发行基础设施 REITs 的项目，当期目标不动产评估净值原则上不低于 10 亿元。（2）发起人（原始权益人）具有较强扩募能力，以控股或相对控股方式持有、按有关规定可发行基础设施 REITs 的各类资产规模（如高速公路通车里程、园区建筑面积、污水处理规模等）原则上不低于拟首次发行基础设施 REITs 资产规模的 2 倍"。

基于上述规定，对于扩募资产要求发起人（原始权益人）具有较强扩募能力，以控股或相对控股方式持有、按有关规定可发行基础设施 REITs 的各类资产规模（如高速公路通车里程、园区建筑面积、污水处理规模等）原则上不低于拟首次发行基础设施 REITs 资产规模的 2 倍（即 20 亿元）。

3. 扩募发售要求和程序

根据《中华人民共和国证券投资基金法》第八十条的规定，"封闭式基金扩募或者延长基金合同期限，应当符合下列条件，并报国务院证券监督管理机构备案：（一）基金运营业绩良好；（二）基金管理人最近两年内没有因违法违规行为受到行政处罚或者刑事处罚；（三）基金份额持有人大会决议通过；（四）本法规定的其他条件"。

根据《上海证券交易所公开募集基础设施证券投资基金（REITs）规则适用指引第 2 号——发售业务》的规定，公募 REITs 扩募可以向原基金持有人配售份额，也可以向不特定对象或特定对象发售。基金管理人可以根据基金二级市场交易价格和拟投资项目市场价值等因素，合理确定基金扩募发售价格或定价方式。

根据《公开募集基础设施证券投资基金指引（试行）》的规定，金额低于基金净资产 50% 的基础设施公募基金（REITs）扩募，应当经参加持有人大会的基金份额持有人所持表决权的 1/2 以上表决通过。金额占基金净资产 50% 及以上的扩募，应当经参加大会的基金份额持有人所持表决权的 2/3 以上表决通过。金额占基金净资产 20% 及以上的关联交易，持有人与表决事项存在关联关系的应当回避表决。公募 REITs 扩募基金管理人应当向证监会办理变更注册，并向交易所提出申请，取得交易所无异议函。

问题八：我国公募 REITs 的展望

从首批发行的公募 REITs 产品表现来看，原始权益人基本上都是所处行业的龙头企业，在上市首日都实现了价格正增长，平均溢价率为 5.2%，其中博时蛇口产业园项目溢价率更是高至 14.72%，且截至 2021 年底，大部分产品的收益都非常可观。从投资人角度出发，公募 REITs 产品更像是固收类产品和权益类产品的结合体，具有标准化小份额、收益和风险性价比高、高分红、高流动性、高透明性等特质；对于原始权益人来说，公募 REITs 产品可以提高企业资金周转效率降低负债率，提供了新型融资渠道。

公募 REITs 未来市场发展趋势回到实处还是基于产品资产端的盘活状况及产品端的投资收益表现。公募 REITs 项目主要从资产端基金的现金分派、底层资产增值及产品端估值增长取得收益。产品端估值依赖于底层资产运营情况，从而影响到底层资产能否产生充足现金流给投资人带来实际收益。鉴于基础设施基金端的公募基金管理人大部分还是以证券投资类业务为主，基础资产的管理运营能力有待加强，因此公募REITs产品中多层委托代理关系、原始权益人道德风险等治理问题也备受关注。未来发展过程中，需要通过提高管理人管理运营能力、加强产品信息披露、发展管理模式多元化等方式建立完善有效的治理机制，才能保障投资人的投资收益，促进公募REITs市场发展。

基于目前中国公募REITs还是采用"基础设施基金+资产支持证券（ABS）"的基础结构，未来公募REITs的基础结构可能会产生根本性的变化。例如，创设新型债券，将公募REITs作为一种与股票、债券、基金、优先股、可转债的新型债券种类，配套制定单独针对公募REITs产品的政策法规；或者去除公募基金端结构，将ABS端公募化，明确资产支持证券公开发行、交易的条件，并将REITs作为特定类型资产支持证券，允许资产支持专项计划公开募集资金并上市交易；去除ABS端结构，明确公募基金可以直接投资非上市公司股权，允许直接持有不动产项目公司股权并上市交易。

参考文献

［1］Neftci S N. Principles of Financial Engineering［M］. New York：Academic Press，2014.

［2］白桦，黄立军. 基础设施领域 REITs 试点政策及税收问题探究［J］. 财会通讯，2022（20）：133-136.

［3］蔡文，杨春燕. 可拓学的基础理论与方法体系［J］. 科学通报，2013（13）：1190-1199.

［4］蔡文. 可拓论及其应用［J］. 科学通报，1999（7）：673-682.

［5］蔡文. 可拓学概述［J］. 系统工程理论与实践，1998（1）：77-85.

［6］陈鸿祥. 中国公募 REITs 的经济逻辑与演进安排［J］. 地方财政研究，2022（8）：90-100.

［7］陈长兴. 雪球结构型理财产品的定价研究［D］. 南昌：江西财经大学，2022.

［8］陈峥嵘. 证券基金经营机构私募资管业务监管政策影响、发展现状与应对策略［J］. 清华金融评论，2021（2）：81-84.

［9］崔光华. 西方金融创新理论综述［J］. 中国商人（经济理论研究），2005（4）：40-42.

［10］丁圣元，刘岱，张剑霞. 金融产品创新动力何来？［J］. 资本市场，2006（4）：36-37.

［11］关成颖. 福建自贸区金融创新问题与对策研究［D］. 厦门：厦门大学，2017.

［12］何诚颖，袁野. 证券公司资本结构和固定收益产品创新研究［J］. 证券市场导报，2003（1）：42-49.

［13］洪朝伟. 金融创新对货币需求影响研究：基于"从一般到特殊"的动态建模方法［D］. 北京：对外经济贸易大学，2018.

［14］胡旭方. 西方金融创新理论简述［J］. 经济学动态，1993（3）：46-49.

［15］胡艳明. 重仓"雪球"产品　光大信托善益系列全线亏损［N］. 经济观察报，2022-11-14（014）.

［16］黄达. 金融学（第五版）［M］. 北京：中国人民大学出版社，2020.

［17］黄海金. 我国国债期货产品设计及交易策略研究［D］. 上海：上海交通大学，2014.

［18］黄灵灵. 深交所：加大固定收益类产品创新力度［N］. 中国证券报，2022-06-02（A02）.

［19］黄益平. 好的金融创新与坏的金融创新［J］. 中国银行业，2018（7）：24-26+6.

［20］焦艳林. 金融创新对货币供求、货币政策影响的理论分析［J］. 中外企业家，2019（12）：33+28.

［21］解旖媛. 可转债新规：优化交易机制强化交易监管［N］. 金融时报，2022-08-02（007）.

［22］李华林. 理性认识"雪球产品"［N］. 经济日报，2022-04-12（007）.

［23］李和平. 可拓学的哲学思考［J］. 系统工程理论与实践，1998（2）：118-120.

［24］李庆，葛翔宇，向秀莉. 多维无套利约束的非参数期权定价［J］. 中国管理科学，2021（9）：1-11.

［25］连润. 可转债受上市公司热捧　市场扩容确定性强［N］. 中国证券报，2022-09-07（A02）.

［26］梁银妍. 证监会五方面入手推动公募 REITs 常态化发行［N］. 上海证券报，2022-11-11（001）.

［27］刘晗. 金融创新与金融监管的协调思考［J］. 全国流通经济，2022（23）：132-134.

［28］资产证券化产品中的分级是怎么设计的？［EB/OL］.［2015-06-26］. https：//www.zhihu.com/

question/35864612/answer/64933955.

[29] 祁豆豆，时娜. 沪深交易所发布可转债交易细则以及自律监管指引 [N]. 上海证券报，2022-07-30（002）.

[30] 孙庆瑞，戴立洪，欧阳刚. 证券公司固定收益产品创新研究 [J]. 证券市场导报，2003（4）：9-16.

[31] 唐嘉伟. 雪球结构性产品评述及启示 [J]. 银行家，2021（5）：112-114+7.

[32] 公募 REITs 产品方案八个核心问题 [EB/OL]. [2022-06-26]. https：//zhuanlan. zhihu. com/p/534010179.

[33] 八类资管产品，难点解读 [EB/OL]. [2017-02-28]. https：//zhuanlan. zhihu. com/p/25479260.

[34] 王方宏，杨海龙. 我国自贸区金融创新的特点、主要任务、成效与展望 [J]. 海南金融，2020（2）：12-20+38.

[35] 王海成，崔士贤，吴冲锋. 金融创新的动因、过程及其借鉴 [J]. 上海金融，1998（8）：22-24.

[36] 王杰. REITs 在我国长租公寓融资中的应用研究 [D]. 南昌：江西财经大学，2022.

[37] 王开，董德志. 海外 REITs 发展经验：规律与借鉴 [J]. 国际金融，2022（6）：36-44.

[38] 王丽，时代美，李晓迟，等. 资管新规背景下资管业务转型发展 [J]. 河北金融，2022（5）：29-31.

[39] 王仁祥，喻平. 金融创新理论研究综述 [J]. 经济学动态，2004（5）：90-94.

[40] 吴冲锋，王柱，冯芸. 基于资产链的资产定价问题的思考 [J]. 管理科学学报，2008（1）：1-11.

[41] 吴晓灵，邓寰乐. "资管大时代"下资管业务的异化与发展建议 [J]. 清华金融评论，2021（1）：29-31.

[42] 肖钢. 制约我国公募 REITs 的五大因素和破解路径 [J]. 清华金融评论，2019（2）：62-64.

[43] 刘莉亚，余红，王安兴，等. 金融专业硕士学位论文写作指引 [D]. 上海：上海财经大学金融学院，2012.

[44] 熊晓佳. 自贸区与自贸港叠加优势下海南金融创新研究 [D]. 哈尔滨：黑龙江大学，2022.

[45] 徐纲. 场外衍生产品的设计 [R]. 杭州：中国期货业协会，2015.

[46] 许文彬，赵霖，李志文. 金融监管与金融创新的共同演化分析：一个基于非线性动力学的金融监管分析框架 [J]. 经济研究，2019（5）：81-97.

[47] 杨小玲，杨建荣. 金融创新、金融创新风险与金融监管关系的再思辩 [J]. 金融理论与教学，2020（3）：19-23.

[48] 关于金融创新与监管的几点认识 [EB/OL]. [2020-10-31]. https：//m. yicai. com/news/100819921. html？spm＝zm1062-001. 0. 0. 1. Fayt1t.

[49] 全面解读资管新规 [EB/OL]. [2018-05-31]. https：//zhuanlan. zhihu. com/p/37551407？utm_source＝wechat_session.

[50] 张婧. 穿透式监管在资管业务中的法制化研究 [J]. 经济问题，2022（10）：66-72.

[51] 张千千. 未来 5 年，金融创新将迎来更审慎全面的监管 [N]. 新华社，2021-03-24.

[52] 赵喆. 上海自贸区金融创新及其影响研究 [D]. 连云港：江苏海洋大学，2022.

[53] 郑聪. 雪球式期权产品定价研究 [D]. 长沙：湖南大学，2021.

[54] 中国金融期货交易所国债期货开发小组. 国债期货产品制度设计及应用策略 [M]. 北京：中国财政经济出版社，2013.

[55] 中债研发中心. 2022 年上半年资产证券化发展报告 [R]. 2022.

[56] 邹昌波. 我国商业银行金融创新及影响研究 [D]. 成都：四川大学，2021.

[57] 周岳. 公募 REITs 的发行、收益与流动性：REITs 专题研究 [R]. 2022.